Demokratie in Staat und Wirtschaft

Demokratie in Staat und Wirtschaft

Festschrift für Ekkehart Stein
zum 70. Geburtstag am 24. 9. 2002

herausgegeben von Heiko Faber und Götz Frank

Mohr Siebeck

Die Deutsche Bibliothek – CIP-Einheitsaufnahme

Demokratie in Staat und Wirtschaft: Festschrift für Ekkehart Stein zum 70. Geburtstag am 24. 9. 2002 / Hrsg.: Heiko Faber; Götz Frank. – Tübingen: Mohr Siebeck, 2002
ISBN 3-16-147910-6

Das Buch wurde gesetzt und gedruckt von Gulde-Druck in Tübingen auf alterungsbeständiges Werkdruckpapier und von der Buchbinderei Heinr. Koch in Tübingen gebunden.

Inhaltsverzeichnis

Grundrechte

Winfried Brohm
Glaubensfreiheit und Gesetzesgehorsam 3

Erhard Denninger
Schleierfahndung im Rechtsstaat? 15

Christian Grimm
Der Weg der Frauen ans Gewehr 37

Kay Hailbronner
Auswahlrechte der Hochschulen und Zentrale Studienplatzvergabe . . 49

Karl-Heinz Ladeur
Die „objektiv-rechtliche Dimension der Rundfunkfreiheit" unter Bedingungen von Multimedia 67

Walter Schmidt
Die Freiheit im Wandel 91

Heike Stintzing
Wider ein Paradoxon innerhalb der Versammlungsfreiheit 105

Demokratie

Dirk Ehlers
Die Staatsgwalt in Ketten 125

Hartmut Maurer
Volkswahl des Ministerpräsidenten? 143

Ingo Richter
Demokratiebegriff und Jugendforschung 163

Wirtschaftsverfassung und Wirtschaftsverwaltung

Heiko Faber
Von der Kreditaufsicht zur Allfinanzaufsicht 181

Götz Frank
Wirtschaftsrechtliche Promotion und berufliche Karriere 189

Dian Schefold
Zwischen Preisstabilität und gesamtwirtschaftlichem Gleichgewicht . . 201

Dieter Sterzel
Mitbestimmung als Verfassungsauftrag 215

Mediation

Walther Gottwald
Alternative Dispute Resolution und Zugang zum Recht 233

Wolfgang Perschel
Meditation im öffentlichen Bereich 245

Grundlagen und Grundbegriffe

Wolfgang Naucke
„Gesetzliches Unrecht“: ein aktueller juristischer Grundbegriff 283

Adalbert Podlech
Organisationsformen gesellschaftlicher Wahrheitssuche 297

Gerd Winter
Anachronien von Gesellschaft, Natur und Recht 309

Rechtsstaat/Bundesstaat/Sozialstaat

Klaus Köpp
Finanzverfassung, Länderfinanzausgleich und die politischen Prozesse im Bund-Länder-Verhältnis 333

Wolfgang Piepenstock
Zur Durchsetzung internationaler Sozialrechte 377

Lutz R. Reuter
Zuwanderung nach Deutschland: Rechtliche, politische und gesellschaftliche Aspekte 387

Alfred Rinken
Ist das Bundesverfassungsgericht „Herr seines Verfahrens"? 411

Verzeichnis der Veröffentlichungen von Ekkehart Stein 427

Biographie von Ekkehart Stein 433

Sendler, DÖV 04, 85

Grundrechte

Glaubensfreiheit und Gesetzesgehorsam

Winfried Brohm

I. Die zunehmende Infragestellung der Allgemeingültigkeit der Gesetze

Ein wesentliches Kennzeichen des modernen Rechtsstaats ist die Bindung von Staat und Bürger an das Gesetz. Dieses ist als Rechtsnorm generell-abstrakt, es gilt also bei einer gleichen Sachlage unterschiedslos für alle Bürger. Einzelne tatsächliche Unterschiede, wie Geschlecht, Abstammung, Rasse, Glauben oder religiöse und politische Anschauungen, erklärt das Differenzierungsverbot des Art. 3 III GG für rechtlich unbeachtlich. Gleichzeitig garantiert Art. 4 GG als unmittelbar geltendes, im Range über dem Gesetz stehendes Recht die Glaubensfreiheit, und zwar in der Auslegung des Bundesverfassungsgerichts in vollem Umfang, d.h. von der Bildung einer religiösen, also transzendentalen Rückbindung, oder weltanschaulichen, also innerweltlich bestimmten Sinngebung über ihr Bekenntnis bis zu einem entsprechenden gewissensbedingten Handeln. Dieses Grundrecht enthält keinen Gesetzesvorbehalt; es kann also nach der ursprünglichen Intention nicht, wie zahlreiche andere Grundrechte, durch ein Gesetz eingeschränkt werden. Allerdings folgt nach Rechtsprechung und Wissenschaft aus dem Gedanken der Einheit der Verfassung, dass bei einer Kollision mit anderen „Verfassungswerten" eine inhaltliche „Beschränkung" nach dem Prinzip der praktischen Konkordanz zulässig ist, über die eine optimale Wirksamkeit der betroffenen Verfassungswerte angestrebt wird[1]. Auch wenn die Rechtsprechung im Auffinden kollidierender Verfassungswerte inzwischen außerordentlich erfindungsreich geworden ist, sollte die Einschränkung vorbehaltlos gewährleisteter Grundrechte doch mit größerer Zurückhaltung praktiziert werden. Schließlich bezweckt die vorbehaltlose Gewährleistung eines Grundrechts die Verstärkung der betreffenden Freiheit, indem sie eine Einschränkung allein aufgrund noch so billigenswerter gesetzgeberischer Zwecke ausschließt[2].

In jüngster Zeit mehren sich die Fälle, in denen einzelne Bürger wie auch Vereinigungen unter Berufung auf ihre Glaubens- oder Weltanschauungsfreiheit staatlichen Gesetzen den Gehorsam verweigern und sich damit von deren allgemeiner Geltung ausnehmen. So verlangte eine schulpflichtige zwölfjährige

---

[1] *E. Stein*, Staatsrecht, 16. Aufl. 1998, § 31 III unter Bezugnahme auf *K. Hesse*, Grundzüge des Verfassungsrechts, 18. Aufl. 1991, Rn. 317ff. m.w.N.

[2] Zur diesbezüglichen Kritik vgl. auch *E. W. Böckenförde*, „Kopftuchstreit" auf dem richtigen Weg?, NJW 2001, 723, 724 m.w.N. in Anm. 10.

Schülerin islamischen Glaubens Befreiung vom koedukativen Sportunterricht, weil sie dann ihren Schleier ablegen müsse und außerdem Gefahr laufe, in körperlichen Kontakt mit ihren Mitschülern zu kommen[3]. Ein islamischer Metzger beanspruchte eine Freistellung von dem in § 4 a I TierSchG geregelten Verbot des Schlachtens von Tieren ohne Betäubung, um seinen Kunden in Übereinstimmung mit ihrer Glaubensüberzeugung den Genuss von Fleisch geschächteter Tiere zu ermöglichen[4]. Eine Studentin für das Lehramt an Gymnasien begehrte, im Fach Biologie die erforderlichen Leistungsnachweise in den zoologischen Praktika ohne Teilnahme an Tierversuchen erbringen zu dürfen, weil sie es nicht mit ihrem Gewissen vereinbaren könne, Tieren Schmerzen zuzufügen[5]. Verbände, wie die Scientology Kirche, sehen sich weder gebunden an die gewerberechtlichen und wettbewerbsrechtlichen Bestimmungen bei Verkaufsaktionen[6] noch an die arbeitsrechtlichen Regelungen im Verhältnis zu ihren Mitarbeitern, die sie als Vereinsmitglieder führen[7]; weiter nehmen sie für sich in Anspruch, wegen Art. 4 GG aufgrund einer „verfassungskonformen Auslegung" der Vorschriften über den Gemeingebrauch ein Recht auf Sondernutzung öffentlicher Verkehrsflächen zum Verteilen von Handzetteln und zum Verkauf von Druckerzeugnissen zu haben[8]. Junge Frauen aus dem Iran, die nach Ablehnung ihres Asylantrags in allen Instanzen vor der „Abschiebung" stehen, weigern sich, der Anordnung der Ausländerbehörde nachzukommen, zur Herstellung der fehlenden Passbilder sich mit Schleier fotografieren zu lassen, weil sie sonst ihr Heimatland nicht einreisen lässt. Sie berufen sich für ihre Weigerung auf ihre religiöse Überzeugung, die einer Abbildung mit Kopftuch entgegenstehe[9]. Andere begehren unter Berufung auf Art. 4 GG die Freistellung von allgemeinen Dienstpflichten. So verlangte eine angehende Lehrerin die Zulassung zum (staatlichen) Vorbereitungsdienst und anschließend die Einstellung als Lehrerin, obwohl sie eindeutig erklärte, dass sie im Unterricht zum Ausdruck ihres Glaubens grundsätzlich ein Kopftuch tragen wolle[10]. Und ein Postbeamter weigerte sich aufgrund seiner Glaubensüberzeugung, Postwurfsendungen der Scientology Kirche zuzustellen[11].

Die vielfach erörterten Fälle der Verweigerung des Gehorsams staatlicher Bediensteter gegenüber gesetzlichen und dienstrechtlichen Regelungen sollen

---

[3] BVerwGE 94, 82ff.

[4] BVerwGE 99, 1ff.; dazu jetzt BVerfG v. 15.01.02, NJW 2002, 663ff.

[5] BVerwGE 105, 73ff.

[6] BVerwGE 105, 313ff., 316f. (Entziehung der Rechtsfähigkeit gem. § 43 II BGB).

[7] Vgl. dazu BAGE 79, 319ff. = Jus 1996, 550f.

[8] VGH *Mannheim*, NVwZ 1998, 91 (Straßenverkauf durch Scientology-Anhänger) einerseits und OVG *Hamburg*, NJW 1996, 2051 andererseits, jew.m.w.N.

[9] Dazu VGH *München*, NVwZ 2000, 952ff.

[10] Vgl. VG *Stuttgart*, NVwZ 2000, 959 einerseits und VG *Lüneburg*, NJW 2001, 767 andererseits.

[11] BVerwG v. 29.06. 1999, NJW 2000, 88ff.

hier nicht weiter verfolgt werden; sie werfen insofern zusätzliche Probleme auf, als der Staat unbestritten aufgrund des Art. 4 GG zu religiöser und weltanschaulicher Neutralität gegenüber den Bürgern verpflichtet ist und diese Verpflichtung sich auch auf diejenigen erstrecken muss, durch die er handelt. Diese Selbstverständlichkeit wird im allgemeinen mit dem Hinweis auf die Verfassungsgüter aus Art. 33 V GG und 7 I GG untermauert[12]. Allerdings knüpft sich daran regelmäßig eine Abwägung im Sinne der Herstellung einer praktischen Konkordanz[13], woraus sich die Vielfalt der Meinungen zu den konkreten Fragen ergibt. Gewiss kann der Staat dabei den individuellen Anliegen seiner Bediensteten je nach der konkreten Aufgabe Rechnung tragen und etwa bei Lehrkräften die Verpflichtung zur Zurückhaltung der eigenen religiösen oder weltanschaulichen Ansicht je nach Schulart und Alter der Schüler differenzieren. Ob und in welchem Maße er dazu verfassungsrechtlich verpflichtet ist[14], ist eine andere Frage. Erst neuerdings wird in dieser Diskussion beachtet, dass der nach Art. 140 GG mit gleichem Rang neben den Grundrechten stehende Art. 136 II WRV – wie übrigens auch Art. 9 EMRK – mehr für eine abstrakt-generelle Lösung der dienstrechtlichen Fälle im Sinne eines „Eignungsmangels" nach Art. 33 II GG spricht[15].

Was für das Funktionieren des Staatsapparats und seine Berechenbarkeit gilt, trifft entsprechend auch für die Rechtsordnung insgesamt zu. Diese hat sich inzwischen nicht nur wegen der laufend zunehmenden wissenschaftlichen, technischen und globalen Ausdifferenzierung der Gesellschaft, sondern auch im Hinblick auf die fortdauernde Individualisierung der Weltanschauungen bereits zu einer nahezu unübersehbaren Gesetzesflut entwickelt. Wird sie durch eine „verfassungsgerechte" Abwägung weitgehend auch noch im Einzelfall unvorhersehbar, geht mit der Rechtssicherheit auch ihre Ordnungsfunktion zugrunde. Die damit angedeutete Problematik wird vor dem Hintergrund der geschichtlichen Entwicklung besonders deutlich.

---

[12] vgl. *Halfmann*, Der Streit um die „Lehrerin mit Kopftuch", NVwZ 2000, 862ff. m.zahlr. Hinweisen auf die inzwischen umfangreiche Literatur und Rechtsprechung zu dieser Streitfrage.

[13] Es handelt sich hier um eine „unechte Grundrechtskollision" i.S.v. *K. Stern*, Staatsrecht III/2, S. 629ff., 657ff., weil sie nicht zwischen im Einzelfall miteinander kollidierenden Grundrechten, sondern zwischen Grundrechten und anderen Verfassungsgütern erfolgt.

[14] Zu dieser, allerdings stark Fall-bezogenen Sicht, wohl im Sinne einer Verpflichtung: *E. W. Böckenförde*, (Fn. 2), NJW 2001, 723ff.

[15] Dazu *Goerlich*, NJW 2001, 2862, der auf die Urheberschaft dieser zunehmend Beachtung findenden Argumente bei *Muckel*, Religiöse Freiheit und staatliche Letztentscheidung, 1997, verweist.

II. *Die Religionsfreiheit als verfassungsrechtliches Individualrecht – Zur Notwendigkeit und Grundlage des modernen Recht setzenden Staates*

Die Glaubensfreiheit gilt weithin als das älteste Grundrecht überhaupt[16]. Man kann darüber hinaus in ihr sogar den Ursprung des heutigen Staatsverständnisses sehen. Wie bekannt, war im Mittelalter die Regierungsgewalt auf Landbesitz und Landvergabe gegründet worden. Mit der Erblichkeit der Lehen verlor das Lehnswesen jedoch seine integrale Kraft. Es gab eine Vielzahl originärer Herrschaftsgewalten, die vom Kaiser sowie von den Fürsten, Äbten, Rittern, Städten und anderen ausgeübt wurden. Wer etwas anordnen wollte, musste sein Recht dazu nachweisen. Einigendes Band war praktisch allein der gemeinsame religiöse Glaube aufgrund der von allen anerkannten einheitlichen Religion. Bei Streitfragen entschied die Kirche, d.h. letztlich der Papst. Kein Wunder, dass die verschiedensten gesellschaftlichen Kreise, wie auch einzelne Nationen, auf die Wahl des Papstes Einfluss zu nehmen suchten und auch Gegenpäpste aufstellten. Diese einheitliche Glaubens- und damit auch Werte-Basis zerbrach mit der Reformation, und mit ihr zerbrach auch die einheitliche Grundlage der gesellschaftlichen Ordnung. Die verheerenden Religionskriege, wie etwa die durch die Bluthochzeit 1572 bekannten Hugenottenkriege, der vorwiegend auf deutschem Boden ausgetragene 30jährige Krieg von 1618–1648, der ein Drittel der Bevölkerung dahinraffte oder die Bürgerkriege in England unter Cromwell (1642–1646) brachten die Gesellschaft an den Rand des Ruins. Um ihres Überlebens willen musste die Religion zur Privatsache erklärt und eine neue Grundlage für die gesellschaftliche Ordnung gefunden werden. Diese fand sich unter dem aufkommenden Individualismus, der sich auch in der Lehre der Reformators von der Erkenntnis des christlichen Gebots im Glauben des einzelnen und der ihm erwiesenen göttlichen Gnade widerspiegelt, in den verschiedenen Lehren vom Gesellschaftsvertrag als Rechtfertigung des Staates und seiner Hoheitsgewalt[17]. Allerdings kam dieser gerade in den deutschen Territorien lange nicht zum Durchbruch. Hier konnte sich das Feudalsystem in verschiedenen Modifikationen teilweise bis ins 19. Jahrhundert halten, weil „Herrscher" und „Untertanen" über dieselben religiös fundierten Pflichtvorstellungen der „Gottesfurcht" und der „Redlichkeit" als „Landesvater" und „Landeskinder" durch eine gute Staatsführung vereint wurden. Darin kann man eine lang anhaltende Nachwirkung des im Augsburger Religionsfrieden von 1555 festgelegten Prinzips „cuius regio, eius religio" sehen, also in dem

[16] *E. Stein*, Staatsrecht, (Fn. 1), S. 255.

[17] Dazu *G. Jellinek*, Allgemeine Staatslehre, 3. Aufl. 1922, 7. Nachdruck 1960, S. 84ff., 86; 201ff., 211; *R. Zippelius*, Allgemeine Staatslehre, Politikwissenschaft, 13. Aufl. 1999, § 17 II; *H. Maier*, Hobbes, in: *ders.* et.al. (Hrsg.), Klassiker des politischen Denkens, Bd. I, 2. Aufl. 1968, 351ff.; *W. Euchner*, Locke, ebd., Bd. II, S. 1ff.

Recht des Landesherrn, die Kirchenzugehörigkeit und damit auch den Glauben seiner Untertanen zu bestimmen. Dieser Grundsatz wurde erst 1648 nach 30 Jahre lang erbittert geführten Religionskriegen im Westfälischen Frieden von 1648 durch eine Tolerierungsvariante insofern etwas gemildert, als die Angehörigen abweichender christlicher Bekenntnisse das Recht erhielten, zu Hause eine Andacht in ihrem christlichen Glauben zu veranstalten. Sie wurden also nicht mehr, – wie es der Jubilar plastisch ausdrückt[18] – wenn sie sich nicht fügten, „bestenfalls ausgewiesen, schlimmstenfalls als Ketzer hingerichtet". Allerdings durfte die abweichende Glaubensauffassung nicht nach außen gezeigt werden, damit in der Öffentlichkeit die glaubensbedingte Homogenität nicht angezweifelt werde. Das änderte sich erst in Preußen mit dem Preußischen Allgemeinen Landrecht von 1794 und nach 1818 mit den entsprechenden Verfassungen in den betreffenden Ländern. Eine allgemeine Bekenntnisfreiheit konnte sich erst nach 1848 durchsetzen. Von einem individualistischen Freiheitsverständnis her mag man zu Recht die Regelung des Augsburger Religionsfriedens und ihre Nachwirkungen als unerträglich und empörend finden. Anders erscheint sie unter dem Aspekt der staatlichen Gewährleistung von Sicherheit und Ordnung. Es leuchtet ein, dass eine Gemeinschaft mit einer einheitlichen, gar religiös fundierten Wertebasis leichter zusammenhält und auch zusammenzuhalten ist als eine Ansammlung von Individuen mit jeweils eigenen Lebensentwürfen, Wertvorstellungen und Interessen. Der moderne Staat kann sich daher angesichts des vorherrschenden individualistischen Freiheitsverständnisses, wenn überhaupt, nur sehr begrenzt auf eine Ordnung kraft Gewohnheit, Sitte und Anstand verlassen, sondern muss die vorherrschende Egozentrik des einzelnen durch eine Vielzahl von Gesetzen begrenzen und auf das notwendige gemeinsame Ganze ausrichten. Je weiter die Pluralisierung individueller Freiheiten und die arbeitsteilige wissenschaftliche, technische und gesellschaftliche Ausdifferenzierung eines Gemeinwesens voranschreitet, umso notwendiger wird die allgemeine Gültigkeit staatlicher Regelungen. Angesichts der Resultate einer über-individualistischen Gegenkonzeption im Nationalsozialismus und im Kommunismus[19] hat das Grundgesetz wieder die Rechte des einzelnen betont und die als Grundrechte proklamierten Individualrechte sogar als unmittelbar verbindliches, ranghöchstes Recht statuiert. Das war schon ganz allgemein für die grundrechtliche Gewährleistung eine kühne Tat; für die Glaubensfreiheit gilt dies jedoch in einem ganz besonderen Maße.

---

[18] *E. Stein,* (Fn. 1), S. 255.

[19] *M. Heckel,* Religionsfreiheit im säkularen pluralistischen Verfassungsstaat, in: FS. für Kriele, 1997, S. 281 ff., 299, spricht vom Marxismus als einem „säkularisierten Surrogat" der Erlösungsreligion in totalitären Weltanschauungssystemen.

III. Das staatspolitische Wagnis einer verfassungsrechtlich unmittelbar verbindlichen Gewährleistung der Glaubensfreiheit

Die Problematik einer unmittelbaren Verbindlichkeit der Grundrechte auf der höchsten Rangebene des Rechts liegt in ihrer lapidaren, mehr programmatischen und jedenfalls für den gesellschaftlichen Wandel offenen Formulierung[20]. Grundrechte unterscheiden sich dadurch von den im Tatbestand relativ klar festgelegten Anwendungsvoraussetzungen gesetzlicher Regelungen. Für die „Glaubensfreiheit“ trifft diese Feststellung in erhöhtem Maße zu, zum einen, weil sie ohne Gesetzesvorbehalt garantiert ist und zum anderen, weil der Staat, wenn er die Freiheit des Glaubens und der Weltanschauung garantiert, nicht selbst bestimmen kann, was unter diesen Begriffen zu verstehen ist. Insofern lässt sich nahezu jede Sachfrage, sei sie politischer, ökonomischer oder sozialer Natur mit religiösen oder weltanschaulichen Anliegen verbinden. Die Frage, ob man sich im parlamentarischen Rat dieser Problematik bewusst war, kann hier dahingestellt bleiben. Jedenfalls haben die Väter des Grundgesetzes die Glaubensfreiheit in Art. 4 I GG sehr weise formuliert:

Hält man sich unbefangen an den Wortlaut[21], so schützt Art. 4 I GG im ersten Halbsatz die Freiheit des (auf einer transzendentalen „Rück-bindung“ beruhenden) „re-ligiösen“ Glaubens, ferner die Freiheit des (moralischen Überzeugungen folgenden) Gewissens, kurz das diesbezügliche „Denken“, also das forum internum. In Art. 4 I, 2. HS GG wird die Freiheit des religiösen und weltanschaulichen „Bekenntnisses“, also das Äußern religiöser und areligiöser Sinngebung, kurz das forum externum für unverletzlich erklärt. Es fällt auf, dass im 1. Halbsatz, beim forum internum, nicht auch die im 2. Halbsatz dem religiösen Glauben gleichgestellte (areligiöse) Weltanschauung genannt wird. Das mag historisch auf die Jahrhunderte alten Erfahrungen mit den Religionskriegen zurückzuführen sein, während man den erst in der jüngsten Vergangenheit erlebten staatlich propagierten und organisierten Weltanschauungen – verfehlt – eine entsprechende Bindungskraft nicht zumaß oder sie nicht wahrhaben wollte. Zweifellos gewährt Art. 4 I GG auch die Freiheit, eine eigene Weltanschauung zu bilden; schließlich könnte man sie sonst auch nicht äußern, was Art. 4 I GG ausdrücklich schützt.

Art. 4 II und III GG gewährleisten über die Freiheit zu einem religiösen und weltanschaulichen „Bekenntnis“ hinaus auch das glaubens- und gewissensge-

[20] Zur Notwendigkeit eines besonderen Verfassungsstils, vgl. *A. Voßkuhle*, Verfassungsstil und Verfassungsfunktion, AöR 119 (1994), 35ff. m. zahlr. w. N.

[21] Zum Ganzen vgl. *R. Herzog*, Maunz/Dürig/Herzog, GG, 2001, Art. 4 GG (Stand 1988), Rn. 1ff.; *Pieroth/Schlink*, Grundrechte, Staatsrecht II, 16. Aufl. 2000, Rn. 503ff. m.zahlr.w.N.; vgl. auch *E. Stein* (Fn. 1), § 31 I-IV, der ebenfalls an dieser Differenzierung festhält.

leitete „Handeln“. Dies gilt allerdings nach dem Wortlaut des Art. 4 II GG nur hinsichtlich einer ungestörten „Religionsausübung“, also der freien Teilnahme an einem öffentlichen Gottesdienst, an religiösen Prozessionen, kirchlichen Trauungen[22] und dergleichen; diese ausdrückliche Festlegung geschah wohl in Reminiszens an die im Westfälischen Frieden lediglich zugelassene Hausandacht für Angehörige eines anderen christlichen Glaubens. „Gewissensbedingte“ Handlungen im außerkirchlichen Bereich sind in Art. 4 III GG unter dem bei seiner Abfassung lebendigen Eindruck des 2. Weltkriegs lediglich für die Verweigerung des Kriegsdienstes mit der Waffe garantiert; aber selbst und allein hierfür ist ein Gesetzesvorbehalt festgelegt. Diese eng begrenzte verfassungsrechtliche Gewährleistung einer gewissensbedingten Handlungsfreiheit erscheint insofern gerechtfertigt, als eine Gewissensentscheidung in höchstem Maße individuell bedingt und in ihrer Ernsthaftigkeit mit rechtsstaatlichen Mitteln kaum feststellbar ist. Allerdings läßt sich diese Aussage uneingeschränkt wohl nur für Gewissensentscheidungen treffen, die nicht auf religionsbedingte Pflichten und Heilsempfehlungen zurückzuführen sind. Religiöse Gebote lassen sich schließlich an Hand der kirchlichen Lehren und des Glaubens der Mitglieder der Religionsgemeinschaft feststellen. Gleichwohl bleibt auch in diesem Falle ungewiß, in welchem Maße der einzelne derartige Vorgaben für sich als unbedingt verbindlich ansieht. In extremen Fällen, etwa dem historischen Gebot, den Göttern zu opfern, ist die Zulässigkeit der staatlichen Regelung bereits im Hinblick auf die mit der positiven Gewährleistung verbundene negative Religionsfreiheit in Frage zu stellen.

Angesichts dieser feinen Differenzierungen in Art. 4 GG wurde mit der unmittelbaren verfassungsrechtlichen Verbindlichkeit der Glaubens-, Gewissen- und Bekenntnisfreiheit in Art. 4 GG nur ein begrenztes Wagnis für die notwendige Regelungsgewalt des modernen Staates eingegangen. Damit darüber die individuelle religiöse oder weltanschauliche Handlungsfreiheit nicht zu kurz komme, wurde die im säkularen Staat von der Religion und Weltanschauung unabhängige gleichberechtigte „bürgerliche und staatsbürgerliche“ Rechtsstellung des einzelnen durch die mit Art. 140 GG erfolgte pauschale Übernahme der entsprechenden Regelungen in Art. 136 WRV gewährleistet. Für besonders gefährdete Situationen wurden diese Rechte nochmals in Art. 33 I-III GG hervorgehoben.

Der dargelegten, eng dem Wortlaut folgenden Auslegung hat das Bundesverfassungsgericht bereits sehr früh und wiederholt eine Absage erteilt. Das geschah zuerst in der bekannten Rumpelkammerentscheidung[23]. In dieser ging es

---

22 Dazu *D. Ehlers*, Die Rechtmäßigkeit des Verbots kirchlicher Voraustrauungen, FS. für Hollerbach, 2001, S. 811ff.

23 BVerfGE 24, 236, 246 (Rumpelkammer); vgl. auch BVerfGE 35, 366, 376 („Verhandeln unter dem Kreuz“ vor Gericht)

um die Schadensersatzklage eines Rohstoffhändlers gegen einen katholischen Jugendverein, der mit einer groß angelegten Altmaterialsammlung einen Erlös von mehreren Millionen DM für ein Entwicklungsprojekt erzielt und damit den Kläger an den Rand seiner Existenz gebracht hatte. Dieser sah darin einen Verstoß gegen das Wettbewerbsrecht, weil der Verein dabei durch eine breite Kanzelwerbung unterstützt worden war, und bekam damit vor den zuständigen Zivilgerichten Recht. Das dagegen angerufene Bundesverfassungsgericht betonte jedoch, die Gewährleistung ungestörter Religionsausübung in Art. 4 II GG gestatte auch sowohl die Veranstaltung einer Sammlung für religiöse Zwekke als auch eine entsprechende Unterstützungshandlung, wie die Kanzelwerbung, die im Rahmen des üblichen religiösen Lebens liege; denn die Glaubens- und Bekenntnisfreiheit stehe in enger Beziehung zur Menschenwürde als dem obersten Wert im System der Grundrechte und sei daher extensiv auszulegen. Wenn Art. 4 GG in Absatz 1 Religion und Weltanschauung gleichstelle, könne in Absatz 2 nicht allein die Religionsausübung und in Absatz 3 nicht die Gewissensfreiheit allein in Bezug auf die Kriegsdienstverweigerung geschützt sein. Vielmehr gehöre zur Religions- und Gewissensfreiheit auch das entsprechende Handeln. Die Absätze 2 und 3 drückten das nur für die in der Geschichte besonders gefährdeten Handlungsbereiche beispielhaft nochmals besonders aus.

Diese Auffassung von einem in Art. 4 GG gewährleisteten umfassenden „einheitlichen Schutzbereich" für ein freies Denken, Äußern und Handeln nach der eigenen religiösen oder weltanschaulichen Auffassung hat sich in Rechtsprechung und Wissenschaft durchgesetzt[24]. Damit werden allerdings nicht nur die Absätze 2 und 3 des Art. 4 GG und die durch Art. 140 GG inkorporierten Artikel 136–139, 141 WRV weitgehend überflüssig, vielmehr entfallen dann auch die dort normierten Gesetzesvorbehalte. Insofern kann eine Einschränkung dieses vorbehaltlos gewährleisteten „einheitlichen Grundrechts der Glaubensfreiheit" nur über den Vorbehalt kollidierenden Verfassungsrechts nach dem Prinzip der praktischen Konkordanz erfolgen.

Diese Folge ist umso problematischer, als sich die Bestimmung des „einheitlichen Schutzbereichs der Glaubensfreiheit" auch weitgehend aus dem Selbstverständnis der Religions- oder Weltanschauungsgemeinschaft ergeben soll[25]. Gewiss leuchtet es ein, dass ein Grundrecht auf Glaubensfreiheit gegenüber staatlichen Eingriffen nur wirksam sein kann, wenn der Staat nicht die Definitionsmacht für den Begriff der Religion und der Weltanschauung hat und damit auch nicht Art und Umfang der Religionsausübung bestimmen kann. Auch kann er sich dafür nicht allein auf Erscheinungsbild und Wirkungsfeld der überkommenen Religions- und Weltanschauungsgemeinschaften stützen. Allerdings stellt sich dann die Frage, wie verhindert werden kann, dass sich nicht

---

[24] Dazu *Pieroth/Schlink*, 16. Aufl., 2000, Rn. 508ff. m.zahlr.w.N.

[25] BVerfGE 24, 236, 247.

die verschiedensten Einrichtungen und Personen, u.U. sogar reine Wirtschaftsverbände, auf dieses Grundrecht berufen, um sich damit von zahlreichen Bestimmungen der Rechtsordnung zu dispensieren. Die Problematik wurde alsbald mit dem Aufkommen neuer Religionsgemeinschaften, „Jugendsekten", Psychogruppen, Meditationsvereinigungen und ähnlichen Gemeinschaften aktuell. Teilweise umgehen die Gerichte das Definitionsproblem[26], indem sie, wie z.B. im Fall der Warnung vor der Jugendsekte „Transzendentale Meditation" zunächst die Anwendbarkeit des Art. 4 I und II GG unterstellen und dann hypothetisch prüfen, ob die beanstandete staatliche Einschränkung nicht dennoch zulässig sei[27]. Teilweise prüfen sie auch, wie das Bundesverwaltungsgericht zum Verbot des Schächtens nach dem Tierschutzgesetz[28] an Hand von Gutachten, ob dieses Verbot wirklich dem bindenden Glaubensgut der betreffenden Religionsgemeinschaft widerspreche, weil eine individuelle Sicht, die allein auf die subjektive, wenn auch als zwingend empfundene Überzeugung einzelner Mitglieder der Religionsgemeinschaft abstelle, nicht mit dem Regelungsgehalt des Gesetzes vereinbar sei. Allerdings hat das Bundesverfassungsgericht jetzt zurecht diesen Ansatz als unvereinbar mit der Glaubensfreiheit erklärt und betont, dass es z.B. für die Bewilligung einer Ausnahme nach § 4 a II Nr. 2 TierSchG ausreichend sei, wenn der Antragsteller einer Gruppe von Menschen angehöre, die eine gemeinsame Glaubensüberzeugung verbinde[29]. Indessen hätte diese Entscheidung sich auch allein auf Art. 3 I GG stützen können, nachdem das Tierschutzgesetz eine Ausnahmeregelung enthält, von der zugunsten der jüdischen Glaubensgemeinschaft bereits Gebrauch gemacht wurde.

Der Verdacht, die Glaubensfreiheit zur Freistellung von Bestimmungen der Rechtsordnung zu rein wirtschaftlichen Zwecken zu nutzen, scheint in der Rechtsprechung vor allem gegenüber der „Scientology Kirche" vorzuherrschen. Zwar ist seit der erwähnten Rumpelkammerentscheidung gesichert, dass Religionen sich – sogar trotz intensiver wirtschaftlicher Betätigung – dem Grunde nach auf Art. 4 I und II GG berufen können. Indessen scheinen die wirtschaftlichen Betätigungen bei der Scientology Kirche so zu überwiegen, dass sich hier ein anderes Resultat ergeben soll. So hat das Bundesarbeitsgericht[30] die Scientology Kirche in eingehender Auseinandersetzung mit den Lehren ihres Gründers festgestellt, dass sie keine Religions- oder Weltanschau-

---

26 Dazu und zum folgenden im einzelnen *K.-H. Kästner*, Das Grundrecht Religions- und Weltanschauungsfreiheit in der neueren höchstrichterlichen Rechtsprechung, AöR 123 (1998), 408ff., 412, m.zahlr.w.N.; vgl. auch *J. Kokott*, in: M. Sachs (Hrsg.), Grundgesetz, 2. Aufl., 1999, Art. 4 Rn. 14ff.; *Chr. Starck*, in: *v.Mangoldt/Klein/Starck*, Grundgesetz, 4. Aufl., Bd. I, 1999, Art. 4 Rn. 30ff.

27 Vgl. BVerwGE 82, 76ff., 82.

28 BVerwGE 99, 1, 4ff.

29 Vgl. BVerfG v. 15.1.02, NJW 2002, 663f.

30 BAG, NJW 1996, 143ff.

ungsgemeinschaft darstelle, sondern rein wirtschaftliche Ziele verfolge und daher als kommerzielles Unternehmen einzustufen sei, für deren als Mitglieder deklarierte Mitarbeiter die arbeitsrechtlichen Bestimmungen zur Anwendung kämen. Allerdings gibt es inzwischen nahezu 100 verwaltungsgerichtliche Entscheidungen mit unterschiedlichen Beurteilungen, die es zwar überwiegend nicht wagen, die Zuordnung zu Art. 4 GG zu verneinen, dann aber – unter bisweilen großem argumentativem Aufwand – verfassungsimmanente Schranken ermitteln, um dem Geltungsanspruch der allgemeinen Gesetze in Grenzen doch noch gerecht zu werden, etwa indem man die gewerberechtliche Anmeldepflicht im Rahmen der Zumutbarkeit für Religions- und Weltanschauungsgemeinschaften postuliert[31] oder eine erlaubnispflichtige Sondernutzung an Straßen für eine „intensivere Einwirkung" auf die Straßenpassanten, nicht aber für die Verteilung von Werbezetteln annimmt[32].

War der Gedanke verfassungsimmanenter Schranken unter dem Gesichtspunkt der Einheit der Verfassung, die in einem konkreten Fall bei einer Kollision verschiedener Verfassungswerte im Wege der praktischen Konkordanz interpretativ zu finden ist, in seltenen Kollisionsfällen für Grundrechte ohne Gesetzesvorbehalt gedacht, so wird er heute zum Instrument individueller Anpassung der Rechtsordnung in ihrer alltäglichen Anwendung; schließlich lassen sich bei weiten Schutzbereichen der Grundrechte immer Überschneidungen und Kollisionen finden. Vielfach behilft man sich nicht nur kollidierender Grundrechte, sondern auch der Kompetenzregelungen und anderer verfassungsrechtlicher Festlegungen. So besteht für nahezu jeden konkreten Fall die Möglichkeit einer Abwägung. Der besondere Schutz vorbehaltlos gewährleisteter Freiheitsrechte geht auf diese Weise verloren; er ist u.U. bei Grundrechten mit Gesetzesvorbehalt sogar größer, weil das hier greifende Verhältnismäßigkeitsprinzip exaktere Maßstäbe gibt[33].

Unter Berufung auf die Rumpelkammerentscheidung des Bundesverfassungsgerichts[34], die am Anfang der Entwicklung zu einer rechtsdogmatischen Erfassung des Art. 4 GG steht, wird heute in der rechtswissenschaftlichen Literatur auch die Ansicht vertreten, der Staat dürfe einen Asylbewerber, dessen Asylantrag rechtsbeständig abgelehnt worden sei, dennoch nicht abschieben, wenn ihm eine Kirchengemeinde Zuflucht gewähre. Dafür hat sich bereits der historische Ausdruck des „Kirchenasyls" eingebürgert. Dieses wird damit begründet, die staatlichen Vollzugsorgane griffen mit einer Abschiebung in die Religionsfreiheit der Kirchengemeinde ein, dem einzelnen betroffenen Asylbewerber den nach ihrer religiösen Auffassung notwendigen Beistand zu lei-

---

31 Vgl. BVerwG, NVwZ 1995, 473.

32 Vgl. BVerwG, NJW 1997, 406ff.

33 Vgl. dazu *W. Brohm,* Die Funktion des BVerfG – Oligarchie in der Demokratie, NJW 2001, 1ff., 6 m. Anm. 35.

34 Oben im Text mit Anm. 23.

sten[35]. Freilich lassen sich diese angenommenen Rechte wieder verfassungsimmanent mit entgegenstehenden Verfassungsgütern abwägen, allerdings jeweils mit einem ungewissen Ergebnis.

Die grundsätzliche Frage bleibt, ob die Ausdehnung der Glaubensfreiheit auf alle religiös oder weltanschaulich motivierten Aktivitäten dem Individualrecht nicht eine unangemessene Prävalenz gegenüber den Gesetzen gibt, die das Zusammenleben in der Gemeinschaft regeln. Gerade in einer pluralistischen Gesellschaft muss die Einheit der Gemeinschaft durch eine funktionsfähige, für alle gleichermaßen zuverlässig geltende Rechtsordnung gewährleistet sein, die nicht in jedem Einzelfalle mit einer nahezu unbegrenzten Glaubens- und Weltanschauungsfreiheit des einzelnen in Frage gestellt und mit ungewissem Ausgang abgewogen werden kann. In einem nach allgemeinen verfassungsrechtlichen Wertvorgaben verwaltenden und judizierenden „Abwägungsstaat" geht nicht nur die Verlässlichkeit der Rechtsordnung verloren, vielmehr werden auch die Strukturprinzipien der Gewaltenteilung und der Demokratie zugunsten einer letztlich richterlichen Oligarchie verschoben. Insofern stellt sich die Frage, ob die Schöpfer der Verfassung, die die Glaubens- und Weltanschauungsfreiheit gegenüber staatlicher Bevormundung garantierten, aber die ungestörte Religionsausübung offensichtlich nur im Sinne einer Teilnahme an religiösen oder weltanschaulichen Veranstaltungen verstanden und gewissensbedingte Handlungen im außerkirchlichen Bereich allein im Hinblick auf den Dienst mit der Waffe von den allgemeinen staatsbürgerlichen Pflichten freistellten, nicht klüger waren als ihre späteren Interpreten.

---

[35] Vgl. *Grote/Kraus*, JuS 1997, 345ff., 347; dazu auch *M.-E. Geis*, JZ 1997, 60ff.

Schleierfahndung im Rechtsstaat?

Verfassungsrechtliche Grenzen der Zulässigkeit ereignis- und verdachtsunabhängiger Personenkontrollen

Erhard Denninger

1. *Die Abkehr von der traditionellen rechtsstaatlichen Begrifflichkeit des Polizeirechts*

Die Frage der Zulässigkeit ereignis- und verdachtsunabhängiger Personenkontrollen, also einer Identitätsfeststellung und der zugeordneten möglichen Folgeeingriffe wie Festhaltung, Durchsuchung und erkennungsdienstliche Behandlung ist ein „gemeindeutsches" Problem. Es wird im Folgenden anhand der *bayerischen* Rechtslage erörtert, weil Bayern mit dem Gesetz vom 23. 12. 1994 der Vorreiter dieser Entwicklung war und zugleich eine der strengsten Regelungen geschaffen hat.[1]Die Neuregelung darf nicht einseitig nur unter dem Aspekt effizienter polizeilicher *Aufgabenerfüllung* beurteilt und gerechtfertigt werden, sondern muss ebenso auch die *rechtsstaatlichen* Erfordernisse der Regelung und Begrenzung polizeilicher *Befugnisse* berücksichtigen.

Tut man dies, so wird man erkennen, dass die im Rahmen der sogenannten „Schleierfahndung" (Art. 13 Abs. 1 Nr. 5 PAG) möglichen „Jedermann-Kon-

[1] Das Änderungsgesetz zum Bayerischen Polizeiaufgabengesetz (nachfolgend: PAG) ist am 1.1. 1995 in Kraft getreten. Ähnliche Regelungen erfolgten 1996 in Baden-Württemberg, 1997 in Thüringen, 1998 in Mecklenburg-Vorpommern und , für den BGS, im Bund, 1999 in Sachsen und 2000 in Hessen. Nur als Befragungs-Befugnis ausgestaltet sind die Regelungen in Berlin, Brandenburg und Niedersachsen. Die zentrale bayerische Vorschrift lautet jetzt: „Art. 13 Identitätsfeststellung und Prüfung von Berechtigungsscheinen.

(1) Die Polizei kann die Identität einer Person feststellen.....5. im Grenzgebiet bis zu einer Tiefe von 30 km sowie auf Durchgangsstraßen (Bundesautobahnen, Europastraßen und andere Straßen von erheblicher Bedeutung für den grenzüberschreitenden Verkehr) und in öffentlichen Einrichtungen des internationalen Verkehrs zur Verhütung oder Unterbindung der unerlaubten Überschreitung der Landesgrenze oder des unerlaubten Aufenthalts und zur Bekämpfung der grenzüberschreitenden Kriminalität oder 6...." Wie bisher kann die Polizei zur Feststellung der Identität die erforderlichen Maßnahmen treffen, Art. 13 Abs. 2 Satz 1 BayPAG. Weiter heißt es: „[2]Sie kann den Betroffenen insbesondere anhalten, ihn nach seinen Personalien befragen und verlangen, daß er mitgeführte Ausweispapiere zur Prüfung aushändigt. [3]Der Betroffene kann festgehalten werden, wenn die Identität auf andere Weise nicht oder nur unter erheblichen Schwierigkeiten festgestellt werden kann. [4]Unter den Voraussetzungen von Satz 3 können der Betroffene sowie die von ihm mitgeführten Sachen durchsucht werden." Art. 14 sieht die Befugnis zur Vornahme erkennungsdienstlicher Maßnahmen vor, wenn die Identität anders nicht oder nur unter erheblichen Schwierigkeiten festgestellt werden kann.

trollen" mehr sind als nur ein weiterer kleiner Schritt in das „Vorfeld" von Gefahr und Verdacht, mehr als nur ein Schritt, der notwendig der Logik der „vorbeugenden Bekämpfung von Straftaten (Art. 2 Abs. 1)" folgt, wie Art. 31 Abs. 1 Nr. 1 PAG sagt.

Sobald man – und angesichts des Art. 2 Abs. 1 PAG (: „Die Polizei hat die Aufgabe, die allgemein ... bestehenden Gefahren ... abzuwehren") führt daran kein Weg vorbei – die Polizeiaufgaben nicht mehr nur auf die Abwehr *konkreter* Gefahren und die Verhütung und Erforschung *konkreter* Straftaten beschränkt, sondern auch die Bekämpfung *allgemeiner* oder *abstrakter* Gefahren einbezieht,[2] wird man der Feststellung des Bayerischen Verfassungsgerichtshofs beipflichten, dass „auch bei dem Begriff der ‚vorbeugenden Bekämpfung von Straftaten' das Handlungsfeld der Polizei nicht über den Bereich der Gefahr hinaus erweitert wird ... Die vorbeugende Bekämpfung von Straftaten ist daher Teil der Gefahrenabwehr".[3]

Die Einbeziehung der vorbeugenden Bekämpfung von Straftaten, also von künftigen Straftaten, die weder begangen worden noch geplant sind, sondern „die in [nur] gedachten typischen Fällen nach allgemeiner Lebenserfahrung wahrscheinlich" sind, die also nur eine „allgemeine" oder „abstrakte" Gefahr bilden, in den Gefahrenabwehr-Begriff, eröffnet damit zwar den polizeilichen Aufgabenbereich,[4] beraubt aber den *Gefahr*-Begriff insoweit seiner befugnis- und ermessens- und damit handlungssteuernden Unterscheidungskraft.

Wenn die „Wahrscheinlichkeit eines Schadenseintritts bei ungehindertem Kausalverlauf", die den Gefahr-Begriff definiert, nicht mehr auf eine „konkrete", raum-zeitlich bestimmbare Situation mit bestimmten oder bestimmbaren Beteiligten und diesen zuschreibbaren zu erwartenden Verhaltensweisen und Kausalverläufen bezogen wird, sondern zu einer rein denkmöglichen bzw. *statistischen* Größe wird, dann bleibt dies nicht ohne einschneidende Auswirkungen auf die bislang geltende, rechtsstaatlich fundierte und orientierte Dogmatik polizeirechtlicher Grundbegriffe: Dies gilt vor allem a) für die grundlegende Unterscheidung zwischen *„Störer"* und *„Nichtstörer"* und b) für die Ausrichtung polizeilicher Eingriffsmaßnahmen am *„Übermaßverbot"* (Grundsatz der Verhältnismäßigkeit, Art. 4 PAG).

(Zu a):)

Das bayerische Polizeirecht ging in Übereinstimmung mit dem Polizeirecht aller anderen deutschen Länder davon aus, dass die Polizei ihre Maßnahmen zur Abwehr einer Gefahr , und zwar einer „im Einzelfall bestehenden", konkreten Gefahr (Art. 2 PAG), grundsätzlich nur gegen den Verursacher dieser Gefahr

---

[2] Zum Verhältnis der Begriffe „allgemeine" und „abstrakte" Gefahr vgl. *Schmidbauer/Steiner/Roese,* Bayer. Polizeiaufgabengesetz, 1999, Art. 11 Rdn. 46: eine nur terminologische Unterscheidung.

[3] *BayVerfGH,* Entsch. vom 19. 10. 1994, NVwZ 1996, 166, 167, auch zum Folgenden

[4] *Schmidbauer/ Steiner/ Roese,* BayPAG, Art. 2 Rdn. 8.

oder gegen den für den Zustand einer „gefährlichen" Sache Verantwortlichen („Zustandsstörer") zu richten hat. Dieser Begriff des „Störers" und seiner Verantwortlichkeit war bisher rechtsstaatlich gesichertes gemeindeutsches Polizeirecht. Dementsprechend durfte eine polizeirechtlich nicht verantwortliche Person, als „*Nichtstörer*", nur unter streng umgrenzten, engen und als Ausnahmen zu verstehenden Voraussetzungen, nämlich im sogenannten „polizeilichen Notstand" in Anspruch genommen werden. Zu diesen Voraussetzungen gehörte vor allem, dass „eine gegenwärtige erhebliche Gefahr" abzuwehren war und die Polizei diese „nicht oder nicht rechtzeitig selbst oder durch Beauftragte abwehren" konnte (vgl. Art. 10 Abs. 1 PAG). Die Bindung der polizeilichen Eingriffsbefugnisse an diesen Zusammenhang von Verursachung einer konkreten Gefahr und ihrer Zurechnung zu einer individuell bestimmten Person liegt auch dem in Art. 11 Abs. 1 PAG normierten *Regelfall* der polizeilichen Befugnis-Generalklausel zugrunde; und die Bekanntmachung des Bayerischen Staatsministeriums des Innern über den „Vollzug des Polizeiaufgabengesetzes", zuletzt i.d.F. vom 12. April 1991 (VollzBek) erinnert in Nr. 2.2. zu Art. 2 noch einmal ausdrücklich daran, dass unter dem in Befugnisvorschriften verwendeten Begriff der „Gefahr" „allein die konkrete Gefahr zu verstehen" sei.

Durch die Ausweitung der Polizeibefugnisse vor allem im Zuge der Terrorismusbekämpfung der siebziger Jahre erfuhr die Beziehung Gefahrverursachung/Gefahrenlage:Störerverantwortlichkeit zwar eine gewisse Lockerung, jedoch keine gänzliche Aufhebung. Identitätsfeststellungen waren und sind nun möglich bei Personen, die zwar selbst (möglicherweise) keine Gefahr verursacht haben, die jedoch *durch ihr freies Verhalten eine besondere Nähebeziehung zu einer Gefahr oder einer gefahrenträchtigen Situation* geschaffen haben. Dies ist deutlich erkennbar der Fall, wenn sich die Person, aus welchen Gründen auch immer, an einem der sogenannten „verrufenen" oder „gefährlichen" Orte („Schlupfwinkel des Verbrechens") aufhält und dort „Opfer" einer Razzia wird – vgl. Art. 13 Abs. 1 Nr. 2 PAG. Ähnliches gilt für den Aufenthalt in einem oder in der Nähe eines „besonders gefährdeten Objekts", wobei die konkrete Gefährlichkeit immerhin durch Tatsachen belegt werden muss, die die Annahme rechtfertigen, „dass in oder an Objekten dieser Art Straftaten begangen werden sollen, ..." (Art. 13 Abs. 1 Nr. 3). Am wenigsten deutlich ist die beschriebene Nähebeziehung, wenn jemand „ohne jegliches eigenes Zutun" an einer Kontrollstelle gemäß Art. 13 Abs. 1 Nr. 4 angehalten und kontrolliert wird. Weil hier auch gänzlich unbeteiligte Dritte betroffen sein können, die weder als Störer noch als Nichtstörer in Anspruch genommen werden können, wird im Hinblick auf den Verhältnismäßigkeitsgrundsatz Zurückhaltung bei Einrichtung und Tätigkeit solcher Kontrollstellen empfohlen.[5]

---

[5] Vgl. etwa Nr. 13.6. Vollzugs-Bekanntmachung zu Art. 13 PAG. Zur ähnlichen Rechtslage in Hessen s. *Meixner/Friedrich,* HSOG, 9. Aufl. 2001, § 18, Rdn.24.

Diese Kontrollen sind als „präventive", gefahrenabwehrende Ergänzung zu den nach § 111 StPO zu beurteilenden „repressiven", strafverfolgenden Straßenkontrollen zu verstehen; ein typischer Anwendungsbereich ist die Kontrolle der zu einer Großdemonstration Anreisenden, um den waffenlosen, friedlichen Verlauf der Kundgebung zu gewährleisten. Eine Eingrenzung erfährt die polizeiliche Tätigkeit hierbei durch den konkreten Anlass zur Einrichtung der Kontrollstelle; insofern ist sie immerhin *„ereignisabhängig"*. *Gefahren*abhängig sind auch die aufgrund des § 36 Abs. 5 StVO zulässigen Verkehrskontrollen und Verkehrserhebungen. Denn der Straßenverkehr ist per se „gefährlich"; wer daran teilnimmt, eröffnet selbst eine Gefahr und begibt sich in Gefahr, mit der Folge, dass er/sie spezifische gefahrenmindernde Eingriffsmaßnahmen dulden muss.

Für alle bisher erörterten Fälle möglicher Personenkontrollen über den klaren Fall der Abwehr einer konkreten Gefahr hinaus (Art. 13 Abs. 1 Nr. 1) gilt somit, dass entweder ein konkreter Anlass, ein „Ereignis", oder eine gefahren- oder verdachts"verdichtende" Situation bzw. Örtlichkeit vorliegen muss, welche die *besondere Nähebeziehung* zwischen dem zu Kontrollierenden und der gefahrenträchtigen Situation herstellt.

Mit *Waechter* kann man hier teils von „Lastenzurechnung wegen Eröffnung einer Gefahrenquelle" (bei den Verkehrskontrollen), teils von einer „Lastenzurechnung in örtlichen und zeitlichen Sondersituationen" (bei Eingriffen an „gefährlichen" oder „gefährdeten" Orten, an Kontrollstellen nach der StPO (§ 111) oder nach Polizeirecht, aber auch bei Kontrollen an der Grenze oder im Grenzgebiet) sprechen. Die Unterscheidung von Störer und Nichtstörer bleibt gewahrt: ein anlass-, ereignis- oder verdachtsloser Zugriff auf „Jedermann" findet nicht statt.[6]

Deshalb ist *Beinhofer* zu widersprechen, wenn er unter Hinweis auf die hier untersuchten Normen behauptet, schon das bisherige Polizeirecht kenne in allen deutschen Ländern Fälle von verdachts- und ereignisunabhängigen Personenkontrollen.[7] Eben dies war bisher nicht der Fall. Mit Art. 13 Abs. 1 Nr. 5 PAG, jedenfalls soweit das „Landesinnere", und nicht das „Grenzgebiet" in der Tiefe bis zu 30 km erfasst wird (die Bundesregierung spricht hier, terminologisch unglücklich, vom „inländischen Bereich", so als ob das Grenzgebiet schon „Ausland" wäre),[8] wird polizeijuristisches *Neuland* betreten. Zum ersten Mal kann „jedermann", ohne die geringste polizeiliche „Auffälligkeit", Gegenstand polizeilicher Eingriffsmaßnahmen werden, schon, wenn er vor seine

---

[6] Vgl. *Waechter,* Die ‚Schleierfahndung' als Instrument der indirekten Verhaltenssteuerung durch Abschreckung und Verunsicherung, DÖV 1999, 138, 146.

[7] *Beinhofer,* Europäischer Abbau der Grenzkontrollen und polizeiliche Aufgabenerfüllung, BayVBl. 1995, 193, 196.

[8] Vgl. Antwort der Bundesregierung in BT-Drs. 14/4485 vom 6. 11. 2000, S. 4 zu Frage 10.

Haustüre tritt und diese zufällig an einer „Durchgangsstraße" i.S. des Art. 13 liegt (wovon er keine Ahnung hat), oder wenn er einen Zug besteigt oder in der Autobahnraststätte als verantwortungsbewusster Fahrzeugführer die notwendige Kaffeepause einlegt.

Dass dies etwas Neues ist, wird, wenngleich noch nicht überall mit der nötigen Schärfe, in der Rechtsprechung und im Schrifttum gesehen und anerkannt. Das *Landesverfassungsgericht Mecklenburg-Vorpommern* hat in seinem die verfassungsrechtlichen Grundlagen der polizeirechtlichen Störerdogmatik (dazu sogleich sub. 2.) mit einbeziehenden Urteil vom 21. 10. 1999 den nicht nur quantitativ-graduellen, sondern *qualitativen Unterschied* der gefahr- und verdachtslosen Personenkontrollen auf „Durchgangsstraßen" zu allen bisher möglichen Kontrollmodalitäten herausgearbeitet. Bei jenen verhalte „es sich grundlegend anders" als bei diesen, weil es an dem zur Rechtfertigung des Eingriffs „notwendigen Zurechnungszusammenhang" fehle.

„Daß jemand sich auf einer Durchgangsstraße von erheblicher Bedeutung für den grenzüberschreitenden Verkehr aufhält, ist allein kein Umstand, der in vergleichbarer Weise einen Zurechnungszusammenhang zwischen jedermann und der (möglichen) Schädigung von durch die vorbeugende Bekämpfung von Straftaten zu schützenden Rechtsgütern herstellen könnte. Die Befugnis ist weder örtlich auf gefahrenträchtige Örtlichkeiten noch zeitlich auf Sondersituationen begrenzt."[9]

Ch. Möllers sieht in etwas anderer Akzentsetzung in der Einführung gefahrloser Polizeikontrollen deshalb ein „Novum" in der deutschen Polizeirechtsdogmatik, „weil zum ersten Mal die Eröffnung der polizeilichen Kontrollbefugnis vollständig vom konkreten Erkenntnisstand der Polizei abgekoppelt wird."[10]

Und er äußert rechtliche Bedenken, weil der vollständige Verzicht auf das Gefahrerfordernis offensichtlich darauf angelegt sei, „die Kontrolle von Nichtstörern als Mittel zum Zweck der Bekämpfung von Störern zu verwenden." Die gesetzliche Regelung mache damit „den polizeilichen Notstand zum Regelfall" (a.a.O., 385).

2. Der Grundsatz der Verhältnismäßigkeit („Übermaßverbot") als Grundprinzip des Rechtsstaats im materiellen Sinn. Bürgerfreiheit und Bürgersicherheit

(Zu b):)

Es wird der Tragweite der hier zu klärenden Probleme nicht gerecht, wenn man den kritischen Hinweis auf den Bruch mit der herkömmlichen Polizei-

---

[9] *LaVerfG Mecklenburg-Vorpommern,* Endurteil vom 21. 10. 1999, LVerfG 2/98, Umdruck S. 27, s.a. DVBl. 2000, 262, 265, mit krit. Anm. von *Engelken.*

[10] *Möllers,* Polizeikontrollen ohne Gefahrverdacht, NVwZ 2000, 382, 387.

rechtsdogmatik mit der trivialen Bemerkung abtut, der Sinn von Gesetzesnovellen sei es, die Rechtslage zu ändern. Es liege in der Änderungsmacht des demokratisch legitimierten Gesetzgebers, überkommenes Recht abzuschaffen und durch neues zu ersetzen.

Wenn hier wie in der mecklenburg-vorpommerschen Entscheidung die traditionellen Grundlagen des Polizeirechts in Erinnerung gerufen werden, so meint dies nichts anderes als die Frage nach der *verfassungsrechtlichen* Zulässigkeit der neuen Eingriffsbefugnisse. Denn auch der Gesetzgeber des „Vorsorgestaates" oder „Präventionsstaates" ist – auch dies ist trivial – nur im Rahmen der Verfassung frei.[11]

Es kann sich ja nicht darum handeln, die bisher gültigen Grundsätze des Polizeirechts alternativlos als verfassungs*geboten* abzuleiten und sie auf diese Weise (materiell) in Verfassungsrang zu erheben. Vielmehr ist zu fragen, ob nicht in einigen besonders wichtigen Regelungen des Polizeirechts verfassungsrechtliche Grundentscheidungen ihren Ausdruck gefunden haben, die ihre Maßstabsfunktion auch für die Fortentwicklung präventionsstaatlichen Polizeirechts behalten müssen.

Dies wird hier für den vom Landesverfassungsgericht Mecklenburg-Vorpommern als *verfassungsrechtlich notwendig* hervorgehobenen, einfachgesetzlich ausgestalteten *Zurechnungszusammenhang* zwischen dem Verhalten des Einzelnen und einer Rechtsgutgefährdung in Anspruch genommen.

> „Der Freiheitsanspruch des Einzelnen verlangt, daß er von polizeilichen Maßnahmen verschont bleibt, die nicht durch eine hinreichende Beziehung zwischen ihm und einer Gefährdung eines zu schützenden Rechtsguts oder eine entsprechende Gefahrennähe legitimiert sind."[12] – LaVerfG M – V, 2/98, Umdruck S. 26, = DVBl. 2000, 262,265, s. auch LS 3.

Die Kritik an dieser Kernaussage des Landesverfassungsgerichts vermisst einerseits eine den Zurechnungszusammenhang als normativ notwendig gebietende geschriebene Verfassungsbestimmung, andererseits glaubt sie, vor ungerechtfertigten verfassungsrechtlichen Überhöhungen einfachrechtlicher Prinzipien warnen zu müssen.[13]

Die hier angeblich fehlende Verfassungsbestimmung ist das im materiellen Sinne zu verstehende *Rechtsstaatsprinzip in Verbindung mit der „allgemeinen Freiheitsvermutung zugunsten des Bürgers"*[14]. In der Bayerischen Verfassung hat es in Art. 3 Abs. 1 – „Bayern ist ein *Rechts*-, Kultur- und Sozialstaat" – sowie in den Artikeln 100 (Achtung der Menschenwürde), 101 (allgemeine Handlungsfrei-

---

[11] Zum Spannungsverhältnis zwischen Rechtsstaat und Präventionsstaat vgl. *Denninger,* Der Präventions-Staat, KJ 1988, 1ff.; ebenso in *derselbe,* Der gebändigte Leviathan, 1990, S. 33ff.

[12] *LaVerfG M.-V., 2/98,* Umdruck S. 26, DVBl. 2000, 262,265, dort auch Leitsatz 3.

[13] So *Engelken* in seiner Anmerkung zum Urteil, DVBl. 2000, 269, 270.

[14] *BVerfGE* 17, 306, 313f.; 6, 32, 42; 55, 159, 165; st. Rspr.

heit) und 102 (Unverletzlichkeit der Freiheit der Person, vor allem auch der körperlichen Bewegungsfreiheit) in Verbindung mit Art. 98 Satz 1 und 2 (Gesetzesvorbehalt für Grundrechtseinschränkungen; sie sind nur zulässig, „wenn die öffentliche Sicherheit, Sittlichkeit, Gesundheit und Wohlfahrt es *zwingend erfordern.*") den hier maßstabsbildenden Ausdruck gefunden. Im Grundgesetz ist der Rechtsstaatsgrundsatz in Art. 28 Abs. 1 als Normativbestimmung für die Landesverfassungen, ferner in Teilausprägungen in Art. 20 Abs. 3 (Gesetzesvorbehalt, Gesetzmäßigkeitsprinzip) , Art. 1 Abs. 1 (Menschenwürdesatz) und Abs. 3 (Grundrechtsbindung), Art. 2 Abs. 1 (Persönlichkeitsrecht, allgemeine Handlungsfreiheit) sowie in Art. 19 Abs. 1, 2 und 4 (Verbot des Individualgesetzes, Wesensgehalt- und Rechtsschutzgarantie) verankert. Die (Bewegungs-) Freiheit der Person wird in Art. 2 Abs. 2 GG geschützt. Die Bestimmungen des Grundgesetzes sind freilich nicht unmittelbarer Maßstab für die Prüfung eines bayerischen Gesetzes im Wege einer bayerischen Popularklage, Art. 98 BV. Hier bilden vielmehr die Normen der Landesverfassung den Maßstab. Dennoch sind die dem bayerischen Verfassungsrecht wesentlich inhaltsgleichen Grundrechte der Bundesverfassung, auch in der durch die Rechtsprechung des BVerfG geformten Auslegung, mittelbar als Interpretationshilfe auch für den Bayerischen Verfassungsgerichtshof von Bedeutung. Dies hat dieses Gericht mehrfach und insbesondere im Hinblick auf das Recht zur informationellen Selbstbestimmung festgestellt.[15]

Für den grundlegenden Gehalt des *Rechtsstaatsprinzips*, für den sich aus diesem ergebenden *Grundsatz der Verhältnismäßigkeit* und für den *Sicherheitsauftrag* und die *Schutzpflichten des Staates* kann nichts anderes gelten.

Nach Auffassung des BVerfG folgt der Grundsatz der Verhältnismäßigkeit „bereits aus dem Wesen der Grundrechte selbst", die ihrerseits als *„Ausdruck des allgemeinen Freiheitsanspruchs des Bürgers gegenüber dem Staat"* gesehen werden und (deshalb) *„von der öffentlichen Gewalt jeweils nur soweit beschränkt werden dürfen, als es zum Schutz öffentlicher Interessen unerläßlich ist"*.[16]

Dieser *grundsätzliche Freiheitsanspruch des Bürgers* (so *BVerfGE* 17, 314) verlangt also, dass der „Einzelne vor unnötigen Eingriffen der öffentlichen Gewalt bewahrt bleibt" (*BVerfGE* 55, 159, 165, u.ö.). Erst wenn die Prüfung ergibt, dass ein gesetzlicher Eingriff „unerläßlich" ist – die Landesverfassung, Art. 98, fordert sogar „zwingende Erforderlichkeit" ! – dann sind die weiteren Prüfungsschritte angebracht: Verfolgung eines legitimen Gemeinwohlzwecks, Geeignetheit und Erforderlichkeit des Mittels, Zumutbarkeit = keine übermäßige Belastung des Betroffenen = Verhältnismäßigkeit im engeren Sinne. Hinzutreten muss schließlich die Prüfung der Normenklarheit und Normbestimmtheit.

---

[15] Vgl. nur *BayVerfGH* NVwZ 1996, 166, m. w. Nachw.

[16] *BVerfGE* 65, 1, 44; 19, 342, 349; 17, 306, 314.

Gegenüber diesem grundsätzlichen Freiheitsanspruch, also dem Anspruch, von staatlicher Inanspruchnahme frei zu bleiben, genügt es mithin nicht, etwa in der Gesetzesbegründung darauf hinzuweisen, die Eingriffsmaßnahme, hier die verdachts- und ereignislose Kontrolle, verfolge einen „legitimen Gemeinwohlzweck", z.B. die „Bekämpfung der grenzüberschreitenden Kriminalität". Vielmehr trägt der Gesetzgeber die „materielle" Beweislast für den Nachweis, dass gerade die getroffene *Eingriffs*regelung für eine erfolgversprechende Zweckverfolgung „unerläßlich" ist. Diese Relation zwischen Zweckverfolgung, z.B. Abwehr einer bestimmten Gefahr, und Eingriffsadressat kommt im Polizeirecht in dem geforderten Zurechnungszusammenhang, im Prinzip der „Störer"verantwortlichkeit in formalisierter Weise zum Ausdruck. Der Gefahrverursacher ist im allgemeinen am nächsten zur Gefahrenbeseitigung. Umgekehrt soll derjenige, der mit der Gefahr überhaupt nichts zu tun hat, in diesem Sinne also „Nichtstörer" ist, grundsätzlich von Inanspruchnahmen verschont bleiben, vom Staat „in Ruhe gelassen werden". Dieses Recht auf Freiheit von staatlicher Inanspruchnahme betrifft nicht erst und nur den Bereich der eigentlichen „privacy", jenen „unantastbaren Bereich privater Lebensgestaltung, der der Einwirkung der öffentlichen Gewalt entzogen ist",[17] sondern auch ganz gewöhnliche Erscheinungsformen individueller Handlungsfreiheit (Art. 101 BV) wie das freie, ungestörte Reisen auf öffentlichen Straßen und in öffentlichen Eisenbahnen.[18] Dem allgemeinen Freiheitsanspruch des Bürgers tragen (seit langem) die Polizeigesetze – so auch Art. 10 PAG – Rechnung, wenn sie die Inanspruchnahme des „Nichtstörers" an das (kumulative) Vorliegen hoher „Eingriffsschwellen" knüpfen, also an die Bedrohung durch eine *gegenwärtige erhebliche Gefahr,* an die Unmöglichkeit, *Störer überhaupt oder rechtzeitig* in Anspruch nehmen zu können, ferner an die Unmöglichkeit für die *Polizei,* die Gefahr durch Fremd- oder Selbstvornahme abzuwehren usw.

Von alledem ist bei den ereignis- und verdachtslosen Personenkontrollen des Art. 13 PAG (ebenso wie in den anderen Landespolizeigesetzen) nicht mehr die Rede. Eine Vielzahl von Nichtstörern wird polizeilich in Anspruch genommen, um , relativ gesehen, eine sehr kleine Anzahl von Störern aufzufinden.

(Hierzu einen kleinen Exkurs zu den Zahlenverhältnissen: Es soll hier nicht versucht werden, ein qualitativ-normatives Problem in ein statistisch-deskriptives Problem umzuformulieren und damit aufzulösen. Methodisch wäre dies schon deshalb fragwürdig, weil bislang kein umfassendes, gesichertes, eine differenzielle Diagnose und Evaluation erlaubendes Zahlenmaterial zur Verfügung steht. Immerhin liegen jedoch für die strukturell vergleichbare Aktivität

---

[17] *BVerfGE* 27, 1,6; 6,32,41; dazu *E. Benda* in: Benda/Maihofer/Vogel, Handbuch des Verfassungsrechts, 2. Aufl. 1994, §6 Rdn. 26ff.

[18] Dazu s. *Lisken* , „Verdachts- und ereignisunabhängige Personenkontrollen zur Bekämpfung der grenzüberschreitenden Kriminalität"?, NVwZ 1998, 22, 24.

des *Bundesgrenzschutzes* gemäß dem 1998 eingeführten §22 Abs. 1 a) BGSG Zahlen vor, die über das hier interessierende Störer/Nichtstörer-Verhältnis Aufschluss zu geben vermögen. Die genaue Zahlenerfassung hängt mit dem *Experimentcharakter* der bundesrechtlichen Regelung zusammen. Ihre Gültigkeit ist bis 31. 12. 2003 befristet; bis dahin wird die Bundesregierung dem Bundestag einen Erfahrungsbericht vorlegen. Aufgrund des §22 Abs. 1 a) BGSG wurden im 1. Halbjahr 2000 159 315 Personen „kurzzeitig angehalten und befragt". 797 Fälle unerlaubter Einreise wurden dabei ermittelt. Das entspricht einer Störer/Nichtstörer-Relation von 1: 200 oder von 0,5 v.H. Bei den „verdachtslosen" Identitätskontrollen gemäß §23 Abs. 1 Nr. 3 BGSG im Grenzgebiet bis zur Tiefe von 30 Kilometern ergaben sich auf 280 728 Kontrollen im gleichen Zeitraum 2288 „Treffer", d.h. Fälle unerlaubter Einreise, also 0,815 v.H. Dabei legt die Bundesregierung Wert auf die Feststellung, dass der Bundesgrenzschutz keine so genannten „Schleierfahndungen" durchführt, sondern dass die Kontrollen nach §22 Abs. 1 a) BGSG zwar ohne konkreten Verdacht, aber doch „lageabhängig" stattfinden.[19])

Der Zahlenexkurs macht deutlich, ohne dass es auf Details ankäme, dass hier eine Umkehrung des grundlegenden, im verfassungsrechtlich gesicherten Freiheitsanspruch begründeten *Regel-Ausnahme-Verhältnisses* stattfindet. Nicht von ungefähr spricht das „traditionelle", und das heißt hier: im unverfälschten Sinne *rechtsstaatliche* Polizeirecht beim Zugriff auf den Nichtstörer von dem „*polizeilichen Notstand*". Es ist angebracht, dazu einen „Klassiker" des Polizeirechts, das Lehrbuch von *Drews/ Wacke/ Vogel/ Martens,* zu hören:

> „Der polizeiliche Notstand ist eine *Ausnahmesituation,* in der abweichend von der Regel der Inanspruchnahme des Störers in den Rechtskreis unbeteiligter Personen eingegriffen werden darf. Die Polizeigesetze binden daher die Eingriffsbefugnisse mit vollem Recht an *eng umgrenzte* Voraussetzungen. Als Ausnahmevorschriften sind die einschlägigen Bestimmungen *streng* und *einschränkend auszulegen.*"[20]

Gemessen an dieser klaren und einfachen Rechtslage müsste der Gesetzgeber des Art. 13 Abs. 1 Nr. 5 BayPAG – ebenso wie alle Geber vergleichbarer Gesetze – dartun, dass und inwiefern wir seit der Aufhebung der EU-Binnengrenzen polizeilich gesehen in einem permanenten Ausnahmezustand leben. Davon kann ernsthaft keine Rede sein.[21]

Vielmehr muss deutlich herausgestellt werden, dass der Umgang mit den bei der „Schleierfahndung" zum Regelfall gewordenen „Nichtstörern" als Eingriffsadressaten auf einer normativen Wertung beruht, die in krassem Wider-

---

[19] Vgl. Antwort der Bundesregierung auf die Kleine Anfrage der Abg. Ulla Jelpke und der Fraktion der PDS – Drs. 14/4346 – , BT-Drs. 14/4485 vom 6. 11. 2000, S. 2.

[20] *Drews/ Wacke/ Vogel/ Martens,* Gefahrenabwehr, 9. Aufl. 1986, S. 332, Hervorhebungen im Original.

[21] Vgl. auch *Möllers,* NVwZ 2000, 382, 385; *Lisken,* NVwZ 1998, 22, 24; *Roggan,* Die Videoüberwachung von öffentlichen Plätzen, NVwZ 2001, 134, 140.

spruch zu jener steht, von der das skizzierte rechtsstaatlich-liberale Polizeirecht getragen war und ist.

3. Keine einseitige Verabsolutierung des staatlichen Sicherheits- und Schutzauftrages, sondern verhältnismäßiger Ausgleich von Sicherheit und Freiheit

Vornehmlich aus Bayern, aber keineswegs nur von dort, ist das Argument zu hören, der Staat sei nicht nur ermächtigt, sondern wegen seines verfassungsmäßigen Sicherheits- und Schutzauftrages geradezu verpflichtet, Kontrollen von der Art, wie sie Art. 13 Abs. 1Nr. 5 PAG vorsieht, durchzuführen. In Bayern wird für diese *staatliche Schutzpflicht* besonders auf Art. 99 Satz 2 BV verwiesen,[22]im übrigen z.B. auf Art. 2 Abs. 2 GG.[23]

Zur Bekräftigung wird in diesem Zusammenhang regelmäßig ein Satz aus dem Kontaktsperre-Beschluss des Bundesverfassungsgerichts vom 1. 8. 1978 zitiert, als wäre er geschriebenes (Bundes-)Verfassungsrecht:

> „Die Sicherheit des Staates als verfasster Friedens- und Ordnungsmacht und die von ihm zu gewährleistende Sicherheit seiner Bevölkerung sind Verfassungswerte, die mit anderen im gleichen Rang stehen und unverzichtbar sind, weil die Institution Staat von ihnen die eigentliche und letzte Rechtfertigung herleitet (BVerwGE 49, 202 [209]).“[24]

Auf eine nähere Begründung, inwiefern die Sicherheit des Staates in der fraglichen Situation bedroht ist und weshalb gerade die getroffenen Maßnahmen zur Abwendung der Gefahr notwendig sind, wird dann meistens verzichtet. Die Rangbestimmung der Sicherheit des Staates durch das BVerfG dient zugleich zur abschließenden Entscheidung der Verhältnismäßigkeitsprüfung auf der letzten Stufe der „Verhältnismäßigkeit im engeren Sinne“ bzw. bei der „Gesamtabwägung aller konfligierenden Interessen“.

Nun bestreitet niemand den hohen Rang der Sicherheit des Staates und seiner Bevölkerung. Worauf jedoch kritisch aufmerksam gemacht werden muss, ist die methodisch verfehlte Gleichsetzung oder gar Verwechselung von *Problemformulierung* mit *Problemlösung:* Erstens ist der rechtliche und faktische Kontext zu beachten, in welchem das BVerfG jene Sicherheits-Formel geprägt hat, und zweitens ist ihr genauer Sinn zu ermitteln. Bei dem im Zuge des Kampfes gegen den RAF-Terrorismus erlassenen „Kontaktsperregesetz“ ging es um eine

---

[22] Art. 99 BV lautet: „ Die Verfassung dient dem Schutz und dem geistigen Wohl aller Einwohner. Ihr Schutz gegen Angriffe von außen ist gewährleistet durch das Völkerrecht, nach innen durch die Gesetze, die Rechtspflege und die Polizei.“

[23] Vgl. *BayVerfGH* NVwZ 1996, 166; *Beinhofer,* BayVBl. 1995, 193, 196; *Müller-Terpitz,* Grenzpolizeiliche Schleierfahndung im Binnenraum, DÖV 1999, 329,335.

[24] *BVerfGE* 49, 24, 56f.; der letzte, begründende Nebensatz wird meistens weggelassen.

Änderung des Einführungsgesetzes zum GVG (u.a. des § 31), welche eine Unterbrechung jedweder Verbindung von Gefangenen untereinander und mit der Außenwelt einschließlich des Verkehrs mit den Strafverteidigern vorsah, mithin um eine gravierende Beeinträchtigung der Rechtsstellung der Betroffenen. Auf der anderen Seite waren jedoch eine *gegenwärtige Gefahr für Leben, Leib oder Freiheit einer Person,* sowie die durch rechtskräftige Verurteilung erwiesene oder auf konkreten Verdacht gestützte Zugehörigkeit zu einer *terroristischen Vereinigung* (§ 129 a StGB) als Tatbestandsvoraussetzungen für den Eingriff gefordert. In *dieser* außerordentlich gefahrenträchtigen Gesamtsituation (der Ausdruck „Staatsnotstand" wird hier allerdings bewusst vermieden !) sah sich das BVerfG veranlasst, auf die Bedeutung des Rechtsgutes „Sicherheit" als *eines* Elementes in der Abwägung hinzuweisen. Mit verdachts- und anlasslosen Routinekontrollen zur Unterbindung unerlaubter Grenzübertritte und Aufenthalte und zur Bekämpfung grenzüberschreitender Kriminalität ist die damalige Situation kaum zu vergleichen.

Liest man die Sicherheits-Formel des Gerichts unbefangen und genau, so wird deutlich, dass das Gericht dem Verfassungswert der Sicherheit nicht etwa einen schlechthin *höheren Rang* vindiziert als den anderen (kollidierenden) Verfassungswerten, vielmehr spricht es von den Verfassungswerten der Sicherheit, „die mit anderen im *gleichen* Rang stehen" (aaO., 57) . Damit erkennt das BVerfG die Möglichkeit einer Kollision des Wertes der Sicherheit mit anderen *gleichrangigen,* verfassungsrechtlich geschützten (Individual-)Rechtsgütern an; das heißt, es *eröffnet* hier das Problem des verhältnismäßigen Ausgleichs im Kollisionsfalle, es *entscheidet es nicht* einfachhin.

Eben eine solche problemoffene und nicht durch das „Sicherheits-Argument" umstandslos abgeschnittene Überprüfung gilt es hinsichtlich der gesetzgeberischen Entscheidung zu § 13 Abs. 1 Nr. 5 PAG vorzunehmen. Dabei akzeptieren wir den rechtstheoretischen Ausgangspunkt, wie ihn 1975 das *Bundesverwaltungsgericht,* der eigentliche Urheber jener Sicherheits-Formel, exemplarisch formuliert hat:

> „Bei unvermeidlich auftretenden Kollisionen von grundsätzlich gleichrangigen Rechten und Werten müssen das einzelne Recht oder der einzelne Wert Begrenzungen hinnehmen, die sich aus der erforderlichen gleichzeitigen Beachtung der kollidierenden Rechte oder Werte ergeben. Schlechthin schrankenlose Rechte kann eine wertgebundene Ordnung nicht anerkennen."[25]

Diese Notwendigkeit der *wechselseitigen* Begrenzung der kollidierenden Verfassungsrechtsgüter, hier der Kollision der persönlichen Handlungsfreiheit, der Bewegungsfreiheit und der informationellen Selbstbestimmung der Einzelnen mit dem Grenzschutz- und Sicherheitsinteresse des Staates, muss auch bezüglich der verdachts- und gefahrlosen Personenkontrollen zu einer *differenzieren-*

[25] *BVerwGE* 49, 202, 209, Urteil vom 7. 10. 1975.

den Betrachtungsweise führen, bei welcher der oben beschriebene grundsätzliche Freiheitsanspruch des („unbeteiligten") Bürgers eine seinem Gewicht entsprechende Berücksichtigung erheischt. Eine solche Betrachtungsweise wird nicht zu einer „Verdammung" der Schleierfahndung in Bausch und Bogen führen, wohl aber zu ihrer freiheitsschonenden, angemessenen Begrenzung und rechtsstaatlichen Einhegung. Vor allem geht es um eine *räumliche Eingrenzung* möglicher Kontrollen sowie um eine Begrenzung ihrer *Eingriffsintensität*. Dies letztere betrifft sowohl die Durchführung der Identitätsfeststellung selbst, Art. 13 Abs. 2 PAG, als auch weitere *Folgemaßnahmen* der Verarbeitung der erhobenen personenbezogenen Daten.

Im Hinblick auf jüngst im Schrifttum vorgebrachte Überlegungen bedarf es allerdings zur Staatsaufgabe „Innere Sicherheit" noch einer Klarstellung. Dieser soll[26] wegen der besonderen Schutzpflicht-Norm des Art. 99 Satz 2 BV bei der Abwägung mit dem Recht auf informationelle Selbstbestimmung in Bayern ein größeres Gewicht zukommen als nach der grundgesetzlichen Rechtslage, also in der Bundesrepublik insgesamt. Erfreulich ist ja immerhin, dass anerkannt wird, dass auch die Bayerische Verfassung im historischen Kontext der Reaktion auf den NS-Willkürstaat zu sehen sei. Es könne also auch nach bayerischem Verfassungsrecht nicht sein, „dass Kollektivinteressen sich stets gegenüber Individualinteressen durchsetzen." Doch seien in Bayern unter Umständen weitergehende Einschränkungen des Rechtes auf informationelle Selbstbestimmung möglich als in anderen Ländern oder im Bund. Dieser Argumentation ist in aller Kürze zweierlei zu entgegnen: Träfe sie zu, dann müsste auch für die in Art. 99 Satz 1 BV umschriebene Schutzfunktion der Verfassung ein stärkerer normativer Gehalt in Anspruch genommen werden können als für die Verfassungen des Bundes oder anderer Länder. Deren Interpreten, des Bundes wie der Länder, würden sich aber zu Recht gegen die Unterstellung wehren, ihre Verfassungen dienten dem geistigen und leiblichen Wohl der Einwohner nicht ebenso gut wie die Verfassung Bayerns; Völkerrecht (! Es ist doch wohl dasselbe für Bayern wie für Nichtbayern), Gesetze, Justiz und Polizei schützten ihre Einwohner weniger gut als diejenigen Bayerns. Die dargestellte Betonung der Sicherheit als Verfassungswert durch das BVerfG beansprucht ersichtlich Geltung für das Grundgesetz und seinen ganzen räumlichen Geltungsbereich, das *Bundesgebiet*. Und zweitens: Wie immer man den Schutzbereich des in Art. 100 und Art. 101 BV verankerten Grundrechts auf informationelle Selbstbestimmung definiert, maßgebend bleibt auch für den bayerischen Rechtsanwender gemäß Art. 1 Abs. 3 GG der Gewährleistungsgehalt des eventuell weitergehenden *Bundes*grundrechts auf informationelle Selbstbestimmung. Dies gilt gerade dann, wenn man die neue Rechtsprechung des BVerfG zu Art. 142

[26] So z.B. *Kastner*, Verdachtsunabhängige Personenkontrollen im Lichte des Verfassungsrechts, Verwaltungs-Archiv 92 (2001), 216, 250.

GG zugrunde legt, derzufolge auch bei einer Mindergewährleistung durch das Landesverfassungsgrundrecht keine *Derogation* der landesverfassungsrechtlichen Norm stattfindet.[27]

Im übrigen hat der Bayerische Verfassungsgerichtshof die inhaltliche Übereinstimmung des Rechts auf informationelle Selbstbestimmung nach bayerischem und nach Bundes- Verfassungsrecht „jedenfalls in den Grundaussagen“ längst festgestellt.[28]

4. „Angemessenheit“ der angegriffenen Regelung? Zur „Verhältnismäßigkeit im engeren Sinne“ und zur Notwendigkeit „rechtsstaatlicher Eingriffsschwellen“

Die Auseinandersetzung um die Verfassungsmäßigkeit des Art. 13 Abs. 1 Nr. 5 und Abs. 2 PAG muss im Schwerpunkt um die Frage der „Angemessenheit“ der bayerischen Regelung – die vierte und letzte Stufe der Verhältnismäßigkeitsprüfung – geführt werden, wobei auch ein vergleichender Blick auf ähnliche Regelungen im Bund und in anderen Ländern hilfreich sein kann. Das soll nicht heißen, dass hinsichtlich der drei systematisch vorangehenden Elemente der Stufenprüfung: *legitimer Gemeinwohlzweck der Regelung – Geeignetheit der Maßnahmen – Erforderlichkeit* – keinerlei verfassungsrechtliche Bedenken gegen die Regelungen vorzubringen wären. Insbesondere sind an der *Geeignetheit* der verdachts- und anlasslosen Personenkontrollen „zur Bekämpfung der grenzüberschreitenden Kriminalität“ starke Zweifel anzubringen, vor allem dann, wenn man die erklärte Intention des Gesetzgebers ernst nimmt, mit den neuen Befugnissen die „international verflochtene Kriminalität“ treffen und einschlägige Straftaten, „z.B. Kfz.-Verschiebung, Rauschgifthandel, Schlepperunwesen“, unterbinden zu wollen.[29]

Es geht also keineswegs nur um „Verunsicherung, Abschreckung und Verhaltensänderung von Straftätern“ der kleinen und mittleren Kriminalität (unerlaubter Grenzübertritt, illegaler Aufenthalt), sondern durchaus auch und nach der erklärten Absicht des Gesetzgebers vor allem um die schweren, typischen Delikte des „organisierten Verbrechens“: Menschenhandel, Drogenhandel, Waffenhandel, Kfz.-Verschiebung. Deren Akteure dürften sich aber durch Ausweiskontrollen auf den Autobahnen und in Zügen kaum verunsichern und schon gar nicht abschrecken lassen.

---

[27] Vgl. *BVerfGE* 96, 345, 365, 367f.; *Dreier* in Dreier, GG-Kommentar, Bd. III, 2000, Art. 142 Rdn. 42,47; *Denninger* in AK-GG, 3. Aufl. 2001, Art. 142 Rdn.7.

[28] *BayVerfGH* E. v. 19. 10. 1994, z.B. NVwZ 1996, 166.

[29] So die Begründung zum Gesetzentwurf, Teil B. zu § 1 Nr. 1, LT-Drs. 13/36, S. 4.

Die zum Nachweis der „Geeignetheit" vorgelegten Zahlen über Fahndungserfolge sind schon deshalb nicht aussagekräftig, weil sie weder nach den örtlichen Voraussetzungen (Aufgriff im Landesinneren oder im – hier nicht interessierenden – „Grenzgebiet") noch nach den rechtlichen Grundlagen (Maßnahme mit oder ohne konkrete Verdachtslage) differenzieren. Bei spektakulären Erfolgen z.B. gegen den Drogenhandel zeigt sich bei genauerer Hinsicht, dass sie zumeist auf konkreten Hinweisen fußen, also nicht „verdachtslos" errungen werden.[30]

Ein verfassungsrechtlich relevanter Nachweis der „Geeignetheit" einer Maßnahme darf sich nicht mit bloßen Hoffnungen und Vermutungen begnügen, sondern muss, wenn dies nach Sachlage möglich ist, mit Zahlen aufwarten, die die objektive „Zweckförderlichkeit" im *ursächlichen Zusammenhang* dartun. Daran fehlt es – auch, weil der Gesetzgeber versäumt hat, die neuen Befugnisregelungen mit einer entsprechenden *Berichts- und Evaluationspflicht* zu verknüpfen. Deshalb muss es einstweilen bei der skeptischen Feststellung aus dem Munde eines erfahrenen Polizeipraktikers verbleiben:

> „Beim Einsatz mobiler Fahndungskontrollen ohne konkreten Fahndungsanlaß besteht die Gefahr, daß die Polizei sich wieder mit der Verfolgung von kleineren Straftätern zufrieden gibt, ohne an die eigentlichen Strukturen der organisierten Kriminalität heranzukommen."[31]

Wenn sich aber die Eignung der „Schleierfahndung", also des *im Landesinnern* auf nahezu beliebigen und beliebig wechselnden Straßen und in zahlreichen Zügen ausgeworfenen Netzes zig-tausender Identitätskontrollen samt Folgeeingriffen (von der Durchsuchung bis zur erkennungsdienstlichen Behandlung und Datenspeicherung) zur wirksamen Bekämpfung der mittleren und schweren „grenzüberschreitenden" Kriminalität eben doch nicht nachweisen lassen sollte, vielmehr in diesem Netz ganz überwiegend nur „die kleinen Fische" hängen bleiben, dann kann dies bei der Beurteilung der *Verhältnismäßigkeit im engeren Sinne* der Eingriffsbefugnisse nicht außer Betracht bleiben. Denn dann sind die strengen Voraussetzungen, unter denen ein Eingriff in die Freiheitssphäre eines „Nichtstörers", d.h. eines beliebigen Bürgers, nur gerechtfertigt werden kann, nicht erfüllt.

Während also die „Geeignetheit" der verdachts- und anlasslosen Personenkontrollen beim gegenwärtigen Erkenntnisstand jedenfalls für die „Bekämpfung der grenzüberschreitenden Kriminalität" sich nicht mit hinlänglicher Si-

---

[30] S. den Bericht über einen typischen Fall in der FAZ vom 24.4. 2001: „161 Kilogramm Heroin sichergestellt. Drittgrößter Fund in Deutschland."

[31] Pol.Präsident *J. Roters,* Köln, Stellungnahme aus Anlass einer Anhörung der Fraktion Bündnis 90/ Die Grünen im Landtag von Baden-Württemberg vom 4.7. 1996, zit. bei *Stephan,* Zur Verfassungsmäßigkeit anlaßunabhängiger Personenkontrollen, DVBl. 1998, 81, 84.

cherheit bejahen, aber auch das Gegenteil sich nicht mit Gewissheit behaupten lässt, steht die *Unverhältnismäßigkeit im engeren Sinne, die Unangemessenheit* der durch die angegriffenen Normen ermöglichten Maßnahmen gerade im Lichte der jüngsten Rechtsprechung des Bundesverfassungsgerichts außer Zweifel.

Das „G 10-Urteil" des BVerfG vom 14. 7. 1999, das auch das Urteil des Landesverfassungsgerichts Mecklenburg-Vorpommern vom 21. 10. 1999 maßstäblich beeinflusst hat, fasst das Prüfungsprogramm für eine Verhältnismäßigkeitsprüfung (der letzten Stufe) exemplarisch zusammen. Weil es sich bei den umstrittenen Maßnahmen nach dem G 10 ebenfalls um verdachtsunabhängige Eingriffe in die Grundrechte (aus Art. 10 GG) „unbeteiligter Dritter" im Rahmen massenhafter Kontrollen von Fernmeldekommunikationen handelt, sind die Feststellungen des Gerichts für die hier zu entscheidende Problematik von besonderer Bedeutung. Der Verhältnismäßigkeitsgrundsatz verlangt, ruft das BVerfG in Erinnerung, „daß die Einbußen an grundrechtlich geschützter Freiheit nicht in unangemessenem Verhältnis zu den Gemeinwohlzwecken stehen, denen die Grundrechtsbeschränkung dient." Bei dem vom Gesetzgeber herbeizuführenden, angemessenen Ausgleich zwischen Allgemein- und Individualinteressen

> „spielt auf grundrechtlicher Seite eine Rolle, unter welchen Voraussetzungen welche und wieviele Grundrechtsträger wie intensiven Beeinträchtigungen ausgesetzt sind. Kriterien sind also die Gestaltung der Einschreitschwellen, die Zahl der Betroffenen und die Intensität der Beeinträchtigungen... Auf seiten der Gemeinwohlinteressen ist das Gewicht der Ziele und Belange maßgeblich, denen die Fernmeldeüberwachung dient." Hier spielen die Größe der zu erkennenden Gefahren und die Wahrscheinlichkeit ihres Eintritts eine Rolle.[32]

(1) Was zunächst die Gestaltung der *„Einschreitschwellen"* angeht, so ist Art. 13 Abs. 1 Nr. 5 PAG nicht deshalb „unverhältnismäßig", weil man *um jeden Preis und ausnahmslos* die Bindung der Eingriffsbefugnis an das Vorliegen eines Straftatverdachts oder einer (konkreten oder allgemeinen) Gefahr fordern müsste, sondern weil in der gesetzlichen Vorschrift *überhaupt jegliche nachvollziehbare und somit auch gerichtlich nachprüfbare Einschreitschwelle* fehlt. Die Vorschrift ist abgesehen von einer sehr weit gefassten, und ohne Dokumentationspflicht auf ihre Einhaltung auch nicht überprüfbaren *Zweckbestimmung* und abgesehen von einer ebenso weit gefassten , in das Ermessen der ausführenden Organwalter gelegten *Ortsbestimmung* hinsichtlich der Eingriffsvoraussetzungen tatbestandlich vollkommen konturlos. Damit aber kann sie sich gegen den grundsätzlichen Freiheitsanspruch des „nichtstörenden" Bürgers auch nicht ansatzweise durchsetzen, wenn man die „gewöhnlichen" Eingriffsvoraussetzungen für die Inanspruchnahme von Nichtstörern in ihrer rechtsstaatlichen Funktion richtig versteht. Man braucht hier in der Bekundung kritischer Besorgnis nicht so drastisch zu formulieren wie das LaVerfG Mecklenburg-Vorpommern unter Beru-

---

[32] *BVerfGE* 100, 313, 376.

fung auf den Sächsischen Verfassungsgerichtshof,[33] welche hier „ein Einfallstor zu polizeilicher Allmacht" befürchten, aber es muss eindeutig klargestellt werden, dass, wenn schon *ausnahmsweise* auf „Gefahr" und „Verdacht" als Schwellenelemente verzichtet werden muss, dann andere materielle Kriterien und verfahrensrechtlichen Sicherungen „kompensatorisch" wirksam werden müssen. Das LaVerfG M.-V. hat als solche eingrenzenden Kriterien einerseits die Orientierung der Personenkontrollen an kriminalistischer Erfahrung und polizeilichen Lageerkenntnissen, andererseits die Beschränkung der vorbeugenden Bekämpfung auf Delikte der „organisierten Kriminalität", welche in einem spezifischen Straftatenkatalog zu konkretisieren seien, gefordert. Zusätzlich seien für die Feststellung der allgemeinen Gefährdungslage verfahrens- und organisationsrechtliche Vorkehrungen geboten.

Polizeigesetzgeber des Bundes – s. die BGSG-Novelle vom 25. 8. 1998 – und einiger Länder sind bei solchen Eingrenzungsbemühungen dem LaVerfG M.-V. teils vorangegangen, teils gefolgt. Die jüngste Novellierung des Hessischen Gesetzes über die öffentliche Sicherheit und Ordnung (HSOG)[34] hat in dem vergleichbaren § 18 Abs. 2 Nr. 6 eine Eingrenzung der als Kontrollorte in Betracht kommenden Straßen derart normiert, dass sie „aufgrund von Lageerkenntnissen oder polizeilicher Erfahrung" eine erhebliche Bedeutung für die grenzüberschreitende Kriminalität aufweisen müssen. Außerdem wird das ganze HSOG bis zum 31. 12. 2004 *befristet*, wodurch der Experimentcharakter der Regelungen unterstrichen wird, § 115 Abs. 2 HSOG.

Eine Befristungsklausel (bis 31. 12. 2003) mit dem Sinn, dem Parlament bis dahin einen evaluierenden Erfahrungsbericht vorzulegen, enthält auch Art. 2 des Gesetzes vom 25. 8. 1998 (BGBl. I S. 2486) zur Änderung des BGSG. Die damals eingeführte Kontrollmöglichkeit – vgl. § 22 Abs. 1 a) BGSG – ist in doppelter Hinsicht bemerkenswert: Zum einen darf die Kontrolle in Zügen und Bahnanlagen (s. § 3 BGSG) nur stattfinden, soweit „auf Grund von Lageerkenntnissen oder grenzpolizeilicher Erfahrung anzunehmen ist, dass diese zur unerlaubten Einreise genutzt werden", zum anderen wird der Kontrolleingriff als solcher beschränkt: Nur das „kurzzeitige" Anhalten, Befragen, das Verlangen, Ausweis- oder Grenzübertrittspapiere auszuhändigen und die Inaugenscheinnahme mitgeführter Sachen sind gestattet; eine Identitätsfeststellung mit den möglichen Annexmaßnahmen wie Festhalten, Mitnahme auf die Dienststelle, Durchsuchung und erkennungsdienstliche Behandlung findet (außerhalb des 30-km-Grenzstreifens) (s. § 23 Abs. 1 Nr. 3 BGSG) , wenn keine zusätzlichen Verdachts- oder Gefahrenmomente vorliegen, nicht statt.

---

[33] Vgl. *LaVerfG M.-V.*, a.a.O., Umdruck S. 31.

[34] Gesetz vom 22. 5. 2000 (GVBl. I S. 278). Vgl. dazu die (teilweise überzogene) Kritik von *Hornmann*, HSOG Kommentar, Ergänzungsheft 2001, § 18 Erl. Rdn. 10, 14 : „verstößt eklatant gegen die … Grundrechtsnormen."

Keinerlei derartige Eingrenzungen kennt die bayerische Regelung.

Im Gegensatz hierzu hat aber das BVerfG in seinem G-10-Urteil 1999 (s. o.) eingrenzende Tatbestandsvoraussetzungen für die „verdachtslose" Beobachtung von Fernmeldekommunikationen als verfassungsrechtlich notwendig bezeichnet. Sogar die

> „großen Gefahren, denen mit Hilfe der Fernmeldeüberwachung begegnet werden soll, [würden] eine Überwachung der Telekommunikation zu Zwecken der Auslandsaufklärung *ohne jegliche Voraussetzungen und Begrenzungen verfassungsrechtlich nicht rechtfertigen*."[35] Das Gesetz habe jedoch auf solche bestimmten materiellen Kriterien und verfahrensrechtlichen Sicherungen nicht verzichtet.

Bei aller Verschiedenheit der Sachverhalte: verdeckte, nicht personenbezogene *Auslands*aufklärung durch elektronisches Abhören dort, offene, auf bestimmte Personen (und mögliche von ihnen ausgehende Gefahren) bezogene, inländische Kontrollen hier, lassen sich dem BVerfG-Urteil doch noch weitere Hinweise darüber entnehmen, wie eine verfassungskonforme Ausgestaltung der verdachtslosen Personenkontrollen auszusehen hätte. Wenn beispielsweise eine verfassungsrechtlich einwandfreie Telekommunikations-Überwachung in verfahrensrechtlicher Hinsicht voraussetzt, dass (im Antrag des Bundesnachrichtendienstes, also ex ante) eine schlüssige Darlegung erfolgt, „warum die betroffenen Fernmeldeverkehrsbeziehungen rechtzeitig Aufschluß über eine der relevanten Gefahren geben könnten" (a.a.O., 384), dann entspräche dem auf dem Feld der präventiven Gefahrerforschungs-Kontrollen zur Bekämpfung der grenzüberschreitenden Kriminalität (mindestens) eine (gerichtlich) überprüfbare Dokumentation der jeweiligen *Lageerkenntnisse,* auf Grund deren bestimmte, zu kontrollierende „Durchgangsstraßen" ihre „erhebliche Bedeutung" für eine spezifische grenzüberschreitende Kriminalität (z.B. „Schleuserunwesen") erlangen. Denn nicht der „grenzüberschreitende Verkehr" als solcher ist polizeilich relevant, sondern er ist es nur in Bezug auf die Kriminalitätsbekämpfung, also insofern er im Zusammenhang mit einschlägiger Kriminalität stattfindet. Die allgemeine Gefährdungslage muss mithin, freilich noch unterhalb der Schwelle einer konkreten Gefahr oder eines konkreten Verdachts, auf Grund der *Lageerkenntnisse* gewisse personelle oder raumzeitliche Konturen erfahren, wie sie in vergleichbarer Weise für das polizeiliche Handeln an „verrufenen" oder „gefährdeten" Orten bzw. Objekten typisch sind.

Das Gericht rechtfertigt die Zulässigkeit einer verdachtslosen Telekommunikations-Überwachung *im Unterschied* zu den „traditionell" an Einschreitschwellen wie „konkrete Gefahr" und „hinreichender Tatverdacht" gebundenen Maßnahmen in den Bereichen der Gefahrenabwehr und Strafverfolgung aus den *hiervon ganz verschiedenen Zwecken* der nicht personenbezogenen Auslandsaufklärung des Bundes*nachrichtendienstes*. Dazu, ob es auch im *polizeilichen* Auf-

---

[35] *BVerfGE* 100, 313, 383, Hervorh. nicht i.O.

gabenbereich der Gefahrenabwehr oder Strafverfolgung ausnahmsweise „gefahr- und verdachtslose“ Kontrollmaßnahmen geben dürfe, äußert sich das BVerfG nicht. Man kann jedoch aus dem Umstand, dass es auch bei der (verdachtslosen) Fernmeldeüberwachung in jedem Fall bestimmte Einschreitschwellen –„materielle Kriterien und verfahrensrechtliche Sicherungen“ (S. 383 u.) – fordert, schließen, dass das Gericht „gefahr- und verdachtslose“ Kontroll-Eingriffe der Polizei ohne die Beachtung irgendwelcher eingrenzenden Einschreitschwellen nicht als grundgesetzgemäß erachten würde.

(2) Neben der Ausgestaltung der „Einschreitschwellen“ soll, so das BVerfG, E 100, 376, die *Zahl der Betroffenen* für die Frage der Verhältnismäßigkeit im engeren Sinne eine Rolle spielen. Hiergegen erheben sich jedoch zwei Bedenken: Erstens kann es für die rechtliche Beurteilung der *Norm* nicht auf die Zahl der tatsächlichen Eingriffe, sondern nur auf die Zahl der *rechtlich möglichen* Eingriffe ankommen. Da die Norm keine quantitative Begrenzung enthält, könnte die Zahl der Kontrollen auf bestimmten Strecken durch Konzentration der verfügbaren Einsatzkräfte außerordentlich gesteigert werden. Und zweitens kann die Qualität eines Eingriffs als „rechtswidrig“ oder „nicht rechtswidrig“ nicht davon abhängen, wie oft er stattfindet. Ist er rechtswidrig, weil „unverhältnismäßig“, dann ist schon ein einziger Eingriff zuviel. Eine stochastische Aufweichung des Verhältnismäßigkeitsurteils über den stets *individualbezogenen* einzelnen Eingriff ist nicht zulässig.

(3) Hinsichtlich des dritten, vom BVerfG für die Verhältnismäßigkeitsprüfung genannten Abwägungskriteriums, der *Intensität der Beeinträchtigungen* – BVerfGE 100, 376 – muss man differenzieren. Gewiss ist ein kurzzeitiges Anhalten, Befragen und Papiereaushändigen, wie es die Regelung des BGSG, § 22 Abs. 1a), vorsieht, kein gravierender Eingriff. Die bayerische Regelung beschränkt sich aber hierauf gerade nicht, sondern ermächtigt zu einer *Feststellung der Identität* und zu den hierzu erforderlichen, mit empfindlichen Grundrechtseingriffen einhergehenden Maßnahmen wie Festhaltung, einschließlich Verbringung zur Dienststelle,[36] Durchsuchung des Betroffenen und seiner Sachen, Art. 13 Abs. 2, bis hin zur erkennungsdienstlichen Behandlung, Art. 14 Abs. 1 Nr. 1 PAG. Außerdem sind als *Folgemaßnahmen* der Datenabgleich mit dem Fahndungsbestand und das damit verbundene Anhalten ohne weiteres möglich, Art. 43 Abs. 1 PAG. Bei dieser Rechtslage, die sich von der des BGSG mit seinen zurückhaltenderen Eingriffsmöglichkeiten deutlich unterscheidet, kann man jedem „fremdländisch aussehenden“ Bürger oder „Mitbürger“ nur raten, das Haus nie ohne einen gültigen Personalausweis zu verlassen und möglichst keinen Kaffee in einer Autobahnraststätte zu trinken.[37]

---

[36] *Schmidbauer/ Steiner/ Roese,* BayPAG, 1999, Art. 13, Rdn.25.

[37] Zu der Gefahr eines „racial profiling“ bei den selektiven Zugriffen der Schleierfahndung vgl. ausführlich *Herrnkind,* Personenkontrollen und Schleierfahndung, KJ 2000, 188ff.

Für die Beurteilung der *Angemessenheit* dieser Kontrolleingriffe und Folgemaßnahmen genügt es nicht, auf die generelle Einhaltung des Verhältnismäßigkeitsprinzips , Art. 4 PAG, durch die Polizei zu vertrauen und darauf, diese werde schon nicht „beliebig" und „planlos", also „willkürlich" kontrollieren. Vielmehr ist der *Gesetzgeber* aufgerufen, die Grenzen der Handlungsbefugnisse auch unter dem Gesichtspunkt der Angemessenheit möglichst genau zu umschreiben. Für die Identitätsfeststellung gilt hier nichts anderes als für die anderen polizeilichen „Standardmaßnahmen". Wäre dies anders, so bräuchte man überhaupt kein ausgefeiltes „Polizeiaufgabengesetz", sondern könnte sich mit der Befugnisgeneralklausel (Art. 11 Abs. 1 PAG), ergänzt um das Übermaßverbot, begnügen. Die rechtsstaatlich gebotene „Durchnormierung" der Einzelbefugnisse dient hingegen einem doppelten Zweck: Der Bürger soll erkennen können, was möglicherweise „auf ihn zukommt", womit er rechnen muss, bei möglichster Schonung seiner Freiheit, und der Polizeibeamte soll ebenso klar erkennen können, „wieweit er gehen darf". Die Grenzziehung der Befugnisregelungen *durch den Gesetzgeber und nicht durch die Exekutive selbst* dient also dem Schutz des Bürgers wie dem des Beamten, ganz abgesehen von der Durchsetzung des demokratisch repräsentierten „Volkswillens". Das bayerische Gesetz zieht aber die Grenzen zu weit; es lässt es zu, dass einen unbeteiligten, unverdächtigen, nichtstörenden, „unbescholtenen" Bürger alle mit einer Identitätsfeststellung möglicherweise verbundenen Lasten und Lästigkeiten treffen. Damit verstößt es gegen das Prinzip der „Angemessenheit" oder „Verhältnismäßigkeit im engeren Sinne".

1. *Verletzung des Bestimmtheitsgrundsatzes*

Die Befugnisnorm des Art. 13 Abs. 1 Nr. 5 PAG enthält als Tatbestandsvoraussetzung außer der dreifachen Zweckbestimmung lediglich eine Bestimmung der Orte, wo die Polizei kontrollieren darf, nämlich im „Grenzgebiet", auf „Durchgangsstraßen", sowie in „öffentlichen Einrichtungen des internationalen Verkehrs". Während das „Grenzgebiet" im Gesetz selbst genau bestimmt wird, und während der unbestimmte Begriff „öffentliche Einrichtungen des internationalen Verkehrs" immerhin im Wege der Auslegung, wenngleich mit zahlreichen Zweifelsfragen belastet, noch hinreichend genau konkretisiert werden kann, versagt diese Möglichkeit gänzlich bei einem Teil der Kategorie

---

Zu den diesem entsprechenden Erfahrungen des Bundestagsabgeordneten *Cem Özdemir*, der bei Bahnreisen innerhalb weniger Tage mehrfach kontrolliert wurde, während die Mitreisenden verschont blieben, vgl. DER SPIEGEL Nr. 38/1998, S. 268f., sowie *Rachor* in Lisken/Denninger, HbPolR, 3. Aufl. 2001, Kap. F, IV. 2. hh). Auf die Frage *Özdemirs*, weshalb es gerade immer ihn treffe, lautete die knappe Antwort der BGS-Beamten: „Erfahrungswerte".

„Durchgangsstraßen“, nämlich bei den *anderen Straßen von erheblicher Bedeutung für den grenzüberschreitenden Verkehr,* welche das Gesetz neben den klar definierten Bundesautobahnen und Europastraßen nennt. Insoweit verstößt die angegriffene Vorschrift gegen das im Rechtsstaatsprinzip (Art. 20 Abs. 3 GG, Art. 3 Abs. 1 BV) begründete Gebot hinreichender Bestimmtheit der Gesetze. Dieses Gebot verlangt, dass gesetzliche Regelungen so gefasst sind, „dass der Betroffene seine Normunterworfenheit und die Rechtslage so konkret erkennen kann, dass er sein Verhalten danach auszurichten vermag“.[38]

Ebenso ist anerkannt, dass die Auslegungsbedürftigkeit einer Norm ihr noch nicht die erforderliche Bestimmtheit nimmt, weshalb die Verwendung unbestimmter Rechtsbegriffe verfassungsrechtlich unbedenklich ist. Jedoch müssen die Auslegungsprobleme „mit herkömmlichen juristischen Methoden bewältigt werden können“.[39]

Legt man diese Maßstäbe an die Orts-Bestimmungen des Art. 13 Abs. 1 Nr. 5 PAG an, so ist schon fraglich, ob der Ausdruck „öffentliche Einrichtungen des internationalen Verkehrs“ hinreichend bestimmbar ist. Die Vollzugs-Bekanntmachung zu Art. 13 nennt Flughäfen, Bahnhöfe und Züge, aber auch Tank- und Rastanlagen. Aber wie ist der Begriff „Züge“ einzugrenzen ? Geht es nur um grenzüberschreitende Züge oder auch um regionale, rein „inländische“ Anschlußzüge, etwa um die S-Bahnen zum Flughafen usw? Und wie steht es mit „Rastanlagen“ an „Durchgangsstraßen“ mit Bedeutung für den grenzüberschreitenden Verkehr? Da kann schließlich jedes idyllische Dorfgasthaus betroffen sein.

Die Bedenken verdichten sich zur Gewissheit des Rechtswidrigkeitsurteils bezüglich der „anderen Straßen von erheblicher Bedeutung für den grenzüberschreitenden Verkehr“. Da der Gesetzgeber keinerlei Hinweise gibt, wer nach welchen Kriterien nähere Bestimmungen über die Zugehörigkeit einer Straße zu dieser Kategorie zu treffen hat, muss man davon ausgehen, dass jede Polizeidienststelle diese Entscheidung nach eigener Lageeinschätzung treffen kann. Und diese Entscheidung kann ständig, je nach vermuteter Änderung der Mobilität der grenzüberschreitenden Kriminalität wechseln; verschiedene Beamte können auch bezüglich derselben Straßen zu unterschiedlichen Einschätzungen kommen. Das Gesetz sieht auch keinerlei Dokumentationspflicht über solche Einschätzungen vor. Nun mag man sich von einer solchen (Nicht-)Regelung einen erhöhten Abschreckungs- und Verunsicherungseffekt versprechen,[40] jedenfalls widerspricht diese Methode der exekutivischen Selbstdefinition der tatbestandlichen Eingriffsvoraussetzungen dem Bestimmtheitsgebot als Ausdruck der rechtsstaatlichen Gewaltenteilung. Nicht nur der betroffene

---

[38] St. Rspr., vgl. nur *BVerfGE* 83, 130, 145; 84, 133, 149; 87, 234, 263.

[39] St. Rspr., vgl. nur *BVerfGE* 83, 130, 145; 90, 1, 16.

[40] Ausführlich und kritisch dazu *Waechter*, a.a.O., 144 bis 147.

„Normalbürger" und „Normalreisende" kann sein Verhalten in keiner Weise mehr nach dem Gesetzesbefehl einrichten, es sei denn, er bliebe zu Hause oder verließe dieses jedenfalls nur mit Ausweispapieren (wozu er nach deutschem Recht aber nicht gezwungen sein soll!), sondern auch eine *gerichtliche* Überprüfung ist kaum mehr möglich. Wie soll denn mit „herkömmlichen juristischen" Auslegungsmethoden ermittelt werden können, ob der kontrollierende Beamte der mobilen Fahndungsgruppe die Verkehrsbedeutung einer Straße im Hinblick auf die Kontrollzwecke zutreffend eingeschätzt hat? Allenfalls krasse Fälle eines Missbrauchs der Einschätzungsprärogative wären justiziell fassbar.

Eine verfassungskonform einschränkende Auslegung der angegriffenen Norm müsste die Erstreckung auf die „anderen Straßen ..." als verfassungswidrig ausscheiden.[41]

Was hier für die bayerische Regelung gezeigt wurde, ihre Verfassungswidrigkeit im Hinblick auf die Maßstäbe der Verhältnismäßigkeit und der Normbestimmtheit, gilt, mit Unterschieden je nach dem (meist ähnlichen) Wortlaut, auch für die anderen Landesgesetze. Es bleibt zu hoffen, dass die Gesetzgeber überall in der Bundesrepublik den Warnruf aus Mecklenburg-Vorpommern beherzigen und zu einer rechtsstaatlich makellosen Regelung der Polizeibefugnisse zurückfinden.

---

[41] Ebenso: *Möllers,* Polizeikontrollen ohne Gefahrverdacht, NVwZ 2000, 382,385.

Der Weg der Frauen ans Gewehr

– Verfassungsrechtliche, soziologische und militärische Anmerkungen zur Änderung des Art. 12a GG –

Christian Grimm

I. *Zur verfassungsrechtlichen Vorgeschichte*

Art. 12a Abs. 4 S. 2 GG a. F. lautete: „Sie (die Frauen, d.Verf.) dürfen auf keinen Fall Dienst mit der Waffe leisten." Die herrschende Meinung war stets davon ausgegangen, dass mit dieser Formulierung jede Form des Waffendienstes erfasst wurde, gleichgültig, ob pflichtweise oder freiwillig[1]. Eine Mindermeinung bezog diesen Satz nur auf den vorhergehenden Satz 1 des Absatzes 4, der unter bestimmten Voraussetzungen eine Dienstverpflichtung von Frauen im Verteidigungsfalle im Sanitäts- und Heilwesen zulässt, und kam so zu dem Ergebnis, dass Art. 12a Abs. 4 S. 2 GG a. F. nur die Verpflichtung von Frauen zum Waffendienst, nicht aber den freiwilligen Dienst von Frauen mit der Waffe ausschließe[2]. Die Argumente in diesem Meinungsstreit waren im wesentlichen ausgetauscht. Im Schrifttum kehrte Ruhe ein, bis die Urteile des Europäischen Gerichtshofes vom 26. Oktober 1999[3] und vom 11. Januar 2000[4] die Diskussion erneut entfachten[5]. Boten sich die verschiedenen Auslegungsmöglichkeiten

---

[1] Vgl. BVerfG NJW1998, S. 57; BVerwGE 72, 241; 103, 301; BVerwG NVwZ 1999, S. 1343; *Scholz*, in: *Maunz/Dürig*, GG, Art. 12a Rn. 198ff.; *K. Ipsen/J. Ipsen*, Bonner Kommentar zum GG, Art. 12a Rn. 294; *Gornig*, in: *v.Mangold/Klein/Stark*, GG Bd. 1, 4. Aufl. 1999, Art. 12a Rn. 164; *Gubelt*, in: *v. Münch/Kunig*, GG, 4. Aufl. 1992, Art. 12a Rn. 20; *Schmidt/Bleibtreu/Klein*, GG, 9. Aufl. 1999, Art. 12a Rn. 11; *Dau*, NZWehrrecht 1990, S. 45ff.; *Grimm*, ZRP 1987, S. 394f.

[2] Vgl. *Repkewitz*, NJW 1997, S. 506ff.; *ders.*, NZWehrR 1990, S. 177ff.; *Doehring*, NZWehrR 1997, S. 45ff.; *Kokott*, in: *Sachs*, GG, 2. Aufl. 1999, Art. 12a Rn. 5ff.; *Zuleeg*, DÖV 1997, S. 1017ff.; *Slupik*, ZRP 1990, S. 305f.; *Jarass/Pieroth*, GG, 3. Aufl. 1995, Art. 12a Rn. 3.

[3] Rs.C-273/97 (*Angela Maria Sirdar*), DVBl. 2000, S. 730; NJW 2000, S. 499f.

[4] Rs.C-285/98 (*Tanja Kreil*), DVBl. 2000, S. 336; NJW 2000, S. 497ff.

[5] Vgl. *Dreist*, Das Gebot der Stunde: Streitkräfteöffnung für Frauen, in: NZWehrr 2000, S. 65; *Dietrich*, Frauen zu den Waffen, in NZWehrr 2000, S. 102ff.; *Eichen*, Erosion der deutschen Wehrverfassung durch sekundäres Gemeinschaftsrecht?, in: NZWehrr 2000, S. 45ff.; *Heselhaus/Schmidt-De Caluwe*, Ernstfall für die Gleichberechtigung – europa- und verfassungsrechtliche Aspekte der Novellierung des Soldatenrechts, in: NJW 2001, S. 263ff.; *Köster/Schröder*, Eine beachtenswerte Kompetenzüberschreitung – Frauen an die Waffe, in: NJW 2001, S. 273ff.; *Scholz*, Frauen an die Waffe kraft Europarechts? – Zum Verhältnis von Art. 12a Abs. 4 S. 2 GG zur EU-Gleichstellungsrichtlinie –, in DÖV 2000, S. 417ff.; *Spranger*,

zwischenzeitlich eher dazu an, die hermeneutischen Fähigkeiten von Studierenden zu testen, so erhielt der Meinungsstreit nun erneut aktuelle Bedeutung, da er bei der Klärung der Frage nach einer eventuellen Kompetenzüberschreitung durch den Europäischen Gerichtshof eine Rolle spielte. *Zuleeg,* ehemals Richter am EuGH, hatte allerdings schon 1997 darauf hingewiesen[6], dass die Gerichte der Mitgliedsstaaten verpflichtet seien, nationales Recht so auszulegen, dass es mit Gemeinschaftsrecht in Einklang stehe. Die gemeinschaftskonforme Auslegung setze allerdings voraus, dass das nationale Recht mehrere Deutungen zulasse, von denen mindestens eine dem Gemeinschaftsrecht nicht widerspreche. Und genau das sei bei Art. 12a Abs. 4 S. 2 GG (a.F.) der Fall. Durch diese Sichtweise erhielt die Mindermeinung einen enormen Bedeutungszuwachs. Sie dürfte es – auch wenn das in den veröffentlichten Gründen nicht expressis verbis zum Ausdruck kommt- dem Europäischen Gerichtshof erleichtert haben, sich gegen die kontinuierliche Rechtsprechung des Bundesverfassungsgerichts und des Bundesverwaltungsgerichts zu wenden und festzustellen, dass der in Deutschland praktizierte generelle Ausschluss der Frauen vom freiwilligen Waffendienst gegen die Europäische Gleichbehandlungsrichtlinie 76/207 EWG[7] verstoße, die auch auf die berufliche Tätigkeit in den Streitkräften anwendbar sei.

Folgte man aber weiterhin der herrschenden Meinung und nahm mit guten Gründen an, dass Art. 12a Abs. 4 S. 2 GG eine solche Auslegung nicht zulasse, so stand zu befürchten, dass die vom Bundesverfassungsgericht für den Fall der Kompetenzüberschreitung angenommene Rechtsfolge der Unverbindlichkeit des Urteils für die Bundesrepublik Deutschland eintreten werde[8]. Diese missliche Lage ergab sich indes nicht, da der Gesetzgeber überraschend schnell und über Parteigrenzen hinweg mit der erforderlichen 2/3-Mehrheit in Bundestag und Bundesrat Artikel 12a Abs. 4 S. 2 GG im Sinne der Entscheidung des Europäischen Gerichtshofes geändert hat[9]. Die Bestimmung lautet nun: „Sie dürfen auf keinen Fall zum Dienst mit der Waffe verpflichtet werden."

Es könnte nun der Eindruck entstehen, als seien durch die rasche Änderung des Grundgesetzes die Probleme aus der Welt geschafft. Dies ist jedoch nicht der Fall. Zwar ist eine verfassungsrechtliche Klarstellung erfolgt, was den freiwilligen Waffendienst der Frauen betrifft, die gesellschaftspolitischen, militärischen und rechtlichen Folgeprobleme sind damit jedoch nicht gelöst.

Die Entscheidungen „Sirdar" und „Kreil" des EuGH – Diskriminierung oder Gleichberechtigung de luxe?, in NZWehrr 2000, S. 117ff.; *Streinz*, Frauen an die Front, in DVBl. 2000, S. 585ff.; *Zuck*, Frauen an die Front, in: NJW 2000, S. 1701f.

6 *Zuleeg*, Frauen in die Bundeswehr, in: DÖV 1997, S. 1017ff.

7 Vom 9.2. 1976, Abl. L 39 S. 40.

8 Vgl. *Scholz*, wie Fußn. 5, S. 419.

9 Gesetz zur Änderung des Grundgesetzes (Art. 12a) vom 19. Dezember 2000, BGBl. I S. 1755.

II. Gesellschaftspolitische Aspekte

Die Zulassung von Frauen zum Waffendienst stellt einen vorläufigen Höhepunkt in der gesellschaftlichen Entwicklung zur Gleichstellung der Geschlechter dar. Frauen brechen hier in eine der letzten Männerdomänen ein, und es verwundert nicht, dass dieser Vorgang Emotionen und Irritationen hervorruft. Dabei empfinden – wie empirische Untersuchungen belegen[10] – Männer, die in einem mehr traditionell geprägten Umfeld aufwuchsen und leben, die Zulassung von Frauen zum Waffendienst dramatischer als jene, die sich in entwicklungsoffeneren Kreisen bewegen. Erhebungsbefunde weisen darauf hin, dass in traditionell geprägten Bereichen im Grunde noch das Bewusstsein einer geschlechtsspezifischen Arbeitsteilung mitschwingt, wonach die Männer für den Schutz des Gemeinwesens nach außen, d.h. für Kämpfen, Töten und Zerstören und die Frauen für den Bestand des Gemeinwesens im Innern, d.h. Gebären, Nähren und Pflegen prädestiniert sind[11]. Angeblich „Männliche Aggressivität" und „Weibliche Friedfertigkeit" stehen sich hier gegenüber[12]. Es ist nachvollziehbar, dass ein Eindringen von Frauen in das Militär auf der Basis einer solchen, eventuell nur unterschwellig vorhandenen Grundeinstellung als Angriff auf dieses Rollenverständnis empfunden wird. Die Frau als Kombattantin lässt sich mit der Rolle des beschützenden Mannes nur schwer vereinbaren[13].

Neben den Problemen, die aus dem Rollenverständnis resultieren, deutet sich zudem an, dass eine Abneigung männlicher Soldaten gegen die Aufnahme von Frauen in alle Bereiche der Bundeswehr auch aus der Sorge um den eigenen Arbeitsplatz erwächst. Hier zeigt sich, dass der Ansatz des Europäischen Gerichtshofes, die Problematik unter dem Gesichtspunkt des freien Zugangs zum Beruf zu behandeln, zumindest nicht völlig abwegig ist. Angesprochen sei in diesem Zusammenhang auch, dass die Bundeswehr der größte staatliche Arbeitgeber in der Bundesrepublik Deutschland ist.

Die Zulassung von Frauen zum Waffendienst kommt, wirft man einen Blick in die Historie, nicht völlig überraschend[14]. Bereits die industrielle Revolution des 19. Jahrhunderts veränderte das Bild der Frau, die ihre berufliche Leistungs-

---

10 s. *Kümmel/Biehl*, Die weitere Öffnung der Bundeswehr für Frauen aus der Sicht männlicher Soldaten – Eine erste Zwischenbilanz in Auszügen –, Sozialwissenschaftliches Institut der Bundeswehr, Strausberg 2000, S. 14ff. m.w.N.

11 *Batscheider*, Friedensforschung und Geschlechterverhältnis. Zur Begründung feministischer Fragestellungen in der kritischen Friedensforschung, Marburg 1993, S. 141.

12 Vgl. *Seifert*, Frauen, Männer und Militär: Eine Ergänzung militärsoziologischer Perspektiven. Arbeitspapier des sozialwissenschaftlichen Instituts der Bundeswehr, München 1991, S. 5; *Elshtain*, Woman and War, New York 1987.

13 s. *Kümmel/Biehl*, wie Fußn. 10, S. 8.

14 Grundlegend hierzu *Seidler*, Frauen zu den Waffen?, Bonn, Koblenz, 1. Aufl. 1978, S. 25ff.

fähigkeit auf vielen Feldern unter Beweis stellte, die früher Männern vorbehalten waren. In dieser Zeit entstanden die Arbeiter- und Frauenbewegung. Beide verfolgten, wenngleich in unterschiedlicher Intensität, das Ziel, die gesellschaftliche Stellung der Frau zu verbessern. Im Ersten Weltkrieg übernahmen Frauen, vor allem nach den verlustreichen Schlachten an der Somme zahlreiche männliche Arbeitsplätze. Eine allgemeine Kriegsdienstpflicht wurde ihnen trotz entsprechender Forderungen des Generalstabs nicht auferlegt. Dennoch richtete das Kriegsamt eine Frauenarbeitszentrale ein. Gegen Kriegsende arbeiteten etwa 700.000 Frauen in der Rüstungsindustrie. Um männliche Soldaten für den Frontkrieg frei zu bekommen, warb der Generalstab um Frauen für den Einsatz in der Etappe. Frauen, die sich hierfür freiwillig meldeten, wurden dienstverpflichtet. Ihre Uniformierung scheiterte lediglich an der Textilknappheit! Nach den positiven Erfahrungen mit diesen „Etappenhelferinnen" sollte ein weibliches Nachrichtenkorps gebildet werden. Auch dadurch erhoffte sich die Heeresleitung zusätzliche Männer für den Fronteinsatz. Nur das Kriegsende verhinderte den Einsatz dieser Soldatinnen. Gezeigt hatte sich aber, dass die Heeresleitung und die Staatsführung in militärisch schwierigen Situationen nicht davor zurückschreckten, auf das Kräftepotential der Frauen zuzugreifen.

Im Zweiten Weltkrieg stand zunächst die nationalsozialistische Ideologie einem Waffeneinsatz von Frauen entgegen. Russische Soldatinnen an der Ostfront wurden in der deutschen Propaganda als „Flintenweiber" bezeichnet, deren Handeln typisch sei für den slawischen Untermenschen. Angehörige des Amerikanischen Frauenhilfskorps wurden als „Mann-Weiber" und Verräterinnen ihres Geschlechts gebrandmarkt. Dementsprechend problematisch war es dann für die Parteiführung, das Volk gegen Ende des Krieges darauf vorzubereiten, dass in Zukunft unter Umständen auch Frauen mit der Waffe eingesetzt werden sollten. Im Februar 1945 befahl Hitler „die probeweise Aufstellung eines Frauenbataillons". Zum Fronteinsatz von Frauen kam es aber auf deutscher Seite nur im Rahmen zweier Propagandakompanien[15].

III. Militärische Aspekte

1. Integration

Die Bundeswehrführung ist sich dessen bewusst, dass die Einbindung der Frauen in die kämpfende Truppe nicht ohne Probleme ablaufen wird. In Untersuchungen des Sozialwissenschaftlichen Instituts der Bundeswehr wird deutlich, dass die Bereitschaft männlicher Soldaten zur Integrierung von Frauen zwar insgesamt hoch ist, in Teilbereichen aber, insbesondere im Heer, Skepsis und

[15] Einzelheiten bei *Seidler*, wie Fußn. 14, S. 157.

Ablehnung anzutreffen sind. Auffallend ist auch, dass die Abneigung bei jenen männlichen Soldaten ausgeprägter ist, die bereits (im Sanitätsbereich) unmittelbare Erfahrungen mit Frauen in der Truppe gemacht haben[16] und die befürchten, dass Frauen einer bevorzugten Behandlung unterliegen werden (Schlagwort: Wehrdienst de luxe). Das Sozialwissenschaftliche Institut der Bundeswehr kommt auf der Basis bisheriger Forschungsergebnisse u.a. zu folgenden Empfehlungen:

Der Erfolg der Integration wird wesentlich vom unmissverständlich signalisierten Willen der politischen und militärischen Führung der Bundeswehr, der Vorgesetzten und Ausbilder abhängen. In Bereichen, in denen vermehrt Skepsis besteht, wird die Durchführung von Integrations-Trainings empfohlen. Diese Trainingsprogramme sollen unter anderem dazu dienen, berechtigte und unberechtigte Ängste männlicher Soldaten abzubauen. Eine Gleichbehandlung von männlichen und weiblichen Soldaten wird angeraten, u.a. die Beseitigung der Bevorzugung von Frauen beim Wachdienst[17].

Die Einbeziehung wird also nicht spannungsfrei ablaufen. Indes zeigt ein Blick auf die Streitkräfte der Nato-Partner, dass dort Frauen seit Jahren, zum Teil seit Jahrzehnten auch in Kampfverbänden Dienst leisten.

Überblick über die Verwendung von Frauen in den Streitkräften der Nato-Staaten[18]:

Staat	Umfang der Streitkräfte ca.	Anteil der Frauen ca.	Anteil in Prozent	Verwendung/ Einschränkung
Belgien	42.100	3.000	7,1	Alle Dienstposten, außer U-Boote
Dänemark	25.000	1.200	4,8	Alle Dienstposten, außer Kommandotruppen, Kampfschwimmer
Deutschland	340.000	4.400	1,3	Sanitäts- und Militärmusikdienst, ab 01.01.01 alle Laufbahnen
Frankreich	450.300	28.500	6,3	Alle Dienstposten, auch Kampfunterstützungstruppen, außer Kampftruppe

[16] Der Grund hierfür dürfte in erster Linie in einer vermeintlichen oder auch tatsächlichen Bevorzugung der Frauen (z.B. beim Wachdienst) zu suchen sein, s. *Kümmel/Biel*, wie Fußn. 10, S. 21.

[17] *Kümmel/Biel*, wie Fußn. 10, S. 5.

[18] Angaben aus http://www.bundeswehr.de/bundeswehr/frauen (Stand August 1999).

Staat	Umfang der Streitkräfte ca.	Anteil der Frauen ca.	Anteil in Prozent	Verwendung/ Einschränkung
Griechenland	158.600	6.300	4,0	Alle Dienstposten, auch Kampfunterstützungstruppen, außer Kampftruppe
Großbritannien	212.300	15.750	7,4	Alle Dienstposten, außer Kampftruppe im direkten Einsatz gegen Bodentruppen, sowie U-Boote
Italien	377.500	–	–	–
Kanada	61.000	6.900	11,3	Alle Dienstposten, außer U-Boote
Niederlande	55.400	4.000	7,2	Alle Dienstposten, außer U-Boote und Marine-Korps
Norwegen	30.200	1.400	4,6	Alle Dienstposten
Polen	240.000	120	0,1	Vornehmlich im Sanitätsdienst
Portugal	51.000	2.600	5,1	Alle Dienstposten, auch Kampfunterstützungstruppe, außer Kampftruppe
Spanien	165.500	4.300	2,6	Alle Dienstposten
Tschechische Republik	64.000	1.700	2,7	Sanitäts-, Fernmeldedienst, Unterstützungseinheiten
Türkei	764.000	6.900	0,9	Alle Dienstposten, auch Kampfunterstützungseinheiten, außer Kampftruppe
Ungarn	52.000	2.600	4,9	Alle Dienstposten
USA	1.441.000	201.800	14,0	Alle Dienstposten, außer Kampftruppe mit direktem Einsatz gegen Bodentruppen, U-Boote

Der Blick auf die diese Tabelle zeigt die zum Teil verblüffend hohe Zahl von weiblichen Soldaten in den Streitkräften der Nato-Partner. Sichtbar werden aber auch z.T. ganz wesentliche Verwendungseinschränkungen. Auch für die Bundeswehr wird sich bei der Eingliederung der Frauen die Frage stellen, in welchen Einheiten sie zum Einsatz kommen können. Der Gesetzgeber hat bei der Änderung des Soldatengesetzes bewusst eine generelle Einengung der Verwendbarkeit vermieden. In der Praxis wird man die Frauen aber sicher nicht in die vorderste Linie der Kampfverbände einplanen. Ob eine faktische, generelle Differenzierung nach der Öffnung des Waffendienstes für Frauen verfassungsrechtlich noch vertretbar ist, ob überhaupt die Wehrpflicht für Männer angesichts der grundsätzlich dokumentierten Fähigkeit der Frauen zum Waffendienst noch haltbar ist, bedarf noch einer genaueren Untersuchung.

2. *Militärische Motive*

Als ich Ende der siebziger Jahre die Arbeit an meiner von *Ekkehart Stein* betreuten Dissertation[19] aufnahm, war die Meinung noch vorherrschend, die Allgemeine Wehrpflicht sei „ein Kind der Demokratie". Ein kurzer Blick in die Politik- und Militärgeschichte genügte jedoch, um klar zu stellen, dass diese These weder in der Geschichte noch in der Gegenwart eine Stütze findet. Eine besondere Affinität der Allgemeinen Wehrpflicht zur Demokratie und umgekehrt besteht nicht. Bei der Wahl der Wehrform und bei grundlegenden Strukturänderungen in den Streitkräften waren in der Regel militärische Gründe ausschlaggebend[20].

In diesem Zusammenhang drängen sich nun zwei Fragen auf:

1. Stellt die Zulassung von Frauen zum Waffendienst eine grundlegende Strukturänderung dar und
2. welche Rolle spielten dabei militärische Motive?

Betrachtet man zunächst die Äußerungen von Politikern, so könnte der Eindruck entstehen, die Entscheidung, Frauen als Kombattanten in die Streitkräfte zu integrieren, berühre die Grundstrukturen der Bundeswehr[21]. Die Situationsanalyse und der Ausblick auf zukünftige Entwicklungen, die der Generalinspekteur der Bundeswehr gegeben hat, weisen jedoch in eine andere Richtung. Zwar steht nach seinen Worten die Bundeswehr „am Beginn einer Reform, die weitreichender und tiefgreifender als alle bisherigen ist"[22], die Integration der Frauen in die Streitkräfte spielt jedoch angesichts anderer Heraus-

---

[19] *Grimm*, Allgemeine Wehrpflicht und Menschenwürde, Schriften zum Öffentlichen Recht, Band 415, Berlin 1982.

[20] Wie Fußn. 19, S. 14ff.

[21] Als Beispiel sei nur ein Äußerung von *Brigitte Schulte*, Parlamentarische Staatssekretärin im Verteidigungsministerium, wiedergegeben: „Ich glaube nicht, dass die Bundeswehr die Frauen verändert. Im Gegenteil, ich glaube, die Frauen werden die Bundeswehr verändern", zit. in *Kümmel/Biehl*, wie Fußn. 10, Vorwort von *Lohmann*, S. 3.

[22] *Kujat* (Generalinspekteur der Bundeswehr), Die Bundeswehr auf ihrem Weg der Erneuerung von Grund auf, in: Der Mittler-Brief, Informationsdienst zur Sicherheitspolitik, Nr. 1/1. Quartal 2001, S. 1.

forderungen in seiner Lagebeurteilung nur eine recht untergeordnete Rolle. Nach seiner Analyse wird der Frauenanteil mittel- und langfristig etwa einen Anteil von sieben bis acht Prozent der Berufs- und Zeitsoldaten betragen. Grundlegende strukturelle Auswirkungen auf die Bundeswehr sind meines Erachtens auf dieser Basis nicht zu erwarten.

Die trotz der Zweifel an der Rechtmäßigkeit der EuGH-Entscheidung rasch erfolgte Anpassung des Grundgesetzes legt die Vermutung nahe, dass dieses Urteil für die Politik ein nicht unwillkommener Anlass für die Öffnung der Streitkräfte für Frauen war. Dabei spielten militärische Erwägungen keine Rolle. In der Begründung des Gesetzesentwurfes der Fraktionen der SPD, CDU/CSU, BÜNDNIS 90/Die GRÜNEN und der F.D.P. heißt es lediglich: „Inhaltlich entspricht die Änderung dem Wandel des gesellschaftlichen Bewusstseins hinsichtlich des freiwilligen Dienstes von Frauen mit der Waffe“[23]. Die militärische Führung der Bundeswehr hat, soweit ersichtlich, ohne großes Zögern die politische Entscheidung mitgetragen, die Bundeswehr war aber nicht die initiierende Kraft. Sie ist dabei, dem Primat der Politik verpflichtet und loyal wie seit ihrem Bestehen, die politische Entscheidung in die Praxis umzusetzen. Das dürfte ihr umso leichter fallen, als durchaus einige positive Aspekte für die Bundeswehr sichtbar werden:

Die Bundeswehr befindet sich seit Ende des kalten Krieges und der Auflösung der Blöcke ohnedies in einer Phase der Umstrukturierung. Durch die Einbeziehung von Frauen sieht die militärische Führung die Chance, den als notwendig empfundenen Umstrukturierungsprozess zu beschleunigen. Seit langem wird die Forderung nach einer familiengerechteren Ausgestaltung des Arbeitsplatzes der Soldaten erhoben. Auch hier dürfte durch die Aufnahme von weiblichen Soldaten ein Prozess in Gang kommen, der die Planbarkeit der Freizeit erleichtern, die Möglichkeit der Teilzeitarbeit verstärken und damit zu einer Attraktivitätssteigerung des Arbeitsplatzes führen wird. Folge dieser größeren Flexibilität hinsichtlich der Arbeitszeit könnte ein größeres Engagement der Soldaten im Gemeinwesen außerhalb der Dienstzeit sein mit der Konsequenz einer verstärkten gesellschaftlichen Integration der Soldaten[24]. Frauen könnten, falls sich die Bundeswehr künftig zu reinen Berufsstreitkräften entwickeln sollte, jene gesellschaftliche und politische Integrationsrolle übernehmen, die bisher in gewisser Weise den Wehrpflichtigen oblag[25]. Und schließlich kommt in diesem Zusammenhang hinzu, dass die Bundeswehr bisher durch den Ausschluss der Hälfte der deutschen Bevölkerung vom Waffendienst auf

---

[23] Deutscher Bundestag – 14. Wahlperiode Drucksache 14/4380, S. 3.

[24] Einzelheiten bei *Kümmel/Biehl*, wie Fußn. 10, S. 2.

[25] Wobei hier zu untersuchen wäre, ob Frauen weniger als Männer gefährdet sind, autoritären oder demokratiefeindlichen Strömungen zu erliegen. Im übrigen darf ich darauf verweisen, dass in der These der Demokratiesicherung durch Wehrpflichtige stets der unterschwellige Vorwurf demokratischer Labilität gegenüber Berufssoldaten enthalten ist, vgl.

ein enormes Potential verzichten musste, das ihr nun bei der Auswahl geeigneter Soldaten zur Verfügung steht.

Man kann die beiden aufgeworfenen Fragen also dahingehend beantworten, dass erstens die Zulassung von Frauen zum freiwilligen Waffendienst kein in die Grundstruktur der Bundeswehr eingreifender Vorgang ist und zweitens, dass einige militärische Aspekte die Einbeziehung erleichterten, aber nicht entscheidungserheblich waren.

IV. Das Gleichbehandlungsproblem

Die Beschränkung der Allgemeinen Wehrpflicht auf Männer verstieß nach herrschender Meinung nicht gegen den Gleichheitssatz des Art. 3 GG. Art. 12a GG besitzt seinerseits Verfassungsrang und stellt somit eine verfassungsimmanente Sonderregelung gegenüber dem allgemeinen Gleichheitssatz dar[26]. Nach der Zulassung von Frauen zum Waffendienst ergeben sich jedoch erhebliche Zweifel, ob die Ungleichbehandlung weiter aufrecht erhalten werden kann, wurde doch die alleinige Verpflichtung der Männer im wesentlichen mit geschlechtsspezifischen Argumenten begründet, die nun weitgehend ihre Aussagekraft verlieren. Als schlechthin nicht miteinander vergleichbare Lebenssachverhalte, die eine differenzierte Behandlung rechtfertigen und fordern, werden die „biologisch geschlechtlichen Vorgänge und die daraus resultierenden bzw. gesteuerten physischen und psychischen Eigenschaften der Geschlechter" angesehen[27]. Menstruation, Defloration, Schwangerschaft, Geburt, Stillzeit und Klimakterium sind beispielsweise solche Lebenssachverhalte. Arbeitsschutzbestimmungen, die hierauf Rücksicht nehmen (insbesondere im Bereich des Mutterschutzes) sind daher selbstverständlich zulässig. Unter diesen Aspekten hielt man es für möglich, den Frauen den Waffendienst zu untersagen, wobei hier deutlich darauf hingewiesen sei, dass nicht der männliche Wunsch, Konkurrentinnen aus dem Berufsfeld „Soldat" fernzuhalten, sondern der Schutzgedanke ausschlaggebend war. Erhebliche Zweifel, zumindest, was die physische Ungeeignetheit von Frauen betrifft, meldete *Dürig* schon lange vor der nun erfolgten Verfassungsänderung an. Die Ausnahmeregelung zu Gunsten der Frau abzuschaffen, wäre für ihn nur konsequent[28].

Grimm, Demokratie – Wehrpflicht – Menschenwürde – Erwiderung, in: NZWehrr 1983, S. 227.

[26] S. z.B. *BVerfGE* 48, 127; *Scholz* in: *Maunz/Dürig*, Grundgesetz Kommentar, Loseblatt, München, Stand August 2000, Art. 12a Rn. 31; Stern, Das Staatsrecht der Bundesrepublik Deutschland, Band 2, München 1980, S. 882f.

[27] *Dürig,* wie Fußn. 26, Art. 3 II, Rn. 13.

[28] *Dürig*, wie Fußn. 26, Stand 1974, Art. 3 II, Rn. 14.

Neben der geschlechtsspezifischen Differenz werden auch funktionale- arbeitsteilige Unterschiede als Differenzierungsgründe bejaht. Auf diesem Felde besteht allerdings ganz besonders die Gefahr, aus dem traditionellen Rollenverständnis heraus die Ungleichbehandlung zu Ungunsten der Frau zu zementieren. Auch *Gornig* setzte sich bereits vor der nunmehr erfolgten Änderung des Artikels 12a GG entschieden für einen Abbau des Waffenverbotes für Frauen ein. Diese Ungleichbehandlung werde den modernen Anforderungen an die gleichberechtigte Mitwirkung der Frau auch in militärischer Hinsicht nicht mehr gerecht. Die gewandelte Auffassung von den Geschlechterrollen verstärke noch die Fragwürdigkeit dieser Norm. „Frauen sind nicht mehr Schutzbefohlene der Männer, ihre grundsätzlich gegebene physische Unterlegenheit spielt bei der Anwendung moderner Waffen keine Rolle. Die historische Begründung für den Ausschluss der Frauen entspricht einer heute veralteten Vorstellung von Männlichkeit und Weiblichkeit“[29]. *Gornig* forderte daher eine Streichung des Art. 12a Abs. 4 S. 2 GG (a.F.), allerdings mit dem – aus meiner Sicht sehr wichtigen – Hinweis, diesen Vorgang nicht allein unter dem Gesichtspunkt der Arbeitsbeschaffungsmaßnahme für Frauen zu behandeln. Es wäre viel zu einfach, diesen politisch, sozial und militärisch so komplexen Vorgang auf diesen Aspekt zu reduzieren.

Dass Art. 3 Abs. 2 GG nicht nur dem Schutz von Frauen vor einseitiger Bevorzugung des Mannes dient, sondern auch zum Abbau von rechtlichen Nachteilen auf der Seite des Mannes führen muss, hat das Bundesverfassungsgericht in aller Deutlichkeit herausgestellt[30]. Wenn sich nun immer deutlicher abzeichnet, dass sich das Rollenverständnis und Rollenverhalten zwischen Mann und Frau verschiebt und Annäherungen nicht nur in der Arbeitswelt, sondern auch innerhalb der Familien zu beobachten sind[31], und wenn geschlechtsspezifische Argumentationen nach der erfolgten Grundgesetzänderung ihre Tragfähigkeit verloren haben, so bleibt als Konsequenz nur die Forderung, die jetzt bestehende, aus der gesamtverfassungsrechlichen Sicht höchst bedenkliche Ungleichbehandlung zwischen Mann und Frau abzubauen. Für Frauen nun – wie zum Teil gefordert[32] – die Allgemeine Wehrpflicht einzuführen, hielte ich jedoch für den falschen Weg.

---

[29] *Gornig* in: *Mangoldt/Klein/Stark*, Bonner Grundgesetz Kommentar, Band 1, 4. Aufl. 1999, Art. 12a Abs. 4 Rn. 158.

[30] *BVerfGE* 31, 1 (4).

[31] S. z.B. die geänderte Praxis bei der Zuerkennung des Sorgerechts im Falle von Scheidungen oder die Einführung der „Elternzeit“ mit dem Ziel, mehr Väter zur Kinderbetreuung zu ermutigen; in diese Richtung auch die Väter- Kampagne der Bundesregierung mit dem Ziel weiterhin das Männerleitbild zu verändern, s. hierzu Papa ante Portas, in SZ vom 28./29. 4. 2001, S. V1/25; weitere Informationen unter www.mehr-spielraum-für-vaeter.de.

[32] Zwei Drittel der vom Sozialwissenschaftlichen Institut der Bundeswehr befragten Soldaten halten es für unerlässlich, dass bei einer Öffnung der Bundeswehr für einen freiwilligen

V. Die Aussetzung der Allgemeinen Wehrpflicht

Art. 12a GG begründet keine verfassungsrechtliche Grundpflicht[33]. Er überlässt es vielmehr dem einfachen Gesetzgeber, die Allgemeine Wehrpflicht einzuführen, abzuschaffen oder zu modifizieren. Das dem einfachen Gesetzgeber eingeräumte Ermessen ist aber nicht grenzenlos. Jede Ermessensausübung hat sich im Rahmen des verfassungsimmanenten Prinzips der Verhältnismäßigkeit, insbesondere der Erforderlichkeit zu bewegen[34]. Auch wenn auf Grund der langen Friedenszeit die Tendenz besteht, den Soldatenberuf als Job wie jeden anderen anzusehen, so heißt der Wehrpflicht unterliegen in letzter Konsequenz, töten und u. U. den Tod erleiden müssen [35]. Ein intensiverer Eingriff des Staates in die Grundrechtssphäre des einzelnen ist kaum vorstellbar. Deshalb ist folgendes zu bedenken: Lässt sich der Friedensauftrag des Art. 26 GG und der Verteidigungsauftrag des Art. 87a Abs. 2 GG durch mildere Mittel erfüllen, so wird die Entscheidung des einfachen Gesetzgebers, an der Allgemeinen Wehrpflicht festzuhalten rechtswidrig[36]. Betrachtet man nun die seit Beginn der neunziger Jahre des letzten Jahrhunderts eingetreten globalen Veränderungen, wie zum Beispiel den Fall der Mauer, die Auflösung des Warschauer Pakts, den Zerfall der Sowjetunion, die Ausdehnung der Nato nach Osten, die geänderte strategische Lage Deutschlands, (das zum ersten Mal in der Geschichte nur von befreundeten Staaten umgeben ist), so zeigt das meines Erachtens zur Genüge, dass die Aufrechterhaltung der Allgemeinen Wehrpflicht derzeit nicht notwendig und damit rechtsstaatlich nicht mehr vertretbar ist[37]. Die auf Grund der bereits erfolgten Reduzierung der Streitkräfte immer akuter werdende Wehrungerechtigkeit und der Wandel der militärischen Aufgabenfelder weg von der Territorialverteidigung hin zum Schwerpunkteinsatz in Krisengebieten unterstreichen

---

Waffendienst von Frauen die Allgemeine Wehrpflicht für Frauen eingeführt wird, s. *Kümmel/Biehl*, wie Fußn. 10, S. 19.

33 So die überwiegende Meinung; a. A. ohne überzeugende Begründung *Gubelt* in: von *Münch/Kunig* (Hrsg.), Grundgesetz Kommentar, Band 1, 5. Aufl., München 2000, Art. 12a, Rn. 1;

34 s. *Frank*, in: GG, Kommentar zum Grundgesetz für die Bundesrepublik Deutschland, 2. Aufl. Neuwied 1989, hinter Art. 87, Rn. 82.

35 Das gilt auch für denjenigen, der sich freiwillig für den Waffendienst entscheidet. Dessen sollten sich die Frauen bewusst sein. Mir scheint, dass dieser Aspekt in der derzeitigen Situation viel zu wenig Beachtung findet. Das Problembewusstsein stellt sich immer nur vorübergehend ein, wenn gefährliche militärische Einsätze bevorstehen und eine Selbstbetroffenheit nicht auszuschließen ist.

36 Vgl. *Frank*, wie Fußn. 34.

37 In diesem Sinne auch der Antrag einzelner Abgeordneter der F.D.P. und der F.D.P.-Fraktion auf Aussetzung der Allgemeinen Wehrpflicht vom 8. 12. 2001, s. Deutscher Bundestag – 14. Wahlperiode, Drucksache 14/4968.

diese Bewertung. Es ist meines Erachtens an der Zeit, wie in anderen Staaten auch[38], die Allgemeine Wehrpflicht auszusetzen[39].

Konsequent, dem geänderten Rollenverhalten entsprechend, persönlichkeitsfördernd, gesellschaftsdienlich und gerecht wäre aus meiner Sicht die Einführung eines allgemeinen sozialen Pflichtjahres für Männer und Frauen verbunden mit der Möglichkeit für beide Geschlechter, diesen Dienst an der Gesellschaft auch freiwillig durch den Dienst bei den Streitkräften ableisten zu können.

---

[38] So z.B. Frankreich, das die Einberufung von Wehrpflichtigen ab dem 27.06. 2001 gestoppt hat, s. dpa, Süddeutsche Zeitung vom 28.06. 2001, S. 7.

[39] Der Generalinspekteur der Bundeswehr möchte zwar an der Allgemeinen Wehrpflicht festhalten. Nur durch sie könne die „Aufwuchsfähigkeit" der Streitkräfte sichergestellt werden. Zugleich weist er aber darauf hin, dass sicherheitspolitische Entwicklungen „Freiräume für Veränderungen" schaffen, *Kujat*, wie Fußn. 22, S. 7.

Auswahlrechte der Hochschulen und Zentrale Studienplatzvergabe

Rechtliche und faktische Grundlagen der Numerus-Clausus-Rechtsprechung

Kay Hailbronner

1. *Die Numerus-Clausus-Entscheidung des Bundesverfassungsgerichts*

Der Fünfte Staatsvertrag über die Vergabe von Studienplätzen vom 24. 6. 1999[1] beruht, wie alle vorausgegangenen Staatsverträge über die Vergabe von Studienplätzen auf der Numerus-Clausus-Rechtsprechung des Bundesverfassungsgerichts.[2] Das Bundesverfassungsgericht hat in seinem Grundsatzurteil vom 18. 7. 1972[3] einen Anspruch aller hochschulreifen Bewerber auf Zugang zu den staatlichen Bildungseinrichtungen aus Art. 12 Abs. 1 S. 1 GG und dem Sozialstaatsprinzip abgeleitet. Das mit der Berufsfreiheit untrennbar verknüpfte Recht auf freie Wahl der Ausbildungsstätte wird vom Bundesverfassungsgericht im Bereich des Hochschulwesens als Recht auf Teilhabe an den vom Staat zur Verfügung gestellten Studienangeboten gedeutet, da im Bereich des Hochschulwesens der Staat ein faktisches Monopol besitze und damit gerade im Bereich der Ausbildung zu akademischen Berufen die Beteilung an staatlichen Leistungen notwendige Voraussetzung der Verwirklichung der durch Art. 12 GG gewährleisteten freien Berufswahl sei. Postuliert wird daher das Recht jedes hochschulreifen Staatsbürgers, an den vom Staat gebotenen Bildungschancen grundsätzlich gleichberechtigt teilzunehmen,[4] so dass „jeder die subjektiven Zulassungsbestimmungen erfüllende Staatsbürger" ein Recht auf Zulassung zum von ihm gewünschten Hochschulstudium besitzt.[5] Dies bedeutet, dass jeder, dem vom Staat die Hochschulreife bescheinigt worden ist, auch die Chance besitzen muss, jeden Studiengang an jedem Studienort ohne Rücksicht auf Art und Anzahl der Bewerber zu absolvieren. Unmittelbare Folge dieses Grundsatzes war die Forderung, dass die vorhandenen Kapazitäten erschöpfend ausgenutzt werden müssen.[6]

---

[1] GBlBW 2000, S. 401.

[2] Vgl. dazu *G.F. Schuppert*, in: Festschrift für Martin Hirsch, S. 567f.; *Bahro/Berlin/Hübenthal*, Hochschulzulassungsrecht, 3. Aufl., 1999, S. 8f.

[3] BVerfGE 33, 303f.

[4] BVerfGE 33, 303/332.

[5] A.a.O.

[6] BVerfGE 33, 303/338.

Freilich steht der Zugang zu den Hochschulen unter dem Vorbehalt des Möglichen.[7] Besteht deshalb auch nach Erschöpfung der Kapazitäten ein Bewerberüberhang (dies ist der Fall des absoluten Numerus Clausus), ist ein Auswahlverfahren geboten. Hierbei hält das Bundesverfassungsgericht eine Kumulation verschiedener Zulassungskriterien für geboten, weil nur in diesem Falle jeder Bewerber auch tatsächlich eine Zulassungschance besitze;[8] bevorzugt sei auf die Eignung abzustellen, daneben aber auch auf die Wartezeit.

Absolute Zulassungsbeschränkungen sind danach allerdings nur dann verfassungsgemäß, wenn sie in den Grenzen des unbedingt Erforderlichen unter erschöpfender Nutzung der vorhandenen Ausbildungskapazitäten angeordnet werden und wenn Auswahl und Verteilung der Bewerber nach sachgerechten Kriterien mit einer Chance für jeden an sich hochschulreifen Bewerber und unter möglichster Berücksichtigung der individuellen Wahl des Ausbildungsortes erfolgen.

In diesem Zusammenhang stellt das Bundesverfassungsgericht auch fest, absolute Zulassungsbeschränkungen führten dazu „dass der Ausgleich zwischen den Universitäten sowie die Auswahl und Verteilung der Zuzulassenden zu einer bundesweiten Aufgabe werden".[9] Zur Lösung dieser Aufgabe habe die WRK zwar eine zentrale Registrierstelle eingerichtet, an die alle Bewerbungen in den absoluten Numerus-Clausus-Fächern zu richten seien. Dieses Zulassungsverfahren könne jedoch durch die Vielfalt der unterschiedlichen Länderzulassungsrichtlinien „bis zur Lähmung" behindert werden. Im Wintersemester 1970/1971 hätten beispielsweise im Zulassungsverfahren für Medizin außer regionalen und lokalen Landeskindervergünstigungen neben verschiedenen Berechnungsarten der Abiturnoten sechs Arten von Notenvergünstigungen im Rahmen des Leistungsprinzips und über zwanzig Arten von Vergünstigungen im Rahmen des Jahrgangsprinzips mit unterschiedlichem räumlichen Geltungsbereich berücksichtigt werden müssen.[10] Diese Vielfalt der Zulassungskriterien habe zugleich die Transparenz des Zulassungswesens und die Chancengleichheit der Bewerber erheblich behindert.

Das Bundesverfassungsgericht weist ferner für die Begründung der Notwendigkeit einheitlicher Auswahlkriterien auf die Erschwerung des effektiven Rechtsschutzes als Folge einer Zuständigkeit der jeweiligen Universität zur abschließenden Bescheidung eines Bewerbers hin. Dementsprechend werde weitgehend anerkannt, „dass im Falle eines absoluten Numerus Clausus für Studiengänge die Verteilung aller freien Studienplätze durch eine überregionale Stelle möglichst unter Anwendung einheitlicher Auswahlkriterien und

---

[7] BVerfGE 33, 303/333: „..., was der Einzelne vernünftigerweise von der Gesellschaft anspruchen kann."

[8] BVerfGE 33, 303/350.

[9] A.a.O., S. 356.

[10] A.a.O., S. 356, 257 unter Hinweis auf *Barbey*, JZ 1971, S. 473, 478f.

durch ausreichend begründete, auch im Falle von Mehrfachbewerbungen einheitlich anfechtbare Bescheide erfolgen müsse".[11]

Das Bundesverfassungsgericht verweist in erster Linie auf die Pflicht des Bundes, unter Ausnutzung der ihm gegebenen legislativen und verwaltungsmäßigen Möglichkeiten, das Notwendige zu tun. Im weiteren Sinne seien die Länder – etwa durch Abschluss von Staatsverträgen – in der Pflicht, „um ihrer Mitverantwortung für eine kooperative Verwirklichung des Grundrechtsschutzes gerecht zu werden." Diese Mitverantwortung beruhe darauf, dass der einheitlich geltende Grundrechtsschutz gegenüber der Gesetzgebung des Bundes wie der Länder gleichermaßen garantiert sei. Bund und Länder dürften daher intensive Eingriffe in Grundrechte – wozu das Bundesverfassungsgericht offensichtlich die Beschränkung der Zulassung hochschulreifer Bewerber zum Studium rechnet – nicht dadurch ermöglichen, dass sie sich auf das Fehlen ihrer Kompetenzen zu den einen oder anderen Maßnahmen beriefen; vielmehr müsse, wenn es um den Grundrechtsschutz des Staatsbürgers gehe, der Gesetzgeber in Bund und Länder sich als Einheit behandeln lassen.[12]

2. *Veränderung der tatsächlichen und rechtlichen Grundlagen des Urteils des Bundesverfassungsgerichts v. 18. 7. 1972*

a. *Verfassungsrechtliche Bedeutung einer Veränderung der tatsächlichen und rechtlichen Grundlagen*

Die Fähigkeit des Verfassungsrechts zur Anpassung an wechselnde Lagen ist die Konsequenz daraus, dass verfassungsrechtliche Normen „Normprogramme" zur Regelung bestimmter Lebensbereiche darstellen.[13] Die Antwort des Verfassungsrechts kann sich daher mit der Änderung der faktischen und rechtlichen Gegebenheiten ändern. Anderenfalls würde die Gefahr einer mit der rechts- und sozialstaatlichen Demokratie „unvereinbaren Erstarrung der Rechtsentwicklung" entstehen.[14]

Nichts anderes gilt für die Auslegung von Grundrechten durch das Bundesverfassungsgericht. Der Frage, wie das Grundrecht auf freie Wahl des Berufs und ein hieraus abgeleitetes Recht auf Ausbildung als Individualrecht und als generelles Prinzip durchgesetzt werden, ist daher untrennbar mit der gesetzlichen Regelung der Hochschulzugangsberechtigung, der Art und Zahl der ver-

---

[11] A.a.O., S. 357.

[12] A.a.O., S. 358.

[13] Zum Zusammenhang von Normbereich und Normprogramm vgl. *Friedrich Müller*, Normstruktur und Normativität, 1966.

[14] Vgl. BVerfGE 77, 84, 104.

fügbaren Ausbildungseinrichtungen, ihrer Organisationsstruktur und ihrer faktischen Verfügbarkeit für Ausbildungsbewerber verknüpft. Unverkennbar sind insoweit die erwähnten Numerus-Clausus-Entscheidungen des Bundesverfassungsgerichts auf eine bestimmte faktische und normativ vorgegebene Ausgangslage bezogen, deren rechtliche Bewältigung mittels landesrechtlicher oder universitärer Zulassungsbestimmungen das Bundesverfassungsgericht im Hinblick auf grundrechtliche Anforderungen und das Sozialstaatsprinzip für unzureichend erklärt hat.

Dass eine Veränderung der für eine bestimmte Grundrechtsauslegung maßgeblichen faktischen oder normativen Grundlagen auch zu einer veränderten Grundrechtsauslegung führen kann, hat das Bundesverfassungsgericht anerkannt. Es hat sich daher nicht an frühere verfassungsgerichtliche Entscheidungen und Grundsätze für gebunden gehalten.[15] Maßstab der Anknüpfung sind die Verfassung und nicht verfassungsrechtliche Präjudizien.[16] Wesentliche Veränderungen der Rechtslage, die wirtschaftliche Entwicklung, veränderte Vorstellungen über die Art und Weise der Verwirklichung grundrechtlicher Garantien können daher zu einem veränderten Grundrechtsverständnis führen.[17]

Eine für die verfassungsrechtliche Auslegung wesentliche Veränderung der zugrunde liegenden Verhältnisse kann sich unter Umständen auch auf den Bestand und die Reichweite gesetzlich geregelter individueller Rechte auswirken. Im Bereich der Eigentumsrechte hat das Bundesverfassungsgericht den Gesetzgeber für befugt angesehen, im Zuge einer generellen Neugestaltung eines Rechtsgebiets bestehende Rechte abzuschaffen, für die es im neuen Recht keine Entsprechung gebe. Der Gesetzgeber dürfe nicht nur nach Art. 14 Abs. 1 S. 2 GG Eigentumsrechten einen neuen Inhalt geben. Ebenso wie er neue Rechte einführen dürfe, könne er auch das Entstehen von Rechten, die nach bisherigem Recht möglich gewesen seien, für die Zukunft ausschließen. Die Eigentumsgarantie gebiete insoweit nicht, einmal bestehende Rechtspositionen für alle Zukunft in ihrem Inhalt unangetastet zu lassen. Selbst die völlige Beseitigung bisher bestehender, durch die Eigentumsgarantie gewährter Rechtspositionen könne unter bestimmten Voraussetzungen zulässig sein.[18]

Das Bundesverfassungsgericht gesteht damit dem Gesetzgeber einen Gestaltungsspielraum zur Neuordnung eines Rechtsgebiets zu, der auch individuelle

---

[15] Vgl. hierzu *Benda/Klein*, Verfassungsprozessrecht, 2. Aufl., 2000, Rn. 1347 m.w.N. Fußnote 163.

[16] BVerfGE 77, 84, 104.

[17] Vgl. BVerfGE 82, 198, 204 im Hinblick auf steuerliche Regelungen über den Familienlastenausgleich; zur Bedeutung des grundlegenden Wandels der Lebensverhältnisse oder der allgemeinen Rechtsauffassung vgl. auch BayVerfGHE 5, 166, 183; 8, 59, 63; 11, 127, 140; 15, 19, 34; 17, 1f.; zum Schutz von Ehe und Familie vgl. auch *Stein/Frank*, Staatsrecht, 17. Aufl. 2000, S. 42.

[18] BVerfGE 83, 201, 212.

Rechtspositionen einschließt. Voraussetzung hierfür ist allerdings, dass die Neuregelung (unabhängig von der Frage der Beseitigung oder Einschränkung bestehender Rechtspositionen) verfassungsgemäß ist[19] und dass der Eingriff durch Gründe des öffentlichen Interesses unter Berücksichtigung des Grundsatzes der Verhältnismäßigkeit gerechtfertigt ist.

Inwieweit danach Handlungsspielraum für den Gesetzgeber im Bereich der Vergabe von Studienplätzen bestehe, wird unter anderem durch die Abhängigkeit der vom Bundesverfassungsgericht in seiner Numerus-Clausus-Rechtsprechung entwickelten Grundsätze von den derzeit gegebenen tatsächlichen und rechtlichen Grundlagen und der Relevanz inzwischen eingetretener Veränderungen bestimmt. Ein Überblick über die Grundlagen der Numerus-Clausus-Rechtsprechung des Bundesverfassungsgerichts zeigt, dass wesentliche verfassungsgerichtliche Grundsätze zur zentralen Studienplatzvergabe auf tatsächlichen und rechtlichen Annahmen beruhen, die heute entweder nicht mehr gegeben sind oder deren Änderung jedenfalls im Ermessen des einfachen Gesetzgebers steht. Die Analyse der verfassungsgerichtlichen Rechtsprechung zeigt insbesondere, dass wesentliche Annahmen des ersten Numerus-Clausus-Urteils ausgesprochen oder stillschweigend auf einem vorgegebenen hochschulpolitischen Ausbildungskonzept beruhten, das als solches keinen verfassungsrechtlichen Bestandschutz für sich in Anspruch nehmen kann. Auch für die Änderung eines einmal entwickelten Systems gilt, was das Bundesverfassungsgericht generell für die Gestaltungsfreiheit des Gesetzgebers auf dem Gebiet der Arbeitsmarkt, Sozial- und Wirtschaftsordnung und dessen Einschätzungs- und Prognosevorrang in ständiger Rechtsprechung[20] festgestellt hat:

> „Es ist vornehmlich Sache des Gesetzgebers, auf der Grundlage seiner wirtschafts-, arbeitsmarkt- und sozialpolitischen Vorstellungen und Ziele und unter Beachtung der Sachgesetzlichkeiten des betreffenden Gebiets zu entscheiden, welche Maßnahmen er im Interesse des Gemeinwohls ergreifen will. Auch bei der Prognose und Einschätzung gewisser, der Allgemeinheit drohender Gefahren, zu deren Verhütung der Gesetzgeber glaubt tätig werden zu müssen, billigt ihm die Verfassung einen Beurteilungsspielraum zu, den er nur dann überschreitet, wenn seine Erwägungen so offensichtlich fehlsam sind, dass sie vernünftigerweise keine Grundlage für gesetzgeberische Maßnahmen abgeben können.[21] Dies gilt entsprechend für die Beurteilung der Eignung und Erforderlichkeit des gewählten Mittels zur Erreichung der gesetzgeberischen Ziele."[22]

Wesentliche, für die verfassungsrechtliche Geltung der Numerus-Clausus-Rechtsprechung relevante Änderungen der Sach- und Rechtslage sind insbesondere in folgenden Bereichen festzustellen:

– Die Studienbewerbersituation hat sich seit Beginn der 70er Jahre wesentlich geändert. Auch wenn nach wie vor eine Überfüllung der Hochschulen in

[19] BVerfGE 83, 212; 31, 257, 285; 58, 300, 338.

[20] BVerfGE 77, 84, 106; 25, 1, 17, 19; 37, 1, 20; 50, 290, 332; 51, 193, 208.

[21] Vgl. BVerfGE 30, 292, 317 m.w.N.

[22] BVerfGE 77, 106.

bestimmten Studienfächern zu konstatieren ist, besteht dennoch der vom Bundesverfassungsgericht damals festgestellte existenzielle Mangel an Ausbildungsmöglichkeiten nicht mehr.

- Das Studienangebot kann nicht mehr ausschließlich auf Universitäten bezogen werden, sondern ist einem vielfältig differenzierten Angebot an Studiengängen durch Universitäten, Fachhochschulen, Berufsakademien und nichtstaatlichen Hochschulen gewichen.
- In Abweichung von der Konzeption der nach einheitlichen Grundsätzen bundesweit angebotenen, im Wesentlichen identischen Studiengänge hat sich der Gesetzgeber in Bund und Ländern für die Entwicklung eines nach Art und Profil differenzierten Hochschulwesens entschlossen, bei der die Studiengänge im Wettbewerb und mit unterschiedlichem Profil und Eignungsanforderungen angeboten werden.
- Ausbildungsfreiheit kann unter den Bedingungen eines europäischen Binnenmarktes und einer gemeinschaftsrechtlich garantierten Berufs- und Ausbildungsfreiheit nicht mehr ausschließlich im Blick auf den inländischen staatlichen Hochschulsektor gesehen werden, sondern muss unter Berücksichtigung eines gemeinschaftsweit verfügbaren freien Zugangs aller Unionsbürger zu privaten und staatlichen Hochschulen in der gesamten Europäischen Union beurteilt werden.
- Das vom Bundesverfassungsgericht verfassungsrechtlich begründete System einer zentralstaatlich organisierten Planung und Vergabe von Studienplätzen weicht wesentlich ab von dem europäischen Konzept freier Ausbildung. Der ZVS vergleichbare Systeme der zentralen Vergabe von Studienplätzen existieren in keinem anderen Mitgliedstaat der Europäischen Union.
- Die Konzeption des Rechts aller hochschulreifen Bewerber auf ein Studium ihrer Wahl ist abhängig von der verfassungsrechtlich nicht festgelegten Determinierung des Abiturs als Hochschulzugangsberechtigung. Zwar hat der Hochschulrahmengesetzgeber nach wie vor am Abitur als allgemeiner Hochschulzugangsberechtigung festgehalten; der Grundsatz erfährt jedoch inzwischen erhebliche Einschränkungen dadurch, dass in den Landeshochschulgesetzen unter Ausnutzung des rahmenrechtlichen Spielraums vorgesehen ist, dass bei neuen Studiengängen neben dem Abitur zusätzliche Eignungsprüfungen, die auf die jeweiligen Fächer bezogen sind, eingeführt werden können.

b. Studienbewerbersituation und Entwicklung des Studienangebots

Akuter Anlass der ersten Numerus-Clausus-Entscheidung war eine als dramatisch empfundene Verschlechterung der Studiensituation von Abiturienten, insbesondere im medizinischen Ausbildungsbereich. Infolge der Unübersichtlichkeit der Rechtslage einerseits, der knappen Verfügbarkeit von Studienplätzen andererseits, setzte sich eine allgemeine Einschätzung durch, dass ein Großteil der Studienbewerber keine reelle Chance mehr habe, die gewünschte Ausbildung absolvieren zu können. Als Lösung bot sich die zentrale Verteilung durch die ZVS an.

Bereits mit dem am 4.11. 1977 von den Regierungschefs von Bund und Ländern verabschiedeten „Öffnungsbeschluss" veränderte sich die Ausbildungssituation. Der Öffnungsbeschluss zielte darauf ab, durch die Bereitstellung zusätzlicher Mittel die Zahl der Studiengänge im zentralen Vergabeverfahren zu begrenzen. Von 51 zulassungsbeschränkten Studiengängen sollten nur 7 Studiengänge mit der höchsten Bewerberzahl im Numerus Clausus verbleiben. Dieses Ziel wurde in den 80er Jahren nahezu erreicht.[23] Eingeführt wurde eine „Studienplatzgarantie" für diejenigen Studiengänge, die in das allgemeine Verteilungsverfahren einbezogen wurden. Im Falle eines Bewerberüberhangs wurde die Überlast auf die Hochschulen mittels eines „Notzuschlags" auf Zeit verteilt. Als Folge des Öffnungsbeschlusses stiegen in einigen Studiengängen die Auslastungsquoten bis auf circa 150% (Rechtswissenschaft). Ab 1992/1993 stieg allerdings die Zahl der Studienbewerber insbesondere bei den Rechtswissenschaften derart stark an, dass die ZVS ab 1993/1994 wieder bundesweit für die Vergabe der juristischen Studienplätze zuständig wurde. Freilich zeigte sich bald, dass alle Studienbewerber tatsächlich einen Studienplatz zugeteilt bekamen. Auch in ursprünglich stark überlasteten Fächern ist inzwischen die Auslastung der Hochschule auf ein erträgliches Maß zurückgegangen. Selbst im Bereich der medizinisch-technischen Studiengänge ging die Zahl der Bewerber bereits Anfang 1997/1998 deutlich zurück. Im Wintersemester 1996/1997 hatten sich in Medizin und Zahnmedizin nur 2,1, in Tiermedizin nur 2,4 Bewerber pro Studienplatz gemeldet. Vor der Einführung des Auswahlverfahrens waren bei Medizin noch 4, in Tier- und Zahnmedizin fast 7 Bewerber pro Studienplatz gezählt worden.[24] Das besondere Auswahlverfahren mit dem obligatorischen Testverfahren wurde daher seit Sommersemester 1998 nicht mehr weitergeführt. Vergeben werden seither die Medizinstudienplätze im allgemeinen Auswahlverfahren.

Insgesamt entspannte sich die allgemeine Studienlage trotz eines weiteren Anstiegs der Zahl der Studienbewerber vor allem auch dadurch, dass das Studienangebot deutlich vermehrt wurde. Mit der Wiedervereinigung wurden schließlich an zahlreichen alten und neugegründeten Hochschulen Studiengänge angeboten, die nur teilweise ausgelastet waren. Im Sommersemester 2000 waren bundesweit folgende Studiengänge in das ZVS-Verfahren einbezogen:

---

[23] HRK, Mehr Autonomie für die Hochschulen, Doc. 77/1992, S. 87.

[24] Vgl. 25 Jahre ZVS, S. 80.

Architektur, Betriebswirtschaft, Biologie, Haushalt- und Ernährungswissenschaft, Lebensmittelchemie, Medizin, Pharmazie, Psychologie, Rechtswissenschaft, Tiermedizin und Zahnmedizin.

Nachdem im Vergabeverfahren zum Wintersemester 2000/2001 gemäß Art. 8 Abs. 5 StV Auswahlstudiengänge während des laufenden Vergabeverfahrens in das Verteilungsverfahren überführt werden konnten, sofern festgestellt worden war, dass die Zahl der Bewerber nicht kleiner oder nicht wesentlich größer als die Zahl der Studienplätze ist, wurden die Studiengänge Betriebswirtschaft, Biologie, Haushalt und Ernährungswissenschaft, Lebensmittelchemie sowie Rechtswissenschaft vom allgemeinen Auswahlverfahren in das Verteilungsverfahren überführt. Studienplätze in diesen Studiengängen wurden daraufhin nach den Vorschriften des Verteilungsverfahrens vergeben. Für die fünf genannten Studiengänge hatten sich insgesamt 46.916 Antragsteller beworben. Im Auswahlverfahren verblieben damit noch sechs bundesweit einbezogene Studiengänge mit 49.527 Bewerbern.

Von der zum Wintersemester 2000/2001 erstmals eröffneten Möglichkeit der Vergabe eines Teils der Studienplätze im Auswahlverfahren der Hochschulen nach eigenen Maßstäben wurde nur relativ wenig Gebrauch gemacht. Der überwiegende Teil der Universitäten hat die Zentralstelle beauftragt, die Bewerber in ihrem Auftrag ausschließlich nach dem Grad der Qualifikation auszuwählen. Für die sechs noch im Auswahlverfahren verbliebenen bundesweit vergebenen Studiengänge ergab sich für das Auswahlverfahren der Hochschulen folgende Situation:

Studiengang	**Zahl der anbietenden Hochschulen**	**Auswahl nach dem Grad der Qualifikation durch die ZVS**	**Auswahl nach anderen Kriterien**
Architektur	13	10	3
Medizin	36	21	15
Pharmazie	22	21	1
Psychologie	44	40	4
Tiermedizin	5	4	1
Zahnmedizin	29	18	11

Damit wurden nur in den Studiengängen Medizin und Zahnmedizin Bewerber in einem nennenswerten Umfang nach dem Ergebnis eines Auswahlgespräches oder unter Berücksichtigung beruflicher Qualifikationen ausgewählt.

Insgesamt ergibt sich aus der Statistik der ZVS über die Entwicklung der Bewerberzahlen und die Auslastung der einbezogenen Studiengänge, dass nur noch vier der in das ZVS einbezogenen Studiengänge vollständig ausgelastet sind, nämlich Humanmedizin, Pharmazie, Tiermedizin und Zahnmedizin. Im

Einzelnen ergeben sich folgende Auslastungswerte (in Prozent der Studienplätze):

Architektur	95,2
Betriebswirtschaftslehre	95,8
Biologie	94,7
Lebensmittelchemie (Sommersemester 2000)	55,4
Humanmedizin	100,5
Pharmazie	100,7
Psychologie	96,3
Rechtswissenschaft	62,6
Tiermedizin	104,0
Zahnmedizin	104,0

Die weitere Prognose deutet auf einen Rückgang der Studienbewerberzahlen hin. Derzeit nehmen in Deutschland über alle Altersgruppen gerechnet 28% der Bevölkerung ein Studium im Tertiärbereich A auf.[25] Die für Deutschland prognostizierte demographische Entwicklung weist einen erheblichen Rückgang jugendlicher Bevölkerungspotentiale sowie der Studienanfängerzahlen ab dem Jahr 2007 aus.[26] Die von der KMK in Auftrag gegebene Prognose der Studienanfänger, Studierenden und Hochschulabsolventen bis 2015[27] geht auf der Grundlage der künftigen Studienberechtigtenzahlen und konstanter Quote für den Übergang auf Hochschulen von 68% aller Zugangsberechtigten von einem längerfristigen Rückgang der Zahl der Studienanfänger von 313.000 auf 275.000 (2015) aus. Maßgeblich für die Entwicklung der Studienanfängerzahl bis zum Jahr 2008 ist die von 1990 bis 1999 stark rückläufige Übergangsquote der Studienberechtigten von 82 auf 68 eines Jahrgangs.

Derzeit bestehen keinerlei Anzeichen dafür, dass die Studienanfängerquote sich erhöhen könnte.

c. Differenzierung der Studienangebote, Wettbewerb und Profilbildung

Das Bundesverfassungsgericht hat in beiden Numerus-Clausus-Urteilen die Berufs- und Ausbildungsfreiheit im wesentlichen im Hinblick auf das bestehende universitäre Ausbildungssystem beurteilt. Kennzeichnend hierfür sind einheitliche Studiengänge mit einheitlichen Inhalten und einheitlichen Abschlüs-

[25] OECD (Hrsg.), Bildung auf einen Blick, OECD-Indikatoren, Ausgabe 2000, S. 173.

[26] *Reinberg/Hummel*, Bildungsexpansion in Westdeutschland: Stillstand ist Rückschritt, IAB Kurzbericht 8/2001.

[27] Statistische Veröffentlichungen der Kultusministerkonferenz Nr. 154, Mai 2001.

sen. Hieraus erklärt sich die verfassungsrechtliche Forderung der Zulassung zum gewählten Studiengang unter einheitlichen Voraussetzungen. Das Gebot der erschöpfenden Kapazitätsausnutzung, bei dem bundesweit nach einheitlichen Kriterien festgelegt wird, wie viele Studenten in einem bestimmten Studiengang bei Vorhandensein bestimmter sachlicher und personeller Ressourcen auszubilden sind, steht damit in untrennbarem Zusammenhang. Jede Differenzierung, die sich z.B. aus veränderten Betreuungskonstellationen ergibt, ist danach tendenziell als „unzulässige Niveaupflege" in Numerus-Clausus-Fächern eine verfassungsrechtlich unzulässige Beschränkung der Ausbildungsfreiheit hochschulzugangsberechtigter Bewerber.

Es kann in diesem Zusammenhang dahingestellt bleiben, ob diese Sichtweise nicht schon zum Zeitpunkt der ersten Numerus-Clausus-Entscheidung eine Verkürzung der maßgeblichen verfassungsrechtlichen Rechtsgüter, insbesondere im Hinblick auf die Freiheit der Lehre und die Autonomie der Hochschulen darstellte.[28] Sie hat jedenfalls spätestens durch die mit den 90er Jahren begonnenen und mit dem Vierten Änderungsgesetz zum HRG fortgeführten faktischen und rechtspolitischen Veränderungen der Ausbildungssituation an den Hochschulen der Bundesrepublik Deutschland weitgehend die Grundlage verloren. Diese Änderungen sind durch eine Diversifizierung der Studienangebote, der Einführung differenzierter Qualifikationsprofile, die Entwicklung gestufter Studienabschlüsse, die Verbreiterung des akademischen Ausbildungsangebots durch Fachhochschulen und private Hochschulen und durch die politische Entscheidung für mehr Wettbewerb zwischen den Hochschulen gekennzeichnet.

Das Vierte Änderungsgesetz zum HRG bezeichnet als Ziel der Reform des deutschen Hochschulsystems, durch Deregulierung, durch Leistungsorientierung und durch die Schaffung von Leistungsanreizen Wettbewerb und Differenzierung zu ermöglichen.[29] Diesem Zweck diene unter anderem die im HRG nunmehr vorgesehene Möglichkeit der Vergabe von den Hochschulgraden Bachelor und Master. Den Hochschulen wird ferner die Möglichkeit eingeräumt, sich künftig bei der Auswahl der Studenten in Numerus-Clausus-Studiengängen stärker zu beteiligen und einen Teil der Studienbewerber nach Eignung und Motivation selbst auszuwählen. Das HRG hält zwar im Grundsatz daran fest, dass das Abitur auch in der Zukunft den Zugang zu allen Studiengängen eröffnen solle. Dadurch wird aber die Befugnis der Länder nicht ausgeschlossen, hiervon abweichend bei der Eröffnung neuer Studiengänge zusätzliche Eignungsvorstellungen vorzusehen. So bestimmt z.B. § 42 Abs. 4 UGBW, dass die Universitäten mit Zustimmung des Wissenschaftsministeriums neue

[28] Vgl. hierzu *Salzwedel*, Wissenschaftsrecht, Beiheft 6/1978, S. 235.
[29] Vgl. BT-Drs. 13/8796.

Studiengänge einrichten können, zu denen die Bewerber mit Hochschulzugangsberechtigung aufgrund einer Eignungsfeststellung der Universität zugelassen werden.[30]

Eine weitere Differenzierung des Studienangebots ergibt sich daraus, dass künftig in verstärktem Maße die Absolvierung von Studiengängen nicht mehr ausschließlich als einmalige Phase des Erwerbs bestimmter Berufsqualifikationen angesehen werden kann. Die KMK und der Wissenschaftsrat haben im Zusammenhang mit der Einführung gestufter Studienabschlüsse eine Modularisierung der Studiengänge beschlossen, um eine flexible und offene Studienganggestaltung zu ermöglichen, die dem zunehmenden Bedarf nach einem Teilzeitstudium sowie dem Erfordernis des „lebenslangen Lernens" angemessen ist.[31]

Zur Einführung neuer Studienstrukturen- und abschlüssen in Deutschland stellt der Wissenschaftsrat mit seinen Empfehlungen vom Januar 2000 fest:

„Das deutsche Hochschulsystem steht vor grundlegenden Herausforderungen: Die Anforderungen an die Qualifikationen der Beschäftigten wandeln sich, die Vielfalt der Tätigkeitsbereiche von Hochschulabsolventen wächst, viele Bereiche unterliegen zunehmender Internationalisierung. Die Zahl der Studierenden und Absolventen hat deutlich zugenommen. Diese Entwicklungen müssen im Studienangebot angemessen berücksichtigt werden. Vor diesem Hintergrund weist der Wissenschaftsrat seit langem auf die Notwendigkeit einer stärkeren Differenzierung der Studiengänge und -abschlüsse hin. Das Ziel der Reformmaßnahmen sollte es sein, die Vielfalt der Studienangebote zu vergrößern und eine stärker an den Wünschen, Neigungen und Fähigkeiten der Studierenden ausgerichtete Gestaltung des Studiums zu ermöglichen, die Studieninhalte stärker auf Beschäftigungsfähigkeit als Studienziel zu orientieren und neue inhaltliche und zeitliche Verbindungen zur beruflichen Anwendung und Praxis zu schaffen."

Eine Verbreiterung des Studienangebots hat sich ferner durch den Ausbau der Fachhochschulen und in neuerer Zeit durch die Gründung privater Fachhochschulen ergeben. Das vom Wissenschaftsrat im Jahr 1993 gesetzte Ziel, den Anteil der Studienplätze an Fachhochschulen auf 350.000 von insgesamt 1.250.000 Studienplätzen für die gesamte Bundesrepublik zu erhöhen,[32] ist bis 1995 zu etwa zwei Dritteln erreicht worden. Insgesamt stehen damit an Fachhochschulen 233.467 Studienplätze zur Verfügung (circa ¼ aller Studienplätze).

---

[30] Zum Spielraum der Länder, nach geltendem Hochschulrecht die Auswahlmöglichkeiten der Hochschulen zu verstärken, vgl. Kap. IV.

[31] Vgl. dazu Wissenschaftsrat, Empfehlungen zur Differenzierung des Studiums durch Teilzeitstudienmöglichkeiten, Köln 1998, S. 11–58.

[32] Vgl. Wissenschaftsrat, Thesen zur Hochschulpolitik, in: Empfehlungen und Stellungnahmen 1993, Köln 1994.

	1971	1974	1978	1982
Fachhochschulen	88.300	105.450	114.770	121.189
Kunsthochschulen	9.420	11.700	12.075	14.628
Universitäten	372.630	524.410	609.805	641.040

	1986	1991	1995	1999
Fachhochschulen	130.896	143.760	190.779	232.771
Kunsthochschulen	14.628	17.629	24.682	27.162
Universitäten	641.094	660.008	784.477	815.632

Die in einigen Bundesländern bestehenden Berufsakademien stellen ein zusätzliches Angebot an Studiengängen zur Verfügung, die zu einem berufsqualifizierenden Abschluss führen, der den Fachhochschulabschlüssen gleichgestellt ist.[33]

Hinzu kommen seit Anfang der 90er Jahre eine wachsende Zahl privater Hochschulgründungen, die bislang in Bezug auf die Gesamtzahl der Studienplätze zwar noch keine große Rolle spielen, aber in Zukunft die Chance besitzen, das staatliche Angebot zu ergänzen und im Wettbewerb mit staatlichen Hochschulen insbesondere praxisorientierte Studiengänge anzubieten.[34]

d. Ausbildungsfreiheit und Chancengleichheit in der Europäischen Union

Seit der Entscheidung des EuGH im Fall *Gravier*[35] ist anerkannt, dass der Zugang zum Hochschulstudium in den Anwendungsbereich des EG-Vertrages fällt und damit dem allgemeinen Diskriminierungsverbot des Vertrages (Art. 12 EG) unterliegt.[36] Daraus folgt, dass freizügigkeitsberechtigte Unionsbürger grundsätzlich in gleicher Weise wie deutsche Staatsangehörige ein Recht auf

[33] Da Berufsakademien zum tertiären Bereich gerechnet werden, sind sie in der Hochschulstatistik nicht erfasst; vgl. zu den Berufsakademien Wissenschaftsrat, Empfehlungen zu den Berufsakademien in Baden-Württemberg, in: Empfehlungen und Stellungnahmen 1994, Bd. I, S. 336f.

[34] Vgl. dazu Wissenschaftsrat, Thesen zur künftigen Entwicklung des Wissenschaftssystems in Deutschland, 2000, S. 50.

[35] EuGH v. 13.2. 1985, Slg. 1985, 593.

[36] Zur Frage der Kompetenzgrundlage vgl. *Wittkowski*, Die Rechtsprechung des Europäischen Gerichtshofs zur Freizügigkeit und Gleichbehandlung von Angehörigen der EG-Mitgliedstaaten hinsichtlich des Besuchs von Ausbildungsstätten und deren Auswirkung für die Bundesrepublik Deutschland, 1991, S. 215f.; *Löwer*, WissR 1992, 17f.; *Hailbronner*, WissR 1996, 1, 39f.

Zugang zum gewünschten Studiengang besitzen, sofern sie über eine entsprechende Hochschulzugangsberechtigung verfügen. Eine mittelbare Quotierung der Zahl der Studenten aus anderen Mitgliedstaaten ist mit dem Gemeinschaftsrecht nicht vereinbar.[37] Das Recht der freizügigkeitsberechtigten Gemeinschaftsangehörigen auf Gleichbehandlung umfasst alle Maßnahmen, die den Zugang zum Hochschulstudium behindern könnten.[38]

§ 27 Abs. 1 HRG sieht eine Gleichstellung von Staatsangehörigen eines anderen Mitgliedstaats der Europäischen Union vor, wenn die für das Studium erforderlichen Sprachkenntnisse nachgewiesen sind. Unionsbürger und deren freizügigkeitsberechtigte Familienangehörige sind daher im Zulassungsverfahren der ZVS deutschen Staatsangehörigen gleichgestellt. Für das Auswahlverfahren wird die in einem EU-Mitgliedstaat erworbene „Hochschulzugangsberechtigung" zugrunde gelegt. Die Gesamtnote wird von der Zentralstelle auf der Grundlage des Beschlusses der KMK v. 15. 3. 1991 in der Fassung v. 17. 6. 1994 berechnet. Hierbei sind einzelne Prüfungsleistungen, die der Hochschulzugangsberechtigung zugrunde liegen und das Ergebnis einer ergänzenden Prüfung in der Bundesrepublik Deutschland gleichgewichtig zur Beurteilung heranzuziehen.[39]

Der Gleichbehandlungsgrundsatz erfasst aufgrund einer mittlerweile gefestigten Rechtsprechung des EuGH nicht nur den Zugang zu Hochschulen und die Zulassungsbedingungen, sondern auch in einem umfassenden Sinne die materiellen Rahmenbedingungen, die der Staat nach innerstaatlichem Recht zur Durchführung eines Hochschulstudiums bereitstellt. Im Fall *Sala* hat der Gerichtshof entschieden, dass sich ein Unionsbürger, der sich rechtmäßig im Gebiet des Aufnahmemitgliedstaats aufhält, in den Situationen, die in den sachlichen Anwendungsbereich des Gemeinschaftsrechts fallen, auf Art. 6 EGV (nunmehr Art. 12 EG) berufen kann.[40] In seinem Urteil v. 20. 9. 2001 stellt der Gerichtshof nunmehr fest, dass sich Unionsbürger, die sich zum Zweck des Studiums in einen anderen Mitgliedstaat begeben, grundsätzlich in jeder Hinsicht auf den Gleichheitsgrundsatz berufen können. Daher stehe ihnen auch ein nach belgischem Recht auf Inländer beschränkter Anspruch auf Gewährung des Existenzminimums zu.[41] Der EuGH stellt hierzu fest:

„Seit Verkündung des Urteils *Brown* ist jedoch durch den Vertrag über die Europäische Union die Unionsbürgerschaft in den EG-Vertrag aufgenommen und in seinem dritten Teil, Titel VIII ein Kapitel eingefügt worden, das sich mit der allgemeinen und beruflichen Bildung befasst. Nichts im Text des geänderten Vertrages erlaubt die Annahme, dass Studenten, die Unionsbürger sind, die diesen Bürgern durch den Vertrag verliehenen Rechte verlieren,

---

[37] Vgl. EuGH, Slg. 1988, 5445, Rs. 42/87.

[38] Vgl. Slg. 1992, I–1027, Rs. *Raulin*.

[39] Vgl. Anlage 3 Nr. 10 zu § 14 Abs. 1 Vergabeverordnung ZVS v. 1. 8. 2000.

[40] EuGH v. 12. 5. 1998, Rs. C-85/96, Slg. 1998-I, 2691.

[41] Rs. C-184/99, GRZ EL CZYK.

wenn sie sich zu Studienzwecken in einen anderen Mitgliedstaat begeben. Außerdem hat der Rat seit Verkündung des Urteils *Brown* auch die Richtlinie 93/96 erlassen, wonach die Mitgliedstaaten Studenten, die Angehörige eines Mitgliedstaates sind und bestimmte Voraussetzungen erfüllen, das Aufenthaltsrecht zuerkennen. Die Tatsache, dass ein Unionsbürger in einem anderen Mitgliedstaat als dem, dem er angehört, ein Hochschulstudium absolviert, kann ihm somit nicht als solche nicht die Möglichkeit nehmen, sich auf das in Art. 6 EG-Vertrag verankerte Verbot jeder Diskriminierung aus Gründen der Staatsangehörigkeit zu berufen."[42]

Auf der Grundlage einer derart gemeinschaftsrechtlich verbürgten europäischen Ausbildungsfreiheit hat die Europäische Kommission mittlerweile zahlreiche Programme zur Förderung der Mobilität von Hochschulstudenten erlassen.[43] Insbesondere mit dem Erasmus-Programm ist auf breiter Ebene die Perspektive eines Hochschulstudiums in anderen EU-Mitgliedstaaten ins allgemeine Bewusstsein gerückt. Zwar fehlen exakte Zahlen über die in den EU-Mitgliedstaaten studierenden deutschen Staatsangehörigen und die an deutschen Hochschulen studierenden Unionsbürger. Wenn sich auch bislang in der Mehrzahl der Fälle das Auslandsstudium auf Auslandssemester beschränkt, so ist dennoch mit der Ausweitung der Ausbildungsfreiheit auf die gesamte Europäische Union eine Entwicklung eingetreten, die die rechtlichen und politischen Grundlagen der Numerus-Clausus-Rechtsprechung in Frage stellt.

Das vom Bundesverfassungsgericht aus Art. 12 Abs. 1 S. 1 GG abgeleitete Teilhaberecht war grundsätzlich auf das Recht deutscher, hochschulreifer Bewerber auf ein Studium ihrer Wahl bezogen. Die Dimension einer Ausweitung grundrechtlicher Teilhaberechte auf gleichgestellte Unionsbürger und deren Familienangehörige konnte und brauchte das Bundesverfassungsgericht auch im Hinblick auf den verfassungsrechtlich vorgegebenen Anwendungsbereich des Art. 12 Abs. 1 S. 1 GG nicht einzubeziehen. Das Numerus-Clausus-Problem ist demgemäß als Problem der Verteilung im Inland beschränkt verfügbarer Ausbildungsressourcen unter inländischen Anspruchsinhabern gesehen worden. Europäische Ausbildungsfreiheit und Chancengleichheit sind in dieses Konzept nicht einbezogen.

Die Ausgangslage hat sich insoweit verändert. Die Ausbildungsfreiheit besteht ungeachtet der grundrechtlichen Beschränkung auf Deutsche auch in ihrer Bedeutung als Teilhaberecht für Unionsbürger. Gleichbehandlung ist daher aufgrund der EuGH-Rechtsprechung in einem umfassenden Sinne auf Gewährung einer realen Chance für hochschulzugangsberechtigte Bewerber um einen Studienplatz zu verstehen. Damit wird zugleich das Verständnis des Bun-

---

42 A.a.O., Rn. 35.

43 Für einen Überblick vgl. *J. Ch. Möller*, Rahmenbedingungen der Hochschulzulassung, S. 190f.; vgl. auch Empfehlung des Europäischen Parlaments und des Rates vom 10. Juli 2001 über die Mobilität von Studierenden und in der Ausbildung stehenden Personen, Freiwilligen, Lehrkräften und Ausbildern in der Gemeinschaft, BEEG Nr. L 215/30 v. 9. 8. 2001.

desverfassungsgerichts von der Ausbildungsfreiheit als Recht jedes „hochschulreifen" Bewerbers auf das Studium seiner Wahl relativiert. Ausbildungsfreiheit in ihrer Bedeutung als Teilhaberecht deutscher und gleichgestellter Unionsbürger muss sich notwendigerweise auf die im Inland und in der Europäischen Union tatsächlich zur Verfügung gestellten Ausbildungsmöglichkeiten beschränken. Zwar lässt sich Art. 12 Abs. 1 S. 1 GG eine allgemeine Pflicht entnehmen, im Inland zum Hochschulstudium geeigneten deutschen Bewerbern und gleichgestellten Unionsangehörigen angemessene Ausbildungsmöglichkeiten bereitstellen. Ungeachtet dessen hat der Verweis auf die in Deutschland bestehenden staatlichen Hochschulen und Studiengänge im Hinblick auf europäische Studienmöglichkeiten, ein sich entwickelndes System europäischer, durchlässiger Studiengänge und eine Internationalisierung und Differenzierung des deutschen Hochschulsystems seinen ausschließlichen Charakter verloren.

Damit ist zugleich ein wesentliches Argument für die Erforderlichkeit eines Systems einer zentralen Vergabe von Studienplätzen nach einheitlichen, formalisierten Auswahlkriterien entfallen. Insbesondere die Zugrundelegung einheitlicher Auswahlkriterien ignoriert prinzipiell die europäische Dimension der Ausbildung. Auch wenn davon ausgegangen wird, dass die Zugangsvoraussetzungen des deutschen Rechts dem Gleichbehandlungsgrundsatz „hochschulreifer" Unionsbürger zumindest in einer formalen Weise Rechnung tragen, so sind sie doch mangels eines unionsweiten einheitlichen Konzepts der „Hochschulreife" auf ein innerstaatliches Ausbildungskonzept bezogen. Die Auswahlkriterien des allgemeinen Verteilungsverfahrens sind daher nicht oder nur mit Schwierigkeiten auf als prinzipiell gleichwertig anzusehende Schulabschlüsse in anderen Mitgliedstaaten der Europäischen Union übertragbar. Schon das Konzept der mit dem Abitur verbundenen allgemeinen Hochschulzugangsberechtigung als genereller Qualifikationsvoraussetzung für die Zulassung prinzipiell zu allen Studiengängen an allen Hochschulen ist auf zahlreiche EU-Mitgliedstaaten nicht übertragbar. Auch das Wartezeitkriterium als zusätzliches Auswahlkriterium legitimiert sich im Wesentlichen daraus, dass jeder (deutsche) Hochschulzugangsberechtigte eine Chance auf Zulassung auch in den Studiengängen behalten soll, in denen der erforderliche Notendurchschnitt nicht erreicht wird. Es ist nicht ersichtlich, wie ein derartiges Konzept auf Bewerber aus anderen EU-Mitgliedstaaten übertragbar ist.

Das Gemeinschaftsrecht verlangt jedoch nicht nur eine formale Gleichbehandlung, wie sie insbesondere durch § 27 HRG und die Vorschriften der Vergabeverordnung ZVS gewährleistet ist. Vielmehr sind auch alle mittelbaren Diskriminierungen untersagt. Auch die Zulassungskriterien dürfen daher keine faktische Benachteiligung von Bewerbern aus EU-Mitgliedstaaten beinhalten. Unter diesem Gesichtpunkt sind streng formalisierte einheitliche Auswahlkriterien im Hinblick auf ihre unionsweite Anwendbarkeit zumindest tendenziell gemeinschaftsrechtlich problematisch. Es braucht hier nicht abschließend untersucht zu werden, inwieweit die geltenden Auswahlkriterien mit dem Diskriminierungsverbot vereinbar sind. Festzuhalten bleibt, dass ein planwirtschaftliches Studienplatzverteilungssystem als solches mit dem Konzept einer europäischen Ausbildungsfreiheit in tendenziellem Widerspruch steht.

In einem freien und zugleich stark differenzierten europäischen Ausbildungsmarkt kann Ausbildungsfreiheit und Chancengleichheit im Wesentlichen nur dadurch hergestellt werden, dass Bewerber ohne Rücksicht auf Staatsangehörigkeit und soziale Herkunft unter gleichen Voraussetzungen, d.h. unter gleichen Eignungskriterien eine faire Chance auf Zulassung zum Studiengang ihrer Wahl erhalten. Unter diesem Blickpunkt bestehen gegen eine stärkere Beteilung der Hochschulen an einer Auswahl der Studierenden keine grundsätzlichen gemeinschaftsrechtlichen Bedenken, sofern das Auswahlverfahren eine nicht bloß formale Gleichheit, sondern eine tatsächliche Gleichheit aller Bewerber gewährleistet. Dass diese Voraussetzungen in einem Auswahlverfahren erfüllbar sind, zeigen nicht nur zahlreiche ausländische Vorbilder, sondern auch einschlägige Erfahrungen, die mit Auswahlverfahren seit mehreren Jahren in der Bundesrepublik Deutschland gemacht worden sind.

e. Fazit

Die Grundsätze, die das Bundesverfassungsgericht in seiner Numerus-Clausus-Rechtsprechung zum Recht jedes hochschulreifen Bewerbers auf ein Studium seiner Wahl, zur erschöpfenden Kapazitätsausnutzung und zur zentralen Verteilung der Studienplätze in zulassungsbeschränkten Studiengängen nach einheitlichen Auswahlkriterien aus Art. 12 Abs. 1 S. 1 GG und dem Sozialstaatsprinzip des Art. 20 Abs. 1 GG abgeleitet hat, beruhen im Wesentlichen auf einfachrechtlichen und faktischen Gegebenheiten, die heute nicht oder nur noch in wesentlich veränderter Form gegeben sind. Insbesondere in ihren hochschulrechtlichen Grundlagen beruhen sie auf rechtlichen Prinzipien, die einer einfach-gesetzlichen Änderung durch den Gesetzgeber zugänglich sind.

Verändert haben sich sowohl die tatsächlichen Möglichkeiten, eine Berufsausbildung an einer der staatlichen oder privaten Hochschulen in Deutschland oder in einem Mitgliedstaat der Europäischen Union absolvieren zu können. Die zu Zeiten der Numerus-Clausus-Rechtsprechung bestehende extreme Knappheit an hochschulischen Ausbildungsangeboten besteht infolge einer Vervielfachung der Studiengänge und Hochschulen auf absehbare Zeit nicht mehr.

Verändert oder in der Veränderung begriffen sind aber auch die Strukturen der Hochschulausbildung. An der Stelle inhaltlich identischer Studiengänge mit einheitlichen Eignungsvoraussetzungen und einheitlichen Auswahlkriterien prägen Profilbildung, Differenzierung der Studienangebote und Wettbewerb zwischen den Hochschulen das Bild des künftigen deutschen Hochschulsystems. Damit wird der Annahme, Ausbildungsfreiheit müsse durch zentrale Zuteilung eines Studienplatzes nach bundeseinheitlich geltenden Auswahlkriterien verwirklicht werden, die verfassungsrechtliche Basis entzogen. Vielmehr kann sich das Recht auf freie Berufsausbildung nach Art. 12 Abs. 1 S. 1 GG in einem stärker differenzierten Hochschulausbildungssystem nur dadurch effektiv verwirklichen, dass der freie Zugang jedes Bewerbers nach seiner persönlichen Eignung und Befähigung entsprechend den Anforderungen des gewählten Studienganges gewährleistet ist.

Schließlich beruht die Numerus-Clausus-Rechtsprechung auf der einfachrechtlichen Vorgabe einer Hochschulzugangsberechtigung aller hochschulreifen, d.h. mit einem qualifizierten Schulabschluss versehenen Bewerber. Wie das Bundesverfassungsgericht schon in seinem ersten Numerus-Clausus-Urteil festgestellt hat, ist die Regelung der Hochschulzugangsberechtigung gesetzlicher Änderung nicht entzogen. Darüber hinaus steht es dem Gesetzgeber frei, an Stelle des Systems einer generellen Hochschulzugangsberechtigung besondere Eignungsvoraussetzungen auf der Grundlage eines Hochschulauswahlsystems einzuführen, das der Differenzierung der Ausbildungsangebote und den unterschiedlichen Fähigkeiten und Qualifikationen von Ausbildungsbewerbern besser Rechnung trägt. Die Festlegung des Abiturs als genereller Hochschulzugangsberechtigung zu allen Studiengängen ist daher verfassungsrechtlich nicht festgeschrieben.

Damit ist zugleich ein gesetzlicher Regelungsspielraum für die Zugangsberechtigung zum gewünschten Studiengang und alternativen Auswahlverfahren eröffnet. Damit ändert sich zugleich die verfassungsrechtliche Grundlage für das in Art. 12 Abs. 1 S. 1 GG gewährleistete Recht auf Ausbildungsfreiheit und die hieraus abgeleiteten Maßstäbe für eine Vergabe von Studienplätzen. Einschränkungen des Zugangs zu einem bestimmten Studiengang an einer bestimmten Hochschule sind danach nicht mehr *prima facie* Auswahlentscheidungen unter prinzipiell gleichberechtigten Bewerbern, sondern Konkretisierungen des in Art. 12 Abs. 1 S. 1 GG niedergelegten Anspruchs auf Zugang zur gewählten Ausbildung nach gleicher Eignung und Befähigung. Soweit insgesamt die verfügbaren Studienplätze nicht zur Berücksichtigung geeigneter Bewerber ausreichen, stehen auch in einem dezentralisierten System der Studienplatzvergabe hinreichende alternative Ausbildungsmöglichkeiten zur Verfügung, deren effektive Nutzung durch ein zentrales System der Registrierung und Information gewährleistet werden kann.

Die „objektiv-rechtliche Dimension der Rundfunkfreiheit“ unter Bedingungen von Multimedia

– Zu einer Theorie der Ausübung von Grundrechten in Kommunikationsnetzwerken –

Karl-Heinz Ladeur

I. Die „objektiv-rechliche Dimension der Rundfunkfreiheit“ – eien grundrechtliche Anomalie?

1. Die Rechtsprechung des Bundesverfassungsgerichts

Die dogmatische Konstruktion der Rundfunkfreiheit, insbesondere die Unterscheidung ihrer „Ausgestaltung“ von der gesetzlichen Beschränkung im Sinne von Art. 5 Abs. 2 GG, hat trotz der langen Serie von Entscheidungen des Bundesverfassungsgerichts[1] zu diesem Grundrecht immer wieder neue Fragen aufgeworfen. Insbesondere werden die technologisch bedingten Veränderungsschübe zum Anlaß genommen, nach der Möglichkeit oder gar der Notwendigkeit einer Rückkehr zur „Normalität“ der (negativen) Freiheitsrechte und ihrer dogmatischen Einordnung zu fragen[2]. Die Dominanz der objektiv-rechtlichen Dimension des Grundrechts der Rundfunkfreiheit wird unter den Bedingungen des Vielkanalfernsehens und erst recht der Breitbandkommunikation über das Internet zum Problem.

Die Rundfunkfreiheit fungiert nach der Rechtsprechung des Bundesverfassungsgericht und eines großen Teils der Literatur als ein Spezialgrundrecht der Massenkommunikation, dessen Schutzbereich sich von dem des Individualgrundrechts der Meinungsfreiheit deutlich unterscheiden muss, da es auf „komplexe Organisationen“ bezogen ist und , anders als die Individualkommunkation nicht „von selbst“ entsteht[3]. Das Bundesverfassungsgericht geht da-

---

[1] Vgl. BVerfGE 12, 205, 260; 57, 295, 322; 73, 118, 156; 87, 181, 201; vgl. dazu allgemein nur A. Hesse, Rundfunkrecht, 2. Auflage, München 1999, § 2 Rnr. 37ff.; Hoffmann-Riem, Die Regulierung der Dualen Rundfunkordnung, Baden-Baden 2000.

[2] Vgl. H.H. Klein, Rundfunkrecht und Rundfunkfreiheit, Der Staat 1981, 177ff.; Bullinger, Elektronische Medien als Marktplatz der Meinungen, AöR 108 (1983), 161ff.; Schmitt Glaeser, Rundfunkfreiheit in der Rechtsprechung des BVerfG, AöR 112(1987), 215ff.

[3] Vgl. Ruck, Zur Unterscheidung von Ausgestaltungs- und Schutzgesetzen im Bereich der Rundfunkfreiheit, AöR 117 (1992), 543; Hoffmann-Riem, aaO (Fn. 1), S. 22ff.; Ricker/Schiwy, Rundfunkverfassungsrecht, Berlin 1997, B 106; vgl. auch schon Ridder, Meinungs-

von aus, dass der Gesetzgeber der Rundfunkfreiheit nicht nur im nachhinein „Schranken" von außen setzen kann wie – bei den negativen Freiheitsrechten allgemein –, sondern ihr eine „positive Ordnung" geben muss, die von vornherein auf die „Verwirklichung und Aufrechterhaltung" insbesondere von Programmvielfalt angelegt ist[4]. Der Rundfunk darf danach bekanntlich weder dem Staat noch einer gesellschaftlichen Gruppe ausgeliefert werden. Statt dessen müsse durch Vorgabe ebendieser positiven Ordnung gewährleistet werden, dass alle relevanten Kräfte „zu Wort kommen" können[5]. Das Bundesverfassungsgericht hat die „Sondersituation" des Rundfunks zunächst sowohl mit technischen Gründen Frequenzmangel) als auch „mit Rücksicht auf den außergewöhnlichen finanziellen Aufwand für die Veranstaltung von Rundfunkprogrammen" begründet. Dies müsse dazu führen, dass die „Zahl der Träger verhältnismäßig klein bleiben" werde[6].

Vor allem der Rekurs auf die technischen Restriktionen der Ausübung von Rundfunkfreiheit, die jedenfalls zunächst das öffentlich-rechtliche Monopol als nahezu alternativlos erscheinen ließ, musste die Frage provozieren, ob nicht die Vielfalt der Sendemöglichkeiten auch Konsequenzen für die rechtliche Konstruktion des Rundfunks haben würde. Das Bundesverfassungsgericht hat dies bekanntlich für den ersten Schub der technischen Veränderungen, die zur „dualen Rundfunkordnung" geführt haben, grundsätzlich verneint und in seiner Argumentation den Akzent auf die finanziellen Grenzen der Ausübung der Rundfunkfreiheit verschoben[7]. Erst dadurch ist die „Anomalie" der Rundfunkfreiheit um so deutlicher zutage getreten. Dass der Gesetzgeber die Grundlagen einer „funktionsfähigen Rundfunkordnung im Interesse einer freien individuellen und öffentlichen Meinungsbildung" schaffen muss, und sich nicht etwa mit der Beschränkung einer Rundfunkunternehmerfreiheit durch spezifische Eingriffsgesetze begnügen darf, ist angesichts der abwehrrechtlichen Grundstruktur der negativen Freiheitsrechte alles andere als plausibel. Es entspricht gerade der Funktion der negativen Freiheitsrechte, einen Suchprozess in Gang zu setzen, der nicht nur auf individuellen Entscheidungen basiert, sondern über den sich auch die Koordinations- und Organisationsmuster zwischen diesen individuellen Entscheidungen herausbilden[8]. Die Schrankenziehung

---

freiheit, Die Grundrechte II, 2. Aufl. Berlin 1968, S. 257ff.; vgl. zur Weiterentwicklung von Ridders Ideen Ladeur, Helmut Ridders Konzeption der Meinungs- und Pressefreiheit in der Demokratie, KJ 1999, 281ff.

[4] BVerfGE 12, 205, 262ff.; 31, 314, 329; 57, 295, 320ff.

[5] Vgl. Hoffmann-Riem, aaO (Fn. 1), S. 25ff.; Ruck, aaO (Fn. 3); Rossen, Freie Meinungsbildung durch den Rundfunk, Baden-Baden 1988.

[6] BVerfGE 12, 205, 261.

[7] BVerfGE 57, 295, 320ff.

[8] Vgl. allgemein Ladeur, Negative Freiheitsrechte und gesellschaftliche Selbstorganisation, Tübingen 2000; zur Rundfunkfreiheit Vesting, Prozedurales Rundfunkrecht, Baden-Baden

setzt dann bei den davon möglicherweise ausgehenden Gefährdungen (insbesondere) für die Ausübung anderer Grundrechte an.

Die Ausübung eines Grundrechts von einer Meta-Regel über Organisation und Verfahren durch Gesetz („Ausgestaltung") abhängig zu machen, ist dogmatisch sicher ungewöhnlich und allein mit dem Rang des geschützten Handlungsbereichs nicht zu rechtfertigen. Auch der Vergleich mit der Ausgestaltungsregelung des Art. 14 Abs. 1 S. 2 GG (Inhalts- und Schrankenbestimmung)[9] ist nicht von vornherein plausibel: Eigentum ist notwendigerweise rechtsgeprägt. Insbesondere durch das BGB, aber auch das Gesellschaftsrecht etc. erhält es erst seine Konturen. Anknüpfen lässt sich allerdings an die Entscheidung des Bundesverfassungsgerichts zur Zulässigkeit der Ausgestaltung organisierter Ausübung des Eigentums durch Kapitalgesellschaften (in Gestalt der Einführung der Mitbestimmung von Arbeitnehmern)[10]. Danach ist die Befugnis des Gesetzgebers zur Inhalts- und Schrankenbestimmung „um so weiter, je mehr das Eigentum in einem sozialen Bezug und in einer sozialen Funktion steht"[11]. Hier geht es nicht zuletzt um die Ausgestaltung von Eigentum durch Unternehmensrecht.

1997.

[9] So Ruck, aaO (Fn. 3), 548f.; vgl. auch Gellermann, Grundrechte im einfachgesetzlichen Gewande, Tübingen 2000, S. 100ff.; dort zeigt sich aber auch die Schwäche einer objektivrechtlichen Konzeption, wenn in umgekehrter Richtung wie die formal liberale Theorie der Rundfunkfreiheit bei nicht hinreichender „Effektivität" die „Wertentscheidung" für die Rundfunkfreiheit beschworen wird (S. 76, 186ff.). Die „dienende" oder „funktionale Freiheit" bleibt ambivalent, wenn sie nicht genauer mit einer Schutzbereichsdogmatik verknüpft wird; insofern ist die Kritik von C. Möllers, Staat als Argument, München 2000, S. 329ff., an der sich allzu sehr an ihrem „guten Zweck" orientierenden Dogmatik der Rundfunkfreiheit als „dienender Freiheit" berechtigt. Zugleich wird dort aber die Unterscheidungsfähigkeit von Kriterien wie der „Veranlassung der Organisationsgründung" und der „rechtlichen Determinierung ihrer Tätigkeit" angesichts der vielfältigen Formen der Vermischung von Staat und Gesellschaft überschätzt: Eine öffentlich-rechtliche Organisation kann der Selbstentwicklung des jeweiligen Schutzbereichs so förderlich sein, wie eine private Monopolbildung schädlich sein kann. Es gibt in einer liberalen Verfassung eine starke Vermutung zugunsten von „Beliebigkeit" als Garantie von Offenheit, aber vor allem wenn es um die Produktion öffentlicher Güter geht, kann der Gebrauch öffentlich-rechtlicher Formen nicht auf den schrankenziehenden Eingriff reduziert werden.

[10] BVerfGE 59, 290ff.

[11] BVerfGE 50, 290, 340; 70, 191, 201.

2. *Die Herkunft der „objektiv-rechtlichen Dimension" aus der gruppenpluralistischen Theorie der Öffentlichkeit*

Aus dem Vergleich lassen sich ein Argument für die Anerkennung einer Ausgestaltungsbefugnis des Gesetzgebers jenseits des Bereichs der traditionellen Schrankenziehung und des klassischen Privatrechts gewinnen: Zunächst läßt sich das tradierte Verhältnis von von Grundrechtsbetätigung und gesetzlicher Beschränkung auch so lesen, dass durch die Ausübung der Grundrechte nicht nur bestehende Handlungsmöglichkeiten genutzt und neue geschaffen werden, sondern dass darüber auch eine kognitive Funktion erfüllt und das Wissen (insbesondere praktische Erfahrung) erzeugt wird, das zur Verhaltensregulierung im Interesse des Schutzes öffentlicher oder konkurrierender privater Interessen benötigt wird. Die Ausübung der Rundfunkfreiheit durch die öffentlich-rechtlichen Anstalten einerseits und die Praxis der Mitbestimmung auf Unternehmensebene andererseits haben demgegenüber eine neues Wissen über das Funktionieren von organisatorischen Strukturelementen erzeugt, das nicht einfach mit dem Hinweis auf den typischen grundrechtsgerechten Weg eines Versuch-Irrtums-Prozesses auf der Grundlage individuellen Handelns außer acht gelassen werden kann.

Im Bereich des Rundfunks musste von vornherein eine rechtliche Infrastruktur für eine Grrundrechtsbetätigung durch Großorganisationen geschaffen werden. Dies ist eine Tatsache, die von den Protagonisten der liberalen Konzeption des Grundrechts der Rundfunkfreiheit nicht genügend beachtet wird: Es ist etwas anderes, ob eine Praxis der Grundrechtsausübung – wie im Bereich der Pressefreiheit – mit individuellen Formen beginnt und im Laufe eines Evolutionsprozesses in einer begrenzten Pluralität von Anbietern endet oder ob von einem befriedigend funktionierenden öffentlichen Monopol sogleich auf ein Modell begrenzter Vielfalt umgestellt und damit eine fast ausschließlich über Werbung finanzierte Marktvariante akzeptiert werden muss. Die liberalen Kommunikationsfreiheiten sind – im Bereich der gedruckten Presse wie anderer Medien – auf Entdeckungsverfahren festgelegt. Der Presse gegenüber wäre die Einführung einer öffentlich-rechtlichen Organisationsform schwer zu rechtfertigen, da das bestehende Modell durchaus – in Anbetracht der verfügbaren Alternativen – als befriedigend zu bezeichnen ist. Im Bereich des Rundfunks wäre es umgekehrt wenig überzeugend, einfach wieder auf „beliebigen Gebrauch" als Modus der Freiheit zurückzugehen[12] und die durch die Evolution erzeugten besonderen Ausübungsbedingungen des Grundrechts der Rundfunkfreiheit zu vernachlässigen. Der öffentlich-rechtliche Rundfunk hat – nicht nur in Deutschland – eine andere Form der organisierten Ausübung

[12] Degenhart, in: BK, Art. 5 Rnr. 643; vgl. auch Starck, v. Mangoldt/Klein/ders., GG, Bd. 1, Art. 5 Abs. 1, 2 Rnr. 70.

entdeckt, die gewiss unter den veränderten Bedingungen kein Monopol mehr in Anspruch nehmen könnte, aber durchaus einen Wissens- und Erfahrungsbestand aggregiert hat, der in der Gestalt einer „Bestands- und Entwicklungsgarantie“[13] verfassungsrechtlichen Schutz verdient.

Dies wäre nur dann verfassungsrechtlich inakzeptabel, wenn man die Grundrechte als notwendigerweise mit „beliebigem Gebrauch“ assoziiert ansähe. Diese Position verkennt aber erstens die prozedurale Komponente der Gewährleistung eines produktiven Entdeckungsverfahrens, die auf die Erzeugung des Neuen angelegt ist und deshalb „Beliebigkeit“ mit Offenheit und Alternativenreichtum verknüpft; in diesem Sinne haben die Grundrechte, und die Kommunikationsgrundrechte im besonderen, die Funktion, Garantien für soziale Differenzierung, für die Entwicklung und Erprobung von Innovationen zu bieten[14]. Eine öffentlich-rechtliche Organisation kann aber ihrerseits offenbar unter bestimmten Bedingungen die Erzeugung des Neuen so gewährleisten, dass dagegen nicht einfach „Beliebigkeit“ als Wert an sich in Anschlag gebracht werden kann; die Bestands- und Entwicklunggarantie für den öffentlich-rechtlichen Rundfunk ist eine Form der grundrechtlichen Sicherung einer evolutionär erprobten Institution zur der Erzeugung vielfältiger Programme. Zweitens muss sie alle Probleme, die sie aus dem dann fast völlig unspezifisch gewordenen Schutzbereich verbannt hat, bei der Frage nach den Schranken des Grundrechts wieder hereinlassen[15]. Die hier vertretene Position kann viel schärfer zwischen den einzelnen Schutzbereichen differenzieren: So sieht es im Bereich der Berufsfreiheit und des Eigentums insofern ganz anders aus, als alle historischen Erfahrungen gegen die Alternative einer öffentlich organisierten Ausübung dieser Grundrechte sprechen.

Die Dominanz der objektiv-rechtlichen Dimension der Rundfunkfreiheit ist damit zu erklären, dass zunächst der öffentlich-rechtlich organisierte Rundfunk deren Ausübungsbedingungen beherrscht hat und auch die Entwicklung privater Formen der Subjektivierung unter technisch bedingten Knappheitsbedingungen daran anknüpfen musste. Der Abbau der technischen Beschränkungen der Grundrechtsentfaltung wird die subjektive Komponente des Grundrechts der Rundfunkfreiheit weiter stärken. Der „dualen Rundfunkordnung“ entspricht eine „duale Grundrechtsordnung“ in der Weise, dass zwei unterschiedli-

---

[13] BVerfGE 83, 238, 326; Hoffmann-Riem, aaO (Fn. 1), S. 194ff.

[14] Vgl. Teubner, Ein Fall von struktureller Korruption? Die Familienbürgschaft in der Kollision unverträglicher Handlungsoptionen (BVerfGE 89, 219ff.), KritV 2000, 385, 400; Luhmann, Grundrechte als Institution, Berlin 1965; Willke, Stand und Kritik der neueren Grundrechtstheorie, Berlin 1975; Ladeur, Postmoderne Rechtstheorie, 2. Aufl., Berlin 1995, S. 176ff.

[15] Dies wird besonders deutlich bei Hain, Rundfunkfreiheit und Rundfunkordnung, Baden-Baden 1993, S. 138ff., der die Betätigung des öffentlich-rechtlichen Rundfunks selbst für eine Grundrechtsbeeinträchtigung hält.

che „Regime“ miteinander verbunden werden, die sich nicht trennscharf auf die beiden Säulen des Rundfunks beziehen lassen. Der öffentlich-rechtliche Rundfunk basiert auf einem „Grundrechtsregime“, dessen Konturen stark von den Prinzipien des Gruppenstaates bestimmt worden sind. Dafür ist die Herausbildung eines besonderen Sphäre des Öffentlichen zwischen der „Privatrechtsgesellschaft“ und dem Staat charakteristisch, die in der Rechtsprechung des Bundesverfassungsgerichts in einem Modell „konzentrischer Kreise“ auch rechtlich institutionalisiert worden ist: Danach bilden die Medien (insbesondere der öffentlich-rechtliche Rundfunk) einen äußeren Ring des Öffentlichen, in dem themenfähige Gegenstände gesucht und prozessiert werden. Jenseits dessen sind die politischen Parteien zu lokalisieren, die auf dieser Grundlage Alternativen vorstrukturieren und an die staatliche Sphäre im engeren Sinne zur Entscheidung weiterleiten[16]. Dieses Modell der öffentlichkeitsbezogenen Rundfunkfreiheit mag revisionsbedürftig sein[17], aber es weist einen nicht zu unterschätzenden Vorteil auf: Es verknüpft die Funktionsprobleme, die sonst von außen an die Grundrechte herangetragen werden, nämlich als Frage nach den „Schranken“ der Freiheit, mit den Entwicklungsbedingungen des Schutzbereichs selbst. Dadurch werden die dogmatischen Probleme besser strukturierbar.

Dies wird z.B. im Vergleich mit der Rechtsprechung des EGMR[18] und des EuGH[19] zur Rundfunkfreiheit deutlich. Viele Gesichtspunkte, die sich in der vom Bundesverfassungsgericht geprägten Dogmatik zur „Ausgestaltung“ des Grundrecchts der Rundfunkfreiheit gehört, finden sich in der Rechtsprechung zu den europäischen Grundrechte in der Dogmatik der Schranken der Rundfunkfreiheit wieder. (Dies zeigt, dass man den Gegensatz zwischen Ausgestaltung und Schrankenziehung nicht überschätzen darf.)Dort kann aber der Gesichtspunkt der Erhaltung und Garantie von Vielfalt keinen angemessenen Anschluss finden. Das gesellschaftliche Interesse an der Erhaltung von Vielfalt und Innovation der Programmformate durch eine „positive Ordnung“ kann besser durch die spezifischere Dogmatik der Ausgestaltung aufgenommen werden, die auf Organisation und Verfahren der Rundfunkproduktion abgestimmt ist. (Dort ist umgekehrt auch deren Schwerpunkt zu situieren: Die Vorgabe von Programmgrundsätzen sind demgegenüber von vornherein auf Selbstinterpeta-

---

16 BVerfGE 12, 205, 261ff.; 57, 295, 321 (für den Rundfunk); 20, 56, 101 (für die Parteien).

17 Vgl. zur neueren Diskussion nur Ladeur, Der „Funktionsauftrag“ des öffentlich-rechtlichen Rundfunks, Medien und Kommunikationswissenschaft 2000, 93ff.

18 Vgl. nur EGMR Ser. A, Judg. & Dec. Vol. 173, Urt. v. 28. 3. 1990, Par. 55, 70 (Groppera); vgl. azu Schütz in Ricker/Schiwy, Rundfunkverfassungsrecht, München 1997, H 65; Engel, Privater Rundfunk vor der Europäischen Menschenrechtskonvention, Baden-Baden 1993.

19 Vgl. nur EuGH Rs. 155/73, Slg. 1974, 409, 428 (Sacchi); Rs. C-148/91, Slg. 1993 I, 487, 519f. (Veronica); Rs.C-23/93, Slg. 1994 I, 4795, 4831 (TV 10); Schütz, aaO (Fn. 14), H 53ff.

tion durch die Veranstalter angelegt, nicht aber auf eine materielle Kontrolle von außen.) So lassen sich Probleme innerhalb des Schutzbereichs konturieren, die sonst in die Diskussion um die Schranken abgeschoben und dann im Mahlstrom der Abwägungen abgeschliffen werden, aber nicht verschwinden.

II. Bedeutung und Legitimation von grundrechtlichen „Regimes" in der Verfassungsinterpretation

1. Grundrechtliche Freiheit in Netzwerken und das Konzept der „Grundrechtsschranke"

Das Ordnungsmodell der objektiv-rechtlichen Freiheit, das sich eben nicht auf Freiheit nach staatlicher Zuteilung reduziert, und die damit verbundene Rechtsfigur des Ausgestaltungsgesetzes ist auch künftig anschluss- und ausbaufähig für die Verarbeitung der komplexen privaten System-, Organisations- und Verfahrensentscheidungen, die unter Bedingungen der Konvergenz von Medien und Telekommunikation getroffen werden. Dies gilt z.B. für die Gestaltung der Netze und ihrer Übertragungsmöglichkeiten. Die Netze werden immer stärker integriert, die bisher relativ klare Abschichtung von Telekommunikation und Rundfunkprogramm wird durch eine Vielzahl von Überlappungsbereichen abgelöst. Inhalte werden nicht mehr nur über starr vorgegebene „Sender" und „Leitungen" übertragen, sondern Produktion, Transport und Verteilung von Sendungen werden über ein komplexes System mit einer Vielzahl von unterschiedlichen Ebenen prozessiert. Die Architektonik der Programme, Codes, Protokolle, Standards, wird flexibler und zugleich mit der zunehmenden „Intelligenz" der Systeme immer offener auch für Gestaltungsentscheidungen: Die „Intelligenz", die für die Operationen der Netzwerke benötigt wird, kann unterschiedlich lokalisiert werden, und erlaubt dann ganz unterschiedliche Funktionen und Funktionsverbindungen.

Die damit verbundenen rechtlichen Probleme lassen sich nur schwer mit einer herkömmlichen Schrankendogmatik erfassen. Andererseits zeigt sich, dass die Gesichtspunkte der Vielfalt und der Freiheit der Optionen sich auf die Freiheit des Austauschs zwischen zwischen Anbieter und Empfänger von Programmen nicht mehr reduzieren lassen. Die Gestaltung des Optionenraums, die nicht über punktuelle Marktentscheidungen erfolgen kann, wird immer wichtiger. Das Paradigma der Medienentwicklung über Märkte hat einen relativ geringe Spannweite von Alternativen vorausgesetzt. Das neue „System der Systeme"[20] bedarf zu seiner Implementation einer Vielzahl von strategischen,

[20] Noam, From the Network of Networks to the System of Systems, Telecommunications Policy 1994, 266ff.

weitreichenden privaten und öffentlichen Entscheidungen, für die ein Minimum an flexibler, auf Erhaltung von Vielfalt und Offenheit angelegter „positiver Ordnung“. Die Leistung dieses Modells im Medienrecht entspricht der des Vorsorgeprinzips im Umweltrecht: Nur unter Bedingungen begrenzter Ungewißheit kann die Festlegung von Schranken für das private Handeln zur Vermeidung von Schäden an der Erfahrung orientieren und von Fall zu Fall vorgehen. Auf gesteigerte Ungewißheit, wie sie sowohl im Umweltrecht als auch im Medienrecht bestehen, muss aber mit größerer Lernbereitschaft und -fähigkeit sowie der Offenhaltung von Alternativen reagiert werden. Dies spricht dafür, an der Rechtsfigur der „objektiv-rechtlichen Rundfunkfreiheit“ auch unter veränderten Bedingungen festzuhalten, sie andererseits aber frei von substantiellen Idealisierungen für die organisatorischen und prozeduralen Vor-Entscheidungen über Kommunkationsnetzwerke neu zu spezifizieren. Dann träfe den Staat hier eine „Strukturschaffungspflicht“[21] für variable Netzwerke, innerhalb derer die Rundfunkfreiheit auch subjektiv-rechtlich zum Tragen kommt.

Die Dominanz der objektiv-rechtlichen Komponente der Rundfunkfreiheit gegenüber der subjektiv-rechtlichen darf nicht in eine Dominanz des Staates und seiner Zielvorgaben umschlagen. Das ist die berechtigte Sorge der Kritiker der Rechtsprechung des Bundesverfassungsgerichts. Deshalb darf der organisatorische und der Verfahrensaspekt des objektiv-rechtlichen Prinzips nicht aus den Augen verloren werden. Hier geht es im Bereich des öffentlich-rechtlichen Rundfunks, des Paradigmas für die Entwicklung der Dogmatik, nicht um die Wiederherstellung einer vorfindlichen spontanen gesellschaftlichen Freiheit, sondern um die Bereitstellung von Verfahrens- und Ordnungsformen (der öffentlich-rechtlichen Anstalt und ihrer Binnenstruktur etc.), innerhalb deren gesetzlich, d.h. staatlich bestimmte Gruppen und professionelle Programmverantwortliche (Intendant) Aufbau und Selbstkontrolle eines vielfältigen Programms gewährleisten sollen[22]. Als Gegenstand grundrechtlichen Schutzes ist ein solches öffentlich-rechtlich organisiertes Handlungsfeld nur deshalb denkbar, weil und soweit dadurch wiederum ein Versuch-Irrtums-Prozess im Hinblick vor allem auf die offene und vielfältige Themenwahl und ihre Bearbeitung in Gang gesetzt werden kann, der gerade für die Freiheit der Massenkommunikation erforderlich ist. Und umgekehrt gilt, dass auch die spontane Selbstorganisation zu unbefriedigenden Odrdungszuständen führen kann. Unter diesem Gesichtspunkt ist auch die dem Gesetzgeber eingeräumte Ausgestaltungsbefugnis genauer zu begrenzen. Der Gesetzgeber kann nicht über Zweck und Ausgestal-

---

[21] Vgl. zu diesem Begriff im Kontext der Privatisierung Burgi, Privat vorbereitete Verwaltungsentscheidungen und staatliche Strukturschaffungspflicht im Kooperationsspektrum zwischen Staat und Gesellschaft, Die Verwaltung 2000, 183ff.

[22] Vgl. nur Stein-Frank, Staatsrecht, 17. Aufl., Tübingen 2000, §37 VII d.

tung der „positiven Ordnung" frei disponieren. Nur soweit die Wirkungen einer bestimmten Organisationsform oder eines Verfahrens auf die Entwicklung von Programmvielfalt ex ante nicht genau abschätzbar ist, verbleibt dem Gesetzgeber vorerst eine Einschätzungprärogative darüber, mit welchen Formen die Bindung von Ungewissheit erfolgen soll.

Aus dem Primat von Organisation und Verfahren[23] für die Ausgestaltung der Rundfunkfreiheit folgt zugleich, dass die Steuerung der Programmtätigkeit der privaten Veranstalter in der dualen Rundfunkordnung zwangsläufig zurückgenommen werden muss, weil sich sonst entweder ein Widerspruch zur privaten Organisationsform und ihren Implikationen ergeben muss oder doch das Umschlagen der Kontrolle in eine inhaltsbezogene Programmaufsicht droht. Im Angesicht einer Vielfalt neuer Spartenprogramme, wird die Erhaltung eines „Grundstandards" an Vielfalt[24] auch in den Vollprogrammen schwieriger. Dagegen spricht auch nicht die sogar verfassungsrechtlich gebotene (begrenzte) Programmaufsicht über die öffentlich-rehtlichen Programme. Programmgrundsätze müssen sowohl von den öffentlich-rechtlichen als auch von den privaten Veranstaltern selbst definiert werden, sie können grundsätzlich nicht von außen in die innerverbandliche Diskussion hereingetragen werden.

Wenn man dies berücksichtigt, werden auch die Konturen der Rundfunkfreiheit als einer Medienfreiheit deutlicher. Sie gewährleistet nicht die Berufsfreiheit auch auf dem Gebiet des Rundfunks, sondern die besonderen Entwicklungsbedingungen von Massenkommunikation. Dies ist nicht nur eine rechtssoziologische Überlegung, sondern eine Konkretisierung der rechtlichen Anforderungen an die Medien, die sonst auch mit der Schrankenproblematik verbunden werden müsste, wenn es nicht die besondere Kategorie des Ausgestaltungsgesetzes gäbe.

Wenn aber die objektiv-rechtliche Dimension der Rundfunkfreiheit stärker durch ihren Organisations- und Verfahrensbezug spezifiziert wird, läßt sich auch Anschluss an die Probleme der rechtlichen Gestaltung der Nutzung von Multimedia und des Internet als Massenmedium gewinnen: Hier verschieben sich die Probleme der Erhaltung und Gewährleistung von Vielfalt auf die Systemarchitektur, die Zugangsfreiheit, die Offenheit für neue Anwendungen und Formate etc. Bei der Bewältigung dieser Problem können die bisherigen Formen der Ausdifferenzierung der objektiv-rechtlichen Dimension der Rundfunkfreiheit, wie sie insbesondere für den öffentlich-rechtlichen Rundfunk entwickelt worden sind, durchaus modellbildend wirken, wenngleich es keinesfalls um unmittelbare Übertragung von Ordnungselementen gehen kann. Es geht eher um die Fruchtbarkeit der Konstruktion der objektiv-rechtli-

---

[23] Vgl. dazu allgemein Vesting, aaO (Fn. 8); zu unspezifisch in dieser Hinsicht Ruck, aaO (Fn. 3), 545f.

[24] BVerfGE 73, 118, 160; Stein-Frank, aaO (Fn. 22).

chen Dimension der Rundfunkfreiheit und die Erprobung ihrer Anpassungsfähigkeit an die Kommunikation in Netzwerken.

2. Verknüpfung der „negativen Freiheitsrechte" mit dem Kriterium der Effizienz oder einem „Regime" der Selbstorganisation?

Der individualistische Charakter der negativen Freiheitsrechte darf nicht drüber hinwegtäuschen, dass durch Entscheidungen der Individuen („choices") komplexe Beziehungsnetzwerke, Ordnungsmuster und Organisationen aufgebaut werden, die ihrerseits neue Optionen für andere Individuen eröffnen, aber auch Anschlusszwänge schaffen. Die Grundrechte sollen für verschieden gesellschaftliche Teilsysteme (Wirtschaft, Religion, Presse, Rundfunk etc.) einen Selbstorganisationsprozess „von unten" ermöglichen, der von zentral („von oben") vorgegebenen staatlichen Zielen weitgehend frei gehalten wird. Für die Annahme, dass dies jedenfalls zu befriedigenden Ordnungsmustern führt, gibt es gute Gründe. Aber die Möglichkeit der „Schrankensetzung" durch Gesetz, die ihrerseits weitaus weniger strukturiert ist als die Schutzbereiche selbst, zeigt, dass es kein blindes Vertrauen in die Selbstorganisation gibt. Jedes System bedarf bestimmter Institutionalisierungen, die den Aufbau langer Handlungsketten erst erlauben, aber auch solcher Regeln, die es im günstigen Fall gegen Selbstgefährdungen schützen.

Grundsätzlich basieren aber insbesondere die wirtschaftlichen Freiheitsrechte auf dem Vertrauen in die Effizienz der Selbstregulierung, die über das Interessenkalkül der Individuen und die davon abgeleiteten Koordinationsmuster gespeist wird. Eine andere Betrachtungsweise akzentuiert demgegenüber nicht die Effizienz individueller „choices", sondern umgekehrt eher den Prozess der Suche nach haltbaren („viablen") Koordinationsmustern in gesellschaftlichen Handlungsnetzwerken, die letztlich danach auch die individuellen Effizienzkalküle steuern. Dadurch wird der Akzent stärker sozusagen auf eine mittlere Ebene der Selbsterhaltung und Selbständerung von ordnungsbildenden „Regimes" innerhalb des jeweiligen komplexen grundrechtlich geschützten Optionenraums (zwischen Staat und Individuum) verschoben[25]. Diese lassen ihrerseits eine Vielzahl von Optionen zu, deren Realisierung von der Zustimmung der Individuen abhängig sind. Beide Erklärungsmuster schließen einander nicht wechselseitig aus, vielmehr ergänzen sie sich wechselseitig. Die letztere Auffassung misst nur den durch die Ausübung von Grundrechten entstandenen „transsubjektiven" Ordnungsmustern eine eigene Bedeutung bei. Dem ent-

---

[25] Vgl.dazu allgemein Hutter, The Emergence of Rules through Regimes. Evidence from the Internet, in: Liebl (Hrsg.), E-Economy. Management und Ökonomie in digitalen Kontexten, Marburg 1999, S. 51ff.

spricht eine auch innerhalb der Ökonomik selbst entstandenen Differenzierung der Perspektive auf die Rationalität der Akture und dementsprechend ihres Schutzes durch die wirtschaftlichen Grundrechte: Insbesondere H.A. Simon[26] hat das Konzept der „bounded rationality" entwickelt, das die praktischen Grenzen der Informationserzeugung und -verarbeitung durch Individuen und Organisationen unter Bedingungen von Komplexität aufgreift und daran ein Modell der „prozeduralen Rationalität" anschließt: Diese ist stärker auf die Kompensation dieser Grenzen durch Verfahren der Beobachtung, der Selbst- und Fremdevaluation, der systematischen Suche nach neuen Informationen etc. eingestellt. Dies wäre auch für eine Theorie der Kommunikationsgrundrechte in einer „dualen Rundfunkordnung" fruchtbar zu machen: Der duale Charakter des Grundrechtsregimes soll die Grenzen der Informationserzeugung kompensieren.

Jedenfalls für die durch die historische „Sondersituation" des Rundfunks entstandene objektiv-rechtliche Konzeption der Medienfreiheit bietet sich angesichts der herausbildenden Abhängigkeit der neuen Kommunikationsordnung von einer komplexen „gemeinsamen Infrastruktur" die mindestens komplementäre Orientierung der Grundrechtsdogmatik an der Beobachtung der Selbstorganisation eines regelhaften „Regimes" der Kommunikation und seiner auch grundrechtlichen Haltbarkeit an. „Sie (die gemeinsame Infrastruktur) besteht aus allen Informationshilfsmitteln und -diensten für ein reibungsloses und produktives Zusammenwirken der vielen unterschiedlichen Aktionen". Sie wird verteilt sein, „sie wird uns allen gehören, also keiner einzelnen Organisation"[27]. Ein „Ausgestaltungsgesetz" wäre auf diesem Hintergrund als ein solches zu verstehen, das nicht etwa unter der Hand die Verstaatlichung eines grundrechtlich geschützten Schutzbereichs gestattet, sondern die kooperative Bildung und Entwicklung eines „Regimes" abstützt, wobei die staatlich-gesetzliche Aufgabe in der Vorgabe von Organisations- und Verfahrensregeln für einen Selbstorganisationsprozess besteht, der auf die Vielfalt von Themen, und Handlungsmöglichkeiten angelegt ist und die Koordination von interner Selbst- und externer Fremdbeobachtung verlangt. Privater Rundfunk wäre aber primär nach dem anderen Beschreibungsmodell, der Selbstordnung durch Effizienz orientiert, weil sonst private Organisationsrationalität und die am Modell des öffentlich-rechtlichen Rundfunks entwickelte Prozeduralisierung von Vielfalt (durch Binnenorganisation) leicht miteinander kollidieren können. Insofern ist es konsequent, wenn das Bundesverfassungsgericht den Privaten nur verfassungsrechtlich nur einen „Grundstandard" an Vielfalt abverlangt

---

[26] Vgl. Simon, Bounded Rationality in Social Science: Today and Tomorrow, Mind & Society 2000, 25ff.

[27] Vgl.Dertouzos, What will be – Die Zukunft des Informationszeitalters, Wien/New York 1999, S. 22

sieht. Dies ist die Konsequenz der Überwirkung des öffentlich-rechtlichen Modells, das mit seiner „Grundversogung“ die Leitfunktion gegenüber dem individualrechtlichen Paradigma übernimmt.

Angesichts der neuen Fragen, die mit der Herausbildung einer neuen Kommunikationsinfrastruktur verbunden sind („Information Superhighway“), erscheint es aber naheliegend, die in der objektiv-rechtlichen Dimension der Medienfreiheit[28] gespeicherten Möglichkeiten dogmatisch weiter zu entwickeln und an eine komplexere Infrastruktur der Kommunikation anzupassen. Dies gilt um so mehr, als damit erhebliche Ungewissheiten verbunden sind, die der Beobachtung bedürfen. Die Abstimmung der beiden Modelle aufeinander wird sicher eine Vielzahl von sowohl grundrechtlich-normativen als auch praktischen Problemen mit sich bringen. Aber die Aufgabe der Schaffung einer normativen Struktur für die Ausübung von Grundrechten in (Kommunikations-) Netzwerken ist allein mit dem Ordnungsmodell der spontanen Selbstkoordination der Individuen und der Setzung externer Schranken nicht zu leisten. Die Gegenauffassung müsste auch zu dem Ergebnis kommen, dass die Vielzahl von staatlichen Ingerenzen durch technische Entscheidungen, Programme, Finanzierungen, Gesetze grundrechtlich solange irrelevant sind, solange sie nicht die individuelle oder organisierte Ausübung von Grundrechten beschränken: Was aber heißt „Beschränkung“, wenn der ganze Optionenraum der Kommunikation in Netzen erst aufgebaut wird, also ein vorfindlicher Bezugsrahmen für die Freiheit der Kommunikation nicht mehr unterstellt werden kann? Eine Gegenposition müsste jedenfalls zeigen, dass die Problematik der Entwicklung von Kommunikationsnetzen sich in der Schrankendogmatik abbilden lässt oder keine grundrechtliche Relevanz hat.

Im folgenden soll gezeigt werden, das die objektiv-rechtliche Dimension der Grundrechte und die mit ihren organisatorischen und prozeduralen Strukturelementen gesammelten Erfahrungen Anschlüsse an die Probleme der grundrechtsgerechten Gestaltung von Kommunikationsnetzwerken ermöglichen können.

---

[28] Vgl. zu dieser gerade die Freiheit der Medien (und nicht primär der Medienunternehmer) betonenden Grundrechstkonzeption vor allem Hoffmann-Riem, aaO (Fn. 3); ders. Medienfreiheit und der außenplurale Rundfunk, AöR 109 (1984), 304ff.; ders., Kommunikations- und Medienfreiheit, in: Benda/Maihofer/Vogel (Hrsg.),Handbuch des Verfassungsrechts der Bundesrepublik Deutschland, 2. Aufl., Berlin 1994, S. 191ff.; vgl. auch zu einer allerdings heute nicht mehr angemessenen Verknüpfung zwischen Rundfunkfreiheit und Art. 21 insbes. Abs. 1 S. 4 Wufka, Die verfassungsrechtlich-dogmatischen Grundlagen der Rundfunkfreiheit, Stuttgart 1971, S. 78ff., 84f., 109ff.: dies geht zurück auf Ridder, vgl. dazu Ladeur, aaO (Fn. 3).

III. Regulierungsprobleme am Beispiel der neuen „virtuellen Videotheken“

1. Zur Entwicklung „hybrider“ Mediendienste und ihren Rechtsproblemen

Die schnelle Entwicklung der Informationstechnologien, die Vervielfältigung ihrer Nutzungsmöglichkeiten und die Aufhebung der starren Funktionsgrenzen zwischen Endgeräten, Transportnetzen und -diensten, und zwar sowohl zwischen den einzelnen Ebenen als auch auf den Ebenen selbst, bringt mit der globalen Bewegung zur „Konvergenz“[29] eine kaum überschaubare Varietät von Verknüpfungen und Verknüpfungsmöglichkeiten hervor. Immer neue hybride Kombinationen werden denkbar, die alle letztlich darauf zurückzuführen sind, dass die informationelle und technologische „Intelligenz“ sowohl bei der Übertragung (software) als auch bei der inhaltlichen Gestaltung („content“) so flexibel wird, dass sie sich als Computerleistung zwischen früher getrennten Ebenen verschieben lässt (vom Endgerät über das Netzwerk bis zum Übertragungssystem) und auch inhaltlich alle möglichen Verknüpfungen zwischen Individualkommunikation (vor allem Telefon) und Massenkommunikation (vor allem Rundfunk) hergestellt werden können.

Damit werden auch die bisher deutlich konturierten „Dienste“ selbst variabel; so können Merkmale zwischen Kommunikationsdiensten ausgetauscht und damit neue Spezifizierungen erzeugt werden. All dies ist Ausdruck einer Technikentwicklung, die nicht mehr – wie bisher z.B. das Fernsehen – einem bestimmten Entwicklungspfad folgt und dann immer weitere Perfektionierungen hervorbringt, sondern einen neuen dynamischen Optionenraum eröffnet, dessen Vielfalt nicht mehr in einer bestimmten Trajektorie einrastet und dann eine relativ stabile Beschreibung und – auf dieser aufbauend – eine dauerhafte Regulierung zulässt. Ein ökonomisch und technologisch offener Optionenraum und ein entsprechend dynamischer Markt können selbst nur in globalen „Szenarien“ abgebildet und über abstraktere rechtliche *Meta-Regeln* gesteuert werden, die von vornherein auf Lernen und Selbständerung angelegt sind.

---

[29] Vgl. nur zu den Regulierungsproblemen Hoffmann-Riem/W.Schulz/Held, Konvergenz und Regulierung, Baden-Baden 2000; W.Schulz/Held, Neue Konzepte, frische Zutateen, epd-medien Nr. 30, 15.4. 2000, S. 8; Vesting, Ökonomie im Überfluss, epd-medien, Nr. 24, 25.3. 2000, S. 3; Koenig, Regulirungsoptionen für die Neuen Medien in Deutschland, Beilage zu MMR 12/1998, 1ff. ders., Roeder, Plädoyer zur Überwindung der zersplitterten Aufsicht über neue Informations- und Kommunikationsmedien, K&R 1998, 417ff.

1. *Zu den Dienstmerkmalen*

Die große Flexibilität der Definition von Dienstmerkmalen zeigt sich auch an der aktuellen Konzeption von „virtuellen Videotheken", wie sie sowohl im Internet als auch als kabelgebundene Mediendienste konzipiert werden. Dabei entsteht eine Hybridisierung, die in der Diskussion über die rechtliche Einordnung als Rundfunk- oder Mediendienst vernachlässigt worden ist: Diese Diskussion ist auf der Grundlage der Überlegung geführt worden, dass die „virtuelle Videothek" bei aller technologischen Komplexität letztlich nicht anderes als die Leistung einer „realen Videothek" ersetze und auch rechtlich entsprechend einzuordnen sei. Auch solche virtuellen Videotheken sind schon im Internet zu finden (z.B. „movieflix"); aber daneben entwickelt sich eine Vielzahl neuer Dienste, die bisher getrennte Funktionen miteinander kombinieren und die „virtuelle Videothek" zu einem neuen Phänomen mit neuen rechtlichen Problemen machen.[30]

Eine der neuen Erscheinungsformen der „virtuellen Videothek" besteht in der Steigerung der Interaktivität des Angebots: Dazu gehört zunächst eine neue Variante der Verknüpfung von Programm und Werbung derart, dass nicht nur die Inhalte von Filmen allgemein die Neigung zum Konsum steigern (nur bestimmte Filmthemen etc. sind geeignet, Konsumbereitschaft zu wecken), sondern Filmangebote und Sportübertragungen mit differenzierter oder selbst interaktiver Werbung für bestimmte Teile des Publikums verbunden werden sollen. Derselbe Film kann für unterschiedliche Nutzer mit unterschiedlicher Werbung kombiniert werden. Dies ist nur möglich, wenn man ein differenziertes „Nutzerprofil" entwickeln und für die Differenzierung von Werbebotschaften einsetzen kann. Dass dies die Erhebung, Auswertung und Weitergabe eine Vielzahl von Daten voraussetzt, liegt auf der Hand. Die „virtuelle Videothek" und ihr Programmangebot wird sich von dem einer „realen" deutlich unterscheiden. Abgestützt durch Marketingstrategien, wird das Filmangebot zunächst vor allem von „Block-Busters" auf den Kinomärkten beherrscht werden, nicht aber wird es zu einer völligen Individualisierung der Angebot kommen. Dies wäre viel zu wenig profitabel. Untersuchungen, die eine solche Entwicklung erwarten, sind von der antithetischen Fixierung auf das bisherige Angebot der Massenmedien bestimmt: Daraus, dass es die alten Formen der Massenmedien nicht mehr geben wird, folgt noch nicht, dass an deren Stelle eine völlige Individualisierung treten wird. Schon der dafür gewählte Begriff, das „Kiosk-Modell" (M. Bullinger), war von vornherein schief. Der Kiosk erbringt keine eigene mediale Leistung außer der Verteilung eines vorgefertigten Ange-

[30] Vgl.näher Ladeur, Datenverarbeitung und Datenschutz bei neuartigen Programmführern in „virtuellen Videotheken, MMR 2000, 715ff.

bots, die neuen Medien heben aber auch die Unterscheidung zwischen Produktions- und Verteilungsebene mindestens teilweise auf.

Teure Filme müssen wegen der hohen Kapitalkosten relativ schnell verwertet werden; deshalb wird das *Marketing* immer wichtiger. Das bedeutet, dass trotz der Individualisierung des Angebots eine Konzentration der Nutzung nach dem Muster des klassischen Fernsehens, das zur „Prime-Time“ ein möglichst großes Zuschauerpotential aggregieren muss, auch in der „virtuellen Videothek“ durch Werbung und andere Marketingstrategien erreicht werden muss: Die Filme werden dann nicht mehr zu einem bestimmten Zeit*punkt*, sondern während eines relativ kurzen Zeit*raums*, von z.B. vier Wochen (wie im Kino) besonders stark beworben, um die Aufmerksamkeit für das Neue zu nutzen. Das wäre ein funktionales Äquivalent zum Programm des klassischen Fernsehens. Die relative Einheit des Programms ist dann nicht mehr in der zeitlichen Konzentration des Angebots begründet, sondern in der relativ begrenzten Marketingstrategie, die zeitlich und inhaltlich flexibler ist als das alte Fernsehprogramm, aber doch eine programmähnliche Verknüpfung unterschiedlicher Komponenten (einschliesslich der Werbung) herstellt. Man könnte von einer Art „Meta-Programm“ sprechen.

2. *Vorüberlegungen zu medienrechtlichen Regulierungsproblemen*

Das Problem der Erhaltung von Medienvielfalt stellt sich auch in anderen Erscheinungsformen von Multimedia, so etwa in der sich abzeichnenden Form eines individualisierten Marketings für Filme außerhalb der Gruppe neuester Film- und Sportangebote: Die „virtuelle Videothek“ wird auch jenseits dieser massenattraktiven Angebote eine Vielzahl (möglicherweise eine fünfstellige Zahl!) von Filmangeboten enthalten. Anbieterabhängige oder unabhängige elektronische Programmführer[31], die auch für die Orientierung im digitalen Pay-TV-Programm notwendig werden, können nicht nur nach verschiedenen allgemeinen Kriterien aufgebaute Informationen bieten (Genres, Regisseure, Länder etc.), sie können auch eine individualisierte Programmführung ermöglichen, und zwar entweder durch Eingabe eigener Auswahlkriterien (z.B. für jedes Familienmitglied unterschiedliche, einschließlich der Suche nach Schnittmengen). Denkbar sind (und praktisch geplant) werden auch Programmführer, die auf Lernfähigkeit angelegt sind und dem Nutzer aufgrund seiner bisherigen Sehgewohnheiten Vorschläge für „ähnliche“ Angebote machen, die ihn auch interessieren könnten. Dabei ist es erforderlich, Filme nach einem Kriterienraster standardisiert zu „rezensieren“ und diese Kombination

---

[31] Vgl. dazu W. Schulz/Kühlers, Konzepte der Zugangsregulierung für digitales Fernsehen, Berlin 2000, S. 46, 63.

einer Vielzahl von Filmen und individuellen Kriterienmustern für den einzelnen Nutzer zu „lesen". Auf dieser Grundlage wird der Programmführer zu einer individualisierten Suchmaschine, die im Zuge der weiteren Entwicklung der Software immer differenziertere Informationen sammeln und in Vorschlägen auflösen kann.

Dann kann etwas entstehen, was Eli Noam vor einigen Jahren vorausschauend „Me-TV" genannt hat[32]: Die widersprüchliche Kombination von Individualität („Me") und Programmierung (TV) bringt die Hybridisierung der neuen Variante von „Programmführung" plausibel zum Ausdruck: Das Angebot ist ganz auf einzelne Nutzer abgestimmt, aber es basiert durchaus nicht auf einer jeweils neuen individuellen Wahlentscheidung, sondern wird aufgrund eines im Verhalten abgelesenen Musters „fremdbestimmt", also „programmiert". Auch damit werden neue programmbezogene Regulierungsprobleme aufgeworfen: Wird hier nicht das Problem der Vielfalt neu gestellt? Es ist eine Sache, ob man immer wieder die gleichen Filme sehen will oder das Muster eines Nutzers durch den Veranstalter immer wieder reproduziert wird. Dann lässt sich wenigstens nach den Kriterien der Mustererkennung fragen. Vor allem, wenn man diese Möglichkeiten weiterentwickelt, lässt sich auch denken, dass jemand seine „eigene Nachrichten" nur nach einem bestimmten Muster ausgewählt und gebündelt erhalten möchte. Auch hier besteht ein Unterschied zur selektiven Lektüre einer Zeitung, die sich z.B. ausschließlich auf die „bunte Seite" beschränkt: Niemand kann (und sollte) dann gehindert werden, seine Zeitungslektüre selbst zu bestimmen. Es ist seine eigene Entscheidung, aber wenn sich jemand „seine Nachrichten" immer wieder nach einem gleichen Muster komponieren lässt, könnte dies doch als eine „Programmfrage" angesehen werden, die eine Regulierung – wenn auch in neuer Form – erfordern kann. Auch hier kann man von einer neuen Variante von „Meta-Programmen" sprechen.

Die hier nur beispielhaft skizzierte Entwicklung komplexer, für die einzelnen Nutzer, ja, auch für die strategischen Entscheider nur schwer überschaubaren Such- und Bündelungsfunktion in den neuen Kommunikationsnetzwerken bestätigt die Fruchtbarkeit der oben angestellten Überlegungen zur Aktivierung der objektiv-rechtlichen Dimension der Rundfunkfreiheit für die Bewältigung der Ordnungsprobleme von Multimedia. Es ist allerdings erforderlich die Rechtsfigur auf die Erhaltung von Vielfalt auch unter Bedingungen dynamischer Medienmärkte umzustellen. Dies gilt um so mehr, als es nicht einseitig um die Kontrolle von indiviuelen Entscheidungen geht, sondern um die Offenhaltung von Optionen in einer sich schnell verändernden Umwelt[33].

---

[32] Vgl.Noam, Cyber-TV. Thesen zur Dritten Fernsehrevolution, Gütersloh 1993.

[33] Vgl. dazu allg. A.L. Shapiro, The Control Revolution. How the Internet is Putting Individuals in Charge and Changing the World We Know, New York 1999, insbes. S.169ff.;

IV. Regulierung unter Ungewissheitsbedingungen

Die neue Medienwelt sucht sicher noch nach ihren Formen, dies ist auch für die Bestimmung der praktischen Entwicklung des Medienrechts wichtig. Weder kann man davon ausgehen, dass die alte Medienordnung sich nur kontinuierlich weiter entwickeln wird, noch darf man von der Vielfalt der Möglichkeiten auf die Herausbildung eines neuen Paradigmas schließen, das seine Einheit schon auf einer höheren Abstraktionsebene wiederfinden wird.

Die Fülle der Möglichkeiten schafft wieder ihre eigenen Grenzen: Die Vielfalt der Programme hat die relative Homogenität des Fernsehpublikums aufgelöst, zugleich aber neue Grenzen, nämlich die der Erzeugung von Aufmerksamkeit sichtbar gemacht. Die neue Medienwelt lässt schon jetzt erkennen, dass der technologisch erweiterte Optionenraum neue ökonomische Grenzen insbesondere der Finanzierung von Strategien setzt (Die wird uns auch bei der Verlagerung des Mangels von den Sendemöglichkeiten zu dem Programminhalt noch beschäftigen.) Ob Pay-TV sich neben dem „alten" Free-TV oder neuen Alternativen der Unterhaltung im Internet behaupten kann, ist nicht sicher, obwohl das Angebot als solches auf den ersten Blick marktfähig erscheint. Die neuen Programmstrategien konkurrieren nicht nur auf ihren je eigenen Märkten mit andere Anbietern, sondern mit einer Vielzahl von ganz anderen Märkten. Dies erschwert die Abschätzung der Zahlungsbereitschaft z.B. für Pay-TV-Angebote: Dass eine Vielzahl von Zuschauern an Fußballübertragungen interessiert ist, ist offensichtlich. Weniger sicher ist aber, dass sie auch so viel dafür bezahlen wollen, wie zur Finanzierung des Erwerbs der Rechte erforderlich ist. Dieses Problem führt auf die Besonderheiten der *Netzwerkökonomie* zurück[34]: Der Erfolg eines Fernsehprogramms hängt viel enger mit der Zahl der Nutzer zusammen als etwa der eines Sachguts: Für Pay-TV braucht man attraktive, d.h. teure Filme, um Zuschauer zu gewinnen; deren Erwerb kann man sich aber nur leisten, wenn man viele Zuschauer gewonnen hat. So kann man leicht in einen Teufelskreis geraten.

Der Alternativenreichtum der neuen Informationstechnologien führt auf eine paradoxe Weise zu einer mindestens partiellen Selbstblockierung der Entwicklung, weil es auch immer schwieriger wird, die Nutzer dazu zu mobilisieren, die Investitionen zu tätigen, die für die Nutzung der Unterhaltungsangebote auf dem Internet erforderlich sind: Dazu gehört nicht einmal primär die

---

Sunstein, Republic.com, Princeton 2001, der allerdings die Gefahren der Segmentierung des Publikums und die damit verbundenen Risiken für die Demokratie überschätzt; einstweilen ist dies eine Möglichkeit, die ihrerseits durch Verfahren beobachtet werden muss, von einer Notwendigkeit zur Intervention kann aber noch keine Rede sein.

[34] Vgl. M. Shapiro/Varian, Information Rules, Boston 1999, S. 109ff..; European Communication Council Report, Die Internetökonomie, Berlin 1999; Tapscott/Ticoll/Lowy, Digital Capital. Harnessing the Power of the Business Webs, Boston 2000.

Bezahlung der jeweils in Anspruch genommenen Leistung, sondern schon der Erwerb leistungsstärkerer Computer oder sonstiger neuer Empfangsgeräte, die Aufrüstung des Netzes (ADSL, ISDN, videostreaming etc.), die für Breitbandnutzung im Internet benötigt werden. In den USA haben z.B. nur 1% derjenigen, die eine Breitbandnutzung des Telefons realisieren könnten, tatsächlich den Zugang dazu in Anspruch genommen. Dies verschärft die Schwierigkeiten, die in der Netzwerkökonomie dem Erreichen der Profitabilität entgegenstehen.

Dieses Problem wird sich auch bei UMTS zeigen: Dass dessen technische Leistungen, die Integration von schmal- und breitbandigen Nutzungsformen aller Art über ein Mobiltelefon für ein breites Publikum attraktiv ist, liegt auf der Hand. Aber wie viel werden die Interessenten für Nutzungen jenseits des bisherigen Leistungsspektrums bezahlen wollen? Auch hier wird UMTS mit einer Vielzahl kostenloser Angebote konkurrieren und die Vorteile der Netzwerkökonomie, die enormen Kostenvorteile bei Überschreiten der Rentabilitätsschwelle, sind bei zunehmender Konkurrenz immer schwerer zu erreichen. Dies zeigt, dass die Individualisierung der Mediennutzung, die häufig für die Zeit nach dem Ende der Frequenzknappheit vorausgesagt worden ist, mit Sicherheit an Grenzen stoßen wird. Neue individualisierte Formen der Mediennutzung werden sich dort herausbilden, wo der finanzielle Aufwand für die Inhalte nicht exorbitant hoch ist. Für die Verwertung teuerer Programmrechte braucht man aber immer ein relativ großes Publikum. Hier werden die herkömmlichen Übertragungsformen der Medien weiterhin eine große Rolle spielen.

Dies ist eine Konsequenz der wachsenden Beschränkung der *Programmrechte*: Die Verbilligung und Vervielfältigung der Übertragungsmöglichkeiten hat selbst durch erhöhte Nachfrage zu einer ernormen Steigerung der Preise für Programmrechte beigetragen. Die Menge an attraktiven Programminhalten ist zwangsläufig begrenzt: Bei den Sportrechten[35] liegt dies auf der Hand. Hier tritt ein neuer Monopolisierungseffekt durch die Organisation von „Turnierwettbewerben" ein. Dieser ist in der ökonomischen Literatur als „tournament"-Effekt bekannt: Einfach gesagt, heißt dies „winner takes all". Die gleiche Wirkung entsteht auf Filmmärkten durch den schon erwähnten Block-Buster-Effekt: Durch Marketing wird, unterstützt durch das Phänomen des „Stars", Aufmerksamkeit gebunden, die durch ihren eigenen Erfolg verstärkt wird und das Erreichen der Vorteile der Netzwerkökonomie erlaubt[36]. Jenseits

[35] Vgl. Cowie/Williams, The Economics of Sports Rights, Telecommunications Policy 1997, 619ff.

[36] Vgl. Ravid, Information, Blockbusters, and Stars: A Study of the Film Industry, in: 72 Journal of Business 199, 463; De Vany/Walls, Does Star Power Reduce the Terror of the Box Office?, in: 23 Journal of Cultural Economics 1999, 285; Ladeur, Die vertikale Integration von Film-, Fernseh- und Video-Wirtschaft als Herausforderung der Medienregulierung, Rundfunk und Fernsehen 1998, 5.

einer Mindestschwelle können hohe Gewinne erreicht werden, ohne dass damit noch ein nennenswerter Kostenaufwand verbunden ist. Die Filmverwertung hat fast den gleichen Kostenaufwand, ob nun 100.000 oder 100 Millionen Zuschauer erreicht werden. Auch dies ist selbst ein Grund dafür, dass der gestiegenen Nachfrage kein entsprechendes Angebot an attraktiven Inhalten entsprechen kann. Denn sonst müssten die Filmrechte billiger werden, und die Folge davon wäre, dass Netzwerkeffekte noch schwerer zu erreichen wären, so dass insgesamt das Gewinninteresse der Filmanbieter dieser Entwicklung entgegenstehen wird.

V. Die Grenzen der gegenwärtigen vielfaltbezogenen Medienregulierung

Welche Konsequenzen sind aus dieser selbst nur bruchstückhaft skizzierten Medienentwicklung für das Medienrecht und die Medienregulierung abzuleiten? In der Literatur und Praxis lassen sich zwei Alternativen beobachten: Auf der einen Seite befinden sich diejenigen, die am Paradigma der bestehenden Rundfunkregulierung festhalten und ggf. eine vorsichtige Erweiterung der Regulierung auf neue Dienste, insbesondere im Internet anstreben. Hier wird vor allem daran gedacht, die Offenheit des verfassungsrechtlichen Rundfunkbegriffs nach der Rechtsprechung des BVerfG („Aktualität, Suggestivkraft, Breitenwirkung einer Darbietung“) für eine Dynamisierung des regulatorischen Zugriffs zu nutzen – etwa um „Internet-Fernsehen“, wenn es eine gewisse Mindestqualität und eine Mindestzahl von Nutzern erreichen kann, dem Rundfunk zuzurechnen[37].

Sicher ist es nicht ohne Bedeutung, wenn man für einen Dienst einer Rundfunkzulassung benötigt oder ohne Zulassung senden kann. M.E. liegt aber das entscheidende Charakteristikum der Rundfunkregulierung gerade in den materiellrechtlichen Anforderungen an die *Vielfalt* eines Programms sowohl im Hinblick auf die einzelnen Programmkomponenten als auch die verschiedenen politischen kulturellen Tendenzen in einer Gesellschaft. Wenn aber die Landesmedienanstalten im Zeitalter von Multimedia nicht mehr den Vollprogrammen im herkömmlichen Sinne die Priorität gegenüber Spartenprogrammen einräumen können, weil es keine Frequenzknappheit mehr gibt, büßen Vielfaltstandards ihre Bedeutung so gut wie ganz ein, weil jede Variante der Abweichung von Vielfalt als Spartenprogramm dargestellt werden kann. Dadurch verliert diese Variante der prozeduralen Regulierung durch Vorabkontrolle stark an Bedeutung.

---

[37] Vgl. nur das Erste Strukturpapier der DLM zur Abgrenzung von Rundfunk und Mediendiensten, Dez. 1998.

Natürlich gibt es noch wichtige Unterschiede zwischen Rundfunk- und Medienregulierung: Sie betreffen vor allem die Werbung: Die Unterbrechung des Programms insbesondere von Filmen und Fernsehspielen unterliegt einer starken Restriktion, die für die Übertragung eines Films als Mediendienst nicht gelten (hier gilt nur das allgemeine Gebot der Trennung von Werbung und Programm, § 9 MDStV – Ausnahme: Abs. 3). Ob dies tatsächlich erhebliche praktische Bedeutung hat, erscheint zweifelhaft, da Filme u.a. Programme mit mehr Werbung schnell an einer Akzeptanzschwelle scheitern würden. Jedenfalls bleibt zu konstatieren, dass das Herzstück der Rundfunkaufsicht, das, was die Rundfunkfreiheit von anderen Medienfreiheiten unterschieden hat, die – wie das Bundesverfassungsgericht formuliert hat – Verpflichtung durch Organisation und Verfahren eine *„positive Ordnung"* des Rundfunks zu garantieren, die auf Vielfalt angelegt ist, praktisch obsolet wird, soweit es um die Anforderungen an die Programmveranstaltung geht. Es ist kaum mehr vorstellbar, dass ein Rundfunkprogramm wegen mangelnder Vielfalt abgelehnt werden kann.

Dies ist für die andere Richtung in der gegenwärtigen Diskussion Anlass, den Abbau der verfassungsrechtlich begründeten Regulierung insgesamt und den Übergang zur Schrankenkontrolle im klassischen liberalen Sinne sowie zur wirtschaftsrechtlichen Konzentrationskontrolle zu fordern. Auf den ersten Blick hat diese Variante einiges für sich. Dieser Eindruck wird noch durch Funktionseinbussen der Rundfunkaufsicht verstärkt; die programmbezogene Aufsicht über den privaten Rundfunk kann kaum als wirksam bezeichnet werden. Auf den zweiten Blick stellt sich das Bild etwas differenzierter dar: Zwar ist der Eindruck nicht ganz von der Hand zu weisen, dass die herkömmliche Form der Programmaufsicht ihre Bedeutung weitgehend einbüßen wird. Daraus folgt aber nicht, dass man sich von der Regulierung ganz verabschieden muss. Die Vielfalt der Programmangebote ist nach wie vor ein prekäres Gut von hohem Wert, wenngleich sich die Gefährdungen unter Bedingungen der begrenzten Aufmerksamkeit verschoben haben. Auf der Ebene der „Meta-Programme" der Bündelung und Verteilung von Aufmerksamkeit sowie des Marktes für Programmrechte kehrt jedenfalls das Problem der Gewährleistung von Vielfalt in neuer Form zurück.

Die Fragmentierung des Publikums wird zwar – wie erwähnt – nicht so weit gehen, wie es zur Zeit des Beginns der Ablösung des öffentlich-rechtlichen Monopols und des Übergangs zur „dualen Rundfunkordnung" vielfach angenommen worden ist, aber die Möglichkeit, durch ein „an alle" adressiertes Gesamtprogramm ein Publikum als eine Einheit zu erreichen, besteht praktisch nicht mehr. Diese Vorstellung entsprach den Bedingungen der Frequenzknappheit, die dem Publikum kaum Entscheidungsalternativen boten. Heute sind jedoch die Möglichkeiten des Zuschauers, sich auch unter Bedingungen von Programmvielfalt „einseitig" zu informieren, so groß, dass die Vielfalt einzelner Programme kein sinnvolles Ziel mehr sein kann. Stattdessen wäre Vielfalt als Ziel anders zu formulieren und an die neuen Gefahren der Blockierung von Innovation und Alternativenreichtum sowie die Beschränkungen durch die neuen Varianten der „Meta-Programme“ im „Netzwerk der Netzwerke“ anzupassen. Diese neuen Bedingungen sind vor allem durch die Paradoxie charakterisiert, dass Knappheit an *Aufmerksamkeit* bei einer potentiellen Vielzahl von Möglichkeiten besteht[38] und vor allem die Bedingungen der Netzwerkökonomie zu neuen einseitigen Entwicklungen führen können, die nicht einfach auf Wahlentscheidungen des Publikums zurückgeführt werden können.

Wie gezeigt entsteht eine der neuen Gefahren für die Vielfalt, nicht mehr innerhalb eines Programms sondern für den Reichtum an verfügbaren Alternativen, durch die Preissteigerung bei den Programmrechten selbst: Solche überproportional teuren Programmrechte, deren Preis auf ökonomisch irrationale Stareffekte etc. und nicht auf Marktrationalität zurückgeführt werden kann, „verbrauchen“ Vielfalt, weil das für Unternehmen wie für Nutzer zwangsläufig begrenzte Budget dadurch überproportional, d.h. zu Lasten anderer Programmkomponenten und Informationsangebote beansprucht wird. Eine andere Variante der (Selbst-)Begrenzung von Vielfalt könnte sich – wie gezeigt – über das „Me-TV“ im Sinne von Eli Noam entwickeln, das zu völlig personalisierten Programmen führen kann(ob dies Realität wird, bleibt noch abzuwarten). Beide Beispiele zeigen aber, wie sich neue Ordnungsmuster in den elektronischen Medien herausbilden, die die individuellen Optionen stark beeinflussen und Selbstblockierung des Prozesses der Erzeugung des Neuen herbeiführen können. Hier erweist es sich als sinnvoll, auf das „transsubjektive“ Ordnungsmodell der Kommunikationsfreiheit zurückzugreifen, das nach der Offenheit und dem Alternativenreichtum des „Varietätspools“ in Kommunikationsnetzwerken fragt. Auf dieser Grundlage kann eine begrenzte staatliche prozedurale Intervention fruchtbar sein, wenn sie geeignet ist, mehr Möglichkeiten zu eröffnen (die natürlich niemand nötigen, sie auch zu nutzen), und dadurch die Entwicklung eines „grundrechtsgerechten“ Regimes der Selbstorganisation der Kommunikation begünstigt.

---

[38] Vgl. Franck, Die Ökonomie der Aufmerksamkeit, München 1997; C. Shapio/H.R. Varian, aaO (Fn. 27); M.J. Wolf, The Entertainment Economy, New York 1999; Vesting, aaO (Fn. 23); Economides, The Economics of Networks, in: 14 International Journal of Industrial Organization 1996, No. 2, 14; Goldhaber, Die Ökonomie der Aufmerksamkeit, in: Telepolis 1998, No. 4/5, 117.

VI. „Re-Regulierung" von Vielfalt unter Multimedia-Bedingungen – Konkrete Folgerungen

Unter Multimedia-Bedingungen könnte z.B. an einen kompensatorischen finanziellen Zwang zur Zufuhr neuer Alternativen in der Form einer Abgabe auf (Vielfalt „verbrauchende") „Block-Busters" zur Förderung z.B. neuer Filme jenseits der schon existierenden Filmförderungsabgabe gedacht werden. Bei Sportrechten wäre auch an eine progressive Zwecksteuer zu denken, die die Vereine zur Förderung kultureller Alternativen aufzubringen hätten. Es wäre auch daran zu denken, dem öffentlich-rechtlichen Rundfunkanstalten ein kostenloses oder kostengünstiges erweitertes Zweitberichterstattungsrecht[39] einzuräumen, das z.B. eine Stunde nach dem Beginn der Ausstrahlung eines freiverkäuflichen Erstsenderechts in Anspruch genommen werden könnte. Dies wäre zu legitimieren als eine Art „fair use" der Öffentlichkeit zum Ausgleich der mit der Marktrationalität allein nicht zu erklärenden hohen Preise für Sportrechte in der Netzwerkökonomie. Die enge zeitliche Beschränkung der Nutzung führt zu einer Monopolisierung von Aufmerksamkeit und einem entsprechend gesteigerten Erlös. Durch die Einführung eines solchen Rechts auf „fair use" könnte zugleich der Wert des Erstsenderechts entsprechend gesenkt werden, da das Monopolrecht entsprechend beschränkt würde.

Dies sind zwei Elemente einer Regulierungsstrategie, die sich eher an den neuen Besonderheiten der Netzwerkökonomie orientieren würde, die sich unter Bedingungen von Multimedia herausbildet. Sie entsprechen durch ihre Flexibilität zugleich der Offenheit der Entwicklung innerhalb der „Netzwerke": Es hat für die Zukunft wenig Sinn, von einem bestimmten Verlaufsmodell der Multimediaentwicklung auszugehen, stattdessen käme es darauf an, die Entwicklung insgesamt sozusagen mit mehr Vielfalt zu „impfen" und auf Anreize zur Steigerung von Vielfalt zu setzen, die die Selbstblockierungstendenzen innerhalb des offenen Optionenraums unterbrechen könnten. Dazu gehört auch die Stärkung des öffentlich-rechtlichen Rundfunks; auch dessen Funktion kann nicht mehr genau am Modell der „Integration" eines einheitlichen Publikums bestimmt werden, wie dies noch weitgehend üblich ist. Es sollte stärker als ein Gegengewicht zu den sich schnell verstärkenden potentiellen Einseitigkeiten der Netzwerkökonomie aufgebaut werden. Wegen der Auflösung der Grenzen zwischen den Diensten wäre der Funktionsauftrag der Anstalten auch auf Online-Dienste und den Aufbau von Portalen und Suchmaschinen zu erstrecken. Allerdings erscheint die Organisationsstruktur des öffentlich-rechtlichen Rundfunks allein nicht mehr ausreichend zur Sicherung der neuen, auf Innovation und alternativen Reichtum eingestellten Vielfaltskonzeption, deshalb wäre an eine *Prozeduralisierung* des Auftrags durch einen öffentlichen

---

[39] Vgl. aber BVerfGE 97, 228ff. einschränkend zum Kurzberichterstattungsrecht.

Zwang zur Selbstdefinition und Selbstevaluation des Programms zu sichern. Es wäre auch daran zu denken, eine unabhängige externe Kommission einzusetzen, die diese Selbstevaluation durch Fremdevaluation ergänzen und jeweils nach den besonderen Leistungen des öffentlich-rechtlichen Rundfunks fragen würde.

Gerade weil die Knappheit an Aufmerksamkeit einerseits und die Fülle der Möglichkeiten andererseits die Entwicklungsperspektive von Multimedia beherrschen, wird es in Zukunft stärker darauf ankommen, die potentiellen Diskriminierungseffekte der neuen Vermittlungsdienste, wie elektronischer Programmführer[40] (im digitalen Fernsehen und in „virtuellen Videotheken"), Portale, Suchmaschinen etc. in die Aufsicht einzubeziehen. Angesichts der Vielfalt der gegenständlichen Alternativen, aber auch der Offenheit der subjektiven Präferenzen, die das Marketing erst ermöglichen, darf man nicht ohne weiteres auf die Entscheidungssouveränität der Nutzer vertrauen, zumal Informationen (i.w.S.) zu den sog. Erfahrungsgütern[41] gehören, d.h. man braucht, um sich überhaupt zwischen Alternativen entscheiden zu können, immer schon ein Vorwissen, so wie man für ein Buch nur Interesse gewinnt, wenn man vorher lesen gelernt und seine Wahrnehmungsfähigkeit ausgebildet hat. Wenn der Optionenraum relativ offen ist, spielt das Marketing und die Präsentation z.B. von Filmen eine große Rolle; es können sich selbst schnell verstärkende Trends ausgelöst werden, die zu überproportionalen Gewinnen in der Netzwerkökonomie führen und letztlich auf Kosten anderer kultureller Angebote gemacht werden.

Hier käme es darauf an, das Design von Vermittlungsdiensten nicht nur genau darauf zu beobachten, ob sie Diskriminierungswirkungen erzeugen, sondern Vielfaltanforderungen hier so umzuformulieren, dass Anbieter verpflichtet werden, auch für nicht-kommerzielle Dienste, die etwa von den Landesmedienanstalten nach einem festzulegenden Kriterienkatalog als förderungswürdig anzusehen sind, werbende Hinweise im Interesse der Vielfaltserzeugung aufzunehmen. Hier könnte auch an neue Formen der regulierten Selbstregulierung gedacht werden, die den Anbieter Gestaltungsmöglichkeiten eröffnen. Elektronische Programmführer in Fernsehformaten wie in neuen „virtuellen Videotheken" werden in Zukunft ohnehin – wie erwähnt – neue Probleme unter dem Gesichtspunkt der Vielfalt mit sich bringen. Auch hier käme es darauf an, die Selektions- und Suchkriterien für die Programmführer prozeduralen Offenlegungspflichten unterwerfen. Unter dem Gesichtspunkt der Erzeugung von Vielfalt auf der Ebene solche hybrider „Meta-Programme" wäre daran zu

[40] Vgl. dazu W.Schulz/Seufert/Holznagel, Digitales Fernsehen. Regulierungskonzeption und Perspektiven, Opladen 1999, S. 70ff.; W. Schulz/Kühlers, aaO (Fn. 31), S. 46, 63.

[41] Vgl. dazu Ladeur, Rechtliche Möglichkeiten der Qualitätssicherung im Journalismus, Publizistik 2000, 448ff.

denken, eine Pflicht zur Verbreitung von Alternativangeboten auf solchen Plattformen zu statuieren, die nach einem öffentlichen Förderungssystem als „besonders wertvoll“ spezifiziert werden. So könnte auf einer Meta-Ebene des Marketings Offenheit für Innovation und die Erzeugung von Alternativenreichtum ein neues Regulierungsziel bilden[42]. Es wäre dann nicht nur nach dem Muster des Wettbewerbsrechts Machtmissbrauch zu verhindern, sondern eine neue netzwerkgerechte Variante der „positiven Ordnung“ durch Recht zu ermöglichen, die Vielfalt ex ante herbeiführt und nicht nur ex post Fehlentwicklungen verhindert. Hier wäre auch an die Eröffnung eines privilegierten Zugangs zu Angeboten öffentlich-rechtlicher Rundfunkanstalten zu denken.

Wie immer man zu diesen Überlegungen stehen mag, die gegenwärtige Regulierung wird sich vielleicht noch einige Zeit aufrecht erhalten lassen, aber sie wird von der beschleunigten Selbstveränderung des Multimedia-Systems praktisch unterspült. Es muss neue Aufsichtsformen- und verfahren entworfen werden, die die Herausforderung der Entwicklung zu einem „Netzwerk der Netzwerke“ annehmen. Dazu sollte hier ein Versuch gemacht werden!

---

[42] Vgl. zu einer solchen Konzeption A.L. Shapiro, aaO (Fn. 33), S. 184ff.

Die Freiheit im Wandel

Eine Zwischenbilanz zu Art. 2 Abs. 1 GG

Walter Schmidt

All the world 's a stage

I. *Ausgangspunkte*

Art. 2 I GG gehört zu unseren gemeinsamen Anfängen. Die Antrittsvorlesung des Bonner Privatdozenten vom 5. 5. 1965 galt dem Grundrechtsschutz des Kindes auf freie Entfaltung seiner Persönlichkeit.[1] Zeitlich parallel schrieb ich eine Abhandlung zu Art. 2 I GG; darin wurden dessen unterschiedliche Funktionen in der Rechtsprechung des BVerfG seit dem Elfes-Urteil einander gegenübergestellt: die Auffangfunktion für bislang nicht positivierte Freiheitsrechte und die nur verfahrensrechtliche Funktion als Eingriffsfreiheit ohne eigene materielle Freiheitssubstanz[2] – schon damals wurde das nicht überall verstanden.

Der Gedanke, Selbstentfaltungschancen des Kindes grundrechtlich in Art. 2 I GG aufzufangen, war 1965 noch in der Entwicklung. Nach folgenlosen Erwähnungen in der Verwaltungsrechtsprechung[3] fand er Eingang in die Zivilrechtsliteratur.[4] Erst drei Jahre nach *Steins* Antrittsvorlesung (ein Jahr nach ihrer Veröffentlichung) wurde er, und nunmehr sehr grundsätzlich, vom BVerfG ausformuliert und ist aus dessen Rechtsprechung inzwischen nicht mehr wegzudenken.[5]

---

[1] *E. Stein*, Das Recht des Kindes auf Selbstentfaltung in der Schule, 1967 (überarbeitete und stark erweiterte Fassung).

[2] BVerfGE 6, 32 (Elfes); *W. Schmidt*, Die Freiheit vor dem Gesetz, AöR 91 (1966), 42ff. (49 Fußn. 33 zur Eingriffsfreiheit in Fortbildung von BVerfGE 9, 83 (88) – vgl. dazu noch u. Fußn. 21); zur Eingriffsfreiheit danach *R. Scholz*, AöR 100 (1975), 80ff. (95ff.); *W. Schmidt*, AöR 106 (1981), 497ff. (500ff.); *B. Pieroth*, AöR 115 (1990), 33; vor allem aber die vielbeachtete Abweichende Meinung des Richters *D. Grimm* zu BVerfGE 80, 137 (Reiten im Walde), 164 (167f.).

[3] OVG Hamburg VwRspr 6 (1954) Nr. 154 S. 654 (662); OVG RhPf DVBl. 1954, 579 (580); dazu *Stein* (o. Fußn. 1), S. 34 mit Anm. 76, 77.

[4] Noch unklar und widersprüchlich *Hildegard Krüger*, FamRZ 1956, 329ff. (333), 376f.; grundlegend *J. Gernhuber*, FamRZ 1962, 89ff. (91); zu *Krüger* und *Gernhuber: Stein* (o. Fußn. 1), S. 29 mit Anm. 58f.; zu *Gernhuber* noch u. Fußn. 10, 55.

[5] BVerfGE 24, 119 (144); 79, 51 (63); 99, 145 (156). 1977 verweist BVerfGE 45, 400 (417) in einem obiter dictum für schulrechtliche Folgerungen u.a. auf *Stein* (o. Fußn. 1), läßt sie aber im Ergebnis dahingestellt.

Die frühe Rechtsprechung hatte das Kindesgrundrecht noch ganz dem Erziehungsrecht der Eltern aus § 1631 BGB nachgeordnet; das überschnitt sich mit dem damals lebhaft geführten Streit um eine Grundrechtsmündigkeit von Minderjährigen. Das BVerfG ging auf diesen Streit nicht ein, verzichtete vielmehr auf diese „mißverständliche und überflüssige Kategorie" und löste den Konflikt zwischen Eltern- und Kindesgrundrechten im Rahmen der grundrechtlichen Gesetzesvorbehalte – das hat sich inzwischen zumindest im Ergebnis durchgesetzt.[6] Auch *E. Stein* mußte sich 1965/67 noch mit der damals gängigen Unterscheidung von Grundrechtsfähigkeit und Grundrechtsmündigkeit herumschlagen. Das setzte sich in allgemeinerer Form in seinem alsbald (1968) erschienenen Lehrbuch des Staatsrechts fort; dabei folgte er jeweils der h.M. – in den neueren Auflagen verzichtet er auf einen besonderen Begriff der Grundrechtsmündigkeit.[7]

Die frühe Rechtsprechung hatte die gesetzliche Rollenverteilung zwischen Eltern und Kind als grundrechtlich nicht zugunsten des Kindes korrigierbar hingenommen. Das Kind wurde als Objekt elterlicher Gewalt ohne eigene Grundrechtssubjektivität gesehen –die Formel des BVerfG, das Kind sei „ein Wesen mit eigener Menschenwürde", ist eine deutliche Abkehr von dieser Herabwürdigung zum bloßen Objekt.[8] Der Begriff der Grundrechtsmündigkeit war in der Gefahr, die hergebrachte Rollenverteilung grundrechtsdogmatisch zu überhöhen und mit einer behaupteten Grundrechtsunmündigkeit auch jede Spielart der einfachrechtlichen Unmündigkeit zu zementieren – darin lag seine Mißverständlichkeit. Erst das BVerfG stellte die hergebrachte gesetzliche Rollenverteilung grundrechtlich zur Disposition und eröffnete zugunsten des Kindes ihre Überprüfung am Maßstab des Art. 2 I GG.

Sein neues Lehrbuch gab *E. Stein* nochmals Gelegenheit zur Darstellung des Art. 2 I GG. Von Anfang an legte er den Schwerpunkt auf die „allgemeine Handlungsfreiheit mit unantastbarem Wesensgehalt" (die dann in der Literatur als allgemeines Persönlichkeitsrecht von der allgemeinen Handlungsfreiheit unterschieden wurde). In späteren Auflagen wies er darauf hin, daß in der Rechtsprechung insbesondere des BVerfG die allgemeine Handlungsfreiheit und das allgemeine Persönlichkeitsrecht „beziehungslos nebeneinander" stehen, be-

---

[6] Zu diesem Stellenwert von BVerfGE 24, 119 (144) jetzt wieder *L. Salgo*, KritV 83 (2000), 344ff. (350); zur Grundrechtsmündigkeit z.B. *J. Ipsen*, Staatsrecht II (Grundrechte), 4. Aufl. 2001, Rdnr. 69; *Pieroth/Schlink,* Grundrechte – Staatsrecht II, 16. Aufl. 2000, Rdnr. 124ff.; vgl. auch noch die folgende Fußn. 7.

[7] *Stein* (o. Fußn. 1), S. 30ff.; Lehrbuch des Staatsrechts, 1968, S. 233ff.; zuletzt *E. Stein/G. Frank,* Staatsrecht, 17. Aufl. 2000, § 27 II (S. 216f.).

[8] Dazu nochmals BVerfGE 24, 119 (144); zur Verknüpfung der sog. Objekt-Formel zu Art. 1 I GG mit der Voraussetzung, daß die „Subjektsqualität" des Betroffenen „prinzipiell in Frage" gestellt wird, später BVerfGE 30, 1 (26); zu alledem *H. Dreier,* in: *Dreier* (Hrsg.), GG-Kommentar, Bd. I, 1996, Art. 1 Rdnr. 38.

mühte sich selbst aber um ein gemeinsames theoretisches Fundament.[9] Das Grundrecht des Kindes kommt in diesem Lehrbuch nicht mehr zum Recht auf die freie Entfaltung der Persönlichkeit, sondern nur noch mit einem Satz zum Elternrecht des Art. 6 II GG vor.[10]

II. *Bestandsaufnahme*

1. *Vorläufiger Befund*

Rechtsprechung und Literatur zu Art. 2 I GG sind heute nicht mehr zu überblicken. Schon die Rechtsprechung des BVerfG ist nur noch schwer zu erfassen. In keinem Band der Amtlichen Sammlung seit dem Elfes-Urteil fehlt diese Norm – ein rascher Blick in die Registerbände bestätigt das. Zahlreich sind auch die (veröffentlichten) Kammerentscheidungen.[11] Die Literaturverzeichnisse selbst der Großkommentare können nur eine Auswahl bieten. Zwar liegt die Grundsatzkontroverse zu den Funktionen des Art. 2 I GG – nur Auffanggrundrecht oder auch Eingriffsfreiheit ohne eigene materielle Freiheitssubstanz? – spätestens seit *D. Grimms* Abweichender Meinung[12] offen zutage, doch ist sie – was noch zu zeigen sein wird[13] – keineswegs in jeder Lehrbuchdarstellung oder Kommentierung präsent. Brauchbare Systematisierungsansätze der

[9] Lehrbuch des Staatsrechts, 1968, § 34 (S. 198ff.); zuletzt 17. Aufl. 2000, § 31 (S. 246ff.).

[10] Lehrbuch des Staatsrechts, 1968, S. 188; 17. Aufl. 2000, S. 292. Die Textpassage lautet seit 1968 unverändert: „Die Eltern haben als ‚Sachwalter des Kindes' die freie Entfaltung seiner Persönlichkeit (Art. 2 I GG) zu fördern ..."; eine Fußnote verweist dazu durchgängig auf *Gernhuber*, FamRZ 1962, 89ff. (vgl. o. Fußn. 4). Über *Gernhubers* Ergebnisse ist die Diskussion bis heute nicht hinausgekommen; die von ihm erörterte Rechtsprechung und Literatur wirken aus heutiger Sicht jedoch sehr zeitbedingt – vgl. nur den OLG Frankfurt a.M., FamRZ 1956, 283, und BGH FamRZ 1956, 371 zugrundeliegenden, so inzwischen aus mehreren Gründen kaum noch vorstellbaren Fall, und dazu *Krüger* (o. Fußn. 4). Die umfangreiche Rechtsprechung des BVerfG seit BVerfGE 24, 119 (o. Fußn. 5) bleibt in *Steins* Lehrbuch beiseite. Inzwischen fehlt auch das Stichwort „Kinder" im Sachverzeichnis.

[11] Beispiele aus den Wochen der ersten Konzeption dieses Festschriftenbeitrags: BVerfG NJW 2001, 812 (2. Kammer des 1.Senats – Art. 2 I GG i.V.m. dem Rechtsstaatsprinzip: Vertrauensschutz bei erstmaligem Antrag auf Verlängerung der Berufungsbegründungsfrist; ein ebenfalls denkbarer Verstoß gegen Art. 103 I GG blieb dahingestellt); BVerfG NJW 2001, 879 (3. Kammer des 2. Senats – Art. 2 I i.V.m. Art. 1 I GG: Grundrecht auf informationelle Selbstbestimmung, „genetischer Fingerabdruck"); BVerfG NJW 2001, 882 (3. Kammer des 2. Senats – Art. 2 I i.V.m. Art. 1 I GG: nochmals „genetischer Fingerabdruck"); BVerfG NJW 2001, 961 (3. Kammer des 1. Senats – Art. 2 I GG i.V.m. dem Rechtsstaatsprinzip: überlange Dauer eines familiengerichtlichen Verfahrens).

[12] o. Fußn. 2; vgl. auch noch u. Fußn. 25.

[13] u. II 4.

umfangreichen Rechtsprechungspraxis zur Auffangfunktion fehlen. So gibt es genügend Anlaß für eine neue Zwischenbilanz.

2. *Grundrechtsdogmatische Bezugspunkte*

Eine auch praxisorientierte Beschäftigung mit Art. 2 I GG wird von dem ausgehen müssen, was das BVerfG aus dieser Norm gemacht hat. Das hat noch nichts mit dem gelegentlich glossierten „Bundesverfassungsgerichtspositivismus" der neueren Grundrechtsdogmatik[14] zu tun, sondern ist Voraussetzung für eine kritische Auseinandersetzung, die ihren Gegenstand nicht von vornherein verfehlen will. Für diese Auseinandersetzung empfiehlt sich des weiteren die Prüfungsmethode, die bei Freiheitsrechten schrittweise nach deren Schutzbereich, dem Eingriff und der Eingriffsrechtfertigung fragt, wobei die Eingriffsrechtfertigung ein öffentliches Interesse mit Vorrang vor dem Schutzbereich und die Verhältnismäßigkeit des Eingriffs (seine Eignung, Erforderlichkeit und Zumutbarkeit) als Mittel zum Zweck der Durchsetzung des öffentlichen Interesses verlangt. Diese Methode ist in der Rechtsprechung des BVerfG zu beobachten, hat sich in der Praxis bewährt und auch deshalb in weiten Teilen der Literatur durchgesetzt.[15] Sie ist an den im GG positivierten Freiheitsrechten entwickelt worden, läßt sich aber gleichermaßen auf die Herausbildung des noch ungeschriebenen Freiheitsschutzes (der sog Innominatfreiheiten) im Rahmen der Auffangfunktion des Art. 2 I GG umsetzen. Ohnehin ist eine der Arbeitshypothesen auch dieser Zwischenbilanz, daß bei den Innominatfreiheiten des Art. 2 I GG die gleichen Grundrechtsprobleme auftreten wie bei den im GG schon positivierten Freiheitsrechten, und daß Art. 2 I GG erst dann zu verstehen ist, wenn zuvor ganz allgemein die Voraussetzungen des grundrechtlichen Freiheitsschutzes verstanden worden sind.[16]

3. *Rückblick auf die verfahrensrechtliche Funktion als Eingriffsfreiheit*

a) Die Eingriffsfreiheit hat keinen den im GG positivierten Freiheitsrechten vergleichbaren Schutzbereich. Im Ergebnis schützt sie ein Recht auf die Verfassungsmäßigkeit der Gesetzgebung, und zwar die Verfassungsmäßigkeit außerhalb des Grundrechtsschutzes.[17] In eben dieser Beschränkung besteht die nur

---

[14] Dazu *B. Schlink*, Der Staat 28 (1989), 161ff. (163); *W. Schmidt*,in: D. Simon (Hrsg), Rechtswissenschaft in der Bonner Republik (stw 1150), 1994, 188ff. (196, 219).

[15] Aus der Lehrbuchliteratur besonders deutlich *Pieroth/Schlink* (o. Fußn. 6), § 6; bei etwas abweichender Terminologie auch *J. Ipsen* (o. Fußn. 6) § 3; *Stein/Frank* (o. Fußn. 7) § 26 VI.

[16] Vgl. in diesem Sinn schon *W. Schmidt* 1966 (o. Fußn. 2), S. 44.

[17] Vgl. BVerfGE 17, 306 (313); dazu sogleich noch bei Fußn. 19f.

verfahrensrechtliche Funktion des Art. 2 I GG als eines „prozessualen Hebels", der für jedermann ein Normenkontrollverfahren gegen ihn belastende Normen jedenfalls zulässig macht.[18] In der Begründetheitsprüfung geht es zunächst um die formelle Verfassungsmäßigkeit, also um Normsetzungskompetenz und Normsetzungsverfahren. Als Maßstab für die anschließende Prüfung der materiellen Verfassungsmäßigkeit kommen nur noch oberste Verfassungsgrundsätze in Betracht, vor allem das Rechtsstaatsprinzip in seinen unterschiedlichen Ausprägungen etwa als Bestimmtheitsgrundsatz oder als Verhältnismäßigkeitsprinzip. Für das Verhältnismäßigkeitsprinzip geht es auch hier um Eignung, Erforderlichkeit und Zumutbarkeit der Norm als Mittel zum Schutz oder zur Durchsetzung eines öffentlichen Interesses. Das entspricht dem Schlußabschnitt der Eingriffsrechtfertigung bei Freiheitsrechten, und diese äußerliche, auf dem Einsatz der Zweck-Mittel-Prüfung in unterschiedlichen Zusammenhängen beruhende Entsprechung hat immer wieder zu Unklarheiten geführt.

Ein Beispiel liefert der frühe Beschluß zum Betreiben von Mitfahrzentralen in einem konkreten Normenkontrollverfahren auf Vorlage des 1. Strafsenats des BGH zur Überprüfung eines strafbewehrten Verbots. Der BGH hielt das Verbot für unvereinbar mit Art. 2 I GG, weil es die allgemeine persönliche Freiheit einschränke, sich aber nicht in die „verfassungsmäßige Ordnung" i.S. des Art. 2 I GG einfüge. Das BVerfG ließ sich auf diese Konstruktion ein und verdeutlichte dabei die Formel des Elfes-Urteils dahin, das Verbot müsse „formell und inhaltlich mit der Verfassung (außerhalb des Art. 2 I GG) voll vereinbar sein".[19] Zugleich führte es aus, es gehe um „einen alltäglichen Vorgang des gesellschaftlichen Verkehrs und der zwischenmenschlichen Beziehungen", also keineswegs um Grundrechtsschutz auf der Ebene der sonst im GG positivierten Freiheitsrechte. Folgerichtig prüfte (und bejahte) das BVerfG lediglich Verstöße gegen das Bestimmtheitsgebot und die Eignung des Verbots zur Durchsetzung des gesetzgeberischen Zwecks[20] – beides hätte sich im konkreten Normenkontrollverfahren auch ohne den Umweg über Art. 2 I GG als Eingriffsfreiheit unmittelbar am Maßstab des Rechtsstaatsprinzips prüfen lassen[21] – der vom BGH vorgezeichnete Umweg war überflüssig und nur verwirrend. Durch ihn kam

[18] Auch dazu schon *W. Schmidt* 1966 (o. Fußn. 2), S. 73 (m. Nachw.); in neuerer Zeit *K. Stern,* Lehrbuch des Staatsrechts, Bd. III/1, 1988, § 75 IV 4 c (S. 1495).

[19] BVerfGE 17, 306 (309, 313); vgl. schon oben bei Fußn. 17.

[20] aaO (Fußn. 19), S. 314ff.

[21] Ein Gegenbeispiel für den verfassungsbeschwerdebedingten Umweg liefert BVerfGE 9, 83, der Beschluß, der die verfahrensrechtliche Funktion als Eingriffsfreiheit verdeutlicht (o. Fußn. 2) – dies alles allerdings in einem obiter dictum. Dort wird zunächst nur die Vereinbarkeit der beanstandeten Norm „mit rechtsstaatlichen Grundsätzen" geprüft und verneint und erst dann eine Verbindungslinie zu Art. 2 I GG als „Freiheit von unberechtigten – also auch von nicht rechtsstaatlichen – Eingriffen der Staatsgewalt" gezogen; „diese Frage" brauche „jedoch hier nicht entschieden zu werden, da die Grundrechtswidrigkeit ... schon in der Verletzung des Art. 12 I GG" liege.

die Entscheidung zum Betreiben von Mitfahrzentralen in die Kasuistik zur allgemeinen Handlungsfreiheit.[22]

b) Der Maßstab der Eingriffsfreiheit wurde somit in einem Verfahren der konkreten Normenkontrolle präzisiert, ihr Begriff in einem obiter dictum. Schon ihren Ausgang nahm die Eingriffsfreiheit von einem obiter dictum zur Zulässigkeit künftiger Verfassungsbeschwerden aus Art. 2 I GG. Im Fall Elfes war die Verfassungsbeschwerde aus Art. 11 GG zulässig, auch wenn das BVerfG die Ausreisefreiheit dann – gegen gewichtige Stimmen in der Literatur[23] – nicht aus diesem speziellen Freiheitsrecht ableitete, sondern aus der nachmals so benannten Auffangfunktion des Art. 2 I GG. Die Ausführungen zur verfahrensrechtlichen Funktion finden sich denn auch zur Begründetheit der Verfassungsbeschwerde, die zuvor ohne weiteres als zulässig behandelt wird.[24]

In den sieben Jahren zwischen dem Elfes-Urteil (Januar 1957) und dem Beschluß zum Betreiben von Mitfahrzentralen (April 1964) wurde zwar die verfahrensrechtliche Funktion des Art. 2 I GG als Eingriffsfreiheit theoretisch immer weiterentwickelt, doch kam es praktisch auf sie nirgends entscheidend an. In den über zwanzig Entscheidungen zu Art. 2 I GG (nicht zu reden von den weiteren, in denen Art. 2 I GG nur genannt wird) ging es dreimal um Fragen der Normsetzungskompetenz – in jedem dieser drei Fälle war aber für eine materielle Verfassungsmäßigkeitsprüfung ein spezielles Grundrecht einschlägig.[25] Diese Methode, für die Kompetenzprüfung in die Eingriffsfreiheit auszuweichen (statt den Normgegenstand jedenfalls vorläufig dem speziellen Grundrecht zuzuordnen), findet sich auch später noch[26] – für die Zulässigkeit der Verfassungsbeschwerde (den eigentlichen Hintergrund der verfahrensrechtlichen Funktion des Art. 2 I GG) waren diese Ausweichbewegungen aber völlig belanglos: zulässig waren diese Verfassungsbeschwerden jeweils schon aus dem speziellen Grundrecht. Die erste Entscheidung, in der überhaupt ein Verstoß gegen Art. 2 I GG im Sinn einer Eingriffsfreiheit festgestellt wurde (der Beschluß zum Betreiben von Mitfahrzentralen), erging im Verfahren der konkreten Normenkontrolle und hätte dementsprechend der Krücke des Art. 2 I GG nicht bedurft.

---

[22] Vgl. z.B. *Murswiek*, in: *Sachs* (Hrsg.), GG-Kommentar, 2. Aufl. 1999, Art. 2 Rdnr. 54.

[23] Zum Meinungsstand vor BVerfGE 6, 32 *v. Mangoldt/Klein*, Das Bonner Grundgesetz, 2. Aufl. (Stand 1955), Art. 11 Anm. III 2 (S. 347f.).

[24] BVerfGE 6, 32 (34, 41).

[25] BVerfGE 7, 111 (116 – Flugblattverteilung: Art. 5 I GG); 11, 105 (110 – Sozialversicherung: Art. 3 I GG); 11, 192 (198 – Notarbefugnis: Art. 14 GG). Im übrigen bestätigt diese Rechtsprechung, daß es für die nur verfahrensrechtliche Funktion des Art. 2 I GG auf eine *eigene* materielle Freiheitssubstanz nicht ankommt.

[26] Vgl. z.B. BVerfGE 26, 246 (258 – Berufsbezeichnung Ingenieur: Art. 12 I GG); 78, 205 (209, 211 – Schatzregal: Art. 14 GG) und dazu noch u. III 1 bei Fußn. 41.

Insgesamt betrachtet, handelte es sich damals (1957–1964) um eine Konstruktion am praktischen Bedarf vorbei, ausgelöst auch durch die in jenen Jahren in der Rechtsprechung des BVerfG vorherrschende lehrhafte Redseligkeit, die ein gewisses Kontrastbild abgibt zu der heute eher zu beobachtenden apodiktischen Schweigsamkeit eines „sic volo, sic iudico“.[27] Ungeachtet ihres geringen praktischen Ertrags (will man nicht die Überflutung des BVerfG mit zusätzlichen Verfassungsbeschwerden als „Ertrag“ feiern) wurden die neuen Formeln so sehr zum kritikresistenten Selbstläufer, daß sie heute kaum noch rückholbar sind.

c) Im Zusammenhang seines verfahrensrechtlichen obiter dictums bei Gelegenheit der Entscheidung zur Ausreisefreiheit spricht das BVerfG zwar von „Handlungsfreiheit“ (und bedient sich dabei eines Begriffs, der bekanntlich eher auf die Entwurfsfassung des Art. 2 I GG zurückweist als von der geltenden Fassung vorgegeben ist)[28], sagt aber nichts zu den geschützten Handlungen. Allerdings leistet es schon hier und mehr noch in den späteren Entscheidungen zum Taubenfüttern, zur Schutzhelmpflicht für Kraftradfahrer oder zum Reiten im Walde[29] dem Mißverständnis Vorschub, es gehe auch in solchen Fällen um den Schutz spezifischer Handlungen. Nur selten wie in dem schon zitierten Fall des Betreibens von Mitfahrzentralen und noch deutlicher in dem besonders verfänglichen Fall des strafbaren Umgangs mit Cannabisprodukten werden den inzwischen erstarrten Formeln zur „allgemeinen Handlungsfreiheit“ Klarstellungen nachgeschoben.[30] Noch klarer und unmißverständlich wäre gewesen, jeweils auf den Begriff „Handlungsfreiheit“ von vornherein zu verzichten und stattdessen dürr und nüchtern bei der Formel zu bleiben, es gehe um die Freiheit von verfassungswidrigen Eingriffen (außerhalb des Grundrechtsschutzes). Denn so viel sollte sich inzwischen herumgesprochen haben: Als allgemeiner Schutz gegen verfassungswidrige Eingriffsregelungen ist Art. 2 I GG „eines spezifisch grundrechtlichen Schutzes gar nicht zugänglich“.[31]

---

[27] Als neueres Beispiel BVerfG NJW 2001, 1048 (Wahlprüfung zum Hessischen Landtag); dazu *W. Schmidt,* Eine stillschweigende Verfassungsnovellierung, NJW 2001, 1035f.; *ders.*, JuS 2001, 545ff.

[28] Die Entwurfsfassung sprach in Anlehnung an Art. 2 I HessVerf 1946 davon, jeder könne „tun und lassen, was die Rechte anderer nicht verletzt oder die verfassungsmäßige Ordnung des Gemeinwesens nicht beeinträchtigt“. Mit der Entwurfsfassung argumentiert *Chr. Degenhart,* JuS 1990, 161ff. (164). Nach h.M. gibt die Entstehungsgeschichte für den Streit um die Ausweitung des Art. 2 I GG zur Eingriffsfreiheit wenig her; vgl. *Podlech,* in: Alternativ-Kommentar GG, 2. Aufl. 1989, Art. 2 Rdnr. 5; *Dreier* (o. Fußn. 8) Art. 2 Rdnr. 6f. – es ist müßig, diese Teilkontroverse erneut aufzurollen.

[29] BVerfGE 54, 143 (144); 59 275 (278); 80, 137 (154ff.).

[30] Zum Betreiben von Mitfahrzentralen schon o. vor Fußn. 20; zur Klarstellung, ein „Recht auf Rausch“ gebe es nicht: BVerfGE 90, 145 (172).

[31] Dazu nochmals *Grimm* (o. Fußn. 2), S. 167 (m. Nachw.).

4. *Undeutlichkeiten in der Literatur*

Sie betreffen die Unterscheidung zwischen Auffang- und Verfahrensfunktion (a) und die Systematisierung der Innominatfreiheiten (b).

a) Zur Rechtsprechung des BVerfG ist dessen Dilemma in der Abweichenden Meinung des Richters *D. Grimm* noch einmal auf den Punkt gebracht worden. Die Lehrbuch- und Kommentar-Literatur ist auch danach noch nicht durchgängig zu einer entsprechenden Klarheit gelangt. In der Lehrbuchliteratur lassen sich drei Gruppen unterscheiden:[32]

(1) Autoren, die das Dilemma zwischen der Auffangfunktion für Innominatfreiheitsrechte und einer nur verfahrensrechtlichen Funktion als Eingriffsfreiheit darstellen und dazu den Beschluß „Reiten im Walde" mit der Abweichenden Meinung des Richters *Grimm* verarbeiten – für diese Gruppe steht nicht von ungefähr ein früherer Richter des BVerfG.[33] (2) Demgegenüber stehen Autoren, die den Beschluß „Reiten im Walde" entweder gar nicht oder doch nur am Rande erwähnen und fast folgerichtig den Unterschied zwischen Auffang- und Verfahrensfunktion nicht erkennbar werden lassen.[34] (3) Dazwischen steht eine breite Auseinandersetzung mit dem Sondervotum *Grimm*, die aber dennoch das Problem kaum erkennen läßt.[35]

b) Die beschriebenen Undeutlichkeiten gehen auf die Schwächen einer Systematisierung des Stoffs zurück, die sich allzu unkritisch an der Begriffsverwirrung in der Rechtsprechung des BVerfG orientiert. Denn statt zwischen Verfahrens- und Auffangfunktion (und gegebenfalls deren weiterer Unterteilung) wird verbreitet zwischen dem Schutz des allgemeinen Persönlichkeitsrechts und der allgemeinen Handlungsfreiheit unterschieden,[36] wobei zur allgemeinen Handlungsfreiheit – und daraus erwachsen dann die Unklarheiten und inneren Widersprüche – nicht nur die verfahrensrechtliche Funktion (als Eingriffsfreiheit) gerechnet wird, sondern mit Ausnahme des schon genannten allgemeinen Persönlichkeitsrechts jede Innominatfreiheit, die ein den im GG positivierten Freiheiten vergleichbares Gewicht hat wie z.B. die Ausreisefreiheit, die Vertragsfreiheit, das Recht, in einer eheähnlichen Lebensgemeinschaft zu leben – auch die Selbst-

---

[32] Zu *E. Stein* schon o. zu I.

[33] *K. Hesse,* Grundzüge des Verfassungsrechts der Bundesrepublik Deutschland, 20. Aufl. 1998, Rdnr. 425–428. In aller Unbescheidenheit darf ich dazu vielleicht auch meine Darstellung nennen: *W. Schmidt,* Staats- und Verwaltungsrecht, 3. Aufl. 1999, Rdnr. 93f.

[34] Ohne jede Erwähnung *Maunz/Zippelius,* Deutsches Staatsrecht, 30. Aufl. 1998, §24 I. *Pieroth/Schlink* (o. Fußn. 6) zitieren BVerfGE 80, 137 zwar vor Rdnr. 367 als Einleitungsfall und in Rdnr. 370 in einer Aufzählung von Beispielen, kommen aber auf das Problem selbst nicht zu sprechen; die Abw. Meinung von *Grimm* wird nicht zitiert.

[35] *J. Ipsen* (o. Fußn. 6) Rdnr. 720ff. (726).

[36] In der zeitlich letzten Großkommentierung wird Art. 2 I GG so zum „Doppelgrundrecht": *W. Höfling,* Berliner Kommentar (Loseblatt, Stand 2000), Art. 2 Rdnr. 17 – zutreffender wäre, von Doppelfunktion zu sprechen.

entfaltungsfreiheit des Kindes gehört dann hierher. Die Zusammenfassung dieser Innominatfreiheiten mit der Eingriffsfreiheit unter einem gemeinsamen Oberbegriff, aber ohne gemeinsame Begriffsmerkmale (in einem beziehungslosen Nebeneinander[37]) verführt dazu, allen Verwahrungen gegen eine „Banalisierung der Grundrechte" zum Trotz in Katalogen der „vom Schutzbereich" (des Art. 2 I GG) „umfaßten Verhaltensweisen" das Reiten im Walde, die Verwendung ungekörter Bullen zur Zucht und das Betreiben von Mitfahrzentralen in einem Atemzug zu nennen mit der Ausreisefreiheit, der Vertragsfreiheit und dem Selbstbestimmungsrecht des Patienten.[38] Der Blick für die Besonderheit einer nur verfahrensrechtlichen Funktion muß so verloren gehen.

III. Folgerungen

1. Zur verfahrensrechtlichen Funktion als Eingriffsfreiheit

Hier liegen die Konsequenzen inzwischen auf der Hand: Die verfahrensrechtliche Funktion ist deutlich von der Auffangfunktion zu trennen. Es handelt sich nun einmal „um zwei ganz verschiedene Stränge ein und desselben Grundrechts", von denen „freilich nur der konkrete persönlichkeitsrechtliche Strang die Bezeichnung Grundrecht verdient".[39] Die Trennlinie verläuft zwischen Funktionen, nicht zwischen Schutzbereichen. Bei Beachtung dieser Linie lassen sich Streitfragen, die erst aus dem In- und Durcheinander der verschiedenen Stränge entstanden sind, besser verstehen.

Ein Beispiel ist der Grundrechtsschutz von Ausländern aus Art. 2 I GG in seinen unterschiedlichen Schutzfunktionen. Grundsätzlich und insoweit unbezweifelt steht auch Ausländern der Schutz aus dem ausdrücklich als Jedermannsgrundrecht formulierten Art. 2 I GG zu. Die Probleme beginnen, wo die Schutzbereiche der sog Deutschenrechte (Art. 8, 9, 11, 12 GG) berührt sind. Gelegentlich ist behauptet worden, Art. 2 I GG habe insoweit eine Auffangfunktion zugunsten von Ausländern, denen die entsprechenden Grundrechte dann als Innominatfreiheiten zustünden. Am Beispiel des Art. 12 I GG hat das BVerfG das – nach anfänglich mißverständlichen Äußerungen – inzwischen klar verneint.[40] Dabei sollte nicht ganz übersehen werden, daß auf einfachge-

---

[37] Vgl. *E. Stein* wie o. I vor Fußn. 9.

[38] So *Murswiek* (o. Fußn. 22) Rdnr. 50, 54 – zum Betreiben von Mitfahrzentralen vgl. o. 3 a nach Fußn. 19.

[39] *Grimm* (o. Fußn. 2), S. 167. Diese Position verneint somit schon den Tatbestand einer Grundrechtsverletzung; zutreffend insoweit *Degenhart* (o. Fußn. 28), S. 162; vgl. auch schon o. II 3 a bei Fußn. 14. *Dreier* (o. Fußn. 8) Rdnr. 32, verwechselt hier einen „Trivialbereich" der Grundrechte mit der nur verfahrensrechtlichen Funktion als Eingriffsfreiheit, auch deshalb wohl aaO Rdnr. 31 bei Fußn. 107 ungenau zu BVerfGE 78, 179 (196f.).

[40] BVerfGE 78, 179 (196 – HeilpraktikerG); zum Streitstand vor diesem Beschluß *von Mangoldt/Klein/Starck*, Das Bonner Grundgesetz, Bd. I, 3. Aufl. 1985, Art. 2 Rdnr. 30.

setzlicher Ebene Versammlungs-, Vereins- und Gewerbefreiheit grundsätzlich als Jedermannsrechte ausgestaltet sind (§ 1 VersG; § 1 VereinsG; § 1 GewO). Ausländern fehlt also nur die Möglichkeit, diese Rechte mit Hilfe der Verfassungsbeschwerde verfassungsrechtlich überprüfen zu lassen.

Dazu bringt jedoch die verfahrensrechtliche Funktion als Eingriffsfreiheit kurios andere Ergebnisse. Ausgangspunkt dafür ist die schon früh einsetzende Rechtsprechung, die Art. 2 I GG als Eingriffsfreiheit zur gesonderten Überprüfung der formellen Verfassungswidrigkeit einsetzt. Das geht so weit, daß die Normsetzungskompetenz an Art. 2 I GG überprüft wird und erst die materielle Grundrechtsverletzung an dem einschlägig betroffenen Freiheitsrecht.[41] Das ist schon im Regelfall der Verfassungsbeschwerde deutscher Staatsbürger wenig einleuchtend – bei der Verfassungsbeschwerde eines Ausländers kann es zu sehr sonderbaren Konsequenzen führen. So hat das BVerfG auf die Verfassungsbeschwerde eines Ausländers die Normsetzungskompetenz für eine berufsregelnde Verordnung geprüft, obwohl (wie unmittelbar zuvor in den Gründen festgestellt) materieller Grundrechtsschutz aus Art. 12 I GG ebensowenig in Betracht kam wie eine entsprechende Auffangfunktion aus Art. 2 I GG. Sobald die kompetenzrechtlichen Ausführungen (die für sich genommen nichts gebracht hatten) dann noch mit rechtsstaatlichen Anforderungen an die Erforderlichkeit der Regelung (einem Pendant zur Eingriffsrechtfertigung beim materiellen Grundrechtsschutz)[42] untermischt wurden, kam es zu eben dem materiellen Grundrechtsschutz, der unmittelbar zuvor ausdrücklich ausgeschlossen worden war.[43] Solche Verwirrspielchen mögen den einen oder anderen Betrachter an zeitgleich entstandene Stücke von Eugène Ionesco erinnern,[44] wenn auch nicht an deren Tiefsinn – jedenfalls liefern sie weitere, auch praktische Argumente gegen die verfahrensrechtliche Funktion des Art. 2 I GG in ihrer Ausgestaltung durch das BVerfG.

2. *Zur Auffangfunktion für Innominatfreiheitsrechte*

a) Lehrbuch- und Kommentarliteratur systematisieren den Stoff der Innominatfreiheiten gewöhnlich nach zwei Gruppen, dem allgemeinen Persönlichkeitsrecht und anderen von Art. 2 I GG aufgefangenen Freiheitsrechten – für diese anderen bleibt meist nur eine ungeordnete (Auswahl-) Aufzählung. Gelegentlich wird das allgemeine Persönlichkeitsrecht ganz aus dem Zusammenhang der Darstellung des Art. 2 I GG herausgelöst und einer als Schutz der Pri-

---

41 Dazu besonders anschaulich der BVerfGE 78, 179 benachbarte Beschluß BVerfGE 78, 205 (209, 211 – Schatzregal) am Beispiel des Art. 14 GG; zum ganzen schon o. II 3 b mit Fußn. 25f.

42 Dazu o. II 3 a.

43 Vgl. nochmals BVerfGE 79, 179 (197, 199).

44 z.B. Le piéton de l'air (Fußgänger in der Luft), 1962.

vatsphäre (wozu dann noch Art. 10, 13 GG gerechnet werden) überschriebenen Gruppe zugeordnet.[45] Die Schwierigkeiten, die sich bei der Systematisierung der übrigen Innominatfreiheitsrechte zeigen,[46] entsprechen denen der im GG positivierten Freiheitsrechte: Kein an inhaltlichen Kriterien orientiertes System wird ganz aufgehen, und zugleich werden fast so viele Gruppen zu bilden sein, wie es Freiheitsrechte gibt.[47] Das legt nahe, nach anderen Ansätzen zu suchen.

b) Verfassungsrechtlicher Freiheitsschutz ist immer auch ein Definitionsproblem. Das beginnt mit der Definition und zuvor der Definierbarkeit des Schutzbereichs. „De-finition ist Ab-grenzung, und ohne sie gäbe es keine Möglichkeit, das Wirkliche zu greifen oder zu erkennen."[48]

Rechtliche Regelungen sind Grenzziehungen und setzen die Definierbarkeit ihres Gegenstandes voraus. Was sich einer abschließenden Definition widersetzt, ist regelungsfeindlich. Definitionsprobleme und in ihrer Folge Regelungsprobleme gibt es bei den im GG positivierten Freiheitsrechten überall dort, wo es nicht so sehr um das gesellschaftliche Miteinander geht wie bei Versammlungen, Vereinen und Gesellschaften, im Beruf, bei der Nutzung des Eigentums, aber auch in Ehe und Familie, sondern um den Einzelnen und seine Selbstverwirklichung: in Entscheidungen seines Gewissens, Äußerungen seines Glaubens, im Kunstwerk, in wissenschaftlichen Thesen, auch in seinen persönlichen Meinungen. Das gesellschaftliche Miteinander bedarf der gesetzlichen und untergesetzlichen Regelung und ist in diesem Sinn regelungsabhängig.[49] Die Selbstverwirklichung des Einzelnen in Gewissensentscheidungen, Glaubensüberzeugungen, Kunstwerken, wissenschaftlichen Thesen und ganz allgemein persönlichen Meinungen ist regelungsfeindlich; ausnahmsweise Regelungen sind besonders begründungsbedürftig. Der Unterschied zwischen diesen beiden Gruppen von Freiheitsrechten spiegelt sich in Definitionsproblemen des Schutzbereichs und in der Folge im Stellenwert der Eingriffsrechtfertigung. Bei regelungsabhängigen Freiheitsrechten liegt der Schwerpunkt des grund-

---

[45] *Ipsen* (o. Fußn. 6) §§6, 18; vgl auch *Isensee/Kirchhof* (Hrsg.), HdbStR VI, 1989, §129 (*W. Schmitt Glaeser*), §152 (*H.-U. Erichsen*).

[46] *Pieroth/Schlink* (o. Fußn. 6) Rdnr. 373–377, unterscheiden nach Selbstbestimmung, Selbstbewahrung und Selbstdarstellung, wobei Selbstbewahrung und Selbstdarstellung für das allgemeine Persönlichkeitsrecht stehen, Selbstbestimmung für die Restgruppe. Diese muß dann fast folgerichtig lückenhaft bleiben: so fehlen die wirtschaftlichen Freiheiten wie die Vertragsfreiheit, die nur im Miteinander zu realisieren ist.

[47] Das läßt sich an einem der letzten Versuche ablesen: *Ipsen* (o. Fußn. 6). Manches wirkt etwas gewaltsam, so wenn (aaO §§ 14ff.) die Freizügigkeit des Art. 11 GG unter die Überschrift „Schutz der Erwerbstätigkeit und des Erworbenen" gepreßt wird.

[48] *P. Tillich,* Grenzen, in: Gesammelte Werke XIII, 1972, S. 419ff. (424).

[49] Insoweit ist *P. Häberles* früher Ansatz (Die Wesensgehaltsgarantie des Art. 19 II GG, 1962) zutreffend. Meine Kritik von 1966 (o. Fußn. 2, S. 58ff.) würde ich heute differenzierter formulieren.

rechtlichen Freiheitsschutzes auf der Definition des Schutzbereichs und die Eingriffsrechtfertigung beschränkt sich meist auf die Prüfung, ob das den den Schutzbereich eingrenzende öffentliche Interesse als vorrangig darstellbar und ob der Eingriff verhältnismäßig ist. Bei regelungsfeindlichen Freiheitsrechten läßt sich der Schutzbereich nur unvollständig, oft nur negativ ausgrenzend (als das, was nicht als zu diesem Schutzbereich gehörig anerkannt werden kann) bestimmen. Der Schwerpunkt der Prüfung verlagert sich auf die Anforderungen an die Eingriffsrechtfertigung, die in besonderem Maße begründungsbedürftig ist, dabei vor allem auf das Gewicht des öffentlichen Interesses, das den Vorrang vor der Freiheit beansprucht. Eine ältere Grundrechtstheorie, die der deutschen Verfassungsgebung zugrundeliegt, hat – vor den praktischen Erfahrungen des verfassungsgerichtlichen Freiheitsschutzes – einige der regelungsfeindlichen Freiheiten dadurch zu schützen versucht, daß sie diese Grundrechte „vorbehaltlos" gewährleistete – vergeblich, wie wir inzwischen sehen mußten: Alles ist regelbar, wenn auch manches nur ausnahmsweise und unter entsprechend erschwerten Voraussetzungen.

Das alles läßt sich auch bei den Innominatfreiheiten des Art. 2 I GG beobachten. Grundsätzlich regelungsfeindlich ist der Autonomiebereich des allgemeinen Persönlichkeitsrechts. Das BVerfG bringt diese Besonderheit in der Verknüpfung des Art. 2 I GG mit Art. 1 I GG zum Ausdruck. Nicht jeder Aspekt des Grundrechtsschutzes ist hier neu im Sinne des früher Unbekannten, durch neue technische Entwicklungen bedingt wie das sog. Recht auf informationelle Selbstbestimmung im Bereich der modernen Datenverarbeitungsmöglichkeiten. Manches ist nichts anderes als eine verfassungsrechtliche Neubewertung, die verfassungsrechtliche Anerkennung und verfassungsgerichtliche Durchsetzung eines gesellschaftlichen Bewußtseinswandels, den wir abgekürzt Verfassungswandel nennen.[50] Hierher gehören z.B. Neubewertungen der Sexualsphäre.[51] Bei den regelungsabhängigen Innominatfreiheiten zeigt sich der Verfassungswandel besonders deutlich im Bereich Ehe und Familie und in der Rolle des Schülers in der Schule, in beiderlei Hinsicht dann auch als ein neues Verständnis vom Grundrecht des Kindes auf Selbstentfaltung.[52] Art. 2 I GG ist eines der verfassungsrechtliche Instrumente, die einen solchen Verfassungswandel ermöglichen (der Parlamentsvorbehalt und die verfassungsgerichtliche Appellentscheidung sind ergänzende Instrumente). Sie ermöglichen die Anpassung des GG an neue Entwicklungen – „die Lebensdauer einer Verfassung wird aber bestimmt durch ihr Anpassungsvermögen".[53]

---

[50] Dazu allgemein *Hesse* (o. Fußn. 33) Rdnr. 46f. (m. Nachw.).

[51] Vgl. BVerfGE 49, 286 (297ff.); 60, 123 (134 – Transsexuelle); grundsätzlich auch BVerfGE 47, 46 (73 – Sexualkundeunterricht).

[52] Als Beispiel BVerfGE 75, 201 (218ff.).

[53] *O. Kahn-Freund,* Vorwort zu *E. Stein,* Der Mensch in der pluralistischen Gesellschaft, 1964, S. 9.

c) Eine Facette dieser Art Verfassungswandel klang schon an: Es geht auch um Rollenänderungen in der Gesellschaft, um neue Rollenzuschreibungen, ihre rechtliche Anerkennung und ihren verfassungsrechtlichen Schutz. Gerade diese Funktion des Art. 2 I GG kann auf seinen Text zurückgeführt werden, das Recht auf freie Entfaltung der Persönlichkeit. „Persönlichkeit" in seinem neuzeitlich-aufklärerischen, die mittelalterliche Theologie zur personalitas ablösenden Verständnis geht mit *Locke* und *Kant* wieder auf die selbstverantwortliche Person zurück. „Person" aber in der ursprünglichen Bedeutung des Wortes („per-sona") bezeichnet die Maske des Schauspielers und zielt auf die ihm zugewiesene Rolle. Person und Rolle sind ursprünglich Theatermetaphern.[54]

Die Bilder setzen sich in die Soziologie und die Rechtswissenschaft fort. Die Gesellschaft kontrolliert die Person des einzelnen und in großen Teilen seine Persönlichkeit über die ihm zugewiesene Rolle. Anders gesagt: Im Gemeinschaftsbezug wird die Persönlichkeit zur Rolle. Rechtlich heißt das: Gesellschaftliche Erwartungshaltungen spiegeln sich in Rechtsbeziehungen, die je nach Sanktion beachtet werden können, sollen, müssen. Aber solche Erwartungen ändern sich und im Gefolge der gesellschaftlichen Bewußtseinsänderung muß sich auch die rechtliche Spiegelung ändern. Herkömmlich geregelte Rollenverteilungen und -zuschreibungen werden auch rechtlich zur Diskussion gestellt;[55] Rollen werden neu geschrieben. Wird die gesetzliche Rollenzuschreibung als ungenügend beanstandet, muß sie verfassungsrechtlich überprüft und neu abgegrenzt, muß sie neu definiert werden. Das kann im Rahmen grundgesetzlich positivierter Freiheits- und Gleichheitsrechte (wie z.B. bei den Veränderungen von Berufsbildern im Rahmen des Art. 12 I GG, im Ehe- und Familienrecht des Art. 6 GG, bei der Gleichberechtigung der Frau über Art. 3 I, II GG) durchgesetzt werden. Wo die positivierten Freiheitsrechte lückenhaft sind, tritt Art. 2 I GG in seiner Auffangfunktion ein.[56]

Die Entwicklung ist offen. Als aktuell diskussionsbedürftig seien zwei weit auseinander liegende Beispiele genannt: die Rollenverteilung zwischen Strafjustiz und Opfer einer Straftat und die zwischen Patient und Arzt.

Nach geltender Gesetzeslage ist das Opfer einer Straftat für Ermittlungsbehörden und Gerichte nicht mehr als ein lebendes Beweismittel, das neben anderen Beweismitteln der Überführung des Täters dienen kann. In der Gerichts-

---

[54] Vgl. Person", „Persönlichkeit", Historisches Wörterbuch der Philosophie, Bd. 1 (1989), „Rolle", aaO Bd. 8 (1992).

[55] Als frühes Beispiel schon *Gernhuber* (o. Fußn. 4) zur Abkehr von dem tradierten Denken in „Beherrschungsrechten an fremden Personen" für die Rechtsbeziehungen zwischen Gläubiger und Schuldner, Ehegatten, Eltern und Kind.

[56] Als Beispiele zur eheähnlichen Lebensgemeinschaft BVerfGE 82, 6 (16 – Mietrecht); 87, 234 (267 – Arbeitslosenunterstützung); zum Grundrecht des Kindes BVerfGE 99, 145 (163: Anhörungsrecht des Kindes im Sorgerechtsverfahren).

verhandlung ist dem Opfer die Episodenrolle des zur Befragung freigegebenen Belastungszeugen zugewiesen, der sich nur schwach dagegen wehren kann, in die Öffentlichkeit gezerrt zu werden und dort nochmals die früheren Verletzungen durchleben zu müssen – von Gesetzes wegen ist das Opfer Objekt des Strafverfahrens ohne nennenswerte Subjektsqualität[57] (vgl. §§ 242, 406f StPO, § 171b GVG). Wo Rücksichtnahme nicht ausdrücklich vorgeschrieben ist, bleibt sie dem Feingefühl der Ermittler und Richter überlassen. Nicht immer gelingt der Balanceakt zwischen Wahrheitssuche und Schonung der Persönlichkeitsrechte des Opfers – gesetzlich vorgeschrieben ist er ja ohnehin nicht. So verhalten sich die anderen Verfahrensbeteiligten gesetzeskonform, wenn sie sich ängstlich bemühen, nur ja der Würde des Täters nicht näher zu treten, dabei aber beiseite blicken oder gar mitwirken, wenn die Würde des Opfers in einer Schmierentragödie erneut mit Füßen getreten wird. Die Vorauswirkungen solcher Erfahrungen sind inzwischen allgemein bekannt: Viele Opfer von Straftaten bedenken die Folgen einer Anzeige in einer sehr persönlichen Kosten-Nutzen-Rechnung und entscheiden sich gegen die Anzeige. Das geht auf andere Weise zu Lasten des Rechtsstaats – gleichwohl vertritt die Große Strafrechtskommission des Deutschen Richterbundes immer noch die Position, auf Persönlichkeitsrechte des Opfers könne keine Rücksicht genommen werden, wenn es um die Wahrheitsermittlung gehe.[58]

Die Unmündigkeit als Objekt kennzeichnet auch die Rolle vieler Patienten gegenüber dem medizinischen Apparat und der Apparatemedizin.[59] In besonderem Maß gilt das für die alten Menschen in der letzten Rolle ihres Lebens, wie sie der melancholische Jaques im Schlußvers seiner Rede den Exilanten im Paradies des Waldes von Arden beschreibt: „*sans teeth, sans eyes, sans taste, sans everything*".[60] Dieser letzten Rolle eine selbstbestimmte Würde zu wahren, kann die Auffangfunktion des Art. 2 I GG dienen. Der unverschuldeten Unmündigkeit des Kindes sind schon verfassungsrechtliche Grenzen gezogen worden – der Ausgang aus der unverschuldeten Unmündigkeit des Sterbenden muß noch gesucht werden.

[57] Vgl. o. Fußn. 8 zu BVerfGE 30, 1 (26).

[58] FR vom 27. 4. 2001 Nr. 98 S. 5.

[59] Vgl. OLG Frankfurt a.M. NJW 1998, 2747 (2748 – vormundschaftliche Genehmigung eines Behandlungsabbruchs – PEG-Sonde) zum „Selbstbestimmungsrecht des Patienten als Ausdruck seiner allgemeinen Entscheidungsfreiheit"; Problemübersicht mit Nachw. bei *A. Spickhoff*, Die Patientenautonomie am Lebensende: Ende der Patientenautonomie ? NJW 2000, 2297ff.

[60] As you like it (II/7).

Wider ein Paradoxon innerhalb der Versammlungsfreiheit

Zum Spannungsverhältnis zwischen dem Grundrecht auf Kommunikation und kollektive Meinungsäußerung

Heike Stintzing

Das Demokratieprinzip und die Demokratisierung – vor allem der Wirtschaft aber auch der Gesellschaft – sind ein besonderes Anliegen Ekkehart Steins. Nicht nur in seinen Schriften[1], sondern auch in seinen Vorlesungen unterstrich er einprägsam die große Bedeutung der Rückkoppelung zwischen dem Parlament und den Bürgern für ein funktionierendes und lebendiges demokratisches System. Dabei besteht vor allem für den Bürger in der Teilnahme an Versammlungen die Möglichkeit, als nicht in einen Organisationsverband eingebundene Einzelperson an diesem Rückkoppelungsprozess mitzuwirken.

Im Kanon der Grundrechte stellt die Versammlungsfreiheit nicht zuletzt auch auf Grund dieser Funktion eine der für die Verwirklichung des Demokratieprinzips wesentlichsten originären[2] Freiheitsgarantien dar[3]. Dies verlangt in besonderem Maße, dass die Betätigung dieses Grundrechts ebenfalls an demokratischen Prinzipien auszurichten ist. Je weitgehender die Bildung und Durchführung von Versammlungen demokratischen Grundsätzen entsprechen und zur Umsetzung des Demokratieprinzips in der Verfassungsrealität beitragen, in desto höherem Maße sind sie verfassungsrechtlich schützenswert. Dies ergibt sich aus der Wertung des Art. 8 Abs. 1 GG. Als Kommunikationsgrundrecht[4] kommt der Versammlungsfreiheit ein hoher Stellenwert bei dem Prozess der demokratischen Willensbildung[5] zu. Für diesen ist der Austausch und die Bildung von Meinungen mit kommunikativen Mitteln Voraussetzung. Dem gemäß sollte die Chance, in der Gesellschaft ein möglichst weitgehendes Maß an Wirkung zu entfalten, umso größer sein, je weniger die Betätigung der Versammlungsfreiheit die Gefahr der Auseinandersetzung mit nicht kommunikativen Mitteln in sich birgt. Sowohl die gegenwärtige Rechtsprechung[6] als auch

---

[1] *Ekkehart Stein/Götz Frank*, Staatsrecht, 17. Aufl., 2000, § 9 V 2.

[2] *Jean Haupt*, Le Procès de la Démocratie, 2ième édn, 1977, S. 30ff.

[3] BVerfGE 87, 399, 409.

[4] BVerfGE 69, 315, 343.

[5] Vgl. zu den vielschichtigen Aspekten der Willensbildung: *Manfred Schmidt*, Demokratietheorien, 3. Aufl., 2000, S. 191ff.

[6] Z.B. BVerfGE 84, 203ff.; 92, 191ff.

die bestehende gesellschaftliche Realität entsprechen diesem verfassungsrechtlichen Gebot nicht. Es stellt sich, im Gegenteil, ein umgekehrtes Bild dar: Je größer die Gefahr von Auseinandersetzungen mit nicht kommunikativen Mitteln ist, desto effektiver kann die Versammlungsfreiheit in Form einer kollektiven Meinungskundgebung – bis zur Grenze ihrer Auflösung als ultima ratio[7] – betätigt werden. Diese der grundgesetzlichen Wertung widersprechende, paradoxe Situation soll im folgenden dargelegt und ihre Hintergründe untersucht werden.

I. Das Paradoxon

Im Hinblick auf die vorliegende Fragestellung ist die Unterscheidung relevant zwischen dem Versammlungsgegenstand und dem Versammlungsablauf einerseits und den unterschiedlichen Formen der Versammlungsbetätigung andererseits.

Die Versammlungsfreiheit entfaltet auf zweierlei Ebenen demokratische Wirkung: Zum einen leisten Versammlungen inhaltlich einen Beitrag zur öffentlichen Willensbildung; diese Ebene betrifft den Gegenstand der Versammlung. Sowohl die Teilnehmer als auch gegebenenfalls Außenstehende können dieses Forum dazu nutzen, sich zu informieren, Argumente auszutauschen, sich in eigenen Ansichten bestätigt zu sehen oder sie zu modifizieren[8]. Eine solche inhaltliche Außenwirkung entfaltet die Versammlung schon allein durch die Tatsache, dass eine unbestimmte Anzahl von Bürgern ein bestimmtes Thema für bedeutsam genug erachtet, um sich zusammenzufinden[9]. Je nachdem, wie häufig Versammlungen zu einem Thema stattfinden und in welchem Maße sie die Aufmerksamkeit von Multiplikationsforen, wie z.B. den Medien, auf sich ziehen, kann die Thematik sogar in der Gesellschaft an Stellenwert gewinnen oder auch verlieren.

Zum anderen ist die das Verfahren betreffende Ebene zu beachten. Bei ihr geht es um den Ablauf der Versammlung selbst. Durch die Art und Weise der Durchführung einer solchen Veranstaltung wird in nicht unbedeutendem Maß

---

[7] Ein Verbot oder die Auflösung der Versammlung kommen nur als ultima ratio in Frage (BVerwGE 64, 55; BVerfGE 69, 315, 353, 360f.; VGH Mannheim/NVwZ 1987, S. 237, 238).

[8] Die Frage, ob diese kommunikativ-diskursive Funktion von den neuen (elektronischen) Medien in gleicher Weise ausgefüllt werden kann, wird von vielen Autoren skeptisch bis ablehnend beurteilt (*Peter Glotz*, Freiheitliche Demokratie in der globalen Informationsgesellschaft, in: *Heinz Nixdorf*, Freiheitliche Demokratie in der globalen Informationsgesellschaft, 2000, S. 11, 26; *Eli Noam*, Why the Internet will be bad for democracy, in: *Nixdorf*, a.a.O., S. 31, 33ff.).

[9] *Stein/Frank*, a.a.O., §39 II 1.

die Außenwirkung ihrer inhaltlichen Aussage mit bestimmt. Das Erscheinungsbild gegenüber den Nichtteilnehmern beeinflusst deren inhaltliche Akzeptanz des Versammlungsthemas. Schon allein aufgrund dieser Interdependenz muss der Ablauf einer Versammlung in möglichst weitgehender Weise demokratischen Grundsätzen entsprechen. Dieses Erfordernis ergibt sich aber auch daraus, dass das Verfahren der Grundrechtsbetätigung zur Sicherung des materiellen Gehalts der Versammlungsfreiheit beitragen und seine Umsetzung in der Verfassungsrealität verstärken soll.

Das Grundrecht von Art. 8 Abs. 1 GG garantiert die kollektive Meinungsfreiheit. Seine Betätigung umfasst die beiden Elemente der gemeinsamen Meinungsbildung einerseits und der kollektiven Meinungsäußerung andererseits. Jede dieser Formen verfolgt eine andere Zielrichtung. Erstere ist auf Kommunikation unter den Teilnehmern gerichtet, aus der sich Meinungstendenzen herausbilden können[10]; letztere will durch die Kundgabe einer schon gefundenen Meinung Wirkung nach außen erzielen. Diese unterschiedlichen Ausrichtungen bedingen unterschiedliche Vorstellungen vom Ablauf der Versammlung. Eine auf Meinungsbildung gerichtete Versammlung lebt von der Vielfalt der bei ihr vertretenen Ansichten. Sie würde ihren Zweck verfehlen, wenn deren Äußerung behindert würde. Die Teilnehmer einer meinungskundgebenden Versammlung sind regelmäßig nicht an der Aufnahme anderer Ansichten interessiert, sondern stellen auf die bloße Äußerung ihrer gefassten Meinung ab. Sowohl die Meinungsbildung als auch die Meinungskundgabe sollten in der Verfassungswirklichkeit in gleichem Maße umsetzbar sein und dem Bürger zur Betätigung offen stehen. Dabei sollten vor allem bei der nach außen gerichteten Form der Meinungskundgabe alle Bürger grundsätzlich von ihrer Versammlungsfreiheit mit der gleichen Chance auf Wirksamkeit Gebrauch machen können.

In der Realität der Versammlungspraxis stellt sich jedoch ein anderes Bild dar. Insbesondere im Hinblick auf Demonstrationen als der deutlichsten Form der kollektiven Meinungskundgabe nach außen bestehen große Unterschiede in der Möglichkeit, die Freiheit aus Art. 8 Abs. 1 GG mit Aussicht auf ein gleiches Maß an Wirksamkeit wahrnehmen zu können:

Demonstrationen sind eine Form der Meinungsäußerung, bei der sich der Bürger gerade das Element der Meinungsäußerung im Kollektiv zunutze machen möchte[11]. Erfahrungsgemäß gelingt ihm dies umso effektiver, je stärker die Demonstration vermuten lässt, dass es zu Auseinandersetzungen mit Vertre-

---

[10] Stein/Frank, a.a.O., § 8 II 3.

[11] BVerfGE 69, 315, 345f.; *Breitbach/Deiseroth/Rühl* in: *Helmut Ridder/Michael Breitbach/Ulli Rühl/Frank Steinmeier*, Versammlungsrecht Kommentar, 1992, § 15, Rz. 75; *Rudolf Füßlein*, Vereins- und Versammlungsfreiheit, in: *Neumann/Nipperdey/Scheuner*, Die Grundrechte, Handbuch der Theorie und Praxis der Grundrechte, 2. Band, 1954, S. 425, 470, 471; *Stefan Zeitler*, Versammlungsrecht, 1994, Rz. 30.

tern abweichender Ansichten kommt, die nicht rein argumentativ/diskursiv ablaufen. Die Wahrscheinlichkeit einer solchen Auseinandersetzung kann sich sowohl aus der thematischen Ausrichtung der Demonstration als auch der Zugehörigkeit ihrer Teilnehmer zu bestimmten gesellschaftlichen Gruppen ergeben. Der Schutz des Art. 8 Abs. 1 GG verlangt in solchen Fällen, den Demonstrationszug von Personen, die eine abweichende Ansicht kundtun wollen, räumlich zu trennen, um nicht kommunikativ-diskursive Auseinandersetzungen der Verfechter gegensätzlicher Ansichten zu verhindern. Unter diesen Umständen kann die kollektive Äußerung einer Meinung die mit dieser Form der Versammlungsbetätigung verfolgte maximale Wirkung des Auftretens einer Menschenmenge, regelmäßig einer Vielzahl grundsätzlich Gleichgesinnter, entfalten.

Anders sieht die Situation aus, wenn keine Anzeichen dafür ersichtlich sind, dass Demonstrationsteilnehmer abweichenden Ansichten mit anderen als rein kommunikativen Mitteln begegnen werden. In diesen Fällen müssen die Demonstrationsveranstalter dulden, dass Vertreter abweichender Ansichten sich ihrem Demonstrationszug anschließen und ihre abweichenden Meinungen kundtun. Voraussetzung ist allein, dass die dem Demonstrationsmotto ablehnend gegenüberstehenden oder von ihm abweichenden Ansichten mit kommunikativen Mitteln vertreten werden[12]. Ihre Verfechter dürfen nicht beabsichtigen, die ursprüngliche Demonstration zu verhindern oder zu sprengen[13]. In diesen Fällen büßt die mit der Demonstration verfolgte Wirkung der kollektiven Kundgabe einer Meinung in der Öffentlichkeit an Durchschlagkraft ein. Die Vertreter der kritischen oder abweichenden Ansicht können sich ebenfalls auf den Schutz des Art. 8 Abs. 1 GG berufen. In diesem Fall wird dem kommunikativen Element der Versammlungsfreiheit ein weitgehenderer Spielraum zugesprochen als in dem Fall, in dem die Versammlungsteilnehmer keine Bereitschaft zu einer diskursiven Auseinandersetzung signalisieren oder erwarten lassen.

Dies erscheint im Hinblick auf den Art. 8 Abs. 1 GG immanenten demokratischen Gehalt und die Bedeutung dieses Grundrechts für die demokratische Ordnung widersprüchlich: Wie kann das Element der kollektiven Kundgabe einer Meinung umso effektiver seine Wirkung entfalten, desto mehr eine Versammlung bedingt durch den Teilnehmerkreis oder den Versammlungsgegenstand die Auseinandersetzung mit nicht-kommunikativen – also demokratisch nicht schützenswerten – Mitteln befürchten lässt?

---

[12] BVerfGE 84, 203, 209; 92, 191, 203.

[13] BVerfGE 84, 203, 209; BVerfG/NJW 1991, S. 2694f.; VG Minden/DÖV 1988, S. 85; *Michael Kniesel,* Die Versammlungs- und Demonstrationsfreiheit – Verfassungsrechtliche Grundlagen und versammlungsgesetzliche Konkretisierung, NJW 1992, S. 857, 866.

II. Ursachen für das Paradoxon

Bei der Antwort auf die Frage, welche Faktoren zu dieser paradoxen Lage beitragen, spielen sowohl faktische als auch rechtliche Aspekte eine Rolle.

1. *Die Medien als selektive Multiplikatoren*

Die Wirkung nicht kommunikationsbereiter Versammlungen wird durch den Umgang der Medien mit dieser Form der Meinungsäußerung verstärkt.

Die Ausübung der kollektiven Meinungsfreiheit erfährt grundsätzlich größere Aufmerksamkeit durch die Medien als individuelle Meinungsäußerungen[14]. Durch die Multiplikationsfunktion der Medien erhält sie ein über die vor Ort Anwesenden hinaus wesentlich größeres Forum an Öffentlichkeit. Dies führt zu einer Verstärkung der Wirkung der Versammlung und im Grunde zu einer verfassungsrechtlich erstrebenswerten Steigerung der Effektivität des Freiheitsrechts in der sozialen Wirklichkeit.

Die Multiplikation durch die Medien bewirkt jedoch auch eine Verzerrung der tatsächlich in der Bevölkerung bestehenden Meinungsströmungen. Die Medien treffen die Auswahl, über welche Versammlungen sie berichten. Dabei stehen regelmäßig Selektionskriterien im Vordergrund, die sich aus dem Sensationsbedürfnis der Massenmedien erklären: die Anzahl der Versammlungsteilnehmer, die Aktualität oder Brisanz des Versammlungsthemas, der Grad ihrer Friedlichkeit und sonstige medienwirksame und aufsehenserregende Ausgestaltungen[15]. Auf Grund dieser Kriterien gelangen neben Versammlungen zu politisch brisanten und umstrittenen Themen vor allem Versammlungen in die Medienberichterstattung, deren Ablauf aufgrund mangelnder Kommunikationsbereitschaft nicht den mit Art. 8 Abs. 1 GG zu vereinbarenden Spielregeln entspricht. Dadurch rücken gerade sie einseitig ins öffentliche Interesse und erfahren – unabhängig vom Inhalt und der Art und Weise der Berichterstattung[16] – eine Verstärkung ihrer Wirkung in der Wahrnehmung durch die Gesellschaft. Dies wird durch den Umstand gesteigert, dass den Medien aufgrund des Zusammenwirkens von Bild und Sprache eine besonders intensive Wirkung zukommt[17].

---

14 *Christoph Gusy*, Lehrbuch der Versammlungsfreiheit – BVerfGE 69, 315, JuS 1986, S. 608, 609.

15 *Michael Kloepfer*, Versammlungsfreiheit, in: *Isensee/Kirchhoff*, Handbuch des Staatsrechts, Bd. VI, 2. Aufl., 2001, § 143, Rz. 12.

16 Diese trägt zusätzlich zur Verzerrung bei. Die Art und Weise der Berichterstattung wirkt notwendigerweise als Filter, der den Informationsgehalt des Zuschauers oder Lesers über die Versammlung beeinflusst.

17 *Glotz* in *Nixdorf*, a.a.O., S. 11, 14.

Der Verstärkungseffekt tritt vor allem bei Demonstrationen ein: Gerade die in der Grundaussage homogen geäußerte kollektive Meinung wird in der Öffentlichkeit als gewichtig wahrgenommen. Eine eigentlich in der Bevölkerung nicht stark vertretene Ansicht kann aufgrund ihrer Darstellung und Verbreitung in den Medien als besonders überzeugend oder weit vertreten erscheinen. Damit gewinnt die den Maßstäben des Art. 8 Abs. 1 GG am wenigsten entsprechende Betätigung der Versammlungsfreiheit ein der Zielsetzung dieser Grundrechtsnorm entgegenstehendes, gesteigertes Potential der Einflussnahme[18]. Darüber hinaus besteht die Möglichkeit, die Medienwirkung bei der Planung und Inszenierung einer Versammlung mit ins Kalkül zu ziehen und so den Verzerrungseffekt herbeizuführen.

2. Der Unterschied zwischen Verfassungspostulat und gesellschaftlicher Realität

Die tatsächliche Einstellung der Bürger zur Versammlungsfreiheit bestimmt den Grad der Wirksamkeit der Versammlungsbetätigung in der Gesellschaft.

Dem Grundgesetz liegt ein demokratisches Verständnis sowohl der Versammlungsfreiheit selbst als auch ihrer verfassungsrechtlichen Funktionen zugrunde. Dementsprechend stellt die freie geistige Auseinandersetzung ein unverzichtbares Kriterium der kollektiven Meinungsfreiheit dar. Diese setzt das Vorhandensein einer Vielfalt von Meinungen voraus. Die Versammlungsfreiheit verlangt gerade keine Homogenität der vertretenen Meinungen oder Identität der inhaltlich verfolgten Ziele[19]. Ihre Betätigung in einem meinungspluralistischen Umfeld verlangt jedoch Toleranz gegenüber anderen Ansichten. Soll der Pluralismus in einen demokratischen Willensbildungsprozess münden, muss die Bereitschaft vorhanden sein, miteinander zu kommunizieren, also einander zuzuhören und sich auszutauschen. Dies gilt uneingeschränkt für meinungsbildende Versammlungen.

Bei Demonstrationen hingegen kommt es nicht in erster Linie auf die Auseinandersetzung mit abweichenden Meinungen an. Bei ihnen steht die gemeinsame Manifestation einer Ansicht in der Öffentlichkeit im Vordergrund. Dieser Umstand wirkt Meinungspluralismus entgegen.

Dennoch muss auch bei dieser vordringlich nach außen gerichteten Betätigungsform bei den Demonstrationsteilnehmern die Bereitschaft bestehen, sich an mit Art. 8 Abs. 1 GG in Einklang stehende Spielregeln der Meinungskundgabe zu halten; dies bedeutet vor allem den Verzicht auf jegliche nicht kommu-

---

[18] Vgl. zu weiteren Gefahren des Verstärkungseffekts: *Kloepfer* in *Isensee/Kirchhoff*, a.a.O., § 143, Rz. 13.

[19] BVerfGE 84, 203, 209; 92, 191, 203; *Hoffmann-Riem* in: Kommentar zum Grundgesetz (Reihe Alternativkommentare) 2. Aufl., 1989, Art. 8 Rz. 12; *Kniesel*, NJW 1992, a.a.O., S. 857, 867.

nikative Auseinandersetzung mit Vertretern anderer Ansichten; im Gegenzug müssen die Außenstehenden das Recht der Demonstranten akzeptieren, ihre – möglicherweise der eigenen Meinung entgegenstehenden – Ansichten kollektiv publik zu machen. Beide Seiten müssen jedenfalls bereit sein, die eigenen Meinungen und Ziele allein mit kommunikativen Mitteln zu vertreten und zu verfolgen[20].

Angesichts der großen Bedeutung der Versammlungsfreiheit für die demokratische Ordnung als Grundrecht der freien geistigen Auseinandersetzung[21] kann auf ein Verhalten, das diesem Maßstab nicht entspricht, nicht ohne weiteres mit einer Beschränkung oder einem Eingriff in das Grundrecht begegnet werden[22]. Der Staat muss versuchen, durch geeignete Schutzmaßnahmen den Bürgern eine Betätigung der Versammlungsfreiheit und damit den Raum für freie geistige Auseinandersetzungen möglichst weitgehend zu gewährleisten. Dies gilt grundsätzlich auch für Demonstrationen, deren Verlauf entweder seitens der Teilnehmer oder von Außenstehenden Auseinandersetzungen mit nicht kommunikativen Mitteln erwarten lassen. Auf die thematische Aussage der Demonstration kommt es für die Gewährung von Schutz für die Durchführung der Versammlung regelmäßig nicht an[23].

An dieser Stelle zeigt sich die große Bedeutung des gemeinsamen Grundkonsenses über ein Minimum an Grundwerten[24]. Er ist für die Umsetzung einer Verfassung in der sozialen Wirklichkeit und das Funktionieren eines demokratischen Gemeinwesens unerlässlich. Darüber hinaus wird an dieser Stelle deutlich, in welchem großen Maß die Geltung einer Verfassung von ihrer Beachtung und Durchsetzung in der Gesellschaft abhängig ist. Die Bürger, die sich weigern, rein kommunikative Mittel der Auseinandersetzung mit abweichenden Ansichten einzusetzen und die Meinungsvielfalt zu respektieren, gehen von einem Versammlungsverständnis aus, welches von dem demokratisch eingestellter Bürger, dem der Rechtsprechung[25] und der Wertung des Art. 8 Abs. 1 GG entscheidend abweicht. Ihre Einstellung zur Umsetzung der Versammlungsfreiheit liegt damit außerhalb des demokratischen Grundkonsenses zu diesem Grundrecht. Einerseits lehnen sie den pluralistischen Gehalt der Versammlungsfreiheit ab und sind bereit, auch nicht kommunikative Mittel zum Meinungsstreit einzusetzen; andererseits ist der Staat auch ihnen gegenüber - ebenso wie gegen sie – zu einem möglichst weitgehenden Schutz der Versammlungsbetätigung verpflichtet. Daraus resultiert die Notwendigkeit, De-

---

20 BVerfGE 84, 203, 209.

21 *Stein/Frank*, a.a.O., § 8 III; *Winfried Brohm*, Demonstrationsfreiheit und Sitzblockaden, JZ 1985, S. 501, 510.

22 BVerfGE 87, 399, 409.

23 A.A. OVG Münster, (NJW 2001, S. 2986f.

24 *Brohm*, a.a.O., S. 501, 502.

25 BVerfGE 69, 315, 345f.; 84, 203, 209; 92, 191, 203.

monstrationen zu brisanten Themen abzuschirmen und von Vertretern anderer Auffassungen zu trennen.

Bei diesen Demonstrationen besteht somit ein Widerspruch zwischen der Realität der Versammlungsfreiheit und dem Zustand, den das Grundgesetz in der Verfassungsrealität für erstrebenswert erklärt bzw. als Normalzustand zugrundelegt. Demonstranten mit einer solchen Einstellung sind eine gesellschaftliche Gegebenheit. Sie können zu einem Umdenken weder von der Verfassung[26] noch auf sonstige Weise gezwungen werden.

Die Diskrepanz zwischen dem Verfassungspostulat und dem tatsächlichen Verständnis mancher Bürger von den Grundrechten und ihrer Umsetzung führt zu der paradoxen Situation, dass die Teilnehmer nicht kommunikativ ausgerichteter Kundgebungen ihre Ansichten im Kollektiv publik machen können, ohne eine Einmischung von Personen mit anderen Meinungen hinnehmen zu müssen. Sie können somit die Wirkung der physischen Existenz einer Ansammlung von Gleichgesinnten optimal in Szene setzen. Anders ergeht es hingegen denjenigen, die den kommunikativ pluralistischen Gehalt des Versammlungsrechts respektieren. Sie müssen hinnehmen, dass die Wirkung ihrer Veranstaltung gegebenenfalls durch das Hinzukommen von Demonstranten mit abweichenden Ansichten verringert wird.

3. *Differenzierung der Formen der Versammlungsbetätigung*

Abgesehen von den beiden erörterten tatsächlichen Faktoren leistet die Rechtsprechung einen Beitrag zur Verfestigung dieser paradoxen Situation.

Nach dem Bundesverfassungsgericht schützt Art. 8 Abs. 1 GG die Zusammenkunft mehrerer Menschen zum Zwecke „gemeinschaftlicher, auf Kommunikation angelegter Entfaltung“[27]. Diese Grundrechtsnorm schützt die besondere Form kollektiver Meinungsfreiheit, sie bezieht sich nicht auf spezifische Inhalte der Kommunikation[28]. Bedingt durch diesen Schutzbereich des Grundrechts, seine grundlegende Bedeutung für das demokratische Gemeinwesen[29] und die Verpflichtung des Staates, den in den Grundrechten enthaltenen Werten in der Gesellschaft möglichst weitgehend zum Tragen zu verhelfen, muss die Durchführung von Demonstrationen unabhängig von ihrem Gegenstand und einer möglicherweise von ihnen ausgehenden provokanten Wirkung vom

---

[26] Vgl. dazu: BVerfG/NJW 2001, S. 2069, 2070.

[27] BVerfGE 69, 315, 343.

[28] *Hoffmann-Riem* in AK, a.a.O., Art. 8, Rz. 12; davon will das OVG Münster im Hinblick auf Versammlungen, „die durch ein Bekenntnis zum Nationalsozialismus geprägt sind“ abweichen (NJW 2001, S. 2986).

[29] BVerfGE 69, 315, 349.

Staat sichergestellt werden[30], solange die von Art. 8 Abs. 1 GG aufgestellte Grenze der Unfriedlichkeit nicht überschritten wird, keine Gefahren für elementare Rechtsgüter bestehen[31] und sich bestimmte Gefährdungen der öffentlichen Sicherheit und Ordnung[32] nicht auf andere Weise als durch Verbot oder Auflösung abwenden lassen[33]. Die Reichweite der Versammlungsfreiheit ist somit am Gedanken der Gefahrenabwehr ausgerichtet; sie ergibt sich nicht aus Aspekten der Umsetzung und Wirksamkeit des Grundrechts in der Verfassungsrealität.

Die Versammlungsfreiheit wird als Kommunikationsgrundrecht[34] verstanden. Die Rechtsprechung sieht beide Formen der Versammlungsbetätigung im Lichte dieser Funktion. Dementsprechend verlangt sie nicht nur von meinungsbildenden sondern grundsätzlich auch von meinungskundgebenden Veranstaltungen, insbesondere also Demonstrationen, Offenheit gegenüber anderen, von dem Veranstaltungsmotto abweichenden Ansichten[35]. Die Rechtsprechung geht somit davon aus, dass einer Versammlung gem. Art. 8 Abs. 1 GG ein meinungspluralistisches[36] Verständnis zugrunde liegt. Damit geht von vornherein eine potentielle Einschränkung der Wirksamkeit des kollektiven Elements der Versammlungsfreiheit bei Veranstaltungen einher, die auf Meinungskundgebung gerichtet sind. Konsequent weitergeführt bedeutet dies die Beschränkung der Freiheit zur kollektiven Meinungskundgabe auf das Recht, – unabhängig von der vertretenen Ansicht – gemeinsam zu einem bestimmten Thema zu demonstrieren. Die Möglichkeit, einer bestimmten Ansicht durch die physische Präsenz Gleichgesinnter zu Einfluss zu verhelfen, würde durch das Erfordernis der Offenheit für Meinungspluralismus stark eingeschränkt.

Dieses pluralistische Verständnis einer Versammlung ist im Zusammenspiel mit der Verpflichtung des Staates zur Gefahrenabwehr und möglichst weitgehenden Sicherung der Versammlungsbetätigung für alle Bürger zu sehen. Daraus ergibt sich das Ungleichgewicht hinsichtlich des Wirkungsgrades einer meinungskundgebenden Versammlung. Er ist davon abhängig, inwieweit die Teilnehmer und Außenstehenden zur kommunikativen Auseinandersetzung

---

30 BVerfGE 84, 203, 209; *Kniesel*, NJW 1992, a.a.O., S. 857, 866.

31 BVerfG/NJW 2001, S. 2069ff.; 2072ff.

32 Das OVG Münster sieht Versammlungen mit neonazistischem Gehalt als einen solchen Verstoß gegen die öffentliche Ordnung an (NJW 2001, S. 2986); a.A.: BVerfG/NJW 2001, S. 2072ff.; 2075ff.; auch die Entscheidung BVerfG/NJW 2001, S. 1409ff. lässt – im Gegensatz zur Ansicht des OVG Münster (NJW 2001, S. 2986, 2987) – keine Abweichung von der Rechtsprechung des Gerichts erkennen.

33 BVerfG/NJW 2001, S. 2069, 2072; vgl. *Zeitler*, a.a.O., Rz. 156ff., 545ff.; *Egon Crombach*, Die öffentliche Versammlung unter freiem Himmel, 1976, S. 36ff.; *Kniesel*, NJW 1992, a.a.O., S. 857, 866.

34 BVerfGE 84, 203, 209; *Hoffmann-Riem* in AK, a.a.O., Art. 8, Rz. 12.

35 BVerfGE 84, 203, 209; 92, 191, 203.

36 Vgl. zum Begriff des Pluralismus: *Schmidt*, a.a.O., S. 227ff.

mit abweichenden Ansichten bereit sind; damit regelmäßig eng zusammenhängend steht er im Verhältnis zu dem Gefahrenpotential einer Versammlung für andere Rechtsgüter. Die Rechtsprechung führt mit ihrem für alle Versammlungen gleichermaßen geltenden pluralistischen Versammlungsverständnis somit zu einer Verfestigung der oben geschilderten paradoxen Verfassungsrealität.

Zwar entspricht es der Funktion der Versammlungsfreiheit für den demokratischen Willensbildungsprozess, das Kriterium des Meinungspluralismus als dem Versammlungsbegriff immanent anzusehen. Dennoch aber scheint die Rechtsprechung mit diesem Ansatz nicht allen Facetten des Grundrechts aus Art. 8 Abs. 1 GG gerecht zu werden und zu einer möglichst weitreichenden Umsetzung in der Verfassungsrealität zu verhelfen.

Der Schutz des Grundrechtes ist auf die besonderen Betätigungsformen der kollektiven Meinungsfreiheit gerichtet; deren Wirkung ist gerade von der Anwesenheit einer Vielzahl von Menschen und der Art der Darstellung der Meinung abhängig[37]; der bloße Austausch von Meinungen und geistigen Inhalten untereinander unterfällt in ausreichendem Maß dem Schutz des Art. 5 Abs. 1 GG. Daraus ergibt sich, dass der Schutz des Art. 8 Abs. 1 GG vor allem auch die Art und Weise der Ausgestaltung der Meinungsäußerung umfasst.

Diesen Umstand scheint das Bundesverfassungsgericht in seiner Rechtsprechung nicht hinreichend zu beachten. Ohne zwischen den Betätigungsformen der Versammlungsfreiheit zu unterscheiden, verlangt das Gericht in jedem Fall die Offenheit einer Versammlung für eine pluralistische Auseinandersetzung mit kommunikativen Mitteln[38]. Damit wird das Gericht der charakteristischen Eigenheit einer Demonstration nicht gerecht. Bei ihr kommt es darauf an, gerade durch die Ansammlung einer Menschenmenge ihren Standpunkt zu manifestieren und die „öffentliche Meinung" zu beeindrucken. Das Auftreten als eine Vielzahl von Personen hat eine Verstärkung der vertretenen Meinung zur Folge. Die Entscheidung für eine Demonstration als Form der Meinungsäußerung ist Ausdruck der Freiheit, die Art der Darstellung einer Meinung gestalten zu können. Dabei hat auch das Bundesverfassungsgericht schon anerkannt, dass dem Bürger die Freiheit zusteht, die seiner Ansicht nach wirkungsvollste Form der Meinungsdarstellung zu wählen[39].

Werden Demonstrationen dazu gezwungen, für Meinungspluralismus offen zu sein, wird gerade das Mittel der Meinungsäußerung, auf das es den Teilnehmern ankommt, in seiner Wirkung eingeschränkt und seines Verstärkungseffektes beraubt. Darüber hinaus haben es bei diesem Verständnis des Bundesver-

---

[37] *Breitbach/Deiseroth/Rühl* in *Ridder/Breitbach/Rühl/Steinmeier*, a.a.O., § 15, Rz. 75; *Werner Müller*, Wirkungsbereich und Schranken der Versammlungsfreiheit, insbesondere im Verhältnis zur Meinungsfreiheit, 1974, S. 58.

[38] BVerfG/NJW 1995, S. 3110; 3112; BVerfGE 84, 203, 209.

[39] BVerfGE 93, 266, 289.

fassungsgerichts die „kommunikativen Gegenmeinungskundgeber“[40] in der Hand, die Wirksamkeit einer Meinungsäußerung zu beeinflussen; dies kann soweit führen, dass sich sowohl der Charakter der Demonstration von einer meinungsäußernden zu einer meinungsbildenden Versammlung wandelt oder aber das Demonstrationsmotto grundlegend verändert. Auf diese Weise wären „kommunikative Gegenmeinungskundgeber“ im äußersten Fall in der Lage, die auf die Demonstration einer Meinung gerichtete Versammlungsbetätigung auf indirektem Wege weitgehend wirkungslos zu machen. Damit widerspricht ein für unerlässlich deklariertes Erfordernis der Offenheit für Meinungspluralität der von Art. 8 Abs. 1 GG gewährleisteten Freiheit, eine Meinung gerade durch die Anwesenheit einer möglichst großen Menschenmenge an einem bestimmten Ort zum Ausdruck zu bringen. Damit wird das Recht beschränkt, durch den Eindruck der physischen Präsenz einer Vielzahl Gleichgesinnter als Ausdruck einer Meinungsäußerung an dem Willensbildungsprozess in der Gesellschaft teilzunehmen. Die Rechtsprechung scheint mit ihrem Versammlungsverständnis somit den Eigenheiten der beiden grundlegenden Formen einer meinungsbildenden und -äußernden Versammlungsbetätigung nicht gerecht zu werden.

Wird umgekehrt zusätzlich in Betracht gezogen, dass unter dem Gesichtspunkt der Gefahrenabwehr Versammlungen, deren Durchführung Auseinandersetzungen mit nicht kommunikativen Mitteln befürchten lassen, unter staatlicher Mitwirkung ein Optimum an Wirkungsmöglichkeit zukommt, widerspricht diese Situation in besonderem Maß der verfassungsrechtlichen Wertung des Art. 8 Abs. 1 GG.

III. Die Lösung des Paradoxons?

Es stellt sich die Frage, ob eine Differenzierung zwischen den beiden Formen der Meinungsäußerung und Meinungskundgebung ein gleiches und möglichst weitreichendes Potential an Grundrechtsverwirklichung für alle Bürger und Wirksamkeit für beide Formen der Versammlungsbetätigung sicherstellen kann.

Dabei ist zu beachten, dass die Differenzierung der Betätigungsformen gerade nicht aus einer Angleichung an das Versammlungsverständnis der Bürger bestehen darf, die Meinungspluralismus ablehnend gegenüberstehen und zu nicht kommunikativen Auseinandersetzungen mit abweichenden Ansichten bereit sind; das Erfordernis einer Unterscheidung nach Versammlungsarten muss sich im Gegenteil aus den Eigenheiten der jeweiligen Form der Versammlungsbetätigung ergeben.

[40] *Gerd Roellecke*, Der kommunikative Gegendemonstrant, NJW 1995, S. 3101.

1. *Differenzierungskriterium*

Dies wirft die Frage auf, ob eine Differenzierung nach Versammlungsarten in sinnvoller Weise vorgenommen werden kann.

Bedingt durch die große Bandbreite an Erscheinungs- und Ausgestaltungsformen[41] von Versammlungen sind mögliche Formen der Versammlungsbetätigung weder typisier- noch eingrenzbar. Für das vorliegend in Frage stehende Problem jedoch lässt sich der Kreis der betroffenen Versammlungen und ihre Erscheinungsformen hinsichtlich der ausschlaggebenden Kriterien bestimmen.

a) Der Versammlungsbegriff

Art. 8 Abs. 1 GG liegt ein für Ausgestaltungen offener Begriff der Versammlung zugrunde. Der Schutz dieser Grundrechtsnorm[42] erstreckt sich auf den Vorgang des Zugangs zu einer bevorstehenden oder sich bildenden Versammlung[43] in gleicher Weise wie er ihren Bestand[44] umfasst. Damit garantiert er den gesamten Prozess einer Zusammenkunft zur gemeinsamen Verfolgung eines die Individuen verbindenden Zweckes[45]. Umstritten ist, welche Gegenstände einer Versammlung dem Schutz des Art. 8 Abs. 1 GG unterfallen. Während die einen der Ansicht sind, die Norm umfasse nur öffentliche, wenn auch nicht notwendigerweise politische Angelegenheiten[46], sehen andere auch private, wenn auch nicht rein gesellige[47] Gründe einer Zusammenkunft als verfassungsrechtlich schützenswert an. Für die Anhänger des sog. weiten Versammlungsbegriffs ist allein das Bestehen irgendeiner inneren Verbindung ausreichend, solange es den Teilnehmern an der Versammlung gerade auf das Zusammenkommen und -bleiben ankommt[48].

---

[41] BVerfGE 69, 315ff.; *Ulrich Schwäble*, Das Grundrecht der Versammlungsfreiheit, 1975, S. 107.

[42] Vgl. zum historischen Hintergrund: *Müller*, a.a.O., S. 15ff.; *Schwäble*, a.a.O., S. 25ff.

[43] BVerfGE 84, 203, 209.

[44] BVerfGE 84, 203, 209.

[45] BVerwGE 56, 63, 69; *Kniesel*, DÖV 1992, a.a.O., S. 470 (mit weiteren Nachweisen); *Dietel/Gintzel/Kniesel*, Demonstrations- und Versammlungsfreiheit, 11. Aufl., 1994, § 1, Rz. 6; *Wolf-Dietrich Drosdzol*, Grundprobleme des Demonstrationsrechts, JuS 1983, S. 409; *Gusy*, a.a.O., S. 608; *Hoffmann-Riem* in AK, a.a.O., Art. 8, Rz. 12.

[46] Kannengießer in *Schmidt-Bleibtreu/Klein*, Kommentar zum Grundgesetz, 9 Aufl, 1999, Art. 8 Rz. 3; *Ralf Krüger*, Versammlungsrecht, 1994, S. 20f.; vgl. zur Kritik an dieser Ansicht: *Kloepfer* in *Isensee/Kirchhoff*, a.a.O., § 143, Rz. 17ff.; *Zeitler*, a.a.O., Rz. 17ff.

[47] BVerwGE 56, 63, 69; *Hoffmann-Riem* in AK, a.a.O., Art. 8, Rz. 12; *Stein/Frank*, a.a.O., § 39 II 1; *Zeitler*, a.a.O., Rz. 13, 23; *Bertuleit/Steinmeier* in *Ridder/Breitbach/Rühl/Steinmeier*, a.a.O., § 1, Rz. 22; *Christoph Ehrentraut*, Die Versammlungsfreiheit im amerikanischen und deutschen Verfassungsrecht, 1990, S. 103ff.

[48] Vgl. dazu: *Dietel/Gintzel/Kniesel*, a.a.O., § 1, Rz. 12; *Kniesel*, DÖV 1992, a.a.O., S. 470f.; *Kloepfer* in *Isensee/Kirchhoff*, a.a.O., § 143, Rz. 5, 20ff.; *Müller*, a.a.O., S. 45ff.; *Zeitler*,

Wird mit einer Versammlung letztgenannter Zweck verfolgt, tritt die vorliegend diskutierte paradoxe Situation nicht auf. Für sie ist entscheidend, dass Meinungspluralismus bei einer Versammlung nicht kommunikative Reaktionen der Teilnehmer selbst oder aber von Vertretern abweichender Ansichten hervorruft oder nicht. Zudem handelt es sich regelmäßig um Versammlungen, bei denen es um die kollektive Kundgabe von Meinungen (Demonstrationen) und nicht um deren Bildung oder bloßes Beisammensein geht.

b) Abgrenzbarkeit

Für eine mögliche Differenzierung müssen die beiden Versammlungsarten voneinander abgrenzbar sein.

Meinungsbildende und -äußernde Versammlungen sind von Art. 8 Abs. 1 GG gleichermaßen geschützt[49]. Entscheidend für eine Differenzierung scheinen die unterschiedlichen Zielsetzungen der beiden Versammlungsarten zu sein[50]. Während meinungsbildende Versammlungen auf kommunikative Auseinandersetzung[51] angelegt sind, wollen meinungskundgebende gerade durch die Menge der versammelten Individuen die Stärke der von ihnen kollektiv vertretenen, im Grundsatz regelmäßig homogenen Ansicht demonstrieren[52] und dadurch Einfluss auf die Bildung der öffentlichen Meinung nehmen[53]. Die Meinung soll hier nicht durch Argumente vermittelt werden, sondern die Kommunikation nach außen soll durch die gleichzeitige physische Präsenz einer möglichst großen Anzahl Gleichgesinnter erfolgen[54].

Der enge Zusammenhang zwischen den beiden Elementen der Meinungsbildung und -äußerung steht der Differenzierung von Versammlungen nach ihren Zielsetzungen nicht entgegen. Eine kollektive Meinungskundgabe setzt regelmäßig einen vorangegangenen Meinungsbildungsprozess in privaten oder

---

a.a.O., Rz. 20ff.; vgl. zur Kritik an diesem weiten Verständnis des Zweckbegriffs: *Schwäble*, a.a.O., S. 96f.; *Bertuleit/Steinmeier* in *Ridder/Breitbach/Rühl/Steinmeier*, a.a.O., § 1, Rz. 22.

49 BVerwGE 56, 63, 69; *Kannengießer* in *Schmidt-Bleibtreu/Klein*, a.a.O., Art. 8, Rz. 3; *Füßlein* in *Neumann/Nipperdey/Scheuner*, a.a.O., S. 425, 443.

50 Anders als bei *Hans-Joachim Höllein* (Das Verbot rechtsextremistischer Veranstaltungen, NVwZ 1994, S. 635) wird hier auf die Form der Versammlungsbetätigung und nicht auf den inhaltlich von der Versammlung verfolgten Zweck abgestellt.

51 BVerfGE 84, 203, 209; 92, 191, 203; VG Minden/DÖV 1988, S. 85.

52 BVerfGE 69, 315, 346; *Füßlein* in *Neumann/Nipperdey/Scheuner*, a.a.O., S. 425, 444; *Kniesel*, DÖV 1992, a.a.O., S. 470, 471; *Zeitler*, a.a.O., Rz. 30.

53 BVerfGE 69, 315, 345; *Götz Frank*, Das Gewaltmonopol des Staates und das Versammlungsrecht, in : *Heiko Faber/Ekkehart Stein*, Auf einem Dritten Weg, Festschrift für *Helmut Ridder* zum 70. Geburtstag, 1989, S. 37, 44; *Breitbach/Deiseroth/Rühl* in *Ridder/Breitbach/Rühl/Steinmeier*, a.a.O., § 15, Rz. 75; *Füßlein* in *Neumann/Nipperdey/Scheuner*, a.a.O., S. 425, 444; *Kniesel,* DÖV 1992, a.a.O., S. 470, 471; *Müller*, a.a.O., S. 58.

54 BVerfGE 69, 315, 345; *Zeitler*, a.a.O., Rz. 30.

öffentlichen Foren voraus. Als Demonstration wirkt sie dann ihrerseits als Beitrag zur weiteren Meinungsbildung[55]. Diese Verzahnung hindert eine Differenzierung nach der gewählten Ausgestaltung und den Zielsetzungen der jeweiligen Organisationsform der Versammlung nicht.

Auch die Herstellung der Öffentlichkeit durch eine Demonstration erfordert keine andere Beurteilung. Durch eine solche Veranstaltung werden die dort vertretenen Ansichten bewusst der Kritik und Diskussion durch andere zugänglich gemacht. Damit wird auch durch die kollektive Kundgabe einer Meinung ein für Pluralismus und Meinungsbildung offenes Forum geschaffen. Dennoch bleibt vordringliche Eigenheit der Veranstaltung selbst die Absicht, durch das Auftreten in der Masse Wirkung zu erzielen. Anders als bei einem meinungsbildenden Forum fehlt den Teilnehmern regelmäßig die Bereitschaft, im Rahmen einer Demonstration die eigene Ansicht in Frage und zur Diskussion zu stellen. Letzteres widerspricht der Zielsetzung einer kollektiven Meinungsäußerung und kann gegebenenfalls nur später folgen.

Beide Arten der Versammlungsbetätigung erfüllen aufgrund der für sie charakteristischen Zielsetzungen unterschiedliche Funktionen im Meinungsbildungsprozess. Meinungsbildende Versammlungen stellen in erster Linie selbst Kommunikationsforen dar. Bei meinungskundgebenden Versammlungen hingegen steht die Erzielung von Außenwirkung im Vordergrund.

Trotz aller Überschneidungen und gegenseitiger Beeinflussung lassen sich die Versammlungsarten anhand ihrer Zielsetzung somit voneinander abgrenzen. Entscheidend ist, welcher Zweck vordringlich mit der Veranstaltung verfolgt werden soll. Dieser lässt sich regelmäßig aus der Art und Weise der Organisation der Versammlung ablesen.

2. *Auswirkungen einer Differenzierung nach meinungsbildenden und -äußernden Versammlungen*

Eine Differenzierung nach meinungsbildenden und -äußernden Versammlungen ist geeignet, die Umsetzung der Versammlungsfreiheit für Pluralismus gegenüber tolerante Bürger in der Gesellschaft zu intensivieren. Sie schafft Bedingungen, die vor allem den verfassungsrechtlichen Funktionen meinungskundgebender Versammlungen in größerem Maße entsprechen. Wichtige Aufgaben der Versammlungsfreiheit bedürfen zu ihrer Erfüllung gerade des Faktors, durch die physische Anwesenheit einer Menschenmenge Einfluss auszuüben, die gemeinsam für eine Ansicht demonstriert. Von besonderer Bedeutung scheinen meinungsäußernde Versammlungen für folgende verfassungsrechtliche Aspekte zu sein:

---

[55] *Kloepfer* in *Isensee/Kirchhoff*, a.a.O., § 143, Rz. 21.

a) Rückkoppelungsfunktion

Die Versammlungsfreiheit ist ein herausragendes Forum des Ausdrucks und der Betätigung der Volkssouveränität in einer demokratischen Staatsordnung[56]. Als solches trägt sie zur Rückkoppelung zwischen Souverän und Regierenden bei[57]. Dies ist vor allem in repräsentativen Systemen für die Zeit zwischen den Wahlen eine wichtige Funktion[58]. Die Rückkoppelung soll sicherstellen, dass „die Staatsgewalt im Interesse des Staatsvolks“[59] ausgeübt wird. Zum Erhalt der Legitimation[60] der Handlungen der Staatsgewalt ist es unerlässlich, dass einerseits die Staatsgewalt sich in einem ständigen Prozess um die Akzeptanz ihrer Handlungen bei dem Staatsvolk bemühen muss; andererseits ist sie hierfür jedoch umgekehrt auf „feedback“ aus dem Staatsvolk angewiesen. Unter diesem Gesichtspunkt ermöglicht die Versammlungsfreiheit die Partizipation des Einzelnen[61] am Willensbildungsprozess; dabei kommt dem Auftreten als meinungskundgebende Menschenmenge eine besonders große Wirkung zu; sie erhöht die Chance nicht in Verbänden oder Interessensgruppen organisierter Bürger, gestaltenden Einfluss im Gemeinwesen auszuüben. Zudem kann sie durch die Thematik der Versammlungen und die Anzahl der Teilnehmer auch die Funktion eines „Frühwarnsystems“ für die Politik erfüllen oder als Forum für die Formierung von Opposition dienen[62].

b) Stabilitätsfunktion

Versammlungen sind eine unverzichtbare Form der in einer demokratischen Ordnung vorausgesetzten[63] und zum Erhalt des notwendigen Grundkonsenses erforderlichen Willensbildung. Ohne eine permanente kommunikative Aus-

---

[56] BVerfGE 20, 56, 98; 69, 315, 344f.; *Leibholz/Rinck/Hesselberger*, Grundgesetz, Art. 8, Rz. 21; *Schwäble*, a.a.O., S. 17ff.; *Martin Quilisch*, Die demokratische Versammlung, 1970, S. 109f.; *Krüger*, a.a.O., S. 22; die demokratische Funktion und damit das Element der öffentlichen Meinungsbildung liegt auch dem Verständnis der Versammlungsfreiheit in der US-amerikanischen Verfassung (1. Amendment zur Verfassung der Vereinigten Staaten) zugrunde (*Schwäble*, a.a.O., S. 19; *Ehrentraut*, a.a.O., S. 102).

[57] *Stein/Frank*, a.a.O., § 9 V 2.

[58] *Klaus Dicke*, Grundlagen des demokratischen Verfassungsstaates, in: *Edward Keynes* (Hrsg.), Willensbildungsprozesse und Demokratie, 2000, S. 11, 19; *Michael Greven*, Demokraten fallen nicht vom Himmel, in: *Ansgar Klein* (Hrsg.), Grundwerte in der Demokratie, 1995, S. 30.

[59] *Stein/Frank*, a.a.O., § 9 V 1.

[60] *Dicke* in *Keynes*, a.a.O., S. 11, 19; *Greven* in *Klein*, a.a.O., S. 30.

[61] *Martin Scheyli*, Politische Öffentlichkeit und deliberative Demokratie nach Habermas, 2000, S. 50f.; *Quilisch*, a.a.O., S. 114.

[62] *Füßlein* in *Neumann/Nipperdey/Scheuner*, a.a.O., S. 425, 427; *Müller*, a.a.O., S. 29; *Stein/Frank*, a.a.O., § 39 II 1.

[63] *Scheyli*, a.a.O., S. 35.

einandersetzung besteht die Gefahr des Auseinanderfallens des Konsenses, der für den Zusammenhalt der gesellschaftlichen und staatlichen Ordnung erforderlich ist[64]: Nur solange der Grundkonsens besteht, ist ein demokratisches System funktionsfähig. Es baut auf der Akzeptanz von Mehrheitsentscheidungen einerseits und der Berücksichtigung des Schutzes von Minderheiten andererseits auf. Daher ist es erforderlich, Mehrheitsmeinungen und damit auch gemeinsame Werte überhaupt herauszubilden.

Zudem unterliegen die in der Gesellschaft bestehenden Auffassungen und ihr zugrundeliegenden Werte einer ständigen Veränderung. Um den notwendigen Grundkonsens zu erhalten, müssen die unterschiedlichen Entwicklungsströmungen und -tendenzen öffentlich gemacht, diskutiert und gebündelt werden. Aufgrund der Intensität ihrer Wirkung durch eine versammelte Menschenmenge sind Demonstrationen in diesem Zusammenhang wichtige Indikatoren für gesellschaftliche Entwicklungen und Meinungstendenzen.

Darüber hinaus scheint die Gesellschaft einen immer stärker pluralistischen Charakter hinsichtlich der Ausgestaltung der Lebensformen anzunehmen[65]. Dieser Vorgang birgt die Gefahr einer Zersplitterung der Gesellschaft, die in einem Zusammenprall nicht mehr konsensfähiger Ansichten der einzelnen gesellschaftlichen Gruppierungen resultieren könnte. Umso mehr steigt die Bedeutung öffentlicher Kommunikations- und Meinungsäußerungsforen nicht nur für eine legitime politische Entscheidungsfindung und den demokratischen Grundkonsens[66], sondern auch für die Wahrung einer gesamtgesellschaftlichen Integration. Nicht zuletzt spielt hierbei das Zusammengehörigkeitsgefühl im Rahmen einer gemeinsamen Kundgebung zu einer grundsätzlich homogenen Auffassung eine bedeutsame Rolle.

c) Minderheitenschutz

Versammlungsfreiheit dient dem Minderheitenschutz[67]. Meinungen, die nicht in den organisierten Meinungsbildungsprozess von Parteien oder Verbänden einfließen und als Einzelansichten keine Berücksichtigung finden würden, können in den Diskurs eingebracht werden und durch Zusammenschluss einer Vielzahl von Menschen ein zu berücksichtigendes Gewicht erlangen[68]. Ver-

---

[64] *Stein/Frank*, a.a.O., § 39 II 1; *Schwäble*, a.a.O., S. 70ff.; *Scheyli*, a.a.O., S. 41f.; *Kloepfer* in *Isensee/Kirchhoff*, a.a.O., § 143, Rz. 1, 8.

[65] Ob dies auf Wertezerfall und steigende Orientierungslosigkeit zurückzuführen ist (*Scheyli*, a.a.O., S. 17) oder durch eine zunehmende Offenheit der Gesellschaft für die Vielfalt der Lebensgestaltung begründet ist, mag in diesem Zusammenhang dahingestellt bleiben.

[66] *Scheyli*, a.a.O., S. 19.

[67] BVerfG/NJW 2001, S. 2069, 2071; 2072ff.; *Kloepfer* in *Isensee/Kirchhoff*, a.a.O., § 143, Rz. 13.

[68] Vgl. dazu auch *Dicke* in *Keynes*, a.a.O., S. 11.

sammlungen stellen Foren dar, in deren Rahmen Ansichten und Verhaltensweisen vertreten werden können, die gerade nicht den – bis dahin geltenden – Anschauungen der Mehrheit entsprechen[69]. Vor allem im Rahmen von Demonstrationen erhält eine Minderheit die Möglichkeit, wirksam Impulse an die Mehrheit zu geben. Auf diese Weise kann sie letztere gegebenenfalls zu einer Modifizierung ihrer Ansicht bewegen und somit Einfluss auf die Gestaltung der Politik ausüben.

Das Auftreten als Menschenmenge dient der Minderheit auch als Schutz vor einem Missbrauch der Machtfülle durch die Mehrheit[70]. Diese Organisationsform erlaubt die wirksame Formierung einer Opposition gegen die Mehrheitsmeinung.

d) Korrektiv für organisierte Meinungsvertretungen

Die gleichzeitige gemeinsame Anwesenheit einer Vielzahl von Personen kann der Verstärkung einer Meinungsäußerung dienen und bewusst auf diese Wirkung abzielen[71]. Dadurch erfüllt das kollektive Element der Versammlungsfreiheit eine wichtige Korrektivfunktion bei der Repräsentanz von Meinungen in der Öffentlichkeit. Diese wird in der Regel von den Massenmedien und organisierten Institutionen der Meinungsvertretung, wie Verbänden und Parteien, beherrscht. Das gemeinsame Auftreten als Personenmehrheit ermöglicht es, Meinungen in die Öffentlichkeit zu tragen und für sie in einem Maße Beachtung zu finden, das für einen Einzelnen in der Regel nicht erreichbar ist. Auf diese Weise können auch nicht dauerhaft organisierte Meinungen Einfluss auf die öffentliche Diskussion gewinnen. So dient die kollektive Meinungskundgabe mit ihrer Instrumentalisierung der Meinungsäußerung durch eine Menschenmenge wenigstens im Ansatz dem Zweck, die schwache Position des Individuums im Vergleich zu dem Gewicht der organisierten Meinungsrepräsentanten auszugleichen[72].

3. Ergebnis

Gerade der Effekt, der von einer gemeinsamen Meinungsäußerung durch eine Vielzahl von Menschen ausgeht, unterstützt wichtige verfassungsrechtliche Funktionen der Versammlungsfreiheit.

---

[69] BVerfG/NJW 2001, S. 2072, 2074.

[70] *Stein/Frank*, a.a.O., § 8 II 4.

[71] *Frank* in Festschrift für *Helmut Ridder*, a.a.O., S. 37, 44.

[72] BVerfGE 69, 315, 346; *Frank* in Festschrift für *Helmut Ridder*, a.a.O., S 37, 44; *Stein/Frank*, a.a.O., § 39 II 1; *Leibholz/Rinck/Hesselberger*, a.a.O., Art. 8, Rz. 21; *Höllein*, a.a.O., S. 635.

Demgegenüber erscheint die Einbuße an kommunikativem Gehalt gering, die mit einem Verzicht auf das Kriterium einhergeht, alle Formen der Meinungsfreiheit, also auch Demonstrationen, müssten grundsätzlich für Meinungspluralismus offen sein. Zum einen ist die Meinungsäußerung durch eine Vielzahl von Menschen ebenfalls ein demokratisches Mittel, um im Wettstreit um die Mehrheit Einfluss auf die öffentliche Willensbildung zu nehmen. Zum anderen steht es den Vertretern abweichender Meinungen offen, selbst um die Unterstützung der Öffentlichkeit im Rahmen einer eigenen Demonstration[73] zu werben; auf diese Weise können beide Versammlungen versuchen, ihre Meinung optimal zur Geltung zu bringen. Dies schließt eine kommunikative Auseinandersetzung mit den gegensätzlichen Ansichten im Rahmen anderer Foren nicht aus.

Eine Differenzierung nach der Zielsetzung der Versammlungsbetätigung hat zudem den Effekt, das oben geschilderte Paradoxon aufzulösen. Auch Demonstranten, die der kommunikativen Auseinandersetzung mit abweichenden Ansichten offen gegenüber stehen,, können in diesem Fall das Instrument der kollektiven Meinungskundgabe mit der Chance auf optimale Wirkung nach außen einsetzen.

Damit muss das nach Ansicht der Rechtsprechung dem Versammlungsbegriff immanente pluralistische Element zugunsten der Möglichkeit zurücktreten, als Menschenmenge eine Ansicht nach außen zu vertreten. Wird die Form der kollektiven Meinungsäußerung gewählt, steht die Beeinflussung des öffentlichen Willensbildungsprozesses durch die physische Anwesenheit einer Vielzahl von Vertretern einer bestimmten Ansicht im Vordergrund. Das Interesse an einer möglichst wirksamen Umsetzung dieser Ausgestaltungsform einer Versammlung in der gesellschaftlichen Realität für alle Bürger überwiegt in diesen Fällen gegenüber dem Interesse an kommunikativer Auseinandersetzung unterschiedlicher Ansichten. Dies gilt trotz aller Abgrenzungsschwierigkeiten, die mit der Unterscheidung zwischen meinungsbildenden und meinungskundgebenden Versammlungen verbunden sind.

[73] Die Auflage von Mindestabständen ist nicht nur im Verhältnis zu einem Verbot der Gegendemonstration als weniger einschneidend zu beurteilen (vgl. dazu VGH Mannheim/DÖV 1988, S. 85, 87), sondern auch im Verhältnis zu einer Vermischung mit der ursprünglichen Demonstration.

Demokratie

Die Staatsgewalt in Ketten

– zum Demokratiegebot im Sinne des Grundgesetzes –

Dirk Ehlers

In seinem wissenschaftlichen Werk hat sich *Ekkehart Stein* immer wieder mit dem Demokratieprinzip befasst. Vielleicht kann man sogar davon sprechen, dass es sich um den zentralen Gegenstand seiner Forschung handelt. *Stein* leitet aus dem demokratischen Prinzip in dem vom Grundgesetz gemeinten Sinne Folgerungen ab, die deutlich von dem in Rechtsprechung und Literatur vorherrschenden Standpunkt abweichen. Nach *Stein* strebt das Demokratieprinzip nicht nur eine Demokratisierung des Staates, sondern auch eine Demokratisierung der gesamten Gesellschaft an. So wie die Grundrechte eine objektive Wertordnung enthielten, die als verfassungsrechtliche Grundentscheidung für alle Bereiche des Rechts Geltung beanspruche, so folge aus dem Demokratieprinzip das Gebot der Demokratisierung aller Gesellschaftsbereiche, in denen es Macht und damit die Möglichkeit ihres Missbrauchs zur Unterdrückung gebe. Das Demokratieprinzip wende sich gegen eine Benachteiligung der unteren Gesellschaftsschichten. Daher bedürfe insbesondere die Marktwirtschaft der Demokratisierung, um den Arbeitnehmern zur vollen Gleichberechtigung zu verhelfen.[1]

Das Grundgesetz spricht das Demokratieprinzip zentral in drei verschiedenen Vorschriften an. Nach Art. 20 Abs. 1 GG ist die Bundesrepublik Deutschland ein demokratischer (und sozialer Bundes-)Staat. Absatz 2 der Vorschrift erläutert dies mit den Worten: „Alle Staatsgewalt geht vom Volke aus. Sie wird vom Volke in Wahlen und Abstimmungen und durch besondere Organe der Gesetzgebung, der vollziehenden Gewalt und der Rechtsprechung ausgeübt." Gemäß Art. 28 Abs. 1 S. 1 GG muss auch die verfassungsmäßige Ordnung in den Ländern den Grundsätzen des (republikanischen, sozialen sowie) demokratischen Rechtsstaates im Sinne des Grundgesetzes entsprechen. Alle genannten Bestimmungen betreffen die Organisation der Staatsgewalt und Rechtfertigung staatlicher Herrschaft. Ob es angängig ist, aus dem Staatsorganisationsrecht Konsequenzen für die Gestaltung der gesellschaftlichen Sphäre herzuleiten, kann hier nicht untersucht werden. Bevor man dieser Frage nachgehen kann, muss zunächst Klarheit darüber erzielt werden, welchen Sinngehalt das Be-

---

[1] Vgl. *Stein*, in: Stein/Frank, Staatsrecht, 17. Aufl. 2000, S. 59ff. Ferner *dens.*, in: AK-GG, 3. Aufl. 2001, Art. 20 Abs. 1–3 III Rn. 61ff.; *dens.*, Demokratisierung der Marktwirtschaft, 1995, S. 21ff.

kenntnis des Grundgesetzes zur Staatsform der Demokratie hat. Hierauf soll im Folgenden allein das Augenmerk gerichtet werden.

Nach einem viel zitierten Wort von *Konrad Hesse* gibt es kaum einen verfassungsrechtlichen Begriff, dem so unterschiedliche Deutungen gegeben werden wie dem der Demokratie. Obwohl das demokratische Prinzip die verfassungsmäßige Ordnung des Grundgesetzes primär bestimme, bestehe darüber, was „Demokratie" sei, eine Fülle verschiedener, oft gegensätzlicher Auffassungen.[2] Eine nähere Analyse der einschlägigen Rechtsprechung und der Literatur zeigt, dass im Großen und Ganzen zwei verschiedene Demokratiekonzeptionen aus dem Grundgesetz herausgelesen werden, die man – nur scheinbar tautologisch – als volksbezogenes oder partizipationsbezogenes Demokratieverständnis bezeichnen kann. Zunächst sollen diese Verständnisse kurz umrissen werden (I., II.). Sodann kann zu der Frage Stellung genommen werden, ob die vertretenen Demokratievorstellungen mit dem Grundgesetz vereinbar sind (III.), wie weit die Anforderungen des Demokratiegebotes reichen (IV.) und welche Möglichkeiten der Ausgestaltung und Ergänzung des Demokratiegebots das Grundgesetz lässt (V.). Ein Fazit schließt die Untersuchung ab (VI.).

I. Das volksbezogene Demokratieverständnis

Das Bundesverfassungsgericht[3], die meisten sonstigen Gerichte[4] sowie die herkömmliche Literatur[5] leiten aus Art. 20 Abs. 2 S. 1 GG das Erfordernis einer Gleichsetzung von Demokratie und Volkssouveränität ab. Danach muss sich die Ausübung deutscher Staatsgewalt auf den Willen des deutschen Volkes zurückführen lassen und ihm gegenüber verantwortet werden. Damit beurteilt werden kann, ob die Ausübung der Staatsgewalt einen hinreichenden Grad an demokratischer Legitimation erreicht, wird in Anlehnung an die grundlegenden Untersuchungen von *Roman Herzog*[6] und *Ernst-Wolfgang Böckenförde*[7] zwischen

---

[2] *Hesse*, Grundzüge des Verfassungsrechts der Bundesrepublik Deutschland, 21. Aufl. 1999, Rn. 127.

[3] BVerfGE 47, 253 (275ff.); 52, 95, (130); 77, 1 (40ff.); 83, 60 (71ff.); 93, 37 (66ff.).

[4] BVerwGE 106, 64 (72ff.); BVerwG, NVwZ 1999, 870 (872ff.); VerfGH NW, OVGE 39, 292 (293ff.); DVBl. 1997, 1107; RhPfVerfGH, NVwZ-RR 1994, 665ff.; Nds StGH, NVwZ 1997, 267 (271).

[5] Stellvertretend sei auf die Kommentarliteratur verwiesen: *Stein*, in: AK-GG (Fn. 1), Art. 20 Abs. 1–3 III Rn. 47f.; *Pieroth*, in: Jarass/Pieroth, GG, 5. Aufl. 2000, Art. 20 Rn. 9f.; *Sommermann*, in: von Mangoldt/Klein/Starck, Bonner Grundgesetz, 4. Aufl. 2000, Art. 20 Rn. 157ff.; *Sachs*, in: ders., Grundgesetz, 2. Aufl. 1999, Art. 20 Rn. 35ff.; *Dreier*, in: ders., Grundgesetz-Kommentar, Bd. 2, 1998, Art. 20 (Demokratie) Rn. 104ff.

[6] *Herzog*, Allgemeine Staatslehre, 1971, S. 212ff.; *ders.*, in: Maunz/Dürig, Grundgesetz, 1978, Art. 20 II Rn. 46ff.

verschiedenen Formen demokratischer Legitimation unterschieden: nämlich zwischen der funktionell-institutionellen, der organisatorisch-personellen und der sachlich-inhaltlichen. Von funktionell-institutioneller demokratischer Legitimation wird im Hinblick darauf gesprochen, dass der Verfassungsgeber selbst die gesetzgebende, vollziehende und rechtsprechende Gewalt als je eigene Funktionen konstituiert hat, durch die das Volk die von ihm ausgehende Staatsgewalt ausübt. Die organisatorisch-personelle demokratische Legitimation soll gegeben sein, wenn eine ununterbrochene, auf das Volk zurückzuführende Legitimationskette für die mit der Wahrnehmung staatlicher Angelegenheiten betrauten Amtswalter besteht. Notwendig sei eine konkrete, auf den einzelnen Amtswalter individuell bezogene Legitimation.[8] Schließlich müsse die Ausübung der Staatsgewalt sachlich-inhaltlich demokratisch legitimiert, d.h. auf den Volkswillen zurückgeführt werden können. Dies soll zum einen durch die Bindung an das vom Parlament beschlossene Gesetz gewährleistet werden[9], weil das durch unmittelbaren Wahlakt legitimierte Parlament das Volk repräsentiert. Zum anderen bedürfe es einer sanktionierten demokratischen Verantwortlichkeit (des Parlamentes gegenüber dem Volk, der Regierung und Minister gegenüber dem Parlament und der nachgeordneten Rechtsträger und Einrichtungen gegenüber der Regierung und dem Minister). Dies beeinflusst – ebenso wie das Erfordernis der personellen Legitimation – nachhaltig den Aufbau und die Ablauforganisation der Verwaltung. Verantwortung kann grundsätzlich nur tragen, wer Leitungsbefugnisse hat. Aus der Leitungsmacht wiederum folgt eine grundsätzliche Weisungsunterworfenheit der Amtswalter, so dass die Verwaltung nach dieser Ansicht im Grundsatz hierarchisch strukturiert sein muss.

II. Das partizipationsbezogene Demokratieverständnis

Das Demokratieverständnis des Bundesverfassungsgerichts und der herrschenden Lehre ist in der Literatur[10] und vereinzelt auch in der Rechtsprechung[11] auf

---

[7] *Böckenförde*, Verfassungsfragen der Richterwahl, 1974, S. 71ff.; *ders.*, HStR I, 2. Aufl. 1995, § 22 Rn. 11ff.

[8] Kritisch *Ehlers*, JZ 1987, 218 (221), mit Hinweis darauf, dass statt einer individuellen unter bestimmten Voraussetzungen auch eine gesetzliche Berufung in weitere Ämter zulässig ist.

[9] Neben dem Gesetz ist das Budgetrecht des Parlamentes ein äußerst wirksames Steuerungsmittel.

[10] Vgl. (auch hinsichtlich der folgenden Zitate): *Bryde*, Staatswissenschaften und Staatspraxis 1994, 305ff.; *Rinken*, KritV 1996, 282ff.; *Blanke*, KJ 1998, 452ff. Ferner *Volkmann*, in: Friauf/Höfling, Berliner Kommentar zum GG, 1. EL 2001, Art. 20 Rn. 44ff.; *Dopatka*, KJ 1996, 224 (234ff.); *Fisahn*, KritV 1996, 267f.; *Röhl*, Der Wissenschaftsrat, 1994, S. 137ff.; *Plander*, ArbuR 1987, 1ff.; *dens.*, PersR 1990, 345ff.

ungewöhnlich scharfe Kritik gestoßen.[12] Dem Bundesverfassungsgericht ist ein einseitig etatistisches Denken vorgehalten worden, das im Gegensatz zum „Verfassungsdenken" stehe. So soll das Gericht in „fundamentalistischer Selbstgewissheit" eine bestimmte Staatstheorie von außen an die Verfassung herangetragen und aus ihr „antidemokratische Effekte" abgeleitet haben. Konkret wird vor allem dreierlei kritisiert. Zum ersten verstehe das Bundesverfassungsgericht das Volk als eine „zur Einheit verbundene Gruppe von Menschen."[13] Mit diesem zentralistischen Ansatz setze es das auf Homogenität und Identität des Volkes mit sich selbst beruhende völkische Demokratiemodell *Carl Schmitts* fort und verkenne „die Komplexität und Plurizentralität der ‚postmodernen' Politikarenen". Statt auf ein monistisches Kollektivwesen sei auf die Menschen oder die Bürger abzustellen. Zum zweiten führe der Ansatz des Bundesverfassungsgerichts zu einer Entmachtung des Gesetzgebers, weil diesem in viel zu weitgehendem Ausmaße verboten werde, seine politischen Vorstellungen (z.B. über die Mitbestimmung des Verwaltungspersonals) durchzusetzen. Zum dritten werde das aus der Staatsorganisation des absolutistischen Obrigkeitsstaates stammende autoritäre „Maschinenmodell des hierarchischen Verwaltungsaufbaus" weder den heutigen Gegebenheiten noch den verfassungsrechtlichen Erfordernissen gerecht. Bei immer länger werdenden Ketten verflüchtige sich die demokratische Legitimation und werde zur bloßen Fiktion.[14] Es komme nicht oder jedenfalls nicht nur auf die Hierarchie der Verwaltung, sondern auch und gerade auf die Beteiligung der Betroffenen an. Nur so lasse sich Akzeptanz gewinnen und sozialer Frieden herstellen. Im Ergebnis wollen die Kritiker des Bundesverfassungsgerichts dem Konzept der hierarchischen Demokratie das Modell einer Bürgerpartizipation entgegensetzen.

III. Die maßgeblichen Vorgaben des Grundgesetzes

Die beiden hier skizzierten Demokratieverständnisse berufen sich gleichermaßen auf das Grundgesetz. Die Kritik am Bundesverfassungsgericht wird aber auch und gerade auf allgemeine Überlegungen gestützt: etwa die internationale

---

[11] OVG NW, NWVBl. 1996, 254 (259), überholt durch den Vorlagebeschluss des BVerwG, BVerwGE 106, 64ff.

[12] Nach Auffassung der Redaktion der Zeitschrift Kritische Justiz sollen die unterschiedlichen Demokratieverständnisse „entlang der Parteigrenzen von SPD und CDU" verlaufen (KJ 98, 452). Diese Einschätzung trifft nicht zu. Sie berücksichtigt zudem nicht, dass die von dem partizipationsbezogenen Demokratieverständnis kritisierten Entscheidungen des Zweiten Senats des Bundesverfassungsgerichts einstimmig erfolgt sind, die Zusammensetzung dieses Senates aber kaum als politisch einseitig bezeichnet werden kann.

[13] Vgl. BVerfGE 83, 37 (51).

[14] OVG NW, NWVBl. 1996, 254 (259).

Anschlussfähigkeit deutscher Demokratievorstellungen, die Leistungsfähigkeit einer hierarchisch geordneten Organisation, die Notwendigkeit einer Einbeziehung der Verwaltungswirklichkeit oder den Nutzen einer Aktivierung der Betroffenen. Demgegenüber ist zu betonen, dass nur der konkreten Ausprägung der Demokratie durch das Grundgesetz selbst normative Verbindlichkeit zukommt.[15] Aufgabe der Verfassungsinterpreten ist es, diese Verbindlichkeit herauszuarbeiten. Auch wenn die Auslegung des Grundgesetzes nicht als ein rein mechanischer Vorgang in einem wertfreien Raum angesehen werden kann, muss doch deutlich zwischen Rechtsanwendung sowie der Aufstellung von Zweckmäßigkeitspostulaten oder rechtspolitischen Forderungen unterschieden werden.

Wenn in Art. 20 Abs. 1 GG von einem „demokratischen" Bundesstaat und in Art. 28 Abs. 1 S. 1 GG von einem „demokratischen" Rechtsstaat die Rede ist, so ist dies im Sinne eines Bekenntnisses zum Prinzip der Demokratie zu verstehen (so wie man auch von einem Rechtsstaats-, Sozialstaats- oder Bundesstaatsprinzip spricht).[16] Rechtsprinzipien enthalten normative Aussagen, aber keine abschließenden Vollregelungen. Sie legen den Rechtsanwender auf bestimmte Grundzüge fest, lassen im Übrigen aber Raum für eine weitere Ausgestaltung[17], wobei sie Richtlinien aufstellen, die in einem möglichst hohen Ausmaße realisiert werden sollen.[18] Anders dürfte dagegen Art. 20 Abs. 2 GG zu verstehen sein, soweit die Vorschrift die Demokratie ausgestaltet. Die diesbezüglichen Bestimmungen haben definitiven (wenn auch auslegungsbedürftigen) Regelungscharakter. Dies ergibt sich zum einen aus dem Umstand, dass das Demokratieverständnis des Grundgesetzes erläutert wird, zum anderen aus der apodiktischen Wortwahl.[19] Somit kommt für die normative Wirksamkeit des Demokratiegebotes im Sinne des Grundgesetzes Art. 20 Abs. 2 GG entscheidende Bedeutung zu. Klärungsbedürftig ist insbesondere, welcher Volksbegriff dieser Bestimmung zugrunde liegt (1.) und welcher Zusammenhang zwischen dem Volk und der Staatsgewalt bestehen muss (2.).

---

[15] Vgl. auch *Hesse* (Fn. 2), Rn. 127f.

[16] Auch das BVerfG hat ausdrücklich vom Demokratieprinzip gesprochen (E 89, 155, 182). Näher zum Prinzipiencharakter *Herzog*, in: Maunz/Dürig, Grundgesetz, 1978, Art. 20 I Rn. 10 u. 24f., Art. 20 II Rn. 1.

[17] Vgl. *Schmidt-Aßmann*, AöR 116 (1991), 329 (334).

[18] Zum Optimierungscharakter von Rechtsprinzipien (im Gegensatz zu Regeln) vgl. *Dworkin*, Bürgerrechte ernst genommen, 1984, S. 54ff.; *Alexy*, Theorie der Grundrechte, 3. Aufl. 1996, S. 75f.

[19] Vgl. auch BVerfGE 89, 155 (182), wonach zu dem gemäß Art. 79 Abs. 3 GG nicht antastbaren Gehalt des Demokratieprinzips gehört, dass die Wahrnehmung staatlicher Aufgaben und die Ausübung staatlicher Befugnisse sich auf das Staatsvolk zurückführen lassen und grundsätzlich ihm gegenüber verantwortet werden.

1. *Der Volksbegriff des Grundgesetzes*

a) *Das Volk als verfasste Personengesamtheit*

Wenn Art. 20 Abs. 2 S. 1 GG bestimmt, dass alle Staatsgewalt vom Volke ausgeht, so wird damit zum Ausdruck gebracht, dass das Volk Träger und Legitimationsspender der Staatsgewalt ist. Zu Recht versteht das Bundesverfassungsgericht unter dem Volk eine verfasste „Personengesamtheit"[20] und nicht einen wie auch immer ermittelten Kreis von Menschen, Bürgern oder Betroffenen. Hierfür spricht bereits der Wortlaut der Vorschrift, da (im Gegensatz zur Bestimmung des Art. 26 Abs. 1 GG) die Einzahl (Volk) benutzt wird und dem Grundgesetz die Unterscheidung von (dem deutschen) Volk und Menschen durchaus bekannt ist (wie sich etwa aus der Präambel sowie Art. 1 Abs. 1 und 2 GG ergibt). Entstehungsgeschichtlich knüpft Art. 20 Abs. 2 GG nicht nur an die traditionelle Definition des Staates (ein Staatsgebiet, ein Staatsvolk, eine Staatsgewalt), sondern auch bewusst[21] an Art. 1 WRV an („Das Deutsche Reich ist eine Republik. Die Staatsgewalt geht vom Volke aus"). Unter der Geltung der Weimarer Reichsverfassung bestand aber Einigkeit darüber, dass unter Volk im Sinne des Art. 1 die Gesamtheit aller politisch vollberechtigten Deutschen zu verstehen war.[22] Auch der Kontext, in den die Normierung des Art. 20 Abs. 2 S. 1 GG gestellt ist, spricht für die Gleichsetzung des Volkes mit einem bestimmten, zur Einheit verbundenen Subjekt. Wenn Art. 20 Abs. 2 S. 2 GG verlangt, dass die Staatsgewalt „vom Volke" in Wahlen und Abstimmungen ausgeübt wird und wenn andere Grundrechtsartikel einen „Volksentscheid" (Art. 29 Abs. 2, 3, 6, 8), ein „Volksbegehren" (Art. 29 Abs. 4) und eine „Volksbefragung" (Art. 29 Abs. 5, 6; 118) zulassen, kann damit nur das Aktivvolk gemeint sein. Wer hierzu zu zählen ist, darf gerade nicht offen bleiben, weil sich ansonsten Wahlen, Abstimmungen usw. nicht organisieren lassen und eine strikte Egalität gewahrt werden muss. Gibt es ein Aktivvolk, muss es auch ein Verbandsvolk geben. Dieses wird in Art. 20 Abs. 2 S. 1 GG angesprochen. Wie die zahlreichen anderen Regelungen des Grundgesetzes erkennen lassen (Präambel, Art. 1 Abs. 2, 33 Abs. 1 und 2, 56 Abs. 2, 64 Abs. 2, 116, 146) und wie sich auch im Gegenschluss zur Ausnahmebestimmung des Art. 28 Abs. 1 S. 3 GG ergibt, kann mit dem Verbandsvolk im Sinne des Staatsvolkes nur das deutsche Volk gemeint sein. Auch die Kritiker des Bundesverfassungsgerichts werden kaum die Meinung vertreten wollen, dass die Staatsgewalt in der Bundesrepublik von allen Menschen dieser Welt ausgeht. Wie der Personenkreis alternativ bestimmt werden soll, bleibt jedoch völlig offen. Gegen ein Abstellen auf die

---

[20] BVerfGE 83, 37 (50).

[21] Vgl. *Matz*, JöR n. F. 1 (1951), S. 198ff.

[22] Vgl. *Anschütz*, Die Verfassung des Deutschen Reichs, Nachdruck der 14. Aufl. v. 1933, 1960, Art. 1 Anm. 2 m.w.N.

von Fall zu Fall betroffenen Personen spricht, dass die „Volks"-Vertretungen (Art. 17, 28 Abs. 1 S. 2, 144) und Volksvertreter (Art. 38 Abs. 1 S. 2) wissen müssen, wen sie vertreten.

b) *Die Unterscheidung von Staatsvolk und Teilvölkern*

Nach dem bereits Gesagten ist unter Volk im Sinne des Art. 20 Abs. 2 S. 1 GG das – durch die „Staatsangehörigkeit im Bunde" (Art. 73 Nr. 2 GG) und die nach Art. 116 Abs. 1 GG den Staatsangehörigen gleichgestellten Personen gebildete – deutsche Volk zu verstehen. Damit ist aber noch nicht die Frage beantwortet, ob auch kleinere Völker Quelle der demokratischen Legitimation sein können. Der Volksbegriff des Art. 20 Abs. 2 S. 1 GG und der anderen zitierten Bestimmungen des Grundgesetzes ist auf den Bund bezogen. Art. 28 Abs. 1 S. 2 GG ordnet aber auch den Ländern, Kreisen und Gemeinden ein eigenes Volk zu. Ob weitere „Teilvölker" anzuerkennen sind, wird in Rechtsprechung und Schrifttum kontrovers beurteilt.[23] Als Teilvölker kommen die Mitglieder der nicht-kommunalen Körperschaften wie z.B. der Kammern, der Sozialversicherungsträger oder der Universitäten in Betracht. Da die starke Stellung der Selbstverwaltung ein Kennzeichen der deutschen Rechtsordnung ist, handelt es sich um alles andere als um eine „quantité négligeable".

Das Bundesverfassungsgericht scheint neben dem Verbandsvolk der kommunalen Gebietskörperschaften sonstige Teilvölker nicht anerkennen zu wollen. Während es in seinem Facharztbeschluss noch davon gesprochen hat, dass die Prinzipien der Selbstverwaltung und der Autonomie ebenfalls im demokratischen Prinzip wurzeln[24], wurde in den Entscheidungen zum Wahlrecht für Ausländer auf der Ebene der Gemeinden, Kreise und Bezirksversammlungen ein grundsätzlicher Unterschied von kommunaler und sonstiger Selbstverwaltung herausgearbeitet. Wenn Art. 28 Abs. 1 S. 2 GG den Gemeinden und Kreisen ein Volk zuordne, finde dies seinen Grund in der besonderen Stellung der kommunalen Gebietskörperschaften im Staatsaufbau. Daraus lasse sich indessen keineswegs folgern, dass das demokratische Prinzip es im Bereich der Verwaltung beliebig zulasse, anstelle des Gesamtstaatsvolkes jeweils einer durch örtlichen Bezug verbundenen, gesetzlich gebildeten kleineren Gesamtheit von Staatsbürgern Legitimationskraft zuzuerkennen. Dies bedeute eine Ausgliederung aus der einheitlichen Staatsgewalt. Folgerichtig stützt das Bundesverfassungsgericht die eigenständige Legitimationsform der funktionalen (d.h. nicht-kommunalen) Selbstverwaltungskörperschaften nicht auf die demokratische,

---

[23] Grundlegend zur Legitimation durch Teilvölker *Kelsen*, Allgemeine Staatslehre, Neudruck 1966, S. 180ff.

[24] BVerfGE 33, 125 (159).

sondern auf die „mitgliedschaftlich-partizipatorische" Komponente.[25] Auch in der Literatur wird vielfach die Auffassung vertreten, dass die Mitglieder der Träger funktionaler Selbstverwaltung nicht als eigenständiges, originäres Subjekt demokratischer Legitimation fungieren.[26] Dieser Ansicht ist jedoch nicht zu folgen.[27]

Das Grundgesetz erkennt als Selbstverwaltungsträger nicht nur die Gemeinden und Kreise, sondern auch weitere Rechtssubjekte in Gestalt der sozialen Versicherungsträger (Art. 87 Abs. 2 GG) und sonstiger Körperschaften (Art. 87 Abs. 3, 130 Abs. 3 GG) an. Körperschaften leiten ihre Legitimation zwar auch vom Staatsvolk und den Parlamenten ab.[28] Schreibt die Verfassung nicht selbst bestimmte Körperschaften vor, kann nur der Gesetzgeber über die Einrichtung, den Aufgabenbestand und die Finanzierung der Körperschaften entscheiden. Auch müssen sich die Körperschaften auf ein Parlamentsgesetz stützen, wenn sie in Grundrechte eingreifen oder sonstige wesentliche Entscheidungen im Bereich der Grundrechtsausübung treffen wollen.[29] Schließlich verlangt (auch) das Demokratieprinzip eine Rückanbindung der Körperschaften an die dem Parlament verantwortliche Regierung oder Verwaltungsspitze und damit über das Parlament an das Staatsvolk in Form einer Rechtsaufsicht.[30] Andererseits ist eine erhebliche Selbststeuerung aber gerade der Sinn der Selbstverwaltung. Auch müssen alle Körperschaften über von den Körperschaftsmitgliedern gewählte Organe verfügen. Diese leiten ihre personell-organisatorische Legitimation nur von den Körperschaftsmitgliedern her und treffen ihre (gesetzlich nicht programmierten) Selbstverwaltungsentscheidungen nur in Verantwortung gegenüber den Körperschaftsmitgliedern. Spräche man der Gesamtheit der Körperschaftsmitglieder den Charakter eines Teilvolkes ab, hätte das zur Folge, dass das Handeln aller dezentralen Körperschaften des öffentlichen Rechts und damit ein erheblicher Teil der Verwaltungstätigkeit nicht hinreichend demokratisch legitimiert wäre. Selbst wenn man mit dem Bundesverfas-

---

[25] BVerfGE 83, 37 (55); 60 (75).

[26] Vgl. z.B. *Böckenförde* (Fn. 7), § 22 Rn. 33ff.; *Schmidt-Aßmann*, AöR 116 (1991), 329 (350, 369ff.); *Jestaedt*, Demokratieprinzip und Kondominalverwaltung, 1993, S. 213ff.; *Kluth*, Funktionale Selbstverwaltung, 1997, S. 372.

[27] Vgl. auch *Herzog* (Fn. 16), Art. 20 II Rn. 56ff.; *Oebbecke*, Weisungs- und unterrichtungsfreie Räume, 1986, 88; *dens.*, VerwArch 1990, 349 (356ff.); *Emde*, Die demokratische Legitimation der funktionalen Selbstverwaltung, 1991, S. 386ff.; *Kahl*, Die Staatsaufsicht, 2000, S. 487ff.

[28] Zutreffend spricht *Schmidt-Aßmann*, AöR 116 (1991), 329ff., von einer doppelschichtigen Legitimationsordnung (S. 344f.). Im Gegensatz zu der hier vertretenen Ansicht qualifiziert er die Legitimation von den Mitgliedern her aber nicht als demokratisch, weil er in den funktionalen Körperschaften Träger „staatlich verfasster gesellschaftlicher Herrschaft" (statt uneingeschränkt Träger von Staatsgewalt) sieht (S. 376).

[29] Vgl. grundlegend BVerfGE 33, 125ff.

[30] Vgl. *Kahl* (Fn. 27), S. 479ff.

sungsgericht nur ein bestimmtes Legitimationsniveau verlangt[31], wäre dies hier eindeutig unterschritten. Es ist auch nicht ersichtlich, wie dieses „Defizit an demokratischer Legitimation“[32] ausgeglichen werden könnte. Das Sozialstaatsprinzip und die Grundrechte[33] vermögen zwar eine Verdünnung der demokratischen Legitimation, nicht aber einen völligen Legitimationsausfall zu rechtfertigen. Da das Grundgesetz jedoch ausdrücklich ein Verwalten durch Körperschaften anerkennt, gebietet es die Einheit der Verfassung, dies nicht als Durchbrechung des auf umfassende Geltung angelegten und durch Art. 79 Abs. 3 GG abgesicherten Demokratieprinzips, sondern als dessen Ausformung anzusehen. Dementsprechend ist davon auszugehen, dass Art. 28 Abs. 1 S. 2 GG keine abschließende Regelung trifft, neben den Kreisen und Gemeinden vielmehr auch sonstige „Selbstverwaltungskörperschaften“ ein Teilvolk haben. Dies heißt nicht, dass eine Zergliederung der Verwaltung in Selbstverwaltungsträger in beliebigem Ausmaße zulässig ist. Wenn (funktionale) Selbstverwaltung die Wahrnehmung eigener Belange der Mitglieder bedeutet, dürfen die Körperschaften grundsätzlich auch nur mit Aufgaben betraut werden, die lediglich das Teilvolk angehen. Umgekehrt folgt daraus, dass es prinzipiell dem Demokratiegebot widerspricht, wenn Angelegenheiten von allgemeiner Bedeutung auf Selbstverwaltungsträger übertragen werden.[34]

2. *Der Zusammenhang zwischen Volk und Staatsgewalt*

Aus dem Umstand, dass das Volk die Staatsgewalt nach Art. 20 Abs. 2 S. 2 GG außer durch Wahlen und Abstimmungen durch besondere Organe der Gesetzgebung, der vollziehenden Gewalt und der Rechtsprechung ausübt, leitet das Bundesverfassungsgericht zu Recht ab, dass das Volk einen effektiven Einfluss auf die Ausübung der Staatsgewalt durch diese Organe haben muss.[35] Da das Volk von Wahlen und Abstimmungen abgesehen nicht selbst tätig werden kann, bedeutet dies für die vollziehende Gewalt, dass der Einfluss primär über das Parlament durch die Weitergabe der Legitimation[36], die Bindung an die

---

[31] Vgl. die Ausf. zu IV.

[32] *Böckenförde* (Fn. 7), § 22 Rn. 34.

[33] Vgl. *Schmidt-Aßmann*, AöR 116 (1991), 329 (381ff.).

[34] Vgl. BVerwGE 106, 64 (77); *Oebbecke*, VerwArch 1990, 349 (358f.). A.A. *Britz*, VerwArch 2000, 418 (432ff.), die eine Mitwirkung von Privaten in solchen Fällen zulassen will, wenn die Beleihungsvoraussetzungen gegeben sind (ohne zu berücksichtigen, dass die Beliehenen Gemeinwohlvertreter, nicht Betroffene sind).

[35] BVerfGE 93, 37 (66).

[36] Der Begriff der Legitimation ist mehrdeutig (vgl. z.B. *Würtenberger*, Legalität, Legitimität, in: Staatslexikon, 3. Bd., 1987, Sp. 873ff.; *Emde*, Fn. 27, S. 26ff.). Er wird hier nicht im sozialwissenschaftlichen, sondern juristischen Sinne als Bezeichnung für den Prozess der rechtlich gebotenen Herrschaftsrechtfertigung verwendet.

vom Parlament beschlossenen Gesetze und bewilligten finanziellen Mittel sowie die Statuierung einer parlamentarischen Verantwortlichkeit der vollziehenden Gewalt mediatisiert werden muss. Dies macht in personeller Hinsicht grundsätzlich eine ununterbrochene Legitimationskette vom Volk zu den mit staatlichen Aufgaben betrauten Amtswaltern, in sachlicher Hinsicht unter anderem eine grundsätzliche Bindung der Amtswalter an die Weisungen der Regierung oder des Ministers notwendig. Das Erfordernis der personellen demokratischen Legitimation dient einerseits dazu, die Personalauswahl der Verwaltung dem Volk, dem Parlament oder einem unter Verantwortung gegenüber dem Parlament handelnden Amtswalter zu überantworten. Andererseits muss jeder Amtswalter darauf verpflichtet werden, „dem ganzen Volk, nicht einer Partei"[37] zu dienen, d.h. Gemeinwohlziele, nicht fremd- oder eigennützige Ziele zu verfolgen. Beides ist von größter Bedeutung, da über die Personalauswahlentscheidungen (d.h. die Entscheidung über die Einstellung, Beförderung und Abberufung) sowie die Definition des Auftrags das Handeln der Menschen maßgeblich bestimmt wird. Einer Weisungsbindung der Amtswalter bedarf es, weil sich ansonsten weder eine korrekte Umsetzung der Parlamentsgesetze noch eine Leitung der Verwaltung oder eine parlamentarische Verantwortlichkeit der Regierung oder des zuständigen Ministers gewährleisten lässt.

Die von den Befürwortern des partizipationsbezogenen Demokratieverständnisses erhobenen Einwände gegen diese Legitimationsanforderungen greifen nicht durch. Die alleinige Bindung an das Gesetz vermag das Handeln der Amtswalter in der Regel nicht ausreichend zu steuern. Abgesehen davon, dass es keine flächendeckende gesetzliche Programmierung der Verwaltung gibt, kann es als gesicherte Erkenntnis angesehen werden, dass selbst bei einem Verzicht auf gesetzlich eingeräumte Beurteilungs- und Ermessensspielräume die Rechtsanwender nicht nur als „bouche de la loi" fungieren. Soweit darauf hingewiesen wird, dass das Parlament über die Form der Verwaltungsorganisation selbst entscheiden müsste, weil sonst das Demokratieprinzip zur Fessel der Demokratie werde[38], ist dem entgegenzuhalten, dass das Demokratieprinzip des Grundgesetzes auch den Gesetzgeber bindet und ihm verbietet, die Staatsgewalt in fremde Hände zu geben.

Die Kritik an der hierarchischen Grundstruktur der Verwaltung verkennt, dass es nicht darum geht, den Absolutismus zu bewahren oder die Ministerialbeamten zu adeln. Vielmehr ist das hierarchische Aufbauprinzip heute ein „Funktionserfordernis demokratischer Staatlichkeit"[39], weil nicht ersichtlich ist, wie sich eine Rückführbarkeit auf das Volk ansonsten organisieren ließe. Auch bestimmt die (von der Kritik zumeist ausgeblendete) Vorschrift des

---

[37] Vgl. §§ 35 Abs. 1 S. 1 BRRG, 52 Abs. 1 S. 1 BBG.

[38] *Blanke*, KJ 1998, 452 (470).

[39] *Dreier*, Hierarchische Verwaltung im demokratischen Staat, 1991, S. 137.

Art. 65 S. 2 GG ausdrücklich, dass jeder Bundesminister – innerhalb der Richtlinienkompetenz des Bundeskanzlers – seinen Geschäftsbereich selbstständig und unter eigener Verantwortung leitet. Entsprechende Vorschriften enthalten die Landesverfassungen.[40] Eine Leitung ohne hierarchisch gegliederte Organisation erscheint aber nicht vorstellbar. Das bedeutet nicht, dass die Verfassung eine monozentrische Gesamthierarchie der Verwaltung fordert. Zunächst stellen Bund, Länder, Kommunen und sonstige Selbstverwaltungskörperschaften nach dem Gesagten jeweils selbstständige demokratische Gebilde mit eigenständigen Leitungsbefugnissen dar. Sodann bestehen auf Staatsebene zahlreiche Ministerien nebeneinander. Ferner wird noch zu zeigen sein (V.), dass sich demokratische Verwaltung und Partizipation nicht ausschließen.

Schließlich führt das (empirische) Argument, bei dem „Ableitungspurismus"[41] des Bundesverfassungsgerichts zur Herstellung demokratischer Legitimation handele es sich bei immer länger werdenden Ketten um eine bloße Fiktion, nicht weiter. Dass jede Verwaltungsentscheidung dem „wahren Willen" des Volkes entspricht, behauptet niemand. Selbst im Falle eines Volksentscheides wird nur der Wille der Mehrheit der teilnehmenden Stimmberechtigten im Zeitpunkt der Abstimmung ermittelt. Ebenso wenig wird ein „Durchsteuern" der Verwaltung „Top-Bottom" verlangt.[42] Normativ ist nicht entscheidend, dass die Verwaltungsspitze Einfluss nimmt, sondern dass sie Einfluss nehmen kann und für das Ergebnis des Tuns, Duldens oder Unterlassens der Verwaltung Verantwortung gegenüber dem Parlament (bzw. den sonstigen Volksvertretungen) übernehmen muss. Zur Realisierung dieser Verantwortung stehen zahlreiche parlamentarische Kontrollrechte[43] bis hin zur Einsetzung von Untersuchungsausschüssen[44] oder dem Aussprechen eines Misstrauensvotums[45] zur Verfügung. Die Verantwortung steht auch nicht nur auf dem Papier, wie zahlreiche Ministerrücktritte zeigen.

---

[40] Vgl. z.B. die Art. 49 Abs. 1 S. 4 Verf. BW; 51 Abs. 1 Verf. Bay; 37 Abs. 1 S. 2 Verf. Nds.; 55 Abs. 2 Verf. NW; 63 Abs. 2 Verf. Sachs.

[41] *Blanke,* KJ 1998, 452 (468).

[42] Hierauf stellt *Fisahn,* KritV 1996, 267 (276), ab.

[43] Auf Bundesebene z.B. Rechnungslegungspflicht des Bundesministers der Finanzen (Art. 114 Abs. 1 GG) oder Berichterstattung durch unabhängige Instanzen (für den Bundesrechnungshof vgl. Art. 114 Abs. 2 GG, für den Wehrbeauftragten Art. 45 b GG).

[44] Art. 44 GG.

[45] Art. 67 GG. Ein konstruktives Misstrauensvotum kann sich zwar nur gegen den Bundeskanzler richten. Über Art. 69 Abs. 2 GG, wonach das Amt des Bundesministers mit der Erledigung des Amtes des Bundeskanzlers endigt, ist aber indirekt auch die Amtsenthebung eines Bundesministers möglich.

Im Übrigen haben die Kritiker des Bundesverfassungsgerichts bisher auch nicht ansatzweise ein tragfähiges Alternativmodell zu entwickeln vermocht.[46] Der Verweis auf die Betroffenen statt auf das Volk reicht nicht aus. So ist bereits unklar, wie der Personenkreis abgegrenzt werden soll. Es macht einen Unterschied aus, ob die rechtlich Betroffenen, die tatsächlich Betroffenen, die Interessenten oder die Öffentlichkeit herangezogen werden müssen. Auch pflegen die Betroffenen konfligierende Sonderinteressen zu vertreten. Ein Verfahren, wie diese nach allgemeinen Maßstäben unter Wahrung egalitärer Beteiligungsgleichheit zum Ausgleich gebracht werden können, existiert nicht. Muss die Verwaltung – im Rahmen der Gesetze – selbst eine Auswahl treffen, kann nicht davon gesprochen werden, dass die Beteiligung demokratische Legitimation vermittelt. Zudem sieht das Verfassungsrecht oder einfache Recht eine Beteiligung vielfach nicht vor. Z.B. werden Verordnungen[47] in der Regel erlassen, ohne dass zuvor eine förmliche Beteiligung der Betroffenen oder Interessenten stattfindet. Schließlich ist aus den Sozialwissenschaften bekannt, dass in der Regel immer nur Minderheiten die Beteiligungsmöglichkeiten nutzen und eine Beteiligung auch wegen der unterschiedlichen Organisations- und Konfliktsfähigkeit von Personen und Gruppen oftmals kein repräsentatives Bild ergibt.[48] Die Zurücknahme demokratischer Anforderungen[49] ist kein gangbarer Weg.

IV. Die Reichweite des Demokratiegebotes und Substituierbarkeit der demokratischen Legitimationsanforderungen

Die Frage, ob die demokratischen Anforderungen eingehalten werden, stellt sich in der Praxis häufig. So wird seit langem darüber diskutiert, ob ministerialfreie Räume zulässig sind[50] oder in welchem Umfange es eine Mitbestimmung

---

[46] So zu Recht *Sommermann* (Fn. 5), Rn. 184. Nach *Volkmann* (Fn. 10), Rn. 47 m. Fn. 250, soll es nicht auf die Präsentation eines Alternativmodells, sondern – wegen des „lediglich prinzipiellen Charakters des Demokratieprinzips" – auf die Rückführung überzogener Demokratievorstellungen ankommen.

[47] Anders in den USA. Vgl. etwa *Pünder*, Exekutive Normsetzung in den Vereinigten Staaten von Amerika und der Bundesrepublik Deutschland, 1995, S. 115ff.

[48] Vgl. statt vieler *Dahl*, Who governs? Democracy and Power in an American City, 1961, 306ff.; *Scharpf*, Demokratietheorie zwischen Utopie und Anpassung, 1975, S. 57ff.; *dens.*, Probleme der politischen Aufgabenplanung, in: Becker/Thieme, Handbuch der Verwaltung, 1978, Rn. 2301 (2325ff.); *Mayntz*, Soziologie der öffentlichen Verwaltung, 3. Aufl., 1985, S. 209f.

[49] Dafür plädiert *Volkmann* (Fn. 10), Rn. 47 m. Fn. 250.

[50] Vgl. *Oebbecke* (Fn. 27), S. 169ff. In den USA werden dagegen Independent Agencies weithin als unproblematisch angesehen. Dies zeigt (ein weiteres Mal), dass sich die Demokratievorstellungen unterscheiden.

in der Verwaltung geben darf[51]. In den letzten Jahren ist etwa die verfassungsrechtliche Überprüfung des in vielen Verwaltungen eingeführten Neuen Steuerungsmodells aktuell geworden (wegen der damit einhergehenden Steuerungsverluste der Volksvertretungen, insbesondere im Hinblick auf das Budgetrecht).[52] Auch muss sich die weitgehende Verlagerung der technokratischen Regulierung auf Sachverständigengremien oder private Normungsorganisationen[53] oder das vermehrte Ausweichen der öffentlichen Hand auf eigene Stiftungen mit einem eigenen (aus öffentlichen Geldern stammenden, aber dem politischen Prozess entzogenen) Kapital am Demokratieprinzip messen lassen. Die rechtliche Beurteilung hängt in diesen und weiteren Fällen auch von der Reichweite des Demokratiegebotes sowie von der Frage ab, ob die verschiedenen demokratischen Legitimationsanforderungen substituierbar sind.

Das Bundesverfassungsgericht scheint mit der Auffassung zu liebäugeln, dass nicht jegliches Handeln der Träger von Staatsgewalt einer demokratischen Legitimation bedarf. Zwar ist das Gericht auf die früher vertretene Auffassung, dass es unwichtige Aufgaben gebe, die sich nicht unter dem Begriff „Ausübung der Staatsgewalt" subsumieren ließen und deshalb auf Institutionen ohne ausreichende demokratische Legitimation übertragen werden dürften[54], nicht mehr zurückgekommen. Dies spricht dafür, dass das Gericht diese Auffassung (zu Recht) aufgegeben hat. Wenn das Bundesverfassungsgericht aber wiederholt betont, dass sich jedenfalls alles amtliche Handeln mit Entscheidungscharakter als Ausübung von Staatsgewalt darstellt, die demokratischer Legitimation bedarf[55], wird in Kauf genommen, dass es einen Bereich staatlichen Wirkens gibt, der vom Demokratieprinzip nicht erfasst wird. Außerdem stellt die Verfassung nach ständiger Rechtsprechung des Bundesverfassungsgerichts eine innere Einheit dar. [56] Daher müssen die verschiedenen Regelungen der Verfassung einander nach dem Prinzip praktischer Konkordanz[57] verhältnismäßig zugeordnet werden. Hieraus könnte die (vom Bundesverfassungsgericht – soweit ersichtlich – noch nicht gezogene) Schlussfolgerung abgeleitet werden, dass das Demokratieprinzip zurücktreten muss, wenn kollidierendes Verfassungsrecht dies gebietet.

Eine Preisgabe des Demokratiegebotes ist aber weder in dem einen noch in dem anderen Fall gerechtfertigt. Abgesehen davon, dass unklar bleibt, welchen

---

[51] Vgl. *Ossenbühl*, Grenzen der Mitbestimmung im öffentlichen Dienst, 1986; *Ehlers*, Jura 1997, 180ff.

[52] Vgl. *Mehde*, Neues Steuerungsmodell und Demokratieprinzip, 2000; *Pünder*, DÖV 2001, 70 (72ff.).

[53] Vgl. statt vieler *Gusy*, NVwZ 1995, 105ff.

[54] BVerfGE 47, 253 (274).

[55] BVerfGE 47, 253 (273); 83, 60 (73); 93, 37 (68).

[56] BVerfGE 1, 14 (32); 19, 206 (220).

[57] Vgl. *Hesse* (Fn. 2), Rn. 72.

Entscheidungsbegriff das Bundesverfassungsgericht zugrunde legen will[58], ist jedes dem Staat zuzurechnende Tun, Dulden oder Unterlassen Ausübung von Staatsgewalt.[59] Da Art. 20 Abs. 2 S. 1 GG „alle" Staatsgewalt bindet, darf nicht ein Teil ausgeklammert werden. Ferner ist nicht vorstellbar, dass kollidierendes Verfassungsrecht eine vollständige Verdrängung des Demokratiegebots gebietet. In Betracht kommen kann nur eine Modifizierung der demokratischen Anforderungen.[60] Einen speziellen Fall regelt Art. 23 Abs. 1 S. 1 GG, der die Bundesrepublik verpflichtet, an der Verwirklichung eines vereinten Europas nach demokratischen Grundsätzen mitzuwirken. Im Gegensatz zu den Anforderungen an den Grundrechtsschutz in Europa verzichtet diese Norm bewusst darauf, eine wesentliche Vergleichbarkeit mit dem Grundgesetz zu fordern, so dass weniger strenge Maßstäbe zugrunde gelegt werden dürfen. Weitere Relativierungen können sich aus den Grundrechten ergeben. So gilt im Bereich der Universität nicht das demokratische Prinzip „one man – one vote", weil die Wissenschaftsfreiheit (Art. 5 Abs. 3 GG) differenziertere Lösungen erforderlich macht.[61]

Darüber hinaus vertritt das Bundesverfassungsgericht die Ansicht, dass die verschiedenen Formen der demokratischen Legitimation nicht je für sich, sondern nur in ihrem Zusammenwirken einen hinreichenden Gehalt an demokratischer Legitimation erreichen müssen. Aus verfassungsrechtlicher Sicht sei nicht die Form der demokratischen Legitimation staatlichen Handelns, sondern deren Effektivität entscheidend. Notwendig sei ein „bestimmtes Legitimationsniveau". Dies könne bei den verschiedenen Erscheinungsformen von Staatsgewalt im Allgemeinen und der vollziehenden Gewalt im Besonderen unterschiedlich ausgestaltet sein.[62] Somit sollen sich die Legitimationsfaktoren in gewisser Weise substituieren können. Das Nähere wird dem Gesetzgeber überlassen. Vage bleibt, wo die Grenzen verlaufen sollen.

Für den Bereich der (personellen) Mitbestimmung in der Verwaltung hat das Bundesverfassungsgericht dies konkretisiert. Die von den Beschäftigten im öffentlichen Dienst gewählten Personalratsmitglieder verfügen über keine personelle demokratische Legitimation. Sie vertreten nicht das Volk, sondern die Beschäftigten und verfolgen nicht Gemeinwohlziele, sondern ihre spezifischen

---

[58] Jedes Handeln von Organisationen oder Menschen beruht auf Entscheidungen.

[59] Entgegen *Böckenförde* (Fn. 7), Rn. 13, trifft dies auch auf vorbereitende Handlungsweisen (etwa durch den Bürgermeister einer Gemeinde) oder technisch-instrumentelle Verrichtungen zu.

[60] Vgl. z.B. *Löwer*, VVdStRL 60 (2001), 416 (443), der zu Recht eine (begrenzte) Autonomie der Geschäftsführung öffentlicher Unternehmen durch den Grundsatz der Wirtschaftlichkeit (Art. 114 Abs. 2 GG) gerechtfertigt sieht. A.A. *Gersdorf*, Öffentliche Unternehmen im Spannungsfeld zwischen Demokratie- und Wirtschaftlichkeitsprinzip, 2000, S. 477ff.

[61] Vgl. dazu BVerfGE 35, 79 (126ff.).

[62] BVerfGE 83, 60 (72); 93, 37 (66f.).

Interessen als Dienst- und Arbeitnehmer. Gleichwohl sieht das Bundesverfassungsgericht im Falle einer Beteiligung der Personalräte an der Ausübung von Staatsgewalt das „Legitimationsniveau“ unter zwei Voraussetzungen als gewahrt an. Einerseits dürfe sich die Mitbestimmung nur auf innerdienstliche Maßnahmen erstrecken und nur so weit gehen, als die spezifischen in dem Beschäftigungsverhältnis angelegten Interessen der Angehörigen der Dienststelle sie rechtfertigten (Schutzzweckgrenze), andererseits verlange das Demokratieprinzip für die Ausübung von Staatsgewalt bei Entscheidungen von Bedeutung für die Erfüllung des Amtsauftrags jedenfalls, dass die Letztentscheidung eines dem Parlament verantwortlichen Verwaltungsträgers gesichert sei (Verantwortungsgrenze). Wegen der überragenden Bedeutung einer personell-demokratischen Legitimation stellt sich indessen vorrangig die Frage, ob diese überhaupt geschmälert werden darf, sofern sich hierfür nicht eine anderweitige verfassungsrechtliche Rechtfertigung finden lässt. Eine solche könnte sich für den Bereich der personellen Mitbestimmung von Verwaltungsbediensteten aus den Grundrechten und dem Sozialstaatsprinzip ergeben.[63] Die Zugrundelegung der letzteren Betrachtungsweise dürfte in dem vom Bundesverfassungsgericht entschiedenen Fall kaum zu anderen Ergebnissen führen. Doch ist die verhältnismäßige Zuordnung kollidierender verfassungsrechtlich geschützter Interessen im Wege der Abwägung einer mehr oder weniger freihändigen Bestimmung des Legitimationsniveaus vorzuziehen. Zum Schwur kann es in anderen Fällen kommen. So hat das Bundesverfassungsgericht die Frage offengelassen, ob der Gesetzgeber verpflichtet ist, für den Bereich des öffentlichen Dienstes in gewissem Umfang Beteiligungsrechte eines gewählten Repräsentationsorgans der Beschäftigten zu schaffen.[64] Eine solche Verpflichtung lässt sich allenfalls aus den Grundrechten oder dem Sozialstaatsprinzip herleiten. Auch die verfassungsrechtliche Beurteilung der direktiven Mitbestimmung in der Verwaltung hängt mit davon ab, ob man vorbehaltlich verfassungsrechtlich zugelassener Ausnahmen von jedem Amtswalter eine personell-demokratische Legitimation verlangt. Soweit es um eine Beteiligung von Beschäftigtenvertretern an Leitungsentscheidungen staatlicher Verwaltungsträger geht, kommt diesen weder der Schutz der Grundrechte noch der Schutz des Sozialstaatsprinzips zugute, weil keinerlei Bezug zur persönlichen Rechtsstellung mehr vorhanden ist. Argumentiert man mit dem Legitimationsniveau, lässt sich darüber streiten, ob dieses bei Wahrung des Letztentscheidungsrechts der demokratisch legitimier-

---

[63] Vgl. auch BVerfGE 28, 314 (323); 51, 43 (58) – wonach die sich auf die innerdienstlichen Angelegenheiten beziehenden Beteiligungsrechte der Beschäftigten im Sozialstaatsgedanken wurzeln und auf Vorstellungen zurückgehen, die auch den Grundrechtsverbürgungen der Art. 1, 2 und 5 Abs. 1 GG zugrunde liegen.

[64] BVerfGE 93, 37 (69).

ten Amtswalter[65] gewahrt ist.[66] Dies alles zeigt beispielhaft, welcher Klärungsbedarf noch besteht.

V. Die verbleibenden Möglichkeiten der Ausgestaltung und Ergänzung des Demokratiegebots

Das Grundgesetz enthält keinen abschließenden „Fahrplan“ für die Ausgestaltung der Demokratie. So lässt es jedenfalls auf der Landesebene Formen der unmittelbaren Demokratie in erheblichem Ausmaße zu.[67] Hiervon haben alle Länder auch für die kommunale Ebene Gebrauch gemacht.[68] Soweit es den Bund angeht, soll die Einführung weiterer (über Art. 29 GG hinausführender) plebiszitärer Elemente ungeachtet der Erwähnung von Volksabstimmungen in Art. 20 Abs. 2 S. 2 GG nach h. M.[69] zwar einer Verfassungsänderung bedürfen (die von den die derzeitige Bundesregierung tragenden Parteien angestrebt wird). Doch wird man jedenfalls die im Grundgesetz nur vereinzelt vorgesehenen Volksbefragungen (Art. 29 Abs. 5, 6; 118 GG) in weiteren Fällen für zulässig zu erachten haben[70], sofern dadurch nicht das Bekenntnis der Verfassung zur repräsentativen Demokratie unterlaufen und in die Kompetenzen anderer Rechtsträger eingegriffen wird.[71]

Ferner kommt eine Partizipation von Bürgern, Einwohnern und weiteren Personen (namentlich Personenvereinigungen) an Verwaltungsentscheidungen in Betracht. Unter Partizipation ist eine Beteiligung an der Verwaltung zu verstehen, die sich nicht als Ausübung von Staatsgewalt unmittelbar durch das Volk darstellt. Das Demokratiegebot des Grundgesetzes nimmt nicht für sich in Anspruch, die Beziehungen von Staat und Menschen abschließend zu bestimmen und lässt zudem Raum dafür, das „Prinzip“ der Demokratie näher und weiter

---

[65] Das Letztentscheidungsrecht ist in jedem Falle unaufgebbar. So kann die Entscheidung, ob ein vom Staat betriebenes Atomkraftwerk abgeschaltet oder ein von der Bundeswehr geplanter Auslandseinsatz durchgeführt werden soll, nicht den Beschäftigten überlassen werden.

[66] Die von BVerfGE 93, 37 (70) formulierte Schutzzweckgrenze, nach der sich die Mitbestimmung „nur auf innerdienstliche Maßnahmen“ erstrecken darf, spricht dafür, dass das für erforderlich gehaltene demokratische Legitimationsniveau im Falle der direktiven Mitbestimmung nicht gewahrt wird.

[67] Vgl. *Dreier*, Jura 1997, 249 (252).

[68] Vgl. die Übersicht von *Hartmann*, DVBl. 2001, 776ff.

[69] Vgl. *Maurer*, Staatsrecht, 1999, § 7 Rn. 30ff. m.w.N. Abl. *Stein*, in: AK-GG (Fn. 1), Art. 20 Abs. 1–3 III Rn. 51.

[70] Str. Wie hier *Pestalozza*, NJW 1981, 733 (734). A.A. z.B. *Herzog* (Fn. 16), Art. 20 II Rn. 45.

[71] Vgl. BVerfGE 8, 104 (115ff.).

zu entfalten.[72] Zudem sind nach der grundgesetzlichen Ordnung Demokratie und Freiheit aufeinander bezogen.[73] Zur Freiheit gehört das Recht der Grundrechtsberechtigten, sich am Prozess der politischen Willensbildung zu beteiligen sowie die eigenen Interessen gegenüber dem Staat zu vertreten und an den Staat heranzutragen. Umgekehrt ist der Staat, insbesondere die Verwaltung, auf eine Zusammenarbeit mit den Einzelnen angewiesen. Dies ergibt sich schon aus dem Umstand, dass der Staat nicht um seiner selbst willen, sondern um der Menschen willen da ist. Teilweise gebieten die Grundrechte und das Rechtsstaatsprinzip eine Einbeziehung in das Verwaltungsverfahren. So ist etwa von Verfassungs wegen grundsätzlich eine Anhörung vor Erlass eingreifender Verwaltungsakte geboten.[74] Zahllose weitere Beteiligungsformen schreibt das einfache Gesetzesrecht vor. Auch ohne gesetzliche Verpflichtung ist eine Beteiligung am Verwaltungsverfahren grundsätzlich zulässig und positiv zu bewerten. Insoweit besteht kein Meinungsunterschied zu den Anhängern eines partizipationsbezogenen Demokratieverständnisses. Erforderlich ist aber, dass die Beteiligung der Einzelnen das Gebot demokratischer Legitimation der Ausübung von Staatsgewalt nicht um seine Wirkung bringt.[75] Zulässig ist deshalb nur eine Ergänzung, nicht aber eine Ersetzung oder Verfälschung der demokratisch gebotenen Legitimationsanforderungen im Sinne der genannten formalen Strukturen. Sollen die Einzelnen nur die Möglichkeit erhalten, sich an die Verwaltung zu wenden, ist die Gefahr einer Verfälschung nicht gegeben. Anders ist die Lage jedoch, wenn die Beteiligung auf Seiten der Verwaltung erfolgen soll, namentlich wenn eine Mitentscheidung gewollt ist. Das in der Literatur diskutierte Beispiel des Schülersprechers mag dies verdeutlichen.[76] Der von den Mitschülern gewählte Schulsprecher verfügt über keine demokratische Legitimation (die Schüler bilden kein Volk), benötigt diese aber auch nicht, soweit er nur die Interessen der Schüler gegenüber den Lehrern und der Schulverwaltung vertreten soll. Anders wäre es z.B., wenn der Schülersprecher über die Versetzung der Schüler mitentscheiden dürfte. In diesem Fall wäre er an der Ausübung von Staatsgewalt beteiligt. Eine Wahl nur durch die Schüler wäre dann als Legitimationsbasis nicht ausreichend. Zulässig ist eine Schülerselbstverwaltung, wenn und soweit sie auf kollektive Grundrechtsausübung der Schüler zurückgeführt werden kann.

---

[72] Vgl. die Ausf. zu III. am Anfang.

[73] Näher dazu *Böckenförde* (Fn. 7), Rn. 36ff.

[74] *Ehlers*, Jura 1996, 617 (618f.).

[75] Vgl. auch *Schmidt-Aßmann*, AöR 116 (1991), 329 (369), der von einem „Störungsverbot" spricht.

[76] Vgl. *Bryde* (Fn. 10), S. 306; *Blanke*, KJ 1998, 452 (469), mit dem Hinweis darauf, dass in diesem Beispiel „als Konsequenz und nicht als Karikatur" deutlich werde, wie der vom Volk ausgegangene demokratische Wille zum Volk zurückkehre: „als obrigkeitlicher Befehl, Ernennung und Weisung".

VI. Fazit

Zusammenfassend kann festgehalten werden, dass die Ausübung von Staatsgewalt auf das Volk zurückgeführt werden muss. Mit dem Bundesverfassungsgericht ist davon auszugehen, dass nur verfasste Personengesamtheiten Volkscharakter haben können. Die vollziehende Gewalt bedarf sowohl der organisatorisch-personellen als auch der sachlich-inhaltlichen demokratischen Legitimation. Eine organisatorisch-personelle Legitimation ist nur vorhanden, wenn eine auf das Volk zurückführende Legitimationskette besteht. Wer diese Ansicht als Legitimationskettenfetischismus bezeichnet[77], stellt einen der herausragenden Erfolge des demokratischen Rechtsstaats in Frage: nämlich die Errungenschaft, die Staatsgewalt in Ketten gelegt zu haben – nicht an die Kette eines Einzelnen oder einer privilegierten Gruppe, sondern an die Kette des ganzen Volkes. Entgegen einer verbreiteten Ansicht (wohl ebenfalls des Bundesverfassungsgerichts) haben auch die Mitglieder von nicht kommunalen Körperschaften Teilvolkcharakter. Das Demokratiegebot des Grundgesetzes kann durch kollidierendes Verfassungsrecht modifiziert, nicht aber aufgegeben werden. Eine freihändige Bestimmung des Legitimationsniveaus stößt auf Bedenken. Demokratische Legitimation und Partizipation widersprechen sich nicht. Eine Partizipation vermag die demokratische Legitimation jedoch nur zu ergänzen, nicht zu ersetzen.

---

[77] *Bryde* (Fn. 10), S. 324.

Volkswahl des Ministerpräsidenten?

Hartmut Maurer

I. Einleitung

Das Demokratieprinzip bedarf der konkreten Ausgestaltung unter Berücksichtigung der sich wandelnden Verhältnisse. Ekkehart Stein, dem dieser Beitrag gewidmet ist, hat sich dieser Aufgabe mit großem Engagement gestellt und die Konsequenzen des Demokratieprinzips in seinem Lehrbuch zum Staatrecht[1] und in seiner Kommentierung des Art. 20 GG[2] sowie in weiteren Veröffentlichungen[3] eindrucksvoll dargestellt. Dabei ging es ihm vor allem darum, dem Demokratieprinzip durch zeitgemäße Auslegung weitere Bereiche zu erschließen. So hat er sich für die Verstärkung der demokratischen Mitwirkungsrechte der Bürger durch Erweiterung der plebiszitären Instrumente[4] und für die Ausdehnung des Demokratieprinzips auf den gesellschaftlichen Bereich[5] ausgesprochen.

Im folgenden soll darauf nicht weiter eingegangen, sondern – ergänzend – ein weiterer Aspekt des Demokratieprinzips im staatsorganisatorischen Bereich erörtert werden.

In der letzten Zeit wurde in der Literatur verschiedentlich vorgeschlagen, die Ministerpräsidenten der Bundesländer, die bislang durchweg von den Landesparlamenten gewählt wurden, unmittelbar vom Volk wählen zu lassen.[6] Da-

---

[1] *Ekkehart Stein*, Staatsrecht, 16. Aufl. 1998, S. 55ff.; *Ekkehart Stein/Götz Frank*, Staatsrecht, 17. Aufl. 2000, S. 54ff.

[2] Alternativ-Kommentar zum Grundgesetz, 3. Aufl. 2001, Art. 20 Abs. 1–3 III Rn. 1ff.

[3] Vgl. das Schriftenverzeichnis am Ende dieser Festschrift.

[4] Vgl. Lehrbuch, aaO. Fn. 1, 16. Aufl. S. 128f.; 17. Aufl. S. 120f.; Kommentar, aaO. Fn. 2, Rn. 51ff.; dazu auch *H. Maurer*, Staatsrecht, 2. Aufl. 2001, § 7 Rn. 30ff., insbes. Rn. 36.

[5] Vgl. Lehrbuch, aaO. Fn. 1, 16. Aufl. S. 61ff.; 17. Aufl. S. 59ff.; Kommentar, aaO. Fn. 2, Rn. 61ff.

[6] Vgl. vor allem *Hans Herbert von Arnim*, Staat ohne Diener, (aktualisierte und ergänzte Taschenbuchausgabe) 1995, S. 345ff.; *ders.*, Vom schönen Schein der Demokratie, 2000, S. 155ff.; *ders.*, Das System, 2001, S. 336ff. und öfters; ferner *Albert Janssen*, Die Reformbedürftigkeit des deutschen Bundesstaates aus verfassungsrechtlicher Sicht, in: H.-G. Henneke (Hg.), Verantwortungsteilung zwischen Kommunen, Ländern, Bund und Europäischer Union, 2001, S. 59 (74ff.) mit Diskussion S. 282ff.; *Brun-Otto Bryde*, Die Reform der Landesverfassungen, in: H.H. von Arnim (Hg.), Direkte Demokratie, 2000, S. 147 (153ff.); *Fried Esterbauer*, Volkswahl der Regierung?, in: H.H. von Arnim, Direkte Demokratie, 2000, S. 161ff.; *Georg-Bernd Oschatz*, Perspektiven des Parteienstaates – Volksparteien in der Krise?, 1990, S. 20 (zitiert nach v. Arnim, Vom schönen Schein, aaO. Fn. 6, S. 156); vgl. ferner die Thesen der „Frankfurter Intervention", abgedruckt in RuP 1995, 16ff.

durch sollen die demokratischen Mitwirkungsrechte der Bürger im staatlichen Bereich verstärkt, die um sich greifende Parteienherrschaft beschränkt und die Stellung der Landesparlamente gegenüber der Exekutive gefestigt werden. Die Forderung nach Volkswahl des Ministerpräsidenten ist allerdings auch auf Skepsis und Ablehnung gestoßen.[7] Sie ist im übrigen nicht ganz so neu, wie es zunächst erscheinen mag. Bei den Beratungen der Verfassung des 1952 geschaffenen Landes Baden-Württemberg schlug die CDU in ihrem Verfassungsentwurf die Volkswahl des Ministerpräsidenten vor. Sie knüpfte damit an Vorstellungen an, die bereits bei den Beratungen der nach 1945, aber vor Erlass des Grundgesetzes ergangenen Landesverfassungen lebhaft diskutiert wurden.[8] Auch in der Literatur sind damals beachtliche Vorschläge in dieser Richtung gemacht und näher entfaltet worden.[9] In den Verfassungen selbst fand die Volkswahl des Ministerpräsidenten jedoch keinen Eingang. Sie wurde in den folgenden Jahren auch nicht mehr diskutiert, weder in der Literatur noch im Rahmen der schubweise erfolgenden Verfassungsreformen in den Ländern. Um so nachdrücklicher hat sich in den letzten Jahren Hans Herbert von Arnim, der die parteistaatlichen Verhältnisse der Gegenwart einer scharfen Kritik unterzieht und nach Alternativen sucht, für die Volkswahl eingesetzt.[10]

Die neuere Diskussion über die Volkswahl des Ministerpräsidenten hat offensichtlich durch die Entwicklungen des Kommunalrechts Auftrieb erhalten. Bis vor kurzem wurden die Bürgermeister (Oberbürgermeister) der Gemeinden und der Städte vom Gemeinderat gewählt; lediglich in Baden-Württemberg und in Bayern erfolgte die Wahl durch die Gemeindebevölkerung. Im Zuge der Kommunalverfassungsreform der 90er Jahre des letzten Jahrhunderts hat sich das grundlegend geändert. In allen Bundesländern wird nunmehr der Bürgermeister unmittelbar gewählt.[11] Wenn die Oberbürgermeister der Großstädte unmittelbar gewählt werden, warum dann nicht auch, so wird argumentiert, die Ministerpräsidenten der Länder, zumal die kleinen Bundesländer wie das Saarland oder die Stadtstaaten Hamburg und Bremen kaum größer als Großstädte wie München und Köln sind.[12] Ob und in wieweit der Blick auf den Kommunalbereich Vergleiche und Folgerungen zulässt, ist allerdings wiederum fraglich und umstritten.[13]

---

[7] *Hans H. Klein*, Direktwahl der Ministerpräsidenten?, Festschrift für M. Kriele, 1997, 573ff.; *Herbert Schneider*, Ministerpräsidenten, 2001, S. 102ff.; ferner die Vorbemerkung zu den Thesen der „Frankfurter Intervention" (aaO. Fn. 6).

[8] Vgl. dazu unten II.

[9] *Theodor Eschenburg*, Verfassung und Verwaltungsaufbau des Südweststaates, 1952, S. 42ff., 59ff.

[10] Vgl. die Nachweise oben Fn. 6.

[11] Im einzelnen bestehen freilich noch erhebliche Unterschiede, vgl. dazu die Hinweise bei *Hartmut Maurer*, Allgemeines Verwaltungsrecht, 13. Aufl. 2000, § 23 Rn. 10 b.

[12] So *von Arnim*, Staat ohne Diener, aaO. Fn 6, S. 345; System, aaO. Fn. 6, S. 336.

[13] Vgl. z.B. *Schneider*, aaO. Fn. 7, S. 102f.; *H.H. Klein*, aaO. Fn. 7, S. 578.

Wenn man der Forderung der Volkswahl der Ministerpräsidenten nachgeht, ist zwischen der verfassungsrechtlichen Zulässigkeit, der verfassungspolitischen Zweckmäßigkeit und der verfassungssystematischen Stimmigkeit zu unterscheiden. Spätestens der letztgenannte Aspekt zeigt, dass die Diskussion nur sinnvoll ist, wenn man die Volkswahl des Ministerpräsidenten nicht isoliert, sondern im verfassungsorganisatorischen Gesamtzusammenhang betrachtet. So ist es z.B. durchaus von Bedeutung, ob und ggf. unter welchen Voraussetzungen der volksgewählte Ministerpräsident vorzeitig abberufen werden kann, wer die Minister bestellt bzw. bei deren Bestellung mit welchem Gewicht mitwirkt, wie die regierungsinternen Beziehungen geregelt sind, welchen Einfluss der Ministerpräsident bzw. die Regierung auf die Gesetzgebung haben, ob und welche Konfliktslösungsmodelle bei einem tiefgreifenden Streit zwischen Parlament und Regierung bestehen. Mit der Forderung der Volkswahl des Ministerpräsidenten wird – was offenbar nicht immer hinreichend beachtet wird – das traditionelle parlamentarische Regierungssystem im Landesbereich insgesamt auf den Prüfstand gestellt.

II. Historische Aspekte

1. Begriffliche Vorklärungen

Typisch für das parlamentarische Regierungssystem ist, dass die Regierung in ihrem Bestand und damit in ihrer Tätigkeit vom Vertrauen des Parlaments abhängig ist.[14] Die Regierung muss zurücktreten, wenn ihr das Parlament – um die traditionelle Terminologie zu verwenden – das Vertrauen entzieht bzw. das Misstrauen ausspricht, wenn sie also vom Parlament abgewählt wird.[15] Eine andere Frage ist, wer die Regierung bestellt. Das kann, muss aber nach den Regeln des parlamentarischen Regierungssystems nicht das Parlament sein. Es ist durchaus denkbar, dass die Regierung vom Staatsoberhaupt (Monarch oder Staatspräsidenten) bestellt wird, aber dann zurücktreten muss, wenn ihr durch einen Beschluss des Parlaments das Vertrauen entzogen wird. Das Staatsoberhaupt kann bei dieser Konstellation bestimmte Weichen stellen und einen ihm nicht geeigneten Kandidaten verhindern, wird aber, wenn er mit seiner Ernennung nicht von vornherein scheitern will, die Vorstellungen des Parlaments berücksichtigen.

---

[14] Vgl. dazu *Klaus Stern*, Staatrecht I, 2. Aufl. 1984, S. 956ff.; *Roman Herzog*, Allgemeine Staatslehre, 1971, S. 264ff. jeweils mit weiteren Nachweisen.

[15] Im einzelnen kann die verfassungsrechtliche Ausgestaltung unterschiedlich sein, etwa die Abwahl mit der anschließenden Neuwahl gekoppelt werden, so das sog. konstruktive Misstrauensvotum des Art. 67 GG.

Die Alternative ist das Präsidialsystem. Danach steht die Regierung selbständig neben dem Parlament. Der Regierungschef (Präsident) wird – wie das Parlament – unmittelbar vom Volk gewählt und kann – wenn überhaupt – nur durch das Volk vor Ablauf seiner Amtszeit abgewählt werden. Das klassische Beispiel dafür bildet bekanntlich die Verfassung der Vereinigten Staaten von Amerika.

Dazwischen liegt das „kombinierte System". Danach gibt es zwei vom Volk gewählte Organe, nämlich das Parlament und den Staatspräsidenten als Staatsoberhaupt. Die Regierung wird nicht nur vom Staatspräsidenten berufen, sondern kann auch jederzeit von ihm wieder abberufen werden; sie bedarf darüber hinaus aber auch des Vertrauens des Parlaments und muss zurücktreten, wenn ihr das Misstrauen ausgesprochen wird. Die Regierung ist also in doppelter Weise – sowohl vom Staatspräsidenten als auch vom Präsidenten – abhängig. Beispiele dafür bilden die Verfassungen von Frankreich und Polen, früher auch die Weimarer Reichsverfassung.

2. *Die nach 1918 erlassenen Landesverfassungen*

In Deutschland wurde nach der Revolution und dem Zusammenbruch der Monarchie 1918 nicht nur im Reich sondern auch in den Ländern das parlamentarische Regierungssystem eingeführt.[16] Die Landtage wählten entweder die gesamte Landesregierung oder den Ministerpräsidenten, der seinerseits die Minister bestellte. Und sie konnten die Regierungsmitglieder – einzeln oder kollektiv – jederzeit durch einen Misstrauensbeschluss wieder abberufen. Für die Länder war das parlamentarische Regierungssystem sogar reichsrechtlich durch Art. 17 I 3 WRV vorgeschrieben, der bestimmte, dass die Landesregierunger des Vertrauens der Volksvertretung bedürfen.[17]

3. *Die nach 1945 erlassenen Landesverfassungen*

An diese Verfassungstradition knüpften die Landesverfassungen an, die 1946/47 in den Ländern der ehemaligen amerikanischen und der ehemaligen franzö-

---

[16] *Otto Meißner*, Das Staatrecht des Reiches und seiner Länder, 2. Aufl. 1923, S. 97ff.; *Otto Koellreutter*, Die Staatministerien und die Regierungssysteme in den Ländern mit Ministerialverfassung, in: G. Anschütz/R. Thoma, Handbuch des deutschen Staatsrechts, Bd. I, 1930, S. 667ff.

[17] Vgl. dazu *Gerhard Anschütz*, Die Verfassung des Deutschen Reiches, 14. Aufl. 1933, Art. 17 Anm. 5 (S. 135ff.), der allerdings die Anforderungen dieser Vorschrift ziemlich herunterspielte.

sischen Besatzungszone erlassen wurden.[18] Sie bestimmten, dass die Regierung aus dem Ministerpräsidenten und den Ministern besteht, dass der Ministerpräsident vom Landtag gewählt wird und sodann – teilweise unter Mitwirkung des Landtags – die Minister beruft und entlässt und dass die Regierung oder einzelne Minister zurücktreten müssen, wenn ihnen durch Beschluss des Landtags das Vertrauen entzogen wird.[19] Das damit festgelegte parlamentarische System war jedoch nicht unbestritten.[20] In den vorhergehenden Verfassungsentwürfen und -beratungen wurde zwar die zentrale Stellung des Parlaments anerkannt, zugleich aber von verschiedenen Seiten, insbesondere von den konservativen Parteien, eine „konstitutionelle Demokratie", d.h. eine verfassungsrechtlich beschränkte parlamentarische Demokratie, gefordert.[21] Zur Begründung verwies man auf die negativen Erfahrungen mit dem Reichstag und einigen Landesparlamenten der Weimarer Zeit, die infolge der Parteienzersplitterung und der Zunahme extremistischer Parteien handlungsunfähig wurden, und auf die Gefahr, dass extremistische Parteien oder Koalitionen wieder die Mehrheit im Parlament erlangen könnten. In staatsorganisatorischer Hinsicht wurden deshalb als Gegengewichte und stabilisierende Faktoren eine Zweite Kammer und ein Staatspräsident gefordert. Der Staatspräsident, der vom Volk oder von beiden Kammern oder zumindest mit qualifizierter Mehrheit vom Landtag, aber jedenfalls für eine bestimmte Zeit gewählt werden sollte, sollte den Staat reprä-

---

[18] In den Ländern der ehemaligen britischen Besatzungszone kam es zwar zu Verfassungsberatungen, wurden aber erst nach Inkrafttreten des Grundgesetzes Verfassungen erlassen. Die Stadtstaaten (Hamburg und Bremen) mit ihren spezifischen Traditionen und Verhältnissen bleiben im folgenden außer Betracht. Die Ende 1946/Anfang 1947 in der sowjetischen Besatzungszone erlassenen Verfassungen hatten zwar einen bürgerlichen Anstrich, waren aber kommunistisch determiniert; auch sie werden im folgenden nicht weiter behandelt.

[19] Im einzelnen bestanden gewisse Unterschiede, vgl. den Überblick bei *Friedrich Klein*, Neues Deutsches Verfassungsrecht, 1949, S. 209ff. Bayern verzichtete auf eine Misstrauensregelung im technischen Sinne und bestimmte statt dessen: „Er (sc. der Ministerpräsident) muss zurücktreten, wenn die politischen Verhältnisse ein vertrauensvolles Zusammenarbeiten zwischen ihm und dem Landtag unmöglich machen" (Art. 44 III 2 LVerf.). Auch diese Regelung stand im Zeichen des (sogleich zu erörternden) Bemühens, eine stabile Regierung zu gewährleisten. Sie gilt heute noch; kontrovers ist die Frage, ob im Streitfall der Verfassungsgerichtshof darüber zu entscheiden hat, ob die Rücktrittsvoraussetzungen vorliegen.

[20] Vgl. dazu und zum folgenden die (gedruckten) Verhandlungen der verfassunggebenden Landesversammlungen dieser Länder; ferner *Paul Sauer* (Hg.), Quellen zur Entstehung der Verfassung von Württemberg-Baden, 3 Bde. 1995/2001; *Paul Feuchte* (Hg.), Quellen zur Entstehung der Verfassung des Landes Baden 1947, 2 Bde. 1999/2001; *Paul Feuchte*, Verfassungsgeschichte von Baden-Württemberg, 1983, S. 39ff.; *Frank R. Pfetsch* (Hg.), Verfassungsreden und Verfassungsentwürfe. Länderverfassungen 1946–1953, 1986; *Frank R. Pfetsch*, Ursprünge der Zweiten Republik. Prozesse der Verfassungsgebung, 1990.

[21] Vgl. *Theodor Eschenburg*, Jahre der Besatzung 1945 – 1949, 1983, S. 245; *Wiltraut von Brünneck*, Die Verfassung des Landes Hessen vom 1. Dezember 1946, JÖR Bd. 3 (1954) S. 213, 220f.; *Karlheinz Niclauss*, Die Entstehung der Bundesrepublik als Demokratiegründung, VZG 22 (1974) S. 46, 55ff.

sentieren, Stabilität und Kontinuität gewährleisten, die Gemeinwohlinteressen vertreten, in Konfliktsfällen als Schlichter auftreten und im Falle des Staatsnotstandes aktiv werden.[22] Zu seinen Aufgaben sollte auch die Bestellung des Ministerpräsidenten bzw. der gesamten Regierung gehören, die zudem des Vertrauens des Parlaments bedurften. Praktisch wurde damit die Konstruktion der Weimarer Reichsverfassung übernommen. Offenbar machte man nicht die Regelungen über den Reichspräsidenten, sondern das Verhalten der Parteien und der Parlamente für das Scheitern der Weimarer Republik verantwortlich.

Hinter diesen Vorschlägen standen angesehene Politiker und Staatsrechtslehrer, so etwa in Bayern der damalige Ministerpräsident Wilhelm Hoegner (SPD) und der als Sachverständige zu den Beratungen des Verfassungsausschusses herangezogene Staatsrechtslehrer Professor Nawiasky,[23] in Württemberg-Baden Staatsrat und Professor Carlo Schmid[24] und in Rheinland-Pfalz der damalige Justiz- und Kultusminister Adolf Süsterhenn.[25] Gleichwohl genügte das Gewicht dieser Persönlichkeiten offenbar nicht, um den Staatspräsidenten und die Zweite Kammer durchzusetzen. Sie fanden zwar in den Verfassungsausschüssen der verfassunggebenden Landesversammlungen teilweise noch Zustimmung, stießen dann aber im Plenum dieser Versammlungen auf Ablehnung.[26] Lediglich der bayerische Senat wurde eingeführt und bestand dann auch bis zu seiner Abschaffung durch Volksentscheid vom 8. 2. 1998 mit Wirkung vom 1. 1. 2000. In den relativ kleinen süddeutschen Ländern musste in der Tat eine doppelte Volksvertretung (Landtag und Zweite Kammer) und eine doppelte Exekutivspitze (Staatspräsident und Ministerpräsident) trotz der dafür vorgebrachten Gründe überdimensioniert erscheinen.[27]

---

[22] Vgl. dazu *Paul Feuchte*, Verfassungsgeschichte, aaO. Fn. 20, S. 90f.; *Frank R. Pfetsch*, Ursprünge, aaO. Fn. 20, S. 313ff.

[23] Vgl. *Wilhelm Hoegner*, Professor Dr. Hans Nawiasky und die bayerische Verfassung von 1946, Festschrift für Nawiasky, 1950, S. 1ff.; *ders.*, Der schwierige Außenseiter. Erinnerungen, 1959, S. 248ff.; *Hans Nawiasky/Claus Leusser*, Die Verfassung des Freistaates Bayern vom 2. Dezember 1946, 1948, S. 35f., 39f.; *Eduard Schmidt*, Staatsgründung und Verfassungsgebung in Bayern, Bd. 1, 1993, S. 222ff.

[24] *Paul Feuchte*, Verfassungsgeschichte, aaO. Fn. 20, S. 90; *Paul Sauer* (Hg.), Quellen, aaO. Fn. 20, Bd. 1, S. 10, 26ff., 164ff., 376f. (und öfter); *Petra Weber*, Carlo Schmid. Eine Biographie, 1996, S. 275f.

[25] Vgl. *Adolf Süsterhenn/Hans Schäfer*, Kommentar der Verfassung für Rheinland-Pfalz, 1950, S. 312f.; *Helmut Klaas*, Die Entstehung der Verfassung für Rheinland-Pfalz, 1978, S. 68f.

[26] In Bayern fehlte der vorgeschlagenen Regelung über den Staatspräsidenten nur eine Stimme in der verfassunggebenden Landesversammlung; *Hoegner* bezeichnete später diese Ablehnung als „persönliche Niederlage" (Erinnerungen, S. 254).

[27] So auch später *Carlo Schmid*, Erinnerungen, 1979, S. 275. Zu beachten ist allerdings, daß die damaligen Verfassungsväter – insbesondere Carlo Schmid – beim Erlass der Landesverfassungen auch die künftige Reichs- oder Bundesverfassung im Auge hatten und dafür Maßstäbe setzen wollten. Tatsächlich finden sich die meisten „Neuerungen" des Grundgesetzes bereits in jenen Landesverfassungen, vgl. *Maurer*, Staatsrecht (Fn. 4) § 2 Rn. 79f.

Eine etwas andere Konzeption wurde zunächst in dem kleinen, in der französischen Besatzungszone gelegenen Land (Süd)Württemberg-Hohenzollern verfolgt. Die CDU, die in der verfassunggebenden Landesversammlung und im Verfassungsausschuss die absolute Mehrheit hatte, lehnte den Vorschlag, die bereits erlassene Verfassung von Württemberg-Baden im wesentlichen zu übernehmen, ab und legte stattdessen einen eigenen Verfassungsentwurf vor.[28] In diesem Entwurf taucht, soweit ersichtlich, zum ersten Mal der vom Volk unmittelbar gewählte Ministerpräsident mit erheblichen Rechten auch und vor allem gegenüber dem Landtag auf (mit dem in Baden und Württemberg seit 1919 üblichen Titel Staatspräsident). Im Verfassungsausschuss kam es wegen der starken und unabhängigen Stellung des Staatspräsidenten zu Lasten des Parlaments und vor allem wegen der Schulfrage (Konfessionsschule als alleinige Schulform) zu erheblichen Auseinandersetzungen, die schließlich zum Auszug der anderen Parteien (SPD, DVP und KP) führten. Die CDU beschloss daraufhin im Alleingang ihren Entwurf und legte ihn der Militärregierung zur erforderlichen Genehmigung vor. Diese lehnte jedoch den Entwurf insgesamt ab, wobei sie auch die Regelung über die unmittelbare Wahl des Ministerpräsidenten beanstandete,[29] und forderte die verfassunggebende Versammlung auf, unter Beachtung bestimmter Vorgaben und innerhalb einer knapp bemessenen Frist eine neue Verfassung zu beraten und zu beschließen. Das geschah dann auch.[30] Die Verfassung für Württemberg-Hohenzollern vom 18. Mai 1947 entsprach – auch im Blick auf die Regierung – den anderen Landesverfassungen der damaligen Zeit. Damit war des Projekt der Volkswahl des Ministerpräsidenten jedoch nicht ganz erledigt, wie die weitere Entwicklung in Baden-Württemberg zeigt.

---

[28] Entwurf Lorenz Bock/Emil Niethammer (Bock war Abgeordneter und Rechtsanwalt, später Staatspräsident; Niethammer war ebenfalls Abgeordneter, früher Reichsgerichtsrat und später OLG-Präsident in Tübingen), abgedruckt bei *Frank R. Pfetsch* (Hg.), Verfassungsreden, aaO. Fn. 20, S. 449ff.; vgl. ferner *Feuchte*, Verfassungsgeschichte, aaO. Fn. 20, S. 91; *Robert Scheyhing*, Die Entwürfe zur Verfassung des ehemaligen Landes Württemberg-Hohenzollern vom 20. Mai 1947, BWVBl. 1959, 65ff.

[29] Es wird vermutet, dass Carlo Schmid (SPD), Vorsitzender des Staatssekretariats und damit Regierungschef, die Franzosen zu diesem Schritt drängte, vgl. *Weber*, Carlo Schmid., aaO. Fn. 24, S. 280f.

[30] Vgl. Verhandlungen der Verfassunggebenden Landesversammlung für Württemberg-Hohenzollern, 10./11. Sitzung vom 21./22. 4. 1947, insbes. S. 18, 22ff.; ferner *Gerd Friedrich Nüske*, Neubeginn von oben: Staatssekretariat und Landesregierungen, in: Gögler/Richter (Hg.), Das Land Württemberg-Hohenzollern 1945–1952, 1982, S. 81, 88ff.; *Weber*, Carlo Schmid, aaO. Fn. 24, S. 279ff. – Leider erstreckt sich die von der Kommission für geschichtliche Landeskunde in Baden-Württemberg herausgegebene verdienstvolle Sammlung der Quellen zur Entstehung der Verfassungen der süddeutschen Länder bislang nur auf Baden-Württemberg, Baden und Württemberg-Baden, aber noch nicht auf Württemberg-Hohenzollern, so dass exakte Recherchen insoweit auf Schwierigkeiten stoßen.

4. Die Beratungen der Verfassung des Landes Baden-Württemberg

Nach dem Zusammenschluss der drei südwestdeutschen Länder und der Bildung des Bundeslandes Baden-Württemberg im Jahre 1952 musste wiederum eine Landesverfassung beraten und beschlossen werden. Da inzwischen das Grundgesetz erlassen und die Bundesrepublik Deutschland errichtet war, ging es nur noch um die Verfassung eines Landes innerhalb eines bestehenden Bundesstaates, nicht mehr, wie vor 1949, um die Konstituierung eines neuen Staates innerhalb eines erst noch zu errichtenden Bundesstaates.

Der Verfassunggebenden Landesversammlung lagen zwei Verfassungsentwürfe vor, nämlich ein Entwurf der Regierungsfraktionen (SPD, DVP/FDP und BHE)[31] und ein Entwurf der größten, aber in der Opposition stehenden CDU-Fraktion.[32] Während der erste Entwurf das parlamentarische Regierungssystem – entsprechend dem Grundgesetz und den anderen Landesverfassungen – uneingeschränkt übernahm, knüpfte der zweite Entwurf an Vorstellungen an, die die CDU bereits bei den Verfassungsberatungen in Württemberg-Hohenzollern vertreten hatte, aber damit gescheitert war. Sie konnte sich nunmehr auch auf Vorschläge stützen, die Theodor Eschenburg in einer 1952 veröffentlichten Schrift entwickelt und begründet hatte.[33]

Der CDU-Entwurf enthielt folgende Vorschläge zum Regierungssystem:[34] Der Ministerpräsident (mit dem Titel Staatspräsident)[35] wird von den wahlberechtigten Staatsbürgern gewählt. Erforderlich ist die Mehrheit der abgegebenen gültigen Stimmen; wird sie nicht erreicht, dann findet nach 14 Tagen eine Stichwahl zwischen den Bewerbern mit den höchsten Stimmen statt. Die Amtszeit des Staatspräsidenten beträgt sechs Jahre, ist also länger als die nur vierjährige Wahlperiode des Landtags. Durch Volksentscheid, der aufgrund eines $^{2}/_{3}$-Mehrheits-Beschlusses des Landtags durchzuführen ist, kann der Ministerpräsident abgewählt werden; scheitert die Abwahl, dann gilt der Landtag als aufgelöst. Der Ministerpräsident ernennt und entlässt die Minister, bedarf dazu

---

31 Beilage Nr. 40 der verfassunggebenden Landesversammlung; auch abgedruckt in *Paul Feuchte*, Quellen zur Entstehung der Verfassung von Baden-Württemberg, 2. Teil, 1988, S. 1ff. – BHE = Block der Heimatvertriebenen und Entrechteten (eine Anfang der 50er Jahre entstandene und etwa bis Mitte der 60er Jahre bestehende politische Partei), vgl *Feuchte*, Verfassungsgeschichte, aaO. Fn. 20, S. 237ff.

32 Beilage Nr. 118; auch abgedruckt bei *Feuchte*, aaO. Fn. 31, S. 52ff.

33 Vgl. oben Fn. 9. Diese Schrift wird bei den Verfassungsberatungen immer wieder als allgemein bekannt zitiert. Im Registerband zu den von *Paul Feuchte* herausgegebenen Quellen zur Verfassung von Baden-Württemberg, 9. Teil, 1995, S. 427 finden sich nicht weniger als 19 ausdrückliche Hinweise auf diese Schrift.

34 Art. 67ff. des Entwurfs, aaO. Rn. 31.

35 Obwohl der Entwurf durchweg vom „Staatspräsidenten" spricht, wird im folgenden die (sachlich zutreffende) Bezeichnung Ministerpräsident verwendet, da die Bezeichnung Staatspräsident zu falschen Schlussfolgerungen verleitet.

aber der Bestätigung durch den Landtag. Die Bestätigung ist auch dann erforderlich, wenn während der Dauer der Amtszeit des Ministerpräsidenten ein neuer Landtag gewählt wird. Erlangt der Ministerpräsident nicht die Bestätigung für die von ihm ernannten Minister und kommt daher keine verfassungsgemäße Regierung innerhalb von 60 Tagen zustande, hat der Ministerpräsident den Landtag aufzulösen, es sei denn, dass der Landtag eine Volksabstimmung über die Abwahl des Ministerpräsidenten beschließt oder dass der Ministerpräsident zurücktritt. Bemerkenswert ist schließlich noch, dass der Ministerpräsident einen Minister entlassen muss, wenn dies der Landtag durch einen $^{2}/_{3}$-Mehrheits-Beschluss verlangt.

Zur Begründung wurden im wesentlichen dieselben Argumente vorgetragen wie 1946/47: die größere Autorität und Volksnähe des Amtsinhabers, die Stabilität der Regierung, die (relative) Unabhängigkeit der Regierung vom Parlament, die auch dem Parlament zugute komme, die Gewaltenteilung, „eine gewisse über den Parteien schwebende Stellung des Staatspräsidenten", die demokratische Aktivierung der Bürger. Die Gegenseite betonte, dass schon der Titel „Staatspräsident" in einem Bundesland überzogen sei, dass die plebiszitäre Stellung des Ministerpräsidenten bundespolitisch nicht passe, dass Konflikte zwischen der Regierung und dem Parlament geradezu vorprogrammiert seien, dass der Bürger durch eine Vielzahl von Wahlen und Abstimmungen überfordert werden könnte. Ferner wurde kritisiert, dass diese Konzeption zwischen dem parlamentarischen Regierungssystem und dem Präsidialsystem stehe und daher ein „Mischsystem" sei, das dem Ministerpräsidenten eine „Zwitterstellung" verleihe.[36] Die CDU blieb trotz dieser Einwände auch dann noch bei ihrer Konzeption, als sie in die Regierung eintrat und den Ministerpräsidenten stellte, konnte sich jedoch nicht durchsetzen. Immerhin sind diese Entwurfsregelungen auch heute noch von Interesse, weil nicht nur – wie sonst üblich – allgemein die Volkswahl des Ministerpräsidenten gefordert oder abgelehnt, sondern der Versuch unternommen wird, die Volkswahl des Ministerpräsidenten mit ihren Voraussetzungen und Konsequenzen verfassungsrechtlich im Detail zu regeln. Sie bringen daher konkretes Anschauungsmaterial. Im folgenden kann es gleichwohl nicht darum gehen, die – schon fünfzig Jahre zurückliegenden – Regelungen verfassungsrechtlich, verfassungspolitisch und verfassungssystematisch zu untersuchen. Schon aus Raumgründen können nur ein paar grundsätzliche Aspekte behandelt werden.

---

[36] Vgl. dazu die Verhandlungen der Verfassunggebenden Landesversammlung und ihres Verfassungsausschusses, abgedruckt bei *Paul Feuchte* (Hg.), Quellen zur Entstehung der Verfassung des Landes Baden-Württemberg, 1988ff., insbesondere Teil 1 S. 555ff. (Verfassungsausschuss) und Teil 8 S. 136ff. (zweite Lesung im Plenum); ferner *Feuchte*, Verfassungsgeschichte, aaO. Fn. 20, S. 212f.

III. *Verfassungsrechtliche Zulässigkeit*

Die verfassungsrechtliche Prüfung hat sich sowohl an der jeweiligen Landesverfassung als auch am Grundgesetz zu orientieren.

1. *Bundesrecht*

In bundesverfassungsrechtlicher Sicht stellt sich die Frage, ob die unmittelbare Wahl des Ministerpräsidenten mit dem Homogenitätsprinzip des Art. 28 I 1 GG, namentlich mit dem dort genannten Grundsatz des „demokratischen Rechtsstaates", vereinbar ist. Das BVerfG hat dazu noch nicht ausdrücklich Stellung genommen. Es gibt zwar zwei ältere Entscheidungen, die darauf hindeuten, dass in den Ländern eine parlamentarisch verantwortliche Regierung bestehen muss.[37] Welche Folgerungen sich daraus für die Volkswahl des Ministerpräsidenten ergeben, ist jedoch noch offen, zumal diese Entscheidungen selbst auf Kritik und Ablehnung gestoßen sind.[38] In der Literatur wird ganz überwiegend die Meinung vertreten, die Länder seien gem. Art. 28 I 1 GG befugt, die unmittelbare Wahl des Ministerpräsidenten,[39] ja sogar das Präsidialsystem einzuführen.[40] Nur vereinzelt finden sich Gegenstimmen.[41] Allerdings fehlen meistens klare Abgrenzungen und ausreichende Begründungen.

---

[37] BVerfGE 9, 268, 281 (Bremer Personalvertretungsgesetz); BVerfGE 27, 44, 55f. (Amtsdauer des Ministerpräsidenten in Schleswig-Holstein); vgl. ferner BVerwGE 22, 299, 310 („Es trifft zwar zu, dass durch das demokratische und parlamentarische Prinzip des Art. 28 Abs. 1 GG auch die Ministerverantwortlichkeit in den Ländern gefordert und gewährleistet wird ...").

[38] Vgl. zu BVerfGE 27, 44: *Peter Häberle*, „Landesbrauch" oder parlamentarisches Regierungssystem?, JZ 1969, 613ff.; *Eberhard Menzel*, Das parlamentarische System in den deutschen Ländern und die Toleranzgrenze des Art. 28 GG, DÖV 1969, 765ff.; *Dieter Rauschning*, Das parlamentarische Regierungssystem des Grundgesetzes in der Rechtsprechung des Bundesverfassungsgerichts, BVerfG-Festgabe, Bd. 2, 1976, S. 214, 224f.

[39] Vgl. etwa *Janssen*, aaO. Fn. 6, S. 75; *Klein*, aaO. Fn. 7, S. 578; *Peter Tettinger*, in: von Mangold/Klein/Starck, Das Bonner Grundgesetz, 4. Aufl., Bd. 2, 2000, Art. 28 Rn. 42.

[40] *Matthias Herdegen*, Strukturen und Institute des Verfassungsrechts der Länder, in: Isensee/Kirchhof (Hg.), Handbuch des Staatsrechts, Bd. IV (1990), S. 479, 491; *Horst Dreier*, Grundgesetz. Kommentar, Bd. II, 1998, Art. 28 Rn. 62; *Michael Nierhaus*, in: Sachs, Grundgesetz. Kommentar, 2. Aufl. 1999, Art. 28 Rn. 14; *Bodo Pieroth*, in: Jarass/Pieroth, Grundgesetz für die Bundesrepublik Deutschland, 5. Aufl. 2000, Art. 28 Rn. 5; *Michael Bothe*, Alternativkommentar zum Grundgesetz, 3. Aufl. 2001, Art. 28 Abs. 1 Rn. 11.

[41] *Wolfgang Löwer*, in: von Münch/ Kunig, Grundgesetz-Kommentar, Bd. 2, 4./5. Aufl. 2001, Art. 28 Rn. 15; *Manfred Dauster*, Die Stellung des Ministers zwischen Regierungschef, Parlament und Regierung nach dem Verfassungsrecht der Länder, 1984, S. 4ff.; *Rolf Grawert*, Die Bedeutung gliedstaatlichen Verfassungsrechts in der Gegenwart, NJW 1987, 2329, 2332f.

Das Demokratieprinzip erscheint im Grundgesetz an verschiedenen Stellen und in unterschiedlichen Zusammenhängen: Art. 20 I GG enthält eine Selbstcharakterisierung des Grundgesetzes, benennt die tragenden Verfassungsgrundsätze, die in zahlreichen Einzelregelungen des Grundgesetzes näher konkretisiert werden, und greift bei Zweifeln und Lücken ergänzend ein. Art. 23 I 1 GG bestimmt die Voraussetzungen für die Mitwirkung der Bundesrepublik Deutschland in der Europäischen Union. Art. 28 I 1 GG legt die bundesverfassungsrechtlich verlangten Mindestanforderungen an die Verfassungsordnungen der Länder fest. Und Art. 79 III GG sichert als Verfassungsschutzbestimmung die existenziellen Grundlagen einer freiheitlichen Staatsordnung gegen Verfassungsänderungen. Der unterschiedliche Kontext und die unterschiedlichen Funktionen dieser Regelungen müssen bei der Auslegung beachtet werden. Die in der Literatur vertretene These, die in Art. 28 I 1 GG und Art. 79 III GG genannten Grundsätze würden sich inhaltlich decken, da der Bund von den Ländern nicht mehr fordern könne, als das, was für ihn selbst unabdingbar sei,[42] kann nicht überzeugen, da sie an den unterschiedlichen Zielrichtungen dieser Vorschriften vorbeigeht. Richtig ist zwar, dass der unantastbare Grundbestand des Art. 79 III GG über das Homogenitätsprinzip des Art. 28 I 1 GG auch für die Länder gilt. Art. 28 I 1 GG reicht jedoch weiter. Die Landesverfassungen müssen sich in das verfassungsrechtliche Gesamtkonzept des Grundgesetzes einfügen, sie müssen „als Teil zum Ganzen" passen. Insoweit stellt Art. 28 I 1 GG eine Integrationsklausel dar und entspricht Art. 23 I 1 GG. Der Unterschied besteht jedoch darin, dass die Integration in unterschiedliche Richtungen zielt, in Art. 23 I 1 GG nach oben zur Europäischen Union und in Art. 28 I 1 GG nach unten zu den Bundesländern. Näher liegt Art. 20 I GG. Das gilt umso mehr, als Art. 28 I 1 GG nicht allgemein auf das Demokratieprinzip, sondern auf das Demokratieprinzip „im Sinne dieses Grundgesetzes" verweist. Da das Demokratieprinzip des Art. 20 I GG durch zahlreiche grundgesetzliche Einzelbestimmungen konkretisiert wird, sind diese, so könnte man argumentieren, zur Bestimmung auch des Demokratieprinzips des Art. 28 I 1 GG heranzuziehen. Gerade hier liegt jedoch das Problem: Was gehört im Sinne des Grundgesetzes zu den substantiellen und was zu den akzidentiellen Bestandteilen des Demokratieprinzips? Fordert es auch das parlamentarische Regierungssystem mit der existenziellen Abhängigkeit der Regierung vom Parlament?

Geht man davon aus, dass Art. 28 I 1 GG als Integrationsregelung die grundsätzliche Übereinstimmung zwischen der Bundesverfassung und den Landesverfassungen gewährleisten soll, so bedeutet das umgekehrt, dass die Landesverfassungen keine Vorschriften enthalten und keine Eigenheiten pflegen dürfen, die das bundesstaatliche Gesamtkonzept stören und deshalb desintegrierend

---

[42] Vgl. *Hasso Hofmann*, Bundesstaatliche Spaltung des Demokratiebegriffs?, Festschrift für Neumayer, 1985, S. 281, 293f.; *Dreier*, aaO. Fn. 40, Rn. 57; *Tettinger*, aaO. Fn. 39, Rn. 37.

wirken. Art. 28 I 1 GG enthält somit eine Nichtstörungsklausel. Diese negative Abgrenzung ist nicht nur ein Wortspiel, sondern zeigt auch, dass nicht die Länder die Vereinbarkeit, sondern der Bund die Unvereinbarkeit der landesverfassungsrechtlichen Regelung darlegen und „beweisen" muss.

Das führt weiter zu der Frage, welche Auswirkungen die unmittelbare Wahl des Ministerpräsidenten bzw. das Präsidialsystem auf das Bund-Länder-Verhältnis hat und welche Konsequenzen dich daraus für die anderen Bundesländer ergeben. Das hängt wiederum von der konkreten verfassungsrechtlichen Ausgestaltung ab. Darauf kann und soll hier nicht weiter eingegangen werden, wenngleich es reizvoll wäre, dies am Beispiel, etwa dem Verfassungsentwurf der CDU von 1952,[43] durchzuspielen.

Fragt man nach den Auswirkungen, dann ist auch zu beachten, dass die Ministerpräsidenten nicht nur Verfassungsorgane der Länder sind, sondern Funktionen im Bundesbereich haben. Das gilt jedenfalls für den Bundesrat, der gegenüber seinen Vorgängern – dem Bundesrat von 1871 und dem Reichsrat von 1919 – dadurch erheblich aufgewertet worden ist, dass er aus Mitgliedern der Regierungen der Länder besteht,[44] also nicht mehr – wie früher – ein Gesandtenkongress, sondern ein Regierungskongress ist. Die Ministerpräsidenten sind durchweg Mitglieder des Bundesrates; sie haben im Bundesrat sogar eine hervorgehobene Stellung, da sie dort als Stimmführer auftreten und nach einem bestimmten, durch das sog. Königsteiner Abkommen festgelegten Turnus das Amt des Präsidenten bzw. der Vizepräsidenten einnehmen;[45] als Präsident des Bundesrates sind sie zugleich Vertreter des Bundespräsidenten.[46] Ferner haben sie als Mitglieder des Bundesrates das Recht auf Zutritt und Rede im Bundestag und seinen Ausschüssen, von dem sie – im Plenum des Bundestages – auch ausgiebig Gebrauch machen.

Diese Rechte und Möglichkeiten der Ministerpräsidenten im Bundesrat und über dem Bundesrat sind nur teilweise verfassungsrechtlich verankert. Sie entsprechen aber einer ständigen Praxis und sind, wenn auch (noch) nicht gewohnheitsrechtlich verankert, unangefochten. Es kann nicht zweifelhaft sein, dass sie an Gewicht gewinnen, wenn die Ministerpräsidenten nicht mehr vom Landesparlament bestellt, sondern unmittelbar vom Volk gewählt werden und damit nicht nur mittelbar, sondern unmittelbar demokratisch legitimiert sind. Sie hätten dann dieselbe demokratische Legitimität wie die Bundestagsabgeordneten und eine stärkere demokratische Legitimität als der Bundeskanzler und vor allem die vom Bundeskanzler berufenen Bundesminister. Dem lässt sich auch nicht entgegenhalten, dass sie als Ministerpräsidenten und nicht als

---

[43] Vgl. dazu oben II 4.

[44] Art. 51 I 1 GG.

[45] Vgl. dazu *Maurer*, Staatsrecht, aaO. Fn. 4, § 16 Rn. 18.

[46] Vgl. Art. 57 GG.

Bundesratsmitglieder gewählt werden, weil das eine mit dem anderen zusammenhängt und sicher auch von dem Wählern so gesehen wird. Im Bundesrat selbst wäre zwischen den vom Volk gewählten Mitgliedern (den Ministerpräsidenten) und den übrigen Mitgliedern (den vom Ministerpräsidenten berufenen und möglicherweise vom Landesparlament bestätigten Ministern) zu unterscheiden. Der Bundesrat würde damit ein Stück an den „Senat" heranrücken, der bei den Beratungen des Grundgesetzes als Alternative zum Bundesrat diskutiert, aber abgelehnt worden ist.[47]

Die dargelegten Auswirkungen zeigen, dass die Volkswahl der Ministerpräsidenten bzw. das Präsidialsystem im Landesbereich nicht nur auf der landesrechtlichen Ebene, sondern auch auf der bundesrechtlichen Ebene zu Verschiebungen im Verfassungssystem führen oder führen können. Die abschließende verfassungsrechtliche Bewertung hängt freilich wiederum von der konkreten Ausgestaltung ab. Dabei ist auch zu prüfen, ob sie nicht sogar als Reaktion auf bereits eingetretene verfassungsrechtliche Entwicklungen sinnvoll oder sogar zwingend sind. So hat A. Janssen die bemerkenswerte These entwickelt, dass die Mitwirkung des Bundesrates in Europäischen Angelegenheiten gem. Art. 23 GG einer parlamentarischen Kontrolle gleichkomme und deshalb eine stärkere demokratische Legitimation des Bundesrates erfordere, die durch die Volkswahl der Ministerpräsidenten hergestellt werden könne.[48]

Im übrigen darf Art. 28 I 1 GG nicht als Einbahnstrasse betrachtet werden. Selbstverständlich sind die Bundesländer an die in dieser Vorschrift aufgeführten Verfassungsgrundsätze gebunden. Sollten sich jedoch in den Bundesländern Entwicklungen anbahnen, die mit diesen Grundsätzen nicht oder nicht voll im Einklang stehen, aber noch im Rahmen des Art. 79 III GG liegen, dann hat auch der Bund zu prüfen, ob er nicht darauf eingehen und seine Bindungen lockern sollte. Das gebietet schon der Grundsatz der Bundestreue. Zu den Chancen des Bundesstaates gehört auch, dass Innovationen zunächst in einem Bundesland aufgegriffen und durchexerziert werden, um dann, wenn sie sich dort bewähren, von den anderen Bundesländern oder sogar vom Bund selbst übernommen zu werden.

2. *Landesrecht*

Die Einführung der Volkswahl des Ministerpräsidenten bzw. des Präsidialsystems bedarf in allen Ländern der Verfassungsänderung, die nur unter bestimm-

---

[47] Vgl. dazu *Klaus Stern*, Staatsrecht, Bd. II, 1980, S. 116ff.; *Stefan Korioth*, in: von Mangoldt/Klein/Starck, Das Bonner Grundgesetz, Bd. 2, 4. Aufl. 2000, Art. 51 Rn. 4ff.; *Hartmut Maurer*, Der Bundesrat im Verfassungsgefüge der Bundesrepublik Deutschland, Festschrift für Winkler, 1997, S. 615, 627f.

[48] *Janssen*, aaO. Fn. 6, S. 77ff., 285.

ten formalen Voraussetzungen zulässig ist ($^2/_3$-Mehrheit im Parlament, alternativ oder kumulativ Volksentscheid).[49] In den meisten Ländern bestehen ferner dem Art. 79 III GG entsprechende Regelungen, die den Bestand bestimmter Verfassungsgrundsätze, insbesondere des Demokratieprinzips, gegen jede Verfassungsänderung sichern.[50] Sie würden jedoch der Einführung der Volkswahl des Ministerpräsidenten oder des Präsidialsystems nicht entgegenstehen, was hier im Detail nicht weiter geprüft werden soll.

IV. Verfassungspolitische Erwägungen

Der Vorschlag, die Ministerpräsidenten vom Volk wählen zu lassen, richtet sich vor allem gegen die derzeitige Parteienherrschaft. Er hat damit eine etwas andere Stoßrichtung als die Diskussion der Nachtkriegszeit. Damals wurde befürchtet, dass wiederum – wie zur Weimarer Zeit – durch Parteienzersplitterung, unsichere Mehrheiten im Parlament und Auftreten extremistischer Parteien instabile Verhältnisse entstehen könnten, und deshalb ein Gegengewicht in Gestalt eines Staatspräsidenten oder eines volksgewählten Ministerpräsidenten gefordert. Diese Befürchtung hat sich als unbegründet erwiesen. Statt dessen haben die Parteien ihre Positionen im staatlichen und im gesellschaftlichen Bereich erheblich ausgebaut und bilden nunmehr die eigentlichen Machtfaktoren. Damit stellt sich erneut, wenn auch unter anderen Aspekten, die Frage nach den Gegengewichten, durch die die Herrschaft der Parteien eingedämmt und zurückgedrängt werden kann. In Betracht kommt dabei unter anderem der Ausbau plebiszitärer Elemente.[51]

Für die Volkswahl der Ministerpräsidenten sprechen in diesem Zusammenhang folgende Gesichtspunkte:

Die Wahl richtet sich auf eine Person, nicht auf eine Partei und wird dadurch für den Wähler „fassbarer"; das Spektrum der Kandidaten wird breiter, da auch Bewerber, die einer kleineren Partei oder überhaupt keiner Partei angehören, auftreten können und (wenn auch nur geringe) Chancen haben;[52] die Parteien werden sich bei der Auswahl ihres Kandidaten mehr an den Vorstellungen der Bürger, d.h. aber mehr an der Qualität als an den parteiinternen Verdiensten des Kandidaten, orientieren; durch die Entkoppelung von Parlamentswahl und

[49] Vgl. *Herdegen*, aaO. Fn. 40, Rn. 39.

[50] *Herdegen*, aaO. Fn. 40, Rn. 39.

[51] Vgl. dazu die verschiedenen Publikationen von *H.H. von Arnim*, aaO. Fn. 6; ferner die weiteren dort angegebenen Autoren.

[52] Bei den – allerdings nur bedingt vergleichbaren – Kommunalwahlen kommt es immer wieder vor, dass nicht der Kandidat der größten Partei, sondern der Kandidat einer kleineren Partei oder sogar ein parteiunabhängiger Kandidat gewählt wird. Die Distanz zur eigenen Partei erhöht offenbar die Chancen. Vgl. dazu *Maurer*, aaO. Fn. 11, § 23 Rn. 10.

Ministerpräsidentenwahl wird der Bürger nicht mehr „gezwungen", entweder mit seiner Partei auch deren Kandidaten zu wählen und damit auf die Wahl eines ihm besser erscheinenden Gegenkandidaten zu verzichten oder – umgekehrt – einen Gegenkandidaten zu wählen, damit aber seiner Partei die Stimme zu versagen; insgesamt werden durch die Volkwahl die demokratischen Rechte des Bürgers und ihre Möglichkeiten bei der Wahl verbessert.

Der vom Volk gewählte Ministerpräsident erlangt sowohl in persönlicher als auch in institutioneller Hinsicht eine stärkere Stellung, da er sich gegenüber dem Parlament und in seiner Partei auf seine Volkswahl und die sich daraus ergebende unmittelbare demokratische Legitimität berufen kann. Er ist nicht mehr Exponent der Parlamentsmehrheit, sondern eigenständiges Verfassungsorgan neben dem Parlament. Das kommt auch dem Grundsatz der Gewaltenteilung entgegen. Andererseits wird durch die Volkswahl des Ministerpräsidenten auch das Parlament freier. Während bislang die Parlamentsmehrheit den von ihr gewählten Ministerpräsidenten mehr oder weniger unterstützen und die parlamentarische Kontrolle der Opposition überlassen musste, kann sich nunmehr das gesamte Parlament der Kontrolle der Regierung widmen. Ferner wird der Einfluss der Bundesparteien, die bislang wegen der Vertretung der Landesregierungen im Bundesrat am Ausgang der Landtagswahlen interessiert waren, mit der Entkoppelung von Landtagswahl und Ministerpräsidentenwahl zurückgehen.

Das sind Gesichtspunkte, die insgesamt betrachtet für die Volkswahl des Ministerpräsidenten sprechen und durch weitere Punkte ergänzt werden könnten, die aber bei kritischer Betrachtung auch bald auf Gegenargumente stoßen und dadurch relativiert werden. Schon heute werden die Landtagswahlen durch die von den großen Parteien aufgestellten Spitzenkandidaten bestimmt und geprägt.[53] Der Spitzenkandidat der erfolgreichen Partei wird als „Wahlsieger" gefeiert und übernimmt das Amt des Ministerpräsidenten. Seine Autorität in der Partei und sein Ansehen in der Öffentlichkeit dürften dem volksgewählten Ministerpräsidenten nur wenig nachstehen. Andererseits kommt es auch bei der Volkswahl erheblich auf die den Kandidaten unterstützende Partei an. Ganz so viel anders liegen die Dinge also nicht.

Ferner ist auch der vom Volk gewählte Ministerpräsident auf die Zusammenarbeit mit dem Parlament angewiesen. Das gilt vor allem dann, wenn er für die Ernennung seiner Minister und damit seiner Regierung der Bestätigung des Parlaments bedarf, und noch mehr, wenn er auf Antrag des Parlaments einzelne oder alle Minister entlassen müßte. Damit würde durch die Hintertüre doch wieder das parlamentarische Regierungssystem eingeführt. Auch sachlich ist

---

[53] Von Arnim spricht von „verschleierten Direktwahlen des Ministerpräsidenten" und „Fast-Direktwahlen der Ministerpräsidenten", so z.B. *von Arnim*, Staat ohne Diener, aaO. Fn. 6, S. 352 und Vom schönen Schein, aaO. Fn. 6, S. 156.

der Ministerpräsident auf das Parlament angewiesen, das die Gesetze zu beschließen und den jährlichen Haushalt festzustellen hat, ferner über die parlamentarische Kontrolle Einfluss auf die Regierungstätigkeit nehmen kann.[54] Es wird daher auch bei der Volkswahl zu Koalitionen im Parlament kommen, möglicherweise sogar schon vor der Wahl, wenn und weil kleinere Parteien ihren potentiellen Wählern empfehlen, für den Kandidaten einer bestimmten anderen Partei zu stimmen.

Die verfassungspolitischen Überlegungen dürfen im übrigen nicht überschätzt werden. Sie beruhen mehr auf Vermutungen darüber, wie es typischerweise laufen könnte. In der Praxis kommt es aber nicht nur auf die verfassungsrechtlichen Regelungen, sondern auch auf die jeweils handelnden Personen und die jeweiligen Verhältnisse an, insbesondere darauf, was der Amtsträger aus seinem Amt und seinen Kompetenzen macht. Die Verfassung schneidert keine Maßanzüge, sondern Konfektionsanzüge, die dem einen passen, dem anderen aber vielleicht zu weit oder zu eng sind. Zusammenfassend kann man aber sagen, dass die besseren Gründe für die Volkswahl sprechen, jedenfalls ein Versuch in diese Richtung in einem Land der Sache wert wäre.

Auf zwei Aspekte, die in diesem Zusammenhang immer wieder auftauchen, ist doch noch einzugehen. In der Literatur wird die Auffassung vertreten, dass der vom Volk gewählte Ministerpräsident über den Parteien stehe und deshalb (besser) in der Lage sei, sich über Partikularinteressen hinwegzusetzen und das Gemeinwohl zu vertreten. Diese These ist so allgemein weder in der Prämisse noch in den Schlussfolgerungen vertretbar. Der vom Volk gewählte Ministerpräsident ist kein deus ex machina, sondern wird – ganz konkret – mit Hilfe politischer Parteien von der Mehrheit des Volkes gewählt und er wird, wenn er wieder gewählt werden will, seine Wähler im Auge behalten. Volkswahl bedeutet nicht, dass der Ministerpräsident vom ganzen Volk gewählt worden ist, sondern dass er, wenn er die erforderliche Mehrheit erlangt hat, als vom Volk gewählt gilt und verpflichtet ist, die Interessen aller Gruppen zu berücksichtigen. Diese Verpflichtung gilt aber auch für den vom Parlament gewählten Ministerpräsidenten. Fraglich ist zudem die Schlussfolgerung. Das Gemeinwohl ist kein Destillat der Partikularinteressen, es ist überhaupt kein objektiver, bei gutem Willen und der notwendigen Einsicht fassbarer Wert, sondern muss im Diskurs ermittelt werden, wobei sich schnell zeigt, dass es ohne Kompromisse zwischen den verschiedenen Interessen und Bedürfnissen nicht geht. Der Erfolg der Idee des Parlamentarismus beruht u.a. darauf, dies erkannt und ver-

[54] Wenn *Bryde*, aaO. Fn. 6, S. 154 feststellt, dass man auf der Landesebene eine Mehrheit für die Wahl der Regierung und den Haushalt brauche, im übrigen aber auch ohne Parlament regieren könne, so dürfte es sich dabei doch nur um eine Art vorübergehender Notregierung handeln. So wohl auch *Bryde*, aaO.

wirklicht zu haben. Das Parlament muss das zentrale Verfassungsorgan bleiben und zumindest die Grundsatzfragen in öffentlicher Diskussion entscheiden.

Problematisch ist ferner, wenn die Volkswahl der Ministerpräsidenten mit den Exekutivfunktionen der Länder in Zusammenhang gebracht werden.[55] Zu Recht wird zwar festgestellt, dass die Länder nach der Kompetenzordnung des Grundgesetzes und der tatsächlichen Entwicklung überwiegend Verwaltungsaufgaben haben, die Gesetzgebung dagegen von vornherein beschränkt war und im Laufe der Zeit zunehmend geschrumpft ist. Fraglich ist aber bereits, ob der daraus gezogene Schluss, dass die Länder in Wirklichkeit nur noch höhere oder höchste Verwaltungseinheiten sind, zutrifft. Darauf soll hier nicht weiter eingegangen werden. Völlig unverständlich ist jedenfalls die weitere Schlussfolgerung, insbesondere die dahinterstehende Vorstellung, der Chef einer Verwaltungseinheit müsse unmittelbar, der Chef einer politischen Einheit müsse dagegen mittelbar gewählt werden. Gerade umgekehrt müsste man argumentieren. Die Volkswahl ist nur im politischen Bereich sinnvoll. Die Leitung einer Verwaltungseinheit erfordert besondere Sachkenntnisse und spezifische Fähigkeiten, die schwerlich im Wege einer Volkswahl ermittelt werden können und daher die interne Berufung nahe legen. Es hat auch noch niemand ernsthaft behauptet, der Regierungspräsident müsse vom Volk gewählt werden, weil er Chef der Verwaltung seines Bezirks ist. Der Bürgermeister wird zu Recht vom Volk gewählt, aber nicht weil er Leiter der Gemeindeverwaltung, sondern weil er der Repräsentant der kommunalen Einheit Gemeinde ist. Wie immer man auch die Länder apostrophiert; die Regierung eines Landes ist sicher eine politische Funktion, die eine Volkswahl zumindest angemessen erscheinen lässt.

V. Verfassungssystematische Einordnung

Da die derzeit geltenden Landesverfassungen durchweg die Wahl der Ministerpräsidenten durch die Landesparlamente vorsehen, müsste die Einführung der Volkswahl im Wege der Verfassungsänderung erfolgen. Damit stellt sich zugleich die Frage, ob sich die Volkswahl ohne weiteres in die bestehende Verfassungsordnung einfügen lässt oder ob – und ggf. inwieweit – weitere Änderungen der Verfassung angebracht oder sogar notwendig sind.

1. Abwahl des Ministerpräsidenten

Die Landesverfassungen haben sich – wie das Grundgesetz – für das parlamentarische Regierungssystem entschieden. Danach ist der Ministerpräsident vom

---

[55] Vgl. dazu z.B. *Bryde*, aaO. Fn. 6, S. 153f.; Thesen der „Frankfurter Intervention", aaO. Fn. 6, S. 18; kritisch dazu *H.H. Klein*, aaO. Fn. 7, S. 583.

Vertrauen des Parlaments abhängig; er muss zurücktreten, wenn ihm das Vertrauen entzogen wird bzw. das Misstrauen ausgesprochen wird, kurz: wenn er abgewählt wird.[56] Es ist kaum vorstellbar, dass diese Regelung im Fall der Volkswahl bestehen bleiben und ein vom Volk gewählter Ministerpräsident jederzeit vom Landtag abberufen werden kann. Wäre dem so, dann stünde die Volkswahl unter einem Korrekturvorbehalt des Parlaments. Wenn überhaupt, dann kommt nur eine Abwahl durch das Volk in Betracht, die allerdings auch durch den Landtag initiiert werden könnte. Dagegen lässt sich nicht einwenden, dass nach einigen früheren und heutigen Verfassungen der Ministerpräsident zwar vom Staatspräsident ernannt wird, aber gleichwohl vom Parlament abgewählt werden kann.[57] Denn bei jener Konstellation geht es um das komplexe Zusammenwirken zweier Staatsorgane; zudem kann der Staatspräsident die Chancen seines Kandidaten im Parlament abschätzen, was bei der Volkswahl natürlich ausscheidet. Diskutabel ist allenfalls eine Abberufung des volksgewählten Ministerpräsidenten im Laufe der Zeit wegen Änderung der Verhältnisse. Dafür bietet sich aber gerade die – auch auf Initiative des Landtags mögliche – Abberufung durch Volksabstimmung an. Ferner könnte man, wenn eine weitere Sicherung notwendig erscheint, an die traditionelle Ministeranklage denken.[58]

2. *Regierungsbildung*

Die Regierungsbildung ist derzeit in den Landesverfassungen unterschiedlich geregelt. Die Berufung und die Entlassung der Minister erfolgt entweder durch den Ministerpräsidenten allein (so z.B. in Nordrhein-Westfalen) oder durch den Ministerpräsidenten mit Zustimmung des Landtags (so z.B. in Baden-Württemberg). Der Zustimmungsvorbehalt des Parlaments ist im Falle des Volkswohl des Ministerpräsidenten nicht von vornherein abzulehnen, aber bei näherer Betrachtung doch sehr problematisch, da er den vom Volk gewählten Ministerpräsidenten mittelbar in Abhängigkeit vom Parlament bringt. Die Ablehnung der gesamten Regierungsmannschaft würde den Ministerpräsidenten praktisch zum Rücktritt zwingen, weil er ohne die verfassungsrechtlich vorgesehene Regierung nicht regieren kann und darf; die Ablehnung der Minister der Koalitionspartei würde die beabsichtigte Koalition verhindern. Eine Missbrauchsgrenze lässt sich wohl schwerlich festlegen, ganz abgesehen davon, dass

56 Zur Regelung in Bayern vgl. oben Fn. 19.

57 So die Verfassungen mit dem „kombinierten" System, vgl. oben II 1.

58 Sie ist in den meisten Landesverfassungen noch vorgesehen, so etwa in Baden-Württemberg (Art. 57 LVerf.), in Bayern (Art. 59 LVerf.) usw., vgl. *Herdegen*, aaO. Fn. 40, Rn. 31; *Lothar Freund*, Die Anklageverfahren vor den Landesverfassungsgerichten, in: Starck/Stern (Hg.), Landesverfassungsgerichtsbarkeit, Bd. II, 1983, S. 307ff.

es nicht missbräuchlich ist, wenn die Parlamentsmehrheit den vom Volk gewählten Ministerpräsidenten mit dem von ihm zusammengestellten Kabinett politisch ablehnt. Der Zustimmungsvorbehalt zugunsten des Parlaments müsste deshalb durch ein Konfliktlösungsmodell ergänzt werden.[59] Entsprechendes gilt, wenn dem Parlament das Recht eingeräumt wird, später durch ein Misstrauensvotum die Abberufung oder den Rücktritt eines Ministers zu erzwingen.

3. Zusammenarbeit von Ministerpräsident und Parlament

Nach dem derzeitigen Landesverfassungsrecht hat der Landtag – neben der Wahl des Ministerpräsidenten und der Mitwirkung bei der Regierungsbildung – vor allem die Befugnis zur Gesetzgebung, zur Feststellung des Haushalts und zur Kontrolle der Regierung. Es besteht kein Anlass, diese Befugnisse im Blick auf die Volkswahl des Ministerpräsidenten zu schmälern oder zu streichen. Sie erlangen sogar durch die Eigenständigkeit des vom Volk gewählten Ministerpräsidenten als Gegenpol des Landtags verstärkte Bedeutung im Sinne der Gewaltenteilung. Die parlamentarische Kontrolle verliert zwar die Sanktion der Abwahl, bleibt aber im übrigen bestehen und bei entsprechender Handhabung effizient. Die gelegentliche Behauptung, mit der Volkswahl des Ministerpräsidenten entfiele die Kontrolle der Regierung, ist daher nicht begründet. Im Gegenteil. Während bislang die Regierungspartei oder die Regierungskoalition die Regierung wählte und wohl oder übel als „ihre" Regierung unterstützen musste, kann nunmehr das gesamte Parlament die parlamentarische Kontrolle übernehmen.[60] Freilich entfallen damit auch die informellen Informationskanäle, die der Landtagsmehrheit zwar nur eine interne, aber vielleicht sogar noch intensivere Kontrolle ermöglichen. Im übrigen ist anzunehmen, dass der vom Volk gewählte Ministerpräsident mit der Partei, der er angehört und die ihn im Wahlkampf unterstützt hat, weiterhin rechnen kann. Andererseits kann aber auch ein Landtag, der insgesamt auf Opposition eingestellt ist, die Regierungsarbeit erheblich erschweren. Da ernsthafte Konflikte zwischen Partei und Regierung nicht mehr durch ein Misstrauensvotum gelöst werden können, bleibt, wenn man eine vielleicht längere und lähmende Pattsituation vermeiden will, nur der Appell an das Volk, indem der Landtag die Abberufung des Ministerpräsidenten oder der Ministerpräsident die Auflösung des Landtages zur Abstimmung stellt.

---

[59] So der CDU-Entwurf 1952, vgl. oben II 4.

[60] Das wird in der Literatur immer wieder betont, so z.B. *von Arnim*, Staat ohne Diener, aaO. Fn. 6, S. 348 und öfter; *Janssen*, aaO. Fn. 6, S. 64f.

Dieser Aspekt zeigt noch einmal nachdrücklich die sich aus der Volkswahl des Ministerpräsidenten ergebenden Konsequenzen: Der Ministerpräsident ist nicht mehr existenziell vom Landtag abhängig, sondern steht eigenständig neben dem Landtag, muss aber funktionell mit dem Landtag zusammenarbeiten und zusammenarbeiten können.

Demokratiebegriff und Jugendforschung

Ingo Richter

Ekehart Stein entfaltet im sogenannten Alternativ-Kommentar zum Grundgesetz einen Demokratiebegriff[1], der von dem Demokratiebegriff der h.M. in mehrfacher Weise charakteristisch abweicht; insofern verdient diese Kommentierung auch in der dritten Auflage immer noch die Bezeichnung „alternativ“. Ekehart Stein hat diesen Demokratiebegriff seiner Kommentierung der ersten Auflage im Jahre 1984 zugrunde gelegt und ihn sowohl in der zweiten (im Jahre 1989) wie eben jetzt in der dritten Auflage im wesentlichen beibehalten. Was ist „Demokratie“ für Ekehart Stein?

Demokratiebegriff

„Demokratie“ ist für Ekehart Stein Volkssouveränität, folgt man seiner sprachlichen Auslegung des Begriffes („In unserem Staate soll das Volk sein eigener Herr sein“, Rdnr. 23f.). Er legt Art. 20 Abs. 2 Satz 1 GG – dem Wortlaut entgegen – so aus, daß das Volk zur „ausschließlichen Ausübung“ der Staatsgewalt berufen ist. Dennoch führt die systematische Auslegung bei Stein zum Grundsatz der repräsentativen Demokratie und zum Mehrheitsprinzip (Rdnr. 27). In scharfem Gegensatz zum Bundesverfassungsgericht und zur h.M. in der Literatur gilt bei ihm das Demokratieprinzip aber „innerhalb des sozialen Systems von Staat und Gesellschaft“ (Rdnr. 26), weil die Volkssouveränität eine „möglichst gleichmäßige Verteilung der gesellschaftlichen Macht“ verlangt. „So ist das Ausmaß der Annäherung eines Ideals einer gleichmäßigen Verteilung der gesellschaftlichen Macht ein Gradmesser für die Verwirklichung von realer Demokratie“ (Rdnr. 27). Da aber Kapital und Bildung in unserer Gesellschaft höchst ungleich verteilt sind und deshalb die Verwirklichung der Demokratie gefährden, verlangt die „Herstellung einer ausgewogeneren Einflußstruktur“ (Rdnr. 30)

- eine Bewußtseinsänderung,
- eine grundlegende Reform des Bildungswesens mit dem Ziel „emanzipativer Bildung“,
- eine Veränderung der Umweltverhältnisse, insbesondere am Arbeitsplatz, im Sinne eines kritischen Engagements und eines solidarischen Verantwortungsbewußtseins,

[1] Zugrundegelegt ist die 3. Auflage 2001, und zwar Art. 20 Abs. 1 bis 3 III „Demokratie“

- eine allmähliche Veränderung der Machtstruktur, insbesondere der Einkommens- und Vermögensverhältnisse, und
- eine Verbesserung des Organisationsgrades der unteren Gesellschaftsschichten (Rdnr. 31).

Die Konkretisierung dieser „systematischen Auslegung" des Demokratiebegriffes führt bei Stein zu den folgenden wesentlichen Elementen des grundgesetzlichen Demokratieprinzips:

1. Elemente indirekter Demokratie
   a) Repräsentation des Staatsvolkes (Rdnr. 35) auf der Grundlage einer
   b) Legitimation durch das Volk (Rdnr. 36) und einer
   c) Rückkoppelung an das Volk (Rdnr. 41).
2. Elemente direkter Demokratie
   a) Volksbegehren und Volksentscheid (Rdnr. 51) aufgrund einfacher Bundestagsbeschlüsse,
   b) direkte Aktionen im Rahmen des Legalitätsprinzips (Rdnr. 53).
3. Mehrheitsprinzip (Rdnr. 59)
4. Gewaltmonopol des Volkes (Rdnr. 60)
5. Demokratisierung der Gesellschaft (Rdnr. 61), insbesondere
   - der Wirtschaft durch die volle Gleichberechtigung der Arbeitnehmer,
   - des Bildungswesens durch Mitbestimmung,
   - der Medien durch eine ausgewogene Einflußstruktur,
   - der Verbände durch eine innere Vereinsfreiheit,
   - der Parteien durch die innere Demokratie und
   - der Kirchen (Rdnr. 66, 67).
6. Demokratisierung der Europäischen Union

Wesentliche Elemente dieses Demokratiebegriffes werden vom Bundesverfassungsgericht und der h.M. in der verfassungsrechtlichen Literatur und Rechtsprechung nicht geteilt. Das gilt insbesondere für

- Das Rückkoppelungsgebot (s.o. 1.c)

  Zwar betont auch die h.M. die Rückbindung der Staatsgewalt an die Volkssouveränität, und auch die politischen Grundrechte spielen dabei eine gewisse Rolle, im Vordergrund steht jedoch eindeutig die Hervorbringung der Staatsgewalt durch die Volkssouveränität und ihre Sicherung durch periodische Wahlen[2]. Wenn dennoch verschiedene Autoren die Rückkoppelung als Element der Demokratie betonen[3], dann ist dies nicht im Sinne einer verfassungsrechtlichen Institutionalisierung – wie bei Eckehard Stein –, sondern eher im Sinne des ungeregelten freien Willensbildungsprozesses gemeint. Wenn das Bundesverfassungsgericht in seiner fragwürdigen, aber bahnbrechenden Entscheidung zur Öffentlichkeitsarbeit der Regierung zwar davon

---

[2] *Herzog* Rdnr. 70

[3] *Stern*, S. 604; *Schmitt Glaeser* Rdnr. 31, *Böckenförde* Rdnr. 30; *Dreier* Rdnr. 66, 73

spricht, daß die Willensbildung des Volkes und die staatliche Willensbildung auf vielfältige Weise miteinander verschränkt seien, so thematisiert es doch in dieser Entscheidung nur die „Bottom up"-Formulierung („Willensbildung vom Volk zu den Staatsorganen") als Gegensatz zur „Top down"-Formulierung („von den Staatsorganen zum Volke hin") und eben gerade nicht das Rückkoppelungsprinzip[4]. In der h.M. stehen sich die Staatswillensbildung und die freie Willensbildung des Volkes eben doch wie zwei getrennte Sphären gegenüber, die nicht durch ein Rückkoppelungsprinzip im Regelkreis miteinander verbunden sind.

– Volksbegehren und Volksentscheid (s.o. 2.a)
  In dieser Frage steht Stein deutlich gegen die h.M. Während Stein (Rdnr. 52) im Bereich der Bundesgesetzgebung die Einführung von Volksbegehren und Volksentscheiden, die im Grundgesetz nicht ausdrücklich vorgesehen sind, durch einfaches Gesetz für zulässig hält, fordert die h.M. hierfür eine verfassungsändernde Mehrheit[5].
– Direkte Aktionen (s.o. 2.b)
  Stein weist darauf hin, daß die westlichen Demokratien historisch gesehen aus Revolutionen entstanden sind und daß ihre Durchsetzung von vielfältigen illegalen Aktionen begleitet waren, z.B. von politischen Streiks; dennoch schließt Stein illegale direkte Aktionen aus. Die Tatsache, daß er dieses Wort überhaupt in den Mund nimmt, ein gewisses Verständnis signalisiert und die Anwendung des Verhältnismäßigkeitsprinzips einfordert (Rdnr. 53ff.), stößt bei der h.M. auf komplettes Unverständnis, für die solche „Aktionen" im Rahmen der Gesetze nichts weiter sind als die Ausübung der politischen Grundrechte. Das Bundesverfassungsgericht hat sie durchaus etwas differenzierter gewürdigt[6].
– Das Gewaltmonopol des Volkes (s.o. 4.)
  Für die h.M. kann es nur ein Gewaltmonopol des Staates geben. Ein davon zu unterscheidendes Gewaltmonopol des Volkes, wie es Stein in Anlehnung an die revolutionäre Staatsgewalt des Volkes annimmt (Rdnr. 60), ist für sie nicht nachvollziehbar[7].
– Die Demokratisierung der Gesellschaft (s.o. 5.)
  In dieser Frage stehen sich die h.M. und Stein diametral gegenüber. Die h.M. lehnt eine „Demokratisierung der Gesellschaft" grundsätzlich ab[8]. Dies gilt ganz eindeutig für die nicht-staatlichen, rein gesellschaftlichen Organisationen, wie z.B. für Wirtschaftsunternehmen, über deren Verfaßtheit die Be-

---

4 Bundesverfassungsgericht E20, 56, 98f.

5 *Badura* Rdnr. 12; *Stern*, S. 607; *Dreier* Rdnr. 101; *Sachs* Rdnr. 33; *Krause* Rdnr. 15; *Herzog* Rdnr. 42, 44

6 Bundesverfassungsgericht E 73, 206 – Mutlangen; E 93, 266. „Soldaten sind Mörder"

7 *Kriele*, S. 84ff.

8 *Herzog* Rdnr. 25, 115ff.; *Dreier* Rdnr. 76; *Stern*, S. 631

rufsfreiheit und die Eigentumsgarantie der Art. 12 und 14 GG, die Koalitionsfreiheit des Art. 9 Abs. 3 GG und die verfassungsmäßigen Gesetze bestimmen. Dies gilt nicht ganz so eindeutig für die Verwaltung und die in die Verwaltung integrierten Organisationen, wie z.B. das öffentliche Bildungswesen. Zwar soll hier das Demokratieprinzip gelten, jedoch in einem ganz anderen Sinne als bei Stein (Rdnr. 47f., 61ff.). „Demokratische Legitimation" heißt hier nach der inzwischen gefestigten und von der Literatur einhellig gebilligten Rechtsprechung des Bundesverfassungsgerichts, daß die Ausübung von Staatsgewalt durch die Verwaltung und in der Verwaltung sich durch eine ununterbrochene Legitimationskette auf den Willen des Volkes zurückführen läßt und ihm gegenüber verantwortet werden muss[9] – und nicht gegenüber den Mitarbeitern der Verwaltung, den Beteiligten und den Betroffenen oder sonst irgendwelchen „Teilvölkern"[10].

Die Relevanz empirischer Forschungsergebnisse für die Rechtswissenschaft

Ekehart Stein vertritt die Auffassung, daß das Demokratieprinzip ein reflexives Prinzip ist, d.h. daß die Demokratie auf sich selber verweist: Die demokratisch gewählten Gesetzgeber sollen sagen, was Demokratie ist, – soweit die Verfassung den Interpretations- und Gestaltungsspielraum nicht einengt (Rdnr. 10). Die Verfassung und ihre Anwendung sind der juristischen Norminterpretation zugewiesen; Stein wendet sich mehrfach ausdrücklich gegen eine „politikwissenschaftliche theoretische Interpretation" der Verfassung, gegen das „Hineininterpretieren", und er spricht in diesem Zusammenhang von einer „Verfälschung" der Verfassung (Rdnr. 10). Nun gibt es jedoch ganze Bibliotheken methodologischer und philosophischer, auch rechtswissenschaftlicher Literatur zum Verhältnis von Norm und Wirklichkeit, von Interpretation und Empirie. Steins eigene Auslegung des Demokratiebegriffes scheint mir ein Beispiel für eine fruchtbare Verbindung normbezogener und wirklichkeitsbezogener Denkweise zu sein. Wie könnte er sonst eine „alternative Auslegung aufgrund korrigierter realanalytischer Prämissen" (Rdnr. 22ff.) vorlegen? Dennoch will Stein die Bedeutung empirischer Forschung auf die Feststellung von Implementationsdefiziten beschränkt wissen (Rdnr. 12 a.E.). Gerade im Hinblick auf die politische Willensbildung, die auch in den Ausführungen von Ekehart Stein eine wichtige Rolle spielt, können aus empirischen Ergebnissen jedoch wert-

[9] Seit Bundesverfassungsgericht E 9, 263 bis E 86, 60 und insbesondere 93, 37, 66ff. – Schleswig-holsteinische Personalvertretung; aus der Literatur *Stern* Rdnr. 631; *Herzog* Rdnr. 49ff.; *Dreier* Rdnr. 49ff.; *Dreier* Rdnr. 113; *Sommermann* Rdnr. 75

[10] *Krause* Rdnr. 2

volle Informationen gewonnen werden. Dies will ich im folgenden am Beispiel der Jugendforschung zeigen.

Jugendforschung

Die Ergebnisse der Jugendforschung zu den politischen Einstellungen von Jugendlichen werde ich in fünf Punkten zusammenfassend darstellen. Ich beziehe mich auf drei Jugendstudien, die auch in zahlreichen anderen Forschungsberichten bestätigt werden:

- den 2. Jugendsurvey des Deutschen Jugendinstituts: Gille/Krüger (Hrsg.), Unzufriedene Demokraten, 2000;
- die 13. Shell-Jugendstudie: Fischer u.a.: Jugend 2000, 2000;
- das Förderprogramm „Demokratisch Handeln": Beutel/Fauser (Hrsg.), Erfahrene Demokratie, 2001.

Der 2. Jugendsurvey des Deutschen Jugendinstituts ist eine repräsentative replikative Untersuchung von politischen Orientierungen der 16- bis 29jährigen deutschen Jugendlichen. Die 13. Shell-Jugendstudie enthält biographische Porträts von Jugendlichen, Explorationen und Gruppendiskussionen mit Jugendlichen sowie eine repräsentative quantitative Untersuchung der gesellschaftlichen Einstellungen von 15- bis 24jährigen deutschen und ausländischen Jugendlichen. Die pädagogischen Analysen des Förderprogramms „Demokratisch Handeln" beruhen auf 10jährigen Erfahrungen mit einem Wettbewerb sowie mit der begleitenden sog. Lernstatt Demokratie ausgewählter Teilnehmer, die die Akademie für Bildungsreform und die Theodor-Heuss-Stiftung jährlich durchführen.

1. Zustimmung zur Demokratie

Die Jugend der Bundesrepublik bejaht weit überwiegend die Demokratie als Idee. Insbesondere den Jugendlichen in Ostdeutschland erscheint sie aber ergänzungsbedürftig.

Die Zustimmung zur „Idee der Demokratie" ist sehr hoch: 1997 lag sie im Westen bei 84%, im Osten bei 71% (1992: West 90% und Ost 81%). Kernbereiche der Demokratie westlichen Typs werden von den meisten Jugendlichen befürwortet: Demonstrationsfreiheit (West 72%, Ost 75%), Meinungsfreiheit (West 76%, Ost 80%), Oppositionsrecht (West 61%, Ost 60%), Kompromißbereitschaft (West 52%, Ost 57%). Die Ablehnung der Diktatur, aber eine „starke Hand" wurden 1997 im Westen von 27%, im Osten aber von 42% unterstützt[11]. Es ist interessant, daß die Freiheitsrechte im Osten etwas häufiger be-

[11] Alle Daten nach *Gille/Krüger*, S. 205ff.

jaht werden als im Westen; erschreckend, aber nicht überraschend, ist der Ruf nach der „starken Hand“ im Osten. Dennoch: Die „Idee der Demokratie“ und ihre funktionalen Kernbereiche sind in der Jugend in West und Ost verankert, wenn auch mit leicht abnehmender Tendenz, insbesondere im Osten. Dies wirft die Frage nach dem „Überleben“ der „Idee des Sozialismus“ im Osten auf. Die Zustimmung zur Idee des Sozialismus ist im Osten von 39% (1992) auf 36% (1997) gesunken, im Westen dagegen von 16% (1992) auf 24% (1997) gestiegen. 1997 stimmten also noch mehr als ein Drittel der Jugendlichen im Osten der Idee des Sozialismus zu, im Westen immerhin auch ein Viertel! Es ist jedoch Vorsicht geboten, weil die „Idee des Sozialismus“ nicht mit dem vergangenen Sozialismus der DDR gleichgesetzt werden darf. Es zeigt sich nämlich, daß die ostdeutschen Jugendlichen sowohl der Idee der Demokratie als auch der Idee des Sozialismus im hohen Maße zustimmen[12]. Die Zustimmung zur Idee des Sozialismus läßt sich also nicht als Ablehnung der Demokratie, sondern als erwünschte Ergänzung, als eine veränderte Demokratie interpretieren.

2. *Politikinteresse*

Jugendliche besitzen zwar weit überwiegend ein großes politisches Interesse; zur „Politik als System“ halten sie jedoch zunehmend Distanz. Die Jugend der Bundesrepublik steht nämlich der politischen Praxis der parlamentarischen Parteiendemokratie weitgehend ablehnend gegenüber.

Das politische Interesse der Jugendlichen ist seit Jahren Gegenstand von Jugendstudien. Auch wenn hier ein Rückgang festzustellen ist, so ist das politische Interesse in der jungen Generation doch nach wie vor hoch. Rund die Hälfte der Jugendlichen interessiert sich für Politik, rund ein Viertel hat sogar starkes Interesse[13]. Zwischen einem Drittel und der Hälfte der Jugendlichen geben an, daß sie sich sehr häufig mit Eltern, Partnern, Freunden und Bekannten, Schul- und Hochschulkameraden und Arbeitskollegen über politische Fragen unterhalten[14]. Das große Interesse an Politik und die Allgegenwart des Politischen in der Kommunikation kann aber nicht als Zeichen eines großen Vertrauens in das politische System gedeutet werden; ganz im Gegenteil, die Jugendstudien zeigen ein sehr geringes Vertrauen der Jugendlichen in die staatlichen Organisationen und Institutionen der repräsentativen Demokratie. Die Shellstudie vergleicht das Vertrauen in die staatlichen Organisationen (Bundestag, Bundesrat, politische Parteien) mit dem Vertrauen in nicht-staatliche Organisationen (Menschenrechtsgruppen, Umweltschutzgruppen, Bürgerinitia-

---

12 Daten auch hier nach *Gille/Krüger*, S. 229ff.

13 *Fischer* u.a., S. 263; *Gille/Krüger*, S. 211

14 *Gille/Krüger*, S. 218

tiven) auf einer Skala von 1 bis 5 und gelangt bei den ersten zu Mittelwerten von 2,5 bis 2,7, bei den zweiten von 3,1 bis 3,5[15]. Der Jugendsurvey des Deutschen Jugendinstituts fragte nach dem Vertrauen in eine Vielzahl unterschiedlicher Organisationen und gelangt zu dem Ergebnis, daß das Vertrauen in die Organisationen der repräsentativen Demokratie gering ist (politische Parteien: West 21%, Ost 13%; Bundesregierung: West 29%, Ost 26%; Bundestag: West 37%, Ost 31%), während nicht-staatliche politische Organisationen hohe Vertrauenswerte erzielen (Greenpeace: West 64%, Ost 56%; Bürgerinitiativen: West 54%, Ost 57%), ebenso wie das Bundesverfassungsgericht (West 63%, Ost 49%) und die Polizei (West 55%, Ost 49%)[16]. Da das Vertrauen in die Organisationen der repräsentativen Demokratie gering ist, verwundert es nicht, daß die Leistungen des politischen Systems ebenfalls als unbefriedigend beurteilt werden. Nur knapp die Hälfte der Jugendlichen im Westen ist mit der Demokratie zufrieden, im Osten nur ein Fünftel, wobei die Werte im Osten in den letzten Jahren deutlich zurückgegangen sind, d.h. daß im Westen mehr als die Hälfte und im Osten die große Mehrheit den Output, die Leistungen des politischen Systems kritisiert. Hierauf bezieht sich der Titel „Unzufriedene Demokraten“, unter dem die Ergebnisse des 2. Jugendsurveys des Deutschen Jugendinstituts veröffentlicht wurden, – die Jugendlichen sind zwar Demokraten, aber sie sind mit der Demokratie unzufrieden[17].

3. *Ausübung der „politischen Grundrechte“*

Die Ausübung der sog. politischen Grundrechte, neben dem Wahlrecht insbesondere die Meinungs-, Versammlungs- und Vereinsfreiheit, findet bei Jugendlichen hohe Zustimmung, sie machen hiervon auch in großem Maße Gebrauch. Illegale Formen der Ausübung der „politischen Grundrechte“ werden dagegen überwiegend abgelehnt.

Im deutlichem Gegensatz zur kritischen Beurteilung der repräsentativen Demokratie steht die hohe Partizipationsbereitschaft der Jugendlichen, d.h. das Interesse an der Ausübung der „politischen Grundrechte“. Trotz der Kritik am politischen System ist das Interesse an Wahlen sehr hoch. Die Bereitschaft, an Wahlen teilzunehmen, liegt bei ca. 90%. In der Skala der Beteiligungsbereitschaften folgen die Beteiligung an Unterschriftsammlungen (West 78%, Ost 81%), an genehmigten Demonstrationen (West 61%, Ost 65%), die Arbeit in Mitbestimmungsgremien (West 55%, Ost 51%) und die Teilnahme an öffentlichen Diskussionen (West 52%, Ost 51%)[18]. Zwar bleibt die tatsächliche Beteili-

---

15 *Fischer* u.a., S. 271
16 *Gille/Krüger*, S. 236
17 *Gille/Krüger*, S. 229f.
18 *Gille/Krüger*, S. 272

gung hinter der Bereitschaft zurück, sie ist jedoch – verglichen mit anderen Partizipationsbereichen (s.u. Punkt 4) noch relativ hoch. Dies gilt insbesondere für die Wahlen, an der sich in Westdeutschland 84% beteiligen, in Ostdeutschland 71%, und für Unterschriftensammlungen (West: 60%, Ost: 61%), und immerhin noch ca. ein Drittel nehmen an Demonstrationen teil, melden sich in öffentlichen Diskussionen zu Wort und arbeiten in Mitbestimmungsgremien mit[19].

Illegale Formen politischer Beteiligung werden dagegen mehrheitlich nicht befürwortet: einem Boykott stimmen im Westen 37% der Jugendlichen, im Osten 26% zu, nicht genehmigten Demonstrationen 26% bzw. 31%, wilden Streiks in beiden Landesteilen 13%, Hausbesetzungen 14%, und auch Aktivitäten mit Sachbeschädigungen und Personenschäden werden nur von ca. 10% befürwortet[20]. Trotz der mehrheitlichen Ablehnung, die in diesen Zahlen zum Ausdruck kommt, kann man aus der Bewertung gewaltförmiger politischer Handlungen auf eine beträchtliche Akzeptanz politischer Gewalt schließen[21]. Die Angaben zur tatsächlichen Teilnahme verstärken den Eindruck, daß illegale Formen politischer Beteiligung vom Großteil der Jugendlichen als Mittel der Durchsetzung von Interessen nicht akzeptiert wird. An einem Boykott haben in Westdeutschland 18%, in Ostdeutschland 10% teilgenommen, an Hausbesetzungen lediglich 3% in beiden Landesteilen[22]. Vielleicht erklären sich diese Differenzen zwischen der Beteiligungsbereitschaft und der tatsächlichen Beteiligung aber auch aus einem Mangel an Gelegenheit!

Das in den vergangenen zehn Jahren in der Öffentlichkeit meist diskutierte und meist mißinterpretierte Thema der Jugendpolitik war neben „Kriminalität" zweifellos das Thema „Gewalt". Nach einer Vielzahl von empirischen Studien ist es unbestreitbar, daß die Mehrheit der Jugendlichen „öffentliche Gewalt" ablehnt, z.B. gegen Asylbewerber (85% West, 72% Ost), in Form von Demonstrationen mit Sachschäden (81% West, 75% Ost), Steine gegen die Polizei (70% West, 58% Ost), gewaltsame Selbsthilfe (68% West, 52% Ost) – Daten nach dem Jugendsurvey[23]. Als Fazit von Jugendstudien zur Gewaltbereitschaft und zur Gewalttätigkeit werden immer wieder zwei Daten verbreitet: 15% der Jugendlichen sind gewaltbereit und 3% üben Gewalt aus. Es ist bei solchen Daten jedoch größte Vorsicht geboten, denn oftmals bleibt der Gewaltbegriff diffus und die Validität der ihnen zugrundeliegenden Aussagen kann nicht als gesichert gelten.

---

19 *Gille/Krüger*, S. 273
20 *Gille/Krüger*, S. 272
21 *Gille/Krüger*, S. 273
22 *Gille/Krüger*, S. 296
23 Alle Daten nach *Gille/Krüger*, S. 296

4. *Partizipationsbereitschaft und tatsächliche Partizipation*

Zwischen der politischen Partizipationsbereitschaft und der tatsächlichen Partizipation von Jugendlichen klafft eine Lücke; formelle Mitgliedschaften und Verantwortlichkeiten treten hinter spontanem und informellem Engagement zurück. Projektförmige Kooperationsformen werden dagegen im Unterschied zur Partizipation in etablierten Politikformen als demokratisch erfahren; „Demokratie ist, was wir gemeinsam tun"[24]. Jugend versteht „Demokratie" demnach eher im Sinne der „direkten Demokratie", nicht so sehr im Sinne der „repräsentativen Demokratie".

Unzufriedenheit mit der Praxis der Demokratie heißt nicht, daß das große politische Interesse der Jugendlichen rein verbal wäre, daß sie nicht bereit wären, sich auch politisch zu engagieren. Das kommt sowohl im allgemeinen sozialen Engagement wie auch in der Beteiligungsbereitschaft zum Ausdruck. Die Tatsache, daß die Jugendlichen in erster Linie an ihr Privatleben denken (rund 85% bejahen die Aussage „mein Privatleben geht mir über alles"), hindert sie nicht daran, sich auch für ihre Familien und Freunde einzusetzen (90 bis 95%), Menschen in Not zu helfen (rund 60%) und politisch aktiv werden zu wollen (40 bis 45%)[25]. Diese hohe Bereitschaft zum politischen und sozialen Engagement kann als Spiegelbild der Kritik an einer etablierten Politik verstanden werden. Allerdings handelt es sich hier um Verhaltensbereitschaften, von denen nicht auf ein tatsächliches Engagement geschlossen werden kann.

So stehen die Zahlen zur Verhaltensbereitschaft in einem gewissen Gegensatz zu den Aussagen über das tatsächliche Verhalten der Jugendlichen. Dies wurde bereits hinsichtlich der Ausübung der sog. politischen Grundrechte sichtbar und hinsichtlich illegaler Aktionen, zeigt sich jedoch auch beim Engagement in anderen Bereichen, und zwar sowohl bei formellen Organisationen als auch innerhalb der sog. Neuen sozialen Bewegung.

Bindungen an formelle Organisationen werden von den Jugendlichen heute vielfach gemieden; Mitgliedschaften und Ämter sind verpönt. Zwar können sich im Westen 23% und im Osten 15% vorstellen, in politischen Parteien mitzuarbeiten, tatsächlich tun dies aber nur 5 bzw. 3%. Die Mitgliedschaft in Gewerkschaften ist im Westen von 15% (1992) auf 7% (1997), im Osten von 22% auf 8% gesunken. Nur die Sportverbände können nach wie vor viele Jugendliche an sich binden, nämlich 33% im Westen und 20% im Osten[26]. Informelle Gruppierungen im Bereich der sog. Neuen sozialen Bewegungen finden zwar hohe Zustimmungs-, aber nur geringe Beteiligungsquoten. Die Anteile derjenigen, die positive Urteile abgeben, aber dennoch nicht mitmachen, liegen bei

---

[24] *Beutel/Fauser*, S. 236ff.

[25] *Gille/Krüger*, S. 193

[26] *Gille/Krüger*, S. 273 und 285

Umweltschutzgruppen bei 73%, bei Friedensinitiativen bei ca. 70% und bei Selbsthilfegruppen um die 60%[27]. Interessanterweise nimmt in den Vereinen der Anteil der Mitglieder zu, die Ämter ausüben, er liegt bei manchen Organisationen fast bei 50%. Das heißt, die Vereine verteilen die häufig ungeliebten Ämter nicht nur auf viele Schultern, sondern sie erreichen eine größere Bindung der vorhandenen Mitglieder durch die Übertragung von Aufgaben[28].

Der schwindenden Mitgliedschaft in formellen Organisationen, wie z.B. Jugendverbänden, steht eine steigende Attraktivität von informellen Gruppierungen gegenüber. Auch wenn es hierüber keine quantitativen Daten gibt, sprechen die Berichte über das Engagement junger Menschen im Gemeinwesen doch eine beredte Sprache. Es gibt sie offensichtlich, die engagierten Jugendlichen, die vor Ort an konkreten Projekten Gemeinwesenarbeit leisten und dies als „Demokratie" erleben. Von staatlichen Stellen oder von Stiftungen wird eine Vielzahl von Wettbewerben ausgeschrieben, an denen sich zahlreiche Gruppen von Jugendlichen beteiligen. So führen z.B. die Theodor-Heuss-Stiftung und die Akademie für Bildungsreform seit zehn Jahren jährlich den Wettbewerb „Förderprogramm Demokratisch Handeln" durch, der sich an Schülerinnen und Schüler wendet[29]. Es geht bei diesem Wettbewerb um das gemeinschaftliche politische Handeln von Jugendlichen, um Engagement für das Gemeinwesen und um die demokratische Qualität des gelebten Alltags. Im Laufe von zehn Jahren gab es rund 1.500 Einsendungen von Projekten, an denen rund 10.000 Schülerinnen und Schüler beteiligt waren. Ein Überblick über die Themen zeigt eine charakteristische Verteilung: Es dominieren „Zusammenleben in der Schule", „Zusammenleben in der Kommune", „Historische und internationale Entwicklung" sowie „Ökologie". Diese Themen spielen auch in den traditionellen Jugendorganisationen eine Rolle, werden typischerweise jedoch auch von den sog. Neuen sozialen Bewegungen aufgegriffen.

5. *Gerechtigkeit*

Ungleichheit und Gerechtigkeit sind wichtige Themen auch für die Jugend: Auch im Bildungswesen und in der Wirtschaft soll Gerechtigkeit herrschen, wobei die austeilende Gerechtigkeit (Leistungsprinzip) wie die ausgleichende Gerechtigkeit (Sozialprinzip) gleichermaßen im Vordergrund stehen, nicht aber eine rein formale zufällige Gleichheit.

Jugendliche in Ost wie West erkennen, daß die Gesellschaft der Bundesrepublik durch soziale Ungleichheit bestimmt ist, und sie halten diese sozialen Unterschiede einhellig nicht für gerecht. Als eindeutig ungerecht werden sie im

---

27 *Gille/Krüger*, S. 292

28 *Fischer* u.a., S. 277

29 *Beutel/Fauser*, S. 25ff.

Westen allerdings nur von rund 15%, im Osten aber immerhin von ca. 30% der Jugendlichen bewertet. Insgesamt zeigt sich ein durchaus differenziertes Bild bei der Beurteilung sozialer Ungleichheit[30]. Der Jugendsurvey des Deutschen Jugendinstituts hat zunächst das „subjektive Privilegierungs- bzw. Deprivationsempfinden" der Jugendlichen erhoben (die Jugendlichen wurden gefragt, ob sie im Vergleich zu anderen Menschen in der Bundesrepublik ihren „gerechten Anteil" erhalten). Im Westen meinten 1997 zwei Drittel, daß sie einen gerechten Anteil oder mehr erhalten, im Osten jedoch nur die knappe Hälfte; ein Drittel im Westen glaubte, daß es „etwas weniger" erhält, im Osten dagegen die Hälfte. Das heißt, im Osten kann man mehrheitlich eine starke oder leichte subjektive Deprivation feststellen, im Westen dagegen durchaus das Gefühl einer verbreiteten subjektiven Gerechtigkeit.

Was aber ist Gerechtigkeit in der Gesellschaft? Bekanntlich gelten hier äußerst unterschiedliche Vorstellungen, die sich auch zwischen wie innerhalb der politischen Lager beträchtlich unterscheiden. In der Untersuchung des Deutschen Jugendinstituts wurde danach gefragt, ob knappe Ausbildungsplätze nach Los, nach Leistung, nach Nationalität (Deutsche) oder nach Wartezeit vergeben werden sollten. Das Ergebnis zeigt, daß das Leistungsprinzip dominiert (86% in Ost und West), gefolgt vom Sozialkonzept (Wartezeit – 73% West, 80% Ost), während das Zufallsprinzip (Los) nur von 24% West bzw. 22% Ost genannt wurde. Den „Arbeitsmarktchauvinismus" (Bevorzugung deutscher Bewerber) empfahlen jedoch 32% im Westen und 62% im Osten[31]! Da bei dieser letzten Dimension jedoch fremdenfeindliche und situative Elemente eine große Rolle spielen, sollte man hierin weniger eine Antwort auf die Frage nach der Gerechtigkeit im allgemeinen sehen.

Der Demokratiebegriff und die Jugend

Wie lassen sich diese Ergebnisse der Jugendforschung vor dem Hintergrund der verfassungsrechtlichen Position bewerten?

1. Zunächst kann man mit Befriedigung feststellen, daß die Idee der Demokratie, die das Grundgesetz in Artikel 20, Abs. 1,28 Abs. 1 und 79 Abs. 3 mit „Ewigkeitswert" ausgestattet hat, offensichtlich bei der jungen Generation hohe Akzeptanz findet.
2. Bedenklich muß jedoch stimmen, daß die Institutionen der repräsentativen Demokratie, die in der Verfassungsordnung der Bundesrepublik im Mittelpunkt stehen, von den Jugendlichen überwiegend negativ beurteilt werden. Das gilt jedenfalls in den Dimensionen „Vertrauen" und „Zufriedenheit".

---

30 Alle Daten nach *Gille/Krüger*, S. 105ff.

31 *Gille/Krüger*, S. 108

3. Die politischen Grundrechte, die Grundlagen der Demokratie, stehen dagegen bei den Jugendlichen hoch im Kurs. Das Wahlrecht und die Meinungs-, Versammlungs- und Vereinsfreiheit erfreuen sich großer Beliebtheit. Die Arbeit der Institutionen der repräsentativen Demokratie wird dennoch kritisch gesehen, ihre Ergebnisse überwiegend abgelehnt. Da Meinungs-, Versammlungs- und Vereinsfreiheit lediglich im Zusammenhang mit dem „Output" der Demokratie gesehen werden, erhalten diese Grundrechte somit etwas Beliebiges.
4. Die Rückkoppelungsfunktion, d.h. die Rückbindung der gewählten Vertreter in den Institutionen der repräsentativen Demokratie an die repräsentierte Bevölkerung, funktioniert offensichtlich nicht so, wie sich die Jugendlichen das vorstellen. Die politischen Grundrechte, insbesondere die Meinungs-, Versammlungs- und Vereinsfreiheit, und ihr Gebrauch gewährleisten offensichtlich nicht, daß Vertrauen in die Ausübung der politischen Macht und Zufriedenheit mit den Ergebnissen des politischen Geschäfts herrscht. Rückkoppelung heißt eben mehr als die Gewährung politischer Freiheit, heißt Öffentlichkeit, Transparenz, Verantwortlichkeit. Diese können durch die Existenz der politischen Grundrechte offensichtlich allein nicht gewährleistet werden.
5. Zwar wissen wir nichts Genaues über die Einstellungen junger Menschen zu den Verfahren der direkten Demokratie; sie spielen in der Bundesrepublik eine so geringe Rolle, daß sie das politische Bewußtsein der Jugendlichen nicht bestimmen. Man kann aus den Ergebnissen der Einstellungsforschung jedoch schließen, daß die Mehrheit der Jugendlichen ihnen prinzipiell eher positiv gegenübersteht, weil sie unmittelbare Entscheidungsmacht mit weitreichenden Folgen versprechen. Die problematischen Seiten der Volksbefragung und Volksentscheide, die in anderen Ländern studiert werden können, dürften dagegen angesichts des populistischen Einschlags dieser Instrumente eher in den Hintergrund treten.
6. Die Ergebnisse der Jugendforschung deuten darauf hin, daß „direkte Aktionen" die große Mehrheit der Jugendlichen ansprechen, denn diese bejahen mehrheitlich Unterschriftensammlungen, Demonstrationen und Streiks. Der Begeisterung für „direkte Aktionen" entsprechen die Daten zur tatsächlichen Beteiligung jedoch nicht, nur an Unterschriftenaktionen hat sich bereits einmal eine Mehrheit von Jugendlichen beteiligt.
7. Das Gewaltmonopol des Staates findet bei den meisten Jugendlichen Anerkennung, denn für gewaltsame Aktionen sprechen sich nur sehr wenige Jugendliche aus und noch weniger haben sich daran einmal beteiligt. Ein „Gewaltmonopol des Volkes" ist vermutlich für Jugendliche eine recht abstrakte Fragestellung, unter der sich nur wenige etwas vorstellen können.
8. Gerechtigkeit in der Gesellschaft scheint ein selbstverständliches Prinzip zu sein, das als solches von allen Jugendlichen bejaht wird. Was aber Gerechtig-

keit heißt, offenbart sich erst, wenn Prinzipien der Gerechtigkeit thematisiert werden. Die in der Bundesrepublik herrschende soziale Differenzierung wird jedenfalls von allen Jugendlichen als nicht gerecht eingestuft, wenn auch das Ausmaß der Verletzung des Prinzips und die Maßstäbe der austeilenden wie der ausgleichenden Gerechtigkeit begreiflicherweise unterschiedlich sind.

Zur Zukunft der Demokratie

Was folgt aus den skizzenhaft wiedergegebenen Ergebnissen der Jugendforschung für den Demokratiebegriff des Grundgesetzes und für seine Auslegung durch Ekehart Stein?

Stein schreibt:

„Auf der anderen Seite wachsen vor allem bei jungen Menschen die Zweifel an der Verwirklichung der Demokratie. Anfang der 60er Jahre zeigten die Auseinandersetzungen über die Notstandsgesetze, daß die politischen Gegensätze innerhalb des Parlaments bei weitem nicht die volle Spannbreite der Meinungen in der Gesellschaft umfassen und daß eine große Minderheit mit ihrer Befürchtung einer Demontage der Demokratie durch weitgehende Vollmachten für sog. Notstände gar nicht im Parlament repräsentiert ist (Außerparlamentarische Opposition). 1968 kam es zur Studentenrevolte, von der sich wenig später die Rote Armee Fraktion abspaltete. In den 70er Jahren wurde zur Gewißheit, daß der Bundestag und die in ihm vertretenen Parteien bestimmte existentielle Probleme (z.B. die Gefährdung der Umwelt, die Gefahren und ressourcenbedingten Grenzen eines zügellosen Wirtschaftswachstums und die Gefährlichkeit der Atomenergie auch bei friedlicher Nutzung) viel zu spät und unzureichend erkannt hatten. Dem läßt sich nicht länger mit wohlklingenden Worten begegnen, sondern nur durch einen Abbau der Demokratiedefizite in Staat und Gesellschaft. Das demokratische Prinzip fordert eine freie und offene Meinungs- und Willensbildung vom Volk zu den Staatsorganen hin, die in die staatliche Willensbildung einmündet (BVerfGE 20, 56, 97ff.). Dies läßt sich nur verwirklichen, wenn die Staatsorgane sensibel und offen sind für alle Initiativen von seiten der Bevölkerung." (Rdnr. 7)

Wenn wir feststellen, daß Jugendliche heute wohl eher der „direkten Demokratie" zuneigen, legale „direkte Aktionen" bevorzugen und die soziale Ungleichheit in der Bundesrepublik nicht für gerecht halten, dann bestätigen diese Meinungen die Auslegung des Demokratiebegriffes durch Ekehart Stein eher als die der herrschenden Meinung der Juristen. Als Grundlage für eine Auslegung des Gesetzes taugen sie hingegen nicht, denn diese kann – auch für Ekehart Stein – nicht auf dem Ergebnis von Meinungsumfragen aufbauen, sondern muß systematisch „realanalytisch" begründet werden. Außerdem handelt es sich bei den Einstellungen von Jugendlichen nicht um Aussagen zum Demokratiebegriff des Grundgesetzes, sondern um Aussagen über ihre eigenen Vorstellungen von Demokratie. Zur Begründung eines „Vollzugsdefizites" eignen sie sich deshalb ebenfalls nicht.

Die Staatsorgane müssen „für alle Initiativen von seiten der Bevölkerung sensibel und offen sein", schreibt Stein am Schluß der Paraphrase über die Geschichte politischer Einstellungen der Jugend. Stein wendet sich an „die Staatsorgane". Daraus folgt: Wenn die Demokratie eine Zukunft haben soll, müssen die Wünsche und Erwartungen in den Willensbildungsprozeß über die Gestaltung der Demokratie, also in Verfassungs- und Gesetzgebung einfließen, insbesondere in Wahlen und Abstimmungen sowie den Gebrauch der politischen Grundrechte. Das Grundgesetz weist durch eine reflexive Auslegung seines Demokratiebegriffes selber einen Weg zur Berücksichtigung der jugendlichen Einstellung zur Demokratie – insofern könnten empirische Forschungsergebnisse auch für Ekehart Stein eine Bedeutung gewinnen, die über die Feststellung von Implementationsdefiziten hinausgeht.

Literaturverzeichnis

Badura, Peter: Staatsrecht, 1986, C.H. Beck, München

Beutel, Wolfgang/Fauser, Peter (Hrsg.): Erfahrene Demokratie. Wie Politik praktisch gelernt werden kann, 2001, Leske und Budrich, Opladen

Böckenförde, Ernst-Wolfgang: Demokratische Willensbildung und Repräsentation, in: Isensee, Josef/Kirchhof, Paul (Hrsg.), Handbuch des Staatsrechts, Band 2, 1987, S. 29ff., C.F. Müller, Heidelberg

Dreier, Horst: „Demokratie", Kommentierung von Art. 20, Grundgesetzkommentar, Band 2, 1998, Mohr, Tübingen

Fischer, Arthur u. a.: Jugend 2000, hrsg. v. Deutsche Shell, 2000, Leske und Budrich, Opladen (13. Shell-Jugendstudie)

Gille, Martina/Krüger, Winfried (Hrsg.): Unzufriedene Demokraten (Deutsches Jugendinstitut, Jugendsurvey 2) 2000, Leske und Budrich, Opladen

Herzog, Roman: Art. 20, Grundgesetz, 1996, Maunz, Theodor/Dürig, Günter: Grundgesetz. Kommentar, C.H. Beck, München

Krause, Peter: Verfassungsrechtliche Möglichkeiten unmittelbarer Demokratie, in: Isensee, Josef/Kirchhof, Paul (Hrsg.), Handbuch des Staatsrechts, Band 2, 1987, S. 313ff., C.F. Müller, Heidelberg

Kriele, Martin: Einführung in die Staatslehre, 1975, Rowohlt, Hamburg

Mangold, Hermann/Klein, Friedrich: Das Bonner Grundgesetz, hrsg. v. Starck, Christian, Band 2, 2000, C.H. Beck, München

Schmitt Glaeser, Walter: Die grundrechtliche Freiheit des Bürgers zur Mitwirkung an der Willensbildung, in: Isensee, Josef/Kirchhof, Paul (Hrsg.), Handbuch des Staatsrechts, Band 2, 1987, S. 49ff., C.F. Müller, Heidelberg

Sachs, Michael: Das Demokratieprinzip, Kommentierung von Art. 20, in: Grundgesetz-Kommentar, hrsg. v. Sachs, Michael, 2. Auflage, 1999, C.H. Beck, München

Sommermann, Karl-Peter: „Demokratie", Kommentierung von Art. 20, in: Mangold, Hermann/Klein, Friedrich: Das Bonner Grundgesetz, hrsg. v. Starck, Christian, Band 2, 2000, C.H. Beck, München

Stein, Ekehart: „Demokratie“, Kommentierung von Art. 20 Abs. 1 bis 3 GG in: Alternativkommentar, 1. Auflage 1984, 2. Auflage 1989, 3. Auflage 2001, Luchterhand, Neuwied
Stern, Klaus: Das Staatsrecht der Bundesrepublik Deutschland, Band 1, 2. Auflage 1984, C.H. Beck, München

Wirtschaftsverfassung und Wirtschaftsverwaltung

Von der Kreditaufsicht zur Allfinanzaufsicht

Heiko Faber

Die folgenden Betrachtungen sollen die Erinnerung an *Ekkehart Steins* großes Werk über „Die Wirtschaftsaufsicht" (1967 bei Mohr in Tübingen erschienen) wachrufen und deutlich machen, daß wichtige damals erarbeitete Annahmen ihrer Zeit weit vorauseilten; insbesondere die Entwicklung im Finanzaufsichtsrecht kann als Teilerfüllung der Forderungen Steins verstanden werden.

Besinnt man sich auf die wesentlichen Thesen der Schrift, so zeichnen sich in der Reihenfolge der Steinschen Gedankengänge folgende Schwerpunkte ab: Den theoretischen Bezugsrahmen der Wirtschaftsaufsicht bildet die aus einer Kritik an der Strukturtheorie entwickelte Funktionsschutztheorie; sie betont gegenüber der Zersplitterung der Wirtschaftsaufsicht die funktionale Einheit der Wirtschaft. Da sich die Leitungsmacht der Unternehmensleiter,[1] insbesondere die Arbeitgeberbefugnisse und die Marktmacht, nicht lückenlos aus Privatrechtsverhältnissen ableiten ließen, müsse deren Legitimation durch ein öffentlich-rechtliches Rechtsverhältnis angenommen werden.[2] Die staatliche Mitverantwortung für die Bedarfsdeckung ergebe sich aus der Pflicht des Sozialstaates, die Freiheitssphäre auch positiv zu schützen.[3] Aufsicht setze Maßstäbe voraus. Maßstabsbildung sei Rechtsetzung, die wegen der Eigenart wirtschaftlicher Prozesse bundeseinheitlich sein sollte; daher seien Bundesoberbehörden für alle Zweige der Wirtschaftsaufsicht anzustreben.[4] Sowohl bei der Diskussion der Überwachungsmittel als auch bei der Darstellung der Berichtigungsmittel betonte Stein schon damals die Bedeutung der Beilegung von Meinungsverschiedenheiten im Verhandlungswege;[5] ideales Berichtigungsmittel sei der verwaltungsrechtliche Vertrag.[6] Da die Nichtbefolgung von Überwachungs- und Berichtigungsmitteln die persönliche Unzuverlässigkeit indiziere, hätten die Sanktionen im Bereich der Wirtschaftsaufsicht nur geringe Bedeutung.[7] Im abschließenden Kapitel griff Stein die das ganze Buch durchziehende Kritik an der organisatorischen Zersplitterung an der Wirtschaftsaufsicht erneut auf. Zwar habe der Gesetzgeber eine weite Gestaltungsfreiheit; eine Konzeption der Wirtschaftsaufsicht dürfe er entwickeln. Mit der Verfassung unver-

---

1 Begriff: S. 35.
2 S. 52f.
3 S. 57, 59.
4 S. 113.
5 S. 120.
6 S. 202.
7 S. 217.

einbar sei aber die Beibehaltung des gegenwärtigen konzeptionslosen Zustandes.[8] Die Vielfalt der Wirtschaftsaufsichtsbehörden beruhe auf historischen Zufällen. Sie widerspreche den funktionalen Zusammenhängen;[9] deshalb sei ein Ansatz bei der Reform des Wirtschaftsaufsichtsrechts nicht aussichtsreich, da ja infolge der bestehenden Organisation die Fachleute für die Zusammenhänge fehlten.[10] Gegenüber verbandsorientierten Legitimationsvorstellungen betonte Stein die Notwendigkeit der parlamentarischen Legitimation notfalls über weit gespannte Weisungsketten.[11] Das Grundgesetz sehe dafür die Errichtung einer selbständigen Bundesoberbehörde vor.[12] Insgesamt sind die Untersuchungen Steins durch das – angesichts der Vielfalt der Gesetze naheliegende – methodische Prinzip geprägt, Regelungslücken durch Prinzipien allgemeiner Bedeutung in modellhaften Gesetzen zu schließen; eine besondere Bedeutung hatte dabei das Gesetz über das Kreditwesen vom 10. Juni 1961, das die Errichtung des Bundesaufsichtsamtes für das Kreditwesen vorsah, und dessen Regelungen der Abberufung von Geschäftsleitern in § 36 Stein als „allgemeine Norm für alle Wirtschaftsunternehmen" ausgebaut wissen wollte.[13] Das Recht der Kreditaufsicht war also das (Haupt-)Referenzgebiet des Rechts der Wirtschaftsaufsicht.

Es ist wohl kein Zufall, daß die markantesten Entwicklungen der Wirtschaftsaufsicht der letzten Jahre sich gerade im Bereich der Finanzaufsicht vollzogen. Zunächst blieben die Verbesserungen des Kreditwesengesetzes freilich im konventionellen Rahmen der Krisenreaktion, in denen der Gesetzgeber durch Bankzusammenbrüche (Herstatt, Münchmeyer) zur Novellierung veranlaßt wurde.[14] Das war nichts Neues; schon das Reichsgesetz über das Kreditwesen vom 5. Dezember 1934 war bemüht, die Lehren aus einem Bankzusammenbruch (Darmstädter und Nationalbank 1931) zu ziehen. Das Motiv war der Schutz der kleinen Anleger vor der Bankeninsolvenz. Wichtige Mechanismen des Finanzwesens blieben aber jahrzehntelang unberücksichtigt: Wertpapierhandel, Beteiligungen und deren Übertragungen sowie das Insider-Unwesen. Insbesondere die Verwerflichkeit des Insider-Handels wird in den Steinschen Kategorien erst richtig deutlich; bedeutet es doch die partielle Konfusion des öffentlich-rechtlichen Rechtsverhältnisses, in dem der Staat den organisationsunfähigen Konsumenten gegenüber dem Unternehmensleiter repräsen-

[8] S. 239.
[9] S. 238.
[10] S. 244.
[11] S. 252ff.
[12] S. 265.
[13] S. 209ff., 211.
[14] Vgl. *Pleyer* in: Festschrift der Rechtswissenschaftlichen Fakultät zur 600-Jahr-Feier der Universität zu Köln, 1988, S. 115ff.

tiert. In einem besonders skandalösen Fall hatte sich ein prominenter Gewerkschaftler als Insider herausgestellt.

Das erreichte politische Gleichgewicht der Akteure hatte, abgesehen von den erwähnten Bankinsolvenzen, Untätigkeit des Gesetzgebers zur Folge. Die entscheidenden Anstöße gingen vom Europarecht aus. Am Anfang stand die EG-Richtlinie zur Koordinierung der Bestimmungen für die von Investmentgesellschaften angebotenen Anteile an Wertpapiervermögen (BT-Ds. 11/5411 S. 22, *Investment-Richtlinie*).[15]

Der von der Bundesregierung beschlossene Entwurf eines Gesetzes zur Durchführung der Richtlinie (Investment-Richtlinie-Gesetz, BT-Ds. 11/5411) wurde vom Finanzausschuß des Bundestages mit dem Entwurf eines Gesetzes zur Aufhebung des Kapitalverkehrssteuergesetzes (Entwurf des Bundesrates, BT-Ds. 11/4711) zusammengefaßt zum Gesetz zur Verbesserung der Rahmenbedingungen der Finanzmärkte (*Finanzmarktförderungsgesetz*, BGBl 1990, I S. 266; Beschlußempfehlung und Bericht des Finanzausschusses: BT-Ds. 11/6262). Das Gesetz sollte die Wettbewerbsbedingungen der Investment-Gesellschaften verbessern und die Kapitalanlagemöglichkeiten erweitern (z.B. Optionshandel, Devisentermingeschäfte, dagegen auf Intervention der Bundesbank zunächst noch nicht die Zulassung von Geldmarktfonds).[16] Für den Schutz der Anleger sollte ein europaweit einheitlicher Standard geschaffen werden.[17] Der Anlegerschutz wurde erweitert (z.B.: Basispreise der Wertpapiere, die Gegenstand von Optionsgeschäften sind, dürfen einen bestimmten Anteil des Sondervermögens nicht überschreiten). Auch die Zulassung von Devisenterminkontrakten zur Absicherung von Fremdwährungsrisiken kann als Beitrag zum Anlegerschutz verstanden werden. Merkwürdigerweise war der Verkauf von Devisen auf Termin bereits durch eine Bekanntmachung des Bundesaufsichtsamtes für das Kreditwesen zugelassen.[18] Es handelt sich um einen Fall der „Maßstabsbildung" im Sinne Steins. Die Genehmigungspflicht der Vertragsbedingungen für Spezialfonds durch das Bundesaufsichtsamt für das Kreditwesen wurde abgeschafft.[19]

---

[15] genauer: EG-Richtlinie zur Koordinierung der Rechts- und Verwaltungsvorschriften betreffend bestimmter Organismen für gemeinsame Anlagen in Wertpapieren vom 20. Dezember 1985 (ABl. EG Nr. L 375 vom 31. Dezember 1985 S. 3), geändert durch die Richtlinie 88/220/EWG des Rates vom 22. März 1988 (ABl. EG Nr. L 100 vom 19. April 1988, S. 31).

[16] Vgl. Ausschußbericht BT-Ds. 11/6262 S. 4.

[17] BT-Ds. 11/5411 S. 22.

[18] BT-Ds. 11/5411 S. 24.

[19] BT-Ds. 11/6262 S. 26.

Der nächste Schritt ergab sich aus der *Transparenz-Richtlinie*[20] und aus der *Insider-Richtlinie.*[21] Zur Umsetzung beschloß die Bundesregierung den Entwurf eines Gesetzes über den Wertpapierhandel und zur Änderung börsenrechtlicher und wertpapierrechtlicher Vorschriften (*2. Finanzmarktförderungsgesetz,* BT-Ds. 12/6679). Schwerpunkte waren die Bestimmungen über Insider-Überwachung und über Mitteilungs- und Veröffentlichungspflichten bei Veränderungen des Stimmrechtsanteils an börsennotierten Gesellschaften (Abschnitte 3 und 4 des vorgesehenen Wertpapierhandelsgesetzes). Die Unerschrockenheit, mit der die Bundesregierung die neue Normenflut zu ihren „Deregulierungsbemühungen" zählte,[22] ist bemerkenswert; gemeint waren qualitative „Liberalisierungen". Der Finanzausschuß fügte nun auch die Zulassung von Geldmarktfonds ein.[23] Die Bundesbank stellte ihre Bedenken etwas verklausuliert zurück. Daß der häufig beschworene Anlegerschutz sich nicht etwa zu einem subjektiven öffentlichen Recht oder zu einem Amtshaftungsanspruch verdichten sollte, ergibt sich aus § 4 Abs. 2 des Wertpapierhandelsgesetzes.[24] Für das hier behandelte Thema war jedoch von ausschlaggebender Bedeutung die Errichtung des Bundesaufsichtsamts für den Wertpapierhandel (Abschnitt 2 des Entwurfs eines Wertpapierhandelsgesetzes). Es sollte als selbständige Bundesoberbehörde entstehen; eine Übertragung auf das Bundesaufsichtsamt für das Kreditwesen wurde wegen der unterschiedlichen Aufgaben (Schutz der Funktionsfähigkeit des Bankwesens/allgemeine Marktaufsicht) als „nicht sinnvoll" angesehen.[25] Eigenartig ist auch das Bemühen, die Mitwirkung der Länder zu sichern: durch den „Wertpapierrat" nach § 5 und durch die Organleihe für eilbedürftige Maßnahmen nach § 6 Abs. 2.

Das ist genau die von Stein charakterisierte typische Entstehung einer Organisation der Wirtschaftsaufsicht: Neue Aufgaben, insbesondere unter dem Einfluß des Europarechts, fordern Organisationsmaßnahmen; aber der Gesetzgeber reagiert auf den Problemdruck nicht mit einer rationalen, der funktionalen Einheit der Wirtschaftsaufsicht entsprechenden Behördenkonzentration, son-

---

[20] Genauer: Richtlinie 88/627/EWG des Rates der Europäischen Gemeinschaften vom 12. Dezember 1988 über die bei Erwerb und Veräußerung einer bedeutenden Beteiligung an einer börsennotierten Gesellschaft zu veröffentlichenden Informationen, ABl. EG Nr. L 348/62.

[21] Genauer: Richtlinie 89/592/EWG des Rates der Europäischen Gemeinschaften vom 13. November 1989 zur Koordinierung der Vorschriften betreffend Insider-Geschäfte, ABl. EG Nr. L 334/30.

[22] BT-Ds. 12/2279 S. 34.

[23] BT-Ds. 12/7918 S. 98, § 7a des Kapitalanlagegesetzes.

[24] Eingefügt durch den Finanzausschuß, BT-Ds. 12/7918 S. 100; vgl. auch § 15 Abs. 6 des Wertpapierhandelsgesetzes und dazu den Ausschußbericht S. 102; zu verfassungsrechtlichen Bedenken gegen den entsprechenden § 6 Abs. 4 KreditWG vgl. *Cremer* JuS 2001, 643ff., 649.

[25] BT-Ds. 12/6679 S. 35f.

dern mit der Errichtung einer Sonderbehörde. Insofern kann man in Anlehnung an die Lehre Steins in der Tat von einem „historischen Zufall" sprechen.

In rascher Folge schlossen sich weitere Neuregelungen des Finanzmarktes an. Am 1. Januar 1998 trat das Gesetz zur Umsetzung von EG-Richtlinien zur Harmonisierung bank- und wertpapierrechtlicher Vorschriften in Kraft.[26] Mit der 5. KWG-Novelle brachte es eine Ausweitung des Anwendungsbereichs des Kreditwesengesetzes (7500 Unternehmen, bisher am „grauen Kapitalmarkt" tätig, wurden einbezogen).[27] Es folgte das *3. Finanzmarktförderungsgesetz* vom 24. März 1998 (BGBl I S. 529, in Kraft seit dem 1. April 1998; ein 4. Finanzmarktförderungsgesetz ist in Vorbereitung). Von Bedeutung für die Finanzaufsicht ist die Übertragung der *formellen* Prüfung der Verkaufsprospekte auf das Bundesaufsichtsamt für den Wertpapierhandel (§ 8a des Verkaufsprospektgesetzes); die Entwurfsbegründung hob hervor, daß die Behörde nur die „Vollständigkeit" der Prospekte prüfe, während die *„inhaltliche Bewertung"* der Informationen dem Anleger selbst obliege.[28]

Im Laufe des Jahres 2000 wandelte sich die rechtspolitische Kulisse von Grund auf. Dabei wirkten mehrere Trends zusammen und verstärkten sich: Die Sparpolitik des Bundesfinanzministers; die ungewisse Zukunft der Deutschen Bundesbank nach dem Start des Europäischen Zentralbanksystems; schließlich die schleichende Umwandlung der Finanzmärkte und des Bankensystems durch die Integration der Finanzdienstleistungen, insbesondere das Zusammenwachsen von Anlage-, Kredit- und Vorsorgegeschäft. Der Zusammenschluß von Allianz und Dresdner Bank wirft ein bezeichnendes Licht auf die Entwicklung. So nimmt es nicht wunder, wenn Anfang 2001 der Referentenentwurf eines Gesetzes zur Schaffung einer integrierten Finanzmarktaufsicht[29] der Öffentlichkeit vorgestellt wurde. Kernpunkt ist die Zusammenlegung der drei Bundesaufsichtsämter für das Kreditwesen, das Versicherungswesen und für den Wertpapierhandel zu einer Bundesanstalt für Finanzdienstleistungs- und Finanzmarktaufsicht. Im allgemeinen Teil der Begründung finden sich nicht nur die angedeuteten Tendenzen der Realität im Finanzdienstleistungsbereich zu einer funktionalen Einheit, sondern auch organisatorische Vorteile der Zusammenlegung wie Arbeitseffizienz, Synergieeffekte und einheitliche Leitungsstruktur, also Gesichtspunkte, mit denen Stein schon 1967[30] für eine einheitliche Aufsichtsbehörde geworben hatte (allerdings hatte er an eine Behörde für die Wirtschaftsaufsicht insgesamt gedacht, und am allerwenigsten, wie man hinzufügen muß, an eine rechtsfähige Bundesanstalt). Hatte der Entwurf des 2.

---

[26] Vom 22. 10. 1997 BGBl I S. 2518.

[27] Vgl. *Meixner* NJW 1998, 862ff., 863.

[28] BT-Ds. 13/8933 S. 87.

[29] Finanzdienstleistungs- und Finanzmarktaufsichtsgesetz, zu beziehen beim Bundesfinanzministerium über www.bundesfinanzministerium.de.

[30] Wirtschaftsaufsicht S. 240.

Finanzmarktförderungsgesetzes die Übertragung der neuen Aufsichtsaufgaben auf das Bundesaufsichtsamt für das Kreditwesen noch als „nicht sinnvoll" angesehen, so vollzug nun der Referentenentwurf 2001 eine Kehrtwendung um 180 Grad. Dabei enthält der Referentenentwurf konkludent eine Absage an eine noch kühnere Konzeption, die vor allem aus Kreisen der Deutschen Bundesbank zu hören war: Da die Bundesbank ohnehin in die Bankenaufsicht eingeschaltet sei, könne man die Finanzaufsicht auch gleich mit der Geldpolitik zusammenlegen.[31] Im folgenden sollen nun die konkurrierenden Organisationsmodelle und die Eckpunkte des Referentenentwurfs verfassungsrechtlich diskutiert und bewertet werden.

Die Übertragung der Banken-, Versicherungs- und Wertpapieraufsicht auf die Bundesbank würde eine Superbehörde entstehen lassen, wie sie nicht einmal Stein befürwortet hätte.[32] Eine etwaige Beschränkung der Aufgabenkonzentration auf die Bankenaufsicht würde der Realität der Finanzmärkte, nämlich ihrer funktionalen Einheit, widersprechen. Eine solche partielle Lösung, gedacht war an die Zusammenlegung des Bundesaufsichtsamts für das Kreditwesen mit der Bundesbank, ist in vier verschiedenen Varianten durchgespielt worden; sie waren Gegenstand eines von *Heun* erstatteten Rechtsgutachtens:[33] Eingliederung in die derzeitige Bundesbank-Struktur; Eingliederung bei Zentralisierung der Bundesbank-Struktur unter Wegfall der Vorbehaltszuständigkeiten der Landeszentralbanken; Eingliederung der mit Bankenaufsicht befaßten Bundesbank-Mitarbeiter in das Bundesaufsichtsamt als selbständige Anstalt; Umwandlung des Bundesaufsichtsamtes in eine unselbständige Anstalt unter dem Dach der Bundesbank. *Heun* befaßt sich in erster Linie mit den aus Art. 87 Abs. 3 S. 2 GG folgenden Bedenken. Die Vorschrift erscheint als kritisch, weil mit der Zustimmung des Bundesrates nicht gerechnet werden kann. Für das erste Modell weist er die Bedenken zurück, weil Art. 87 Abs. 3 S. 2 GG nicht für die bloße Umgestaltung bereits bestehender Bundesverwaltung gelte.[34] Das zweite Modell hält er in etwas gewundenen Ausführungen für bedenklich dann, wenn die Landeszentralbanken als selbständige Behörden (also als Unterbau der Bundesbank) bestehen bleiben.[35] Ähnlich beurteilt er das 3. Modell (Bedenken nur, wenn die Landeszentralbanken über die Bedeutung von „Außenstellen" hinausgehen). Die 4. Alternative sei im Hinblick auf Art. 87 Abs. 3 GG nur eine geringfügige Änderung.[36]

---

[31] vgl. insbesondere *Krupp*, Deutsche Bundesbank, Auszüge aus Presseartikeln (Nr. 9 vom 21. Februar 2001, S. 7ff.).

[32] S. 247 mit Fußn. 45 und 46.

[33] Zu beziehen über www.bundesfinanzministerium.de.

[34] S. 28, 31.

[35] S. 32, 34.

[36] S. 41.

Das Hauptproblem bei diesen Organisationsmodellen ergibt sich jedoch aus der Schwierigkeit, daß dann die kraft Europarechts (vgl. Art. 88 S. 2 GG, Art. 108 EGV) garantierte Unabhängigkeit der Bundesbank nur noch für ihre geldpolitischen Untergliederungen gelten würde und gegen die konkurrierenden Organisationseinheiten abgeschottet werden müßte. Organisationstheoretisch ist das unter Inkaufnahme großer Risiken möglich;[37] der Vergleich mit dem Dualismus des eigenen Wirkungskreises und der „staatlichen Abteilung" in herkömmlichen Kreisverfassungen drängt sich auf. Umgekehrt könnte sich auch ein Streben der Aufsichts-Apparate nach Teilhabe an der Autonomie der Geldpolitik bemerkbar machen, was nicht geduldet werden könnte, da die Bundesbank-Autonomie in der parlamentarischen Demokratie eine begründungsbedürftige Ausnahme darstellt[38] und nicht auf Bereiche außerhalb der Geldpolitik ausgedehnt werden darf. Der zitierte Referenten-Entwurf geht auf diese Modelle denn auch gar nicht ein. Jedenfalls hat er das Modell der Verbindung von Bankenaufsicht und Geldpolitik aufgegeben.

Dies ist, in der Sicht der Steinschen Theorie der Wirtschaftsaufsicht, ein Schritt in die richtige Richtung. Beunruhigend sind jedoch einige Einzelheiten des Entwurfs: Die Allfinanzaufsicht soll als bundesunmittelbare Anstalt des öffentlichen Rechts organisiert werden (§ 1). Verdächtig ist schon die Formulierung: „Eine bundesunmittelbare, rechtsfähige Anstalt des öffentlichen Rechts"; denn eine bundesunmittelbare Anstalt des öffentlichen Rechts ist notwendigerweise rechtsfähig. Andererseits soll die Anstalt der Rechts- und Fachaufsicht des Bundesfinanzministers unterstehen (§ 2 Abs. 1). Das ist jedenfalls ungereimt, und die Begründung („ebenso wie in der Vergangenheit die drei Aufsichtsämter", S. 82) geht fehl: denn die drei Rechtsvorgänger waren alle selbständige Bundesoberbehörden, also Bestandteile der bundeseigenen Verwaltung. Bundesoberbehörden, so argumentiert der Entwurf, seien bei der Gewinnung von Spezialisten für die Bewertung von Risikomodellen der Banken nicht konkurrenzfähig. Außerdem hat die Rechtsfähigkeit der Anstalt zur Folge, daß der Minister von der Prozeßführung entlastet wird (§ 1 Abs. 4 und dazu die Begründung S. 79). Auch die Haftung würde auf die neue rechtsfähige Anstalt verlagert. Das sieht nach Formenmißbrauch aus: Der Minister hat das Sagen, die „Sachkompetenz", während die Anstalt die angewiesenen Maßnahmen ausführen und vor den Gerichten verantworten muß, also auf die „Wahrnehmungskompetenz" beschränkt ist.[39] Das kann doch nicht der Sinn der Verwaltung durch bundesunmittelbare Körperschaften und Anstalten sein; die Rechtsfähigkeit ist vielmehr als Schutz für Autonomie-Bereiche (herkömmlich

---

37 Die Gefahren räumt auch *Heun* aaO S. 46 ein.

38 Vgl. *Faber* in AK 2.Aufl. Art. 88 Rdnr. 24, S. 861ff.

39 So die Terminologie des BVerfG für die Bundesauftragsverwaltung, BVerfGE 81, 310ff.

„Selbstverwaltung") gedacht.[40] Hier dagegen geht es um die Steuerung hochsensibler Formen der Wirtschaftsaufsicht; die Rechts- und Fachaufsicht des Ministers geht daher in Ordnung, aber sie setzt bundeseigene Verwaltung voraus. Es ist im Bereich der Allfinanzaufsicht kaum ein Anhaltspunkt für Autonomie zu entdecken.[41] Stein hatte deshalb Recht, als er 1967 für die Organisation der Wirtschaftsaufsicht die Einrichtung der selbständigen Bundesoberbehörde forderte[42].

[40] Offenbar skeptisch, aber nicht ganz klar: *Lerche* in: *Maunz/Dürig/Herzog*, Kommentar zum GG, Rd.Nr. 40 zur Art. 86, S. 48; eher wie hier *Bull* im AK, 2. Aufl., Rd.Nr. 44 zu Art. 87, S. 746; in Art. 112 des Herrenchiemseer Entwurfs war die Bundesunmittelbarkeit durch Selbstverwaltung definiert. A. M. *Burgi*, in: *v. Mangoldt-Klein-Starck*, Das Bonner Grundgesetz, Kommemtar, 2001, S. 390 Fußnote 149 unter Berufung zuf. *Krebs* HStR III § 69 Rdnr. 55.

[41] Vgl. Stein aaO S. 257 ff.

[42] Das Manuskript war Ende September 2001 abgeschlossen. Zu den inzwischen eingetretenen Entwicklungen vgl. *Brenner* ZRP 2001, 450 ff.

Wirtschaftsrechtliche Promotion und berufliche Karriere*

Götz Frank

Die staatsrechtliche Beschäftigung mit der Wirtschaft durchzieht die Schriften von Ekkehart Stein wie ein roter Faden. In seiner Habilitationsschrift *„Die Wirtschaftsaufsicht"* geht es um die Vielzahl der einzelnen Zweige der Wirtschaftsaufsicht und die Herausarbeitung der Zusammenhänge zwischen ihnen. Seitdem befasste sich Stein immer wieder mit Fragen der Demokratisierung der Wirtschaft, etwa in seinen verschiedenen Untersuchungen der Arbeiterselbstverwaltung des Kibbuz, der Planwirtschaft, aber auch der kapitalorientierten Marktwirtschaft in Jugoslawien, in Israel, in der damaligen Sowjetunion und in den USA. Hervorzuheben ist neben seiner Habilitationsschrift aber vor allem seine 1995 erschienene Schrift *„Demokratisierung der Marktwirtschaft"*. Die Leistungsfähigkeit der Wirtschaftsordnung sah Stein hierin nicht primär in den Kapitalverwertungsinteressen verankert, sondern entsprechend seinem Demokratieanliegen in der Optimierung der gesellschaftlichen Bedürfnisse. Hinter den zentralen wirtschaftsrechtlichen Aussagen von Ekkehart Stein stehen hier wie an anderen Orten immer wieder Überlegungen, die weit über das Staatsrecht hinausreichen, und die in ähnlicher Weise in den wirtschaftswissenschaftlichen oder sozialwissenschaftlichen Disziplinen geführt werden.

Natürlich lassen sich von daher Auswirkungen auf den Schülerkreis beobachten. Eine Reihe seiner Doktoranden wurden mit wirtschaftsbezogenen Themen promoviert, so etwa Joachim Closta *(Der Wesensgehalt der Eigentumsgewährleistung unter besonderer Berücksichtigung der Mitbestimmungsproblematik)*, Walther Gottwald *(Der Grundrechtsschutz der großen Kapitalgesellschaften)* und Christian Hellbach *(Öffentliche Interessen und Unternehmenseigentum – Zur sozialen Funktion der verfassungsrechtlichen Gewährleistung des Unternehmenseigentums)*; andere, wie ich, haben erst später diesen Ball aufgenommen und sich in grenzübergreifende Lehr- und Forschungsgebiete zu den Wirtschaftswissenschaften hinein begeben; mein Lehrgebiet ist heute das Öffentliche Wirtschaftsrecht.

Vergleicht man unter den ehemaligen Doktoranden die im Wissenschaftsbetrieb Tätigen mit den sogenannten Praktikern, so erscheint die zweite Gruppe schon deswegen als besonders interessant, weil sie noch am ehesten die für die wissenschaftliche Neugier reizvolle Terra incognita bildet. Dies sind die Dokto-

* Für die Unterstützung bei der Vorbereitung der Fragebögen sage ich meiner in der empirischen Sozialforschung erfahrenen Kollegin Anabella Weismann vom Institut für Soziologie und Sozialforschung an der Carl von Ossietzky Universität Oldenburg herzlichen Dank.

randen, von denen wir zumindest im Hochschulbereich normalerweise am wenigsten wissen, weil sie sich nicht mehr in unserem Tätigkeitsfeld bewegen. Ich bin deshalb der Suche nach ihnen einmal ganz grundsätzlich nachgegangen, also losgelöst von dem Steinschen Schülerkreis oder auch dem Kreis meiner Doktoranden, weil das Thema uns alle in ähnlicher Weise betrifft. Typischerweise erarbeiten wir eine wirtschaftsrelevante Fragestellung für eine Dissertation zusammen mit dem Doktoranden danach, welches Gewicht die Frage für die wissenschaftliche Diskussion haben könnte. Das will ich als solches keineswegs kritisieren; aber in der Tat macht der weitaus größte Teil der in wirtschaftsrelevanten Gebieten tätigen Doktoranden nach einer erfolgreichen Promotion doch eine Karriere in der Praxis und wir wissen in der Regel nicht, jedenfalls viel weniger als bei einer wissenschaftlichen Karriere, ob und inwieweit da die Promotion noch eine Bedeutung hatte.

Diese Frage hat mich veranlasst, mit empirischen Methoden zu versuchen, Korrelationen zwischen einer wirtschaftsrechtlichen Promotion und der beruflichen Karriere zu ermitteln. Insgesamt habe ich nahezu 800 Dissertationen, die in den letzten 5 Jahren abgeschlossen wurden, als Arbeiten mit Wirtschaftsbezug eingestuft und mich dann auf die Suche nach den Autoren gemacht. Dafür habe ich die Betreuer aus insgesamt 21 rechtswissenschaftlichen Fachbereichen angeschrieben und in etwa der Hälfte aller Fälle verwertbare Adressen bekommen. Der Rücklauf von den angeschriebenen Doktoranden lag noch einmal unter 50 Prozent; insgesamt haben 165 Promovierte schriftlich geantwortet; die weiteren Promovierten wurden, um einen persönlichen Eindruck zum Gesamtbild zu erhalten, mündlich interviewt.

Die Eingangsfrage meines Fragenkatalogs ging in die Richtung der Selbsteinordnung der rechtswissenschaftlichen Teildisziplinen mit Wirtschaftsbezug, die die Autoren ihrem Dissertationsprojekt zumessen. Der Begriff des Wirtschaftsrechts als solches ist jedenfalls im klassischen Sinne für die Beantwortung hier viel zu eng. Etwa das Europäische Wirtschaftsrecht oder das Öffentliche Wirtschaftsrecht sind in diesem Zusammenhang in ähnlicher Weise gefragt. Den Gefragten stand es offen, Mehrfachnennungen vorzunehmen, da die Dissertationsprojekte häufig über das zunächst anvisierte Fachgebiet hinausgehen. Bei den Antworten stellte sich aber dann doch heraus, dass das Private Wirtschaftsrecht und das Handels- und Gesellschaftsrecht insgesamt ein Drittel der wirtschaftsrechtlichen Promotionen mit Wirtschaftsbezug ausmachen, ein Ergebnis, das den klassischen Vorstellungen der Bedeutung dieser Rechtsgebiete für die Wirtschaft entspricht. Es folgt das Europäische Wirtschaftsrecht, das hier einen bemerkenswerten Sprung nach vorne gemacht hat, und dann das Öffentliche Wirtschaftsrecht. Unter den kleineren Teilgebieten ragt schließlich auch das Medienrecht heraus, das in den letzten 10 Jahren sprunghaft zugenommen hat.

Welcher rechtswissenschaftlichen Teildisziplin mit Wirtschaftsbezug ordnen Sie Ihr Dissertationsprojekt zu?	**Promovenden in %**
Privatrecht/privates Wirtschaftsrecht	17,2
Handels- und Gesellschaftsrecht	16,4
Öffentliches Wirtschaftsrecht	9,2
Wirtschaftsstrafrecht	1,2
Europäisches Wirtschaftsrecht	10,8
Internationales Wirtschaftsrecht	5,6
Steuerrecht	5,6
Arbeitsrecht	8,8
Medienrecht	6,8
Schifffahrtsrecht	0,8
Versicherungsrecht	1,2
Transportrecht	1,6
Sonstige Teildisziplin	12,4
Dissertationsprojekt in der rechtswissenschaftlichen Teildisziplin	2,0
Ohne Wirtschaftsbezug	0,4
Keine Angaben	0,0

Sonstige Teildisziplin 12%: Bankrecht, Insolvenzrecht, Wertpapierrecht, Bilanzrecht, Börsenrecht, Rechtsgeschichte, IT-Recht, Datenschutzrecht, Markenrecht, Kartellrecht, Strafrecht, Internationales Privatrecht, Ökonomische Analyse, Europäisches Kartellrecht, Energierecht, Streitbeilegung, Konfliktmanagement, Sozialrecht, Rechtsvergleichung, Urheberrecht, Umweltrecht, Verfassungsrecht.

Abb. 1

Bei der Frage, in welchem Berufsfeld die ehemaligen Doktoranden heute tätig sind, fällt vor allem der mit nahezu 17 Prozent angegebene hohe Anteil Wirtschaft/Industrie auf. Der mit Abstand höchste Anteil von Absolventen in der Anwaltspraxis überrascht nicht angesichts dessen, dass die Unterkommensmöglichkeit in Justiz und Verwaltung in den letzten 5 Jahren allgemein zurückgegangen ist und die anwaltliche Tätigkeit generell als justiznahe Tätigkeit in der Beliebtheit weit oben rangiert (s. Abb. 2).

Weniger als 10 Prozent der wirtschaftsrechtlich Promovierten stufen die Wirtschaftsrelevanz ihrer heutigen Tätigkeit als schwach oder gar nicht gegeben ein. Der Anteil derer, die ihn als sehr hoch oder zumindest als hoch einstufen, liegt bei ca. 80 Prozent. Demnach landen auch die Anwälte und die in der Justiz oder Verwaltung tätigen Absolventen von wirtschaftsrechtlichen Promo-

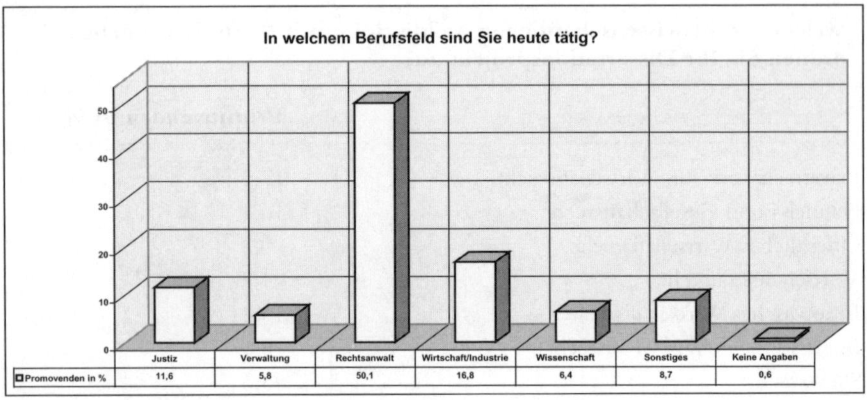

Abb. 2

tionsverfahren zumeist in wirtschaftsrelevanten Tätigkeitsfeldern. Erst die inhaltliche Ausleuchtung der aufgenommenen Berufe verdeutlicht also die offenbare Entsprechung von wirtschaftsrelevanter Promotion und wirtschaftsrelevanter Berufspraxis (s. Abb. 3).

Ein unmittelbarer Zusammenhang zwischen dem Themenbereich im Promotionsvorhaben und der späteren Tätigkeit lässt sich hingegen nur zum Teil ausmachen. Auf die Fragen nach der Korrelation zwischen Tätigkeit und Themenbereich haben jedenfalls die meisten Promovenden, nämlich nahezu zwei Drittel der Befragten, zurückhaltende Antworten gegeben. Danach sind zwar noch Korrelationen gegeben; sie stehen aber nicht mehr im Vordergrund. Sehr

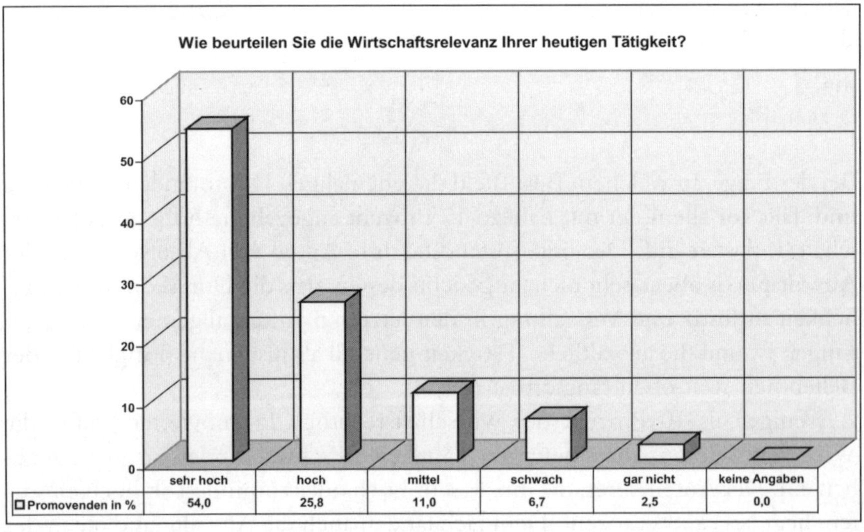

Abb. 3

starke oder starke Korrelationen lassen sich aber immerhin in fast einem Drittel aller Fälle feststellen. In den mündlichen Befragungen stellte sich allerdings heraus, dass die berufliche Verankerung in der mit der Dissertation belegten rechtswissenschaftlichen Teildisziplin mit Wirtschaftsbezug weitaus höher lag (s. Abb. 4).

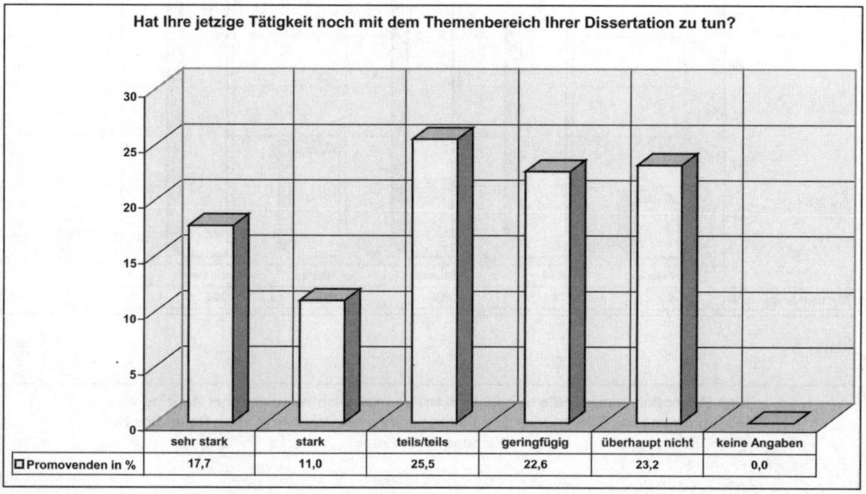

Abb. 4

Auch die motivierende Wirkung der Dissertation für die berufliche Entscheidung zugunsten einer wirtschaftsrelevanten Tätigkeit ist eher geringfügig ausgeprägt. Auf die Frage danach haben ein Drittel motivierende Wirkungen überhaupt in Abrede gestellt und nahezu weitere 40 Prozent die Frage mit „teils/teils" oder „geringfügig" beantwortet. In den mündlichen Befragungen ergab sich, dass motivierende Wirkungen weniger für den konkret ergriffenen Beruf, aber doch weitaus mehr für das Befassen mit dem Thema Wirtschaft bestanden (s. Abb. 5).

Dagegen ist die faktische Bedeutung beim Berufseinstieg mit über 50 Prozent Antworten im Bereiche von „sehr stark" und „stark" und immer noch nahezu 20 Prozent darüber hinaus mit „teils/teils" doch wesentlich deutlicher zu erkennen. Ich bin der Frage dann noch näher nachgegangen, welche Rolle die Promotion in einer Rangfolge der Wichtigkeit für die berufliche Karriere gespielt hat und bin dabei auf Ergebnisse gestoßen, die zum Teil nicht überraschend sind, wie etwa das Ergebnis, dass die Wichtigkeit mit dem gewonnenen hohen **Prestige** in wirtschaftsrelevanten Berufen begründet wird (s. Abb. 6).

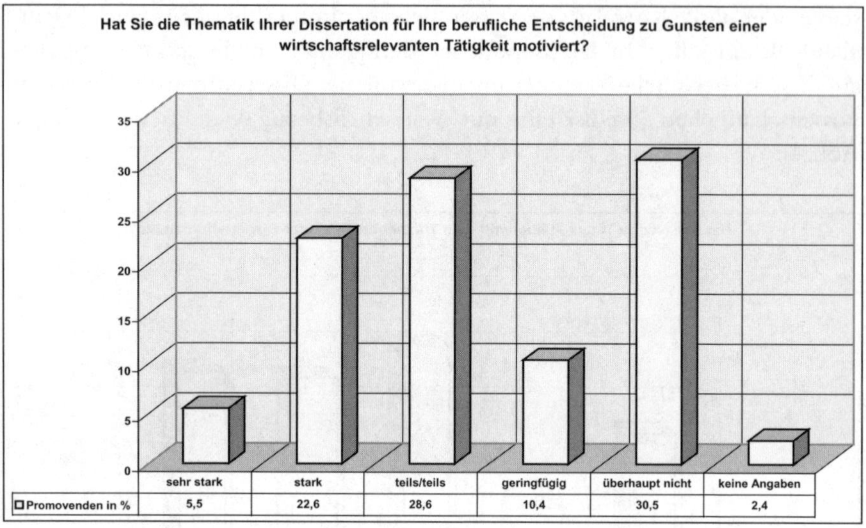

Abb. 5

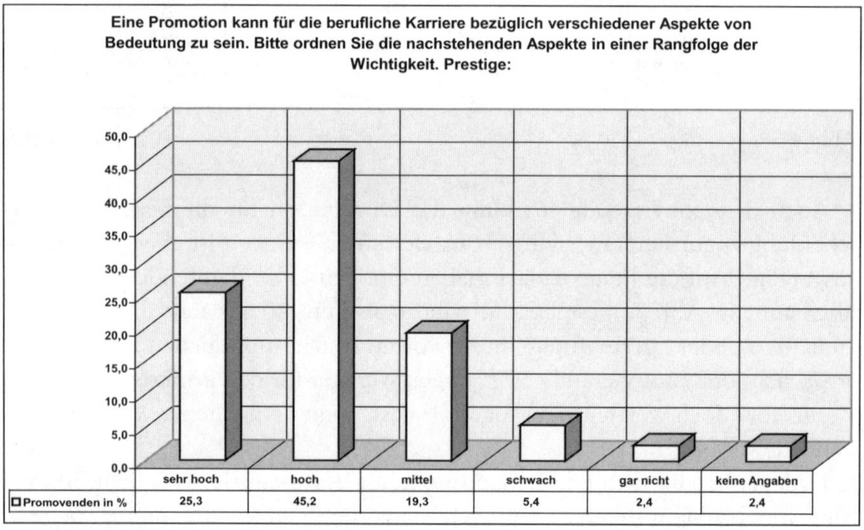

Abb. 6

An zweiter Stelle in diesem Fragenbereich steht dann aber bereits der Aspekt **Erwerb von Formulierungskunst**, mit 41 Prozent Einordnung dieses Aspekts im Antwortbereich „hoch" und nochmals mit 18,9 Prozent im Bereiche des „sehr hoch". Offenbar ist die Konfrontation mit der Aufgabe, ein längeres und komplizierteres wissenschaftliches Werk auszuformulieren, für die vielfältigen Formulierungsaufgaben, die in der späteren Wirtschaftspraxis auf die Absolventen zukommt, sehr hilfreich (s. Abb. 7).

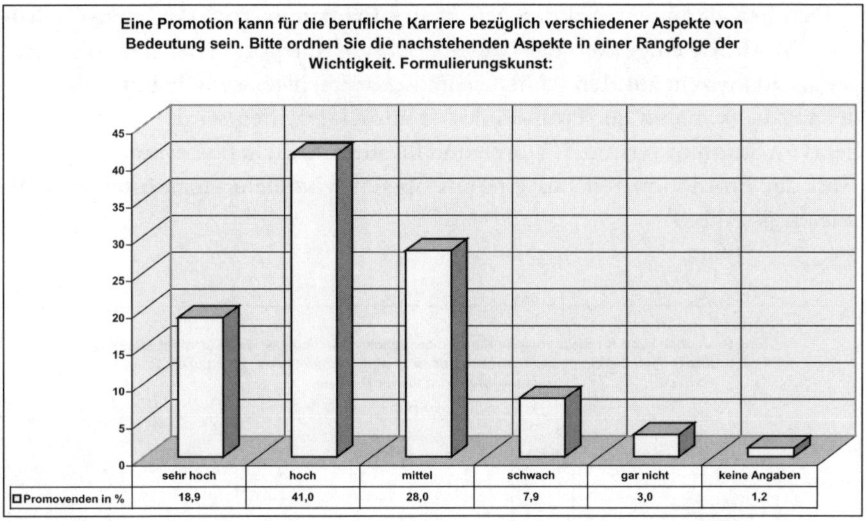

	sehr hoch	hoch	mittel	schwach	gar nicht	keine Angaben
□ Promovenden in %	18,9	41,0	28,0	7,9	3,0	1,2

Abb. 7

Ähnlich bedeutungsvoll erscheint der Aspekt des Erlernens von **Selbstorganisation**. Hier liegt der Antwortbereich „sehr hoch" sogar noch deutlich über dem Aspekt Formulierungskunst, während das „hoch" leicht darunter liegt. Insgesamt liegen diese beiden Bewertungen bei nahezu 70 Prozent. Selbstorganisation ist eine Grundvoraussetzung von Führungsfähigkeiten, die in wirtschaftsrelevanten Tätigkeitsfeldern offenbar im besonderen Maße nachgefragt sind (s. Abb. 8).

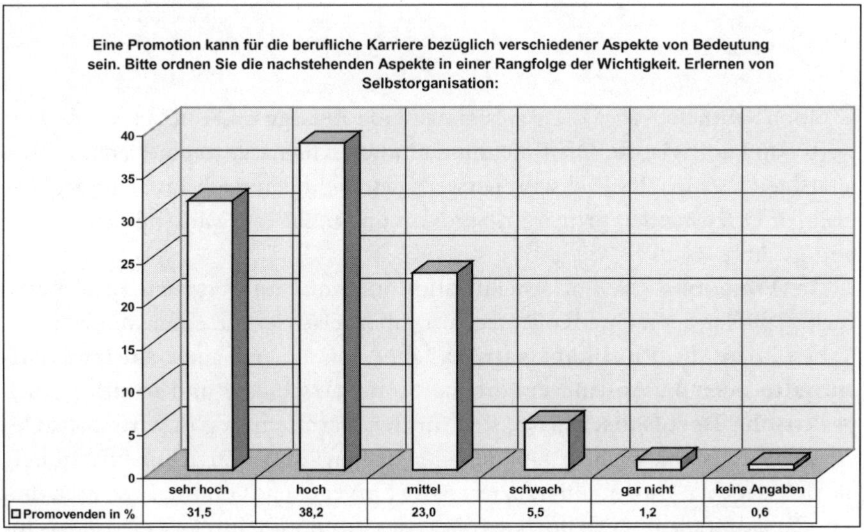

	sehr hoch	hoch	mittel	schwach	gar nicht	keine Angaben
□ Promovenden in %	31,5	38,2	23,0	5,5	1,2	0,6

Abb. 8

Deutlich darunter wird der Aspekt des **Erlernens rechtswissenschaftlicher Methode** eingestuft. Die beiden höchsten Kategorien machen hier weniger als 60 Prozent aus. Ich schließe daraus, dass rechtswissenschaftliche Methode, auf die während der Promotionszeit zurückgegriffen wird, bereits weitgehend im Studium vermittelt wurde und insofern zusätzliche Lernprozesse während der Promotionszeit nur eine im oberen Mittelfeld einzustufende Rolle spielen (s. Abb. 9).

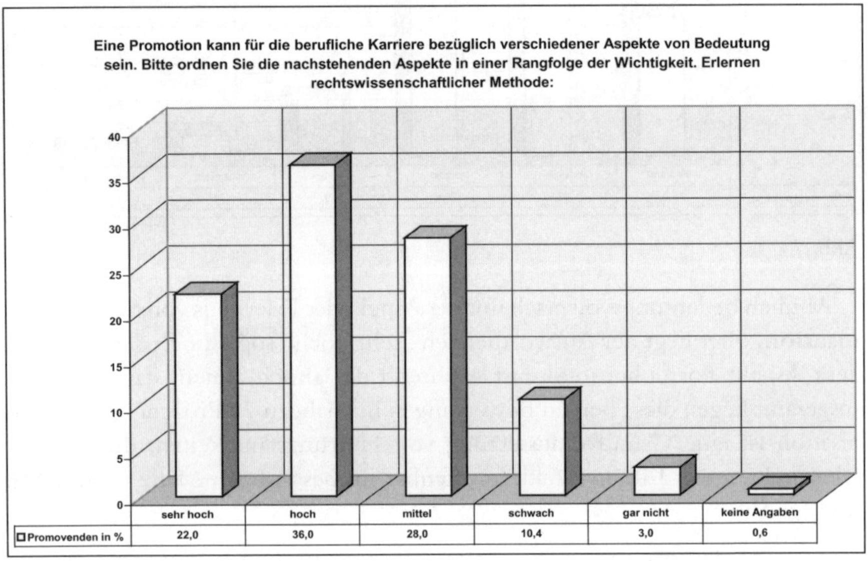

Abb. 9

Noch deutlicher wird diese zurückhaltende Aussage im Hinblick auf den Erwerb von **Fachwissen**. Die Ergebnisse tendieren hier klar zu einem nur mittleren Bereich. Auch der Fachwissenerwerb geschieht demnach aus Sicht der ehemaligen Doktoranden primär im Studium und nicht erst während der Promotion (s. Abb. 10).

Die Promotion spielt als Qualifikationsmerkmal im Vergleich zu weiteren Fachqualifikationen eine Rolle, die von daher relativiert gesehen werden muss. Insbesondere die **Prädikatsexamina**, aber zunehmend auch **Auslandsaufenthalte** oder im Ausland erworbene Studienabschlüsse und natürlich auch **praktische Berufsabschlüsse**, sind für den Berufseinstieg in wirtschaftsrelevanten Tätigkeiten wichtig. Die Befragten haben auf die Zusatzqualifikationen, die sie erworben haben, differenziert Antwort gegeben. Von Interesse ist in diesem Zusammenhang, wie hoch der Wert der Promotion im Vergleich dazu eingeschätzt wird. Entscheidendes Kriterium ist sie nur in ganz wenigen Fällen;

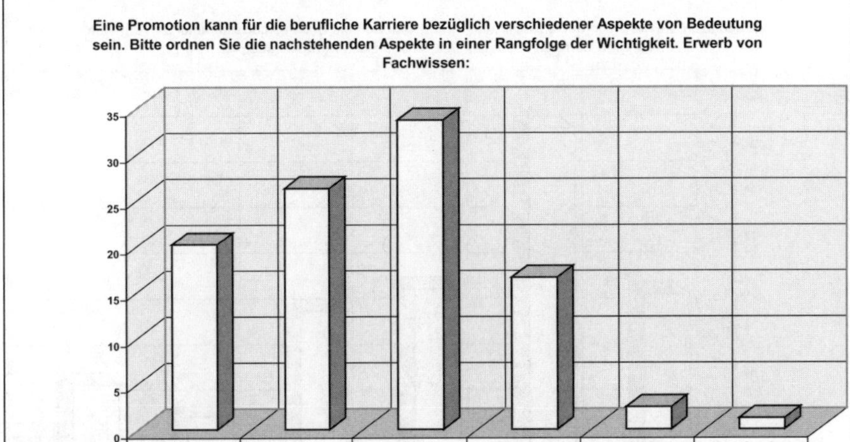

	sehr hoch	hoch	mittel	schwach	gar nicht	keine Angaben
Promovenden in %	20,1	26,2	33,6	16,5	2,4	1,2

Abb. 10

nur 4,3 Prozent, die 80–100 Prozent angegeben hatten, weisen in diese Richtung. Die Promotion spielt zumeist eine eher untergeordnete, aber doch nicht zu vernachlässigende Rolle. Die meisten Befragten stufen sie im Bereich von 20–40 Prozent ein. Bei diesen Antworten sind freilich Eitelkeiten, die das Bild der Antworten zur Unpräzision hin beeinflusst haben könnten, nicht auszuschließen. In den mündlichen Befragungen hatte ich des öfteren den Eindruck, dass man sich gerne als so überragend einstufte, dass man dem befragenden Hochschullehrer die Promotion fast schon als quantité négligeable darstellte (s. Abb. 11).

Nur wenige Absolventen, weniger als ein Drittel, würden ihr Dissertationsprojekt heute anders anlegen (s. Abb. 12).

Bei dem geäußerten Wunsch nach anderer Anlegung fällt auf, dass an der Spitze eine engere Fokussierung präferiert wird. Auch unter anderen Aspekten taucht Vergleichbares auf, wie etwa die zügige Bearbeitung, der Abschluss der Dissertation vor dem Berufseinstieg, die Zeitstraffung oder die bessere Vorausplanung. Im übrigen spielt die stärkere Praxisorientierung eine starke Rolle mit nahezu 30 Prozent; eine Aussage, die angesichts dessen, dass man sich für Praxis entschieden hat, ebenfalls nicht verwundern kann. Und schließlich ist die gewünschte Interdisziplinarität zu den Wirtschaftswissenschaften mit einer Angabe von 11,7 Prozent eher gering, da es insgesamt um Arbeiten geht, bei denen Wirtschaftsaspekte eine große Rolle spielen (s. Abb. 13).

Im Resümee lässt sich festhalten, dass nach wie vor am ehesten Dissertationen aus dem Bereiche des Privaten Wirtschaftsrechts und des Handels- und Gesellschaftsrechts einen Wirtschaftsbezug aufweisen. Das Europäische Wirt-

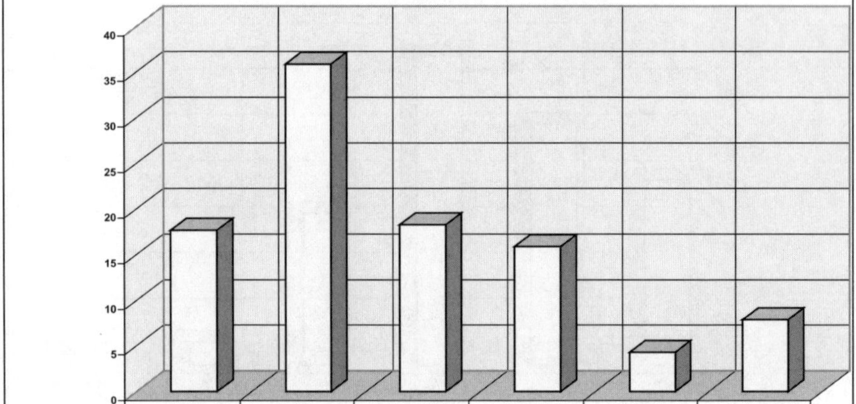

	0-20 %	20-40 %	40-60 %	60-80 %	80-100 %	keine Angaben
Promovenden in %	17,7	35,9	18,3	15,9	4,3	7,9

Abb. 11

schaftsrecht hat sich hier inzwischen zu einem ebenfalls gewichtigen Teilgebiet entwickelt, ebenso das Öffentliche Wirtschaftsrecht. Promovenden mit Themen, die einen Wirtschaftsbezug aufweisen, sind in hohem Maße in wirtschaftsnahen Berufsfeldern repräsentiert. Korrelationen zwischen dem Wirtschaftsbezug während der Promotion und der späteren Tätigkeit lassen sich vor allem inhaltlich beobachten. Vier Fünftel der ehemaligen Doktoranden stufen

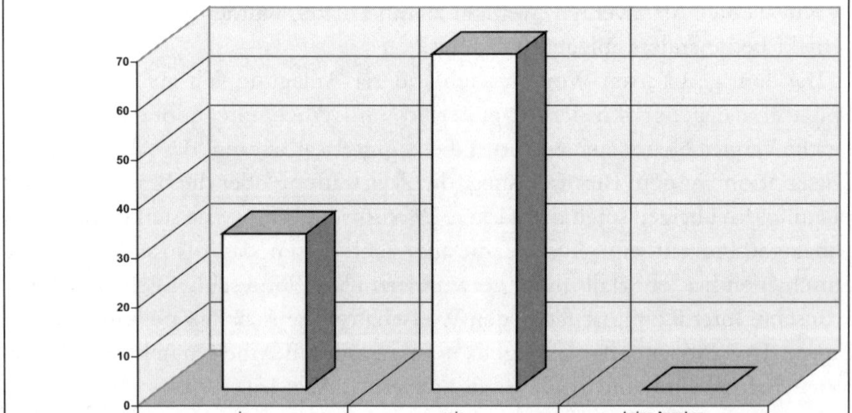

	ja	nein	keine Angaben
Promovenden in %	31,7	68,3	0,0

Abb. 12

Würden Sie aus heutiger Sicht Ihr Dissertationsprojekt anders anlegen? Wenn ja, in welcher Hinsicht:

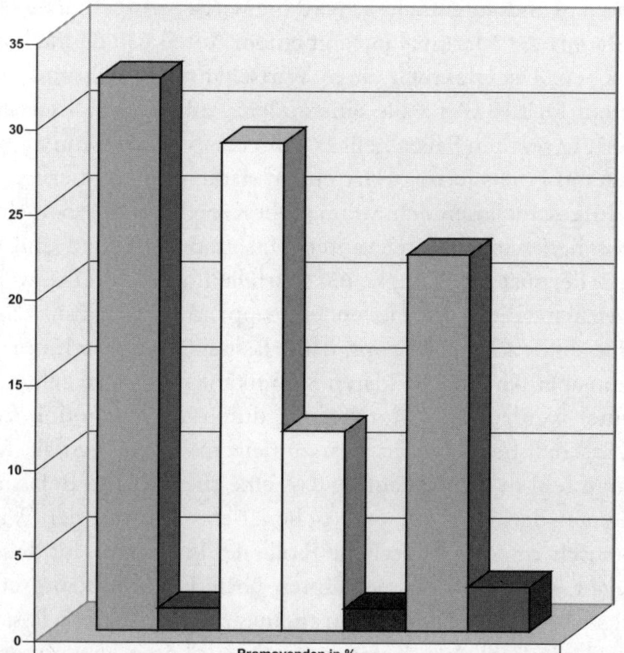

	Promovenden in %
Engere Fokussierung	32,4
Weiter ausgefächerte Anlage	1,3
Stärkere Praxisorientierung	28,6
Mehr Interdisziplinarität zu den Wirtschaftswissenschaften	11,7
Mehr Interdisziplinarität zu anderen wissenschaftlichen Disziplinen	1,3
Andere Aspekte	22,1
Keine Angaben	2,6

Andere Aspekte 22,1%: zügige Bearbeitung, Abschluss der Dissertation vor dem Berufseinstieg, mehr Aktualität, Zeitstraffung, weniger Nebentätigkeiten, anderes Fachgebiet, internationale Ausrichtung, mehr Auslandsbezug, bessere Vorausplanung, weniger Arbeit, Ökonomischere Arbeitsweise, früher (direkt nach dem Studium), mehr Mut, unnötige Abschnitte zu streichen, ein Teil der Dissertation hätte als Dissertation genügt.

Mehr Interdisziplinarität zu anderen wissenschaftlichen Disziplinen 1,3%: Soziologie.

Abb. 13

ihre heutige Tätigkeit als im hohem oder sehr hohem Maße wirtschaftsrelevant ein, darunter auch die am stärksten vertretene Berufsgruppe der Anwälte. Als motivierender Faktor für eine wirtschaftsrelevante Tätigkeit wird die wirtschaftsrechtliche Promotion nur gering eingestuft. Faktisch wird ihre Rolle weitaus höher gewertet, wobei das gewonnene Prestige, der Erwerb von Formulierungskunst und das Erlernen von Selbstorganisation hervorgehoben werden. Im Vergleich zu anderen Qualifikationsmerkmalen, wie Prädikatsexamina und Auslandsaufenthalten, wird die wirtschaftsrechtliche Promotion als karriereförderndes Merkmal nur mit einem Anteil von deutlich unter 50 Prozent angesehen. Der praktisch tätige Wirtschaftsjurist hält im Rückblick zwar nur in einem Drittel aller Fälle eine andere Anlage der Dissertation für wünschenswert. In solchen Fällen geht es dann aber vor allem um die Wünsche nach einer engeren Fokussierung oder einem stärkeren Praxisbezug.

Insgesamt lassen sich, wenn nicht Korrelationen, so doch deutliche Parallelen zwischen wirtschaftsrelevanten Dissertationsthemen und der Wirtschaftsrelevanz der späteren Tätigkeiten feststellen, jedenfalls insoweit, als es um die Repräsentanz dieser Promovendengruppe in wirtschaftsnahen Berufsfeldern geht. Eine eindeutige Erklärung dafür lässt sich empirisch nur schwer nachweisen, kann aber bei einer so klaren Signifikanz in der Parallelität des Sachbezugs vermutet werden. Die Motivierung durch die Promotion für eine Tätigkeit im Wirtschaftsbereich wird zwar zumeist in Abrede gestellt. Man geht aber sicher kaum fehl in der Annahme, dass eine theoretische Befassung mit Wirtschaftsthemen den Weg zur praktischen Befassung mit der Wirtschaft ebnen hilft. Faktisch wird die förderliche Rolle der Promotion für den Berufseinstieg zwar bejaht, aber die dafür genannten Gründe haben kaum etwas mit dem Wirtschaftsbezug des Dissertationsthemas zu tun. Auch da lässt sich aber zumindest aus den mündlichen Befragungen heraushören, dass Zusammenhänge in einer allerdings nur schwer zu ermittelnden Größenordnung zu vermuten sind. Der Gang in die Empirik der Korrelationen zwischen wirtschaftsrechtlicher Promotion und beruflicher Karriere lohnt, fortgesetzt zu werden. Die Terra incognita bleibt bislang auf der Landkarte des Wissens ein allenfalls etwas eingegrautes Feld.

Zwischen Preisstabilität und gesamtwirtschaftlichem Gleichgewicht

Zu Aufgabenstellung und Unabhängigkeit der Zentralbank

Dian Schefold

1. *Vorbemerkung*

Die folgenden Überlegungen sind durch zwei zunächst voneinander getrennte Erfahrungen veranlaßt worden.

Einerseits hat das 38. Änderungsgesetz zum Grundgesetz, die Maastricht-Novelle vom 21.12. 1992 [1], zur Anpassung des Grundgesetzes an die im Vertrag von Maastricht vorgesehenen Erfordernisse der Europäischen Währungsunion, den bisherigen, lakonischen Art. 88 GG durch einen zweiten Satz ergänzt, der auf die Europäische Zentralbank Bezug nimmt. Dabei wird dieser nicht nur die Unabhängigkeit garantiert – und damit in einer Frage, die für die Bundesbank seit 1949 umstritten ist, für die Europäische Zentralbank von Anfang an eine klare Regelung vorgegeben –, sondern es wird zugleich die Sicherung der Preisstabilität als vorrangiges Ziel der Europäischen Zentralbank im deutschen Verfassungsrecht festgeschrieben. Abgesehen von der Frage, ob und inwiefern diese Probleme eines gemeinschaftsrechtlichen Organs überhaupt ein sinnvoller Gegenstand einzelstaatlichen Verfassungsrechts sein können, wirft dies auch für Aussagen und Systematik des Grundgesetzes Probleme auf. Der Begriff der Preisstabilität fand sich zwar im bisherigen Verfassungstext nicht. Aber er war dafür nicht irrelevant. Wenn Art. 109 II, IV GG in der Fassung des 15. Änderungsgesetzes vom 8.6. 1967 [2], als Ziel der Haushaltswirtschaft das gesamtwirtschaftliche Gleichgewicht festlegte, dann lag dem eine bestimmte Vorstellung zugrunde, was darunter zu verstehen sei. Das gleichzeitig mit der Grundgesetznovelle erlassene Gesetz zur Förderung der Stabilität und des Wachstums der Wirtschaft vom 8.6. 1967[3] (BGBl. I, S. 582) umschrieb und umschreibt im seitdem unveränderten § 1 (2) die zur Wahrung des gesamtwirtschaftlichen Gleichgewichts zu treffenden Maßnahmen und damit die Elemente, die in ihrem Zusammenwirken das gesamtwirtschaftliche Gleichgewicht konstituieren. Die Bestimmung nennt die Seiten des magischen Vierecks, näm-

---

[1] BGBl. I, S. 2086.

[2] BGBl. I, S. 581, insoweit unwesentlich geändert durch das 20. GG-ÄndG vom 12.5. 1969, BGBl. I, S. 357.

[3] BGBl. I, S. 582.

lich (1) Stabilität des Preisniveaus, (2) hohen Beschäftigungsstand, (3) außenwirtschaftliches Gleichgewicht sowie (4) stetiges und angemessenes Wirtschaftswachstum[4]. Auch hier ist somit von Preisstabilität die Rede. Aber sie ist (nur) ein Element eines übergeordneten, auch andere Teilelemente einbeziehenden Verfassungsziels, des gesamtwirtschaftlichen Gleichgewichts. Nach dem späteren Art. 88 (2) GG dagegen wird die Preisstabilität als „vorrangiges" Ziel gewährleistet. Wie verhält sich das zur älteren Regelung? Wird damit das gesamtwirtschaftliche Gleichgewicht als Verfassungsziel verabschiedet? Oder wird es zumindest relativiert? Ohne dass dies ins allgemeine Bewusstsein gedrungen ist, könnten sich hier ein Verfassungswandel und eine Änderung der verfassungsrechtlichen Zielvorgaben abgespielt haben.

Die Frage ist mir, andererseits, in ihrer Brisanz zusätzlich verdeutlicht worden, als der Jubilar, dem diese Zeilen gewidmet sind, beim Symposion zu Ehren unseres gemeinsamen Bremer Kollegen und Freundes Alfred Rinken am 25. November 2000 auf „Die Rolle der demokratischen Öffentlichkeit in der globalisierten Wirtschaft" hingewiesen und dabei die Aufgabe zunächst des Sozialstaats, dann aber der ihn konstituierenden demokratischen Öffentlichkeit, der Arbeitslosigkeit entgegen zu wirken, hervorgehoben hat. Stein konnte auf sein Buch über „Demokratisierung der Marktwirtschaft"[5] verweisen, in dem er diese Gedanken ausgeführt und begründet hatte. Er beklagte, dass dies Buch in der juristischen Diskussion zu wenig zur Kenntnis genommen, die Problematik verkannt und totgeschwiegen worden sei. Und in der Tat: als ich das Buch zu Rate ziehen wollte, stellte ich fest, dass es zwar der Bremer Universitätsbibliothek keineswegs entgangen, dort aber der Abteilung „Volkswirtschaft" zugeordnet worden war – ein probates Mittel, den Zugang für Juristinnen und Juristen zu erschweren. Freilich, die weitere Suche in der damals neuesten Auflage von Steins „Staatsrecht"[6] (16. Aufl. 1998) erwies dieses insofern als Glashaus: weder im § 21 über das Sozialstaatsprinzip, noch im § 44 über verfassungsrechtliche Fragen der Wirtschaftsordnung, noch im § 8 über das Demokratieprinzip war die „Demokratisierung der Marktwirtschaft" erwähnt! So dass meine Studierenden, denen ich das Stein'sche Lehrbuch empfohlen hatte, ebenfalls keinen Hinweis auf die Relevanz jener Monographie erhielten.

---

[4] Dass dieses magische Viereck nicht unveränderlich ist – so BVerfGE 79,311 (338) und seitdem h.M., etwa *Jarass/Pieroth*, GG, Kommentar, 5. Aufl. München 2000, zu Art. 109 Rdnr. 6, – und etwa auch das Staatsziel Umweltschutz (Art. 20a GG, der freilich eine gesetzliche Grundlage voraussetzte) einbeziehen kann, wird im folgenden vorausgesetzt, aber nicht eigens vertieft.

[5] Baden-Baden 1995; vgl. zur Grundlegung schon *Ekkehart Stein*, Die Wirtschaftsaufsicht, Tübingen 1967, der erwähnte Beitrag in *Gerd Winter* (Hrsg.), Das öffentliche heute, 2002, S. 217ff.

[6] 16. Aufl. Tübingen 1998; für die 17. Aufl. 2000 *(Stein/ Frank)* gilt Entsprechendes.

Beide Erfahrungen zusammengenommen machen es, so scheint mir, notwendig, zu überdenken, was das europäische Währungssystem mit Einschluss seiner Auswirkungen auf das deutsche Verfassungsrecht für die verfassungsrechtliche Bestimmung der Wirtschaftspolitik bedeutet[7]. Bedeutet Art. 88 (2) GG eine Änderung der Verfassungsdirektiven für die Ordnung der Wirtschaft; wird namentlich das gesamtwirtschaftliche Gleichgewicht als Maxime der Wirtschaftspolitik dadurch verändert oder gar für irrelevant erklärt? Wird die Rolle der demokratischen Öffentlichkeit dadurch eliminiert, die Demokratisierung der Marktwirtschaft verunmöglicht? Die Fragen, an der Wende zur Einführung des Euro Anfang 2002 besonders drängend, bedürfen auch der verfassungsrechtlichen Erörterung.

2. Die Frage nach der Bedeutung des Art. 88 (2) GG

Zur Beantwortung dieser Frage kann man zunächst versuchen, der Entstehungsgeschichte des Art. 88 (2) GG[8] Gesichtspunkte zu entnehmen. Das Ergebnis ist jedoch mager. Wie erwähnt, war das 38. GGÄndG bewusst als Maastricht-Novelle konzipiert und sollte das deutsche Verfassungsrecht, allerdings unter ausdrücklicher Hervorhebung des *mos teutonicus* bei der Regelung der Europäischen Zentralbank, an die veränderten Europäischen Verträge anpassen, mit dem Ziel, Textwidersprüche tunlichst zu vermeiden, ungeachtet des verfassungsändernden Charakters des auf Art. 23 I 3 GG n.F. gegründeten Zustimmungsgesetzes. Was das für die verfassungsrechtliche Ordnung des Grundgesetzes im übrigen bedeute, blieb offen. Verfassungspolitisch lässt sich eine solche Vorgehensweise durchaus rechtfertigen; *lex imperat, non disputat*; verfassungsändernde Beschlussgremien sind keine Lehrbuchautoren. Aber das dispensiert nicht davon, zu überlegen, welche Änderungen die Normänderung als Textänderung für den Regelungsmechanismus, ja die Grundsatzaussagen des Grundgesetzes bewirkt hat, zumal die eingangs erwähnte Sichtweise durchaus auf Änderungen in Grundpositionen des Grundgesetzes zur Wirtschaftsverfassung hindeuten könnte. Dem sollen die folgenden Ausführungen dienen.

Ausgangspunkt muss daher die Frage nach der Rechtslage vor 1992 sein: nach dem ursprünglichen Regelungsgehalt des Art. 88 GG (Ziff. 3), seinem Verhältnis zu Art. 109 GG (Ziff. 4) und zum Anspruch, der durch die Änderun-

---

[7] Die Frage erhielt Bedeutung anlässlich der Beratungen der Staatsrechtslehrer-Vereinigung über „Arbeitsmarkt und staatliche Lenkung" mit Referaten von *Joachim Wieland, Christoph Engel* und *Thomas von Danwitz*, VVDStRL 59, 2000, S. 13ff.; vgl. insb. Die Diskussionsbeiträge von *Herdegen*, S. 166f., und *Oppermann*, S. 170.

[8] Dazu insb. BT-Drucksache 12/3338, S. 5; 12/3896, S. 21f.; vgl. *Rupert Scholz*, NJW 1993, S. 1690 (1692) und, ausführlich auch zum folgenden, *Thomas Weikart*, Die Änderung des Bundesbank-Artikels im GG, NVwZ 1993, S. 834ff.

gen des Europarechts im Hinblick auf die Währungsunion erhoben wurde (Ziff. 5). Darauf hat die deutsche Verfassungsgebung reagiert, sich gleichzeitig in einen europarechtlichen Kontext stellend (Ziff. 6). In diesem Rahmen lässt sich die Frage nach den Änderungen beantworten, die durch die Betonung der Preisstabilität bewirkt worden sind (Ziff. 7, 8).

3. *Der ursprüngliche Regelungsgehalt des Art. 88 GG*

Der ursprüngliche Art. 88 gehörte zu den kürzesten Vorschriften des Grundgesetzes[9]. Indem er die (obligatorische) Errichtung einer Bundesbank vorschrieb, gewährleistete er deren Existenz mit einem bestimmten Mindestbestand an Befugnissen, nämlich denen, die zu einem Funktionieren als Währungs- und Notenbank erforderlich waren. Indem er im Kapitel über „Die Ausführung der Bundesgesetze und die Bundesverwaltung" figurierte und als Sonderbestimmung i.S. des Art. 83 in Betracht kam, zeichnete er in Abkehr von der Vorgeschichte der „Bank deutscher Länder" die Struktur der Bundesbank als reiner Bundesbehörde vor und schloss jedenfalls einen Anspruch der Länder auf eine Beteiligung daran aus. Weiteres ergab sich zumindest nicht aus dem Verfassungstext. Offen blieb somit, ob die Bank rein einstufige Zentralbehörde sein, oder einen eigenen Verwaltungsunterbau erhalten sollte. Offen blieb ferner – und als Hauptstreitpunkt der folgenden Diskussion stellte sich heraus –, ob die Bundesbank von der Regierung unabhängig sein sollte. Dazu wurden sämtliche denkbaren Meinungen vertreten, vom Postulat einer von Verfassungs wegen garantierten, weil zur Erfüllung der verfassungsmäßigen Befugnisse unabdingbaren Unabhängigkeit[10] bis zur Anwendung der Erfordernisse demokratischer Legitimation und damit einer verfassungsrechtlich geforderten Bindung an Weisungen der Bundesregierung[11]. Wohl vorherrschend und überzeugend war die auch vom Gesetzgeber (§ 12 BBankG) und letztlich vom Bundesverfassungsgericht übernommene Mittelmeinung, die zwar dem Grundgesetz keine

---

[9] Dazu außer den Kommentaren insb. *Reiner Schmidt*, Öffentliches Wirtschaftsrecht, Allg. Teil, Berlin 1990, § 8 II S. 355ff.; *von Spindler/ Becker/ Starke* , Die Deutsche Bundesbank, 4. Aufl. Stuttgart 1973, die allerdings auf die verfassungsrechtlichen Grundlagen nur am Rande eingehen.

[10] So, nach einer Andeutung in BVerfGE 62,169 (183) und einzelnen früheren Stimmen insb. *Matthias Herdegen*, in: *Maunz/ Dürig*, Grundgesetz, Neubearbeitung 1998, zu Art. 88 Rdnr. 54 mit ausf. Nachw.

[11] Vgl. insb. *Konrad von Bonin*, Zentralbanken zwischen funktioneller Unabhängigkeit und politischer Autonomie, Baden-Baden1979, S. 166ff. (170), 236ff.; auch schon *Heiko Faber,* Wirtschaftsplanung und Bundesbankautonomie, Baden-Baden 1969, S. 13ff., und dann *ders.*, in: Alternativ-Kommentar zum Grundgesetz, 2. Aufl. Neuwied 1989, Bd. 2, zu Art. 88 Rdnr. 20ff. (24). – Grundlegend anders jedoch auf der Basis des Legitimationsmodells *Frauke Brosius-Gersdorf*, Deutsche Bundesbank und Demokratieprinzip, 1997.

Unabhängigkeitsgarantie für die Bundesbank entnahm, aber die gesetzliche Freistellung von Weisungen der Bundesregierung bei Wahrnehmung der Befugnisse nach dem Bundesbankgesetz im Interesse einer effizienten Aufgabenerfüllung rechtfertigte[12]. Ebenso umstritten war folgerichtig die Möglichkeit einer Qualifikation der Bundesbank als obersten Bundesorgans i.S. des Art. 93 I Nr. 1 GG und damit die Möglichkeit ihrer Beteiligung an Organstreitigkeiten[13] – eine Stellung, die nur Sinn gehabt hätte, wenn die Bundesbank einen verfassungsrechtlichen Status zu verteidigen gehabt hätte.

In der Verfassungspraxis sind diese Streitpunkte, anders als vor 1945, wo die Frage der Unabhängigkeit der Reichsbank ganz unterschiedlich bewertet, gelöst und praktiziert wurde[14], nie grundsätzlich im einen oder andern Sinn entschieden worden. Wohl aber gab es, mit Rückhalt im schon erwähnten § 12 BBankG, eine eindeutige Staatspraxis, die die gesetzliche Unabhängigkeit der Bundesbank praktizierte und respektierte. Gewiss statuierte das Gesetz (§§ 12, 13) auch eine Kooperationspflicht, die zur Vorbeugung, zumindest Milderung von Konflikten hilfreich sein mochte. Aber Versuche, in die Bundesbank hineinzuregieren oder ihre faktische Unabhängigkeit einzuschränken, sind weitgehend unterblieben – oder von der Staatspraxis sanktioniert worden[15].

4. *Gesamtwirtschaftliches Gleichgewicht und offene Wirtschaftsverfassung*

Kehrseite dieses Respekts vor der Unabhängigkeit der Bundesbank war jedoch, dass damit im übrigen keine Aussage über die Wirtschaftsverfassung des Grundgesetzes getroffen wurde. Im Gegenteil hat das Bundesverfassungsgericht in seinen beiden Leitentscheidungen zur Wirtschaftsverfassung die wirtschaftsverfassungsrechtliche Neutralität des Grundgesetzes zugrunde gelegt und die Verantwortung von Gesetzgeber und Regierung zur Ausgestaltung der wirtschaftlichen Ordnung betont[16]. In beiden Entscheidungen spielte die Bundesbank keine Rolle; sie wurde gar nicht erwähnt. Daraus wird zu folgern sein, dass die Bundesbank bei Ausübung ihrer Befugnisse nicht die wirtschaftliche Ordnung bestimme, sondern allenfalls durch ihre Maßnahmen darauf Einfluss nehme. Die Festlegung der wirtschaftsverfassungsrechtlichen Ordnung aber obliegt

---

[12] So BVerfGE 89,155 (208); entsprechend *Ingolf Pernice*, in: *H. Dreier* (Hrsg.), Grundgesetz-Kommentar, Bd. 3, Tübingen 2000, zu Art. 88 Rdnr. 18; *Jarass/ Pieroth*, zu Art. 88 GG Rdnr. 3; so auch *Maunz*, in: *Maunz/ Dürig*, Erstbearbeitung, zu Art 88 GG Rdnr. 16.

[13] Dazu *Lechner/ Zuck*, BVerfGG, 4. Aufl. München 1996, zu § 63 Rdnr. 7; *Benda/ Klein*, Lehrbuch des Verfassungsprozeßrechts, Heidelberg 1991, Rdnr. 922 S. 386.

[14] Dazu *von Spindler/ Becker/ Starke*, aaO., S. 8ff.

[15] Vgl. zuletzt den Konflikt um Oskar Lafontaine, der mit dessen Rückzug endete.

[16] BVerfGE 4,7 (17f.), 50, 290 (337f.).

dem Gesetzgeber und, im Rahmen und auf Grund seiner Entscheidungen, der Regierungspolitik. Dabei war zentrale Aussage beider Urteile des Bundesverfassungsgerichts, Verantwortung, Freiheit und Entscheidungsspielraum von Parlament und Regierung zu betonen[17].

Vor diesem Hintergrund ist die Entscheidung des zunächst verfassungsändernden, dann einfachen Gesetzgebers zu sehen, das gesamtwirtschaftliche Gleichgewicht im Grundgesetz und zu dessen Konkretisierung die Maximen für wirtschaftspolitische Maßnahmen zur Wahrung dieses Ziels im Stabilitätsgesetz zu verankern. Auch damit wurde nicht etwa ein geschlossenes System einer wirtschaftsverfassungsrechtlichen Ordnung festgeschrieben – im Gegenteil: Das Gleichgewichts-Ziel überträgt dem Gesetzgeber, vor allem als Haushaltsgesetzgeber, und der Regierung die Einschätzung der für das Gleichgewicht maßgeblichen Gesichtspunkte, und in deren Rahmen ist die Optimierung der zu verfolgenden Wirtschaftspolitik und der Rolle der Teilziele ebenfalls den politischen Organen überlassen[18]. Die Konkretisierung der Ziele des Stabilitätsgesetzes stellte und stellt – so eine der Grundaussagen juristischer Hermeneutik jener Jahre – nicht die Anwendung einer Norm mit bestimmten Tatbestandsvoraussetzungen, eines „Konditionalprogramms" dar, sondern die Verfolgung eines Ziels, eines „Finalprogramms", das die Akteure in ihre eigene Verantwortung ruft[19].

Allerdings war es schon damals denkbar, die Bindungswirkung auch eines Finalprogramms zu betonen und damit die Zielsetzung des Stabilitätsgesetzes in Gegensatz zur Freiheit der politischen Kräfte bei Verwirklichung des sozialen Rechtsstaats zu setzen. Gewiss bedeutet schon das Finalprogramm des § 1 StabG eine Präzisierung der Determinanten der Wirtschaftspolitik[20]. Aber normativ ist diese heute – freilich wohl abweichend von der unter der Weimarer Verfassung entwickelten Konzeption Hermann Hellers, die die Entwicklung vom liberalen zum sozialen Rechtsstaat als politische betrachtete[21] – bereits in der verfassungsrechtlichen Vorgabe des sozialen Rechtsstaats angelegt. Das magische Viereck

---

[17] Dazu und zum folgenden *Dian Schefold*, Sozialstaat und Wirtschaftsverfassung im demokratischen Rechtsstaat, in: *Lanchester/ Staff* (Hrsg.), Demokratische Rechtsstaatlichkeit nach Ende von Faschismus und Nationalsozialismus, Baden-Baden/ Milano 1999, S. 21ff. (40ff.).

[18] BVerfGE 79,311 (343); vgl. *Werner Heun*, in: *Dreier*, GG, zu Art. 109, Rdnr. 25; *Ernst Gottfried Mahrenholz*, Alternativ-Kommentar zum GG, zu Art. 109 Rdnr. 27ff. (31).

[19] Vgl. zu dieser Terminologie *Niklas Luhmann*, Funktionale Methode und juristische Entscheidung, AÖR 94, 1969, S. 1 (3ff.); *ders.*, Rechtssoziologie, 2. Aufl. Opladen 1983, S. 88, 227ff.; *Josef Esser*, Vorverständnis und Methodenwahl in der Rechtsfindung, Frankfurt a.M. 1970/72, S. 69ff.

[20] So nachdrücklich und mit Kritik am Stabilitätsgesetz *Ilse Staff*, Der soziale Rechtsstaat, in: *C. Müller/ I. Staff* (Hrsg.), Der soziale Rechtsstaat, Baden-Baden 1984, S 25 (28ff.).

[21] *Hermann Heller*, Rechtsstaat oder Diktatur (1929/30), in: Gesammelte Schriften Bd. 2, 2. Aufl. Tübingen 1992, S. 443 (450); vgl. zur Interpretation *Dian Schefold*, Gesellschaftliche

lässt sich auf dessen Antinomien zurückführen. Allerdings zeigt es diese präziser auf und definiert damit die Aufgabe der Optimierung des gesamtwirtschaftlichen Gleichgewichts konkreter. Das mochte 1967 und in den ersten Folgejahren als Einschränkung politischer Gestaltungsfreiheit erscheinen.

Aber in der Praxis hat sich das nicht bestätigt. Das Instrumentarium des Stabilitätsgesetzes, zunächst vielleicht etwas euphorisch als geeignet zur Überwindung aller wirtschaftlichen Schwankungen hochgelobt, hat sich in der konjunkturpolitischen Wirklichkeit als weniger griffig erwiesen[22]. Abgesehen von Instrumenten, die praktisch bald nicht mehr funktioniert haben, wie der konzertierten Aktion, haben zwar die vorgesehenen Berichte und Planungsinstrumente die Datenbasis und Informationslage für die wirtschaftspolitischen Entscheidungen verbessert, aber diese Entscheidungen weder entbehrlich, noch zu krisenverhindenden Patentlösungen gemacht. Das Optimierungsziel des § 1 StabG bleibt Ziel und Aufgabe, kein Ergebnis. Die Politik – konkret: Parlament und Regierung – sind dabei gefordert, aber es sind ihre Entscheidungen, die, wie nach den Grundsatzurteilen des Bundesverfassungsgerichts zur Wirtschaftsverfassung, diese bestimmen.

Dabei stellt sich allerdings die Frage – und damit schließt sich der Kreis – nach der Rolle der Bundesbank. Aufgrund ihrer Zusammenarbeits- und Auskunftspflicht (§ 13 BBankG) ist sie zunächst zur Beratung und Information der Bundesregierung verpflichtet. Aber inwieweit geht die Zusammenarbeitspflicht darüber hinaus, betrifft sie speziell eine Unterstützung der Wirtschaftspolitik der Bundesregierung in der Form, dass die Prioritäten bei der Konkretisierung des § 1 StabG denen der Bundesregierung zu entsprechen haben? Schon vor den gleich zu erwähnenden Modifikationen auch des Bundesbankgesetzes lag es nahe und war es Praxis, aus der gesetzlichen Weisungsfreiheit der Bundesbank zu folgern, dass eine entsprechende Rechtspflicht nicht angenommen werden könne[23]. Im Gegenteil: als Währungs- und Notenbank hatte und hat die Bundesbank „die Währung zu sichern", § 3 BBankG a.F. Schon das deutete auf das vorrangige Ziel der Preisstabilität, auf Grund der verfassungsrechtlichen Aufgabe, der gesetzlichen Befugnisse und im Rahmen der gesetzlichen Garantie.

---

und staatliche Demokratietheorie, in: *Chr. Gusy* (Hrsg.), Demokratisches Denken in der Weimarer Republik, Baden-Baden 2000, S. 256 (282f.).

[22] Vgl. *R. Schmidt*, aaO., § 7 I insb. S. 303ff.; *K. Vogel*, in: *Isensee/ Kirchhof* (Hrsg.), Handbuch des Staatsrechts Bd. 4, Heidelberg 1990, § 87 Rdnr. 18 S. 14.

[23] Vgl. *von Spindler/ Becker/ Starke*, aaO., zu § 12 BBankG Anm. II 2, S. 263: „Insoweit geht Notenbankpolitik vor Wirtschaftspolitik".

5. Die Europäisierung des Problems

Während diese Rechtslage durch das Grundgesetz jedenfalls nicht eindeutig determiniert, aber durch die Gesetzeslage konkretisiert und in der Praxis akzeptiert wurde, stellt sie sich in europäischem Rahmen als Grundsatzproblem auf der höchsten, primären Ebene der Verträge. Bei deren Änderung zur Einführung der Währungsunion trat Deutschland als rigider Vertreter einer Lösung auf, die zwar, wie gezeigt, in Deutschland Geltung, aber kaum Verfassungsrang beanspruchen kann. Entsprechend diesem faktischen Modell Deutschland erhielt der Titel VII des EG-Vertrags (im folgenden zitiert nach der Zählung des Vertrags von Amsterdam) sein Gesicht, in unserem Zusammenhang geprägt vor allem durch Art. 108, der die Unabhängigkeit der Europäischen Zentralbank (EZB) von Organen der Gemeinschaft, der Mitgliedstaaten und anderen Stellen festschreibt, im Sinn eines Verbots, Weisungen entgegenzunehmen wie auch solche zu erteilen oder eine andere Einflussnahme zu versuchen. Das Protokoll über die Satzung des ESZB und der EZB (Art. 7ff.) konkretisiert diese Regelung und gestaltet sie aus[24]. Sie geht demnach weit über die bisherige Rechtslage in Deutschland hinaus: Primär-, somit quasi Verfassungsrang, nicht nur Gesetz; Unabhängigkeit gegenüber allen Instanzen, nicht nur gegenüber der Regierung; Geltung für EZB und Zentralbanken der Mitgliedstaaten.

Der Sinn dieser Regelung und ihrer Rigidität liegt auf der Hand. Die Mitgliedstaaten – wohl Deutschland besonders – sahen die Stabilität der europäischen Währung bedroht und taten alles, sie zu schützen. Dem dienten die in Maastricht ebenfalls neu eingefügten Bestimmungen über die Währungspolitik, allen voran der Eingangssatz: „Das vorrangige Ziel des ESZB ist es, die Preisstabilität zu gewährleisten.“, Art. 105 I 1 EGV[25]. Dieses Programm konkretisiert das Bekenntnis zur Preisstabilität, das sich im ebenfalls in Maastricht eingefügten Art. 4 II, III EGV findet. Es erfordert, umgekehrt, einen Zwang zur Disziplin auch gegenüber den Mitgliedstaaten. Dem dienen zunächst die Konvergenzkriterien als Voraussetzungen des Beitritts zur Währungsunion, Art. 121, auch in Verbindung mit Art. 104, jeweils mit Ausführungsvorschriften und einer jedenfalls in rigider Weise konzipierten Kontrolle. Vor allem bei deren Durchsetzung gewinnt das Erzwingungspotential der Gemeinschaftsorgane eine Qualität, die man als neu bezeichnen und als Ansatz einer staatsähnlichen Qualität der Gemeinschaft betrachten kann[26]. Die Regelungen geben allen An-

---

[24] Dazu im einzelnen *Gnan/ Wittelsberger*, in: *Groeben/ Thiesing/ Ehlermann* (Hrsg.), Kommentar zum EU-/EG-Vertrag, 5. Aufl. Bd. 3, Baden-Baden 1999, zu Art. 107 Rdnr. 24ff.; vgl. auch *Pernice*, in: *Dreier*, GG, zu Art. 88 Rdnr. 23ff.

[25] Dazu *René Smits*, in: *Groeben/ Thiesing/ Ehlermann*, zu Art. 105 EGV Rdnr. 8ff.

[26] *Armin von Bogdandy*, Supranationaler Föderalismus, Baden-Baden 1999, S. 39. Die Entwicklung während des Drucks dieses Beitrags zeigt freilich die Kluft zwischen Existenz und Effizienz eines solchen Potentials.

lass, die verfassungsrechtliche Zulässigkeit des deutschen Beitritts zur Währungsunion zu bejahen.

Allerdings kommt dieser Regelungskomplex in ein merkwürdiges Licht, wenn er in den Gesamtzusammenhang des EG-Vertrags gerückt wird. Besonders deutlich wird dies bei einer Gegenüberstellung der in Maastricht und Amsterdam teilweise ebenfalls geänderten Art. 2 (und 3) EGV einerseits, des soeben erwähnten Art. 4 andererseits. Zur in Art. 2 umschriebenen Aufgabe der Gemeinschaft gehört beispielsweise „beständiges, nichtinflationäres Wachstum": Die auch hier erkennbare Zielsetzung der Inflationsbekämpfung wird mit dem Wachstumsziel verknüpft! Während die Preisstabilität im übrigen in Art. 2 kaum – allenfalls durch die Verweisung auf Art. 4 und den Aspekt der Wettbewerbsfähigkeit – zum Ausdruck kommt, ist von Wachstum etwa auch durch Nennung der harmonischen, ausgewogenen und nachhaltigen Entwicklung des Wirtschaftslebens, Konvergenz der Wirtschaftsleistungen und Hebung der Lebensqualität, vom Beschäftigungsniveau in Verbindung mit Sozialschutz, Hebung der Lebenshaltung, wirtschaftlichem und sozialem Zusammenhalt die Rede. Außenwirtschaftliches Gleichgewicht taucht zwar als solches nicht auf, dürfte jedoch unter die Entwicklungs- und Solidaritätsziele zu subsumieren sein. Insgesamt bietet sich jedenfalls ein Zielbündel dar, das dem gesamtwirtschaftlichen Gleichgewicht inhaltlich sehr nahe steht, und das ebenfalls durch eine Optimierung der dem magischen Viereck ähnlichen Teilziele zu verwirklichen ist[27]. Die Preisstabilität ist hier zwar einbezogen, hat aber nicht die vorherrschende Rolle, die Art. 4 II, III in Verbindung mit Art. 105 I postuliert. Auch der wirtschaftliche und soziale Zusammenhalt i.S. des Titels XVII (Art. 158–162) EGV steht den Sozialschutz- und Wachstumszielen der Gemeinschaft näher als der Preisstabilität.

Mehr noch: die neuere Entwicklung der Gemeinschaft hat, in Konkretisierung der erwähnten Ergänzung des Art. 2, diese Tendenz verstärkt. Der in Amsterdam neu eingefügte Titel VIII (Art. 125–130) EGV ist ausdrücklich der Beschäftigung gewidmet und regelt damit speziell eine der mit der Preisstabilität konkurrierenden Seiten des magischen Vierecks. Er stellt ein Gegenstück zu Titel VII über die Wirtschafts- und Währungspolitik dar, und wenn er auch weniger konkrete Einzelregelungen enthält, kommt damit doch das grundsätzliche Spannungsverhältnis zwischen Stabilität und Beschäftigung wieder zum Ausdruck[28]. In ähnlichem Sinn läßt sich die Betonung der „Solidarität" in Kapitel IV (Art. 27–38) der Grundrechte-Charta der Europäischen Union deuten[29]. Der europarechtliche Befund bestätigt und spiegelt die Konkurrenz der

---

[27] *Manfred Zuleeg*, in: *Groeben/ Thiesing/ Ehlermann*, Bd. 1, 1997, zu Art. 2 EGV Rdnr. 9.

[28] Vgl. *Joachim Wieland*, VVDStRL 59, 2000, S. 13 (29); *Thomas von Danwitz*, VVDStRL 59, 2000, S. 99 (111ff.).

[29] *Manfred Zuleeg*, Zum Verhältnis nationaler und europäischer Grundrechte, EuGRZ 2000, S. 511 (514) m. Nachw.

Bestimmungsfaktoren der Wirtschaftsverfassung und Wirtschaftspolitik auf nationaler Ebene und erlaubt daher, auch hier ein gesamtwirtschaftliches Gleichgewicht zu konstatieren.

6. Die Rückwirkungen auf das deutsche Recht

Die dargestellte gemeinschaftsrechtliche Lage trägt dazu bei, Regelungsinhalt und Bedeutung des Art. 88 (2) GG und damit die Rückwirkungen der Europäischen Währungsunion auf das mitgliedstaatliche Recht zu verstehen[30]. Die Unabhängigkeit des ESZB nach Art. 108 EGV verpflichtet ja die Mitgliedstaaten, in zweifacher Richtung. Einerseits dürfen (auch) sie nicht versuchen, die Europäische Zentralbank zu beeinflussen. Das ergibt sich zwar unmittelbar aus dem primären Gemeinschaftsrecht, das für die Mitgliedstaaten ohnehin bindend ist, so dass Art. 88 (2) insofern entbehrlich wäre. Trotzdem ist es unschädlich, dass das deutsche Verfassungsrecht diese ohnehin bestehende Verpflichtung wiederholt.

Allerdings, wenn sich der deutsche Verfassungsgeber dazu veranlasst gesehen hat, erstaunt umso mehr, dass er, andererseits, den Deutschland betreffenden Regelungsgehalt des Art. 108 EGV in der andern Richtung nicht rezipiert hat. Die Unabhängigkeitsgarantie des Gemeinschaftsrechts kommt ja nicht nur der EZB, sondern auch den nationalen Zentralbanken zugute. Auch ihnen dürfen die Organe der Mitgliedstaaten (wie der Gemeinschaft) keine Weisungen erteilen; auch sie dürfen solche Weisungen nicht einholen oder entgegennehmen. In diesem Punkt hat die Maastricht-Novelle den für den deutschen Gesetzgeber verbindlichen Normenbestand nicht nur ergänzt, sondern inhaltlich abgeändert. Während bis 1992, wie gezeigt, durchaus zweifelhaft war, ob die Unabhängigkeit der Bundesbank in einer auch den Gesetzgeber bindenden Weise gewährleistet gewesen sei, ob also der Gesetzgeber von der Regelung des § 12 BBankG hätte abweichen dürfen, ist diese Frage durch Art. 108 EGV im Sinn einer Bindung des nationalen Gesetzgebers entschieden. Damit war auch insofern eine Anpassung des Grundgesetzes nicht erforderlich und ist es an sich unschädlich, dass sie unterblieben ist. Im Gesamtergebnis allerdings trügt jetzt der Schein: Ausweislich des Art. 88 GG soll die Unabhängigkeit der EZB verfassungsrechtlich gewährleistet sein, und das wird gesagt, während die jetzt europarechtlich ebenso bindend gewährleistete Unabhängigkeit der *deutschen* Bundesbank nach wie vor im *deutschen* Verfassungsrecht nicht zum Ausdruck kommt! Warum wohl? Wollte sich der deutsche Verfassungsgeber als *Praeceptor Europae* gerieren, und dazu noch, ohne vor der eigenen Tür zu kehren?

---

[30] Vgl. *Pernice*, in: *Dreier*, zu Art. 88 GG Rdnr. 21ff.

Die Problematik setzt sich fort und spitzt sich zu, wenn die andere Aussage des Art. 88 (2), vom „vorrangigen Ziel der Sicherung der Preisstabilität", in die Betrachtung einbezogen wird. Auch dieses Ziel ergibt sich für die EZB aus dem EG-Vertrag, der es mehrfach nennt und betont. Auch die Bundesbank hat dieses Ziel seit jeher verfolgt. Sie ist jetzt als Teil des ESZB und nach EG-Vertrag dazu verpflichtet; freilich nach wie vor als Deutsche Bundesbank. Deshalb hätte das Grundgesetz dazu etwas sagen können. Aber auch hier beschränkt es sich darauf, die – ebenfalls europarechtlich festgeschriebene – Verpflichtung für die EZB zu erwähnen, wiederum: *Praeceptor Europae*. Soll hier, in Ausnutzung des vom Maastricht-Urteil des Bundesverfassungsgerichts gelassenen Schlupflochs[31], eine Bindung der Bundesrepublik negiert werden, falls einmal die Unabhängigkeit der EZB beeinträchtigt oder das Ziel der Preisstabilität nicht hinreichend vorrangig verfolgt werden sollte? Man kann sich ausmalen, wie die Behauptung solcher Verletzungen des EG-Vertrags, vor deutschen Gerichten geltend gemacht mit dem Ziel, eine Bindung Deutschlands zu bestreiten, die Währungspolitik Europas gefährden könnte. Da ist es nur eine geringe Beruhigung, dass im weit weniger wichtigen und gravierenden Fall der Bananenmarktordnung das Bundesverfassungsgericht[32] dahin gehenden Tendenzen eine Abfuhr erteilt hat.

7. *Das Verhältnis von Art. 88 (2) zu Art. 109 II, IV GG*

Aber in der Frage der Verpflichtung auf die Preisstabilität zentral ist das eingangs angeschnittene Problem des Verhältnisses der neuen Bestimmung in Art. 88 (2) zu Art. 109 II, IV GG. Von den Zielen her gesehen, ist der Widerspruch nicht zu verschleiern. Wenn die spätere Verfassungsnorm ein Ziel aufwertet und festlegt, das in einer früheren Verfassungsnorm nur Teilziel eines übergeordneten Zieles war, so liegt nahe, einen Widerspruch zu konstatieren, der, wenn er auf einer Normebene – hier auf der des Verfassungsrechts – auftritt, zugunsten der späteren Norm gelöst werden muss.

Die Folge wäre, dass das gesamtwirtschaftliche Gleichgewicht gegenüber dem Stabilitätspostulat hintanzusetzen, letzteres vorrangig und bindend wäre. Eine prioritär auf Vollbeschäftigung (wie auch auf Wachstum) setzende Politik wäre damit ausgeschlossen, die Demokratisierung der Marktwirtschaft nun in der Tat entscheidend behindert.

Aber gegen eine solche Argumentation spricht außer der nichtssagenden Entstehungsgeschichte, in der das Problem offenbar nicht ins Bewusstsein der

[31] BVerfGE 89,155 (188).

[32] BVerfGE 102,148ff.; vgl. die scharfe Herausarbeitung der Problemlage bei *Manfred Zuleeg*, Bananen und Grundrechte, NJW 1997, S. 1201ff.

Akteure gelangt ist, auch die fehlende Beziehung der beiden Verfassungsbestimmungen zueinander. Sie sind isoliert nicht nur erlassen, sondern auch systematisch zugeordnet worden. Folglich sind sie aus ihrem jeweiligen, unterschiedlichen systematischen Zusammenhang zu verstehen.

Für die Bindung der Europäischen Zentralbank an das vorrangige Ziel der Preisstabilität ist das nach der soeben erarbeiteten Funktionsbestimmung sicher nicht unproblematische, aber doch eindeutige Motiv die Europäische Währungsunion. Deutsche Bedingung für deren Schaffung war eine bestimmte Ausgestaltung. Sie ist, wie immer man das bewerten mag, in Deutschland förmlich konstitutionalisiert worden, trotz ihrer europäischen Relevanz und obwohl es längst, gesetzlich ausgeformt und auch heute nicht verfassungsmäßig festgelegt, eine Stabilitätspolitik der Bundesbank gab.

Das gesamtwirtschaftliche Gleichgewicht gehört demgegenüber in den Kontext der Haushaltswirtschaft. Daher richtet es sich an die Haushaltsgesetzgeber und Haushaltsbewirtschafter zunächst in Bund und Ländern, dann aber, ausweislich des Art. 109 IV, auch an Gebietskörperschaften – also auch Kreise und Gemeinden – sowie Zweckverbände[33]. Sie werden zu einem konjunkturgerechten Verhalten verpflichtet, können insbesondere zur Unterhaltung einer Konjunkturausgleichsrücklage angehalten werden. Dabei ergibt sich in der Tat eine Überschneidung; denn diese Rücklage ist bei der Deutschen Bundesbank zu unterhalten, Art. 109 IV Nr. 2 GG, § 7 StabG. Aber nach dem Verfassungstext kommt diese ausschließlich als Depositarin der Gelder in Betracht, während die inhaltlichen Entscheidungen über Bildung und Verwendung der Rücklage den politischen Instanzen vorbehalten sind. Man wird daraus schließen können, dass die Stabilitätspolitik im Rahmen der Haushaltswirtschaft unabhängig neben der Stabilitätspolitik im Rahmen der Währungspolitik steht.

Daraus ergibt sich der unterschiedliche Stellenwert des Stabilitätsziels. Für die Bundesbank seit jeher, für die Europäische Zentralbank gemäß ausdrücklicher europarechtlicher und deutscher Regelung ist es zentral, weil Währung nur unter Bedingungen der Stabilität konstante Bezugsgröße sein und damit funktionieren kann. „Die Währung zu sichern", wie § 3 BBankG a.F. die Aufgabe umschrieb, bedeutet nach der Neuformulierung, „die Preisstabilität zu gewährleisten"; zwischen den beiden Formulierungen besteht sachlich kaum ein Unterschied[34]. Allerdings, die schärfere, durch Art. 105 I 1 EGV und Art. 88

---

[33] Zur Abgrenzung insofern *Andreas Bovenschulte*, Gemeindeverbände als Organisationsformen kommunaler Selbstverwaltung, Baden-Baden 2000, S. 95 mit Fn. 70, 404ff. Die Problematik der Sondervermögen nach § 19 StabG schafft dabei zusätzliche Probleme, zumal die kommunalen Wirtschaftsbetriebe nach Satz 2 nicht erfasst sein sollen.

[34] Allerdings legt die Kommentierung des § 3 a.F. bei *von Spindler/ Becker/ Starke*, aaO., S. 194ff. die gesamte Konkretisierung des magischen Dreiecks bezw. Vierecks in den Aufgabenbereich der Bundesbank – aber im Rahmen der oben (Fn. 23) referierten Grenzen der Unterstützung der Wirtschaftspolitik der Bundesregierung.

(2) GG determinierte Formulierung hat auch die Bestimmungen über die Zusammenarbeit von Bundesregierung und Bundesbank (§§ 12, 13) beeinflusst und dabei zu Änderungen geführt[35]. Aber auch diese sind für die Anwendung geringfügig; die jetzt vorangestellte Weisungsunabhängigkeit gehörte von Anfang an zu den Grundprinzipien jedenfalls des Gesetzes.

Im Gegensatz dazu steht für die Haushaltswirtschaft schon im Rahmen der offenen Wirtschaftsverfassung, aber auch nach dem erweiterten Art. 109 GG und dem Stabilitätsgesetz, das Stabilitätsziel in Konkurrenz zu den andern Elementen des gesamtwirtschaftlichen Gleichgewichts. Gesetzgeberische und politische Gestaltungsfreiheit, sei es in Aktualisierung der Verfassungsdirektiven des demokratischen und sozialen Rechtsstaats, sei es in der Form des Optimierungsgebots des § 1 StabG, gebieten die „Demokratisierung der Marktwirtschaft" in dem Sinn, dass die Prioritätensetzung zugunsten eines der Teilziele kein Maßstab, sondern Ergebnis einer demokratisch legitimierten und durch die Regeln der Haushaltsplanung, Haushaltsaufstellung und Haushaltsbewirtschaftung prozedural gesteuerten Entscheidungsfindung ist. Hier liegt die Chance dessen, was Hermann Heller als die Transformation des liberalen in den sozialen Rechtsstaat durch die „Volkslegislative" bezeichnet hatte[36] – freilich auch die Gefahr einer Ent-Prozeduralisierung, wenn im Zug des Neuen Steuerungsmodells die demokratisch-rechtsstaatlichen Grundlagen des Haushaltsrechts in Frage gestellt werden[37].

Allerdings legt dieser unterschiedliche Stellenwert der Preisstabilität offen, dass auch nach der grundgesetzlichen Ordnung neben der offenen Wirtschaftsverfassung und deren demokratisch legitimierter Ausfüllung ein unabhängiges System zur Währungs- und damit Stabilitätssicherung besteht und bestehen darf. Die verfassungsmäßige Ordnung lässt insofern zwei unterschiedlich legitimierte Entscheidungsebenen zu[38] – letztlich zwar unter Vorbehalt demokratischer Korrektur; aber diese ist, vor allem seit Einführung des Art. 88 (2) GG mit dessen europarechtlichen Grundlagen, nur mit Überwindung sehr hoher Hürden denkbar.

---

[35] 6. ÄndG zum BBankG vom 22. 12. 1997 (BGBl. I, S. 3274).

[36] *Hermann Heller*, aaO, (Fn. 21), S. 450.

[37] Zu den Grenzen der Durchlöcherung des haushaltsrechtlichen Spezialitätsprinzips *Heun*, in: *Dreier*, zu Art. 110 GG Rdnr. 23f.; vgl. auch *Hellmut Wollmann*, Zwischen Management- und Politiksystem, in: *Edeling/ Jann/ Wagner* (Hrsg.), Reorganisationsstrategien in Wirtschaft und Verwaltung, Opladen 2001, S. 15 (35ff.).

[38] Eindringlicher Hinweis auf die Problematik bei *Pernice*, in: *Dreier*, zu Art. 88 GG Rdnr. 24–26; vgl. auch *Paul Kirchhof*, Handbuch des Staatsrechts Bd. 9, 1997, § 221 Rdnr. 37 S. 977, sowie *Christian Waigel*, Die Unabhängigkeit der Europäischen Zentralbank. Gemessen am Kriterium demokratischer Legitimation, Baden-Baden 1999.

8. Die europarechtliche Parallele

Der damit für die deutsche Verfassungsordnung aufgezeigte Gegensatz zwischen währungspolitischer Stabilitätssicherung und wirtschaftspolitischer Optimierung des gesamtwirtschaftlichen Gleichgewichts prägt sich auch im Europäischen Gemeinschaftsrecht aus. Auch dort haben wir ja (oben Ziff. 5) den Gegensatz zwischen der vollmundigen Betonung des Stabilitätsziels mit der Unabhängigkeit der Europäischen Zentralbank und entsprechenden Forderungen an das Europäische System der Zentralbanken und die Mitgliedstaaten einerseits, das Optimierungsgebot bei der Konkretisierung der Aufgaben der Gemeinschaft und dessen Ausgestaltung vor allem durch die Titel des EG-Vertrags über die Beschäftigung und über wirtschaftlichen und sozialen Zusammenhalt andererseits kennengelernt. Im Vergleich zur deutschen Ebene bietet sich nunmehr als Deutungsschema an, auch im Gemeinschaftsrecht von unterschiedlichen Politikfeldern zu sprechen, die, wenn auch gegründet im gemeinsamen Vertragswerk, unterschiedlich legitimiert sind und unterschiedliche Ziele verfolgen. Auf beiden Ebenen gibt es somit unterschiedliche Entscheidungsstränge und Ziele, die sich widersprechen können. Auch auf europäischer Ebene ist die Unabhängigkeit des stabilitätssichernden Stranges wirksam gesichert.

Mit diesem institutionalisierten Gegensatz und jederzeit möglichen Konflikt muss die demokratische Öffentlichkeit leben, auf mitgliedstaatlicher wie auf europäischer Ebene, und auf dieser zusätzlich eingeschränkt durch das gesprächige Regelwerk des EG-Vertrags, dessen Änderung zunächst noch schwieriger ist als einzelstaatliche Verfassungsgebung.

Mitbestimmung als Verfassungsauftrag

Zum verfassungsrechtlichen Standort des Betriebsverfassungsgesetzes 2001

Dieter Sterzel

I.

Der nun schon länger zurückliegende Konflikt um das schleswig-holsteinische Mitbestimmungsgesetz für den Bereich der Personalvertretung, der mit einer umstrittenen, mitbestimmungsfeindlichen Entscheidung des Bundesverfassungsgerichts endete[1], und die Auseinandersetzung um die Novellierung des Betriebsverfassungsgesetzes im vergangenen Jahr[2] werfen einmal mehr die Frage nach dem verfassungsrechtlichen Standort der Mitwirkungsmöglichkeiten der abhängig Beschäftigten an den für sie relevanten Entscheidungen des Arbeitgebers bezüglich der Arbeitsorganisation und des Betriebsablaufes auf. Das am 1. August 2000 in Kraft getretene neue Gesetz, das das fast 30 Jahre alte Betriebsverfassungsgesetz 1972 modernisiert, schreibt neben einer Vielzahl organisationsrechtlicher Detailregelungen im wesentlichen erleichterte Betriebsratswahlen in Klein- und Mittelbetrieben vor. Ziel ist es, vor dem Hintergrund eines stetigen Absinkens der betrieblichen Interessenvertretungen auf unter 40% infolge veränderter Betriebsstrukturen[3] den Anteil der durch Betriebsräte vertretenen Beschäftigten wieder auszuweiten.[4] Anlässlich der Verabschiedung des Gesetzes wurde einmal mehr die kontroverse Bewertung der Interessenvertreter von Kapital und Arbeit der mit diesem Kooperationsmodell verfolgten sozialpolitischen Zielvorstellungen deutlich.

---

[1] BVerfGE 93, 37. Zu der sich hier stellenden Problematik vgl. bereits die frühe grundsätzliche Stellungnahme von E. *Stein*, Der verfassungsrechtliche Spielraum für eine Reform des Personalvertretungsrechts, AuR 1973, S. 225ff.; zur Kritik des Demokratieverständnisses des BVerfG im Schleswig-Holstein-Beschluss vgl. D. *Sterzel*, Die Einheit von Grundrechtsidee und Demokratieprinzip des Grundgesetzes, in: Kritische Justiz, Hrsg., Demokratie und Grundgesetz, 2000, S. 156ff.

[2] Vgl. E. *Rose*, Reform des Betriebsverfassungsgesetzes – Bürokratie oder Dialog, KJ 2001, S. 145ff. mit Nachweisen der einschlägigen Literatur.

[3] Vgl. Bericht der Kommission Mitbestimmung (Bertelsmann-Stiftung und Hans-Böckler-Stiftung), 1998, S. 51.

[4] *Rose*, KJ 2001, S. 146.

II.

Ohne auf die einzelnen Aspekte der Neuregelung des Betriebsverfassungsgesetzes hier näher einzugehen, soll in diesem Beitrag einem zentralen Leitmotiv in der Forschungsarbeit Ekkeharts *Steins* näher nachgegangen werden, wie sich in Anbetracht der „kapitalorientierten Konstruktion der Arbeitsverhältnisse“[5] mit Blick auf das dem Grundgesetz zugrundeliegende Menschenbild eine dem Gedanken der Selbstverwirklichung des Einzelnen in seinem Erwerbsleben verpflichtete „Demokratisierung der Marktwirtschaft“ durch den Ausbau von Mitbestimmungsrechten auf betrieblicher Ebene vorantreiben bzw. deren Verankerung verfassungsrechtlich legitimieren lässt.[6] Naturgemäß kommt dabei dem Sozialstaatsprinzip des Grundgesetzes und den grundrechtlich geschützten Freiheiten der Wirtschaftsbürger und -bürgerinnen in Bezug auf ihre Rechtsstellung im Arbeitsleben eine besondere Bedeutung zu. Geht man davon aus, dass das Grundgesetz als Grundordnung einer freiheitlich-demokratisch organisierten Gesellschaft den Schutz der Menschenwürde (Art. 1 Abs. 1 GG) und die darauf fußende Gerechtigkeitsidee (Art. 1 Abs. 2 GG) zum entscheidenden Bezugspunkt der gesamten Rechtsordnung gemacht hat, liegt die Frage nahe, ob aus dem darauf bezogenen Recht auf freie Entfaltung der Persönlichkeit (Art. 2 Abs. 1 GG) und dem darin eingeschlossenen Prinzip der Selbstbestimmung des Einzelnen in Verbindung mit dem im Sozialstaatsgebot (Art. 20 Abs. 1, 28 Abs. 1 GG) verankerten Staatsziel der Herstellung sozialer Gerechtigkeit nicht ein verfassungsrechtlich begründeter Auftrag zur Mitbestimmung der Beschäftigten am und über den Arbeitsplatz abzuleiten ist. Ob also, wie es im Mitbestimmungsbericht der Mitbestimmungskommission des Deutschen Bundestages von 1970 heißt, „die Unterordnung des Arbeitnehmers unter fremde Leitungs- und Bestimmungsrechte … mit seiner Selbstbestimmtheit, der ihm rechtlich zuerkannten Möglichkeit, seine Zwecke selbst zu wählen und eigene Initiativen zu entfalten, nur so lange vereinbar ist, als sie ihre Entsprechung in Gestalt der Freiheit der Beteiligung an den Entscheidungen findet, die den Arbeitsprozess regeln und gestalten.“[7]

---

[5] E. *Stein*, Demokratisierung der Marktwirtschaft, 1995, S. 64f.

[6] Vgl. hierzu außer der in Fußnote 5 genannten Monographie auch den Sammelband E. *Stein*/R. *Reisacher*, Hrsg., Mitbestimmung über den Arbeitsplatz, 1980, der den „Erfolgsvoraussetzungen einer emanzipativen Mitbestimmung über den Arbeitsplatz“ – so der Titel des Schlüsselbeitrages von E. *Stein*, a.a.O., S. 76ff., nachgeht.

[7] BT-Drs. VI/334, S. 56.

III.

Bei der Prüfung des für das Verhältnis von Kapital und Arbeit maßgeblichen verfassungsrechtlichen Bezugsrahmens fällt ins Gewicht, dass das Grundgesetz anders als die Weimarer Reichsverfassung[8] sowie einige Landesverfassungen[9] keine Aussage zur Mitbestimmung enthält.[10] Dem Bund steht im Bereich der konkurrierenden Gesetzgebung gemäß Art. 74 Abs. 1 Nr. 12 GG lediglich pauschal die Gestaltungskompetenz „für das Arbeitsrecht, einschließlich der Betriebsverfassung" zu. Da er diese Kompetenz durch ein entsprechendes Gesetz ausgeschöpft hat, besitzen die Länder auf Grund der Vorrangregelung des Art. 31 GG keinen eigenen Spielraum mehr, gestützt auf die diesbezüglichen Aussagen ihrer Verfassungen die Mitwirkung von Arbeitnehmern auf betrieblicher Ebene zu regeln.[11]

Das Grundgesetz beschränkt sich bezüglich der Ausgestaltung des Wirtschaftslebens auf die Gewährleistung der klassischen Menschen- und Bürgerrechte, wie das Bundesverfassungsgericht in seinem Mitbestimmungsurteil betont.[12] Die damit zum Ausdruck kommende relative Offenheit der Verfassungsordnung in Wirtschaftsfragen beinhaltet freilich nicht, dass der Gesetzgeber im Rahmen der ihm zustehenden Gestaltungsfreiheit den Freiheitsschutz zu kurz kommen lassen darf, „auf den der einzelne Bürger gerade auch dem Gesetzgeber gegenüber einen verfassungsrechtlichen Anspruch hat."[13] Orientiert man sich in diesem Sinn an der Leitidee der Verfassung, mit den Mitteln des Rechts die Einheit von Freiheit, Gleichheit und Solidarität herzustellen, ist unbeschadet dessen, dass das Grundgesetz wirtschaftspolitisch neutral sein soll[14], in unserem Zusammenhang sowohl der Rekurs auf das Sozialstaatsprinzip (Art. 20 Abs. 1 und 28 Abs. 1 GG) als auch auf diejenigen Grundrechtsverbürgungen von Bedeutung, die den Anspruch auf Freiheit, verstanden als die gleiche Freiheit aller Bürger, für den Bereich der Wirtschaftsordnung thematisieren. Auf dieser Grundlage lässt sich in Abgrenzung zum Freiheitsschutz der Unternehmer bzw. Arbeitgeber das für die abhängig Beschäftigten von der Verfassung gebotene Schutzniveau genauer bestimmen, damit diese ihr Recht auf Selbstbe-

---

[8] Art. 165 Abs. 1 WRV enthielt für Arbeiter und Angestellte das Versprechen, „gleichberechtigt in Gemeinschaft mit den Unternehmern an der Regelung der Lohn- und Arbeitsbedingungen sowie an der gesamten wirtschaftlichen Entwicklung der produktiven Kräfte mitzuwirken".

[9] Vgl. Art. 175 bayVerf, Art. 17 blnVerf, Art. 47 breVerf, Art. 50 branVerf, Art. 37 heVerf, Art. 26 nwVerf, Art. 67 rh-pfVerf, Art. 58 Abs. 3 saarlVerf, Art. 26 saVerf, Art. 37 Abs. 3 thür Verf.

[10] BVerfGE 52, 283, 298.

[11] BVerfGE 77, 308, 329 – Weiterbildungsgesetze in Hessen und NRW.

[12] BVerfGE 50, 290, 337.

[13] BVerfGE 50, 338 unter Bezug auf BVerfGE 7, 377, 400.

[14] BVerfGE 4, 7, 17f.; 50, 338.

stimmung in den für sie existentiell wichtigen wirtschaftlichen und sozialen Verhältnissen tatsächlich wahrnehmen können.

IV.

Schaut man sich die Rechtsprechung des Bundesarbeitsgerichts und des Bundesverfassungsgerichts daraufhin an, welche Aussagen darin zur grundgesetzlichen Determinierung bzw. Legitimierung der Mitbestimmung getroffen werden, so ergibt sich folgendes Bild: Für das *Bundesarbeitsgericht* dient die betriebliche Mitbestimmung der Verwirklichung des Sozialstaatsprinzips.[15] Ein darüber hinaus reichender unmittelbarer Bezug zu grundrechtlich geschützten Freiheiten der Arbeitnehmer wird dagegen in seiner neueren Rechtsprechung klar verneint; den Schutz der Würde des Menschen (Art. 1 Abs. 1 GG) und dessen Recht auf freie Entfaltung der Persönlichkeit (Art. 2 Abs. 1 GG) hält es allenfalls im Rahmen des im Arbeitsverhältnis zu beachtenden Grundsatzes von Treu und Glauben (§ 242 BGB) für berücksichtigenswert.[16] Das *Bundesverfassungsgericht* hat sich in seiner Senatsrechtsprechung speziell zum verfassungsrechtlichen Fundament der betrieblichen Mitbestimmung noch nicht explizit geäußert. Soweit es sich mit der verfassungsrechtlichen Legitimationsgrundlage von Beteiligungsrechten der Arbeitnehmer im Betrieb überhaupt befasst, ergibt seine Rechtsprechung im übrigen kein einheitliches Bild. Vergleichsweise klar hat es im sogenannten Kaufhaus-Beschluss[17] – einem 3er-Beschluss – zur Relevanz des Grundrechts der Berufsfreiheit als Arbeitnehmergrundrecht für die im Betriebsverfassungsgesetz für den Regelfall vorgesehene Mitbestimmungspflichtigkeit von Unternehmen Stellung bezogen. Der Gesetzgeber des Betriebsverfassungsgesetzes habe mit dem von ihm entwickelten Kooperationsmodell innerbetrieblicher Entscheidungsfindung und Konfliktminimierung eine Berufsausübungsregelung für die Unternehmer getroffen, durch die deren Grundrecht der Berufsfreiheit aus Art. 12 Abs. 1 GG in zulässiger Weise begrenzt werde. Im Hinblick auf den den Arbeitnehmern zustehenden Grundrechtsschutz aus dem gleichen Grundrecht werde mit dem Ziel der Grundrechtsoptimierung eine Konkordanz konfligierender Grundrechtspositionen hergestellt. Unbeschadet dieser eindeutigen Aussage folgt aus der Rechtsprechung des höchsten deutschen Gerichts im übrigen, dass es bislang Mitbestimmungsregelun-

---

[15] Urteil v. 7. 11. 1975 = AP Nr. 4 zu § 118 BetrVG 1972.

[16] Großer Senat, Beschluss v. 27. 2. 1985 – GS 1/84 – BAGE 48, 122, 138ff. In einer früheren Entscheidung v. 6. 4. 1982 (BAGE 38, 232, 242) hatte es dagegen noch das durch Betriebsvereinbarungen gesetzte Recht unmittelbar an den Grundrechten der Normunterworfenen gemessen.

[17] NJW 1986, 1601.

gen bei Beachtung bestimmter Grenzen[18] zwar für verfassungsrechtlich zulässig hält; aber weder aus den Grundrechten der Arbeitnehmer oder der in Art. 74 Abs. 1 Nr. 12 GG enthaltenen Gesetzgebungskompetenz noch aus dem Sozialstaatsgebot wird ein verbindlicher Auftrag zur Einführung der Mitbestimmung im Betrieb[19] oder im Rahmen der Unternehmensverfassung[20] anerkannt.

Dieser Negativbefund muss im Lichte der von ihm im Einklang mit der neueren Grundrechtstheorie entwickelten Lehre vom objektivrechtlichen Gehalt der Grundrechte und der damit verbundenen „prinzipiellen Verstärkung ihrer Geltungskraft“[21], die in den jeweiligen grundrechtlich geschützten Bereichen zu staatlichen Schutzpflichten führen können, erstaunen. Er steht in einem auffälligen Gegensatz zu der von ihm in seiner Rechtsprechung immer wieder hervorgehobenen Maxime, dass „das Grundgesetz ... den Schutz von Freiheit und Menschenwürde als den obersten Zweck allen Rechts erkennt.“[22] Von Bedeutung ist in diesem Zusammenhang weiterhin, dass das Bundesverfassungsgericht in neuerer Zeit wiederholt darauf hingewiesen hat, dass die Zivilrechtsordnung die Privatautonomie als „Selbstbestimmung des Einzelnen im Rechtsleben“ zu gewährleisten hat und der staatliche Gesetzgeber dementsprechend verhindern muss, dass im Zivilrechtsverkehr nur „das Recht des Stärkeren“ gilt, weil sich im Zivilrechtsverkehr gleichrangige Grundrechtsträger gegenüber stehen.[23] Auch wenn die Gestaltung der Rechtsverhältnisse der Einzelnen untereinander auf der Basis freiwillig eingegangener rechtlicher Verpflichtungen beruht, bedarf die Privatautonomie notwendiger Weise der rechtlichen Ausgestaltung. Der Gesetzgeber sei dabei „an die objektiv-rechtlichen Vorgaben der Grundrechte gebunden“, wobei immer dann, wenn „einer der Vertragsteile ein so starkes Übergewicht (hat), dass er den Vertragsinhalt einseitig bestimmen kann (und) dies für den anderen Vertragsteil Fremdbestimmung“ bewirkt, die Rechtsordnung „die kollidierenden Grundrechtspositionen ... in ihrer Wechselwirkung zu sehen und so zu begrenzen (hat), dass sie für alle Beteiligten möglichst weitgehend wirksam werden.“[24] Diese Konsequenz folgt

---

[18] BVerfGE 50, 365 im Fall der Unternehmensmitbestimmung; BVerfGE 52, 283, 298 im Fall von Presseunternehmen als Tendenzunternehmen i. S. des § 118 Abs. 1 BetrVG.

[19] Im Fall von Tendenzunternehmen, speziell von Presseverlagen, hat das Bundesverfassungsgericht ausdrücklich einen auf das Sozialstaatsprinzip oder Grundrechte gestützten ‚konkreten und verbindlichen Auftrag zur Einführung einer Mitbestimmung des Betriebsrates als Vertretungsorgan der Arbeitnehmer‘ klar verneint, BVerfGE 52, 298, ebenso BVerfG, 1. Kammer des 1. Senats, NZA 2000, 219.

[20] So eindeutig bezüglich der Unternehmensmitbestimmung in BVerfGE 50, 349.

[21] BVerfGE 50, 337 unter Bezug auf BVerfGE 7, 198, 205.

[22] BVerfGE 35, 79, 153 unter Bezugnahme auf BVerfGE 33, 125, 159 sowie 33, 303, 334; ähnlich auch BVerfGE 50, 338.

[23] BVerfGE 89, 214, 231 f. – Bürgschaftsvertrag; BVerfG (Kammerbeschluss) NJW 1996, 2021.

[24] BVerfGE 89, 231 f.

für das Bundesverfassungsgericht aus der grundrechtlichen Gewährleistung der Privatautonomie und dem Sozialstaatsprinzip.[25]

V.

Im Hinblick auf die extreme Ungleichgewichtslage in der zwischen Arbeitgeber und Arbeitnehmer bestehenden industriellen Arbeitsbeziehung kommt deshalb dem Primat der Freiheit für den arbeitenden Menschen in den für ihn wichtigen wirtschaftlichen und sozialen Verhältnissen bei der Bestimmung eines Verfassungsauftrages zur Mitbestimmung eine zentrale Rolle zu. In diesem Zusammenhang kommt der unterschiedliche normative Gehalt von Sozialstaatsprinzip und Grundrechten zum Tragen. Bei beiden Rechtsinstituten handelt es sich zwar gleichermaßen um unmittelbar geltendes Verfassungsrecht. Jedoch beinhaltet das Sozialstaatsprinzip als Staatsziel mit seiner allgemein gehaltenen Formulierung für den Gesetzgeber nur einen weiten und prinzipiell offenen Gestaltungsauftrag. Dieser ermächtigt und verpflichtet den Staat zwar zur Herstellung sozialer Gerechtigkeit[26], aber der damit verbundene Verfassungsauftrag soll keineswegs geeignet sein, „Grundrechte ohne nähere Konkretisierung durch den Gesetzgeber, also unmittelbar, zu beschränken“[27] oder den Gesetzgeber auf ein bestimmtes Normprogramm inhaltlich zu verpflichten. Dagegen enthalten Grundrechte durch ihren spezifischen Normtext und kraft ihrer wechselbezüglich wirkenden subjektiv- und objektivrechtlichen Bedeutung einen sehr viel klareren Normgehalt[28], so dass sich aus ihnen nicht zuletzt auf Grund der in Art. 1 Abs. 3 GG enthaltenen diesbezüglichen klaren Verfassungsaussage ein ungleich stärkerer Verbindlichkeitsanspruch für den Gesetzgeber ergibt, wobei dieser im Fall von kollidierenden Grundrechtsgewährleistungen verschiedener Grundrechtsträger einen Ausgleich der grundrechtlich geschützten Rechtspositionen dergestalt vorzunehmen hat, „dass sie für alle Beteiligten möglichst weitgehend wirksam werden.“[29] Die neuere Grundrechtsdogmatik hat zudem als grundrechtsrelevante Folge des Sozialstaatsprinzips den Aspekt des notwendigen Grundrechtsvoraussetzungsschutzes herausgearbeitet. Damit soll sichergestellt werden, dass die Freiheitsrechte für diejenigen, die nicht über die wirtschaftlichen Voraussetzungen für einen adäquaten Freiheitsgebrauch

---

[25] BVerfG 89, 232.

[26] BVerfGE 22, 180, 204; 27, 253, 283; 35, 202, 235f.; 40, 121, 133f.; 59, 231, 263; 69, 272, 314.

[27] BVerfGE 59, 231, 263 – Rundfunkmitarbeiter, st. Rspr.

[28] Vgl. V. *Neumann*, Sozialstaatsprinzip und Grundrechtsdogmatik, DVBl. 1997, S. 92ff., 93.

[29] BVerfGE 89, 231f.

verfügen, von ihrer Freiheit einen angemessenen Gebrauch machen können.[30] Verbindet man diesen Gesichtspunkt mit dem vom Bundesverfassungsgericht bei der Bestimmung der Reichweite des Grundrechtsschutzes entwickelten Schutzpflichtkonzept[31], so führt dies für die verfassungsrechtliche Bestimmung betriebsverfassungsrechtlicher Partizipationsrechte zu folgender Konsequenz: Erkennt man grundrechtlich geschützte Interessen der Arbeitnehmer, z.B. aus Art. 2 Abs. 1, 12 Abs. 1 GG, an, die deren Recht auf Selbstbestimmung im Rahmen bestehender, fremdbestimmter industrieller Arbeitsbeziehungen im Kern verbriefen, so schafft die betriebliche Mitbestimmung die verfahrensrechtlichen Voraussetzungen, um den Grundrechtsschutz der betrieblichen Akteure im Rahmen bestehender Arbeitsvertragsverhältnisse angemessen zu gewährleisten. In dieser Perspektive erscheint die damit verbundene Begrenzung grundrechtlich geschützter Verfügungsrechte der Arbeitgeber, z.B. aus Art. 2 Abs. 1, 12 Abs. 1, 14 Abs. 1 GG, die auf das Arbeitsverhältnis einwirken, im Hinblick auf den bei diesen Grundrechten bestehenden Gesetzesvorbehalt nicht nur gerechtfertigt, sondern aus Gründen des erforderlichen Grundrechtsschutzes der Arbeitnehmer geradezu geboten.

Stellt man sich man der Aufgabe, den mit den Grundrechten verbundenen Freiheitsanspruch für Arbeitgeber und Arbeitnehmer im Arbeitsrecht in einer Weise einzulösen, dass die Kosten der im Rahmen der industriellen Beziehungen bestehenden Arbeitsteilung zwischen Kapital und Arbeit gerecht verteilt werden, damit jeder der mitwirkenden Akteure in gleicher Weise belastet wird bzw. daraus den größtmöglichen Nutzen ziehen kann[32], muss der staatliche Gesetzgeber nicht nur die Freiheit unternehmerischen Handelns sicherstellen, sondern ebenso für den einzelnen Arbeitnehmer eine Sphäre der Freiheit bei der Ausgestaltung, Abwicklung und Beendigung des Arbeitsverhältnisses gewährleisten. So gesehen ist sehr wohl zu fragen, ob der Betriebsverfassungsgesetzgeber nicht von Verfassungs wegen zum Handeln im konfliktträchtigen Bereich industrieller Arbeitsbeziehungen verpflichtet war und ist, um den abhängig Beschäftigten in einem fremdbestimmten Arbeitsverhältnis ausreichenden Schutz zu bieten. Mit den im Mitbestimmungsmodell festgelegten Verfahrensregeln wird den Arbeitnehmern über ihre Interessenvertretung die Möglichkeit der Entscheidungsteilhabe gegeben, so dass sie auf der Grundlage eines konstitutionalisierten Willensbildungsprozesses in Kooperation mit dem Unternehmer ihr „Recht auf Selbstbestimmung in der arbeitsteiligen Industriegesellschaft“[33] bezüglich der ihren Arbeitsplatz betreffenden Angelegenheiten „unter

---

[30] *Neumann*, DVBl. 1997, S. 96.

[31] BVerfGE 39, 1 – § 218 StGB.

[32] Auf dieser Prämisse beruht nicht zuletzt das Gerechtigkeitsmodell von J. *Rawls*, Eine Theorie der Gerechtigkeit, 1979

[33] BVerfGE 41, 251, 264

angemessenen Bedingungen wahrnehmen … können."[34] Durch die im Betriebsverfassungsgesetz geschaffenen organisationsrechtlichen Voraussetzungen werden die Arbeitnehmer nämlich in die Lage versetzt, bei der Vertragsdurchführung des Arbeitsverhältnisses nicht bloß als Befehlsempfänger zu funktionieren, sondern auch eine aktive Rolle einzunehmen. Indem sie ihre Interessen miteinander abstimmen und kollektiv bündeln können, können sie sich aus ihrer Vereinzelung lösen. Der demokratisch legitimierte Betriebsrat vermag ihrem Standpunkt einen institutionell abgesicherten und vor allem auch durchsetzungsfähigen Ausdruck zu geben, wie ihn der Einzelne im Rahmen seines Einzelvertrages nicht zur Geltung zu bringen vermag.[35] Damit wird sowohl dem Geltungsanspruch der verfassungskräftigen Fundamentalaussagen zum Schutz der Menschenwürde und der Freiheit der Persönlichkeit im Rahmen privatrechtlich begründeter Arbeits- und Abhängigkeitsverhältnisse Rechnung getragen, als auch für einen Ausgleich der damit verbundenen sozialen Gegensätze und auf diese Weise zugleich für ein Stück sozialer Gerechtigkeit gesorgt.

Deshalb spricht viel für die Annahme, dass es bei der im Betriebsverfassungsgesetz verankerten Mitbestimmungsordnung nicht nur um eine Konkretisierung des grundgesetzlichen Sozialstaatsgebots gegangen ist, wie dies im Gesetzgebungsverfahren zum Ausdruck gebracht worden ist[36], sondern der Gesetzgeber entgegen seiner erklärten Vorstellung – gleichsam ‚unbewusst' – einem in der Verfassung enthaltenen, sich aus der objektivrechtlichen Bedeutung der Grundrechte[37] ergebenden Gestaltungsimperativ zur grundrechtsadäquaten Ausformung der durch ein Machtungleichgewicht gekennzeichneten Arbeitsrechtsbeziehung gefolgt ist, um dem Verfassungsverständnis des Grundgesetzes gemäß die in den Grundrechten festgelegten zielbestimmenden Aussagen zur Optimierung des freiheitlichen Handelns aller Gesellschaftsmitglieder konkret einzulösen. Auch wenn Arbeitsverhältnisse auf der Grundlage des Zivilrechts zwischen den Vertragsparteien im Rahmen privatautonomen Handelns freiwillig begründet werden, so stellt sich in dem darin begründeten Dauerschuldverhältnis doch eine durch Befehl und Zwang charakterisierte, herrschaftsförmige Autoritätsbeziehung zwischen Arbeitgeber und Arbeitnehmer her. In Konsequenz des Rechtsgehalts der Grundrechte als objektiver Normen ist in Verbindung mit dem Sozialstaatsprinzip von einer Schutzpflicht des Staates zur Verwirklichung grundrechtlicher Freiheit für die abhängig Beschäftigten im Bereich der betrieblichen Arbeitsorganisation auszugehen ist, um deren Recht auf Selbstbestimmung am und in Bezug auf den Arbeitsplatz sicherzustellen.

---

[34] BVerfGE 77, 84, 116f.

[35] Mitbestimmungsbericht BT-Drs. VI 334, S. 59.

[36] Vgl. *zu* BT-Drs. 2729, S. 17.

[37] Dazu grundlegend BVerfGE 34, 7, 198, 205 (Lüth), bestätigt in der Soraya-Entscheidung, BVerfGE 34, 269, 280; ebenso BVerfGE 89, 231f., st. Rspr.

VI.

Bei der Bestimmung der Reichweite des für die betrieblichen Akteure industrieller Arbeitsbeziehungen jeweils maßgeblichen Grundrechtsschutzes fällt ins Auge, dass eine Reihe von Autoren in der arbeitsrechtlichen und verfassungsrechtlichen Literatur in Übereinstimmung mit dem Bundesarbeitsgericht davon ausgeht, dass die betrieblichen Mitbestimmungsrechte des Betriebsverfassungsgesetzes grundsätzlich nur im Sozialstaatsprinzip ihre verfassungsrechtliche Basis finden.[38] Dieser Auffassung, für die sich das Problem konfligierender Grundrechtspositionen im betrieblichen Arbeitsverhältnis im Verhältnis von Arbeitgeber/Unternehmer und Arbeitnehmern nicht stellt, ist entschieden zu widersprechen. Sie wird der insofern bestehenden Verfassungslage und insbesondere dem für Arbeitnehmer grundrechtlich gebotenen Schutzniveau hinsichtlich der Verwirklichung von deren Autonomieanspruch im Rahmen der betrieblichen Arbeitsorganisation nicht gerecht.[39]

1. Für den *Schutz unternehmerischer Betätigung* und die für die Führung des Unternehmens wichtige Entscheidungsfreiheit enthält die in Art. 12 Abs. 1 GG geschützte Berufsfreiheit in ihrer Ausformung als Berufswahl- und Berufsausübungsfreiheit den entscheidenden verfassungsrechtlichen Prüfungsmaßstab. Für das Bundesverfassungsgericht bildet dieses Grundrecht das Zentrum der „Unternehmerfreiheit", das in seiner die Freiheit der Berufswahl sichernden Dimension als Recht zur ‚freien Gründung und Führung von Unternehmen' verstanden wird.[40] Die Freiheit der Berufsausübung aus unternehmerischer Perspektive umfasst die Gesamtheit der mit deren Berufstätigkeit zusammenhängenden Modalitäten. Dazu zählen außer der Organisationsfreiheit die zur Dispositionsfreiheit gehörenden arbeitgeberischen Leitungs- und Entscheidungsbefugnisse[41], die sich allesamt auf die berufliche Betätigung der Arbeitnehmer erheblich auswirken können. Eine Vielzahl der von der betriebsverfassungsrechtlichen Mitbestimmung erfassten Regelungsgegenstände – soziale Angelegenheiten (§§ 87ff. BetrVG), Gestaltung der Arbeitsbedingungen (§§ 90ff. BetrVG), personelle Angelegenheiten und Einzelmaßnahmen (§§ 92,

---

[38] R. *Scholz* in: Maunz/Dürig/Herzog/Scholz, GG, Art. 9 Rz. 360; MünchArbR-*v. Hoyningen-Huene*, § 297 Rz. 11f.; J.C. *Dörrwächter*, Tendenzschutz im Tarifrecht, 1998, S. 109; K.-G. *Loritz*, Sinn und Aufgabe der Mitbestimmung heute, ZfA 1991, S. 1ff., bes. S. 15ff.

[39] Für diese Auffassung stehen insbesondere W. *Däubler*, Das Grundrecht auf Mitbestimmung, 4. Aufl., 1976, S. 129ff.; DKK-*Trümner*, § 1 Rz. 4ff.; H. *Plander*, Arbeitsrecht: Instrument zur Verwirklichung von Grundrechten der Arbeitnehmer, in: FS f. Gnade, 1992, S. 427ff., 435; O.E. *Kempen*, Das grundrechtliche Fundament der Betriebsverfassung, AuR 1986, S. 129ff.

[40] BVerfGE 50, 263.

[41] Zu ihnen zählen auch die Investitionsfreiheit und die Wahl der Produktionspalette, vgl. *Tettinger* in: Sachs, GG, 2. Aufl. 1999, Art. 12 Rz. 57.

99ff. BetrVG) sowie die Mitwirkungsrechte des Wirtschaftsausschusses als Hilfsorgan des Betriebsrates (§§ 106ff. BetrVG) – greifen von daher in den Schutzbereich des Unternehmers aus Art. 12 Abs. 1 GG ein. Von daher kommt der Feststellung des Bundesverfassungsgerichts erhebliche Bedeutung zu, dass sich die genannten Partizipationsrechte der Arbeitnehmer „als Regelungen der Berufsausübung" darstellen. Soweit das Betriebsverfassungsgesetz durch die den Arbeitnehmern über den Betriebsrat eingeräumten Mitbestimmungs- und Mitwirkungsrechte Beschränkungen der unternehmerischen Verfügungsrechte vornimmt, sind sie der Gemeinwohlbindung des Grundrechts der Berufsfreiheit der Unternehmer aus Art. 12 Abs. 1 GG geschuldet.[42] Ausgehend von der Einsicht, dass Unternehmen und Betriebe im Zusammenwirken von Arbeitgeber/Unternehmer und Arbeitnehmern eine Einheit darstellen und die wechselseitig aufeinander bezogenen Interessen der betrieblichen Akteure im Rahmen des bestehenden Arbeitsverhältnisses fortlaufend zusammengeführt werden müssen, tragen die den Beschäftigten zustehenden Partizipationsrechte der Tatsache Rechnung, dass der Arbeitnehmer als Nichteigentümer gleichfalls der „Nutzung des Eigentumsobjekts zu seiner Freiheitssicherung und verantwortlichen Lebensgestaltung bedarf."[43] Zudem weist der Kaufhausbeschluss darauf hin, dass es weder einen „Grundsatz der Mitbestimmungsfreiheit unternehmerischer Entscheidungen" gebe noch „ein betriebsverfassungsrechtliches Prinzip der Beschränkung des Funktionsbereichs des Betriebsrates auf arbeitstechnische Folgeprobleme unternehmerischer Entscheidungen."[44]

Insgesamt folgt daraus, dass die durch Art. 12 Abs. 1 GG gewährleistete Freiheit der Berufsausübung des Unternehmers wegen des bestehenden Gesetzesvorbehalts und der für dieses Grundrecht maßgeblichen Sozialbindung nicht absolut wirkt. Insbesondere wird die unternehmerische Handlungsfreiheit in Konsequenz einer sozialstaatlich gebotenen Fortentwicklung des Grundrechtsschutzes der Arbeitnehmer aus Art. 12 Abs. 1 GG dadurch limitiert, dass die dem Unternehmer als Arbeitgeber garantierten Leitungs- und Verfügungsrechte mit Blick auf den von Arbeitnehmern entscheidend mitgetragenen Unternehmenszweck in einem sozialen Bezug und in einer sozialen Funktion stehen[45] und ein Unternehmen als Grundrechtsträger „die verbürgte Freiheit nur mit Hilfe anderer, der Arbeitnehmer, wahrnehmen (kann), die ebenfalls Träger des Grundrechts aus Art. 12 Abs. 1 sind."

2. Geht man von dieser Prämisse aus, übernimmt Art. 12 Abs. 1 GG in gleicher Weise wie für die Unternehmer als Arbeitgeber auch für die *Arbeitnehmer*

---

[42] BVerfGE 50, 340f.

[43] Diese Aussage im Mitbestimmungsurteil, BVerfGE 50, 340f., bezieht sich zwar auf die Begrenzung der Verfügungsrechte der Anteilseigentümer, lässt sich aber umstandslos auf die durch das Betriebsverfassungsgesetz geregelte Interessenkonstellation übertragen.

[44] BVerfG NJW 1986, 1601.

[45] BVerfGE 50, 365, auch das folgende Zitat.

eine Schlüsselrolle beim Schutz der Berufsausübung in dem für sie existentiell bedeutsamen beruflichen Sektor im Rahmen des einzelvertraglich begründeten Arbeitsverhältnisses. Da dieses als Dauerschuldverhältnis angelegt ist und als personenrechtliches Gemeinschaftsverhältnis gesehen wird, gilt dies insbesondere für dessen Organisation und Abwicklung. Gerade weil es beim Schutzanspruch dieses Freiheitsrechtsrechts um die Sicherstellung der „Selbstbestimmung in der arbeitsteiligen Industriegesellschaft“[46] geht und „Arbeit als ‚Beruf‘ für alle gleiche Würde“[47] hat, zielt das Grundrecht unter den Bedingungen fremdbestimmter Arbeit im Rahmen industrieller Arbeitsbeziehungen auf den Schutz der identitätsstiftenden Arbeit, so dass im Fall möglicher verfassungsrechtlicher Kollisionslagen der „besonderer Rang“ des den Arbeitnehmern zustehenden Grundrechts, „der im engen Zusammenhang mit der freien Entfaltung der menschlichen Persönlichkeit im Ganzen begründet ist“[48], zu berücksichtigen ist. Auch das Bundesarbeitsgericht erkennt bei aller Zurückhaltung bei der Herstellung grundrechtlicher Bezüge für die Bewertung von Arbeitsrechtsbeziehungen in seiner Rechtsprechung[49] in einem Beschluss des Großen Senats v. 27.2. 1985[50] die Bedeutung von Arbeit als Voraussetzung für die Selbstverwirklichung des Einzelnen ausdrücklich an, wenngleich nicht mit Bezug auf Art. 12 Abs. 1 GG sondern auf Art. 1 und 2 GG. Im Hinblick auf die Würde des arbeitenden Menschen und dessen Recht auf freie Entfaltung der Persönlichkeit führt es zum Schutzbedarf des Arbeitnehmers in seiner beruflichen Existenz aus, dass „sein Selbstwertgefühl sowie die Achtung und Wertschätzung, die er in seiner Familie, bei seinen Freunden und Kollegen und überhaupt in seinem Lebenskreis erfährt, … entscheidend mitbestimmt (werden) von der Art, wie er seine Arbeit leistet. Die Arbeit in einem Arbeitsverhältnis stellt für den Arbeitnehmer zugleich eine wesentliche Möglichkeit zur Entfaltung seiner geistigen und körperlichen Fähigkeiten und damit zur Entfaltung seiner Persönlichkeit dar.“ Gerade weil sich „die Arbeitsleistung nicht nur als ein Wirtschaftsgut, sondern auch als Ausdruck der Persönlichkeit des Arbeitnehmers“ darstellt, entfaltet das Grundrecht der Berufsfreiheit in seiner Funktion als Arbeitnehmerschutzrecht seine Bedeutung sowohl für dessen Freiheit der Berufswahl, d.h. welche berufliche Tätigkeit er zur Grundlage seiner Existenzsicherung macht, als auch für die Berufsausübung, d.h. für die mit seiner beruflichen Betätigung zusammenhängenden Modalitäten wie Ort, konkreter Arbeitsinhalt, Dauer, Ausgestaltung der Arbeitsorganisation und des

---

[46] BVerfGE 41, 251, 264.

[47] BVerfGE 7, 377, 397 – Apothekenurteil.

[48] BVerfGE 63, 266, 286 – Berufsverbot für einen Rechtsanwalt – im Anschluss an BVerfGE 19, 330, 336, st. Rspr.

[49] So zutreffend ErfK-*Dieterich*, GG, Art. 12 Rz. 3.

[50] BAGE 48, 122, 138f., auch die beiden folgenden Zitate.

zeitlichen Rahmens für die zu erbringende Arbeitsleistung etc.[51] Wenn das Bundesverfassungsgericht in seinem Kündigungsschutzbeschluss[52] zur rechtstatsächlichen Relevanz der Berufsfreiheit feststellt, „der Arbeitsplatz ist die wirtschaftliche Existenzgrundlage für ihn (scil. den Arbeitnehmer) und seine Familie. Lebenszuschnitt und Wohnumfeld werden davon bestimmt, ebenso gesellschaftliche Stellung und Selbstwertgefühl", so reflektiert sich darin die Einsicht, dass Arbeit – ungeachtet des dabei wirksamen fremdbestimmten Moments – als „Ausdruck menschlicher Selbsterhaltung und Selbstentfaltung"[53] zentrale Bedeutung für seine Menschenwürde und menschliche Identität besitzt. Gerade wegen der in den realen Produktionsbedingungen angelegten Entwertung der Arbeit als Folge von „Fremdbestimmung, Mechanisierung und Dequalifizierung" ist der normative Gehalt des Art. 12 Abs. 1 GG als Grundrecht der Arbeit in industriellen Arbeitsbeziehungen zur Geltung zu bringen, um den Wert von Arbeit und Beruf für den Einzelnen herzustellen.[54]

3. Trägt man also dem mit der Berufsfreiheit intendierten Schutzzweck Rechnung und geht davon aus, dass die in Art. 12 Abs. 1 GG als Grundrecht der unselbständig Arbeitenden enthaltenen Schutzkomponenten Menschenwürde und Persönlichkeitsentfaltung des Einzelnen in der Verfassungsordnung des Grundgesetzes den höchsten Rang besitzen, so ergibt sich daraus normativ gewendet für den Gesetzgeber die Verpflichtung, den Schutz dieses mit Arbeit = Berufsausübung verbundenen Interesses des abhängig Beschäftigten auf Respektierung seines Rechts auf Selbstbestimmung in den Normen des individuellen und kollektiven Arbeitsrechts sowie der Arbeitsschutzgesetzgebung insgesamt sicherzustellen. Weil der Einzelarbeitsvertrag dem Arbeitnehmer auf Grund der dominierenden Rolle des Arbeitgebers in der Vertragsbeziehung kein ausreichendes Schutzniveau zu geben vermag[55], stellt der Gesetzgeber deshalb mit dem Betriebsverfassungsgesetz zur Kompensation der bestehenden Funktionsdefizite der Privatrechtsordnung eine Teilrechtsordnung zur Verfügung, die die individuelle Vertragsfreiheit überlagert.[56]

Dieser Zusammenhang wird vom Bundesverfassungsgericht durchaus richtig gesehen, wenn es zu den Begrenzungsmöglichkeiten unternehmerischer

---

[51] Vgl. *Tettinger* in: Sachs, GG, 2. Aufl. 1999, Art. 12 Rz. 57, hier freilich bemerkenswerter und kennzeichnender Weise auf die Freiheit der beruflichen Betätigung des Unternehmers bezogen.

[52] BVerfGE 97, 169, 177.

[53] H.P. *Schneider*, Art. 12 GG – Freiheit des Berufs und Grundrecht der Arbeit, VVDStRL H. 43 (1984), S. 8ff., 15., ähnlich P. *Häberle*, Arbeit als Verfassungsproblem, JZ 1984, S. 345ff.; B.-O. *Bryde*, Artikel 12 Grundgesetz – Freiheit des Berufs und Grundrecht der Arbeit, NJW 1984, S. 2177ff.

[54] AK-GG-*Rittstieg*, 3. Aufl. 2001, Art. 12 Rz. 20.

[55] Vgl. Mitbestimmungsbericht BT-Drs. VI/334, S. 58.

[56] A. *Söllner*, Der verfassungsrechtliche Rahmen für die Privatautonomie, RdA 1989, S. 144ff., 149.

Berufsfreiheit feststellt: „Sozialstaatlich motivierte, zum Schutz aller abhängig Beschäftigten eines Wirtschaftszweiges vernünftige und zweckmäßig typisierende, nicht disponible Regelungen muss der Einzelne als Grenzen seiner Berufsausübung grundsätzlich als zumutbar hinnehmen. Zwingende Regelungen des Arbeitsrechts schaffen erst den Rahmen, in dem die mehrheitlich abhängig Beschäftigten ihr Grundrecht aus Art. 12 Abs. 1 GG unter angemessenen Bedingungen wahrnehmen können. Sie rechtfertigen sich daraus, dass der Individualarbeitsvertrag vielfach ein unzureichendes Instrument zur Begründung eines sozial angemessenen Arbeitsverhältnisses darstellt."[57] Damit wird im Grundsatz anerkannt, dass Grundrechte als Basis des zivilisatorischen Zusammenlebens kraft Art. 12 Abs. 1 GG auch und gerade im Arbeitsleben Geltung beanspruchen.

In diesem Zusammenhang erhält die sich aus dem objektivrechtlichen Gehalt der Grundrechte ergebende Verpflichtung des Gesetzgebers, die Selbstbestimmung des Einzelnen im Privatrechtsverkehr zu gewährleisten, ihre besondere Bedeutung für die Begründung eines Verfassungsaüftrages zur Mitbestimmung. Seit dem Lüth-Urteil[58] spielt bei der Bestimmung des Geltungsanspruchs der Grundrechte neben ihrer überkommenen negatorischen Funktion die in ihnen ebenfalls angelegte objektivrechtliche Funktion eine wichtige Rolle. Für das Bundesverfassungsgericht verweist der „Rechtsgehalt der Grundrechte als objektiver Normen" auf eine „verfassungsrechtliche Grundentscheidung"[59], die zum Prinzip der Grundrechtsoptimierung bzw. -effektuierung und darin eingeschlossen zu einer Schutzpflicht aller drei staatlichen Gewalten zur Verwirklichung grundrechtlicher Freiheit führt.[60] Weil „die innerhalb der sozialen Gemeinschaft sich frei entfaltende menschliche Persönlichkeit und ihre Würde ... im Mittelpunkt unseres verfassungsrechtlichen Wertsystems" steht, muss die in den Grundrechten zum Ausdruck kommende „verfassungsrechtliche Grundentscheidung für alle Bereiche des Rechts gelten."[61] Weil es demzufolge einen grundrechtsfreien Raum nicht geben kann, übernehmen die Grundrechte kraft der aus ihrer objektivrechtlichen Funktion folgenden Funktionserweiterung nach Maßgabe des Art. 1 Abs. 3 GG in Korrespondenz mit den anderen Kernelementen der Verfassung – Demokratie-, Rechtsstaats- und Sozialstaatsprinzip – als Gestaltungsmaximen eine Leitfunktion im grundgesetzlich durchherrschten Rechtssystem. In Verbindung mit

---

[57] BVerfGE 77, 84, 116f. – Leiharbeit.

[58] BVerfGE 7, 198, 205.

[59] BVerfGE 7, 205.

[60] Vgl. dazu näher M. *Dolderer*, Objektive Grundrechtsgehalte, 2000, sowie D. *Sterzel*, Tendenzschutz und Grundgesetz. Zu den verfassungsrechtlichen Voraussetzungen der betriebsverfassungsrechtlichen Mitbestimmungsordnung, 2001, S. 156ff., 170ff..

[61] BVerfGE 7, 205; bestätigt in BVerfGE 34, 269, 280 – Soraya; 81, 242, 254 – Handelsvertreter.

dem Grundsatz der materiellen Konkordanz der gesamten Rechtsordnung, wonach die Gesetze nicht nur formell verfassungsgemäß ergangen, sondern „auch materiell mit den obersten Grundwerten der Verfassung der freiheitlichen demokratischen Grundordnung als verfassungsrechtliche Wertordnung" in Einklang stehen müssen, muss der in den Grundrechten verankerte Freiheitsanspruch des Einzelnen im Lichte der Sozialstaatsklausel auch dort zur Geltung gebracht werden, wo als Folge wirtschaftlicher Ungleichsgewichtslagen und daraus sich ergebender sozialer Abhängigkeit die Bedingungen freier Selbstverwirklichung nicht gegeben sind[62] und die Chance der Selbstverwirklichung des Individuums deshalb nicht gewährleistet ist. Wegen ihrer Bedeutung als „objektive Prinzipien"[63] entfalten die Grundrechte eine ‚Ausstrahlungs- oder mittelbare Drittwirkung'[64] auf die gesamte Rechtsordnung. Aus den Grundrechten erwachsen so Grundrechtsverwirklichungspflichten, die für den Staat auch zu Schutzpflichten führen können[65], aus denen sich organisations- und verfahrensrechtliche Verantwortlichkeiten[66] und sogar Förderungspflichten[67] ergeben können, um die tatsächlichen Voraussetzungen der Grundrechtsausübung zu schaffen.

Der Staat als Garant der Freiheit aller Bürger im Bereich der wirtschaftlichen Aktivitäten hat mit den dem Betriebsverfassungsgesetz zugrundeliegenden Kooperationsmodell und den hierfür notwendigen Organisations- und Verfahrensregeln genau die Voraussetzungen geschaffen, dass Arbeitgeber und Arbeitnehmer ihr in die grundrechtsverpflichtete Zivilrechtsordnung eingebundenes „ökonomisches und soziales Beziehungsgeflecht" in dem durch Art. 12 Abs. 1 GG geschützten und insofern grundrechtsrelevanten Raum der betrieblichen Binnenstruktur sozialverträglich ausgestalten können. Seine institutionell abgesicherte Kommunikationsstruktur ermöglicht, den notwendigen Ausgleich zwischen den potentiell oder aktuell konfligierenden Grundrechtspositionen der Arbeitgeber und Arbeitnehmer im Sinne des Konkordanzprinzips herzustellen. Die im Betriebsverfassungsgesetz vorgesehenen Mitbestimmungsrechte der Arbeitnehmer dienen mithin der Verwirklichung der im Grundrecht der Berufsfreiheit enthaltenen Komponenten Schutz der Menschenwürde und Persönlichkeitsentfaltung des Einzelnen im Betrieb bei gleichzeitiger Respektierung der grundrechtlich durch Art. 12 Abs. 1 GG geschützten unternehmerischen Freiheit. Das Modell industrieller Kooperation der Normal-Betriebsverfassung verhindert damit nicht nur, dass grundrechtswidrig „das Recht des

---

62 BVerfGE 85, 191, 213.

63 BVerfGE 50, 337; 57, 295, 320, st. Rspr.

64 BVerfGE 73, 261, 269.

65 So ausdrücklich BVerfGE 97, 169, 175 – Kündigungsschutz.

66 BVerfGE 97, 175; erstmals in BVerfGE 53, 30, 57ff. – Mülheim-Kärlich; bestätigt in E 89, 276, 289f. sowie 83, 238, 332. .

67 BVerfGE 33, 303, 330f. – numerus clausus.

Stärkeren“ gilt, sondern auch, dass das in einem antagonistischen Betriebsmodell angelegte Konfliktpotential den Betriebsfrieden stört. Seine Regelungen folgen insgesamt der Logik korrespondierender Grundrechtsausübung in industriellen Arbeitsbeziehungen in dem für Arbeitgeber und Arbeitnehmer gleichermaßen relevanten Schutzbereich des Art. 12 Abs. 1 GG. Sie entsprechen dem in solchen Fällen maßgeblichen Verfassungsprinzip der Harmonisierung bzw. der Herstellung praktischer Konkordanz, um die beiden grundrechtlich geschützten Rechtsgüter – die Berufsfreiheit des Arbeitgebers auf der einen und die des Arbeitnehmers auf der anderen Seite – im Wege des Austarierens zu optimaler Wirkung zu bringen.

VII.

Das mit der Normal-Betriebsverfassung verfolgte gesetzgeberische Ziel, eine Grundlage für die soziale Selbstbehauptung des einzelnen Arbeitnehmers im Arbeitsleben zu schaffen, ließe sich bei rein privatautonomer Gestaltung der Arbeitsrechtsbeziehungen nicht gewährleisten. Legt man die objektivrechtliche Bedeutung des Art. 12 Abs. 1 GG als Maßstab für eine funktions- und grundrechtsadäquate Organisation der Arbeitsbeziehungen zu Grunde, die sowohl der abwehrenden wie der fördernden Sicherung individueller Freiheit der sich gegenüberstehenden Grundrechtskontrahenten Rechnung trägt, so respektiert das dem Betriebsverfassungsgesetz zugrundeliegende „integrative Modell“ der organisatorischen Beteiligung der betrieblichen Interessenvertretung der Arbeitnehmer an den für die Aufgabenerfüllung des Unternehmens erforderlichen Entscheidungen des Arbeitgebers[68] im Grundsatz die identitätsstiftende Bedeutung, die Arbeit für den Einzelnen besitzt.

Indem es die Subjektstellung der Beschäftigten, ihre „Freiheit am Arbeitsplatz“[69] zum entscheidenden Bezugspunkt der gesetzlichen Ausgestaltung nimmt, entspricht es in jeder Beziehung dem Grundrechtsverständnis des Grundgesetzes: Es nimmt zum einen den Imperativ des Art. 1 Abs. 1 GG ernst, dass der Einzelne um seiner Menschenwürde willen ‚nicht nur nicht Objekt staatlicher Verfahren werden darf, sondern der Staat auch den Schutzauftrag hat, ihn davor zu bewahren, zum Objekt gesellschaftlicher Verfahren‘[70], bzw. privater Herrschaftsbeziehungen zu werden.

Auch wenn der Gesetzgeber in Konsequenz der sich für ihn stellenden grundrechtlichen Schutzpflichten nicht auf ein bestimmtes Gesetzgebungspro-

---

[68] G. *Baglioni*, Ist Demokratie möglich? Arbeitnehmerbeteiligung im Unternehmen: Der schwierige Weg zwischen Demokratie und Effizienz, 1999, S. 171.

[69] E. *Stein*, Freiheit am Arbeitsplatz, in: FS f. O. Brenner, 1967, S. 269ff.

[70] P. *Häberle*, Grundrechte im Leistungsstaat, VVDStRL H. 30 (1972), S. 43ff., 85 in Fn. 181.

gramm verpflichtet wird, sondern ihm verschiedene Optionen offen stehen, wie er das zum Schutz der Berufsausübungsfreiheit der Beschäftigten erforderliche Schutzniveau sicherstellt, so ist der rechtstatsächlich mit der bestehenden Mitbestimmungsordnung gewonnene Erfahrungsstand doch sehr wohl bedeutsam. Weil die „grundrechtliche Schutzfunktion ... sich im sozialen Rechtsstaat gerade auch für den sozial Schwachen durchsetzen" muss[71] und es grundrechtsfreie Räume im Privatrecht nicht geben darf[72], bedarf es „gesetzliche(r) Vorschriften, die sozialem und wirtschaftlichen Ungleichgewicht entgegenwirken."[73] Auf diese Weise werden „die objektiven Grundentscheidungen des Grundrechtsabschnitts und damit zugleich das grundgesetzliche Sozialstaatsprinzip (Art. 20 Abs. 1, 28 Abs. 1 GG)" verwirklicht. Mit dem in der Mitbestimmungsordnung des Betriebsverfassungsgesetzes institutionalisierten Konfliktschlichtungsprogramm löst der Staat die ihm in der freiheitlich-demokratischen Grundordnung sich stellende Aufgabe, „auch im Verhältnis der Bürger untereinander für Gerechtigkeit und Menschlichkeit zu sorgen."[74] Die betriebliche Mitbestimmung ist also als positivrechtliche Ausprägung der in Art. 12 Abs. 1 GG mitenthaltenen Garantie der Menschenwürde sowie des Rechts auf Selbstbestimmung des einzelnen Arbeitnehmers am Arbeitsplatz und des Sozialstaatsgrundsatzes anzusehen. Die Aussage des Bundesverfassungsgerichts, dass der verfassungsändernde Gesetzgeber (!) eine entsprechende positivrechtliche Ausprägung dieses Grundsatzes nur aus „sachgerechten Gründen ... modifizieren"[75] darf, erhält vor diesem Hintergrund die Bedeutung eines im Sozialstaatsgebot mit enthaltenen relativen Verbots sozialen Rückschritts.

Kraft der objektiv-rechtlichen Bedeutung der Grundrechte ist deshalb in Verbindung mit dem sich aus dem Sozialstaatsprinzip ergebenden Auftrag zur Herstellung sozialer Gerechtigkeit davon auszugehen, dass Ausmaß, Inhalt und Tragweite der Mitbestimmung, wie sie im Betriebsverfassungsgesetz ihren positivrechtlichen Niederschlag gefunden hat, heute das verfassungsrechtliche Minimum für den gemäß Art. 12 Abs. 1 GG gebotenen Grundrechtsschutz zu Gunsten der abhängig Beschäftigten darstellt. Als positivrechtliche Ausprägung des im Grundrecht der Berufsfreiheit eingeschlossenen Schutzes der Menschenwürde und des Sozialstaatsgrundsatzes erfüllt die der Betriebsverfassung zugrundeliegende Organisationsform sozialer Kooperation zwischen Arbeitgeber und der Interessenvertretung der Arbeitnehmer einen unmittelbar aus der Verfassungsordnung sich ergebenden Verfassungsauftrag zur Mitbestimmung. Sie ist deshalb im Kern unumkehrbar.

---

[71] BVerfGE 49, 220, 226 – Rechtsschutz in der Zwangsversteigerung.

[72] Vgl. BVerfGE 7, 205; G. *Dürig* in: Maunz/Dürig/Herzog/Scholz, Grundgesetz, Art. 1 Rz. 131.

[73] BVerfGE 81, 242, 255, auch das folgende Zitat.

[74] BVerfGE 5, 205f.

[75] BVerfGE 84, 90, 121 – DDR-Enteignungen.

Mediation

Alternative Dispute Resolution und Zugang zum Recht[1]

Walther Gottwald

I. Einleitung: Von „Access to Justice" zu „Alternative Dispute Resolution"

Die Rechtspolitik der 70-iger Jahre war in vielen Ländern geprägt von Bemühungen um einen besseren Zugang zum Recht unter dem Oberbegriff „Access-to-Justice", vor allem für Minderbemittelte, Randgruppen und wenig organisierte Interessen wie der Verbraucher.[2] Unter dem Label „Alternative Dispute Resolution" (ADR) schließt sich hieran seit Beginn der 80-iger Jahre eine Bewegung an, die den Konsens und die Harmonie[3], aber auch das „Deal-Making"[4] in den Vordergrund rückt und fast als eine Gegenbewegung zu der Access-to-Justice-Bewegung erscheint. ADR – in den USA entstanden und auf viele andere Länder wie Kanada, Australien, aber auch auf Europa übergeschwappt – ist auch in Deutschland inzwischen zu einem integralen Bestandteil der Rechtskultur geworden. Gesetzgeber, Gerichte und die private Wirtschaft setzen zunehmend auf sie. Vor allem Mediation, das Schiedsverfahren, die frühe neutrale Bewertung und Kombinationen aus diesen Verfahren ohne richterliche Streitentscheidung finden sich in vielen Bereichen mit rechtlichem Bezug.

Die Protagonisten sehen die Vorteile von ADR oft spiegelbildlich zu den von ihnen diagnostizierten Nachteilen streitiger Gerichtsverfahren. Sie preisen ADR-Angebote als schneller, kostengünstiger, interessengerechter und damit konfliktadäquater als justizielle Verfahren. Besonders Mediation in ihren vielfältigen Ausgestaltungs- und Einsatzformen ist in das Zentrum des Interesses ge-

---

[1] *Ekkehart Stein* verdanke ich viel. Seine Anregungen begleiteten mich als wissenschaftliche Hilfskraft während meiner Referendarzeit sowie meiner Lehrtätigkeit im Vertiefungsstudium der einphasigen Juristenausbildung an der Universität Konstanz. Auf einer 14-tägigen gemeinsamen Fußwanderung durch die Toskana waren Fragen der Chancengleichheit vor Gericht und außergerichtlichen Foren, das Thema dieses Beitrages, ein wiederkehrender Gesprächsgegenstand – sofern es das bei Ekkehart übliche hohe Wandertempo zuließ.

[2] Vgl. dazu das vierbändige Standardwerk von *M. Cappelletti*, Access to Justice, A World Survey, 1978.

[3] Vgl. *L. Nader*, Controlling processes in the practice of law: Hierarchy and pacification in the movement to re-form dispute ideology, The Ohio State Journal on Dispute Resolution 1993, S. 1.

[4] Vgl. *W. L. Adams*, Note, Let's make a deal: Effective utilization of judicial settlements in State and Federal courts, Oregon Law Review 1993, S. 427.

rückt. Aufgrund des hohen Konfliktbehandlungspotenzials, das ihr zugeschrieben wird, sehen viele in ihr die – wenn auch noch etwas schläfrige – Riesin in der Streitbehandlung. Noch wenig problematisiert sind allerdings mögliche Risiken von ADR wie vor allem ungleiche Parteienkonstellationen. Bezogen auf das Gerichtsverfahren sind derartige Risiken bereits gut erforscht. Der Beitrag erörtert zunächst diese Risiken und überlegt im Anschluss an drei Einsatzbereichen von ADR, inwieweit sich diese Risiken auch in ADR wiederholen oder gar potenzieren können.

II. Warum die „Haves" den Habenichtsen in Gerichtsverfahren um Längen voraus sein können

Mit Blick auf Gerichtsverfahren schrieb vor mehr als 25 Jahren der amerikanische Jurist und Rechtssoziologe *Marc Galanter* einen geradezu klassischen Artikel mit dem Titel „Why the „Haves" Come Out Ahead: Speculations on the Limits of Legal Change".[5] Der Beitrag, im Zusammenhang mit der damaligen, weltweiten Diskussion über Access to Justice entstanden, stellt Überlegungen – Galanter nennt sie trotz ihrer reichhaltigen rechtstatsächlichen Absicherung „Spekulationen" – dazu an, inwieweit „the basic architecture of the legal system creates and limits possibilities of using the system as a means of redistributive (that is, systematically equalizing) change".[6] Seine Hauptthese lautet, dass bestimmte Klassen von Parteien eher als andere in der Lage sind, rechtliche und andere Ressourcen zu mobilisieren, um langfristig Gewinne in Gerichtsverfahren zu erlangen.[7] Dazu schlüsselt er die Grundstruktur eines Rechtssystems auf in Parteien, die er in „Repeat-Player" und „One-Shotter" kategorisiert, Anwälte, verfahrensrechtliche Institutionen wie die Gerichte und gerichtsähnliche Institutionen, Normen sowie Alternativen zum formellen Gerichtsverfahren.[8]

Galanter entwickelt die These, dass Repeat-Player im Gegensatz zu den One-Shottern das Gerichtssystem zu ihrem Vorteil nutzen können. Sie können sich auch erfolgreich Bemühungen benachteiligter Bürger widersetzen, die Gerichte zu mobilisieren, um mit Hilfe ihrer Entscheidungen eine Änderung des ökonomischen oder sozialen status quo zu erreichen.[9] Strukturelle Vorteile erlangen Repeat-Player wie z.B. Banken, Versicherungen, aber auch staatliche Organisationen aufgrund reichhaltiger Erfahrungen aus bestimmten – sich wie-

[5] Law and Society Review 1974, S. 95; *ders.*, Afterword: Explaining litigation, Law and Society Review 1975, S. 347.

[6] Wie Anm. 5, S. 96.

[7] Wie Anm. 5, S. 98–103.

[8] Wie Anm. 5, S. 97, 114, 119, 124.

[9] Wie Anm. 5, S. 103.

derholenden – Prozesssituationen, durch ihre spezialisierten Rechtsabteilungen und Rechtsanwälte, die Möglichkeit, das Risiko auf viele Prozesse zu verteilen sowie schließlich aufgrund ihrer Chancen, durch gezielte juristische Publikationen im Vorfeld höchstrichterlicher Entscheidungen die Gerichte beeinflussen zu können. Galanter schlägt zum Abschluss seines Beitrages vor, dass One-Shotter sich mehr und mehr zu Repeat-Playern entwickeln müssen, sollen die strukturellen Nachteile ausgeglichen werden.[10]

In deutschen rechtstatsächlichen Untersuchungen zu Verbraucherstreitigkeiten vor Gericht, vor allem zwischen Teilzahlungsbanken als Repeat-Player und – oft überschuldeten – Kreditnehmern oder Bürg(inn)en als One-Shotter haben sich die von Galanter diagnostizierten strukturellen Vorteile der Repeat-Player bzw. Nachteile der One-Shotter bestätigt[11] und zu ähnlichen Folgerungen geführt.[12] Besonders der Senat für Verbraucherrechtsstreitigkeiten am Oberlandesgericht Stuttgart unter seinem früheren Vorsitzenden Professor *Rolf Bender* hat diesen Zusammenhang immer wieder hervorgehoben.

III. Strukturelle Vorteile der „Haves" auch in der Alternative Dispute Resolution?

Mit der Verbreitung von Formen der außergerichtlichen Streitbehandlung stellt sich die Frage, ob Repeat-Player in diesen Foren ähnliche strategische Vorteile gegenüber One-Shottern wie in Gerichtsverfahren haben und es damit in diesen Verfahren ähnliche Risiken für die Rechtsverwirklichung oder die Chancengleichheit im Recht gibt. Diesen Eintritt in die ADR und hier vor allem in die Mediation verschaffen entsprechende Klauseln in Verträgen, gesetzliche Anordnungen oder richterliche Hinweise.

1. ADR-Vertragsklauseln

Obwohl sich die Aufmerksamkeit häufig auf die Gerichte und die Alternativen in ihrem Umfeld richtet, liegt die Hauptbedeutung der ADR im privaten Sek-

[10] Wie Anm. 5, S. 135–144.

[11] *R. Bender*, Vollendung von Wirtschaftsdelikten durch gutgläubige Zivilgerichte – Erfahrungen und Folgerungen aus zwölf Jahren Vorsitz im Senat für Verbraucherrecht am Oberlandesgericht Stuttgart, in: *R. Bender* (Hrsg.), Rechtstatsachen zum Verbraucherschutz, 1988, S. 85; *ders.*, Konsequenzen für die Rechtsprechung und den Gesetzgeber, a.a.O., S. 101; *W. Gottwald/R. Bender*, „Ein Regelungsbedarf zum Ratenkredit ist nicht erkennbar" – oder etwa doch? Hypothesen zur Rechts(un)sicherheit beim Massengeschäft Ratenkredit, a.a.O., S. 17; *W. Gottwald*, Überlegungen zu den Prozessstrategien von „Vielfachprozessierern" – das Beispiel Ratenkredit, Betrifft Justiz 1987, S. 65 .

[12] *Bender*, Konsequenzen für die Rechtsprechung und Gesetzgebung, wie Anm. 11, S. 101.

tor. Zunehmend werden alternative Formen der Streitbehandlung in Verträge integriert, vor allem in *Verträge* mit grenzüberschreitendem Charakter. Anbieter von Waren und Dienstleistungen wie Versandhäuser, Versicherungen, Banken, Ausbildungsinstitutionen, Anlagenvermittler oder andere Repeat-Player nehmen in ihre Verträge Klauseln der „ex ante"- Streitbehandlung auf, die für potenzielle Konflikte Schiedsverfahren, Mediation oder Kombinationen aus diesen Verfahren vorschreiben. Mit fortschreitender Architektur und Akzeptanz des Internets und der Zunahme von Geschäften im Bereich Business-to-Business und Business-to-Consumer gehören Klauseln über Online-ADR wie z.B. Online-Mediation oder Online-Schiedsverfahren mehr und mehr zum festen Bestandteil der Allgemeinen Geschäftsbedingungen der Online-Anbieter.[13]

Die Verfahrensdesigner versuchen in den Klauseln, die Wahl der Foren, des anzuwendenden Rechts, die Beweisregeln, ja sogar Rechtsbehelfsmöglichkeiten zu ihren Gunsten abzuändern. Auch wenn viele Regelungen – an den nationalen Standards gemessen – unwirksam sein mögen, so setzt eine Abwehr derartiger Klauseln eine Kenntnis dieser Standards voraus, an der es dem One-Shotter häufig fehlt. Die Folge davon ist, dass One-Shotter, die mit großen Organisationen Verträge schließen, sich in deren Streitbehandlungsforen gedrängt sehen. Aber auch soweit ADR-Klauseln nicht von vornherein in die Verträge aufgenommen oder ungültig sind, also im Bereich der „ex-post"- ADR, können sich ähnliche Effekte zeigen. Die Anbieterseite ist in der Lage, ADR-Provider einzuschalten und zu bezahlen. Diese werden den One-Shotter davon überzeugen, dass Schiedsverfahren oder Mediation für alle Beteiligten das „Beste" sind , weil vermeintlich „interessengerecht, schneller und billiger". Da für die ADR-Provider nicht der jeweilige Konsument, sondern zahlungskräftige Unternehmen, die sie regelmäßig einschalten, ökonomisch interessant sind, fragt sich freilich, wie neutral oder allparteilich derartige ADR-Provider sind.

Empirisches Material, das diese These stützt, liegt im Ansatz für den Bereich der ärztlichen Schlichtungsstellen vor. Patienten können diese Stellen im Vorfeld von Gerichtsverfahren anrufen, und die Anbieter des Gesundheitswesens legen hierauf auch großen Wert. Zu diesen Stellen wird berichtet, dass sie fast ausschließlich von den Patienten – also One-Shottern – angerufen werden. Das ist unter dem Gesichtspunkt des Zugangs zum Recht an sich erfreulich. Die Patienten sehen sich jedoch in der Regel großen Organisationen wie den Krankenhausträgern und damit Repeat-Playern gegenüber. Nach den Forschungsergebnissen gehen die Schlichtungsverfahren denn auch nur zu 25% für die Patienten positiv aus, zu 75% dagegen negativ. Bemerkenswert ist, dass selbst sol-

---

[13] Vgl. zur „ADR in Cyberspace" das ganz diesem Thema gewidmete Heft Nr. 3 der Zeitschrift The Ohio State Journal on Dispute Resolution (Jahrgang 2000). Vgl. zur Vertragsgestaltung von ADR *Hacke, A.*, Der ADR-Vertrag. 2001.

che Patienten, die ein für sich positives Ergebnis erzielen, zu einem Drittel mit dem Verfahren unzufrieden sind, weil sie das Verfahren nicht als fair erleben und weil ihrer Wahrnehmung nach den Ausführungen der beschuldigten Ärzte mehr Gewicht beigemessen wird als den eigenen Aussagen. Sie haben den Eindruck, dass die Ärzte über sich selbst zu Gericht sitzen, nicht die Wahrheit sagen und dass sie keine Möglichkeit haben, etwas dagegen zu tun. Alles in allem durchzieht die Aussagen ein Gefühl der Ohnmacht, manchmal geradezu der Verbitterung.[14]

Die Untersuchung zu den ärztlichen Schlichtungsstellen liefert damit erste Hinweise dafür, dass sich die für Gerichtsverfahren prognostizierten Risiken für One-Shotter in der ADR verwirklichen können. Aussagekräftige Untersuchungen zu anderen Bereichen gibt es – soweit ersichtlich – unter dem Blickwinkel dieses Beitrages bisher in Deutschland nicht. Das hängt vor allem damit zusammen, dass ADR-Provider sich gegen externe Forschung abschotten. Sie können dafür einen wohlfeilen Grund anführen: die Vertraulichkeit derartiger Verfahren. Auch der Blick auf die USA als der Vorreiterin der ADR-Bewegung hilft nicht weiter, weil es auch dort an gesicherten Ergebnissen mangelt.[15]

Gibt es derartige Risiken tatsächlich, so sind zum Schutz des One-Shotters Verfahrensgarantien notwendig. Dazu gehören vor allem Ausstiegsmöglichkeiten aus den ADR-Verfahren, also „opt-out"-Klauseln. Beruft sich eine Partei auf eine derartige Klausel, so entfällt der vertraglich vorgesehene Zwang zur Teilnahme an dem Verfahren. Vor allem werden sich die ADR-Provider professionellen Standards unterwerfen müssen, die grundlegende Fragen regeln wie z.B., welche Konflikte auf keinen Fall in das jeweilige Forum gehören, Ausschlüsse von Mediatoren oder anderen Dritten bei Interessenkonflikten oder das Recht, sich anwaltlich in dem Forum vertreten zu lassen. Vorbilder für derartige Standards werden aus den USA berichtet.[16]

2. Obligatorische Streitschlichtung nach § 15 a EGZPO

Der *Gesetzgeber* schaltet in jüngerer Zeit verstärkt Verfahren obligatorisch vor, um die einvernehmliche Beilegung von Streitigkeiten zu stärken. Jüngstes Beispiel ist § 15 a EGZPO: Danach haben die Bundesländer die Möglichkeit, in vermögensrechtlichen Streitigkeiten bis zu 750 €, in Nachbarschaftsstreitigkei-

---

[14] *R. Greiner/Ch. Henkel/Ch. Kranich*, Wer soll schlichten zwischen Arzt und Patient – Forderungen und Vorschläge für eine grundlegende Reform. Eine Studie über Erfahrungen mit der Schlichtungsstelle für Arzthaftpflichtfragen der norddeutschen Ärztekammern, 1997.

[15] Vgl. *C. Menkel-Meadow*, Do the „Haves" come out ahead in alternative judicial systems? Repeat players in ADR, The Ohio State Journal on Dispute Resolution 2000, S. 19.

[16] Vgl. Nachweise bei *Menkel-Meadow*, wie Anm. 15, S. 60.

ten sowie in Streitigkeiten im Zusammenhang mit Ehrverletzungen die Erhebung einer Klage davon abhängig zu machen, dass die Parteien vor einer Gütestelle eine gütliche Einigung versucht haben.[17] Die Vorschrift spricht zwar von Schlichtung, lässt aber von ihrer Ausgestaltung her ohne weiteres Mediation zu und wird auch in diesem Sinn in der Umsetzungspraxis verstanden. Eine Reihe von Bundesländern hat von dieser Experimentiermöglichkeit bereits Gebrauch gemacht.[18] Als Schlichter fungieren je nach landesrechtlicher Ausgestaltung die Schiedsleute, also Laien, aber auch Anwälte oder Notare, die dieses Gebiet ebenfalls besetzen wollen in der nicht unberechtigten Erwartung, dass weitere gesetzgeberische Schritte hin zur obligatorischen Schlichtung folgen könnten.

Welche Risiken drohen dem One-Shotter bei einer Kanalisierung seines Konflikts zur obligatorischen Schlichtung bzw. Mediation? Die Betonung von Konsens und Harmonie stößt wohl kaum auf Widerstand bei kleinen Nachbarschaftskonflikten und Querelen im Zusammenhang mit Ehrverletzungen, sofern die Beteiligten in diesen Verfahren ausreichend gehört werden und sie auch vor dem Mediator ihren Ärger ausdrücken können.[19] Hier treffen One-Shotter auf One-Shotter. Problematisch ist die Betonung von Konsens in vermögensrechtlichen Angelegenheiten unabhängig vom zugrunde liegenden Konflikt. Dadurch ist es möglich, dass Streitigkeiten in das Schlichtungsverfahren kanalisiert werden, in denen sich Verbraucher gegen Anbieter zur Wehr setzen, weil sie der begründeten Meinung sind, zu Unrecht in Anspruch genommen worden zu sein oder aber in denen Verbraucher gegen Anbieter z.B. aufgrund von Gewährleistungsansprüchen in die Offensive gehen. Es stehen sich also Repeat-Player und One-Shotter bzw. One-Shotter und Repeat-Player gegenüber.

[17] Gesetz zur Förderung der außergerichtlichen Streitbeilegung v. 15. 12. 1999, BGBl I, S. 2400. Eine ähnliche Regelung gibt es in anderen Bereichen: § 305 I Nr. 1 InsO (Verfahren vor außergerichtlichen Einigungsstellen); § 14 Nr. 3 c PflVG i. V. m. § 9 der Durchführungsverordnung (Verfahren vor der Schiedsstelle beim KFZ-Entschädigungsfonds); § 111 II S. 5 ArbGG (Verfahren bei Streitigkeiten aus Berufsausbildungsverhältnissen); §§ 87ff., 96 SachenRBerG (notarielles Vermittlungsverfahren).

[18] Z. B. Baden-Württemberg: Gesetz zur obligatorischen außergerichtlichen Streitschlichtung und zur Änderung anderer Gesetze v. 28. 06. 2000 (GBl. S. 470); Bayern: Bayerisches Schlichtungsgesetz v. 25. 04. 2000 (GVBl. S. 268); Brandenburg: Gesetz zur Fortentwicklung des Schlichtungsrechts im Land Brandenburg v. 05. 10. 2000 (GVBl. S. 134); Hessen: Hessisches Gesetz zur Ausführung des § 15 a des Gesetzes betreffend die Einführung der Zivilprozessordnung v. 13. 02. 2001 (GVBl. S. 98); Nordrhein-Westfalen: Gütestellen- und Schlichtungsgesetz v. 09. 05. 2000 (GVBl S. 476). Vgl. den Überblick von *Zietsch, U./Rossmann K.*, Die Umsetzung des § 15 a EGZPO in den Ländern, Beilage zu NJW Heft 51/ 2001.

[19] Vgl. zu diesen Gesichtspunkten *T. Grillo*, The mediation alternative: Process dangers for women, The Yale Law Journal 1991, S. 1545, 1572ff.

Während im formellen Gerichtsverfahren vor dem Hintergrund der einsatzbereiten Justiz und ihrer fundamentalen Verfahrensgarantien zumindest prinzipiell formale Gleichheit der Parteien angestrebt wird, können sich im rechtlich ungeschützten Raum der Mediation Machtungleichgewichte auswirken. Mediation ist nicht auf Rechte und somit Stärkung des Schwächeren ausgerichtet, akzeptiert vielmehr prinzipiell bestehende Machtungleichgewichte zwischen den Parteien. Flankierende Schutzmaßnahmen wie Informationsverbesserung für One-Shotter oder Aufklärung durch den Mediator gefährden die Neutralität des Mediators und damit eine Grundvoraussetzung für den Erfolg von Mediation. Die einzig wirkliche Abhilfe – Vertretung des One-Shotters durch einen kompetenten Anwalt – wird bei einem Gegenstandswert bis zu 750 €oft schon an der Kostenhürde scheitern; zu einer Prozesskostenhilfe für das Mediationsverfahren hat sich der Gesetzgeber nicht durchringen können.

Alles in allem potenzieren sich die für gerichtliche Verfahren typischen Risiken des One-Shotters in einer allein vom Streitwert abhängigen obligatorischen Vorschaltung der Mediation. Die Art des Konfliktes, mögliche Machtungleichgewichte sowie Hürden für den Eintritt in die Mediation bei Parteien und ihren Anwälten, das sind Kriterien, die weitaus bessere Wegweiser zur Mediation liefern als der Streitwert. Sie sind auch ein Gradmesser dafür, ob Konsens im jeweiligen Konflikt überhaupt das Verfahrensziel sein kann. Eine Rechtspflege nach Maß würde deshalb anstreben, dass sich Fall und Forum finden. Dass das möglich ist, zeigt der Blick auf das von seiner Wirtschafts- und Rechtsstruktur her vergleichbare Nachbarland Holland. In Alltagskonflikten der Verbraucher liegt hier der Schwerpunkt der ADR gerade nicht auf Vergleichen und erzwungener Harmonie, sondern auf Entscheidungen.[20] So werden bei den niederländischen Mietkommissionen so gut wie alle Fälle mit einem Schlichtungsspruch der Kommission, bei den Konfliktkommissionen im Reiserecht in 95% der Fälle mit einem sog. bindenden Rat beendet. Beim Bauschiedsrat enden in Baustreitigkeiten immerhin 60% der Fälle mit einem Schiedsspruch. Diese Akzentverschiebung vom Schlichtungsgedanken hin zum Entscheidungsgedanken ist in *diesen* Konfliktbereichen auch plausibel. Bei Problemen mit dem Pfusch am Bau, der Berechtigung von Mietpreiserhöhungen bzw. Nebenkosten oder Mängeln einer Reise geht es selten um tieferliegende, personenbezogene oder eine Interessenlösung erfordernde Konflikte, für die Konsensangebote wie Mediation erstrebenswert sind. Es geht vielmehr um sachverständige, neutrale, transparente, kostengünstige und schnelle Bewertung strittiger Punkte. In der niederländischen Rechtskultur haben sich hier also Fall und Forum gefunden.

---

[20] Vgl. zum folgenden *D. von Hoyningen-Huene,* Außergerichtliche Konfliktbehandlung in den Niederlanden und Deutschland, 2000.

Der Blick auf Holland zeigt damit, dass der Akzent auf Einigung unabhängig von der Art des Konfliktes widersinnig ist und letztlich dem vom Gesetzgeber mit § 15 a EGZPO verfolgten Ziel zuwiderlaufen könnte, dadurch auch die Gerichte zu entlasten. Entscheidungen fördern im Gegensatz zu Vergleichen Berechenbarkeit, Transparenz und vor allem auch Rechtsfortbildung. Diesen wertvollen Nutzen eines Verfahrens können allerdings nicht nur gerichtliche Entscheidungen produzieren, sondern auch eine ständige, leicht zugängliche und in sich konsistente Veröffentlichungspraxis, wie sie sowohl der Bauschiedsrat als auch die Miet- und Konfliktkommissionen mit großem Erfolg praktizieren. So werden z.B. die Entscheidungen des Bauschiedsrates häufig in anonymisierter Form veröffentlicht und auch in den Zeitungen und im Fernsehen lebhaft diskutiert. Laut Meinung von Experten tragen diese veröffentlichten Entscheidungen sogar mehr zur Rechtsentwicklung bei als die Urteile der staatlichen Gerichte auf dem Gebiet des Baurechts.

3. Gerichtsnahe Mediation

Ein dritter und in der zeitlichen Mobilisierung von ADR letzter Eintrittspunkt liegt schließlich im *laufenden Gerichtsverfahren*. Anders als in den USA ist es den deutschen Gerichten zwar bisher nicht gestattet, alternative Verfahren wie Mediation oder das Schiedsverfahren innerhalb eines schon anhängigen Verfahrens anzuordnen. Sie können die Parteien jedoch in Fällen, die sie für geeignet erachten, auf ein derartiges zusätzliches Verfahrensangebot aufmerksam machen und dafür werben. In § 278 Abb. 5 ZPO öffnet der Gesetzgeber ausdrücklich ein Fenster zur Mediation:

> „Das Gericht kann die Parteien für die Güteverhandlung vor einen beauftragten oder ersuchten Richter verweisen. In geeigneten Fällen kann das Gericht den Parteien eine außergerichtliche Streitschlichtung vorschlagen. Entscheiden sich die Parteien hierzu, gilt § 251 entsprechend."

Die Begründung zum Entwurf stellt klar, dass damit dem Gericht in geeigneten Fällen die Möglichkeit eröffnet sein soll, Mediation vorzuschlagen.[21] Das allerdings ist auch schon nach geltendem Recht möglich.[22] Familienrichter verweisen die Parteien mit ihrem Einverständnis schon seit längerem an Familien-

---

[21] Koalitionsentwurf v. 04. 07. 2000, BT-Drucks. 14/3750, S. 130.

[22] Vgl. *W. Gottwald*, Alternative Streitbehandlungsformen: Erprobungsspielräume für gerichtsverbundene Modellversuche, Anwaltsblatt 2000, S. 265, sowie die Stellungnahme dazu von *H. Prütting*, Richterliche Gestaltungsspielräume für alternative Streitbehandlung, a.a.O., S. 273. Vgl. Zur gerichtsnahen Mediation *Gottwald, W.*, Gerichtsnahe Mediation, in: *Haft, F./von Schlieffer, K.*, Handbuch der Mediation, 2002, S. 421.

mediatoren.[23] Auch Zivil- und Verwaltungsgerichte erproben Formen einer gerichtsnahen Mediation. So hat Anfang 2000 ein Modellversuch mit gerichtsnaher Mediation in Zivilsachen am Amtsgericht Stuttgart begonnen. Ähnliche Versuche gibt es in Verwaltungsstreitigkeiten. In Anlehnung an ein holländisches landesweites Projekt zur gerichtsnahen Mediation[24] führt ein Berliner Verwaltungsrichter Mediationen durch. Ihm werden die Fälle von seinen richterlichen Kollegen zur Mediation zugewiesen. Sofern der Mediationsversuch misslingt, muss der Richter, der den Fall zugewiesen hat, weiterverhandeln und entscheiden. Inzwischen plant auch das Verwaltungsgericht Freiburg diese Form der gerichtsnahen Mediation Am weitesten geht das Land Niedersachsen, das in einem Pilotprojekt ab Frühjahr 2002 gerichtsnahe Mediation an vier Zivilgerichten sowie einem Verwaltungs- und (voraussichtlich) Sozialgericht erproben will.

Es lässt sich nicht verkennen, dass ein Vorschlag des Richters, doch einmal Mediation oder – auch das wäre nach geltendem Recht möglich – das Schiedsverfahren auszuprobieren[25], großen Einfluss auf die Parteien und ihre Anwälte haben wird. Ob die Parteien davon Gebrauch machen, liegt jedoch ganz in ihrer Verfahrensautonomie. Mediation bzw. Schiedsverfahren sind damit ein zusätzlicher Service der Justiz, eine Erweiterung ihrer Produktpalette. Sofern die Parteien anwaltlich vertreten sind – und das ist bei höheren Streitwerten regelmäßig zu erwarten – lassen sich die von Galanter diagnostizierten Vorteile von Repeat-Playern gegenüber One-Shottern auch in der Mediation zwar nicht ausschließen, jedoch erheblich verringern. Das Problem der gerichtsnahen ADR liegt auf einer ganz anderen Ebene. Es geht darum, ob das ADR-Verfahren, das die Parteien und ihre Anwälte einverständlich gewählt haben, die Qualität bietet, die es verspricht. Das wiederum hängt davon ab, ob es den „Türweisern" zur ADR, also den Richtern ebenso wie den Anwälten der Parteien gelingt, das richtige Forum für den Fall zu finden. Sie müssen deshalb z.B. eine gute Kenntnis über das Leistungsvermögen von Mediation, aber auch über ihre Grenzen, haben und damit wissen, welche Indikatoren für eine Mediation und welche dagegen sprechen. Der Erfolg einer gerichtsnahen ADR hängt ferner von der Qualifikation der neutralen Dritten ab, ein besonderes Problem in Deutschland, da es hier anders als etwa in Holland mit dem Nederlands Mediation Instituut noch keine landesweit anerkannte Ausbildungs- und Akkreditierungseinrichtung gibt.

---

[23] Vgl. *P. Eschweiler*, Mediation aus richterlicher Sicht, Familie, Partnerschaft, Recht 1996, S. 28.

[24] *M. Pel*, Mediation naast rechtspraak: Uitvoering landelijk project Mediation Rechterlijke Macht, in: Justitiele verkenningen Nr. 9 „Mediation", 2000, S. 25, herausg. vom Ministerie van Justitie, Wetenschappelijk Onderzoek- en Documentatiecentrum.

[25] Vgl. dazu *Gottwald* und *Prütting* wie Anm. 22.

Zuweilen wird die Verweisung zur gerichtsnahen ADR allerdings von mehr oder weniger offenem Zwang begleitet, und diese Idee könnte sich auch in Deutschland ausbreiten. Beispiel dafür sind die neuen Civil Procedure Rules in England und Wales, gültig seit April 1999. Sie verlangen vom Richter ein aktives Fallmanagement. Dazu gehört der Einsatz von ADR. Nicht nur die Parteien können eine Aussetzung des laufenden Verfahrens für den Versuch beantragen, den Fall durch ein alternatives Konfliktbehandlungsforum beizulegen, sondern auch das Gericht kann in geeigneten Fällen eine Aussetzung zu diesem Zweck vorschlagen, ja sogar gegen den Willen der Parteien beschließen und die Parteien an einen Mediator verweisen.[26] Um die Bereitschaft der Parteien zu stärken, ADR zu versuchen, hat das Gericht ein Ermessen bei der Verteilung der Kosten. Der Richter kann also berücksichtigen, inwieweit es die eine oder andere Partei ohne vernünftigen Grund versäumt hat, auf seine Anregung hin Mediation ernsthaft zu versuchen.[27] Derartige Kostenanreize, vom Gesetzgeber geschaffen, um eine ausreichende Inanspruchnahme von ADR und damit eine Entlastung der Justiz zu erreichen, werfen ähnliche Probleme für One-Shotter auf wie die obligatorische Vorschaltung.

IV. Von Alternative Dispute Resolution zurück zu Access to Justice

Es ist schon eine erstaunliche Entwicklung, dass in unmittelbarem Gefolge der Diskussion über Access to Justice und damit einen verbesserten Zugang zum Gericht die ADR-Bewegung einsetzt, die eine Meidung gerichtlicher Verfahren und vor allem der richterlichen Entscheidung propagiert. Bemerkenswert ist auch der Eigenwert, der in ADR konsensuellen Regelungen gegenüber der streitigen Gerichtsentscheidung beigemessen wird und die Frage heraufbeschwört, was denn nun so gut an Vergleichen und so schlecht an gerichtlichen Entscheidungen ist. Auch wenn vieles dafür spricht, dass ADR und hier besonders Mediation einen „wärmeren Weg der Streitbehandlung" als Gerichtsverfahren bieten kann, so doch nur dann, wenn sich Fall und Forum finden. Das hängt unter anderem davon ab, wer sich in ADR gegenübersteht. ADR muss sich deshalb auf die zentrale Fragestellung der Access-to-Justice-Bewegung zurückbesinnen, welche Auswirkungen es hat, wenn sich Repeat-Player und One-Shotter gegenüberstehen.

Der Beitrag vermag hierüber mangels empirischen Materials nur zu spekulieren. Für Verfahrensangebote der freiwilligen gerichtsnahen ADR lassen sich die Risiken minimieren. Die obligatorische Vorschaltung von ADR in § 15 a EGZPO unabhängig von ihrer Eignung ebenso wie Vertragsklauseln, die ADR

[26] Civil Procedure Rule 26.4.

[27] Civil Procedure Rule 44.5 (3)(a)(ii).

als vertragliche Verpflichtung ohne Ausstiegsmöglichkeiten und fundamentale Verfahrensstandards vorschreiben, bergen dagegen Gefahren für die One-Shotter. Hier ist ADR möglicherweise nicht der wärmere Weg der Streitbehandlung, sondern kann sich als als der sprichwörtliche Wolf im Schafspelz entpuppen.

Mediation im öffentlichen Bereich

Möglichkeiten und Grenzen alternativer Konfliktregelung bei Planungs- und Genehmigungsverfahren

Wolfgang Perschel

I. Interessen – Konflikte – Lösungsformen

Schon früh hat Ekkehart Stein im Rahmen seiner grundrechtstheoretischen Arbeiten ein „Recht aller auf den Schutz ihrer Interessen" erwogen[1]. Er geht dabei von der Grundtatsache aus, daß die Einzelinteressen nur selten gleichläufig sind, daß also in der Regel kein Interesse voll befriedigt werden kann, ohne daß nicht andere empfindlich beeinträchtigt würden. Daher gehe es meist um vermittelnde Lösungen, die zwar niemanden voll befriedigen, aber auch niemanden unzumutbar belasten. Eine in diesem Sinne gute Entscheidung setze die Kenntnis so vieler Tatsachen voraus, daß ein einzelner Mensch sie schwerlich alle beherrschen könne[2]. Für das britische Verfassungssystem leitet Ekkehart Stein daraus die Legitimation der politischen Parteien, die Verfassungsfunktion der Verbände, der „standing committees" und anderer interessenvermittelnder Institutionen ab: *„Ihrer aller Aufgabe ist das Bemühen um einen Ausgleich, der wirklich für alle Beteiligten annehmbar ist, um die einander widersprechenden Tendenzen behutsam einzubauen in die große Friedensordnung des Rechts. Das ist der Inhalt des Rechts aller auf Interessenschutz. Es ist ein Recht, das nicht vor den staatlichen Gerichten eingeklagt werden kann. Aber es beherrscht die Wirklichkeit stärker als manches einklagbare Recht. Sein Schutz obliegt den Staatsbürgern selbst* ...[3]

Hier wird ein Grundgedanke partizipativer Demokratie und einer aufgeklärten Bürgergesellschaft ausgesprochen. Dieser Grundgedanke gilt weit über den politisch-parlamentarischen Raum; sein Ansatz gilt nicht nur in entwickelten politischen Systemen, sondern weist zugleich auf die Ursprünge jeglicher gesellschaftlicher Verhältnisse und ihrer rechtlichen Ordnung und kann deshalb als ein allgemeines Prinzip menschlicher Vergesellschaftung betrachtet werden: Recht steht als eine Elementarfunktion der Gesellschaft in der Verantwortung aller Gesellschaftsmitglieder.

---

[1] Ekkehart Stein, Der Mensch in der pluralistischen Demokratie – Die Freiheitsrechte in Großbritannien. Frankfurt a.M. 1964, S. 111ff.

[2] aaO S. 111

[3] aaO S. 118f.

Im deutschen politischen System (und in vergleichbaren Systemen) gilt dieses Prinzip insbesondere auch für die Vorbereitung von Verwaltungsentscheidungen im planerischen Bereich und bei Genehmigungsverfahren in verschiedenen Rechtsgebieten. Denn auch hier zeigt sich das Grundmuster der Politik:
- Unterschiedliche *Interessen* stoßen aufeinander;
- die *Handlungsalternativen sind knapp* und können nicht alle gleichzeitig verwirklicht werden, häufig schließen sie sich gegenseitig aus;
- daraus entstehen *Konflikte* um die Durchsetzung der einen oder der anderen Alternative;
- schließlich bedarf es einer *Entscheidung.*

Für die Art der Entscheidung gibt es verschiedene Grundmodelle:
1. Überwältigung einer Konfliktpartei durch die andere: unmittelbar durch Gewalt, mittelbar durch Macht. Dieses Gewalt-/Macht-Modell kennzeichnet keineswegs nur primitive Gesellschaftssysteme, sondern kann auch in entwikkelten Gesellschaften noch virulent sein (innenpolitisch z.B. als Wirtschaftsmacht bei ungleichgewichtigen Partnern, im Arbeitskampf und in vielen anderen Formen) – allerdings wird es bei kritischer Analyse eher als Regressionsform wahrgenommen und häufig moralisch mißbilligt. Es ist noch immer die Grundkonstellation der internationalen Politik, mühsam gezähmt durch das klassische Völkerrecht, nach dem zweiten Weltkrieg in Richtung einer internationalen Rechtsordnung modifiziert durch das UN-System mit seinem Gewaltverbot und durch die neuesten Ansätze einer internationalen Strafgerichtsbarkeit;
2. Streitentscheidung durch eine übergeordnete Institution – im bürokratischen Herrschaftssystem des neuzeitlichen Staates in der Regel durch Behörden oder Gerichte auf der Basis des staatlich gesetzten Rechts und des staatlichen Gewaltmonopols, wobei Selbsthilfe im Regelfall ausgeschlossen und nur in bestimmten Notsituationen erlaubt ist; dies ist das klassische innenpolitische Entscheidungsmuster in neuzeitlichen Staaten;
3. freiwillige Übertragung der Streitentscheidung auf Dritte (Schiedsverfahren mit bindender Wirkung, englisch „arbitration“);
4. Verhandlungen zwischen den Konfliktparteien mit dem Ziel einer einvernehmlichen Lösung (Konsens durch „Palaver“, englisch „negotiaton“), evtl. unter Hinzuziehung eines neutralen Dritten, der die Verhandlungen formal leitet (Moderation, englisch „facilitation“) oder inhaltliche Entscheidungsvorschläge macht (Schlichtung ohne bindende Wirkung).

Inzwischen zeigt sich auf vielen Teilgebieten der Politik und des Rechts, daß die klassischen hierarchischen Entscheidungsformen des neuzeitlichen Staates unter dem Gesichtspunkt einer dauerhaft akzeptierten „Befriedung“ häufig überfordert sind. Konsensuale Formen der Konfliktregelung treten zunehmend an ihre Stelle oder werden im Vorfeld zur Erleichterung hoheitlicher Streitentscheidungen eingesetzt.

Eines dieser konsensualen Verfahren ist die Mediation. Sie hat sich bei Zwei-Parteien-Konflikten bereits vielfältig bewährt, insbesondere in der sog. Familienmediation zur Vorbereitung eines Scheidungsverfahrens, aber auch bei der Wirtschaftsmediation zur Beilegung von Streitigkeiten in oder zwischen Unternehmen, in der Schulmediation (Heranbildung und Betätigung von „Konfliktlotsen" mit dem Doppelziel sozialer Erziehung und gleichzeitiger Lösung konkreter innerschulischer Konflikte) sowie in der internationalen Politik (z.B. Camp-David-Abkommen von 1978).

Auch im öffentlichen Bereich gibt es inzwischen eine Reihe von teils gut, teils auch weniger gut gelungenen Mediationsverfahren. Ihr Hauptanwendungsfeld sind Planungsverfahren. Diese sind durch Konstellationen charakterisiert, in denen sich nicht nur zwei, sondern mehrere oder sogar ausgesprochen viele Konfliktpartner mit unterschiedlichen Positionen und mit unterschiedlicher Macht gegenüberstehen. Dies hat Einfluß auf die Größe der beteiligten Gremien, auf die Dauer der Verfahren, auf die Lösungsmöglichkeiten und auf die Kosten der Verfahren. Insofern ist es geboten, die Mediation im öffentlichen Bereich gesondert zu betrachten: in welchem Verhältnis steht sie zu herkömmlichen Verwaltungsverfahren, welche besonderen Probleme werden durch sie aufgeworfen?

II. Öffentlichkeitsbeteiligung im Verwaltungsverfahren nach geltendem Recht

Nach deutschem Verwaltungsrecht können Großvorhaben erst nach Durchführung eines *Planfeststellungsverfahrens* genehmigt werden[4]. Dazu kommen spezielle Vorschriften für eine Beteiligung der Öffentlichkeit bei der *Umweltverträglichkeitsprüfung* von Anlagen[5] und dem Immissionsschutz[6], bei der *Bauleitplanung*[7] zur Ausweisung von Baugebieten, und beim Scoping-Verfahren zur *Beseitigung von Altlasten* beim Bodenschutz[8].

---

4 Verwaltungsverfahrensgesetz (VwVfG) vom 25.05. 1976 idF vom 21.09. 1998 (BGBl. I S. 3050): § 73 Planfeststellungsverfahren.

5 Gesetz über die Umweltverträglichkeitsprüfung (UVPG) vom 12. Februar 1990 (BGBl. I S. 205) idF vom 18. August 1997 (BGBl.I, S. 2081), zuletzt geändert 27.07. 2001 (BGBl. I S. 1950): §§ 5 und 9.

6 Bundes-Immissionsschutzgesetz (BImschG) vom 15.03. 1974 (BGBl. I S. 721) idF vom 14.05. 1998 (BGBl. I S. 880), zuletzt geändert 13.07. 2001 (BGBl. I S. 1550): § 10 Genehmigungsverfahren. Hierzu ausführlich: Trieb 1997.

7 Baugesetzbuch idF vom 27.08. 1997 (BGBl. I S. 2141), zuletzt geändert 27.07. 2001 (BGBl. I S. 1950): § 3 Bauleitplanung.

8 Bundes-Bodenschutzgesetz vom 17.03. 1998 (BGBl. I S. 502): §§ 9 und 12.

Viele Großvorhaben (z.B. Abfallentsorgungsanlagen, Industriegebiete, Umgehungsstraßen, Bau oder Erweiterung von See- und Flughäfen, Kanalbau, neue Eisenbahntrassen etc.) werden durch informelle Vorverhandlungen zwischen dem Vorhabenträger und der Genehmigungsbehörde eingeleitet. Sie dienen der Abklärung, welche politischen und rechtlichen Rahmenbedingungen für ein Vorhaben bestehen und ob das Vorhaben überhaupt wirtschaftlich durchgeführt werden kann.

Solche Vorverhandlungen sind gesetzlich nicht ausdrücklich vorgesehen. Sie sind aber in der Praxis durchaus üblich und nach der Rechtsprechung zulässig, wenn folgende drei Bedingungen erfüllt sind:

1. Die Vorverhandlungen müssen sachlich gerechtfertigt sein.
2. Die Kompetenzordnung muß gewahrt sein.
3. Das Gebot einer gerechten Interessenwahrnehmung muß gewahrt sein.[9]

Die bei den Vorverhandlungen erzielten Resultate sind grundsätzlich rechtlich nicht bindend, weder für die Behörden noch für den Träger des Vorhabens. In der Praxis und nach dem Sinn solcher manchmal jahrelangen Vorverhandlungen ergibt sich allerdings in vielen Fällen eine faktische Bindung an die erzielten Ergebnisse.

Das durch den Antrag des Vorhabenträgers initiierte förmliche Verwaltungsverfahren ist dadurch charakterisiert, daß in der Regel neben den *kommunalen Körperschaften* verschiedene *staatliche Behörden* (Regierungspräsident bzw. Bezirksregierung als Behörde der allgemeinen inneren Verwaltung, einzelne besondere Fachbehörden) beteiligt sind. Im Rahmen der kommunalen Selbstverwaltung haben die Gemeinden ein hohes Maß von Planungsautonomie und von Einwendungsrechten gegenüber Entscheidungen staatlicher Behörden.

Nach Einreichung des Antrages bei der Anhörungsbehörde und Einholung von Stellungnahmen anderer betroffener Behörden werden die Planungsunterlagen bei den betroffenen Gemeinden öffentlich ausgelegt (§73 Abs.3 VwVfG). Damit beginnt die förmliche Beteiligung der interessierten Öffentlichkeit. Die innerhalb einer bestimmten Frist eingegangenen Einwendungen betroffener Dritter werden in einem Erörterungstermin besprochen (§73 Abs.6 VwVfG).

In der Entscheidungsphase wird der Antrag von der Planfeststellungsbehörde abschließend geprüft und ein Beschluß über die Zulassung des Vorhabens getroffen. Dieser Beschluß wird den Betroffenen zugestellt und in den betroffenen Gemeinden öffentlich ausgelegt.

Nach Abschluß des Verwaltungsverfahrens schließt sich häufig eine Phase gerichtlicher Auseinandersetzungen an: Alle in ihren Rechten Betroffenen (Vorhabenträger, betroffene Einzelpersonen, Kommunen) können gegen den Zulassungsbeschluß Anfechtungsklage vor dem Verwaltungsgericht erheben. Dar-

---

[9] z.B. BVerwGE Bd.75 S.214 (231).

über hinaus kann evtl. noch das Bundesverfassungsgericht angerufen werden (Voraussetzung: Betroffene sind in ihren verfassungsmäßigen Grundrechten verletzt – z.B. in ihrem Recht auf körperliche Unversehrtheit bei Immissionen[10]).

III. Typische Mängel des verwaltungsrechtlichen Verfahrens de lege lata

Obwohl das oben skizzierte verwaltungsrechtliche Zulassungsverfahren von seiner rechtlichen Grundstruktur her Möglichkeiten zur Einbringung von Interessen Dritter gibt (Öffentlichkeitsbeteiligung insbesondere bei der Auslegung der Planungsunterlagen und bei dem anschließenden Erörterungstermin), weist es doch gerade im Hinblick auf die Beteiligung der Öffentlichkeit typische Mängel auf.

Sie zeigen sich schon bei den informellen Vorverhandlungen. Obwohl diese – wie dargestellt – unter bestimmten Voraussetzungen zulässig sind, und obwohl die erzielten Resultate grundsätzlich weder für die Behörden noch für den Träger des Vorhabens rechtlich bindend sind, ergibt sich doch eine starke faktische Bindung an die manchmal in jahrelangen Verhandlungen erzielten Ergebnisse. Daher ist dann auch eine wesentliche Veränderung des Vorhabens durch die Einbringung der Interessen betroffener Dritter im darauf folgenden förmlichen Verwaltungsverfahren kaum noch zu erwarten.

Im Ergebnis bedeutet dies, daß die gesetzlich vorgeschriebene Phase der Öffentlichkeitsbeteiligung im Anhörungsverfahren erst zu einer Zeit beginnt, in der sowohl für den Vorhabenträger als auch für die zuständige Behörde der Planungsprozeß faktisch abgeschlossen ist. Die Öffentlichkeitsbeteiligung stellt dann für Vorhabenträger und Behörde häufig nur noch eine lästige Pflichtübung dar, die möglichst schnell und ohne Komplikationen zu erledigen ist. Wenn Einwände gegen das Vorhaben erhoben werden, sind die Erfolgsaussichten relativ gering, da Vorhabenträger und Genehmigungsbehörde sich in der Regel bereits im Rahmen der informellen Vorverhandlungen über die Planung des Vorhabens verständigt und mögliche Einwendungsgründe bedacht haben. Häufig ergibt sich daraus bereits eine festgelegte Rechtfertigungsstrategie, mit der auf mögliche Einwendungen reagiert und die getroffene Entscheidung gerechtfertigt werden kann. Der betroffene Bürger nimmt dies als eine Koalition von Vorhabenträger und Genehmigungsbehörde wahr und hat ihr gegenüber ein Gefühl von Ohnmacht und Resignation.

Dieser Effekt wird in den Fällen, in denen auch der Träger des Vorhabens eine staatliche Behörde ist – so zum Beispiel im Bereich der Abfallentsorgung oder beim Straßenbau – zusätzlich verstärkt, da für den betroffenen Bürger nur

---

[10] BVerfGE 53, 30ff. [57ff.]

selten zu erkennen ist, wie das Verfahren zwischen den einzelnen Behörden (vorhabentragende Behörde, Genehmigungsbehörde, andere beteiligte Fachbehörden) abläuft, vielmehr erscheinen diese nach außen hin als ein geschlossenes und undurchsichtiges System von gebündelten Interessen und einheitlichem Behördenhandeln.

Dazu kommt die Überwältigung durch „Verwissenschaftlichung" des Verfahrens. Viele Planungsentscheidungen werden von der Verwaltung im Rahmen ihres Ermessensspielraums getroffen. Da die Verwaltungsbehörden wegen der Komplexität solcher Entscheidungen oft fachlich überfordert sind, müssen sie zur Vorbereitung einer sachgerechten Entscheidung auf die Hilfe externer technischer bzw. ingenieurwissenschaftlicher Sachverständiger zurückgreifen. Die Gutachten, die dabei Aussagen über die Auswirkungen und Risiken eines Vorhabens machen, berücksichtigen den jeweils angenommenen „Stand der Wissenschaft und Technik". Das ist im Grundsatz kaum anders möglich. Aber aus der Sicht der betroffenen Bürger sind diese Gutachten meist nicht verständlich, weil sie sich einer Fachterminologie bedienen (DIN-Normen, naturwissenschaftliche Formeln und Symbole, ingenieurwissenschaftliche Fachtermini und Zeichen). Nur selten enthalten sie gemeinverständliche Ausführungen zu Fragen der Sozialverträglichkeit bzw. der Technologiefolgenabschätzung, also gerade zu den Aspekten, von denen der Bürger in besonderer Weise berührt ist. Daher steht die Bevölkerung solchen Gutachten meist mißtrauisch gegenüber, zumal sie auch keinen Einfluß auf die Beauftragung der Gutachter und über die von den Sachverständigen zu beurteilenden Sachfragen haben. Daraus entsteht eine gewisse Distanz der Wahrnehmung von „Wirklichkeit" zwischen Bürger und Behörde.

Durch die geschilderte Konstellation von Vorfestlegungen verhärten sich die Standpunkte des Vorhabenträgers und der Zulassungsbehörde auf der einen Seite (Wahrnehmung des Bürgers als „Störenfried"), der betroffenen Bürger und der beteiligten Interessenverbände auf der anderen Seite (Mißtrauen gegen das vermutete „abgekartete Spiel"). Es werden Positionen aufgebaut, um die erbittert gekämpft wird. Dies geht zu Lasten des Hinhörens auf die Interessenlage der jeweils anderen Seite. Ein offener Dialog und eine gemeinsame ergebnisoffene Ideensuche sind dadurch kaum noch möglich.

Im Einwendungsverfahren rechnen sowohl der Antragsteller als auch die zuständige Behörde möglicherweise bereits mit gerichtlichen Klagen. Deshalb nehmen sie schon bei der Antragstellung und bei der Auslegung der entsprechenden Unterlagen dezidierte Positionen ein und verschweigen Schwachstellen des Projekts. Öffentlichkeitsarbeit wird nur soweit geleistet, wie die positiven Aspekte dabei herausgestellt werden können oder soweit dies gesetzlich vorgeschrieben ist. In der Folge wird Dritten die Informationsbeschaffung zur Stützung einer gegen das Projekt gerichteten Position erschwert.

Die Einbringung eigener Gegengutachten ist für Dritte oft sehr kostspielig und darüber hinaus auch in der Kürze des Einwendungsverfahrens (in der Regel ein Monat Auslegung der Unterlagen plus zwei Wochen Einwendungsfrist) kaum zu realisieren. Zwar haben Dritte, die von einem Vorhaben betroffen sind, grundsätzlich die Möglichkeit, gemäß § 29 VwVfG Akteneinsicht zu erhalten; allerdings kann diese gemäß § 30 VwVfG mit dem Hinweis auf die Einhaltung von Betriebs- und Geschäftsgeheimnissen verwehrt werden. Darüber hinaus werden Informationen gelegentlich sehr zögerlich – möglicherweise im Hinblick auf das Einwendungsverfahren zu spät – erteilt, da jeder interessierte Bürger als potentieller Gegner eines Vorhabens angesehen wird. Dies führt schließlich dazu, daß das Einwendungsverfahren, welches grundsätzlich zur konstruktiven Beteiligung aller Betroffenen zum Zwecke eines Interessenausgleichs dienen soll, diese Funktion häufig nicht erfüllen kann. Im Gegenteil: es fördert geradezu die Einnahme gegensätzlicher Positionen.

Vor diesem Hintergrund wird dann auch der Erörterungstermin als Kernstück der Öffentlichkeitsbeteiligung im verwaltungsrechtlichen Genehmigungsverfahren von den betroffenen Bürgern oft als Farce empfunden, da dieser nicht seiner eigentlichen Aufgabe des Interessenausgleichs gerecht werden kann. Gerade bei der Planung umweltrelevanter Großprojekte hat sich gezeigt, daß im Laufe des Zulassungsverfahrens die dann auch in den Medien offen ausgetragenen Gegensätze zwischen den verschiedenen Beteiligten sehr groß und praktisch unüberwindbar werden. Eine sachliche Diskussion und ein Ausgleich der Interessen im Rahmen des Erörterungstermins wird dann von keiner Seite mehr ernsthaft in Betracht gezogen.

Auch der formale Ablauf eines Erörterungstermins ist manchmal wenig dazu geeignet, ein konstruktives Klima zu schaffen, in welchem die Interessen aller Beteiligten sachlich erörtert werden könnten. Die Einwender werden häufig wie Zeugen gehört – unter Beschränkung auf die Themenkomplexe, zu denen sie sich bereits im Einwendungsverfahren geäußert haben. Auf diese Weise kommt keine „Erörterung", nämlich eine Diskussion über wesentliche Aspekte des Vorhabens zustande, sondern es findet nur eine „Anhörung" der Betroffenen statt, ohne daß die von ihnen vorgebrachten Argumente inhaltlich erörtert oder bei der Entscheidung berücksichtigt würden. Eine solche Vorgehensweise wird von den betroffenen Personen und Interessengruppen als unbefriedigend empfunden. Der unscharfe Wortlaut des Verwaltungsverfahrensgesetzes trägt allerdings durchaus dazu bei, indem § 73 Abs. 6 VwVfG die *„Erörterung"* einer *„Anhörungsbehörde"* zuweist.

So ergibt sich häufig eine typische Konfrontationssituation:

Der Träger des Vorhabens stellt sein Konzept vor, das im Hinblick auf seine Wünsche und Vorstellungen optimal ausgearbeitet worden ist und aus seiner Sicht keiner Änderung mehr bedarf. In dieser Position wird er zumeist von der Genehmigungsbehörde unterstützt, die durch die intensiven informellen Vorverhandlungen ihren Teil zur Entstehung des Konzepts beigetragen hat. Dabei werden die Positionen von Vorhabenträger und Genehmigungsbehörde oft durch Sachverständige gestützt, deren Gutachten und Stellungnahmen die Funktion haben, mögliche technische, rechtliche und umweltpolitische Bedenken der Einwender zu zerstreuen bzw. zumindest scheinbar zu entkräften.

Auf der anderen Seite sehen die Einwender, die zu dem Erörterungstermin geladen werden, von vornherein keine Möglichkeit, noch auf die Gestaltung des geplanten Vorhabens einzuwirken. Sie schätzen ihre Chance, beim Träger eines Vorhabens und den zuständigen Behörden mit ihrem Anliegen Gehör zu finden, von vornherein als gering ein und achten deshalb mehr darauf, ihre Kritik medien- und damit öffentlichkeitswirksam anzubringen. Dies führt schließlich dazu, daß die Betroffenen das Vorhaben von vornherein kategorisch ablehnen und sich gedanklich eher mit einem möglichen folgenden Gerichtsverfahren als mit Kompromißmöglichkeiten befassen.

Schließlich führen all die beschriebenen Mißstände in ein komplexes Konfliktfeld, in dem sich mehrere Parteien mit unterschiedlichen Positionen gegenüberstehen:

- Der Träger eines Vorhabens hält seine Planung für gut durchdacht;
- die Medien und eine sensible Öffentlichkeit argwöhnen Umweltverschmutzung, Lärm oder andere Beeinträchtigungen;
- die von einem Vorhaben betroffenen Dritten sehen sich meist als Opfer, die nur wenige Möglichkeiten haben, sich zur Wehr zu setzen;
- die Verwaltungsbehörden stehen häufig dazwischen: von seiten der Bürger wird ihnen eine Begünstigung des Vorhabenträgers vorgeworfen, dieser wiederum ist unzufrieden mit den Auflagen, die seinem Vorhaben von der Genehmigungsbehörde auferlegt werden.

Daher sind die Beziehungen untereinander oft von gegenseitigem Mißtrauen aller Beteiligten geprägt, das eine sachliche Lösung des Konflikts behindert. Die Positionen verhärten sich, der Konflikt eskaliert. Die Fähigkeit zur Kommunikation und damit die Chance zu einem wirklichen Ausgleich der Interessen innerhalb des gesetzlichen Verfahrens geht verloren, so daß die gesetzlichen Verfahren ihrer politischen Funktion des Interessenausgleichs in den meisten Fällen nicht mehr gerecht werden.

IV. Mediation als alternative Konfliktlösung

1. Ursprünge und Ansätze alternativer Konfliktlösung

In den letzten Jahrzehnten haben sich in vielen Staaten die Grenzen herkömmlicher hierarchischer und autoritativer Entscheidungsstrukturen gezeigt. Diese werden deshalb zunehmend durch alternative Konfliktlösungen ergänzt (in den USA: Alternative Dispute Resolution, ADR). Neben unbegleiteten Verhandlungen im engen Kreis der direkt Beteiligten (Modell: „Palaver"; engl. „unassisted negotiations") haben sich verschiedene Formen der Einbeziehung Dritter herausgebildet; sie reichen von der *Moderation* (formale Verhandlungsleitung durch einen neutralen Dritten ohne inhaltliche Einflußnahme, engl. „facilitation") über die *Schlichtung* (unverbindlicher Kompromißvorschlag des neutralen Dritten, engl. „non-binding arbitration") bis zum bindenden *Schiedsspruch* in einer Schiedsgerichtsbarkeit, engl. „binding arbitration"). Eine der interessantesten Zwischenformen ist die *Mediation.*

Der fundamentale Ansatz der Mediation besteht darin, daß die Parteien die Lösung ihres Konflikts selbst finden, dabei aber von einem Dritten – dem Mediator – als Entscheidungshelfer unterstützt werden. Die Parteien werden als Experten ihres eigenen Konflikts aufgefaßt. Der Mediator entscheidet nicht direkt (wie eine übergeordnete Behörde oder ein Schiedsrichter), er beschränkt sich aber auch nicht auf eine nur formale Verhandlungsleitung im Sinne eines fairen Verfahrensablaufs (wie ein Moderator), sondern er hilft den Parteien, durch Reflexion ihrer Interessenlage miteinander selbst eine sachgerechte Lösung zu finden. Seine Tätigkeit erfordert eine ausgewogene Mischung von inhaltlichem Engagement zugunsten jeder einzelnen der kontroversen Positionen (nicht eigentlich „unparteilich" im klassischen Sinne, sondern eher „allparteilich") und inhaltlicher Zurückhaltung. Wie bei der sokratischen Methode des Philosophierens, der *Mäeutik*, (μαιευτική τέχνη = Hebammenkunst) bringt der Mediator durch geschicktes Fragen die Beteiligten dazu, ihre anfänglichen kontroversen *Positionen* auf die dahinter verborgenen *Interessenlagen* zurückzuführen. Er verhilft den Beteiligten zur Erkenntnis ihrer zunächst unbewußten Interessen, die dann mit den Interessen der anderen Beteiligten verglichen werden. Häufig ergeben sich dabei überraschende neue Lösungsansätze, die keiner der Beteiligten im Positionenkampf gesehen hatte.

Das Verfahren der Mediation ist an sich sehr alt und gehört insbesondere in der Internationalen Politik seit jeher zum Instrumentarium der Diplomatie und des klassischen europäischen Völkerrechts. *„Gute Dienste"* (engl. „good offices", frz. „bons offices") zielen zunächst nur darauf, daß verfeindete Staaten im Konfliktfall überhaupt direkte Verhandlungen aufnehmen (schon dies ein für den vermittelnden Drittstaat delikater Akt, der völkerrechtlich dadurch abgesichert ist, daß das Anerbieten von „guten Diensten" nicht als Intervention oder als unfreundlicher Akt gewertet werden darf)[11]. Bei der eigentlichen völkerrechtlichen *„Mediation"* werden den Streitparteien zugleich konkrete Vorschläge für die Lösung des Konflikts gemacht. Die Völkerrechtsgeschichte kennt hierfür zahlreiche Beispiele[12]. Aus jüngerer Zeit sind die Camp-David-Ver-

---

[11] Haager Abkommen zur friedlichen Erledigung internationaler Streitfälle vom 18.10. 1907, RGBl. 1910 S. 5ff.; ähnlich auch Art. 33 i.V.m. Art 2 Abs. 3 der UN-Charta.

[12] Einige Beispiele bei Hehn 1996, S. 7.

handlungen 1978 zwischen Israel und den Vertretern der palästinensischen Seite zu nennen, bei denen das für die neuere Mediationstheorie bedeutsame sog. Harvard-Konzept zugrundegelegt wurde (vgl. sogleich unten IV.2.). Aber schon 1648 in den Verhandlungen zur Beendigung des 30jährigen Krieges in Deutschland wurde der venezianische Gesandte und spätere Doge Alvise (Ludovico) *Contarini* (1601–1684) als „Mediator" bezeichnet[13]. In den Instrumenta Pacis Westphalicae werden seine schließlich erfolgreichen fünfjährigen Bemühungen ausdrücklich gewürdigt. Zeitgenossen heben sein auf höchstmögliche Unabhängigkeit bedachtes Wirken in einer sehr schwierigen Situation anschaulich hervor (Venedig stand in religiöser Hinsicht auf katholischer Seite und war dem Vatikan verpflichtet, war aber im Hinblick auf seine vom osmanischen Reich bedrohten Interessen im östlichen Mittelmeer und auf Kreta machtpolitisch dringend an einem einvernehmlich handelnden Europa interessiert)[14]. Contarinis Friedensvermittlung läßt sich ihrerseits auf ältere Traditionen des Mittelalters zurückführen. In den vorstaatlichen Strukturen des Mittelalters hatten Vermittler und Friedensstifter eine herausragende Rolle bei der friedlichen Lösung von Konflikten.[15]

Gelegentlich wird schon *Solon* als erster „Mediator" bezeichnet[16]. Dabei wird Mediation in einem sehr weiten Sinne als Friedensstiftung durch Vermittlung und Ausgleich verstanden. Für das Amtsjahr 594/593 v.Chr. zum *Archon* (ἄρχων = Befehlshaber, Archont) und *Diallaktés* (διαλλακτής = Friedensstifter) gewählt, sah Solon seine Aufgabe darin, den drohenden Bürgerkrieg und die *Dysnomía* (δυσνομία = gestörte Ordnung) durch eine zwischen Reichen und Armen ausgleichende Gesetzgebung mit der Trias *Isonomía – Eunomía – Dike* (ἰσονομία = Gleichheit, εὐνομία = gute Ordnung, δίκη = Gerechtigkeit) zu verhindern, insbesondere durch eine Landreform. In seinem Rechenschaftsgedicht[17] rühmt er sich, Gesetze für die Niederen wie für die Hohen gleichermaßen gemacht zu haben. Der entscheidende Unterschied zu einer Mediation im heutigen fachsprachlichen Sinne liegt aber darin, daß er seine Gerechtigkeitsvorstellungen nicht auf der Basis der Freiwilligkeit und der Eigenverantwortlichkeit der verfeindeten Schichten Athens verwirklicht hat, d.h. konsensual, sondern auf Grund seiner Autorität als Gesetzgeber. Er handelte zwar friedensstiftend (διαλλάσσων), aber eben nicht als *Mesítes* (μεσίτης =

[13] So ausdrücklich auf einem zeitgenössischen Stich, auf denen Contarini abgebildet und in der Umschrift mit seinem latinisierten Namen Aloysius Contareno als „Mediator" bezeichnet wird; Abbildung bei Förderverein Umweltmediation, Studienbrief S. 20. Ebenso auf einem Gemälde im Friedenssaal des Rathauses in Münster.

[14] Hierzu: Dickmann 1992; Repgen 1998, S. 695 – 719; Duss-von Werdt 1998, S. 1f.; Duss-von Werdt 2000, S. 124.

[15] Kamp 2001.

[16] So Duss-von Werdt 2000, S. 119.

[17] Brandt 1999, S. 87.

Vermittler), sondern als *Archon* (ἄρχων = Herrscher). Insofern kann er – anders als Contarini – nicht als früher „Mediator im öffentlichen Bereich" gelten.

Aus Japan und von afrikanischen Völkern sind verschiedene traditionelle Konfliktvermittlungstechniken bekannt, wobei besonders das bei den westafrikanischen Malinke praktizierte, oft tagelange „Palaver" deutliche Bezüge zur Mediation aufweist[18].

Das in Deutschland zwar nie ganz ausgestorbene, aber doch zeitweise weniger gebräuchliche Wort „Mediation" ist im Englischen und in den romanischen Sprachen sehr geläufig und wird alltagssprachlich als „Vermittlung" in einem unspezifischen Sinne verstanden. In neuerer Zeit ist es mit einer fachsprachlichen Verengung aus den USA reimportiert worden. „Mediation" und ihre Grundlagen „Negotiation", „Non-binding Arbitration" und „Facilitation" gehören dort in den größeren Zusammenhang von *„Alternative Dispute Resolution" (ADR)*[19]. Hierher gehören auch Mediationsverfahren, die unter anderem in umweltrelevanten Planungsverfahren eingesetzt werden.

Ausgehend von außergerichtlichen Streitbeilegungsverfahren auf verschiedenen zivilrechtlichen Rechtsgebieten sind solche Verfahren in den USA bereits seit den 70er Jahren im Umweltbereich angewandt worden und seit 1990 durch den „Administrative Dispute Resolution Act" auf Bundesebene gesetzlich geregelt und als Regelfall vorgesehen[20]. Ein „Office of Environmental Mediation" stellt Kriterien für die erfolgreiche Anwendung des Verfahrens auf und überwacht diese[21]. Daneben sehen auch zahlreiche Einzelstaaten entsprechende Verfahren vor bzw. haben spezielle Regelungen dazu erlassen. Ausgehandelte Normsetzung (Negotiated Rulemaking) gehört seit den 80er Jahren zum Instrumentarium US-amerikanischer Rechtspolitik.

2. *Lösungsorientierter Ansatz*

Das von Roger Fisher und William Ury begründete „Harvard Negotiation Project" wurde mit seinem ausgefeilten methodischen Instrumentarium zur Grundlage zahlreicher konsensualer Streitbeilegungsverfahren – von der Familienmediation über die Planungs- und Umweltmediation bis zur internationalen Politik (Camp-David-Abkommen 1978. Im Rahmen des Harvard Negotiation Project wurde das *Harvard-Konzept des sachgerechten Verhandelns* als grundlegende Strategie der Mediation entwickelt[22].

---

[18] Einzelnachweise und weiterführende Literatur bei Hehn 1996, S. 6.

[19] Zu den verschiedenen Formen von „Alternative Dispute Resolution" vgl. Goldberg / Sander / Rogers 1992.

[20] Runkel aaO S. 165

[21] Runkel aaO S. 57 und 69

[22] Hierzu: Fisher / Ury 1981 und 1987; Amy 1987; Bacow / Wheeler 1984; Bingham 1986; Goldberg / Sander / Rogers 1992.

Im Mittelpunkt dieser Verhandlungsstrategie stehen die guten Beziehungen zwischen den Verhandelnden sowie der Wille der Beteiligten, in fairen Verhandlungen einen sachlichen, für alle Parteien möglichst vorteilhaften Konsens zu erzielen. Ziel dieses Konzepts ist es, Konflikte in Verhandlungsprozessen so zu lösen, daß ein Ergebnis nicht auf Kosten einer oder gar mehrerer beteiligter Parteien erzielt wird. Vielmehr steht die inhaltliche Lösung des Problems und der gleichzeitige Nutzen aller Beteiligten im Vordergrund dieser Strategie des sachgerechten Verhandelns.

Die Strategie stützt sich auf vier Grundprinzipien:

a) Trennung von Personen und Problemen

Man versucht, dem Gegenüber grundsätzlich als gleichwertigen Menschen zu begegnen, unabhängig von seinen Ansichten, und sich nur mit diesen auseinanderzusetzen. Das ist deshalb zweckmäßig, weil Verhandlungsprozesse nur allzu oft von Mißverständnissen, Sympathien, Abneigungen, Vorurteilen oder Profilierungssucht der Konfliktparteien gekennzeichnet sind, die eine sachliche Problemlösung behindern können. Die sachliche Seite eines Problems rückt so in den Vordergrund. Die Auseinandersetzung mit der Sache, nicht mit der Person des Gegenübers als Kontrahent ist gefordert.

b) Konzentration auf Interessen anstatt auf Positionen

Häufig überdecken die nach außen artikulierten Positionen die wahren Interessen einer Partei. Positionen sind Ausdruck dessen, *was* die Parteien wollen. Diese *Positionen* schließen sich häufig gegenseitig aus (Ja oder Nein zu einer Alternative, z.B. zum Bau einer Umgehungsstraße). Der Mediator hilft den Parteien, ihre Positionen daraufhin zu prüfen, *warum* sie gerade dieses und nicht etwas anderes wollen. Dies sind ihre hinter den Positionen stehenden *Interessen*. Die unterschiedlichen Interessen verschiedener Parteien schließen sich nicht notwendig aus, lassen sich vielmehr häufig miteinander vereinbaren (beim Straßenbau z.B. saubere Luft / wenig Lärm / Verkehrssicherheit / schnelle oder komfortable Reisebedingungen). Oft zeigt sich dann überraschend eine Lösungsmöglichkeit, die allen Beteiligten genügt. Denn wenn sie sich selbst über die Motive klar werden, die sie im Verhandlungsprozeß dazu bewegen, eine bestimmte Position zu vertreten, spielen ihre vorher eingenommenen Positionen häufig nur noch eine untergeordnete Rolle.

Beispiel: Wenn Anwohner einer viel befahrenen Straße als Position etwa den Bau einer Umgehungsstraße fordern, kann unter Umständen eine Einigung erreicht werden, wenn man sich in der Verhandlung bewußt macht, daß dahinter in erster Linie zum Beispiel das Interesse an Ruhe und guter Luft steht. Dieses Interesse läßt sich nämlich eventuell auch dadurch befriedigen, daß eine attraktive und preisgünstige neue Buslinie angeboten wird, die den Stoßverkehr entlastet.

c) Entwicklung möglichst vieler Lösungsmöglichkeiten

Nach der Herausarbeitung der wechselseitigen Interessen besteht der nächste Schritt bei der Suche nach einem möglichst optimalen und fairen Verhandlungsergebnis darin, viele verschiedene denkbare Lösungsmöglichkeiten für ein Problem zu entwickeln. Auf diese Weise werden häufig Aspekte aufgedeckt, die vorher von keinem Verhandlungspartner bedacht worden sind, aber womöglich zum allseitigen Vorteil gereichen. Der Prozeß der Lösungssuche wird von dem Prozeß der *Beurteilung von Lösungsvorschlägen* streng getrennt, da eine frühzeitige Entscheidung für oder gegen eine bestimmte Alternative die Kreativität der Verhandlungspartner zur Erarbeitung einer sachgerechten Lösung blockieren kann. Dafür eignet sich zunächst eine Phase des *brainstorming*, die vor dem eigentlichen Verhandlungsprozeß liegt. Sie zielt auf die Erarbeitung möglichst vieler Alternativen zur Lösung eines Problems, die zunächst unbewertet bleiben. Das fördert die Freiheit kreativen Denkens.

d) Entscheidung anhand objektiv nachprüfbarer Kriterien

Der Zweck einer jeden Verhandlung besteht letztlich darin, eine Entscheidung zu treffen, die das Problem löst, dessentwegen man verhandelt. Sachgerechtes Verhandeln wird deshalb durch eine Technik gefördert, bei der vor der konkreten Lösungssuche sachliche Kriterien festgelegt werden. Dadurch werden subjektiv-voluntaristische Kriterien, die aus Einzelinteressen abgeleitet sind und dadurch bei der späteren konkreten Lösungssuche wieder zur Konfliktverschärfung führen würden, zurückgedrängt.

Eine sachbezogene Lösung darf nicht auf der Willensstärke oder dem Eifer des Verhandlungspartners beruhen, der die größte Ausdauer hat, eine Position durchzusetzen. Vielmehr sollen von allen Parteien zu Beginn der Verhandlungen als objektiv anerkannte Kriterien garantieren, daß sich keine Partei benachteiligt fühlen muß. Solche Kriterien müssen deshalb zuerst vereinbart beziehungsweise ausgehandelt werden. Im Ergebnis wird damit jeder einzelnen Partei eine Entscheidung für oder gegen eine bestimmte Alternative erleichtert, weil die Entscheidung gerade wegen der gemeinsam zugrunde gelegten Bedingungen geboten und vernünftig erscheint.

Solche Kriterien sind etwa Marktwert, Gutachten, technische Regeln, Vergleichsfälle oder moralische Maßstäbe. Günstig ist es, wenn Kriterien bereits einen gesetzlichen Niederschlag gefunden haben und in der Praxis möglichst leicht, das heißt für jeden Beteiligten verständlich, anwendbar und nachvollziehbar sind. Ein Beharren auf den zu Beginn eines Verhandlungsprozesses vertretenen Positionen ist dann am Schluß nicht mehr nötig, weil aufgrund der vereinbarten Kriterien eine andere Lösung als sachlich richtig und allseits nutzbringend angesehen wird.

Am Ende eines Verhandlungsprozesses, der nach den eben dargestellten Kriterien geführt wurde, steht im Idealfall ein sachliches Ergebnis und ein ausgewogener Interessenausgleich zwischen den Beteiligten. Auch die wechselseitigen Beziehungen zwischen den Teilnehmern des Verhandlungsprozesses sind im Idealfall intakt. Kommunikation – auch im Hinblick auf Folgeprobleme – ist möglich.

Allerdings sind nicht immer Ergebnisse erzielbar, bei denen alle Beteiligten vollständig ihre Interessen verwirklichen können. Häufig werden aber „win-win"-Situationen[23] erreicht, in dem die Beteiligten nach dem Durchlaufen des Verhandlungsprozesses das Gefühl haben, ein großes Stück vom Kuchen abbekommen zu haben – auf jeden Fall größer als das Stück, das sie bei ungünstigem Verlauf des Verhandlungsprozesses hätten erhalten können.

3. *Transformationsansatz*

Ergänzt wird die Mediation nach diesem lösungsorientierten Ansatz durch den sog. Transformationsansatz. Dieser geht wesentlich weiter, indem er nicht die Suche nach einer konkreten Problemlösung in einem einzelnen Konfliktfall in den Mittelpunkt stellt, sondern die Beteiligten selbst generell in ihrem Konflikt- und Diskussionsverhalten ändern und Prozesse des sozialen Lernens initiieren will.

Während der lösungsorientierte Ansatz den Schwerpunkt auf ein sachorientiertes Verhandeln legt, geht der Transformationsansatz davon aus, daß Konflik-

[23] Dieser in der Mediationsliteratur häufig verwendete Begriff ist der Spieltheorie entnommen. Er geht davon aus, daß bei mediierbaren Konflikten häufig verdeckte „Positivsummenspiele" vorliegen, während die Beteiligten irrtümlich ein „Nullsummenspiel" annehmen. Bei einem Nullsummenspiel geht der Gewinn der einen Seite direkt auf Kosten der anderen Seite („win-lose": „One gets all"). Bei einem Positivsummenspiel gibt es hingegen eine zusätzliche Verteilungsmasse, die bei geschicktem Spiel als beiderseitiger Zugewinn verteilt werden kann („win-win"). Bei ungeschicktem Spiel (konflikttheoretisch: bei Konflikteskalation) kann diese zusätzliche Verteilungsmasse allerdings auch für eine oder sogar für beide Seiten verloren gehen. Aus der Ausgangssituation eines Positivsummen- oder eines Nullsummenspiele kann sich dann womöglich ein Negativsummenspiel ergeben („lose-lose"), bei dem beide Beteiligte etwas verlieren. Einführungen in die Spieltheorie bei: Dixit / Nalebuff 1995; Holler / Illing 1991.

Der spieltheoretische Ansatz ist in der Mediationstheorie nicht unumstritten: Zu Recht weist Renn 1996 (S. 161–197) darauf hin, daß „das, was viele Autoren als als win-win-situation bezeichnen oder interpretieren … sehr häufig eine Nachgeben der einen oder anderen Seite (ist)" (also eine win-lose-Situation).

Bei pragmatischer Betrachtung läuft aber auch gegenseitiges Nachgeben in Form von Verhandlungskompromissen auf eine De-Eskalation des Konflikts hinaus und kann insofern jedenfalls mittelbar als beiderseitiger Zugewinn auf der Beziehungs- und auf der Ergebnisebene bezeichnet werden.

Näher zu den spieltheoretischen und konflikttheoretischen Grundlagen der Mediation: Troja 2000, S. 159ff.

te nicht nur ein Produkt widerstreitender Interessen sind. Vielmehr werden Konflikte vor dem Hintergrund der Auseinandersetzung um gegenseitige Anerkennung, Identität und gesellschaftliche Stellung betrachtet.

Der Transformationsansatz berücksichtigt so in einer umfassenderen Weise die verschiedenen Zwänge, denen einzelne Gruppen und Organisationen unterliegen: Insbesondere die Verteilung von Macht zwischen und innerhalb der Parteien und die vielen persönlichen Faktoren wie Ängste, Sorgen, Neid, Prestige, Verärgerung und Einstellungen.

Transformation zielt zum einen auf die Entwicklung stabiler und dauerhafter Beziehungen zwischen den Konfliktbeteiligten, zum anderen auf bewußte Veränderungsprozesse. Dies ist nicht nur für interpersonale Beziehungen wichtig, sondern es ist auch eine wesentliche Bedingung für die Fortentwicklung dynamischer und komplexer Gesellschaften. Der Transformationsansatz geht also gewissermaßen indirekt vor: das primäre Ziel einer konkreten Konfliktregelung wird nicht im alsbaldigen Auffinden von Problemlösungen gesehen; vielmehr werden die beteiligten Personen selbst zunächst in den Mittelpunkt des Verfahrens gestellt; konkrete Problemlösungen werden dann als sekundäre Konsequenz erwartet.

Die Grundelemente des Transformationsansatzes sind daher

- die Befähigung, Konflikte selbst und eigenverantwortlich zu lösen (*Empowerment*),
- die gegenseitige Anerkennung der Konfliktpartner (*Recognition*)

Die Mediationsteilnehmer werden einerseits befähigt, ihre eigenen Konflikte selbstverantwortlich zu regeln, und gewinnen dadurch an Selbsterkenntnis und Selbstbewußtsein. Darüber hinaus lernen sie, sich gegenüber Andersdenkenden zu öffnen, deren Situation nachzuvollziehen und deren Einstellungen zu akzeptieren und zu respektieren, sie anzuerkennen. Das Interesse an den Sichtweisen der jeweils anderen Konfliktparteien eröffnet dabei neue Perspektiven sozialen Lernens und einer generellen Veränderung von Mensch und Gesellschaft.

4. *Verbindung beider Ansätze in der Praxis*

Die beiden theoretisch voneinander abgrenzbaren Ansätze gehen in der Praxis allerdings häufig fließend ineinander über. Auch ein pragmatisch-lösungsorientierter Ansatz wie das Harvard-Konzept beruht auf der Überlegung, daß die Verhandlungen ständig auf zwei Ebenen ablaufen: neben dem eigentlichen Verhandlungsgegenstand stehen ständig auch die „Spielregeln" des Miteinander-Umgehens zur Disposition der Teilnehmer[24]. Ein hartes „bargaining" ohne

---

[24] Hierzu Troja 2000 S. 169ff. mit weiteren Nachweisen

Kompromißbereitschaft würde nämlich in einer Sackgasse enden; vorzeitige Kompromißbereitschaft einer Seite könnte hingegen leicht als Eingeständnis der Schwäche verstanden werden („Bargaining-Falle"). Indem mit jedem Zug im Sachkonflikt gleichzeitig auch die Spielregeln neu zur Disposition gestellt werden (in der Regel nicht ausdrücklich, sondern implizit), wird im Laufe der Verhandlungen ein Ausweg aus der „Bargaining-Falle" und damit insgesamt ein sachorientiertes Verhandeln ermöglicht. Mit anderen Worten: auch ein lösungsorientierter Ansatz kommt nicht ohne die psychologischen Elemente der Wahrnehmens- und Verhaltensänderung aus, während umgekehrt ein transformativer Ansatz seinen letzten Sinn erst darin findet, daß er schließlich (wenn vielleicht auch auf Umwegen) in konkreten Lösungen Früchte trägt.

Die Unterscheidung hat aber in der Mediationspraxis insofern ihre Bedeutung, als „empowerment" und „recognition" eine sachliche Lösungssuche erleichtern können; die ohnehin meist auf eine vordergründige Lösungssuche fokussierte Aufmerksamkeit wird durch den erwünschten Nebenzweck des sozialen Lernens auf eine gleichzeitige Verbesserung der Beziehungen gelenkt, die dann ihrerseits der sachlichen Lösungssuche zugute kommt. Besonders bei der Mediation im öffentlichen Bereich spielen beide Aspekte eine große Rolle, da wegen der Komplexität der zugrundliegenden Konflikte nicht immer materielle „win-win"-Lösungen erzielbar sind. Was aber stets möglich und auch nach den bisherigen Erfahrungen nachvollziehbar ist, ist die Veränderung des Umgangs der Beteiligten eines Konflikts untereinander. Stehen sich am Anfang eines Mediationsverfahrens etwa bei umweltrelevanten Planungen häufig zerstrittene Verfechter der einen oder anderen Richtung gegenüber, so wird am Ende des Verfahrens ein gegenseitiges Verständnis für die anderen Konfliktbeteiligten vorherrschen. Dies schafft wiederum den Raum für zukünftige Verhandlungsprozesse.

5. Grundregeln des Mediationsverfahrens

Aus den Grundideen beider Mediationsansätze ergeben sich einige einfache Prinzipien für Ablauf und Ziel des Verfahrens:

Argumente einbringen statt Koalitionen schmieden: Mediationsverfahren dienen nicht dazu, Mehrheiten zu schaffen und Machtpositionen durchzusetzen. Das Verfahren zielt auf Einsicht und Konsens, es kommt auf die Güte der Argumente an, nicht auf Abstimmungsmehrheiten.

Zuhören und Verstehen lernen: Zuhören ist eine schwere Kunst. Sie setzt eine aktive Haltung voraus, nämlich Willen und Bereitschaft, das Gehörte so zu verstehen, wie der Sprecher es meint. Das ist schon im Alltag nicht leicht. Bei Konflikten im Bereich öffentlicher Planungen sind die Verfahrensbeteiligten in der Regel mit dem Problemfeld aus ihrer Sicht sehr vertraut, sie haben längst ihre eigene Sicht der Dinge entwickelt und daraus feste Überzeugungen gebildet. Sie müssen aber lernen, daß es andere Sichtweisen und abweichende Interessenlagen gibt, die auch sinnvoll und legitim sind.

Sich klar äußern: Dies ist das notwendige Gegenstück zum Zuhören- und-Verstehen-Lernen. „Clare et distincte" zu reden und zu schreiben ist schon seit Cicero und Quintilian eine bewährte Devise der Rhethorik, die allerdings häufig ihr Gegenstück in Talleyrands sarkastischem Satz findet, die Sprache sei dem Menschen gegeben, um seine Gedanken zu verhüllen. In einem der Aufklärung verpflichteten Verfahren wie der Mediation hat die ciceronische Devise ihren legitimen Platz. Nur wer sich deutlich und unmißverständlich artikuliert, kann darauf rechnen, richtig verstanden zu werden. – Das gilt zunächst für die *Beteiligten* selbst bei der Darstellung ihrer Positionen und Interessen. Dabei muß Deutlichkeit nicht unbedingt durch aggressive Wortwahl erreicht werden. Im Laufe fortschreitender Interessenklärung wird sich anfängliche verbale Aggressivität zunehmend in Sachlichkeit überführen lassen. – Sich klar und verständlich zu äußern ist insbesondere auch für manche *Experten* eine schwere Kunst, und der alte Aberglaube, etwas sei um so wissenschaftlicher, je unverständlicher es ausgedrückt wird, ist schwer auszurotten. Hier liegt eine wichtige Aufgabe des Mediators, der durch nachfassende Fragen zur Verdeutlichung beitragen und dabei wiederum seine sokratische Hebammenkunst beweisen muß. – Für den *Mediator* selbst empfiehlt sich eine zwar deutliche, aber nicht polarisierende Sprache. Sie sollte durch behutsame Wortwahl und durch neutrale Frageformulierungen eskalationsmindernd wirken[25]. Der Aufbau konstruktiver Beziehungen erfordert ein unaufdringliches Vokabular des Mediators und eine eher generalisierende, vorsichtig umschreibende, fragende, gelegentlich auch metaphorische Ausdrucksweise. Die Sprache des Mediators weist manche Verwandtschaften zu den didaktischen Prinzipien des „Abholens" und „Verstärkens" auf: die Medianden müssen verständnisvoll dort „abgeholt" werden, wo sie gerade stehen.

Fragen stellen statt Antworten geben: Mediationsrunden beginnen häufig so, wie man es aus der großen und der kleinen Politik kennt und am Stammtisch geübt hat: mit „Statements" und Kundgaben des eigenen Standpunkts. Schon in der Schule wird nur zu oft die fragwürdige Kunst des „Beibringens" praktiziert, der ungefragten Belehrung. Was der kleine Mensch damals erleiden gelernt hat, prägt später das Verhalten des Erwachsenen: Der Belehrende verkündet, was er für richtig hält; er geht dabei selbstverständlich von seiner eigenen Sichtweise

[25] Anschauliche Beispiele bei Streckhardt 2000 mit der Empfehlung, „... in der Mediation mit pastellig-diplomatischen Worten zu malen". So kann in konflikthaften Situationen die pointierte Gegenüberstellung und Differenzierung der Positionen und Interessen durch „aber", „jedoch" und ähnliche positionierende Konjunktionen, wie sie in der juristischen Argumentationsweise sehr üblich sind, hier kontraproduktiv und – wenn auch unabsichtlich – destruktiv wirken.

aus. Es käme aber zuvor darauf an, Fragen abzuwarten oder selbst Fragen zu stellen. Nur durch Fragen kann man lernen (Kinder im Vorschulalter wissen das noch, die Erwachsenenwelt gewöhnt ihnen das durch Methoden des „Beibringens" aber bald ab). Auch hier bewährt sich ein professioneller Mediator: Er verhilft den Teilnehmern durch seine sokratischen Fragen zur Selbstklärung und zum Verstanden-Werden, und er ermutigt sie dadurch auch zu eigenen Fragen, die häufig je naiver umso fruchtbarer sind.

Gute Lösungen statt „richtige" Lösungen finden: Seit Pilatus weiß man, daß die Frage nach der „Wahrheit" problematisch ist. Und selbst in der Mathematik gibt es oft mehrere „richtige" Lösungen. Mediationsverfahren zielen zunächst auf pragmatische Lösungen für den Einzelfall, günstigenfalls in der weiteren Perspektive womöglich auf eine ebenfalls pragmatische Lösungsbereitschaft für künftige Probleme. „Grundsätzliche" Patentlösungen oder allgemeingültige Wahrheiten werden dabei nicht gesucht[26]. Es geht um die ganz bescheidene (tatsächlich meist durchaus schwierige) Frage, welche Lösung im konkreten Fall für alle Beteiligten akzeptabel ist.

Soziales Lernen: Das Hauptziel eines Mediationsverfahrens ist die Herbeiführung eines Ergebnisses, das gegenüber dem Ausgangskonflikt einen Mehrwert an Ergebnissen bringt. Durch die aktive Arbeit an diesem Hauptziel in einem konkreten Konflikt werden die Mediationsteilnehmer aber auch allgemein befähigt, ihre eigenen Konflikte selbstverantwortlich zu regeln, und gewinnen dadurch an Selbsterkenntnis und Selbstbewußtsein. Sie lernen, sich gegenüber Andersdenkenden zu öffnen, deren Situation nachzuvollziehen und deren Einstellungen zu akzeptieren und zu respektieren, sie anzuerkennen. Das Interesse an den Sichtweisen der jeweils anderen Konfliktparteien eröffnet dabei neue Perspektiven sozialen Lernens und einer generellen Veränderung des Einzelnen und der Gesellschaft.

Insgesamt steht das Mediationsverfahren in einer Entwicklungslinie demokratischer Partizipation, die durch Abbau hierarchischer Entscheidungsformen zugunsten konsensualer Handlungsformen in persönlicher Verantwortung gekennzeichnet ist[27].

6. *Professionalisierung*

In Deutschland hat sich inzwischen eine professionelle „Szene" selbständiger Mediatoren, Konfliktberater und ähnlichen Dienstleister (häufig in Form von Arbeitsgruppen, Beratungsbüros oder Instituten) gebildet, die sich (je nach Anwendungsfeld) vorzugsweise aus Juristen, Psychologen, Politologen, Verwal-

---

[26] Aus psychologischer und kommunikastionstheoretischer Sicht hierzu ausführlich und mit vielen anschaulichen Beispielen: Watzlawick 2001.

[27] Hierzu u.a.: Mayntz / Scharpf 1995; Zilleßen in KON:SENS 1999 S. 278ff.

tungs- oder Wirtschaftswissenschaftlern rekrutieren. Insgesamt gibt es in diesem professionellen Bereich auch schon z.T. beträchtliche Erfahrungen und Arbeitsroutinen. Bei Vielparteienkonflikten, wie sie im öffentlichen Bereich die Regel sind, hat sich die Ko-Mediation durch ein aus zwei oder drei Mediatoren bestehendes Mediatorenteam bewährt. Die Teamarbeit reicht dabei von der gegenseitigen Assistenz am Flip-Chart oder White-Board bis zur supervisionsähnlichen Nachbereitung der einzelnen Mediationssitzungen mit gegenseitigem Rollenwechsel.

Im Rahmen eines von der Deutschen Bundesstiftung Umwelt geförderten vierjährigen Forschungs- und Implementationsprojekts hat sich ein „Förderverein Umweltmediation" gebildet. Im Laufe der Projektarbeit wurde die zunächst nur auf den Umweltbereich zielende Thematik begrifflich präzisiert und zur „Mediation im öffentlichen Bereich: Umwelt – Wirtschaft – Politik – Soziales" weiterentwickelt. Ein aus diesem Projekt hervorgegangener Expertenkreis hat „Standards für Mediation im öffentlichen Bereich" formuliert und dabei zugleich Richtlinien für eine sachgerechte Aus- und Weiterbildung entwikkelt, die der weiteren Professionalisierung dienen werden[28].

V. Allgemeine Voraussetzungen einer erfolgreichen Mediation im öffentlichen Bereich:

Als konsensorientiertes Verfahren setzt jede Mediation einige grundlegende Bedingungen voraus, die beachtet werden müssen, wenn das Verfahren erfolgreich verlaufen und zu tragfähigen Ergebnissen führen soll. Diese Bedingungen gelten insbesondere bei Mediationsverfahren im öffentlichen Bereich, die in der Regel durch eine größere Zahl von Beteiligten, durch Gruppenstrukturen und Delegationsverhältnisse charakterisiert sind:

1. Nicht-Förmlichkeit: Mediationsverfahren finden bisher nicht als formaler Teil von gesetzlich vorgesehenen Straf-, Zivil- oder Verwaltungsverfahren statt, sondern ergänzen diese. Diese Nichtförmlichkeit birgt die Chance, bei der Regelung andere Wege zu gehen, als es rechtsförmliche Verfahren häufig vorschreiben. Im Mediationsverfahren kann deshalb mehr Kreativität freigesetzt werden. Trotzdem empfiehlt es sich, vor Beginn eines Mediationsverfahrens einige grundlegende Verfahrensregeln festzulegen, die einerseits von vornherein für Klarheit über das Verfahren und seine einzelnen Schritte sorgen und damit

---

[28] Eine erste Fassung, damals noch unter dem Titel „Standards für Umweltmediation", in: Förderverein Umweltmediation 1999, S. 258 – 260. Zur Weiterentwicklung vgl. Expertenkreis „Mediation im öffentlichen Bereich" 2000, S. 257f.

Neueste Fassung jeweils im Internet unter www.ag-recht.de/umweltmediation/standards.htm.

kontraproduktive Streitigkeiten über Formalien möglichst verhindern, andererseits aber Raum für kreative Lösungswege lassen müssen.

2. Transparenz des Verfahrens: Das Verfahren muß in jeder Phase transparent sein, d.h. für alle Beteiligten durchschaubar. Dies schließt „Geheimdiplomatie" hinter dem Rücken anderer Beteiligter aus. Transparenz heißt dabei nicht, daß die Inhalte und Ergebnisse unbedingt der Öffentlichkeit zugänglich gemacht werden. Absprachen über die Vertraulichkeit einzelner Beratungspunkte sind nicht ausgeschlossen. Vielmehr kommt es darauf an, die Interessen und Entscheidungswege für alle Teilnehmer des Verfahrens nachvollziehbar zu machen.

3. Freiwillige Beteiligung aller Betroffenen: Wenn nicht alle wesentlich an einem Konflikt Beteiligten zur Teilnahme bereit sind, kann ein Mediationsverfahren nicht erfolgreich durchgeführt werden. Zwischen allen Beteiligten muß Einigkeit darüber bestehen, daß das Problem durch ein Mediationsverfahren geregelt werden soll. Alle für die Regelung des Konflikts relevanten Beteiligten müssen von sich aus zur Teilnahme an der Mediation bereit sein – keiner kann zur Teilnahme genötigt werden. Es gibt keine Beschlüsse „zu Lasten Dritter".

4. Parität der Parteien: Das Mediationsverfahren ist ein konsensuales Verfahren. Das schließt hierarchische Über-/Unterordnungsverhältnisse aus. Insofern muß zwischen Verwaltungsverfahren und Mediationsverfahren unterschieden werden. Im Mediationsverfahren haben auch Behördenvertreter keinen Vorrang. Erst im anschließenden Verwaltungsverfahren sind hoheitliche Verwaltungsakte möglich (Genehmigungen, Versagung von Genehmigungen, Auflagen).

5. Selbstbestimmung und Informiertheit: Das Mediationsverfahren stellt hohe Anforderungen an die Teilnehmer. Aus dem Konsens-Charakter des Mediationsverfahrens folgt die Autonomie bei der Artikulation der Interessen. Die eigenen Interessen dürfen aber nicht isoliert von den widerstreitenden Interessen anderer Beteiligter gesehen werden. Die gefundene Regelung darf nicht Rechte anderer verletzen, die nicht am Verfahren teilgenommen haben. Zur Selbstbestimmung gehört deshalb auch die Bereitschaft, die eigenen Interessen zu reflektieren und sie gegebenenfalls zur Disposition zu stellen.

Es versteht sich, daß alle Verfahrensschritte und das Endergebnis mit der allgemeinen Rechtsordnung im Einklang stehen müssen. Darüber hinaus ist schließlich auch die Beachtung des öffentlichen Interesses geboten, wenn öffentliche Belange berührt sind. Der Mediator und alle Teilnehmer sind hierfür gemeinsam verantwortlich.

Eine sachgemäße Interessenwahrnehmung erfordert gleichzeitig einen hohen Grad an Information, für die die Teilnehmer in erster Linie selbst sorgen müssen.

6. Vertrauen in das Verfahren (u.a. Delegationsregeln, Vertraulichkeit): An Umweltmediationsverfahren sind typischerweise auch Organisationen beteiligt. Ein Prüfstein für die Erfolgschancen von Mediation liegt in der internen Struktur und Organisation der Konfliktparteien. Da in der Regel nicht alle, die an einem Vorhaben interessiert oder von ihm betroffen sind, an der Mediation teilnehmen können, sondern nur jeweils einige Repräsentanten, besteht das Problem ihrer Legitimation und Rückbindung. Das schönste Verhandlungsergebnis nützt nichts, wenn die Institution, für die ein Vertreter oder eine Vertreterin in der Mediation verhandelt hat, das gefundene Ergebnis nicht mitträgt.

Ebenso sind Verhandlungen schwierig, wenn die verhandelnden Personen oft wechseln. Eine Institution, die an einem Mediationsverfahren teilnehmen will, muß also zunächst intern Klarheit und Kapazitäten schaffen, um überhaupt ein ernstzunehmender Verhandlungspartner sein zu können – nur dann lassen sich auch Erfolge erzielen. Dieses Problem wird insbesondere seitens beteiligter Umweltverbände, aber häufig auch seitens der öffentlichen Verwaltung unterschätzt. Manchmal ist es schwieriger, die internen zentrifugalen Kräfte zu bündeln, als mit den anderen Konfliktparteien zu verhandeln.

Die gebotene Transparenz des Verfahrens findet ihre Kehrseite darin, daß sich die Parteien auf Absprachen über die Vertraulichkeit einzelner Beratungspunkte verlassen können. Die vor Beginn eines Mediationsverfahrens festzulegenden Verfahrensregeln sollten hierzu Näheres enthalten.

7. *Verhandlungsbereitschaft – Ergebnisoffenheit:* Die Bereitschaft aller beteiligten Personen oder Gruppen zur Teilnahme muß sich auf die aktive Lösungssuche erstrecken und grundsätzlich auch darauf, ursprüngliche *Positionen* zumindest teilweise in Frage zu stellen. Denn nur dann, wenn die tatsächlichen *Interessen* im Verfahren artikuliert werden, kann ein sachgerechter Interessenausgleich stattfinden. Es hat keinen Sinn, formal an einer Mediation teilzunehmen und sich dann inhaltlich zu verweigern.

8. *Glaubwürdigkeit des Mediators (Allparteilichkeit):* Eine wichtige Rolle nimmt der Mediator ein. Er klärt die potentiellen Teilnehmer über das Verfahren, seine Möglichkeiten und die Risiken auf. Dabei kommt es entscheidend auf die seine Glaubwürdigkeit an; insbesondere darauf, ob er von den Beteiligten als Vertrauensperson akzeptiert wird. Er darf keine eigenen inhaltlichen Interessen am Ausgang oder dem Verlauf des Verfahrens einbringen (Neutralität gegenüber dem Verfahren und den Beteiligten), sondern soll allen Beteiligten helfen, deren Interessen im Verfahren zu artikulieren und den Konflikt damit aufzuarbeiten („Allparteilichkeit" hinsichtlich der Interessen der Beteiligten). Mit „Allparteilichkeit" ist gemeint, daß er dem Verfahren nicht gänzlich unbeteiligt gegenübersteht, sondern sich im Sinne von „Empathie" in die Position jedes der Beteiligten hineindenkt und versucht, die von den Beteiligten artikulierten Interessen für die jeweils andere Seite verständlich zu „übersetzen".

Obwohl der Mediator neutral in der Sache ist, versucht er gelegentlich auch durch eigene Ideen, dem Prozeß der Konfliktregelung in festgefahrenen Situationen neue Impulse zu geben. Allerdings muß der Mediator in Fällen, in denen die Herbeiführung einer sinnvollen und vertretbaren Lösung trotz aller Bemühungen ausgeschlossen erscheint, das Verfahren auch abbrechen können beziehungsweise von vornherein seine Aufnahme ablehnen. Ein bloßer *Moderator* würde sich dagegen nur auf den korrekten und fairen Ablauf des Verfahrens beschränken und keine weitere Verantwortung dafür übernehmen, daß wirklich eine allseits nutzbringende Lösung gefunden wird. Deshalb muß er auch nicht so hohes Vertrauen bei den Beteiligten genießen. Es genügt, wenn diese ihn als Verhandlungsleiter akzeptieren.

VI. Mediation und Verwaltungsverfahren

1. Regulative Steuerung und kooperatives Verwaltungshandeln

Wenn Mediationsverfahren im Kontext von Verwaltungsverfahren angewendet werden sollen, kann das für die Verwaltungspraxis nur heißen: Ablösung hoheitlich-regulativer Steuerung durch kooperatives Verwaltungshandeln[29].

Dieser Begriff ist in der Verwaltungswissenschaft inzwischen fest eingeführt. Bei genauer verwaltungs*rechtlicher* Betrachtung sind kooperativem Verwaltungshandeln allerdings dadurch Grenzen gesetzt, daß die Verwaltung prinzipiell hoheitlich handelt.

Das gilt vor allem für den ganzen Bereich der Eingriffsverwaltung, und damit auch für alle Verfahren in der Raumordnung: Planfeststellungsverfahren für öffentliche Vorhaben, Bauleitplanung, Zulassungs- und Genehmigungsverfahren.

Die Frage ist: gibt es bei hoheitlichen Entscheidungen überhaupt Spielräume für Verhandlungen mit den Betroffenen? Und welche Wirkung könnte einer schließlich erreichten Mediationsvereinbarung zukommen?

Gegen Mediationsverfahren im öffentlichen Bereich besteht häufig vor allem bei Verwaltungsjuristen und auch bei Politikern der Vorbehalt, hierdurch sollten die gesetzlich vorgeschriebenen Verwaltungsverfahren ersetzt oder zumindest faktisch unterhöhlt werden. Die amerikanische Bezeichnung „Alternative Dispute Resolution" für Runde Tische, Moderation, Mediation, Schlichtung etc. im Umweltbereich suggeriert das zusätzlich. Im deutschen Verwaltungs- und Rechtssystem ist eine Substitution von Verwaltungsverfahren durch Mediationsverfahren aber nicht möglich. Mediationsverfahren können Verwaltungsverfahren ergänzen und dadurch die Entscheidungsgrundlagen verbessern. Die Letztentscheidung verbleibt aber immer bei der Behörde.

Ein Mediationsverfahren kann zur Verbesserung der Entscheidungsgrundlagen dienen, indem Vertreter der öffentlichen Verwaltung und ggf. auch politische Entscheidungsträger als Teilnehmer einbezogen werden und dort direkt

[29] Hierzu: Bohne 1994; Brohm 1994; Bulling 1989.

ihre Belange einbringen können. Die Behörden haben aber nach wie vor die Pflicht und auch die Möglichkeit, einen ordnungsgemäßen Gesetzesvollzug sicherzustellen oder einen demokratisch legitimierten parlamentarischen Beschluß herbeizuführen. Was rechtlich nicht zulässig ist, dem werden die Verwaltungsvertreter in der Mediation erst gar nicht zustimmen. Und sollten sie es, aus welchen Gründen auch immer, einmal dennoch tun, bleibt ihnen nach wie vor die Möglichkeit, jederzeit den Konsens ganz oder punktuell wieder aufzukündigen oder die Teilnahme an der Mediation abzubrechen, wenn sie ihren Irrtum bemerken oder von Politik oder Justiz diesbezüglich zur Rechenschaft gezogen werden.

Mediationsverfahren sind also keine Konkurrenz, sondern eine sinnvolle Ergänzung zu den bestehenden Verwaltungsverfahren. Die bestehenden Entscheidungsstrukturen können so neue Impulse erfahren.

2. *Ansatzpunkte für Mediation in Verwaltungsverfahren*

Der gesetzliche Rahmen erlaubt heute schon den Einsatz des Instrumentariums der Mediation bei einzelnen Verfahrensschritten. So findet bei Zulassungsverfahren das Verwaltungsverfahren nicht nur innerhalb des Verwaltungsapparats statt, sondern die Öffentlichkeit wird – jedenfalls formal – im Rahmen von Anhörungsverfahren und Erörterungsterminen beteiligt.

In umweltrelevanten Verfahren müssen manchmal auch Umweltverbände beteiligt werden. Das ist insbesondere bei Großvorhaben wie Anlage von Industriegebieten, Bau von Abfallentsorgungsanlagen oder Umgehungsstraßen der Fall, bei deren Genehmigung eine *Umweltverträglichkeitsprüfung* durchgeführt werden muß (zum Beispiel im Rahmen des sogenannten „Scoping-Verfahrens“). Da also die meisten betroffenen Gruppierungen sowieso am Verwaltungsverfahren beteiligt werden müssen (wenn auch in anderer Form als in einer Mediation), ist der Weg zum Mediationsverfahren nicht weit.

Nach dem herkömmlichen Verständnis obliegt die Durchführung des Verwaltungsverfahrens den Behörden selbst.

Es ist aber in einigen Fällen auch heute schon möglich (wenn auch noch nicht so häufig praktiziert), daß ein neutraler Dritter – d.h. ggf. auch eine der oben genannten Beratungsinstitutionen – mit der Durchführung einzelner Schritte eines Verwaltungsverfahrens von der zuständigen Behörde betraut wird. Das gilt de lege lata insbesondere bereits

- im Bereich des *Bauplanungsrechts,* (§ 4b Baugesetzbuch);
- im Bodenschutzrecht bei der Aufstellung von *Sanierungsplänen für Altlasten* (§§ 11 – 16 Bundesbodenschutzgesetz):
- im Scoping-Verfahren bei der *Umweltverträglichkeitsprüfung* (§ 5 des UVP-Gesetzes).

Das geltende Recht bietet vor allem drei Ansatzpunkte für Mediationsverfahren im Planungsbereich:

Die *informellen Vorverhandlungen* sind ohnehin nicht gesetzlich geregelt. In ihnen wird das formelle Verwaltungsverfahren vorbereitet. Hier gibt es (im Rahmen der Kompetenzordnung und der gesetzlichen Ziele) einen weiten Ermessensbereich für das Verwaltungshandeln. Deshalb bietet sich hier der beste Ansatzpunkt für eine Mediation im Vorfeld[30].

In *Planfeststellungsverfahren* bietet der zentrale Verfahrensschritt zur Öffentlichkeitsbeteiligung, der *Erörterungstermin*, eine weitere Möglichkeit, um unter Zuhilfenahme eines neutralen Moderators oder Mediators zu einem sachgerechten Ausgleich der Interessen zu gelangen. Erörterungstermine werden ohnehin moderiert, herkömmlicherweise von einem im Einzelfall eigens damit beauftragten Mitarbeiter der Anhörungsbehörde. Hier ist der Schritt zum Einsatz eines neutralen Moderators oder – wenn sich die Beteiligten darauf einlassen wollen – eben eines Mediators, deshalb nur klein und im Ermessenswege möglich.

Schließlich besteht auch nach dem Abschluß eines förmlichen Verwaltungsverfahrens bei der *praktischen Umsetzung* der Entscheidung noch die Möglichkeit, ein Mediationsverfahren zur Realisierung des Vorhabens einzusetzen, um Unklarheiten und Konflikte, die erst bei der Durchführung auftauchen, gemeinsam zu regeln.

Insgesamt schreitet der Gedanke, andere Formen der Kommunikation bei Verwaltungsverfahren zu installieren, allmählich fort. Es gibt bereits Bemühungen, weitere Elemente von kooperativen Verfahren des Konfliktmanagements wie Mediation auch formell in die gesetzlichen Planungs- und Entscheidungsprozesse einzubinden, so im Entwurf eines Umweltgesetzbuches, der in § 89 UGB-E den Einsatz eines Mediators zum Interessenausgleich in Genehmigungsverfahren vorsieht[31].

In Deutschland wurden bisher mehr als 200 Mediationsverfahren im öffentlichen Bereich durchgeführt; überwiegend handelte es sich um Umweltmediationsverfahren ganz unterschiedlichen Umfangs. Nicht alle waren erfolgreich[32]. Die Erfahrungen zeigen aber, daß Konflikte durch die konstruktive

---

[30] Hierzu und zum Folgenden u.a. Dose / Holznagel / Weber 1994; Bohne 1994; Brohm 1994; Bulling 1989.

[31] Kommissionsentwurf zum UGB in: Bundesministerium für Umwelt, Naturschutz und Reaktorsicherheit 1997. Hierzu: Schrader 1999. Das weitere Schicksal dieses Entwurfs ist ungewiß. Gesetzgeberische Initiativen sind gegenwärtig nicht in Sicht.

[32] Ein frühes Beispiel für ein gescheitertes Umweltmediationsverfahren bei Runkel 1996 S. 165 (Abfallwirtschaft im Kreis Arnsberg).

Ein umstrittener Sonderfall ist das inzwischen mit einer „Mediationsvereinbarung" abgeschlossene „Mediationsverfahren Flughafen Frankfurt", das im Ansatz und in der Durchführung einige atypische Elemente aufweist; hier sind weitere Konflikte im Verlaufe der späteren Planung bereits absehbar. Dieses in der Öffentlichkeit stark beachtete und mit einem unge-

Aufarbeitung der Interessenlagen unter aktiver Beteiligung der Betroffenen häufig zur Zufriedenheit aller geregelt werden können. Auch in den Fällen, in denen ein absoluter Konsens in der Kernfrage zwischen den Beteiligten nicht erreicht werden konnte, war man mit dem Verfahren an sich meist durchaus zufrieden und schätzte andere Fortschritte, die auf diese Weise häufig erreicht werden konnten: verbesserte Informationslage, verbessertes Gesprächsklima, Konsense oder Kompromisse in Teilbereichen, anderweitige Kompensationen, „klarere Fronten" bei verbliebenen Meinungsverschiedenheiten. Durch die Transparenz des Verfahrens und die Bereitstellung von umfassenden Informationen für alle Beteiligten dienen Mediationsverfahren der Vermeidung von Mißverständnissen und dem Abbau von Mißtrauen. Das Konfliktpotential kann dadurch reduziert und die Auseinandersetzung versachlicht, die weitere Eskalation des Konflikts verhindert werden. Im Ergebnis können Genehmigungsverfahren so manchmal verkürzt und eine gerichtliche Klagephase vermieden werden.

Mediationsverfahren kommen vor allem für folgende Arten konfliktgeladener Entscheidungsprozesse in Frage:

Im politisch-konzeptionellen Bereich: Integration von Ökologie und Ökonomie, Umsetzung des Leitbilds einer nachhaltigen Entwicklung, Umsetzung der Ergebnisse der Konferenz für Umwelt und Entwicklung in Rio (Agenda 21), Regelungen in der Energie-, Abfall- und Verkehrspolitik, technische und gesellschaftliche Normensetzung;

In Verwaltungsverfahren: Standortfragen, Anlagengenehmigung, Umweltverträglichkeitsprüfung, Verkehrsplanung, Verkehrskonzepte, Abfallwirtschaftskonzepte, öffentlicher Personennahverkehr, Raum- und Landschaftsplanung, Einrichtung von Natur- und Landschaftsschutzgebieten;

Im Bereich Wirtschaft: Industrieansiedlung/-umsiedlung, Öko-Audit, umweltfreundliches Management im Unternehmen, betriebliche (beteiligungsorientierte) Umweitpolitik, Duales System, Mehrwegquote, Verpackungsverordnung, Rekultivierungsvorhaben, Altlastensanierung.

---

wöhnlichen Finanzvolumen ausgestattete Verfahren ist umfassend dokumentiert in einer von der Hessischen Staatskanzlei 2000 herausgegebenen CD-ROM „Das Mediationsverfahren Flughafen Frankfurt – Gutachten, Zusammenfassungen, Endbericht und Präsentation der Ergebnisse" sowie in www.mediation-flughafen.de. Aus der Literatur sind neben einer kaum übersehbaren tagespolitischen Berichterstattung hervorzuheben: Interview mit Ministerpräsident Hans Eichel in KON:SENS Heft 1/1999, S. 53; Zilleßen, Kommentar zum Interview mit Hans Eichel in KON:SENS Heft 2/1999, S. 140; Kessen 1999; Busch 1999.

3. Mediationsvereinbarung

Am Ende eines Mediationsverfahrens steht eine *Mediationsvereinbarung*. Darin schlägt sich das Ergebnis nieder, es werden konkrete und überprüfbare Handlungen verabredet. Die Mediationsvereinbarung ist also als verbindlich gedacht. In zivilrechtlichen Angelegenheiten könnte diese Verbindlichkeit durchaus Rechtsverbindlichkeit im Sinne eines echten Vertrages bedeuten.

Wenn es allerdings dazu käme, daß diese Verbindlichkeit wirklich juristisch geltend gemacht würde, wäre das Mediationsverfahren psychologisch und sozial gescheitert. Denn das Mediationsverfahren beruht ja auf dem Grundgedanken eines Konsenses, der freiwillig und aus Einsicht erreicht wird. Wenn am Ende wieder ein Konflikt über Auslegung oder Einhaltung der erzielten Vereinbarung entstünde, wäre der ursprüngliche Konsens zerbrochen und wertlos.

Rechtlich heißt das: Auch seine übrigen Bestandteile stünden dann nach dem Gedanken des *Synallagmas* bei gegenseitigen Verträgen (§ 320 BGB: Einrede des nicht erfüllten Vertrages, *exceptio non adimpleti contractus*), mindestens unter dem Gesichtspunkt des *Wegfalls der Geschäftsgrundlage* (§ 242 BGB, *clausula rebus sic stantibus*) wieder zur Disposition. Das ist insbesondere bei mehrseitigen Mediationsvereinbarungen zu beachten. So ist es selbst in dem viel vertragsnäheren Bereich Wirtschaftsmediation nicht ungewöhnlich, wenn auf der Grundlage der im Mediationsverfahren erreichten Vertrauensbasis auf rechtsförmliche Garantien u.ä. verzichtet wird[33].

Bei Mediationsverfahren im öffentlichen Bereich, d.h. im Vorfeld oder im Kontext von Verwaltungsverfahren handelt es sich stets um größere Teilnehmerkreise: die Zahl der Beteiligten kann zwischen etwa 10 und 50 liegen, in ungünstigen Fällen sind es womöglich noch mehr (dann muß durch entsprechende Binnenorganisation mit Unterausschüssen dafür gesorgt werden, daß der engere Mediationstisch die Zahl von 20 bis höchstens 25 Teilnehmern nicht überschreitet). Hier kann die Mediationsvereinbarung schon von der Teilnehmerzahl her von vornherein keine streng *vertragsmäßige* Rechtsverbindlichkeit haben. Sie werden deshalb (ähnlich wie völkerrechtliche Konventionen) gern auch „Pakte“, seltener ausdrücklich „Verträge“ genannt.

Von der Vielparteiensituation abgesehen ist bei Mediationsverfahren im öffentlichen Bereich die Lage grundsätzlich dadurch anders, daß die Mediation kein Ersatz für das Verwaltungsverfahren sein kann. Erst im anschließenden Verwaltungsverfahren werden bindende Regelungen durch *Verwaltungsakte* erlassen. Dabei handelt die Behörde hoheitlich, also nicht auf Koordinationsebene (die seltenen Fälle öffentlich-rechtlicher Verträge können hier außer Betracht bleiben).

---

[33] Beispiel bei Sick 2001, S. 148.

Eine Rechtswirksamkeit könnte dabei allerdings als *Selbstbindung* der Verwaltung im *Ermessensbereich* und im Wege des *Vertrauensschutzes* bestehen. Solche Selbstbindungen der Verwaltung (Zusagen u.ä. als Bestandteil der Mediationsvereinbarung) wären im Einzelfall auch verwaltungsgerichtlich bei entsprechenden Anfechtungs- oder Verpflichtungsklagen geltend zu machen – aber wenn es zu einem solchen Konflikt käme, würde sich daran wiederum zeigen, daß der verabredete Konsens verloren wäre. Daraus würde sich in der Mehrparteiensituation rechtlich in der Regel wieder ein Anwendungsfall der *clausula rebus sic stantibus* für die übrigen Teilnehmer ergeben (wenn nicht sogar in Einzelfällen das Synallagma durchschlagen würde (*exceptio non impleti contractus*).

Die Mediationsvereinbarung hat also einen eigenartigen Mischcharakter. Sie ist psychologisch und sozial verpflichtend, kann aber nur eine beschränkte Rechtsverbindlichkeit bewirken. Eine Lösung dieses Dilemmas kann in der Rückbesinnung auf den alten Grundsatz des klassischen Völkerrechts: „*Pacta sunt servanda*" gefunden werden. Auf diesem nur scheinbar tautologischen Satz beruht die gesamte klassische Völkerrechtsordnung. Die souveränen Staaten wären auch nach Vertragsabschluß souverän genug, geschlossene Verträge zu brechen – es gäbe kein rechtliches Zwangsmittel, das die Durchsetzung ermöglichen würde, sondern nur den Krieg und damit den Rückfall in den Gewaltzustand. Aber damit würden Verträge sinnlos. Der scheinbar tautologische Satz drückt den *Willen zur Selbstbindung* der souveränen Staaten aus. Erst auf diesem Grundkonsens lassen sich weitere Beziehungen herstellen (auch alle die beträchtlichen Weiterentwicklungen des modernen Völkerrechts mit seinem ausgefeilten System von Konventionen und übernationalen Institutionen beruhen letzlich noch immer auf der Grundnorm „Pacta sunt servanda").

Die Mediationsvereinbarung beruht auf dem gleichen Grundgedanken der *Selbstbindung* und dem *ernsthaften Willen zur konsequenten Einhaltung* des Zugesagten. Der wichtige Mediationsgrundsatz der Freiwilligkeit (oben V.3.) entspricht der völkerrechtlichen Souveränität. Wie alle anderen Teilnehmer am Mediationsverfahren werden auch die beteiligten Behördenvertreter – wenn sie verantwortlich handeln – keine Zusagen machen oder Vereinbarungen unterschreiben, von denen sie nicht überzeugt sind, daß sie später auch durchführbar sind; und sie werden sich dann aus Einsicht an diese Zusagen halten. Voraussetzung ist eventuell, daß sie sich zuvor der Rückendeckung ihrer Vorgesetzten versichern und damit auch diese von vornherein in die Verantwortung nehmen. Offenheit und Verständnis, Verläßlichkeit und Vertrauen, Verantwortung und Handlungsbereitschaft sind die Grundlagen jedes Mediationsverfahrens, auch im Kontext von Verwaltungsverfahren. Die Mediationsvereinbarung findet ihre Vollendung darin, daß die Beteiligten zu ihren Verabredungen stehen: „Pacta sunt servanda!".

Die Rechtswirkungen der Ermessensbindung und des Vertrauensschutzes können darüber hinaus im Einzelfall ergänzend für gerichtsfeste Verbindlichkeit und Effektivität der Zusagen über die Personen der handelnden Behördenvertreter hinaus sorgen (im Sinne eines „institutionellen Gedächtnisses").

VII. Probleme und Schwierigkeiten

1. Mißverständnisse

Eine erste Schwierigkeit besteht in der Praxis häufig schon darin, daß die Beteiligten das Mediationsverfahren grundsätzlich mißverstehen. Sie neigen zunächst dazu, Mediation als ein Instrument anzusehen, das ihnen selbst helfen kann, in einem Planungskonflikt ihre Positionen durchzusetzen, teils aus Unkenntnis der Mediationsmethode, teils aufgrund ihrer konfliktbedingten Fixierungen.

Wenn Mediation in Erwägung gezogen wird, wird sie häufig seitens der Antragsteller und oft auch seitens der Behörden als Instrument der Akzeptanzbeschaffung oder Verfahrensbeschleunigung mißverstanden, seitens beteiligter Verbände und anderer Betroffener als ein Instrument der erweiterten Bürgerbeteiligung.

Wohl kann das bei der einen oder anderen Position im Laufe des Verfahrens im Ergebnis gelegentlich der Fall sein. Die Intention von Mediation ist aber eine ganz andere: eben Konflikt*vermittlung*. Eine erfolgreiche Mediation beinhaltet deshalb die Abkehr von einigen ursprünglichen Positionen zugunsten anderer Fortschritte und Gewinne, und zwar bei allen Beteiligten. Echte Bereitschaft, sich auf „die anderen" einzulassen sowie Offenheit und Flexibilität in den einzelnen Positionen sind daher unverzichtbare Vorbedingung für Mediation.

Tatsächlich werden in Mediationsverfahren Bürger mehr als sonst üblich beteiligt. Bürgerbeteiligung ist aber nicht ihr einziger Zweck. Ebenso wird manchmal für einige Maßnahmen Akzeptanz geschaffen, manchmal das Verwaltungsverfahren (inklusive Rechtsweg) beschleunigt – aber auch das ist nicht der ursprüngliche Zweck.

Je weiter Mediationsverfahren im öffentlichen Bereich sich durchsetzen, desto mehr dürften solche wenig zweckdienlichen, wenngleich durchaus verständlichen Instrumentalisierungsversuche der Mediation zurückgehen.

2. Widerstände

Die ernsthafte Bereitschaft zur Einigung und zu Kompromissen ist ein Prüfstein dafür, ob ein Mediationsverfahren wirklich aussichtsreich erscheint. In der Familienmediation ist dies inzwischen eine selbstverständliche Voraussetzung. Bei

Mediation im öffentlichen Bereich kann dies nicht anders sein. Bei Zweifeln kann sich zumindest ein Vorversuch lohnen: So könnte zunächst etwa ein verwandtes und weniger aufwendiges Verfahren angebracht sein, zum Beispiel Moderation. Wenn sich im Laufe der Moderation dann Illusionen abbauen lassen und allseits die Einsicht wachsen sollte, daß echte Verhandlungs- und Einigungsbereitschaft nötig und zugleich möglich ist, kann mit einiger Aussicht auf Erfolg zu Mediation übergegangen werden. Auch dann werden sich im Laufe des Mediationsverfahrens Instrumentalisierungsversuche nicht gänzlich vermeiden lassen – aber Gruppendruck, öffentliche Meinung und vor allem ein erfahrener Mediator können dies erfolgreich verhindern.

Mediationsverfahren sind im öffentlichen Planungsbereich nach wie vor eher die Ausnahme. Neben erfolgreichen Verfahren kleineren und mittleren Umfangs gibt es einige spektakuläre Fälle, in denen mediative Verfahren (nicht immer Mediationsverfahren im engeren Sinne) eingesetzt wurden, weil es sich um besonders konflikthafte Konstellationen handelte (so bei der Standortsuche für einen Großflughafen Berlin-Brandenburg[34], Erweiterung des Flughafens Wien-Schwechat[35], Erweiterung des Flughafens Frankfurt/M.[36], Forum Hauptplatz Landsberg[37] Neubau einer Eisenbahn-Schnellstrecke durch das Gasteiner Tal[38] u.a.).

Nicht selten scheitern in Aussicht genommene Mediationsverfahren im öffentlichen Bereich schon vor ihrem Beginn. Dies kann verschiedene Gründe haben: Unkenntnis oder Mißverständnis des Verfahrens sind die häufigsten. Hiergegen helfen nur Aufklärung und gute Beispiele, die publik gemacht werden. Solche Beispiele gibt es noch zu wenige – oder die weniger spektakulären unter ihnen haben keine hinreichende öffentliche Aufmerksamkeit gefunden. Ein anderer Grund sind innere Widerstände der politischen Akteure, häufig aus Eitelkeit oder Selbstüberschätzung. Gerade im kommunalpolitischen Bereich begegnet nicht selten eine ablehnende Haltung aus der (uneingestandenen oder offen ausgesprochenen) Überzeugung: *das können wir selbst entscheiden, dafür sind*

[34] Hierzu: Barbian, Thomas / Jeglitza, Matthias / Troja, Markus: Das Beispiel „Bürgerdialog Flughafen Berlin Brandenburg International", in: Zilleßen 1998, S. 108–136; Troja 2000 S. 266–275.

[35] Das Verfahren läuft seit Januar 2000 und ist eins der größten Verfahren im deutschsprachigen Raum. Laufende Berichterstattung sowie umfangreiche Übersichten und Darstellungen in www.vie.mediation.at

[36] Vgl. oben Fußnote 32.

[37] Dokumentation des Mediationsverfahrens „Verbesserung der Situation am Hauptplatz Landsberg", im Auftrag der Stadt Landsberg am Lech erstellt von Reinhard Sellnow, Nürnberg 2001. Vgl. dazu auch Sellnow in ZKM 1/2000 (Verkehrsplanungsmodell der Stadt Heidelberg).

[38] Zilleßen, Horst: Kooperative Konfliktbearbeitung mit 15 Parteien – Herausforderungen der Umweltmediation am Beispiel des Mediationsverfahrens im Gasteiner Tal. In: Mader / Eberwein / Vogt 2001, S. 188–208.

wir schließlich gewählt, ein Mediationsverfahren käme einem Offenbarungseid eigener Unfähigkeit gleich, wir würden uns damit blamieren, wenn wir es soweit kommen ließen ... Auch hier können vorwiegend gute Beispiele und eine bessere Kenntnis der Mediationsprinzipien allmählich den Boden für Verhaltensänderungen bereiten.

3. *Finanzierung*

Eine der schwierigen und bisher nur unbefriedigend gelösten Probleme ist die Finanzierungsfrage. Mediationsverfahren verursachen Kosten, die teilweise erhebliche Höhen erreichen und auch bei kleineren Verfahren im fünf- bis sechs-stelligen DM-Bereich liegen (Honorierung des Mediators oder eines Mediatorenteams, Beauftragung von Gutachtern usw.). Die unvermeidliche Professionalisierung der Mediation hat hier ihren Preis; „ehrenamtliches" Dilettieren wäre aber keine sinnvolle Alternative – auch dafür gibt es Beispiele. Erfolgreiche Mediationsverfahren erfordern professionelle Mediatoren mit entsprechender Ausbildung. Als in der Regel freiberuflich Tätige sind sie wirtschaftlich und auch zur Wahrung ihrer Unabhängigkeit auf angemessene Honorare angewiesen, deren Höhe den in der Unternehmensberatung, im anwaltlichen Bereich oder in der psychologischen Praxis üblichen Honoraren vergleichbar ist.

Ein Teil der Kosten (z.B. für Gutachten) würden allerdings zum Teil auch in förmlichen Verfahren anfallen. Bei erfolgreicher Mediation stehen den eigentlichen Mediationskosten erhebliche Kosteneinsparungen durch ein zügiges Verwaltungsverfahren, durch Vermeidung einstweiliger Anordnungen und späterer Anfechtungsklagen gegenüber. Modellrechnungen zeigen, daß sich allein durch die Beschleunigung der Verfahren Kosteneinsparungen im Bereich des 10–30fachen der Mediationskosten erzielen lassen. Die Schwierigkeit solcher Kostenrechnungen bestehen darin, daß die Mediationskosten offenkundig sind, während es sich bei den ersparten Kosten in der Regel um verdeckte Kosten handelt (Inanspruchnahme und längere Bindung personeller und sächlicher Verwaltungsressourcen, der durch Gerichtskosten nicht annähernd finanzierten Justiz, Kostensteigerungen des Vorhabens selbst durch schleichende Inflation bei verspätetem Projektbeginn u.a.).

In Deutschland sind die Kosten von Mediationsverfahren bisher in aller Regel durch die planenden *Gebietskörperschaften* (Kommunen, Landkreise, Länder) übernommen worden. Dabei besteht die Gefahr, daß die Neutralität des Mediators in Zweifel gerät, wenn die finanzierenden Körperschaften gleichzeitig Verfahrensbeteiligte sind („Besorgnis der Befangenheit"). Dies kann selbst durch offene Erörterung mit allen Beteiligten und ihre Billigung der Finanzierungsmodalitäten in der wichtigen Vorbereitungsphase nicht immer ganz vermieden werden. Eine mehrseitige oder von den Beteiligten unabhängige Finanzierung wäre deshalb prinzipiell vorzuziehen.

In den USA wurden einige Mediationsvorhaben im Umweltbereich durch große *Stiftungen* finanziert (Rockefeller-, Ford-, Hewlett-, Mellon-Foundation u.a. Andere Verfahren wurden durch beteiligte Behörden, durch industrielle Vorhabenträger und auch durch Bürgerinitiativen ganz oder teilweise finanziert[39]. In Deutschland ist es bisher nicht gelungen, eine der großen Stiftungen hierfür zu interessieren oder gar eine eigene Stiftung zur Finanzierung von Mediationsverfahren im öffentlichen Bereich zu schaffen. Angesichts der erheblichen Kosten solcher Mediationsverfahren müßte sie mit einem hohen Stiftungskapital ausgestattet sein. Ein entsprechender Stifter ist auch in absehbarer Zeit nicht auszumachen.

Bei den bewährten Zweiparteien-Mediationen (Scheidungsvorbereitung, Wirtschaftsmediation) werden die Kosten von den Beteiligten aufgebracht, und zwar (neben mediationsspezifischen Gesichtspunkten wie Nachhaltigkeit der Lösung, Transformation der Beziehungen usw. usw.) gerade auch unter der Erwägung einer Kostenersparnis. Die Kostenersparnis läßt sich auf diesen Gebieten relativ leicht berechnen, weil man anhand der Gebührenordnungen für Gerichts- und Anwaltskosten einigermaßen genau vorhersagen kann, was ein bis zur letzten Konsequenz streitig durchgeführtes Verfahren kosten würde und was man bei einer mediativen Lösung an Kosten vermeiden könnte. Bei Gegenüberstellung dieser Kostenersparnis und der Mediationskosten kann man eine vergleichende Kostenbilanz aufstellen, die dazu führen kann (und erfahrungsgemäß ja auch tatsächlich oft dazu führt), daß die Konfliktparteien sich zu einer anteiligen Aufbringung der Kosten bereiterklären.

Bei der Mediation im öffentlichen Bereich ist die Lage einerseits dadurch anders, daß die finanzielle Leistungsfähigkeit der Beteiligten und auch ihre Leistungsbereitschaft sehr unterschiedlich sein kann (z.B. beim Vergleich von einzelnen Betroffenen, Umweltschutzverbänden, interessierten Unternehmen, öffentlichen Verwaltungen). Vor allem ergibt sich aber eine grundsätzlich andere Situation aus der Vielparteienkonstellation und der Ungewißheit, ob es nach einer (rechtlich ja kaum verbindlich zu machenden) „Mediationsvereinbarung" nicht doch zu einzelnen Klagen kommt, die dann den ganzen Einsparungseffekt der Mediation zunichte machen können. Auch muß man unter dem wichtigen Aspekt der „Ergebnisoffenheit" ja auch gelegentlich mit dem kompletten Scheitern eines Mediationsverfahrens rechnen – wobei dann die bereits entstandenen Kosten natürlich nicht zurückgeholt werden können.

Diese Grundsituation spricht eigentlich für eine *versicherungstechnische Lösung*. Das Wesen einer Versicherung ist die Absicherung von typischen Risiken im Einzelfall. Das Risiko kann man – wenn die typischen Risiken systematisch

---

[39] Gaßner / Holznagel / Lahl 1992 S. 37; Runkel 1996 S. 84.

erfaßt werden – nach statistischen und versicherungsmathematischen Regeln berechnen. Daraus ergibt sich dann einerseits eine Versicherungszusage für den Versicherungsfall, andererseits eine Versicherungsprämie. Nach diesem Modell funktionieren alle Sachschadensversicherungen, alle Lebens- und Krankenversicherungen – und seit einigen Jahrzehnten auch die inzwischen sehr populären Rechtsschutzversicherungen.

Es wäre also zu fragen, ob nicht in Parallele zur Rechtsschutzversicherung eine *„Mediationsschutzversicherung"* entwickelt werden könnte[40]. Wenn das Risiko eines (totalen oder partiellen) Scheiterns abgesichert wäre, könnten die interessierten Parteien viel besser kalkulieren und wären dann womöglich erheblich eher bereit, anteilige Kosten des Mediationsverfahrens zu übernehmen. Der interessierte Unternehmer könnte sich ausrechnen, wieviel schneller und komplikationsloser er sein geplantes Vorhaben verwirklichen könnte. Die öffentliche Hand könnte auf der Verwaltungsseite mit kleineren Planungsstäben und Behördenaufwand rechnen und hätte konkrete Haushalts-Einsparungen; auf der gerichtlichen Seite wären personelle und organisatorische Einsparungen durch geringere Klagenhäufigkeit jedenfalls grob zu überschlagen. Entsprechend wären Anteile an der Finanzierung eines Mediationsverfahrens für den Unternehmer und die beteiligten öffentlichen Haushalte zu kalkulieren, evtl. auch für einzelne Drittbetroffene (hingegen kaum für ideelle Verbände aus dem Umwelt- und Naturschutzbereich, die häufig kaum ihre eigentlichen Tätigkeiten ausreichend finanzieren können).

Der „Clou" bei einer versicherungsrechtlichen Lösung wäre: Wenn später doch noch weitere Kosten durch streitige Verfahren entstünden, wären diese durch die „Mediationsschutzversicherung" abgedeckt. Die Kosten für die entsprechende Versicherungsprämie würden natürlich zusätzlich zu den eigentlichen Mediationskosten anfallen – es ist aber wahrscheinlich, daß selbst bei Hinzurechnung dieser Risikoprämien im Endeffekt eine erhebliche Verbilligung des Verfahrens einträte.

An dieser Stelle hätten auch *Standardisierungs- und Zertifizierungsaspekte* ihren Ort: Wie man in der Kfz-Versicherung Schadenklassen eingeführt hat, könnte das womöglich auch hier geschehen. Man könnte einerseits in die Vorbereitungsphase vielleicht eine Risiko-Abschätzung einbauen: wie brisant ist die Konstellation der aufgebauten Positionen? wieviele Parteien sind beteiligt? wie hoch ist die Konfliktbereitschaft der Parteien? (all dies nach Möglichkeit anhand von Erfahrungswerten typisiert – sonst würde man womöglich schon das halbe Verfahren durchspielen müssen). Andererseits ergäben sich *„Schadensfreiheitsrabatte"* für die Mediationsteams: Höhere Risikoprämien für unerfahrene Anfänger, Abschläge für erfahrene und nachgewiesen erfolgreiche Mediatorenteams.

---

[40] Näher dazu: Perschel in ZKM 5/2001, S. 215–219.

Im einzelnen wäre zu überlegen, ob die Versicherung *fallbezogen* zu konstruieren wäre (Versicherungsprämie für das Verfahren, Versicherungsnehmer wären die Beteiligten am Mediationsverfahren) oder ob man sie eher auf das *Mediatorenteam* zuschneiden sollte (ähnlich wie eine Berufshaftpflichtversicherung). Diese hier nur skizzenhaft angedachten Wege wären ggf. versicherungstechnisch zu durchdenken, weiter zu differenzieren und schließlich auch versicherungsmathematisch durchzurechnen.

VIII. Ausblick

Es gibt also noch viel zu tun, ehe Mediationsverfahren ihren festen Platz im öffentlichen Bereich finden. Aber es wäre eine lohnende Aufgabe, hierfür zu sorgen und die vielen hier noch lagernden dicken Bretter nach Max Webers schönem Wort mit Augenmaß und Leidenschaft zu bohren.

Letztlich geht es nicht nur um weitere Schritte, durch Bürgerpartizipation „mehr Demokratie zu wagen". Sondern es geht noch mehr darum, daß die Betroffenen ihre eigenen Konflikte selbst regeln, weil sie hierfür die besten Experten sind.

Es geht um Aufklärung als „Ausgang des Menschen aus seiner selbst verschuldeten Unmündigkeit", es geht um die Überwindung von „Faulheit und Feigheit" als den schon von Kant ausgemachten Ursachen dieser Unmündigkeit[41]. Wie Kant die Bequemlichkeit geißelt, Arzt und Pfarrer für sich entscheiden zu lassen, so könnte er hier fortfahren: „Es ist so bequem, andere über meine Konflikte entscheiden zu lassen – und das Ergebnis dann womöglich mit Larmoyanz zu beklagen".

Die Würde des Menschen liegt aber in seiner Freiheit, das in der Vernunft Erkannte zu tun[42].

Literatur:

Amy, Douglas J.: The Politics of Environmental Mediation, New York 1987.

Bacow, Lawrence S. / Wheeler, Michael: Environmental Dispute Resolution, New York 1984.

Bingham, Gail: Resolving Environmental Disputes, Washington 1986.

Bohne, Eberhard: Informales Verwaltungshandeln, in: Kimminich / Frh. von Lersner / Storm (Hrsg): Handwörterbuch des Umweltrechts, Berlin 1994, S. 1046–1082.

Brand, Hartmut: Solon. In: Brodersen (Hrsg.), Große Gestalten der griechischen Geschichte, München 1999, S. 84 – 91.

---

[41] Kant: Beantwortung der Frage: Was ist Aufklärung? (1783). Immanuel Kant, Werke in zehn Bänden, hrsg. von Wilhelm Weischedel, Darmstadt 1968, Bd. 9, S. 53

[42] Ekkehart Stein, Staatsrecht, Tübingen [14]1998, S. 228

Breidenbach, Stephan / Henssler, Martin (Hrsg.): Mediation für Juristen, Köln 1997.

Brohm, Wilfried: Rechtsstaatliche Vorgaben für informelles Verwaltungshandeln, in: Deutsches Verwaltungsblatt 1994 S. 133–139

Bulling, Manfred: Kooperatives Handeln in der Verwaltung, in: Die Öffentliche Verwaltung 1989 S. 277–289

Breidenbach, Stefan / Henssler, Martin (Hrsg.): Mediation für Juristen – Konfliktbehandlung ohne gerichtliche Entscheidung, Köln 1997.

Bundesministerium für Umwelt, Naturschutz und Reaktorsicherheit (Hrsg.): Umweltgesetzbuch (UGB – KomE), Entwurf der unabhängigen Sachverständigenkommission zum UGB, Berlin 1997.

Busch, Per-Olof: Umweltmediation aus politikwissenschaftlicher Sicht – Das Mediationsverfahren „Mediation – Eine Zukunftsregion im offenen Dialog zum Flughafen Frankfurt/M.", Diplom-Arbeit FU Berlin 1999.

Calließ, Jörg / Striegnitz, Meinfried: Um den Konsens streiten, Loccumer Protokolle 12/89.

Dally, Andreas / Weidner, Helmut / Fietkau, Hans-Joachim: Mediation als politischer und sozialer Prozeß, Loccumer Protokolle 73/93.

Dickmann, Fritz: Der Westfälische Frieden, Münster ^{6}1992

Dixit, Avinash.K. / Nalebuff, Barry.J: Spieltheorie für Einsteiger, Stuttgart 1995

Dose, Nicolai / Holznagel, Bernd / Weber, Volker: Beschleunigung von Genehmigungsverfahren. Vorschläge zur Verbesserung des Industriestandortes Deutschland, Bonn 1994.

Duve, Christian: Mediation und Vergleich im Prozeß, Köln 1999.

Duss-von Werdt, Joseph: Vom hohen Alter des Neuen – Plädoyer für eine neue Streitkultur, in: Deutscher AnwaltVerein, Arbeitsgemeinschaft Mediation, Erste Fachtagung am 5. Dezember 1998 in Frankfurt/M., S. 1–13.

Duss-von Werdt, Joseph: „... denn zu Unrecht ein Teil würd' vom andern bedrückt" (Solon) – Die letzten 2500 Jahre Mediation in Europa, in: Geißler, Peter / Rückert, Klaus (Hrsg.): Mediation – die neue Streitkultur, Kooperatives Konfliktmanagement in der Praxis, Gießen 2000, S. 115–131.

Evangelische Akademie Bad Boll: Ab-Gründe und Schätze der Mediation (Tagungsprotokoll 2/2002 zur gleichnamigen Tagung 23.–25. Juni 2000), Bad Boll 2002.

Expertenkreis „Mediation im öffentlichen Bereich": Mediation im öffentlichen Bereich – Umwelt – Wirtschaft – Politik – Soziales, in: ZKM – Zeitschrift für Konflikt-Management Heft 6/2000, S. 257f.

Falk, Gerhard / Heintel, Peter / Pelikan, Christa: Die Welt der Mediation, Klagenfurt 1998.

Fietkau, Hans-Joachim / Weidner, Helmut: Umweltverhandeln, Berlin, 1998.

Fietkau, Hans-Joachim / Weidner, Helmut: Umweltmediation. Das Mediationsverfahren zum Abfallwirtschaftskonzept im Kreis Neuss. (Schriften zu Mediationsverfahren im Umweltschutz, Nr. 6), Wissenschaftszentrum Berlin 1994.

Fietkau, Hans-Joachim / Weidner, Helmut: Mediationsverfahren in der Umweltpolitik – Erfahrungen in der Bundesrepublik Deutschland, in: „Aus Politik und Zeitgeschichte", Beilage zur Wochenzeitung „Das Parlament" B 39–40 / 1992, S. 24–34.

Fisher, Roger / Ury, William: Getting to Yes. Negotiation Agreement Without Giving In. Boston 1981 (mit zahlreichen späteren Auflagen).

Fisher, Roger / Ury, William: Das Harvard-Konzept. Sachgerecht verhandeln erfolgreich verhandeln. 6. Aufl. Frankfurt/M. 1987 (= deutsche Übersetzung von „Getting to Yes").

Förderverein Umweltmediation e.V. (Hrsg.): Studienbrief Umweltmediation – eine interdisziplinäre Einführung, Bonn o.J. [1999].

Fuchs, Gerd / Hehn, Marcus: Umweltmediation, Bonn ^{2}1999.

Gaßner, Hartmut / Holznagel, Bernd / Lahl, Uwe: Mediation. Verhandlungen als Mittel der Konsensfindung bei Umweltstreitigkeiten. (Planung und Praxis im Umweltschutz, Bd. 5), Bonn 1992.

Gesellschaft für Technische Zusammenarbeit (GTZ) (Hrsg.): Mediation / Konfliktmanagement im Umweltbereich und seine Bedeutung im Rahmen der Technischen Zusammenarbeit, Eschborn 1995.

Goldberg, Stephen B. / Sander, Frank E.A. / Rogers, Nancy H.: Dispute Resolution. Negotiation, Mediation, and Other Processes, Boston / Toronto / London 1992.

Haft, Fritjoff / Gräfin von Schlieffen, Katharina: Handbuch Mediation, München 2002.

Hehn, Marcus: Nicht gleich vor den Richter ...Mediation und rechtsförmliche Konfliktregelung (Mobilität und Normenwandel / Changing Norms and Mobility Bd. 16). Bochum 1996.

Holler, Manfred / Illing, Gerhard: Einführung in die Spieltheorie, Berlin u.a. 1991.

Hoffmann-Riem, Wolfgang / Schmidt-Aßmann, Eberhard: Konfliktbewältigung durch Verhandlungen, (2 Bände), Baden-Baden 1990.

Hoffmann-Riem, Wolfgang: Konfliktmittler in Verwaltungsverhandlungen, Heidelberg 1989.

Kamp, Hermann: Friedensstifter und Vermittler im Mittelalter (Symbolische Kommunikation in der Vormoderne), Darmstadt 2001.

Kessen, Stefan: Umweltmediation zwischen Chance und Etikettenschwindel, Forschungsjournal Heft 3/1999, S. 83–90.

KON:SENS – Mediation, Konfliktmanagement, Vertragsgestaltung (Zeitschrift), Berlin Jgg. 1/ 1998 – 2/1999 (weitergeführt als ZKM, s.u.).

Mader, Gerald / Eberwein, Wolf-Dieter / Vogt, Wolfgang R.: Die Umwelt. Konfliktbearbeitung und Kooperation, Münster 2001.

Mayntz, Renate / Scharpf, Fritz W. (Hrsg.): Gesellschaftliche Selbstregelung und politische Steuerung, Frankfurt a.M. / New York 1995.

Niethammer, Frank: Anmerkungen zum Mediationsverfahren Frankfurter Flughafen, in: ZKM – Zeitschrift für Konflikt-Management Heft 3/2000, S. 136–141.

Perschel, Wolfgang: Mediationsversicherung – Eine Möglichkeit zur finanziellen Absicherung von Vielparteienmediationen? In: ZKM – Zeitschrift für Konfliktmanagement Heft 5/2001, S. 215–219.

Prütting, Hans: Streitschlichtung und Mediation im Arbeitsrecht, in: Preis/Isenhardt, Festschrift für Peter Hanau, Köln 1999).

Ponschab, Rainer: Der Jahr 2000-Gau: Ein Fall für die Wirtschaftsmediation (in: Betriebsberater Heft 10/1999, Seite I).

Renn, Ortwin: Möglichkeiten und Grenzen diskursiver Verfahren bei umweltrelevanten Planungen, in: Biesecker/Grenzdörffer (Hrsg.), Kooperation, Netzwerk, Selbstorganisation. Elemente demokratischen Wirtschaftens, Pfaffenweiler 1996.

Repgen, Konrad: Friedensvermittlung und Friedensvermittler beim Westfälischen Frieden, in: ders., Dreißigjähriger Krieg und Westfälischer Friede, Studien und Quellen, hrsg. von Bosbach, Franz und Kampmann, Christoph (Veröffentlichungen der Görres-Gesellschaft NF Bd. 81), Paderborn/München/Wien/Zürich 1998, S. 695–719.

Runkel, Sabine: Umweltkonflikte sachgerecht lösen: Umweltmdiation in Deutschland und in den USA (Mobilität und Normenwandel / Changing Norms and Mobility Bd. 19). Bochum 1996.

Schrader, Christian: Mediation im Umweltgesetzbuch, Kon:sens 3/1999, S. 155–160.

Sellnow, Reinhard: Das Verkehrsplanungsmodell der Stadt Heidelberg, in ZM 1/2000, S. 18–21.

Sick, Ulrich: Mediation in der unternehmerischen Praxis, in: ZKM Heft 3/2001, S. 144–148.

Stein, Ekkehart: Der Mensch in der pluralistischen Demokratie – Die Freiheitsrechte in Großbritannien. Frankfurt a.M. 1964.

Stein, Ekkehart: Staatsrecht, Tübingen [14]1998.

Steinbrück, Ralph: Wirtschaftsmediation und außergerichtliche Konfliktlösung (in: GmbhR 1999/R165).

Strempel, Dieter (Hrsg.): Mediation für die Praxis, Freiburg 1998 (mit einem. umfassenden Überblick über die praxisrelevanten Gebiete der Mediation in Deutschland).

Sünderhauf, Hildegund: Mediation bei der außergerichtlichen Lösung von Umweltkonflikten in Deutschland (Diss.jur., Berlin 1998 – mit starker Betonung der juristischen Perspektive).

Trieb, Wolfgang: Konsens und Verwaltungsverfahren – Mediation und immissionsschutzrechtliches Genehmigungsverfahren (Mobilität und Normenwandel / Changing Norms and Mobility Bd. 22). Bochum 1997.

Troja, Markus: Umweltkonfliktmanagement und Demokratie – Zur Legitimation kooperativer Konfliktregelungsverfahren in der Umweltpolitik (Forum Mediation und Verhandlung, Band 1), Köln 2001 (Diss. Oldenburg 2000).

Vögele, Wolfgang: Mediation – Vermitteln – verhandeln – Schlichten (Loccumer Protokolle 2/98), Loccum 1998.

Watzlawick, Paul: Wie wirklich ist die Wirklichkeit? Wahn – Täuschung – Verstehen (Serie Piper 174), [21]München 2001.

Zilleßen, Horst / Barbian, Thomas: Neue Formen der Konfliktregelung in der Umweltpolitik, in: „Aus Politik und Zeitgeschichte", Beilage zur Wochenzeitung „Das Parlament" B 39–40 / 1992, S. 14–23.

Zilleßen, Horst: Mediation – Kooperatives Konfliktmanagement in der Umweltpolitik, Opladen 1998 (mit Einzelbeiträgen zu verschiedenen Perspektiven der Umweltmediation).

Zilleßen, Horst: Die Stellung der Mediation im politischen System der Demokratie, in: KON:SENS Heft 5/2999, S. 278–282.

Zilleßen, Horst: Mediation – Management bei Umweltkonflikten, in: Einblicke Nr. 30, Carl von Ossietzky Universität Oldenburg Okt. 1999, S. 10–13.

Zilleßen, Horst: Kommentar zum Interview mit Hans Eichel, in: KON:SENS Heft 2/1999 S. 140.

Zillessen, Horst: Kooperative Konfliktbearbeitung mit 15 Parteien – Herausforderungen der Umweltmediation am Beispiel des Mediationsverfahrens im Gasteiner Tal. In: Mader/Eberwein/Vogt 2001, S. 188–208.

ZKM – Zeitschrift für Konfliktmanangement – Mediation-Verhandeln-Vertragsgestaltung, Köln (bis zum 2. Jgg. 1999 unter dem Titel „KON:SENS" in Berlin verlegt, inzwischen im 4. Jahrgang 2001).

Grundlagen und Grundbegriffe

„Gesetzliches Unrecht": ein aktueller juristischer Grundbegriff

Wolfgang Naucke

I.

In den Vorschriften des Grundgesetzes über die Gesetzgebung des Bundes (Art. 70ff. GG) findet sich kein Hinweis darauf, daß diese Gesetzgebung zu gesetzlichem Unrecht führen kann. Diese Vorschriften vermitteln den beruhigenden Eindruck, daß alle Gesetze, die gem. Art. 70ff. GG erzeugt worden sind, inhaltlich richtige Gesetze sind. Die Landesverfassungen zeigen ein übereinstimmendes Bild. Die Regeln z.B. der Hessischen Landesverfassung (Art. 116ff.) sind wie die Regeln des GG sicher, daß korrekt erzeugte Landesgesetze inhaltlich richtige Landesgesetze sind.

Diesem Zustand der Verfassungstexte entspricht die Lehrliteratur zur Gesetzgebung. Mit großer Klarheit werden Struktur und Verlauf eines demokratischen Gesetzgebungsverfahrens dargelegt; der Begriff des gesetzlichen Unrechts hat in der Darstellung eines modernen demokratischen Gesetzgebungsverfahrens keinen Platz.[1] Das „gesetzliche Unrecht" wird zur juristischen Ausnahmekategorie für Zeiten nach politischen Umstürzen. Es entsteht bei vielen Juristen die naheliegende Vorstellung, in einem modernen demokratischen Verfassungsstaat gebe es kein gesetzliches Unrecht. Aber die Vorstellung, alle die vielen Gesetze, die in den Gesetzblättern des Bundes und der Länder zu lesen sind, seien richtig, also unkritisierbar verbindlich und hinzunehmen, ist bedrängend. Diese Vorstellung führt zu dem Argument „Gesetz ist Gesetz", zu einem Argument, das zu den populärsten Argumenten in der Rechtsanwendung bei Justiz, Staatsanwaltschaft, Polizei und privaten Sicherheitsdiensten gehört.

II.

So einfach ist die juristische Situation aber schon nach dem Grundgesetz und den Länderverfassungen nicht. Jedes Gesetz kann verfassungswidrig sein, dann ist es nichtig, „d.h. von Anfang an für alle Menschen völlig unbeachtlich".[2] Ein Gesetz, das für alle Menschen völlig unbeachtlich ist, kann nur ein unrechtes Gesetz sein. Wahrscheinlich ist also das verfassungswidrige Gesetz nur die mo-

[1] Einprägsames Beispiel: Ekkehart Stein / Götz Frank, Staatsrecht, 17. Aufl., 2000, § 14.
[2] Ekkehart Stein / Götz Frank (Fn. 1), S. 150.

derne Form des gesetzlichen Unrechts. Mit dieser Überlegung soll zunächst nur versucht werden, die juristische Denkform „gesetzliches Unrecht" aus ihrem angestammten beengenden Diskussionsrahmen (Vergangenheitsbewältigung durch Strafrecht nach dem Ende von Unrechtsregimen) zu befreien. Dann öffnet sich die juristische Möglichkeit, das „gesetzliche Unrecht" als wichtigen Bestandteil der aktuellen juristischen Grundbegriffe auszuweisen.

III.

Die neuere Erörterung des Wortes „gesetzliches Unrecht" knüpft an Radbruchs Formulierungen von 1946 zum „Recht" des NS-Regimes an.[3] Radbruch ging davon aus, daß ein theoretisch gut begründeter juristischer Positivismus zutreffend „Gesetz ist Gesetz" gesagt habe, dabei müsse es prinzipiell auch bleiben, „gesetzliches Unrecht" sei eine in sich widerspruchsvolle Vorstellung. Nur für Extremfälle müsse diese widerspruchsvolle Vorstellung vom „gesetzlichen Unrecht" gedacht und praktiziert werden.[4] Die Tendenz bei Radbruch ist, diese Extremfälle ganz eng zu fassen und sicherzustellen, daß nicht der einzelne Bürger und auch nicht der einzelne Richter am Amtsgericht über die Extremfälle befindet.[5] An dieser Stelle sind sich Radbruchs Überlegungen und die modernen Verfassungen ähnlich: Verfassungswidrigkeit muß die große Ausnahme bleiben; jeder Amtsrichter (wie jeder Bürger) kann überlegen, ob ein Gesetz verfassungswidrig ist, feststellen kann dies nur das Bundesverfassungsgericht (Art. 93, 100 GG, §§ 76ff. BVerfGG; Beispiel aus einer Landesverfassung: Art. 131 Verfassung des Landes Hessen, §§ 15ff. des Gesetzes über den Hessischen Staatsgerichtshof). Hier wird eine weitere traditionelle, bei Radbruch formulierte Tendenz der juristischen Denkform „gesetzliches Unrecht" und

---

[3] Aktuelle Zusammenfassungen: Arthur Kaufmann, Die Radbruchsche Formel vom gesetzlichen Unrecht und vom übergesetzlichen Recht in der Diskussion um das im Namen der DDR begangene Unrecht, NJW 1995, S. 81ff.; Saliger, Radbruchsche Formel und Rechtsstaat, 1995; Frommel, Die Mauerschützenprozesse – eine unerwartete Aktualität der Radbruchschen Formel, in: Haft u.a. (H.), Festschrift für Arthur Kaufmann, 1993, S. 81ff.; Ulfrid Neumann, Die Schuldlehre des Bundesgerichtshofs, in: Canaris u.a. (H.), 50 Jahre Bundesgerichtshof, Festgabe aus der Wissenschaft, 2000, S. 106ff.; Manfred Walther, Hat der juristische Positivismus die deutschen Juristen im „Dritten Reich" wehrlos gemacht?, in: Dreier und Sellert (H.), Recht und Justiz im „Dritten Reich", 1989, S. 323ff.; Lüderssen, Universalität durch integrierende Spezialisierung, zur Gesamtausgabe der Schriften Gustav Radbruchs, ARSP 1999, S. 469ff., bes. S. 476ff.; Cattaneo, Terrorismo e Arbitrio, il problema giuridico nel totalitarismo, 1998, S. 115ff.; BGHSt 19 (1994), S. 15f.

[4] Gesetzliches Unrecht und übergesetzliches Recht, SJZ 1946, S. 105ff.; Fünf Minuten Rechtsphilosophie, 1945; Vorschule der Rechtsphilosophie, 1947 (alle Texte auch in: Gustav Radbruch Gesamtausgabe, herausgeg. v. Arthur Kaufmann, Band 3: Rechtsphilosophie III, bearbeitet v. Winfried Hassemer, 1990).

[5] Radbruch, SJZ 1946, S. 107.

verwandter Denkformen greifbar: das Gesetz als Herrschafts- bzw. Regierungsmittel auf keinen Fall schwächen zu lassen durch den Einwand, das Gesetz sei falsch, oder es seien viel bessere Gesetze vorstellbar. Das „gesetzliche Unrecht" gibt ein winziges Stück der modernen Gesetzesmassen preis, um den großen Rest gegen jeden Einwand zu festigen.

IV.

Bei Radbruch ist diese Tendenz formalisiert und für die aktuelle Erörterung festgelegt. Es ist nicht zu früh, Radbruchs Text zu historisieren, d.h. Radbruchs Vorstellung vom „gesetzlichen Unrecht" einer juristischen Epoche zuzuordnen, die vergangen ist. Dies bedeutet, daß Radbruchs Eingrenzung des „gesetzlichen Unrechts" eine juristische Nähe zu den Gegenwartssituationen nicht mehr hat. Eine Aktualisierung des Begriffs des „gesetzlichen Unrechts" steht an. Radbruchs Formulierung, „„... das positive, durch Satzung und Macht gesicherte Recht (hat) auch dann den Vorrang ..., wenn es inhaltlich ungerecht und unzweckmäßig ist, es sei denn ..." (folgt sog. Radbruch-Formel),[6] diese Gesetzesauffassung ist Geschichte. Ob man sich von diesem Satz befreien kann und folglich auch die Radbruch-Formel anders bestimmen muß, entscheidet mit über die juristische Verfassung der Gegenwart.

a) Radbruchs Gesetzesbegriff ist kein modern-juristischer; es ist ein rückwärts gewandter machtpolitischer Gesetzesbegriff. Das Gesetz ist nur die inhaltlose Befugnis des autoritären Nationalstaats zu zwingen. Der Inhalt kann nach politischer Opportunität oder Willkür geliefert werden. Auf die Art der Erzeugung kommt es nicht an. An dem Einwand, dem „gesetzlichen Unrecht" liege ein autoritärer Gesetzesbegriff zugrunde, ändert sich auch nichts, wenn man – wie Radbruch – fordert, dem ungerechten oder unzweckmäßigen Gesetz Respekt zu erweisen, weil es Rechtssicherheit schaffe.[7] Das ungerechte oder unzweckmäßige Gesetz kann machtpolitisch durchgesetzt werden. Was dann entsteht, ist Unterdrückung, nicht Rechtssicherheit. Radbruchs Gesetzesbegriff ist mitleidlos, soweit er einen großen Teil der NS-Gesetzgebung

---

[6] Radbruch (Fn. 5), S. 107.

[7] Radbruch (Fn. 6). Daß die ständige Berufung auf Rechtssicherheit nur die „acquiescenza" (die Zustimmungsbereitschaft) zu jedwedem Gesetz erhöht, liegt auf der Hand (s. Cattaneo – Fn. 3 – S. 120 mit Nachweisen). – Und das ungerechte oder unzweckmäßige Gesetz bleibt Unterdrückung, auch wenn man Radbruchs Insinuation, Rechtssicherheit stehe in der Nähe von Frieden und Ordnung (Rechtsphilosophie, 6. Aufl., 1963, S. 180f. = Gustav Radbruch Gesamtausgabe, herausgeg. v. Arthur Kaufmann, Band 2: Rechtsphilosophie II, bearbeitet v. Arthur Kaufmann, 1993, S. 314: dieser Text stammt aus der 3. Aufl. der Rechtsphilosophie von 1932) hinnimmt. 1934 oder 1943 dürfte Rechtssicherheit im Sinne Radbruchs weitgehend gewährleistet gewesen sein: aber Frieden und Ordnung nicht.

stützt, ist altmodisch-drohend, verkennt, wie unaufwendig Gesetze oder andere zwingende Regeln als Summen von Subjektivismen in der Neuzeit herzustellen sind, und verengt die Zukunft des Gesetzesbegriffs des kommenden Grundgesetzes. Es gibt kein aktuelles juristisches Argument, diesem Gesetzesbegriff noch zu folgen.

b) Radbruch meint, jener Gesetzesbegriff habe sich aus „dem positivistischen Rechtsdenken" ergeben und habe „durch viele Jahrzehnte fast unwidersprochen die deutschen Juristen beherrscht".[8] Das war schon 1946 historisch zu einfach, teilweise falsch.

Das positivistische Rechtsdenken mit der bloßen Gleichsetzung „Gesetz ist Gesetz" läßt sich an keiner differenzierten, neueren Theorie-Stelle, die dem Gesetz huldigt, nachweisen. Was bei Radbruch „positivistisches Rechtsdenken" heißt, ist nur die theoretische Verfeinerung einer Regel, die sich seit der Modernisierung des Rechts in der Aufklärung verfolgen läßt. Der Aufklärung ist daran gelegen, die ursprünglich theologisch begründete Macht des juristischen Gesetzes durch Säkularisierung nicht zu schwächen. Die Schwächung liegt aber als Konsequenz der Säkularisierung des Rechts nahe. Und so kann man von Beccaria (1738 – 1794) ab bemerken, wie die Sorge, die Herrschaft des Gesetzes könne in säkularisierten Rechtsbegründungen nicht mehr zu sichern sein, zu einer angestrengten und prätentiösen Überhöhung des Gesetzes führt. Diese Überhöhung des Gesetzes ist der eigentliche moderne Gesetzespositivismus:

„Innerhalb der Grenzen eines Landes darf es keinen Ort geben, der dem Gesetz entzogen wäre. Seine Macht muß jedem Bürger folgen wie der Schatten dem Körper".[9]

Feuerbach (1775–1832) baut um 1800 mit der psychologischen Zwangstheorie das Gesetz zum Energiezentrum einer funktionierenden Rechtspflege aus.[10] Goethe darf wegen der Maxime „Es ist besser, es geschehe Dir unrecht, als die Welt sei ohne Gesetz. Deshalb füge sich jeder dem Gesetz"[11] zu den Vorläufern eines modernen Gesetzespositivismus gezählt werden. Kant feiert das Gesetz überschwenglich.[12] Und die 2. Hälfte des 19. Jahrhunderts überführt den unwiderstehlichen Zwangscharakter des Gesetzes in die für jeden Juristen handliche „Theorie des Gesetzespositivismus": Wenn etwas im Gesetzblatt steht, kann man es ohne neues Nachdenken nutzen. Der Zwangscharakter, den

---

[8] Radbruch (Fn. 5), S. 105.

[9] Beccaria, Über Verbrechen und Strafen (1766), zitiert nach der Ausgabe von Alff, 1966, S. 138.

[10] Feuerbach, Revision der Grundsätze und Grundbegriffe des positiven peinlichen Rechts, 1. Teil, 1799, S. 49ff.

[11] Goethe, Maximen und Reflexionen, Artemis-Ausgabe 9, S. 610.

[12] Kant, Metaphysik der Sitten, 1797, Erster Teil. Metaphysische Anfangsgründe der Rechtslehre. Einleitung in die Rechtslehre, und: Der Rechtslehre Zweiter Teil. Das öffentliche Recht. Erster Abschnitt. Das Staatsrecht.

man schwer begründen kann, den man aber zu brauchen meint, hat das Gesetz ja immer.

Das ist aber ein nach der Entwicklung viel zu einfacher Gesetzespositivismus, der hier angerufen wird. Bei Beccaria und Feuerbach ist ganz sicher, daß Gesetz und Gesetzesinhalt kongeniale juristische Figuren sind,[13] daß nur konkrete Gerechtigkeit Zugang zum Gesetz hat. Für Kant ist das Gesetz von der Gerechtigkeit nicht zu trennen.[14]

Was den eleganten theoretisierenden Gesetzespositivismus Radbruchs von den naiven Formen eines Beccaria und Feuerbach unterscheidet, ist dies: Beccaria und Feuerbach sind Naturrechtler, Absolutisten (das Gesetz enthält und kann nur enthalten ein vorher für richtig befundenes Recht), Radbruch und seine juristische Umgebung sind Relativisten[15]: richtiges Recht gibt es nicht, aber wir haben ja das Gesetz, das zwingt, gleichgültig, warum und wozu. Der moderne Gesetzespositivismus hat im Unterschied zum älteren einen hervorstechenden zusätzlichen Inhalt; er weist den Relativismus-Einwand gegen den Gesetzesinhalt ab mit der Behauptung, wenn etwas einmal Gesetz sei, komme es auf den Inhalt – und sei er noch so falsch – nicht mehr an. Der moderne Gesetzespositivismus ist keine juristische Methode, keine rechtsphilosophische Reflexion, sondern ein Stück moderner Machtorganisation.

c) Was bei Radbruch heruntergespielt wird, ist, daß diese einfache Gesetzesauffassung stets auf Widerspruch gestoßen ist. Es konnte 1946 nicht die Rede davon sein, daß diese Auffassung die deutschen Juristen „fast unwidersprochen ... beherrscht" habe. Vielleicht wünschte man, daß es so gewesen sei.

Der moderne Gesetzespositivismus hat immer Probleme gehabt, sich von der älteren Lehre (Gesetz ist nur das richtige Gesetz) zu befreien. Die zentrale rechtsphilosophische Stelle findet sich bei Kant mit der scharfen Unterscheidung zwischen gerechten und ungerechten Gesetzen.[16] Diese Stelle gehört zum Zentralbestand allgemeinen juristischen Wissens. Goethe taugt als Kronzeuge für einen inhaltlich gleichgültigen Gesetzespositivismus doch auch nicht; er kennt das „Ungesetz" und sieht, daß dieses Ungesetz „gesetzlich überwalten",[17] also ungerecht überwältigen kann. Die professionellen Äußerungen der relativistischen Machttheoretiker des Gesetzes sind politisch so erfahrungslos,

---

[13] Beccaria (Fn. 9), S. 43ff., 48ff., 54f., 148ff. – Feuerbach (Fn. 10), S. 65ff.

[14] Kant, Metaphysik der Sitten, 1797, Erster Teil. Metaphysische Anfangsgründe der Rechtslehre. Einleitung in die Rechtslehre. § B.

[15] Zusammenfassung: Radbruch, Der Relativismus in der Rechtsphilosophie (1934), in: Gustav Radbruch Gesamtausgabe, Band 3, Rechtsphilosophie III, bearbeitet v. Winfried Hassemer, 1990, S. 17ff. (hier auch die Andeutung, daß der Relativismus das Naturrecht der Neuzeit sein kann).

[16] Kant, Metaphysik der Sitten, 1797, Erster Teil. Metaphysische Anfangsgründe der Rechtslehre. Einleitung in die Rechtslehre, § B.

[17] Goethe, Faust 2. Teil, 1. Akt, Kaiserliche Pfalz, Ausgabe Trunz S. 151 (Vers 4785).

daß sie den wissenschaftlichen Gesetzespositivismus diskreditieren. Diese Äußerungen haben nur einen juristischen Sinn, nämlich die juristische Aufmerksamkeit für das Auftauchen juristischen Unrechts zu mindern und die Bereitschaft, gesetzliches Unrecht hinzunehmen, zu erhöhen. Bergbohm 1892: „das niederträchtigste Gesetzesrecht, sofern es nur formell korrekt erzeugt ist," (müssen wir) „als verbindlich anerkennen"; auch „Mißrecht" ist, solange nicht abgeschafft „zu respektieren".[18] Somló 1927: „Es gilt unumstößlich die Wahrheit, daß die Rechtsmacht (oder nach anderer Terminologie: der Gesetzgeber, der Staat, die souveräne Macht) jeden beliebigen Rechtsinhalt setzen kann".[19] Das ist intellektuell flach und politisch kurzsichtig, als juristische Argumentation parteilich, also zur Stützung eines wissenschaftlichen Gesetzespositivismus wertlos. Allenfalls als argumentum ad absurdum materialis gegen den Positivismus können diese Überlegungen einen wissenschaftlichen Status haben. Als Teil der Überlegung, das positivistische Rechtsdenken habe die Juristen beherrscht, sind sie wegen ihrer Machtarroganz in der Gegenwart nicht zu beachten.[20] Dagegen ist in Rechnung zu stellen, wird aber von Radbruch übergangen, daß der angeblich so beherrschende positivistische Ansatz in der Jurisprudenz stets befehdet worden ist, von Beherrschung nicht einmal im Sinne von „vorherrschend" gesprochen werden kann. Die naturrechtliche Bewertung staatlicher Gesetzgebung hat im ganzen 19. Jahrhundert nicht vernichtet wer-

[18] Bergbohm, Jurisprudenz und Rechtsphilosophie, I. Buch, 1892, S. 144f.: Das „Mißrecht", das heute in Kraft sei, könne der Positivist auch „heiliges" Recht nennen. Das sei eine „peinliche Lage", aber einen Ausweg gebe es nicht (S. 144f.). Auch Radbruch kannte „Schandgesetze" (in der Ausgabe der Rechtsphilosophie 1932, s. Gustav Radbruch Gesamtausgabe, herausgeg. v. Arthur Kaufmann, Band 2, Rechtsphilosophie II, bearbeitet v. Arthur Kaufmann, 1993, S. 315), freilich nur in Anführungsstrichen und mit der leeren salvatorischen Klausel, das „Gewissen" verweigere solchen Gesetzen den Gehorsam; das bedeutet nur, daß juristisch die Nichtbeachtung von Schandgesetzen das persönliche Risiko des Handelnden ist; das bleibt sogar hinter dem 1932 erreichten Stand der Debatte um die Lehre vom Verbotsirrtum zurück.

[19] Somló, Juristische Grundlehre, 2. Aufl., 1927, S. 308. Der Text fährt fort: „... folglich auch beliebige Bedingungen seiner Geltung bestimmen kann."

[20] Es ist das Verdienst Arthur Kaufmanns, diese politisch unbesonnene Literaturrichtung für die gegenwärtige Debatte festgehalten zu haben (Arthur Kaufmann / Winfried Hassemer, Einführung in die Rechtsphilosophie und Rechtstheorie der Gegenwart, 6. Aufl., 1994, S. 95). Arthur Kaufmanns Umgang mit jener Richtung ist freilich kompromißhaft. „Fatale Konsequenz" vermutet er bei Bergbohm (a.a.O.), aber Bergbohm ist nur konsequent. Die Interpretation, Bergbohm, Somló, Kelsen und andere seien von der ja auch bestätigten Annahme ausgegangen, der Gesetzgeber gegen Ende des 19. Jahrhunderts werde niederträchtige Gesetze nicht machen, trägt nicht. Allein das Kolonialstrafrecht und die Sozialistengesetze erledigen diese Interpretation. Radbruch hat bemerkt, daß die Sozialistengesetze zu seiner Lehre nicht recht passen wollen; sein Kommentar dazu bleibt dunkel (Rechtsphilosophie, 6. Aufl., 1963, S. 181 = Gustav Radbruch Gesamtausgabe, herausgeg. v. Arthur Kaufmann, Band 2, Rechtsphilosophie II, bearbeitet v. Arthur Kaufmann, 1993, S. 315).

den können.[21] Die Debatte um Nelsons „Rechtswissenschaft ohne Recht“ (1. Aufl. 1917) ist ein gehaltvolles Gegengewicht gegen das positivistische Rechtsdenken gewesen. Radbruch war an der Nelson-Debatte beteiligt.[22] In die Tradition der Nelson-Debatte gehört das Kontrollratsgesetz Nr. 1 v. 20. September 1945, das mit fester Selbstverständlichkeit das positivistische Rechtsdenken für erledigt erklärt.[23] Daß Radbruch dieses Gesetz nicht ausführlich erörtert, schwächt das ganze Argumentationsgebäude, das, rückwärts gewandt, das staatliche autokratische Herrschaftsmittel „Gesetz“ im Prinzip ungeschwächt in die demokratische Moderne retten will.

Das positivistische Rechtsdenken herrschte nicht als dogmatische oder methodologische Regel vor, sondern es *wollte* etwas: durch den unbefragbaren Gesetzeszwang politisch herrschen. Das hat dieses Denken auch erreicht, erreicht dies bis heute, erschrickt ab und zu über das, was es anrichtet, bittet um Nachsicht (in der Sicherheit, daß nachgesehen wird) und betreibt sein Geschäft weiter.

Es war aber schon 1946 und ist gegenwärtig naheliegend einfach, sich von der Vorherrschaft des sog. positivistischen Rechtsdenkens zu befreien, d.h. den Begriff des „gesetzlichen Unrechts“ zu aktualisieren.

V.

Radbruchs Formulierung vom „gesetzlichen Unrecht“ ist in der Frage der juristischen Regelschaffung nicht auf der Höhe der Zeit. Die Formulierung und die Erörterung der Formulierung beziehen sich ausdrücklich und in den Bei-

---

[21] S. Klippel (H.), Naturrecht im 19. Jahrhundert, Kontinuität – Inhalt – Funktion – Wirkung, 1997. Die Belege in diesem Sammelband sind so massiv, daß das schlichte Weglassen dieser Linie durch den wissenschaftshistorisch immer wieder hervortretenden Autor Radbruch unprofessionell erscheint. – Radbruchs Summe: Relativismus + zwingendes Recht = Überwindung eines konservativen zugunsten eines fortschrittlichen Rechtszustandes, war durchaus empirisch richtig, erreichte nur mehr als gewollt. Der Mechanismus, der in dieser Summe steckt, kann gegen jeden Rechtszustand angewandt werden, und das ist auch geschehen: Relativismus + zwingendes Recht = Überwindung eines liberalen Rechtsstaats, ist ein Ergebnis dieses Mechanismus'.

[22] Darauf ist Radbruch schon 1947 hingewiesen worden (Henry-Hermann, in: Gustav Radbruch Gesamtausgabe, herausgeg. v. Arthur Kaufmann, Band 3, Rechtsphilosophie III, bearbeitet v. Winfried Hassemer, 1990, S. 104). Radbruch räumt ein, daß der Hinweis richtig ist, zieht aber keine Folgerungen (a.a.O., S. 105f.). Radbruch konnte mit Nelson nichts anfangen, s. die Besprechung von Nelsons System der philosophischen Rechtslehre und Politik von 1924 (Gustav Radbruch Gesamtausgabe, herausgeg. v. Arthur Kaufmann, Band 1, Rechtsphilosophie I, bearbeitet v. Arthur Kaufmann, 1987, S. 537).

[23] Die Zusammenhänge sind materialreich ausgebreitet bei Etzel, Die Aufhebung von nationalsozialistischen Gesetzen durch den Alliierten Kontrollrat (1945–1948), 1992 (zu KRG 1 s. bes. S. 80ff.).

spielen nur auf das Gesetz. Das ist erstaunlich. Zumindest für das Strafrecht gilt, daß dieses Gebiet einen beständigen starken Hang hat, Strafregeln einfacher zu schaffen als durch langwierige Gesetzgebung. Meist durch Ermächtigungsregeln[24] ermöglicht, hat die Straf-Verordnung in neuerer Zeit eine viel größere Bedeutung als das Straf-Gesetz. Das überzeugend unrechte Kolonialstrafrecht ist weitgehend Verordnungsstrafrecht, im 1. Weltkrieg gibt es keine Strafgesetze, aber viele rechtlich heikle Verordnungen,[25] die Regelgebung der Weimarer Republik greift durch Verordnungen in starker Weise in das Recht ein,[26] das 3. Reich denkt fast nur noch in den Kategorien der schnell machbaren Straf-Verordnung. Die Verordnung über die Strafrechtspflege gegen Polen und Juden in den eingegliederten Ostgebieten v. 1941[27] ist der Prototyp des Verordnungs-Unrechts.

Es müssen nur einfache juristische Argumentationsregeln angewandt werden, um darauf zu kommen, daß, wenn schon das Gesetz Unrecht sein kann, auch alle unter dem Gesetz rangierenden Rechtsquellen Unrecht sein können: gesetzliches Unrecht; Richtlinien-Unrecht; Urteils-Unrecht; Verordnungs-Unrecht; Erlaß-Unrecht; Verfügungs-Unrecht; Befehls-Unrecht. Bei Radbruch gibt es Andeutungen, daß es anders nicht sein kann.[28] Aber der Gegenstand wird bei Radbruch und auch nach ihm nicht breit ausgeführt. Verständlich ist das nur aus dem politischen, etatistischen Klima, aus dem diese Lehre vom gesetzlichen Unrecht lebt und das sie stärkt. Es ist das Klima der Besorgnis, staatliche Herrschaftssicherheit (Rechtssicherheit) könnte leiden. Radbruchs Vorstellung vom gesetzlichen Unrecht lebt aus dem 18. und 19. Jahrhundert, aus der Hobbes verpflichteten Vorstellung von der Machtausübung über Untertanen durch Gesetze. Das „gesetzliche Unrecht" gibt ein kleines Stück Gesetzesmacht preis, um das ganze Machtinstrument um so sicherer zu retten.

---

[24] Übersicht bei Frehse, Ermächtigungsgesetzgebung im Deutschen Reich 1914–1933, 1985.

[25] Materialreich dazu Kopp, Nichtdeutsche Angeklagte im deutschen Strafverfahren, Ihr Schutz im Normal-, Kolonial- und Militärzustand seit der Reichsgründung 1871, 1997.

[26] Übersicht, die weit über den Titel hinausgeht, bei: Vormbaum, Die Lex Emminger v. 4. Januar 1924, ein Beitrag zur deutschen Strafrechtsgeschichte des 20. Jahrhunderts, 1988; ergänzend Nobis, Die Strafprozeßgesetzgebung der späten Weimarer Republik (1930–1932), insbesondere die Notverordnung v. 14. Juni 1932, 2000.

[27] RGBl 1941 I, 759.

[28] S. den irritierten Hinweis auf die Einschränkung des Satzes „Befehl ist Befehl" durch das Militärstrafrecht auf den rechtmäßigen Befehl (heute: § 22 WStG). Radbruch erwähnt auch das Unrechts-Urteil und andere juristische Handlungsformen als mögliche juristische Unrechts-Arten (Vorschule der Rechtsphilosophie, 1947, S. 108f.). – Juristisch viel klarer Art. 2 des (bayrischen) Gesetzes Nr. 22 zur Ahndung nationalsozialistischer Straftaten v. 31. Mai 1946 (Gesetz, Verordnung, Erlaß, Befehl können unrecht sein). Radbruch (SJZ 1946, S. 107) nennt dieses Gesetz, wertet es aber nicht aus (das Gesetz ist zugänglich in: Gustav Radbruch Gesamtausgabe, herausgeg. v. Arthur Kaufmann, Band 3, Rechtsphilosophie III, bearbeitet v. Winfried Hassemer, 1990, S. 290).

Keine Zeit als die Jahre nach der NS-Herrschaft, nach dem 2. Weltkrieg ist berufener gewesen, ein System unrechter, staatlich-juristischer Herrschaftsmittel zu entwickeln und in die Rechtslehre zu integrieren. Die Anlage von Radbruchs Begriff des gesetzlichen Unrechts hat dies verhindert. Wenn es je einen Grund für eine solche Verhinderung gegeben haben sollte, augenblicklich ist kein solcher Grund mehr zu finden. Überall entwickeln sich juristische Figuren, die aus der Überlegung stammen, die staatliche Macht-Regel könne falsch sein. Die Konzentration auf das „gesetzliche Unrecht“ und das Festhalten an der besorgten juristischen Enge dieser Vorstellung verstellen den Blick auf diese Entwicklung.

VI.

Bei Radbruch ist das „gesetzliche Unrecht“ ein *rechtsphilosophisches* Problem, das in den Diskussionszusammenhang „Positivismus / Naturrecht“ gehört. Die Frage, in welchen Teil der Rechtslehre die Figur des „gesetzlichen Unrechts“ gehört, ist eine wichtige Frage, weil von der Beantwortung die juristische Reichweite abhängt, die die Frage hat. Freilich wird die Frage kaum erörtert. Im allgemeinen wird Radbruchs Einordnung ohne wissenschaftliche Nachprüfung übernommen. Kommt es zu dieser Nachprüfung, wird bestätigt, daß es sich nicht um eine „rechtsdogmatische“, sondern um eine „rechtsphilosophische“ Frage handele.[29] Damit wird die Frage zur Frage in rechtsgrüblerischen Ausnahmesituationen, zur Frage für Spezialisten, die sie nicht lösen können, zur Frage außerhalb des juristischen Alltags.

Es sprechen aber viele Anzeichen dafür, daß diese Einordnung und ihre juristischen Folgen dem modernen Stand juristischen Handelns nicht angemessen sind. Schon in Radbruchs Text von 1946 ist zu sehen, daß nicht ein Rechtsphilosoph klug und frei einen Gedanken entwickelt, sondern daß ein in die Rechtsentwicklung des 20. Jahrhunderts tief Einbezogener persönlich interessiert und fast gehetzt den Entscheidungen von Gerichten und Staatsanwaltschaften theoretisch nachsetzt, um sie an einer Ausuferung zu hindern.[30]

Es sind die von Radbruch angeführten Überlegungen von Instanzgerichten, es sind die Entscheidungen des OGHSt,[31] frühe Entscheidungen des BGH zum

---

[29] Ebert, Strafrechtliche Bewältigung des SED-Unrechts zwischen Politik, Strafrecht und Verfassungsrecht, in: Festschrift für Ernst-Walter Hanack, 1999, S. 523.

[30] Radbruch, SJZ 1946, S. 105ff.

[31] OGHSt 1–3, 1949/50. S. im einzelnen Rüping, Das „kleine Reichsgericht“, Der Oberste Gerichtshof für die Britische Zone als Symbol der Rechtseinheit, NStZ 2000, S. 357f. und Rüping, „Hüter des Rechts und der Rechtseinheit“ – Zur Bedeutung des Obersten Gerichtshofs für die Britische Zone für die Strafrechtspflege, in: Vormbaum (H.), Jahrbuch für Juristische Zeitgeschichte, Band 1, 1999/2000, S. 88ff.

NS-Unrecht (und die in den Revisionsentscheidungen mitgeteilten Überlegungen der Untergerichte)[32] und die späteren Entscheidungen des BGH zum DDR-Unrecht (und wiederum die in den Revisionsentscheidungen wiedergegebenen Argumente der Vorinstanzen),[33] die zeigen, wo die Diskussion um das gesetzliche Unrecht seinen juristischen Ort hat: in der Auslegungslehre, allgemein in der Methodenlehre, also im Allgemeinen Teil aller Rechtsgebiete, im Juristenamtsrecht, vor allem in der Lehre von der Unabhängigkeit der Justiz, der Juristen überhaupt, und in der Gesetzgebungslehre als Teil der Allgemeinen Staatslehre und des positiven Verfassungsrechts. Die nullum crimen sine lege-Lehre des Strafrechts ist ohne die Präzisierung, welche Gesetze gerechte Gesetze sind, also ein wirkliches crimen nach einer durchdachten Gesetzgebungsprozedur unter Strafe stellen, unvollständig.

Der Begriff des gesetzlichen Unrechts, des Verordnungsunrechts usw. ist aktuell kein exotischer juristischer Begriff für Ausnahmesituationen. Er ist ein juristischer Grundbegriff, gehört im Studium bereits in die Einführungsveranstaltungen, in der Referendarausbildung zum Pflichtstoff, in der Weiterbildung zum Standardgegenstand.

VII.

Man wird einwenden, daß diese Einordnung naiv-utopisch ist. Sie ist es jedoch nicht. Zunächst ist gegen den Einwand vorzubringen, daß Radbruchs Auffassung, die als das größtmögliche juristische Zugeständnis in der Frage staatlichen Unrechts gilt, zu wenig utopisch und zu absichtlich etatistisch war und ist. Die prinzipielle Rückbindung des Juristen an das unüberprüfte staatliche Gesetz bei zunehmender Gesetzgebungsfreiheit (Regelgebungsfreiheit) ist sehr zurückhaltende staatsnahe (nicht rechtsnahe) Jurisprudenz, war überholt schon 1946 durch die sich abzeichnenden Regeln einer zunächst begrenzten, sich dann immer weiter ausdehnenden internationalen Übereinkunft über die Mindestbedingungen für richtige Gesetze und richtiges juristisches Handeln. Die juristischen Argumentationsmöglichkeiten, die sich in den Statuten der Internationalen Tribunale in Nürnberg und Tokio, in der MRK, in den Zusatzprotokollen zur MRK, im IPBPR 1966, in den vielfältigen europäischen und internationalen Regelwerken zu Mindeststandards für juristisches Verhalten in Gesetzgebung und Rechtsanwendung, in den Statuten für die Jugoslawien- und Ruanda-Tribunale und in den Statuten von Rom für den Internationalen Strafgerichtshof 1998 angesammelt haben, weisen einen machtgeneigten engen Be-

[32] Z.B. BGHSt 2, 173ff.

[33] Z.B. BGHSt 39, 1ff.; 40, 218ff.

griff des „gesetzlichen Unrechts" zurück, fordern nicht nur ein souveräneres juristisches Denken als es dem Begriff des „gesetzlichen Unrechts" von 1946 zugrunde liegt, sondern konstituieren es als Alltag.

Die ständige Überprüfung juristischer Regeln auf ihre inhaltliche Richtigkeit, auf ihre Rechtsgemäßheit ist längst im Gang (ist „dogmatisiert"). Diese Entwicklung ist freilich bei professionell-juristischem Handeln klarer abgrenzbar als bei Bürgerhandeln. Entscheidend ist dabei, daß – anders als Radbruch, verstrickt in die Vorstellung von der Macht des einmal gegebenen Gesetzes, es sich vorstellen konnte – die Überprüfung heute im konkreten juristischen und bürgerlichen Handeln erfolgt, also nicht warten muß, bis eine staatsnahe Institution über die staatsverträgliche Einordnung als „gesetzliches Unrecht" irgendwann einmal, wenn das gesetzliche Unrecht seine Wirkung schon getan hat, entschieden hat.

a) Das professionelle juristische Handeln hat so viele Möglichkeiten ausgeprägt, die positive Regel allgemein und in der konkreten Anwendung zu überprüfen, daß von einem „Positivismus" („machtgestützte Regel ist machtgestützte Regel"), von dem Radbruch noch ausging, nicht mehr die Rede sein kann. So ist auch die Gegenüberstellung von Positivismus und Naturrecht obsolet. Übriggeblieben von der älteren Auffassung Radbruchs ist, daß der Jurist sich nicht gern als Naturrechtler bezeichnet. Das braucht er auch nicht mehr. Die Inhaltskriterien für richtiges Recht nennen sich heute anders, suchen möglichst nach Positivierung, dehnen sich aber auf der Linie eines kritischen Naturrechts aus und finden Begriffe und Wendungen, die der gegenwärtigen juristischen Denkweise angemessener sind als „Naturrecht". Das Argument „verfassungswidrig" in den juristischen Formen der Verfassungsbeschwerde, der Vorlage gem. Art. 100 GG und der verfassungskonformen Auslegung hat sich von den Verfassungstexten längst gelöst und ist zum Äquivalent für das Argument „ungerecht" geworden.[34] Geradezu eine Bestätigung für diese Entwicklung ist die Debatte über verfassungswidriges Verfassungsrecht.[35] Auch die „Verfassungskonkretisierung" gehört hierher,[36] ebenso die menschenschonen-

---

[34] Jedenfalls als Frage ist die Nähe von Unrecht und Verfassungswidrigkeit formuliert: s. Lüderssen, in: Canaris u.a. (H.), 50 Jahre Bundesgerichtshof, Festgabe aus der Wissenschaft, 2000, S. 901. Schwill, BVerfG und Radbruch-Formel, KritV 1/2002, S. 79ff. faßt folgerichtig die Auseinandersetzung mit dem „gesetzlichen Unrecht" als verfassungsrechtliches Problem auf. Saliger sieht in der Radbruch-Formel allgemein ein Problem des aktuellen Rechtsstaats des GG (Fn. 3, bes. S. 78ff.).

[35] Vgl. die Skizze bei Stein / Frank (Fn. 1), S. 63f.

[36] Vgl. die Darstellung bei Stein / Frank (Fn. 1), S. 40ff. Der Text betont, die Verfassungskonkretisierung habe das Ziel, der sozialen Wirklichkeit „gerecht" zu werden (Fn. 1, S. 41). Das kann nur bedeuten, daß das Unterlassen der Verfassungskonkretisierung verfassungsrechtliches Unrecht entstehen lassen kann. Allgemeiner (für alle juristischen Regeln): Stein, Die rechtswissenschaftliche Arbeit, 2000, S. 31ff.

de Folgenanalyse bei der Auslegung juristischer Regeln.[37] Das Verfahren der Abwägungsdogmatiken in allen Rechtsgebieten, vor allem im Verfassungsrecht, ist ein scharfsinniges Mittel, dogmatische Unterscheidungen zu formulieren, aber in der Sache Recht von Unrecht in der positiven Rechtsordnung zu unterscheiden. Die objektive Auslegungslehre, die außerordentlich dehnungsfähig ist, kann mühelos gesetzliches Unrecht korrigieren, ohne sich auf eine Gerechtigkeits-Erörterung einlassen zu müssen. Das ganze übliche Hantieren mit Präjudizien funktioniert in der Frage des gesetzlichen Unrechts genauso gut wie die objektive Auslegungslehre. Alle Bestimmungen des Rechtsbegriffs der Rechtsbeugung sind Grenzerörterungen im Bereich des gesetzlichen Unrechts. Die moderne Gesetzgebungslehre reicht, soweit sie kritische Gesetzgebungslehre ist, mit ihren Kriterien für gelungene Gesetze weit in das Gebiet des inhaltlich richtigen Gesetzes hinein;[38] das gesetzgebungswissenschaftlich nicht gelungene Gesetz ist zum nicht geringen Teil gesetzliches Unrecht.

b) Eine Überprüfung der inhaltlichen Richtigkeit einer staatlichen Zwangsregel durch den einzelnen Bürger mit der juristischen Folge, daß die Regel sich als unverbindliches Unrecht erweist, erscheint auf den ersten Blick kaum möglich.[39] Es gehört zum Kern juristischen Wissens der Neuzeit, daß eine solche Überprüfung die Regel aufheben würde, was im Prinzip nicht sein darf. Man bemerkt hier, daß Gesetze, Verordnungen, Erlasse, Urteile, Befehle durch alle Epochen der neueren Rechtsgeschichte hindurch vom Regelgeber her konstruiert sind, seinen Interessen dienen und Gehorsam ohne Nachdenken verlangen. In dieser Frage unterscheidet sich die Staatsform des GG nicht von anderen Staatsformen. Gemildert wird dieser autoritäre Gesetzesbegriff durch den verbreiteten juristischen Optimismus, im Regelfall träfen die staatlichen Gesetzesbefehle schon das Richtige. Dieser Optimismus führt bei Radbruch zu der absurden Folge, abgesehen von dem wenigen „gesetzlichen Unrecht" sei

---

[37] Zugeschärft findet sich dieser Gedanke in der Formulierung Steins: „... jedenfalls unter dem Grundgesetz (ist) das Recht nur um des Menschen willen da ..., nicht der Mensch um des Rechts willen. Hiergegen würde ein Richter verstoßen, der einen Rechtssatz ohne Rücksicht auf die Konsequenzen für die hiervon betroffenen Menschen anwenden wollte" (Stein, Die rechtswissenschaftliche Arbeit, 2000, S. 22).

[38] Vgl. Karpen, Zum Stand der Gesetzgebungswissenschaft in Europa, in: Schreckenberger / Mertens (H.), Grundfragen der Gesetzgebungslehre, 2000, S. 11ff. Die Übersicht von Karpen ist klar begrenzt auf die Wissenschaft von der Gesetzgebung. Der Leser, der diese Übersicht mit Hilfe des Begriffs des gesetzlichen Unrechts aufnimmt, kann sie zu einem Teil als Modernisierung und Ausweitung der Kriterien für inhaltlich richtige Gesetze lesen. Karpens Übersicht ist übrigens ein weiterer Beleg dafür, wie unangemessen es ist, das gesetzliche Unrecht nur als rechtsphilosophisches Problem und nicht in erster Linie als Problem des Inhalts aktueller Gesetzgebung aufzufassen. Wahrscheinlich läßt sich dies auch an der so modernen Gesetzesfolgenabschätzung erörtern.

[39] Für das Problem der Verfassungswidrigkeit eines Gesetzes s. Stein / Frank (Fn. 1), S. 150.

das NS-Recht als der Rechtssicherheit dienlich inhaltlich in Ordnung gewesen. Diese Überhöhung des Gesetzes aus Furcht vor dem Bürger, d.h. die beengenden Voraussetzungen des „gesetzlichen Unrechts" müssen weitreichende soziale Folgen haben, nämlich die Dämpfung von Zivilcourage und die Minderung der Muts zum eigenen risikoreichen Entschluß und das Hervorrufen von Bänglichkeit gegenüber einer Obrigkeit, die sich mit gesetzlichen oder anderen Regeln ausstatten kann.

Aber dieser staats- und juristenfreundliche Zustand beginnt sich aufzulösen. Eine Abgrenzung des „staatlichen Unrechts" aus der Sicht des Bürgers scheint nicht mehr ausgeschlossen zu sein. In den folgenden juristischen Instituten ist diese Sicht verpuppt: in der individuellen Verfassungsbeschwerde (Art. 93 I 4 a GG), in den Individualbeschwerderechten nach der MRK (Art. 13 und 34), im Petitionsrecht (Art. 17 GG), im Widerstandsrecht (Art. 20 Abs. 4 GG), im Verbotsirrtumsrecht (z.B. §§ 17 StGB, 11 Abs. 2 OWiG), in der Debatte um die Rechtmäßigkeit zivilen Ungehorsams und im Gnadenrecht. Untersucht werden müßte, ob die stark steigenden Zahlen informeller Erledigungen und Absprachen im Straf- und Ordnungswidrigkeitenverfahren nicht mitbestimmt sind von der Überlegung, die anzuwendenden Vorschriften seien inhaltlich zumindest unplausibel.

VIII.

Fazit: Die Berufung auf Radbruchs Begründung und Abgrenzung des „gesetzlichen Unrechts" ist unaktuell. Radbruch ging 1946 von einem durch Überlegungen von Juristen (Justizjuristen, Anwälten) und von Bürgern nicht einholbaren Richtigkeits- und Machtvorsprung des nationalen Gesetzes, der national-staatlichen Regel überhaupt aus.

„Gesetzliches Unrecht" gibt es in der Tradition Radbruchs sehr wenig. Das meiste gesetzte Recht, die riesige Menge staatlicher Regeln, die die Moderne in allen Staatsformen erzeugt, wäre dann gesetzliche Gerechtigkeit (oder Verordnungsgerechtigkeit, Erlaßgerechtigkeit usw.). Diese Auszeichnung freilich wäre juristische Simplizität, was immer man unter Gerechtigkeit verstehen mag. Steuerrecht, Polizeirecht, Gewerberecht, Medienrecht, Hochschulrecht sind in jeder Staatsform allenfalls prozedural zutreffend legitimierter Zwang, nicht mehr, haben mit Gerechtigkeit wenig zu tun. Angemessener ist die Folgerung, an Radbruch anknüpfend zu unterscheiden zwischen geringsten Mengen „gesetzlichen Unrechts", riesigen Mengen „gesetzlichen Rechts, Verordnungsrechts usw." (epochenabhängiger Regeln, die weder mit Gerechtigkeit noch mit Unrecht etwas zu tun haben, auch nicht mit inhaltlich bestimmtem Recht; „gesetzliches Recht" heißt nur: unwiderstehliche Regel) und einer kaum wahrnehmbaren Menge „gesetzlicher Gerechtigkeit", die bisher nicht bestimmt worden ist. Das eigentlich Wichtige der Lehre Radbruchs ist, daß die riesige Menge gesetzlichen Rechts, die den Staat, auch den Unrechtsstaat, stabil halten kann, aus der juristischen und bürgerlichen Bezweifelbarkeit herausgenommen und der unwiderstehlichen Durchsetzung zur Verfügung gestellt wird. Diese Folge erst macht die Erörterung von „Recht im Unrecht" oder von der „Alltagsrechtspflege im Unrechtsstaat" möglich;[40] und diese Folge stärkt den Mitläufer.

Diese Auffassung war aber schon 1946 veraltet, juristisch unnötig und gegenüber den Untertanen einer brutalen Diktatur unhaltbar. Die Nürnberger Gesetze v. 1935 und die Polenstrafrechtsverordnung v. 1941 kontaminieren die ganze Regelmasse des NS-Staates, das NS-Mietrecht ebenso wie das NS-Straßenverkehrsrecht.

Die juristische Entwicklung nach dem 2. Weltkrieg hat die Radbruch-Auffassung überholt, mag sie noch so sicher auftreten. Es sind juristische Denkformen entstanden, die das gesetzliche Unrecht (das Regelunrecht) als Normalfall der Gesetzgebung und nicht nur als „extremen Ausnahmefall"[41] auch in einem modernen Staat identifizieren können. Und die Lehre vom gesetzlichen Unrecht hat angefangen, ihre juristische Blickrichtung zu ändern, vom Schutz der staatlichen Gesetzgebung gegen Bürgerüberlegungen zu einem Mittel für den Bürger, sich über das Wahlrecht hinaus permanent zu einer Politik, die sich in Gesetzen und anderen Regeln kundtut, bewertend zu verhalten. Beruft man sich weiter auf Radbruch 1946, so ist das objektiv eine Wendung gegen diese Entwicklung.

---

[40] Zu den theoretischen Problemen und den Konsequenzen für die wissenschaftliche Arbeit s. vor allem: Stolleis, Recht im Unrecht, 1994, S. 7ff.; Diestelkamp / Stolleis (H.), Justizalltag im Dritten Reich, 1988; Arnold, Die Normalität des Strafrechts der DDR, 2 Bände, 1995/1996, bes. Band 1, S. 1ff. – Zu den bedrückenden Folgen der Auffassung Radbruchs gehört es, daß das Gesetzes-, Verordnungs-, Erlaß- und Befehlsunrecht gegen die Juden im NS-Staat als „Sonderrecht für die Juden im NS-Staat" (so der Titel der von Joseph Walk besorgten aktuellen Textsammlung) bezeichnet werden kann, vielleicht sogar muß. Was da gesammelt ist (Herausgeber und Kommentatoren lassen keinen Zweifel daran), ist aber Unrecht. Aber offenbar ist es schwer, eine solche Sammlung „Das Sonderunrecht gegen die Juden im NS-Staat" zu nennen.

[41] Seelmann, Rechtsphilosophie, 2. Aufl., 2001, S. 40.

Organisationsformen gesellschaftlicher Wahrheitssuche

Hohe Schulen im arabischen und lateinischen Mittelalter

Adalbert Podlech

1. *Das islamische Schul- und Hochschulwesen der frühen Zeit*

Der Islam ist eines der faszinierendsten Phänomene der Geschichte. In einem – soweit wir das wissen – fast kulturlosen, religiös – im Sinne der Religionen der Hochkulturen – desinteressierten Beduinen-Volk am Rande der damaligen Weltgeschichte entsteht durch die Botschaft, die Mohammed als Gesandter Gottes empfängt, *rasul Allāh*, der jüngste Zweig der monotheistischen Religionsfamilie. In hundert Jahren, in der Zeit von 632 bis 750, entsteht ein Weltreich von der Atlantischen Küste bis zum Indus und von Ägypten bis zum Aralsee, und innerhalb von zweihundert Jahren ein städtisch geprägter neuer Kulturkreis, der die Trägerin des griechischen Erbes, Byzanz, überflügelte und für Jahrhunderte die entwickelteste Zivilisation der Menschheit wurde. Das Arabische wurde Lingua franca nicht nur der Gebildeten, wie das Lateinische in Europa, sondern die einende Sprache dieses Riesenreiches. Nur der Iran widerstand der vollständigen Arabisierung. Als Europa politisch und kulturell unter Karl dem Großen (768–814) seine Einheit und kulturelle Eigenart erst zu finden begann, erreichte das abbasidische Kalifat in Bagdad unter dem Kalifen Hārūn ar-Rašīd (786–809) bereits den Beginn seiner kulturellen Blüte. Eine Zeit intensiver Übersetzung in das Arabische begann. Übersetzt wurde aus dem Sanskrit, dem Persischen, dem Syrischen und besonders dem Griechischen. Übersetzt wurden mathematische, medizinische, astronomische, astrologische und philosophische Schriften. Hārūns Sohn, der Kalif al-Ma'mūn (813–833) gründete im Jahr 830 in Bagdad das Haus der Weisheit, *Bayt al-Ḥikma,* als Institution für systematische Übersetzungen. Angeschlossen waren eine Bibliothek und eine Sternwarte. Einer der ersten Leiter des Hauses der Weisheit war ein nestorianischer Christ, Ḥunayan ibn Isḥāq (809–873). Sein Name verdient der Vergessenheit entrissen zu werden, denn er ist der Begründer der wissenschaftlichen Übersetzungskunst. Er schuf ein Team von Übersetzern und sammelte und kollationierte Handschriften des Originals, ehe der Text übersetzt wurde.[1]

---

[1] Dazu *M. Fakhry*, A History of Islamic Philosophy, sec. Ed., New York 1983, S. 12ff. Erwähnt sei noch, daß Ḥunayan auch das Alte Testament nach der Septuaginta ins Arabische übersetzt hat.

Der Islam kennt keinen Klerus.[2] Die entstehende Schicht Gebildeter war durch zwei gesellschaftliche Merkmale bestimmt. Vornehmlich wohlhabend gewordene Männer des Kaufmannsstandes konnten sich den Luxus von Bildung leisten.[3] Und dann waren es zum großen Teil Perser und Männer anderer nichtarabischer Völker, die den Islam angenommen hatten, also „Klienten" eines Arabers oder eines arabischen Stammes waren, *mauwālī.* Man bildete sich, indem man sich selbst allein bemühte oder bei einem Lehrer hörte. Solche Kurse wurden, in unserer Sprache, privat erteilt, meist in einer Moschee. Im Anfang wurden gebildete Männer – Männer, die lesen und vorlesen konnten – einfach *qurrā'* genannt, „Vorleser", ein Wort, das dann auf die Koranrezitatoren beschränkt wurde.[4] Bald wurde ein umfassender Ausdruck benützt, *al-'ulamā*, die Gelehrten.[5] Rasch setzte bereits im 2. Jahrhundert Hidschra eine Spezialisierung ein. Unterschieden wurden die Koranexegeten, *mufassirūn,* die Lehrer des religiösen Rechts, *fuqahā'*, die Traditionsgelehrten, die sich auf die Überlieferung, das *ḥadīṯ*, das Korpus der Überlieferung vom normsetzenden Reden, Handeln und Billigen des Propheten, stützten, und die Kontroverstheologen, die *mutakallimūn,* die *kalām* betrieben, methodisch gefaßte Theologie. Man sieht, es sind Wissenschaften, die das religiöse Wissen vermitteln, *'ilm*, die Religionswissenschaft.[6] Grammatik, Rhetorik und Literatur bildeten einen zweiten Zweig der Bildung, *al-adab*, die feine Bildung. Schließlich besaßen in der Abbasiden-Zeit alle größeren Städte Krankenhäuser mit Medizinschulen. Eine Sonderstellung nahmen Mathematiker und Astronomen ein, die meist im persönlichen Dienst eines Herrschers standen.[7]

All dies war nicht und schon garnicht staatlich organisiert, das heißt vom Kalifen und seinen Beamten abhängig. Von entscheidender Bedeutung für die weitere Entwicklung wurde die Entstehung von Schulen im organisatorischen Sinn (*madrasa*, pl. *madāris*, deutsch auch „Medresse" genannt). Ehe sie erläutert wird, muß kurz auf die sogenannten Rechtsschulen (*maḏāhib*, sg. *al-maḏhab*)

---

[2] Das ist nicht in der koranischen Offenbarung begründet, sondern das Ergebnis politischer Auseinandersetzungen in der Frühzeit des Islam. Dazu *J. van Ess*, Theologie und Gesellschaft im 2. und 3. Jahrhundert Hidschra, 1. Bd., Berlin 1991, S. 41ff.

[3] Abū Ḥanīfa (gest. 767) z.B., der Begründer der Rechtsschule von Kufa, war Seidenfabrikant., Wāṣil ibn A'ṭā' (699–748/49), der am Anfang der Mu'tazila stand, war Tuchhändler und Bišr ibn al-Mu'tamir (gest. 825) war Sklavenhändler.

[4] Die Koranrezitation, *al-quirā'a*, ist eine auf die Anfangszeit des Islams zurückgehende Kunst.

[5] Das Wort *al-'alim*, der Gelehrte, kommt von dem Verb *'alima,* wissen, lehren, und *al-'ilm* ist das Wissen, die Erkenntnis, die Wissenschaft, besonders die religiöse Wissenschaft.

[6] Dazu *M. Fakhry*, Philosophy, Dogma and the Impact of Greek Thought in Islam, Aldershot 1994, XVIII.

[7] Dazu *H. Gericke*, Mathematik in Antike und Orient, Wiesbaden 1992, 1. Teilband, S. 196ff. und 261ff.

hingewiesen werden.[8] Sie haben sich in heftigen methodischen und politischen Kämpfen herausgebildet und unterscheiden sich in theologischen Fragen – z.B. in der Frage, ob die Aussagen des Korans nur wörtlich oder auch metaphorisch ausgelegt werden dürfen –, in methodischen juristischen Fragen – z.B. in der Anwendung des Analogieschlusses – und in praktischen Fragen – z.B. in der Weise des Freitagsgebetes. Im Sunnismus gibt es heute vier solcher Rechtsschulen.[9] Während der politischen Auseinandersetzungen zwischen diesen Schulen, besonders zwischen der fundamentalistischen[10] ḥanbalitischen und der damals wissenschaftlich auf der Grundlage der Theologenschule der Aš'ariya[11] formulierten šāfi'itischen Schule[12] entstand, vornehmlich durch die Gründungen des seldschukischen Großwesirs Niẓam al-Mulk (1018–1092), die Institution der *Madrasa*. Sie ist bis ins 19. Jahrhundert hinein die maßgebliche Institution der höheren Bildung geblieben.

Die Madrasa entwickelte sich aus der Institution der Moschee. Moscheen gibt es in zwei Arten. Die *ǧami'*, die Freitagsmoschee, ist der Ort des feierlichen Freitagsgebetes, die *masǧid* ist ein Ort, an dem man Gott verehrt, aber auch zu Besprechungen und anderen Versammlungen zusammen kommt. Schon in frühester Zeit wurde hier Unterricht erteilt, insbesondere der Elementarunterricht, *kuttab*. An eine *masǧid* war oft eine Herberge angeschlossen, *ḥan*, ein Khan. Diese Kombination wurde die Zelle des islamischen höheren Schulwesens. Wenn Schüler in der Herberge wohnten und in der Moschee von einem Lehrer unterrichtet wurden, so war dies eine Schule, eine Madrasa.

In der Qualität der Lehre konnte eine Madrasa von einer einfachen Koranschule bis zur Hochschule reichen. Vorbildlich wurden die Gründungen Niẓām al-Mulks, der im Jahr 1067 in Bagdad eine Madrasa als Hochschule gründete, die Niẓāmīya.[13] Vom Lehrstoff her gesehen stand in jeder Madrasa das theologische Recht (*aš-šarī'a,* die Scharia) im Mittelpunkt. Dazu wurden auch die Basisdisziplinen gelehrt, Koran (*ṭafsir*), das Korpus der Überlieferung norm-

---

[8] Dazu *W.M. Watt, A.T. Welch*, Der Islam I, Stuttgart 1980, S. 246ff.

[9] Dazu *K. Dilger,* Die Entwicklung des islamischen Rechts. in: Der Islam III, Stuttgart 1990, S. 64f.

[10] Den Ausdruck verwende ich im religionswissenschaftlichen Sinne, daß der maßgebliche Text – im Islam also Koran und Sunna, das ist gemeinsam die Scharia (*aš-šari'a*) – wörtlich genommen werden muß und als göttlicher Offenbarung keiner modern-wissenschaftlichen Interpretation zugänglich ist.

[11] Dazu *T. Nagel*, Die Festung des Glaubens. Triumph und Scheitern des islamischen Rationalismus im 11. Jahrhundert, München 1988.

[12] Zu den religionspolitischen Auseinandersetzungen dieser Zeit *E. Glassen*, Der Mittlere Weg. Studien zur Religionspolitik und Religiosität der späteren Abbasiden-Zeit, Wiesbaden 1981.

[13] Weitere Gründungen Niẓām al-Mulks lagen in Nišapur (Nordost-Iran), Herat (Nordwest-Afghanistan), Balch (Nord-Afghanistan), Merw (Turkmenien), Tacharistan (Ost-Iran) und in Mosul am Tigris.

setzenden Reden, Handeln und Billigen Mohammeds (*ḥadīṯ*), Grammatik (*'arabiya*) und Lexikographie.[14] Die Madrasa war die einzige kontinuierliche Institution höherer Ausbildung im Islam. Bis ins 19. Jahrhundert hinein fehlte hingegen jeder institutionelle dauerhafte Rahmen für die Fortentwicklung von Wissenschaften außer für *fiqh*, theologische Rechtswissenschaft. Für wissenschaftliche Theologie (*kalām*), Philosophie (*falāsifa*), Philologie (*fiqh alluġa*), Geschichtswissenschaft, Literaturwissenschaft (*adab*), Naturwissenschaften und Mathematik gab es keine institutionellen Forschungs- und Lehrstellen. Daß dennoch auch in diesen Wissenschaften Großartiges geleistete wurde, ist dem Verdienst Einzelner zu verdanken.[15]

Die Madrasa war in historischer Zeit nie eine Staatseinrichtung, das heißt vom Kalifen oder seiner Verwaltung eingerichtet, sondern immer eine private[16] Stiftung. Die Stifter regelten Besetzung und Unterrichtsstoff, letzteres im Rahmen der für die jeweilige Madrasa maßgeblichen Rechtsschule. Je nach Größe unterrichteten mehrere Rechtsgelehrte, *fuqahā'*. Die Zahl der Studierenden betrug ursprünglich etwa 10 bis 20 und wuchs später bis auf hundert und mehr an.[17] Das Studium schloß – und schließt – mit drei akademischen Graden ab, dem *mudarris*, unserem Doktorgrad vergleichbar, dem *muftī*, Rechtsexperte, und dem *faqīh*, Meister des Rechts.[18] So Promovierte dürfen in der jeweiligen Rechtsschule (*maḏhab*) Rechtsunterricht erteilen und Rechtsgutachten für Laien, eine *fatwā*, erstellen.[19]

---

[14] Zum Lehrplan der Niẓāmīya siehe *M. Fakhry*, a.a.O., XVIII, S. 93.

[15] Zu nennen ist das im Jahr 1005 von dem Fatimiden-Kalifen al-Ḥākim in Kairo als Akademie gegründete Haus der Wissenschaft, *Dār al-'ilm*. Die Bibliothek war öffentlich, jeder konnte jeden Text kopieren, Feder, Papier und Tinte wurden gestellt. An die Akademie war eine Sternwarte angeschlossen, die allerdings nicht vollendet wurden. An ihr wurden die berühmten Hakimschen Tafeln erarbeitet, die, im 13. Jahrhundert verbessert, europäischen Astronomen noch zu Beginn der Neuzeit zur Bestimmung von Sternörtern dienten. Erst durch die Arbeit Tycho Brahes verloren diese Tafeln ihre Bedeutung. Dazu *U. Haarmann* (Hg.), Geschichte der arabischen Welt, München 1987, S. 180. Diese Akademie unterschied sich grundsätzlich von den der Ausbildung im religiösen Recht dienenden Madrasen. Sie war der Pflege „aller Art von Wissenschaft und Bildung" gewidmet. Diese Akademie ist im Jahre 1123 wegen vorgeblicher Häresien geschlossen worden. Man sagt, der Kalif al-'Azīz habe die Bibliothek versteigern lassen und italienische Kaufleute hätten Handschriften erworben.

[16] Den Unterschied zwischen öffentlichem und privatem Recht gibt es in der Scharia nicht. Im arabischen Mittelalter gibt es nur den Unterschied „In eine Herrschaftsorganisation eingefügt – Nicht in eine Herrschaftsorganisation eingefügt".

[17] *Al-Ġazālī* berichtet in seiner biographischen Schrift „al-Munqiḏ min aḍ-ḍalāl – Der Erretter aus dem Irrtum", übers. von Elschazlī, Hamburg 1988, S. 16, daß er in Bagdad an der Niẓāmīya dreihundert Studenten unterrichtet habe.

[18] Dem sunnitischen *Faqīh* entspricht in der Schia in etwa der *Āyatollāh*.

[19] *G. Magdisi*, Madrasa (Medresse), in: Lexikon des Mittelalters, 5. Bd., Sp. 65ff.

Eine Madrasa war aber nicht immer nur eine nach Innen gerichtete, der Ausbildung ihrer Schüler dienende Einrichtung. Sie konnte auch eine öffentliche Bildungsaufgabe haben. So schildert ein Pilger, der im Frühjahr 1183 auf dem Weg von Andalusien nach Mekka und Bagdad über Alexandrien kommt, die dortige Madrasa:

„Zu den weiteren Sehenswürdigkeiten dieser Stadt, die in Wahrheit dem Sultan[20] *zum Ruhme gereichen, gehören die Medressen und Unterkünfte, die für Menschen der Wissenschaft und fromme Leute aus fernen Landen gebaut wurden. Dort findet jeder einen Ort, an den er sich zurückziehen kann, einen Lehrer, der ihn in dem von ihm gewünschten Wissensbereich unterweist, sowie eine finanzielle Zuwendung, mit der er seine Bedürfnisse zu decken vermag."*[21]

Für die weitere Ausgestaltung des Schulwesens wurde bestimmend, daß das arabische und später das gesamte islamische Recht als Rechtsform für juristische Personen nur die Stiftung kennt, *al-waqf*. Das Römische Recht z.B. hatte für juristische Personen die Formen der Körperschaft (*collegium*, *universitas*), der Anstalt (*institutum*) und der Stiftung (*legatum*), Rechtsformen, die noch heute unser Recht bestimmen. Besonders die Körperschaft, eine rechtsfähige Vereinigung von Menschen, die ihren rechtserheblichen Willen von innen durch ihre Mitglieder bilden kann, ist dem islamischen Recht fremd. Die Stiftung erhält ihre Ordnung von Außen, sie wird ihr auferlegt. Unter diesen Bedingungen war die Entwicklung des Gedankens der Selbstverwaltung, wie er an den europäischen Universitäten für die Wissenschaft, aber auch in Gilden, Zünften und Gemeinden verwirklicht worden ist und schließlich der Idee des demokratisch verfaßten Gemeinwesens zugrunde liegt, unmöglich.

2. *Die Entstehung der europäischen Universität*

Die Universität des lateinischen Mittelalters entstand zwischen 1150 und 1210 in Paris.[22] Der Entstehungsvorgang liegt weitgehend im Dunkel.[23] Ferruolo

---

[20] Sultan Saladin (1175–1193). Daß der Ayyubiden-Sultan eine Madrasa stiftete, so wie Niẓām al-Mulk, der Großwesir des Seldschuken-Sultans Malikšāh, die Niẓāmīya gründete, bedeutet nicht, daß sie eine Institution der öffentlichen Verwaltung gewesen wäre. Sultane und Wesire hatten nur infolge ihres großen Vermögens leichter die Möglichkeit, eine Madrasa finanziell gut auszustatten. Natürlich taten sie dies im politischen, auch im religionspolitischen Interesse. Aber deswegen blieb die Madrasa dennoch rechtlich eine private Stiftung.

[21] *Ibn Dschubair,* Tagebuch eines Mekkapilgers. Aus dem Arabischen übersetzt von R. Günther, München 1985, S. 25.

[22] Oft wird Bologna die Priorität zuerkannt. Aber erstens ist die Organisation der Rechtsschule (*studium*) von Bologna nicht älter als die von Paris – dazu *P. Honemann*, Bologna, C. Universitäten, in: Lexikon des Mittelalters, 1. Bd., Sp. 381ff. Wichtiger ist, daß das Studium in Bologna zuerst ein reines Rechtsstudium war. Ihm fehlte die die europäische Universität prägende Gliederung in Fakultäten. Erst Ende des 13. und Anfang des 14. Jahr-

formuliert: *The university in Paris grew; it was not founded.*"[24] Der Entstehungsprozess gilt als abgeschlossen mit der Promulgation ihrer Statuten im August 1215 durch Kardinal Robert von Courçon. „Universität" ist der Name für eine Institution, die ursprünglich eine Rechtsform war, die *universitas*, eine rechtsfähige Körperschaft.[25] Die Pariser Universität und die anderen Universitäten des lateinischen Mittelalters waren eine *universitas* von *universitates*, das heißt eine Körperschaft, die aus Körperschaften bestand, den Fakultäten, den *universitates magistrorum et scholarium*, der rechtsfähigen Gemeinschaft von Professoren und Studenten. Die Professoren einer Fakultät wählten ihren Vorsteher, den Dekan. Der Vorsteher der Artisten-Fakultät, deren Grad alle Studierenden erworben haben mußten, ehe sie an einer der höheren Fakultäten – Theologie, Rechtswissenschaft, Medizin – studieren konnten, hieß Rektor. Er vertrat zugleich die Gesamtuniversität.

Die Selbstverwaltung war das Neue gegenüber den bisherigen mittelalterlichen Schulen, den Kloster- und Domschulen. Die Fakultäten als Selbstverwaltungskörperschaften beanspruchten, ihre akademischen Angelegenheiten selbst zu verwalten. Natürlich nahmen die Kirche – Papst und Bischöfe – und die weltlichen Herrscher auf den Forschungs- und Lehrbetrieb Einfluß. Aber selten war die Forschungs- und Lehrfreiheit an den Universitäten für Jahrhunderte so groß wie am Beginn. Zwei Gründe gab es hierfür. Das eine war die Organisation der Bettelorden, besonders der Dominikaner.[26] Sie operierten europaweit. In der zweiten Hälfte des 13. Jahrhunderts stellten die Bettelorden an den Universitäten die geistige Elite.[27] Und sie waren in der Lage, ihre Magister an den Brennpunkten intellektuellen Geschehens einzusetzen, sie aber auch aus den Schußlinien zu nehmen, wenn es irgendwo Probleme gab. Das zweite war die gesellschaftliche Anerkennung und die ökonomische Bedeutung, die sich Fakultäten erworben hatten und die es ihnen gestattete, durch kollektive Beschlüsse den kirchlichen und weltlichen Autoritäten zu widerstehen. Das wich-

---

hunderts erscheint in Bologna als rechtlich selbständige Organisation die neue *Universitas artistarum*, die aber eine Rumpfuniversität blieb. Dazu ebd. Sp. 386.

[23] Zum folgenden *St. C. Ferruolo*, The Origins of the University. The Schools of Paris and their Critics, 1100–1215, Stanford California 1985, S. 279ff.

[24] Ebd. S. 282.

[25] Dazu *W. Rüegg* (Hg.), Geschichte der Universität in Europa, Band I: Mittelalter, München 1993, S. 50ff.

[26] Der Prediger-Orden, genannt Dominikaner-Orden, besaß damals die modernste selbstverwaltete Organisationsstruktur. Dazu *A. Podlech*, Die Herrschaftstheorie des Johannes von Paris, in: Der Staat, 16 (1977), S. 489. Auch dieser Orden war eine Selbstverwaltungskörperschaft, die unter der Aufsicht des Papstes ihren Willen von unten nach oben bildete. Universitäten und Dominikaner-Orden hatten eine gemeinsame Verfassungsstruktur.

[27] Für den Dominikaner-Orden hierzu knapp *L. Sturlese*, Die deutsche Philosophie im Mittelalter, München 1993, S. 330f.

tigste Mittel hierzu war die Migration, der Auszug einer Fakultät oder Universität oder die Androhung des Auszuges in eine andere Stadt.[28] [29]

3. Die Lösung der Philosophie aus der Vormundschaft durch die Theologie

Damit aber in diesem organisatorischen Rahmen, den die entstehende Universität als Selbstverwaltungskörperschaft bot, Wissenschaft im europäischen Sinne entstehen konnte,[30] mußte sich die Philosophie aus der Bevormundung der Theologie und damit aus der Jurisdiktion der Amtskirche lösen.[31] Tatsächlich war dies ein langer Weg, der vom 13. Jahrhundert bis in die Neuzeit währte. Aber Zeit, Ort und Umstand lassen sich angeben, also die historische Situation, in der das Programm dieses Weges formuliert wurde.[32] Im Jahr 1248 wurde in Köln ein Studium generale des Dominikaner-Ordens gegründet.[33] Leiter wur-

[28] Noch nach 1950 drohte die Landwirtschaftliche Fakultät der Universität Bonn nach Münster i.W. auszuziehen, wenn die Stadt Bonn ihr Vorhaben verwirklichte, eine Umgehungsstraße durch das Gelände der Versuchsfelder der Fakultät zu führen.

[29] Die akademische Behandlung der Metaphysik und der naturphilosophischen Schriften des Aristoteles an der Pariser Universität wurden im Jahr 1210 durch Dekret einer Bischofssynode und im Jahr 1215 durch die neuen, von Robert von Courçon verfaßten Universitätsstatuten verboten. Als die Pariser Universität im Jahr 1229 wegen einer Auseinandersetzung mit dem französischen König in Streik trat – während eines Wirtshausstreits hatte ein königlicher Polizist einen Studenten getötet – warb die durch den Vertrag zwischen dem König Ludwig IX. und Graf Raymund VII. von Toulouse – der Vertrag beendete den Albigenser-Krieg – aus dem Jahr 1229 im gleichen Jahr gegründete Universität Toulouse damit, daß dort die in Paris verbotenen Schriften des Aristoteles studiert werden könnten. Dazu *F. Van Steenberghen*, Die Philosophie im 13. Jahrhundert, München 1977, S. 90ff., 101ff.

[30] Eine wichtige Rolle hierbei spielt, worauf hier nur kurz hingewiesen werden kann, Petrus Abaelard (1079–1142), der zum erstenmal Freiheit von Forschung und Lehre im Rahmen der *Sacra Scriptura* gefordert hat, also in der Theologie Freiheit von der Tradition der Kirchenväter. Dazu *A. Podlech*, Abaelard und Heloisa, München 1990, S. 155ff.

[31] Nur ein Beispiel für die überkommene Lehre: Im Jahr 1228 richtete Papst Gregor IX. (1227–1241) aus Anlaß von Universitätswirren einen Brief an die Professoren der theologischen Fakultät der Universität Paris, in dem er darauf hinwies, daß die Philosophie Dienerin der Theologie sei, der Königin der Wissenschaften, daß dieses Verhältnis nicht umgekehrt werden und die Dienerin nicht zur Herrin gemacht werden dürfe. Dazu *F. Van Steenbergen*, a.a.O., S. 101.

[32] Das Folgende verdanke ich *L. Sturlese*, a.a.O., S. 325ff.

[33] Etwas verkürzend kann man sagen, daß der Ausdruck „Universität" mehr ein Rechtsbegriff war – rechtsfähige Körperschaft mit dem Recht, akademische Grade zu verleihen –, während „Studium generale", mehr auf Forschung und Lehre abzielte. Mindestbedingungen eines Studium generale war ein über die *artes liberales* hinausgehendes Bildungsprogramm, die Öffentlichkeit des Lehrbetriebs und die Internationalität der Studierenden. Auf Dauer wurden die Ausdrücke „Universität" und „Studium generale" im Hochmittelalter synonym verwendet.

de Albertus Magnus (um 1200–1280). Seine Aufgabe wäre es gewesen, die aus ganz Europa zusammenkommenden Studenten aus dem Dominikaner-Orden Theologie, *Sacra Scriptura*, zu lehren. Statt dessen führte er eine revolutionäre Neuerung ein, die für ihn mit einer zehnjährigen Forschungstätigkeit verbunden war: Er las im Jahr 1250 anstatt *Sacra Scriptura*[34], wie es seine Pflicht gewesen wäre, über die erst seit drei Jahren im lateinischen Europa bekannte Nikomachische Ethik des Aristoteles. Zunehmend über Spanien und später auch über Sizilien waren seit Anfang des 13. Jahrhunderts die Werke des Aristoteles und hierzu die Kommentare und andere Werke der arabischen *Falāsifa*, besonders von Ibn Sina (Avicenna) und Ibn Rušd (Averroes) bekannt geworden und hatten eine von Theologen und kirchlichen Stellen argwöhnisch bis feindlich verfolgte intellektuelle Revolution ausgelöst. In dieser brisanten Situatiom faßte Albertus Magnus den Plan, dem lateinischen Mittelalter die gesamte Wissenschaft des Aristoteles, der Araber und der Juden in einer einzigen wissenschaftlichen Sammlung zugänglich zu machen: *Nostra intentio est, omnes dictas – scilicet physicam, metaphysicam et mathematicam – facere Latinis intelligibilis.* Nach zehn Jahren hatte er den ganzen Aristoteles kommentiert und versucht, dadurch die Kommentare der islamisch-arabischen Philosophen überflüssig zu machen. Europa sollte sich von der Vorrangstellung der islamischen Welt befreien und selbständig werden. Ziel dieses Programms war es, die intellektuell allen bisherigen im lateinischen Mittelalter gelehrten Erkenntnissen überlegenen griechisch-arabischen Einsichten lehrbar zu erhalten, ohne die Vertreter der Amtskirche zu ihrem Verbot zu reizen. Die wichtigste Voraussetzung zur Durchführung dieses Programms war die Herausarbeitung der Autonomie der Philosophie gegenüber der Theologie[35], ohne der Theologie ihren eigenen Zuständigkeitsbereich zu nehmen. Dies gelang Albertus in zwei Schritten. Der erste Schritt war das Ausscheiden aller von den Theologen vertretenen Lehren, über die sich nicht vernünftig räsonieren läßt, aus dem Wissenschaftsbereich der Philosophie. Ob die Seelen der Verstorbenen nach dem Tode weiterleben oder nicht, ist keine philosophische Frage: *quod animae defunctorum remaneant post mortem, non potest per philosophiam sufficienter sciri*. Demgegenüber ist die Quelle der Theologie die Offenbarung und ihr Wissensgegenstand das Wunder.[36] [37] Der

[34] „Heilige Schrift". Der von Abaelard eingeführte Ausdruck „Theologie" hatte sich noch nicht durchgesetzt.

[35] Dabei muß man beachten, daß der gesamte Bereich der dann aufgrund dieser Konzeption entstehenden Naturwissenschaft damals zur Philosophie gehörte: *philosophia naturalis.* Noch *Isaak Newton* nannte sein im Jahr 1686 erschienenes Hauptwerk „Philosophiae naturalis principia mathematica" und erst in den dreißiger Jahren des 20. Jahrhunderts wurde an der Universität Bonn die Naturwissenschaftliche Fakultät aus der Philosophischen Fakultät entlassen.

[36] Wunder sind alles nicht rational Einsehbare, sind also alle zentralen christlichen Dogmen wie Trinität, Doppelnatur Jesu, die Jungfrauengeburt, das Altarssakrament. Der Ausdruck ist also bei Albertus nicht diskriminierend verwendet.

zweite Schritt ist die Begrenzung des philosophisch Wißbaren auf das rational Demonstrierbare: *philosophus habet certitudinem demonstrationis.*[38] Die Autonomie der Philosophie wird durch ihre Begrenzung gesichert. Hier kommt es nicht darauf an, ob der Versuch der Abgrenzung der Philosophie von der Theologie und damit die Freilegung der Philosophie für die menschliche Vernunft uns heute noch überzeugt, sondern darauf, daß damit das Programm entworfen wurde, das in noch langen Wegen zur europäischen Wissenschaft führte. Als den wichtigsten Satz dieses Programms kann man in unserer heutigen Sprache formulieren: Was Wissenschaft ist, welche Methode wissenschaftlich ist und was ein wissenschaftliches Ergebnis ist, bestimmen die am wissenschaftlichen Diskurs Beteiligten.[39]

4. *Das Ausscheiden der Philosophie aus dem arabisch-islamischen Denken*

Man kann die durch Albertus Magnus im lateinischen Mittelalter erreichte Position auch so umschreiben: die menschliche Vernunft (*ratio*) ist fähig, aus sich Wahrheit zu finden. Diese Position mußte gegenüber von kirchlichen Amtsträgern vertretenen Positionen erkämpft werden. Im Islam spielte die Vernunft (*al-'aql*) von Anfang an eine wichtige Rolle. Der Koran betont an mehreren Stellen, daß die Vernunft den Menschen auszeichnet und daß er sie anwenden

[37] Darin liegt implizit ein dritter Schritt und zwar der wichtigste. Zum Wissenschaftsgebiet der Theologie gehören formal keine Fragen, die der Untersuchung durch die Philosophie, also des Räsonnements der Vernunft zugänglich sind. Das hat Albertus Magnus aber so noch nicht formuliert und innerhalb fundamentalistischer Strömungen im Christentum wird dies auch heute noch nicht anerkannt.

[38] Hier befindet sich Albertus Magnus in Übereinstimmung mit Ibn Rušd. In seinem „Kitāb faṣl al-maqāl – Harmonie der Religion und Philosophie", übersetzt von M.J. Müller, „Philosophie und Theologie von Averroes", Neudruck Weinheim 1991, S. 2, führt er aus, „daß es notwendig ist, daß wir die Betrachtung der existierenden Dinge durch den Verstandes-Syllogismus anstellen". Dieser Verstandes-Syllogismus (*qiyās al-'aql*) ist die aristotelische *'apódeixis*, arabisch *al-burhān*. Diesen speziellen Text des Averroes kannte Albertus Magnus zwar nicht, aber der Gedanke durchzieht das gesamte Werk des Ibn Rušd.

[39] Dies waren bis zur Renaissance vornehmlich die Mitglieder der Universitäts-Fakultäten und dann in der frühen Neuzeit, weil sich die Universitäten weitgehend methodisch als unreformierbar erwiesen – ein Nachteil der Selbstverwaltung –, die Mitglieder der Akademien und wissenschaftlichen Vereinigungen. Dazu *I. Kant*, Der Streit der Facultäten in drei Abschnitten, A3, in: *I. Kant*, Werke in sechs Bänden, hg. von W. Weischedel, Band VI, Darmstadt 1964, S. 279: „Professoren, ... die zusammen eine Art von gelehrtem gemein Wesen, Universität (auch hohe Schule) genannt, ausmachten, die ihre Autonomie hätte (denn über Gelehrte, als solche, können nur Gelehrte urteilen)." Kant wußte noch, was eine Universität ist.

soll.[40] Ibn Rušd beginnt seinen „Kitāb faṣl al-maqāl – Die entscheidende Abhandlung“ mit dem Koran-Zitat Sure 59 Vers 2: „Denkt nach, die ihr Einsicht habt!“.[41] Aber vielleicht gerade weil die Vernunft im Koran eine so große Rolle spielt, die Feststellung ihrer Bedeutung also zum Gegenstandsbereich der Koranwissenschaft (*ṭafsir*) gehörte, etablierte sich keine autochthone rationale Wissenschaft. Erst die Rezeption der griechischen Philosophie, der *Falāsifa*, führte zögernd zur methodischen Lösung von der Offenbarung. Aber die Lehren der Anhänger dieser Richtung, al-Kindī (um 800–um 870, lat. Alkindus), al-Fārābī (um 870–950, Alfarabius), Ibn Sīnā (um 980–1037, Avicenna) und Ibn Rušd (1126–1198, Averroes) wurden aus der arabisch-islamischen Geistesgeschichte ausgeschieden, entfalteten dafür aber ihren Einfluß im lateinischen Mittelalter. Wie in einem Kontrastprogramm zur lateinischen Entwicklung gerieten die sich auf die Vernunft stützenden Methoden im arabischen Raum zunehmend unter Druck. Die endgültige Auseinandersetzung mit der Falāsifa leistete der bedeutendste islamische Theologe, al-Ġazālī (1058–1092, Algazel)[42]. In seinem „Munqid“[43] berichtet er über sein Philosophiestudium und bezichtigt die Philosophen des Unglaubens und des Atheismus.[44] al-Ġazālī beließ es aber nicht bei einem persönlichen Studium, sondern schrieb eine berühmt gewordene Widerlegung der *Falāsifa*, den „Tahāfut al-falāsifa“, unter dem Titel „Destructio philosophorum“ erst spät ins Lateinische übersetzt, die „Widerlegung der Philosophie“[45]. Wie groß und unmittelbar immer die Wirkung des „Tahāfut“ des al-Ġazālī gewesen sein mag,[46] seither gab es in der arabischen mittelalterlichen Welt keine von der Offenbarung unabhängige Denkbewegung mehr. Die Widerlegung des al-Ġazālī durch Ibn Rušd hat die Kernländer des Islam nicht

---

[40] Der Sinnzusammenhang besteht meist darin, daß es der Vernunft (*al-'aql*) oder des Verstandes (*al-ḥiğr*) bedarf, um die Zeichen (*āyāt*), die Gott gesandt hat, zu verstehen. Das Wort für Zeichen (*āya*) benennt sowohl die Zeichen der Schöpfungsmacht Gottes wie die einzelnen Koranverse. Also sowohl um Gott aus der Natur zu erkennen wie um den Koran als Offenbarung Gottes zu erkennen, bedarf es der Vernunft.

[41] Oben FN 38.

[42] Zu al-Ġazālī *W.M. Watt, M. Marmura*, Der Islam, II: Politische Entwicklungen und theologische Konzepte, Stuttgart 1985, S. 407ff.; *M. Fakhry*, A History of Islamic Philosophy, oben FN 1.,S. 246ff.

[43] Dazu oben FN 17.

[44] In der zitierten Übersetzung S. 16. Dazu die eingehende Kommentierung des Übersetzers S. 90ff. Anzumerken bleibt, daß al-Ġazālī ein ausgezeichneter Kenner der Falāsifa war. Er wußte, worüber er schrieb und warum er schrieb.

[45] Es gibt leider keine deutsche Übersetzung. Zum Inhalt *W.M. Watt, M. Marmura*, a.a.O.(FN 42), S. 413ff. und in der zitierten Übersetzung des „Munqid“ im Kommentar S. 113ff. Ibn Rušd hat eine ebenso berühmte Widerlegung der Widerlegung al-Ġazālīs geschrieben, den „Tahāfut at-tahāfut“, die „Destructio destructionis“. Dazu unten FN. 47

[46] Dazu *W.M. Watt, M. Marmura,* a.a.O., S. 416f.

mehr erreicht,[47] Ibn Rušd hat eine Wirkung als Averroes nur im lateinischen Mittelalter bis weit hinein in die Renaissance ausgeübt.

4. Zusammenfassung

Der Vergleich der Entwicklungen im arabischen und im lateinischen Mittelalter zeigt, daß das Entstehen der europäischen Wissenschaft historisch kontigent und an ganz bestimmte Voraussetzungen gebunden war. Die Wurzel, die historisch am weitesten zurück reicht, ist die griechische Philosophie. Schon hier zeigt sich ein historischer Vorteil des Christentums gegenüber dem Islam: das Christentum entstand in Organisation und Lehre im Raum des Hellenismus,[48] im islamischen Kulturkreis mußte griechische Philosophie von Außen rezipiert werden.[49] Dann blieb im arabischen Mittelalter diese Rezeption das Werk Einzelner. Es gab keine gesellschaftliche Schicht, deren Interesse die Rezeption diente, keine Organisation, die die Rezeption gegenüber Angriffen durchhalten konnte, und keine Rechtsform, in der Freiheit organisierbar war. Im lateinischen Mittelalter waren die Vorbehalte gegen die Rationalität der griechischen Philosophie sicher ähnlich stark wie im arabischen Mittelalter und die

[47] Ibn Rušds Text wurde unter dem Titel „Destructio destructionis" im Jahr 1328 ins Lateinische übersetzt. Eine arabische Edition erfolgte erst im Jahr 1930 in Beirut, die erste englische Übersetzung erschien im Jahr 1954 in Oxford. Da Ibn Rušd den Text al-Ġazālīs genau wiedergibt, läßt sich der Text des al-Ġazālī der „Widerlegung der Widerlegung" des Ibn Rušd entnehmen. Dazu: „Die Hauptlehren des Averroes nach seiner Schrift: Die Widerlegung des Gazali", übersetzt und erläutert von *M. Horten*, Bonn 1913; „Averroes' Tahafut al-Tahafut (The Incoherence of Incoherence)", translated by *S. van den Bergh*, Cambridge 1987.

[48] Damit hängt ein weiteres zusammen. Die Autoren des lateinischen Mittelalters konnten bereits auf eine von Cicero und Boethius entwickelte lateinische Terminologie philosophischer Fachausdrücke zurückgreifen und die Diskussion der Gelehrten an den Universitäten hielt die Gemeinsamkeit der Terminologie durch. Im arabischen Mittelalter fehlte sowohl die Vorarbeit wie der institutionelle Rahmen für die Entwicklung einer einheitlichen Terminologie. Die Vielfalt der arabischen Entsprechungen griechischer Termini ist verwirrend. Auch an diesem Beispiel sieht man den Vorteil, den der Wissenschaftsbetrieb innerhalb des organisatorischen Rahmens der Universitäten bot. Auch das, was wir „Terminologie" nennen, verdanken wir der mittelalterlichen Universität. Erst auf der Folie des arabischen Mittelalters betrachtet erschließt sich das Besondere der europäischen geistigen Geschichte ganz, nämlich die Emanzipation von der religiös-theologischen Überzeugung, daß Wahrheit autoritativ bestimmt werden kann.

[49] Dies hat eine Parallele im Verhältnis zum Staat: Das Christentum entwickelte sich in einer *res publica*, dem Imperium Romanum, die *umma*, die Gemeinschaft der Muslime mußte sich ihre Herrschaftsform, das Kalifat oder Imamat, erst schaffen und so konnte eine Trennung von Herrschaftsorganisation und *umma* im arabischen Mittelalter nicht und bis heute im islamischen Bereich nur schwer gedacht werden.

Reaktion der Amtskirche war heftig.[50] Aber die gesellschaftliche Anerkennung der Nützlichkeit der die Universität prägenden Rationalität sowohl für das immer maßgeblicher werdende städtische Bürgertum – Universitäten und Bettelorden waren soziologisch städtische Organisationen – wie für das um ideologische Selbständigkeit gegenüber der Kirche kämpfende Königtum gestattete den Gelehrten, den Kampf korporativ durchzufechten. Ohne die Universität des lateinischen Mittelalters gäbe es keine europäische Wissenschaft und ohne die Rechtsform der *universitas*, der ihren Willen von Innen bildenden Körperschaft keine öffentliche Freiheit. Im Jahr 1798 schrieb Immanuel Kant:

„Es muß zum gelehrten gemeinen Wesen durchaus auf der Universität noch eine Fakultät geben, die, in Ansehung ihrer Lehren vom Befehle der Regierung unabhängig, keine Befehle zu geben, aber doch alle zu beurteilen, die Freiheit habe, die mit dem wissenschaftlichen Interesse, d.i. mit der Wahrheit zu tun hat, wo die Vernunft öffentlich zu sprechen berechtigt sein muß; … die Vernunft aber ihrer Natur nach frei ist, und keine Befehle, etwas für wahr zu halten … annimmt.“[51]

Und im Jahre 1949 schrieben die Väter und Mütter des Grundgesetzes in die Verfassung für die Bundesrepublik Deutschland:

„Kunst und Wissenschaft, Forschung und Lehre sind frei.“
(Art. 5 Abs. 3 Satz 1 GG)

---

[50] Dazu „Aufklärung im Mittelalter? Die Verurteilung von 1277. Das Dokument des Bischofs von Paris“ eingeleitet, übersetzt und erklärt von *K. Flasch*, Mainz 1989.

[51] *I. Kant*, a.a.O., A8f.; S. 282. Und wie um zu dokumentieren, daß europäische Wissenschaft zwei Wurzeln hat, die griechisch-arabische Herausforderung, auf die die Freiheit antwortete, beginnt die Promotionsurkunde Immanuel Kants aus dem Jahr 1755 in arabischer Schrift und Sprache mit der Basmala: „Im Namen Gottes, des Erbarmers, des Barmherzigen“. Dekan war Johann Bernhard Hahn, Professor für Theologie, Philosophie und orientalische Sprachen.

Anachronien von Gesellschaft, Natur und Recht

Gerd Winter[1]

I. Zeitvorstellungen der modernen Gesellschaft

Für die europäische Gesellschaft der „Neuzeit" ist ein spezifisches *Verhältnis von Vergangenheit, Gegenwart und Zukunft* charakteristisch. Erlebten frühere und außerhalb Europas auch noch spätere Gesellschaften ihre Gegenwart eher als Folge der Vergangenheit, so wird die Gegenwart in der Neuzeit als ankommende und vorhergesehene Zukunft gedacht, als etwas Neues, das nicht zu fürchten, sondern per se reizvoll ist und gestaltet werden kann.[2] Die Erwartungen der Gesellschaft an die Zukunft entfernen sich von den Erfahrungen aus der Vergangenheit.[3] Zwar hatten auch ältere Gesellschaften Zukunftsvorstellungen, wie die messianischen Erwartungen des alten Juden- und Christentums, und vieles davon findet sich im heutigen Zeitbewusstsein noch abgelagert.[4] Die neuzeitliche *Zukunftsorientierung* ist insofern jedoch wesentlich anders, als das Neue nicht fatalistisch abgewartet, sondern aktiv bewirkt wird. Die Orientierung auf Zukunft macht es möglich, dass beliebige Ziele, zeitliche Utopien ersonnen[5] und nach zweckrationalem Plan verfolgt werden. Gegenwart wird zur Entscheidung für diese oder jene Zukunft, die nicht von außen als Gefahr erlit-

[1] Ich widme den Beitrag Ekkehart Stein aus Dank für vieles, besonders aber für das Vorbild innerer Unabhängigkeit und der Courage zu Exkursen in fremde Gefilde. Ihm sowie Leonie Breunung, Martin Herberg und Stefan Leibfried sei für kritische Bemerkungen und Ratschläge zu Vorfassungen gedankt. Vorarbeiten waren mir während eines Freijahres in der Forschungsgruppe „Rationale Umweltpolitik-Rationales Umweltrecht" 1998/99 am ZiF Bielefeld möglich.

[2] Es ist hier nicht der Ort, den Entwicklungsprozess der Neuzeit nachzuzeichnen. Jedenfalls hatte er viele Ursprünge und Vorläufer, die weit vor das meist mit dem Beginn der Neuzeit identifizierte 15. Jahrhundert zurückreichen. Wesentliche Anstöße gehen auf das 12. Jahrhundert zurück (Begegnung mit anderen Kulturen durch Kreuzzüge, Entwicklung der Stadt und des Handels, Kunst der Gotik, etc.), vgl. K. Hampe, Das Hochmittelalter, Berlin (Propyläen) 1932, S. 243ff., 424ff.

[3] R. Kosellek, „Erfahrungsraum" und „Erwartungshorizont" – zwei historische Kategorien, in: derselbe, Vergangene Zukunft. Zur Semantik geschichtlicher Zeiten, Frankfurt a.M. (Suhrkamp) 1979, S. 359

[4] R. Wendorff, Zeit und Kultur. Geschichte des Zeitbewusstseins in Europa, Opladen (Westdeutscher Verlag), 3.Aufl. 1985, S. 617.

[5] Zu ihnen umfassend E. Bloch, Das Prinzip Hoffnung, 1. Bd., Ausgabe Frankfurt (Suhrkamp) 1967, S. 547ff. Dazu, dass die früheren Utopien räumlich orientiert waren, während die zeitlichen erst mit Mercier beginnen, s. R. Kosellek, Die Verzeitlichung der Utopie, in: ders., Zeitschichten, Frankfurt (Suhrkamp) 2000, S. 132ff.

ten, sondern dem gesellschaftlichen Handeln als Folge zugerechnet wird und als kalkulierbares Risiko erscheint.[6]

Dem Fortschrittsdenken kam entgegen, dass sich auch die *instrumentelle Dimension* der Zeit, d.h. ihre Benutzung zur Beschreibung der Abfolge gesellschaftlicher Vorgänge (des „Zeitbestimmens“[7]) verschob. Soweit Zeit früher überhaupt gemessen wurde[8], war die Dauer von Handlungsvollzügen maßgeblich für vorgestellte Zeiteinheiten.[9] Noch die ersten Zeitmesser wie die Sanduhr waren auf konkrete Handlungen eingestellt, wie zB die angemessene Dauer einer Rede.[10] Mit der Räder- und Pendeluhr wird das Zeitmaß abstrakt und sogar weltweit vereinheitlicht.[11] Damit kann der Alltag in nicht von ihm selbst, sondern von höheren Zielen definierte Zeiteinheiten gezwängt werden. Der Arbeitstag des Menschen wird nicht mehr vom Werk, sondern von den Zeitabschnitten bestimmt, die ihnen im arbeitsteiligen Produktionsprozess zugewiesen werden. Man arbeitet nicht, weil man Hunger verspürt und die Vorräte zur Neige gehen, weil also in diesem materiellen Sinn „die Zeit gekommen ist“, sondern weil der Arbeitstag auf bestimmte Stunden festgesetzt ist.

Ein drittes Moment der neuzeitlichen Zeiterfahrung ist die *Beschleunigung des Zeitablaufs*. Sie beruht auf der wachsenden Anfüllung von Zeiträumen mit Ereignissen und Entwicklungen. Die Geschwindigkeit der Raumüberwindung steigt durch verbesserte Infrastruktur und Technik und erlaubt die Steigerung der „Stundenkilometer“. Die Ereignisse innerhalb der Lebenszeit eines Menschen häufen sich. Die kulturellen und technischen Wandlungen innerhalb einer Generation nehmen zu.

Zusammenfassend könnte man die Öffnung in die künftige Zeit, die Instrumentalisierung der Zeit und die Beschleunigung der Zeit als gesellschaftliche Konstruktion einer abstrakten Zeit bezeichnen.

Dieser Abstraktionsprozess hat der Menschheit zweifellos großen Nutzen gebracht, denn die Setzung von Zielen in der Zukunft, der weltweit gleichge-

---

[6] N. Luhmann, Soziologie des Risikos, Berlin (de Gruyter) 1991, S. 55f.; derselbe, Die Gesellschaft der Gesellschaft, Frankurt (Suhrkamp) 1997, S. 1000, 1010, 1013.

[7] N. Elias, Über die Zeit, Frankfurt (Suhrkamp) 1988, S. 14.

[8] Norbert Elias berichtet in diesem Zusammenhang von einem Europäer, der ein Fest der Sioux besuchte und erwartete, dass der angekündigte Tanz zu einer bestimmten Stunde beginne. Tatsächlich begann er, als die Tänzer „in Stimmung waren“. Die Sioux hatten nicht einmal ein Wort für „Zeit“, „zu spät“ oder „warten“ (Elias 1988, S. 120).

[9] Nach anthropologischen Berichten aus Madagaskar zB die Zeiteinheit „für die Dauer eines Reiskochens“, vgl. R. Kosellek 2000, S. 154.

[10] Kosellek 2000, S. 155.

[11] Zur Einführung einer gemeinsamen Zeit und die Einteilung der Welt in 24 Zeitzonen mit Datumsgrenze (auf dem 180. Meridian östlich und westlich von Greenwich) s. H. Nowotny, Eigenzeit. Entstehung und Strukturierung eines Zeitgefühls, Frankfurt (Suhrkamp) 1989, S. 27.

schaltete Mitteleinsatz im Zeittakt der industriellen Arbeit und die Anfüllung der Lebenszeit haben Produktion und Wohlstand immens gesteigert.

Es mehren sich jedoch die Zeichen, dass ein Punkt des Umschlags überschritten werden könnte, an dem die Öffnung zur Zukunft willkürlich, die Unterwerfung unter den selbstgesetzten Zeittakt sinnleer und die Beschleunigung überhitzt werden. Jedes Neue gilt nun als gut, nur weil es neu ist; nur derjenige genießt Ansehen, der unter Zeitzwängen steht; die Anfüllung der Zeiträume wird als Zeitknappheit erfahren. Die Nebenfolgen dieser gesellschaftlichen „Zeitbindung" (Luhmann), dieser Selbstbindung der Gesellschaft an eine intentional und inhaltlich nicht reflektierte Zeit, sind häufig beschrieben worden: Verlust der Individualität und der Vielfalt der Lebensstile und Kulturen durch Nivellierung auf ein einziges Muster hoher Geschwindigkeit[12], Verarmung derer, die nicht „mitkommen"[13], Überforderung des Erlebens durch Erwartungen an die Zukunft[14], Einbuße an Lebensqualität durch Verschwinden der Nischen der Langsamkeit, etc.

Bestseller spiegeln wider, dass das Problem allgemein und selbst von Kindern verstanden wird: Die Anfüllung des Lebens stellt Michael Ende in seinem Märchen „Momo" als Zeitfalle dar.[15]. Die grauen Herren von der Zeitsparkasse entfernten die ineffizient genutzten Zeiten aus dem Tagesablauf der Freunde Momos und rieten ihnen, diese Zeiten auf ein Sparkonto einzuzahlen. Aber was die gesparte Zeit hinterließ, war, dass die frühere Muße nun durch hektische Aktivitäten angefüllt wurde.

In einer unpoetischen Version lässt sich der Umschlag von Zeitersparnis in Zeitverlust am Straßenverkehr exemplifizieren[16]: Der Kauf eines Autos dient dazu, schneller zum Ziel zu kommen, also Zeit zu sparen und sie für andere Verrichtungen zu gewinnen. Tatsächlich geht diese gesparte Zeit aber auf einer versteckten Ebene wieder verloren: durch Warten im Stau, durch Wartung, durch Arbeitszeit für das Geld, das das Auto kostet, etc., von der Weckung bisher ungespürter Mobilitätsbedürfnisse ganz zu schweigen.[17] Rechnet man diesen versteckten Aufwand an Zeit ein, wie es mit dem Konzept der „sozialen Geschwindigkeit" vorgeschlagen wird[18], so ist die Strecke, die man mit dem

---

[12] Wendorff 1985, S. 629.

[13] Nowotny 1989, S. 34.

[14] N. Luhmann, Die Knappheit der Zeit und die Vordringlichkeit des Befristeten, in: Verwaltung 1968, S. 13.

[15] M. Ende, Momo oder Die seltsame Geschichte von den Zeit-Dieben und von dem Kind, das den Menschen die gestohlene Zeit zurückbrachte, Stuttgart (Thienemanns Verlag) 1993.

[16] J. Whitelegg, Zeitverschmutzung, UVP-Report 1994, S. 21 ff.

[17] I. Illich, Energy and equity, London 1974.

[18] D. Seifried, Gute Argumente: Verkehr, München 1990.

Auto pro Zeiteinheit zurücklegen kann, also etwa die Strecke von km/h, kaum größer als bei Verwendung des Fahrrads.[19]

II. Zeitstrukturen der Natur

Vermutlich erklärt sich das beschriebene Leiden der Gesellschaft an ihren eigenen Zeitvorstellungen daraus, dass in die menschliche Psyche und Sozialität eine eigene Zeitstruktur eingeschrieben ist[20], von der sich die abstrakter werdenden sozialen Konstruktionen der Zeit ablösen. Doch soll dies hier nicht weiter verfolgt werden. Die geraffte Diagnose der Distanz zwischen Zeitkonstruktion und gegebener Zeitstruktur in der Gesellschaft ist nur Ausgangspunkt einer weitergehenden Frage, derjenigen nämlich, wie das Zeitverständnis der Gesellschaft sich zur Zeitstruktur der Natur verhält. In dieser Perspektive steht die Gesellschaft mit ihrem eigenen Widerspruch von abstrakt konstruierter Zeit und sozialer Realität auf der einen Seite und die Natur mit ihrer Zeitgestalt auf der anderen.

In der Natur sind die Zeiträume, innerhalb derer bestimmte physikalische, chemische oder biologische Vorgänge ablaufen, relativ fest. Zum Beispiel füllen der Erdumlauf um die Sonne, der Abbau einer chemischen Verbindung, die Lebensdauer eines Organismus oder die biologische Sukzession von Biozönosen je einen objektiven, von der Sache her bestimmten Zeitraum aus.

Diese Zeiträume treten in unterschiedlichen Gestalten auf, die man als Zeitrhythmen oder Zeitstrukturen bezeichnen kann.

Betrachtet man das Schicksal des einzelnen Individuums (einer chemischen Verbindung, eines Organismus, einer Population, einer Lebensgemeinschaft), so ist der von ihrer Existenz gefüllte Zeitraum irgendwann beendet, m.a.W. *linear, irreversibel* und *begrenzt*. Man kann hier von einer – endlichen – Zeitlinie (oder einem – am Ende seines Fluges herabfallenden – Zeitpfeil[21]) sprechen.

---

[19] Whitelegg 1994, S. 22.

[20] Für die Zeitstruktur der Psyche wäre vor allem Henri Bergson zu konsultieren, der eine der Psyche innewohnende „Dauer" (durée) annahm: „In der Theorie könnte ein Film, auf dem die aufeinanderfolgenden Zustände eines gänzlich berechenbaren Systems abgebildet sind, mit beliebiger Geschwindigkeit ablaufen, ohne dass irgend etwas daran geändert würde. Tatsächlich ist diese Geschwindigkeit bestimmt, da das Abrollen des Films einer gewissen Dauer unseres inneren Lebens entspricht – und zwar dieser und keiner anderen." (H. Bergson, Denken und schöpferisches Werden, Meisenheim (Westkulturverlag/Anton Hain) 1948, S. 31). Die Suche Bergsons aaO nach einer nicht-räumlichen „reinen Dauer" ist allerdings schwer verstehbar. Mokant dazu H. Lübbe, Im Zug der Zeit: verkürzter Aufenthalt in der Gegenwart, Berlin (Springer) 1992, S. 372f.

[21] S. dazu St. J. Gould, Die Entdeckung der Tiefenzeit. Zeitpfeil und Zeitzyklus in der Geschichte unserer Erde, München (dtv) 1992.

Blickt man von einer höheren Beschreibungsebene, die von der Einmaligkeit der einzelnen Elemente abstrahiert, ist vieles dagegen *reversibel und unbegrenzt* angelegt: der Wechsel der Jahreszeiten, die Jahresproduktion an Biomasse und ihr Abbau, der Stoffwechsel eines einzelnen Organismus, Geburt, Tod und Neugeburt der Lebewesen usw. Hier mag man von Zeitzyklen sprechen.

Andererseits gibt es Zeitlinien auch auf der überindividuellen Ebene, so insbesondere im Hinblick auf die Evolution der Arten. Sie sind irreversibel, aber in die Zukunft hin nicht begrenzt, sondern *offen*.

Eine dritte Struktur ist erst in den letzten zwei Jahrzehnten verstärkt ins Bewusstsein der Naturwissenschaften getreten. Diese haben sich von der Vorstellung der Gesetzlichkeit, die auch noch die Annahme der Linearität und Zyklizität kennzeichnet, gelöst und betonen nun den Zufall in der Biologie[22], Physik und Chemie[23], Übergänge von geordneten zu dissipativen und von chaotischen zu geordneten Strukturen[24], und die plötzliche große Katastrophe. Im folgenden soll das letztere Phänomen, die Katastrophe, weiterverfolgt werden. Der Ausdruck bedeutet wörtlich Umkehr, Umwendung und hat damit insofern einen Zeitaspekt, als er den plötzlichen Abbruch einer (linearen oder zyklischen) Trajektorie bezeichnet. Im Hinblick auf die vielfältig verästelten Entwicklungen, die durch katastrophale Ereignisse hervorgerufen werden, ist auch von einem Zeitbaum gesprochen worden.[25] Doch betont dieses Bild eher den materiellen Aspekt der Verursachungsprozesse[26], weshalb es hier nicht weiter verwendet wird.

III. *Gesellschaftliche Entfremdung von der Naturzeit*

Die Frage ist nun, in welches Verhältnis die zunehmend abstrakter konstruierte Zeit der Gesellschaft zu der kontinuierlich konkreten Zeit der Natur tritt, und ob dadurch Risiken für die Gesellschaft entstehen.

---

22 G. Bateson, Geist und Natur. Eine notwendige Einheit, Frankfurt (Suhrkamp) 4. Aufl. 1984, S. 218ff.

23 I. Prigogine, Vom Sein zum Werden, 4. Aufl. München (Piper) 1985, S. 209ff.

24 I. Prigogine, I. Stengers, Dialog mit der Natur, München (Piper), 5. Aufl. 1986, S. 152f., 309.

25 F. Cramer, Der Zeitbaum: Grundlegung einer allgemeinen Zeittheorie, Frankfurt (Insel Verlag) 1996, S. 238ff.

26 Prigogine/Stengers 1986, S. 286f. nehmen dagegen eine „sich verzweigende Zeit der Entwicklung durch Instabilitäten" an, die, wenn sie nicht einfach aus der Auslösung unterschiedlicher Entwicklungsgeschwindigkeiten besteht, schwer vorstellbar ist.

1. *Zeitlinien*

Eine wichtige Zeitlinie, in der die Natur sich entwickelt, ist die Evolution der Arten. Sie besteht aus dem Doppelschritt der Erzeugung immer neuer Variationen einzelner Individuen und der Erprobung dieser Individuen im Hinblick auf ihre Verträglichkeit mit dem Gesamtsystem und seinen Nischen.[27] Der ganze Prozess geht langsam vonstatten, weil immer nur kleine Variationen auftreten. Diese Langsamkeit ist es, die das Gesamtsystem in einem fluiden Gleichgewicht hält und seine wichtigsten Elemente vor katastrophalen Störungen bewahrt.

Die in den entstandenen Arten und Biozönosen angesammelte Erfahrung aus unendlich vielfältigen Probeläufen wird nun durch gesellschaftliche Zukunftsentwürfe aufs Spiel gesetzt. Die Entwicklung wird in manchen Segmenten abgebrochen, indem Arten und Lebensgemeinschaften durch wirtschaftliche Erschließung des Raumes, Vermarktung seltener Arten und anderes ausgelöscht werden. In anderen Segmenten wird der Evolution eine gesellschaftlich neu definierte Richtung gegeben. Die damit verbundenen Risiken sind bei Anwendung traditioneller Züchtungsverfahren beherrschbar, weil die einzelnen Schritte der Erzeugung und Erprobung von Variationen nur langsam erfolgen. Die moderne Gentechnik steigert dagegen die Geschwindigkeit der Veränderungen, weil die gewünschten Eigenschaften statt über langwierige Selektions- und Kreuzungsverfahren direkt in den Zielorganismus eingebracht werden können. Auch kann die Artengrenze übersprungen werden, eine Grenze, in der evolutionäre Erfahrung darüber gespeichert ist, wie Schadensprozesse, die in Teilbereichen auftreten, von Übergriffen auf das Ganze abgehalten werden können. Die Eigengeschwindigkeit der Evolution wird von der abstrakten Zeitkonstruktion der Gesellschaft – ihren Fortschrittsentwürfen, ihren Bewährungszeiten und ihrem Veränderungstempo – irritiert; dadurch werden Risiken freigesetzt, die in der Langsamkeit der Evolution gebändigt waren.

2. *Zeitzyklen*

Die Gesellschaft hat die Fähigkeit entwickelt, sich vielen Zeitzyklen, die ihr von der Natur aufgezwungen werden und lästig fallen, zu entziehen und sie durch selbst definierte Zeiträume und -rhythmen zu überlagern oder zu ersetzen.

Eine Variante dessen ist die *Überladung* der Zyklen der Naturzeit. Überladung der Zeit hat nicht nur den gesellschaftlichen Aspekt des menschlichen Leidens an Zeitknappheit, sondern auch einen auf die Natur bezogenen, inso-

---

[27] G. Bateson 1984, S. 181ff.

fern der Natur nicht mehr die Zeit gelassen wird, sich nach ihren eigenen Anlagen zu reproduzieren und schädliche Einwirkungen abzubauen.

Soweit die Natur als Ressource genutzt wird, führt die Intensivierung der Ausbeutung, die keine Zeit zur langsamen Regeneration lässt, zu einer Auslaugung und schließlich Zerstörung der Ressourcen. Dies ist namentlich in der Landwirtschaft feststellbar, etwa im Übergang von der früheren Dreifelderwirtschaft, in der neben dem Feld für Wintersaat und dem für Sommersaat immer ein Feld „ruhte", zur Agrarfabrik, die die Böden erodieren lässt[28], oder in der Umwandlung von langsam sich reproduzierendem Naturwald zu schnell wachsenden Fichten- oder Eukalyptuskulturen, die den Boden erschöpfen und die Artenvielfalt zerstören

Soweit die Natur als Senke für Schadstoffe genutzt wird, führt die Missachtung der Zeit, die der Abbau von giftigen Stoffen in Anspruch nimmt, zum Überziehen der verfügbaren Perioden und zur Anhäufung von „Altlasten", deren Gefahren fortwirken. Ein Beispiel sind die persistenten, d.h. biologisch schwer abbaubaren Gefahrstoffe. Sie werden unter dem Gesichtspunkt der Nutzbarkeit hergestellt, nicht unter dem des Lebenszyklus, der in der Natur beginnt, insofern Energie und Material in sie einfließen, und in ihr wieder endet, wenn die Nutzungszeit vorüber ist. Ein anderes Beispiel: Die Gülle aus der Viehhaltung, die im normalen Produktionszyklus als Dünger in organischen Prozessen abgebaut würde, sickert, wenn ihre Menge das Verarbeitbare übersteigt, in das Grundwasser und kontaminiert es auf Dauer mit Nitraten, weil dort die chemischen und organismischen Bedingungen für den Stoffabbau fehlen.

Allgemeiner gesagt, wird diejenige Quantität der Energie und des Materials überschritten, auf deren Produktion und Abbau die Natur in ihren normalen Zyklen eingestellt ist. Der nutzbare Grundstock der Natur schwindet, zurück bleiben Wüsten und Altlasten.

Zwar hat die Natur lange Zeit mehr produziert, als sie selbst absorbieren konnte. Im Erdöl, in der Kohle, im Humus sind Millionen Jahre natürlichen Lebens materialisiert. Aber anders als das, was die Gesellschaft mit ihren Abfällen hinterlässt, hat sich der Stock (als Kohle) schadlos und (als Humus) sogar produktiv abgelagert. Die Ablagerungen werden heute als Ressourcen begriffen, die die Gesellschaft meint verbrauchen zu dürfen. Das ist eine Zeit lang gut gegangen, aber der Zugriff auf die verdichtete Zeit, die früher angesammelt worden ist, wird zur Basis eines übermäßigen wirtschaftlichen Wachstums[29], das den Grundstock der Natur schwinden lässt und ihre Absorptionskapazität mißachtet.

---

[28] S. dazu J. Radkau, Natur und Macht. Eine Weltgeschichte der Umwelt, München (Beck) 2000, S. 287f.

[29] H. Chr. Binswanger, Wachstum und Umweltschutz, in: M. Junkernheinrich, P. Klemmer, G.R. Wagner (Hrsg.) Handbuch zur Umweltökonomie, Berlin (Analytica) 1995, S. 367–372.

3. *Katastrophen*

Naturkatastrophen, z.B. solche des Weltklimas, sind in der Vergangenheit zum Teil aus Krisen endogener Entwicklungen in der geo-physikalischen und biologischen Konstitution der Erde, zum Teil aus exogenen Ereignissen wie Meteoriteneinschlägen entstanden. Es gibt nun Anzeichen dafür, dass zu solchen Katastrophen in der Zukunft mehr und mehr auch gesellschaftliche Vorgänge beitragen werden. Bei unglücklicher Bündelung könnte die gesellschaftliche Entfremdung von den Zyklen und Linien der Naturzeit selbst katastrophische Ereignisse hervorrufen.

Der Hauptfall der Gegenwart ist die Klimaentwicklung. Es könnte sein, dass viele getrennte und zugleich ineinander verschlungene positive Rückkoppelungen sich verbinden und die Effekte des je anderen exponentiell verstärken, so dass die bereits feststellbare langsame Erwärmung in eine plötzliche Überhitzung, möglicherweise aber auch in eine überraschende Erkaltung umschlägt. Eine Überhitzung würde zB eintreten, wenn sich die fortgesetzte Trockenlegung von Feuchtgebieten und die Rodung der Regenwälder mit der ungebändigten Freisetzung von CO_2, Methan und anderen Klimagasen verbindet, womöglich unterstützt von einer Abnahme der Absorptionskapazität der Ozeane.[30]

Solche menschengemachten Katastrophen gleichen in ihrem Erscheinungsbild denen plötzlicher katastrophaler Naturereignisse. Dies mag der Grund dafür sein, dass die neuere Literatur, insbesondere die Chaostheorie, sich von solchen sprunghaften Veränderungen fasziniert zeigt und darauf baut, dass sich Ordnung durch autopoietische Prozesse von selbst wiederherstellen wird.[31] Aus diesem Blickwinkel ließe sich fragen: Beweist die Vergangenheit der Erde nicht, dass die Natur mit plötzlichen Klimaumschwüngen fertig geworden ist? Kann man deshalb nicht auch menschengemachte Katastrophen riskieren? Ist nicht sogar das Neue, dem optimistisch ins Auge zu sehen sich die moderne Gesellschaft rühmt, immer schon das gewesen, was auf Grund von Katastrophen hereinbrach? „Wo Gefahr ist, wächst das Rettende auch“[32], von selbst und ohne menschliche Vorsorge?[33]

---

[30] P. Bunyard, How climate change could spiral out of control, in: The Ecologist, vol. 29/2 (1999), S. 68ff.

[31] Prigogine/Stengers 1986, S. 176ff.

[32] Der zitierte Satz aus Hölderlins Gedicht „Patmos“ wird häufig als Ausdruck einer in der objektiven Welt agierenden Dialektik herangezogen, beschreibt aber eher eine religiöse Erfahrung der Nähe Gottes; vgl. den Gedichtanfang: „Nah ist und schwer zu fassen der Gott“.

[33] Vgl. R. Paslack, „...da stellt ein Wort zur rechten Zeit sich ein“. Die Karriere des Chaos zum Schlüsselbegriff, Kursbuch 98/1989, S. 121ff.

Der Schluss, wenn die Natur durch Turbulenzen und in Sprüngen fortschreite, könne auch die Gesellschaft solche Irritationen erzeugen, übersieht, dass die naturbedingte Generierung solcher „Unfälle" selbst bereits genügend Gefahren für das menschliche Überleben in sich birgt.[34] Wenn die Natur neben ihren förderlichen Zeitrhythmen destruktiven Katastrophen ausgesetzt ist, nach denen sie sich selbst auf neuer, aber für den Menschen vielleicht nicht lebensfähiger Ebene regeneriert, so wird der Mensch die Katastrophen nicht durch eigene Verursachung noch vermehren. Normalerweise beobachtet die Gesellschaft die Zeichen, die eine Katastrophe ankündigen, und sie versucht sich so gut es geht vor ihr zu schützen. Sie gibt diese Nähe zur Natur auf, wenn sie Katastrophen als unvermeidbar und per se förderlich wahrnimmt. Im Grunde ist ein solcher Fatalismus insofern die andere Seite der abstrakten Zeitkonstruktion, als er davon zu dispensieren scheint, dass die Folgen bedacht werden müssen.

Zusammengefasst lautet die These, dass die Gesellschaft, deren Zeitvorstellung auf *eine* Weise sie selbst in ihren sozialen Zusammenhängen gefährdet, auf eine *zweite* Weise ihr natürliches Fundament bedroht, indem sie sich von der Zeitstruktur der Natur entfernt. Die Gesellschaft unterwirft die sozialen Lebensverläufe dem Diktat der sinnentleerten abstrakten Zeit, und zugleich stört sie damit die Entwicklungsverläufe und Zyklen der Natur. Der menschliche Geist ist fähig, über die Zeit als Zukunftsorientierung, Messinstrument und Spanne beliebig zu verfügen, aber bei der Umsetzung der Zeitvorstellungen in die Realität trifft er eine ontische Grenze der Zeitgegebenheiten (sowohl der menschlichen Psyche und des sozialen Zusammenlebens, auf die es in diesem Zusammenhang nicht so sehr ankommt, als auch:) der Natur und kann an ihnen scheitern.

IV. Zeit im Recht und Zeit des Rechts

Angesichts dieses Befundes soll nun gefragt werden, ob das Recht mit seinen Verfahren der Gesetzgebung und Rechtssprechung eine Sphäre ist, in der die Gesellschaft zur Reflexion über ihr Verhältnis zur Natur kommen und in der ihr vorgehalten werden kann, dass sie sich in ihrer Zeitkonstruktion der Naturzeit entfremdet und dadurch Schaden erleiden wird.

---

[34] Bateson 1984,S. 216f., der den Gedanken auch auf die normalen, nicht-katastrophischen Zufälle der Evolution erstreckt.

1. *Verspätung des Rechts?*

Die Antwort auf diese Frage fällt prima facie enttäuschend aus: Es gehört zu den Grundaussagen der Rechtssoziologie, dass das Recht sich gegenüber gesellschaftlichen Entwicklungen meist verspätet. Neue Handlungen, Techniken, Werte werden, so heißt es, zunächst in der Gesellschaft erzeugt und wandern erst danach ins Recht.[35] Das Recht laufe dem Neuen also nicht voraus, sondern hinterher. Dies gilt, so könnte man ergänzen, selbst noch, seit das Recht „positiv" geworden ist, das heißt, seit es sich nicht mehr nur über Gewohnheiten und deren Anerkennung weiterbildet, sondern von einem staatlichen Apparat gesetzt wird. Die dadurch gewonnene Geschwindigkeit rechtlichen Wandels[36] bleibt an den Wandel der politischen Kräfteverhältnisse und öffentlichen Meinung gebunden, und wo es einzelnen Interessen oder Avantgarden gelungen sein mag, sich vorlaufend durchzusetzen, steigt die Wahrscheinlichkeit, dass die Gegenkräfte die Implementation des Rechts behindern.

Kommt es zu einer Reform des Rechts, die es seine Verspätung aufholen lässt, so bleibt es, wenn es angepasst worden ist, in gewisser Weise wieder stehen. In politologischen Begriffen wird dies so ausgedrückt, dass das Recht die Machtverhältnisses, die zu seiner Anpassung geführt haben, „gerinnen" lässt, in soziologischen, dass es die Erwartungsverhältnisse, die Material der Entscheidung über die Rechtsanpassung waren, „kontrafaktisch stabilisiert", d.h. gegenüber anderen und neuen Erwartungen durchhält, bis ein neuer Anpassungsschub ansteht.

2. *Beschleunigendes und retardiertes Recht*

Bei näherer Betrachtung ist gegen den hiermit skizzierten rechtstheoretischen Diskurs einzuwenden, dass er einen zu abstrakten Rechtsbegriff verwendet. Das zeitliche Verhältnis von Recht und Gesellschaft differenziert sich, wenn man zwei unterschiedliche Rechtsfunktionen, die mit entsprechenden Rechtsstrukturen zusammenhängen, unterscheidet. Tatsächlich ist das Recht seit Be-

---

[35] S.E. Ehrlich, Grundlegung der Soziologie des Rechts (1912), Berlin (Duncker u. Humblot), 3. Aufl. 1967, S. 316: „Das Recht ändert sich, weil sich die Menschen und Dinge ändern." S. auch a.a.O. S. 317: „Das, was in erster Linie einem ewigen Wechsel unterworfen ist, das ist das Kräfteverhältnis der Verbände selbst, das Kräfteverhältnis der Einzelnen, die demselben Verbande angehören, das Kräfteverhältnis der Verbände, die zusammen einen Verband höherer Ordnung bilden. Und jede Änderung im Kräfteverhältnis hat notwendig einen Wandel in den gesellschaftlichen Normen zur Folge, die im Verbande herrschen." Auf neues Interessentenhandeln abstellend: M. Weber, Rechtssoziologie (1925), Ausg. Neuwied (Luchterhand) 1960, S. 175.

[36] Zur Positivität als Steigerung der politischen Reaktionsfähigkeit s. N. Luhmann, Rechtssoziologie, Reinbek (Rowohlt) 1972, S. 198ff.

ginn der Industriegesellschaft ebenso zwiespältig wie die Gesellschaft selbst, und dieser Zwiespältigkeit folgt auch die Geschwindigkeit, mit der es sich auf die Gesellschaft einstellt. Mit dem Kapitalismus wachsen höchst passgenau und schnell, zum Teil vorlaufend und keineswegs retardiert, die Garantie des Privateigentums, die Vertragsfreiheit, das Patentrecht, das Recht der Kapitalgesellschaft, daneben auch Formen der aktiven staatlichen Förderung, etwa durch zweckgebundene Subvention oder durch staatliche Eigenwirtschaft. Man kann dies als ein die industrielle Energie freisetzendes Recht bezeichnen. Auf der anderen Seite wächst mit den politischen Kämpfen um Umverteilung, Arbeitssicherheit und Konsumentenschutz verspätet und im Vollzug zusätzlich verzögert das Arbeitsrecht, das Recht der sozialen Sicherung und das Verbraucherschutzrecht[37], insgesamt also eine Normenmasse, die eingrenzendes Recht genannt werden kann.[38]

Die Unterscheidung zwischen den beschleunigenden und den sich verspätenden Rechtsfunktionen und -strukturen wird meist auf Probleme des Verteilungskonflikts innerhalb der Gesellschaft bezogen, der nationalen und immer mehr auch der globalen. Sie kann jedoch auch auf das Verhältnis der menschlichen Gesellschaft zur natürlichen Umwelt bezogen werden. Auf der einen Seite steht dann die gesellschaftliche Dynamik der Übernutzung natürlicher Ressourcen, in der sich beide Seiten des innergesellschaftlichen Verteilungskonflikts vereinen und summieren: die Expansion der Produktion **und** der Konsumtion und Umverteilung. Auf der anderen Seite steht die Natur, die zwar nicht redet, aber als Lebensbedingung vom Menschen wahrgenommen und als ökologisches Interesse repräsentiert wird.

Auch im Hinblick auf den Konflikt Gesellschaft-Natur ist eine Disparität des synchronen Rechts auf Seiten der Ressourcennutzung einerseits und des retardierten Rechts auf Seiten der Ressourcenschonung andererseits zu vermuten.

---

37 W. Friedmann, Recht und sozialer Wandel, Frankfurt a.M. (EVA) 1969, S. 13ff., 323ff.

38 G. Winter, Das Recht der Risikogesellschaft, in: Kritische Justiz 1998, 518ff. Das Zwiespältige des freisetzenden und eingrenzenden Rechts hat die Zeiten überdauert, in denen die beiden Seiten noch unterschiedlichen Klassen zugeordnet waren wie z.B. das Gesellschaftsrecht dem Kapital und das Arbeitsrecht den Arbeitern. Wenn heute der einzelne Mensch zugleich andere ausbeutet (nämlich als Konsument von Niedriglohnimporten) und (als kleiner Selbständiger oder Arbeitnehmer) sich selbst ausbeutet oder ausbeuten lässt, wenn der Konflikt sich also von den Individuen gelöst hat, so hat er doch weiterhin Bestand, als Konflikt zwischen zwei Systemen von Interessen und Diskursen, zu denen der Einzelne doppelt gehört: dem System der anonymen, in der globalen Standortkonkurrenz vervielfachten Kapitalverwertungszwänge und der sie repräsentierenden Großunternehmen einerseits, dem System der ebenso anonymen Sozialschutzagenturen und ihrer Großorganisationen andererseits. Ganz dementsprechend bleibt es für das Recht dabei, dass es in seinen aktivierenden und freisetzenden Formen sich dem ersten System schneller anpasst und in seinen retardierenden, begrenzenden und umverteilenden Formen mit dem zweiten System hinterherläuft.

Zu fragen ist also, ob das Recht das Missverhältnis zwischen den Zeitstrukturen der Natur und denen der Gesellschaft nur mit seiner einen Hand freisetzt und fördert, oder ob es mit seiner anderen Hand korrigierend einzuwirken vermag.

Das Potential des Rechts, der Gesellschaft ihre Entfremdung von der Naturzeit in korrigierender Absicht vorzuhalten, ist einerseits durch den Inhalt des Rechts, d.h. seine Instrumente und materiellen Maßstäbe bedingt, andererseits aber auch durch seine Form, d.h. dadurch, ob das Recht die notwendigen Instrumente und Kriterien in angemessenen Zeiträumen zu entwickeln und zum richtigen Zeitpunkt einzusetzen vermag. Zu unterscheiden ist also zwischen der Zeitwahrnehmung in den Instrumenten und Maßstäben des Rechts und den Zeiträumen der Entwicklung des Rechts selbst. Kurz gefasst ist zwischen der Zeitvorstellung *im* Recht und der Zeitstruktur *des* Rechts zu unterscheiden.

2. *Zeitvorstellungen im Recht*

a) *Vorsorge und Zeitlinien*

Nach langer Tradition war das Recht durch das Gefahrvermeidungsprinzip geprägt. Mit ihm wurden Schäden bekämpft, deren Eintritt in naher Zukunft bevorsteht. Mit dieser zeitlich verkürzten Perspektive erwies es sich jedoch als nicht geeignet, dem offenen Zeithorizont der modernen Gesellschaft Schadensrisiken vorzuhalten. Deshalb trat neben die nutzenorientierten optimistischen Zukunftsentwürfe eine Art pessimistischer Parallelwertung mit ähnlich weitreichendem Zukunftsblick.

Eine solche Perspektive eröffnete das in den 1970er Jahren in Deutschland eingeführte und sich seitdem weltweit verbreitende Vorsorgeprinzip.[39] Es verlangt, dass auch ungewisse und wenig wahrscheinliche schädliche Auswirkungen geprüft werden, und wirkt dadurch auf eine Antizipation der ferneren Zukunft hin. Es erfasst weiter hinausreichende Bahnen und katastrophale Abstürze von Zeitlinien, die von gesellschaftlichen Handlungen beeinflusst werden. Dabei bindet es die zukunftsoffenen und damit riskanten Handlungen zurück an die Erfahrung der Vergangenheit. Sie schließt aus in der Vergangenheit eingetretenen Schäden auf mögliche zukünftige Wiederholung und beschränkt die riskante Tätigkeit entsprechend.

Das Vorsorgeprinzip hat immanente Grenzen, weil manchmal Kausalketten mit so langer Dauer in Gang gesetzt werden, dass die Risikoprognose versagt. Im Atomrecht, dem fortschrittlichsten Exerzierfeld des Vorsorgeprinzips, stellt sich zB für die Endlagerung radioaktiver Abfälle die Frage, auf wieviele Jahre

---

39 E. Rehbinder, Das Vorsorgeprinzip im internationalen Vergleich, Düsseldorf (Werner Verlag) 1991.

hinaus ein unterirdisches Endlager sicher sein muss. Erforderlich ist eine Prognose auf viele tausend Jahre, die Experten mit Extrapolationen aus der geologischen Vergangenheit der gegebenen Formation (z.B. des Salzstocks) tatsächlich auch abgeben. Es liegt jedoch auf der Hand, dass dies illusorisch ist. Man denke nur an den ungewissen Einfluss des Klimawandels auf die Konsistenz eines Salzstocks und insbesondere an die Instabilität der politischen Verhältnisse.[40] Im Gentechnikrecht müsste angesichts der Tatsache, dass neue Organismen in einer auf sie nicht eingestellten Umgebung manchmal erst nach hunderten von Jahren schädlich werden, eigentlich eine Prognose mit ähnlicher Reichweite aufgestellt werden, bevor sie freigesetzt werden dürfen. Aber angesichts der Komplexität der Biozönosen ist eine solche Prognose aussichtslos.[41]

Auch die als Ausweg aus diesen Prognoseproblemen geforderte Reversibilität führt nicht sehr weit. Hiernach soll der durch gesellschaftliches Handeln in Gang gesetzte Kausalprozess umkehrbar gehalten werden: Der eingelagerte Abfall soll rückholbar sein, der in die Natur freigesetzte Organismus nachverfolgbar, etc. Diese Strategien haben jedoch technische und finanzielle Grenzen.

Wichtiger als diese immanenten Grenzen des Vorsorgeprinzips ist jedoch die Tatsache, dass Vorsorge in der gesellschaftlichen Praxis als Negation und Hemmnis betrachtet wird und sich nur selten durchsetzt. Tatsächlich wird normalerweise ein Nein nur akzeptiert, wenn eine Gefahrensituation nachgewiesen werden kann. Insofern bestätigt sich die Verspätung des eingrenzenden Rechts auch bezüglich der Vorsorge als „Zeit im Recht".

b) Nachhaltigkeit und Zeitzyklen

Vielleicht ist im übrigen das Vorsorgegebot, das die negativen Erfahrungen aus der Vergangenheit möglichst weit in die Zukunft projiziert und damit das zukunftsoffene Akzeptieren des Neuen durch die Gesellschaft relativiert, insofern in gewisser Weise illusorisch, als mit ihm eine Grenzziehung zwischen dem Schädlichen und dem Unschädlichen (der es auf die Spur kommen soll) als möglich unterstellt wird. Das mag für einzelne Belastungspfade angehen, insgesamt sind die Übergänge aber fließend. Denn der Mensch interagiert physisch mit der Natur und richtet notwendig in ihr Schaden an, ebenso wie er

---

[40] H. Hofmann, Rechtsfragen der atomaren Entsorgung, Stuttgart (Klett-Cotta) 1982, S. 224ff.

[41] Ein gebietsfremder Organismus kann jahre- und jahrhundertelang bescheiden seine Nische bewohnen, um bei einer zufällig eintretenden günstigen Bedingungskonstellation plötzlich dominant und schädlich zu werden. Dies ist z.B. mit der wilden Traubenkirsche geschehen, die vor 400 Jahren nach Deutschland gebracht wurde und heute plötzlich als Unterholz zu wuchern beginnt. S.H. Sukopp, Neophytie und Neophytismus, in: Reinhard Böcker, Harald Gebhardt, Werner Konold, Susanne Schmidt-Fischer, Gebietsfremde Pflanzenarten, Landsberg 1995, S. 3ff.

von ihr geschädigt wird. Worauf es ankommt, ist ein Gleichgewicht der Schwankungen gegenseitiger Eingriffe und Heilungen anzusteuern und auf Dauer zu erhalten.

Diese Dauerhaftigkeit der Wechselbeziehung, in der Terminologie der Zeitrythmen die Zyklizität der Naturzeit, wird rechtlich vom Nachhaltigkeitsprinzip aufgegriffen. Es ist zuerst als Grundsatz der Forstbewirtschaftung entwickelt worden und besagt dort, dass nicht mehr Ressourcen entnommen werden dürfen, als von selbst oder durch Pflanzung regeneriert werden. Seit der Rio-Konferenz von 1992 hat es Eingang in internationale Vertragstexte gefunden und entwickelt sich immer mehr in Richtung auf einen Satz des Völkergewohnheitsrechts. Politisch hat es den Charme des Positiven: Während das Vorsorgeprinzip als Kassandra auftritt und sich mit seinen pessimistischen Prognosen in Opposition zu den optimistischen Zukunftsentwürfen der Ökonomie und Technik begibt, lädt das Nachhaltigkeitsprinzip die „Wirtschaft" und „sanfte" Technik ins gemeinsame Boot.

Trotzdem hat auch das Nachhaltigkeitsprinzip bisher wenig bewirkt. Sein Inhalt ist noch unklar und für Missbrauch anfällig. Der alte Konflikt zwischen Freisetzung und Begrenzung scheint in zwei unterschiedlichen Interpretationskulturen wiederzukehren: einer wirkungsmächtigeren Auslegung, die die Umwelt als Ressource der Wirtschaft ansieht, und einer schwächeren anderen, die die Wirtschaft den Gesetzmäßigkeiten der Biosphäre unterordnen will.

c) Flexibilisierung zugeteilter Zeiträume

Ist die Prognose für eine Aktivität günstig und wird sie somit zugelassen, können sich im späteren Verlauf dennoch zunächst unerkannte Risiken herausstellen. Eine Nachkorrektur ist jedoch nicht ohne weiteres möglich, sondern hängt von der Festigkeit der erlangten Rechtsposition ab. Wird ein subjektives Recht eingeräumt, so werden damit offene Zeithorizonte gesichert, die dem Einzelnen Entfaltungsmöglichkeiten geben, in die der Staat nicht eingreifen darf. Die Zukunftsoffenheit und Geschwindigkeit der gesellschaftlichen Kreativität beruht also paradoxerweise auf etwas Geschlossenem und Langsamem: der Verfügung über Eigentumsrechte, dem Bestandsschutz, dem „pacta sunt servanda" des Vertragsrechts, etc. Darin liegt eine bedeutsame Funktion des „freisetzenden Rechts": Es stellt invariable Voraussetzungen für variables, zukunftsoffenes Handeln bereit.

Soll nun aber die willkürliche Variabilität solchen Handelns Begrenzung erfahren, so muss die invariable Basis flexibilisiert werden. Ein Beispiel für dieses Wechselspiel von Zuweisung und Wiederauflösung von Entfaltungsrechten ist die Regelung unbefristeter Genehmigungen[42]: Eine solche Genehmigung ge-

---

[42] Zu dem zivilrechtlichen Beispiel des Anspruchs, der unter bestimmten Bedingungen

stattet eine bestimmte Tätigkeit grundsätzlich für alle Zeit. Da damit das Risiko verbunden ist, dass die Tätigkeit nach später gewonnener Erkenntnis oder Wertung doch Schaden verursacht, stellt das Recht zugleich Mittel bereit, die eine nachträgliche Anpassung ermöglichen. Das klassische Instrument ist der Widerruf der Genehmigung bei Vorliegen einer neuen Tatsachen- oder Rechtslage. Da an den Widerruf meist staatliche Entschädigungspflichten geknüpft sind, wird von dem Instrument allerdings nicht häufig Gebrauch gemacht. Etwas effektiver ist demgegenüber die entschädigungslose nachträgliche Anordnung, die manche neuere Umweltgesetze eingeführt haben.

Wieweit der Gesetzgeber die Zuteilung von subjektiven Rechtspositionen, m.a.W. von in die Zukunft unbegrenzten Freiheitsräumen unter den Vorbehalt der Rückholung stellen darf, ist verfassungsrechtlich mitdeterminiert. Ein aktueller Testfall, die verfassungsrechtliche Diskussion um die Beendigung der Nutzung der Kernenergie, möge dies illustrieren.

Die eine Auffassung hält die Stillegung solcher Kernkraftwerke, die nach der Sicherheits"philosophie", nach der sie angetreten sind, noch funktionieren, für eine Enteignung. Enteignungen müssen dem Allgemeinwohl dienen und sind zu entschädigen (Art. 14 Abs. 3 Grundgesetz). Schon ob die Stillegung dem Allgemeinwohl diene, wird bestritten (hier ist der Ort für die Beschreibung von Versorgungsengpässen, Standortproblemen etc. bei Wegfall der Kernenergie), jedenfalls sei sie aber voll zu entschädigen.[43]

Die andere Auffassung hält die Stillegung für eine neue Inhaltsbestimmung des Eigentums.[44] Als Inhaltsbestimmung des Eigentums (Art. 14 Abs. 1 Satz 2 GG) wird die Neubestimmung dessen angesehen, was Bürger als garantierte Rechtspositionen erwerben und behalten können sollen.[45] Bei ihr ist der Gesetzgeber als demokratisch gewähltes Organ frei. Im Beispiel der Kernenergie kann er Eigentumsinhalte neu definieren, wenn sich in der Gesellschaft eine neue Risikowahrnehmung durchgesetzt und politische Mehrheit gewonnen hat. Soweit die Neugestaltung des allgemeinen Eigentumsfeldes zum Abbau einzelner bereits erworbener Rechtspositionen führt, ist zwar schonend, „weich überleitend" vorzugehen, d.h. eine Übergangsfrist einzuräumen oder je nach den Umständen zur Erleichterung des Übergangs auch einmal eine gewisse finanzielle Hilfe zu gewähren, aber eine volle Entschädigung ist nicht erforderlich.

---

entsteht und wieder erlischt, im Gegensatz zu dem zeitlich unbefristeten Eigentumsrecht s. Gerhart Husserl, Recht und Zeit, Frankfurt (Klostermann) 1955, S. 30.

[43] F. Ossenbühl, Verfassungsrechtliche Fragen eines Ausstiegs aus der friedlichen Nutzung der Kernenergie, AöR 124 (1999), S. 1–55.

[44] A. Roßnagel, G. Roller, Die Beendigung der Kernenergienutzung durch Gesetz, Baden-Baden (Nomos) 1998.

[45] Grundlegend hierzu BVerfGE 58, 300ff. (Nassauskiesung).

Der Streit, ob Eigentum ein Bollwerk gegen Veränderung ist oder zur Disposition neuen Zeitgeistes steht, m.a.W. wie weit die Macht des Staates geht, zunächst zugewiesene Zeiträume der freien Zukunftsgestaltung wieder einzusammeln, ist historisch immer wieder virulent geworden, wenn die Auflösung von als überholt angesehenen Rechtspositionen anstand, sei es die Auflösung der Verfügung über Sklaven, die Entwährung des Obereigentums des Grundherrn über das Untereigentum der abhängigen Bauern oder die Beschränkung des Unternehmenseigentums durch paritätische Mitbestimmung der Arbeiter, und heute richtet er sich auf die Befreiung der Naturnutzung aus schädlichem Eigentumszugriff.[46] Im Hinblick auf die älteren Problemstellungen hat sich die jeweils offenere Position durchgesetzt und sozusagen die Basis, das freisetzende Recht, korrigiert. Ob dies (über den Sonderfall der Kernenergie hinaus) auch für die Naturnutzung gelingen wird, ist allerdings wohl mit Skepsis zu beurteilen.

3. *Zeitstrukturen des Rechts*

Idealiter müssten juristische Entscheidungsprozesse so angelegt sein, dass jeweils der beste Zeitpunkt für die Intervention, der Kairos[47], getroffen wird. Dieser Zeitpunkt ist auch im Regelungsfeld selbst angelegt. Das Feld kann in seiner eigenen Entwicklung mehr oder weniger bereit sein, die Intervention zu akzeptieren. Zu betrachten ist unter diesem Blickwinkel vor allem die Dauer der rechtlichen Entscheidungsverfahren, denn ihr ist das Risiko immanent, sich gegenüber der gesellschaftlichen Dynamik zu verspäten. Dabei sind gewisse Unterschiede zwischen Verwaltungsverfahren und Verfahren der Rechtserzeugung zu beachten.

a) Die Dauer von administrativen Verfahren

Weil Entscheidungen über komplexe Sachverhalte (zu denen viele naturnutzende Investitionen gehören) Zeit kosten, ist es von großer Bedeutung, zu wes-

---

[46] Vgl. G. Winter, Über Pflöcke im wandernden Rechtsboden. Die Eigentumskonzeption des Bundesverfassungsgerichts und Ferdinand Lassalles Theorie der erworbenen Rechte, in: Kritische Justiz 1986, 459 ff. mit Hinweisen auf die Klassiker dieser Problematik, Ferdinand Lassalle, Lorenz von Stein und Otto Kirchheimer.

[47] Zum Kairos heißt es bei Hesiod (erga, Vers 694), bei dem das Wort zum ersten Mal erscheint (vgl. Lexikon der antiken Welt, Stichwort Kairos): „Beachte das Angemessene; der kairos ist in allen Dingen das Beste." Die zeitliche Dimension dieser Angemessenheit (die manchmal als Verhältnismäßigkeit übersetzt wird) kommt in den Beispielen zum Ausdruck, die Hesiod a.a.O. gibt, nämlich den richtigen Zeitpunkt für den Schiffahrtsbeginn im Frühjahr und das beste Alter fürs Heiraten.

sen Lasten der für den Entscheidungsprozess jeweils erforderliche Zeitraum geht: zu Lasten des öffentlichen Interesses an der Erhaltung der Natur, oder zu Lasten der naturnutzenden Aktivität. Ersteres gilt bei freier Betätigung mit möglicher nachträglicher Beschränkung, juristisch auch Verbotsvorbehalt genannt, letzteres bei Einführung eines Genehmigungsvorbehalts für eine bestimmte Tätigkeit.[48] Der Genehmigungsvorbehalt besteht darin, dass eine Aktivität (z.B. die Errichtung einer Anlage, die Freisetzung eines Organismus oder die Vermarktung eines Produkts) gestoppt wird, bis die Genehmigung erteilt ist. Dies bedeutet unter zeitlichem Aspekt, dass die Last der Beibringung von Risikoinformationen beim Akteur liegt. Die Behörde kann warten und muss nicht hinterherrennen. Der entsprechenden wirtschaftlichen Aktivität wird eine Art Verlangsamung und Selbstaufklärung verordnet. Der Zeitraum, den das Verwaltungsverfahren beansprucht, wirkt sich unter dem Blickwinkel der Natur nicht schädlich aus. Die Intervention kommt immer noch „rechtzeitig". Im umgekehrten Fall des Verbotsvorbehalts kann sich die Aktivität dagegen frei entwickeln, und es kann sein, dass wegen der Dauer der Verfertigung der Verwaltungsentscheidung der geeignete Interventionszeitpunkt versäumt wird.

Angesichts dieser Unterschiedlichkeit von Genehmigungs- und Verbotsvorbehalt für den Kairos der Verwaltungsentscheidung ist es bedeutsam, wie die Klassen von Aktivitäten bestimmt werden, die dem einen oder dem anderen System unterliegen sollen. Entscheidend ist, ob ein Anfangsverdacht für Gefährlichkeit besteht, z.B. weil die geplante Anlage mit gefährlichen Stoffen arbeitet, weil die fragliche Technik noch zu wenig bekannt ist, etc. Der allgemeine Trend geht zur Zeit dahin, Genehmigungsvorbehalte abzubauen. Damit wird die abstrakte Zeitkonstruktion der Gesellschaft, die Kluft zwischen ihren Erwartungen und ihren Erfahrungen, eher gesteigert. Die Dauer der Rechtsverfahren, die im System des Genehmigungsvorbehalts zur Verlangsamung beitrüge und zur Suche nach der konkreten Zeitstruktur der Natur genutzt werden könnte, führt auf diese Weise nur zu Verspätungen des Rechts.

Die Unterscheidung zwischen Genehmigungsvorbehalt und bloß mitlaufender Kontrolle gibt auch Aufschluss, wenn man den gegenwärtig verbreiteten Ruf nach der Beschleunigung von Verwaltungsverfahren verstehen will.[49] Die sog. Beschleunigungsgesetzgebung, die in den frühen neunziger Jahren diesem Ruf gefolgt ist, hat typischerweise an Genehmigungsvorbehalten angesetzt, also

[48] G. Lübbe-Wolff, Modernisierung des Umweltordnungsrechts, Bonn (Economica Verlag) 1996, S. 158ff.

[49] Die genannte Unterscheidung wird in der abstrakt für Flexibilisierung und Innovation plädierenden Literatur nicht ausreichend beachtet. Vgl. K.-H. Ladeur, Das Umweltrecht der Wissensgesellschaft, Berlin (Duncker und Humblot) 1995, S. 263ff.; W. Hoffmann-Riem, Vorüberlegungen zur rechtswissenschaftlichen Innovationsforschung, in: derselbe, Jens-Peter Schneider (Hrsg.) Rechtswissenschaftliche Innovationsforschung, Baden-Baden (Nomos) 1998, S. 11–29. Anders dagegen Lübbe-Wolff 1996, S. 166ff.

an demjenigen System, in dem die Entscheidung kaum zu spät kommen kann: Die Bearbeitung des Genehmigungsantrags wurde an enge zeitliche Fristen gebunden, verspätetes Vorbringen von Einwendern oder mitwirkenden Behörden ausgeschaltet, Schadensersatzverpflichtung für Fristüberschreitungen begründet. Demgegenüber hat diese Gesetzgebung nicht zugleich auch die Entscheidungen auf Seiten des Verbotsvorbehalts unter Zeitdruck gesetzt, obwohl gerade deren Beschleunigung notwendig wäre. Im Gegenteil zieht der Druck auf die Zeitdauer von Genehmigungsverfahren Personal von Überwachungsaktivitäten ab und verzögert deren Verfahren entsprechend weiter.[50]

b) Die Dauer der Rechtserzeugung

Das Problem des Kairos und der möglichen Verspätung von Interventionen stellt sich in besonderer Schärfe bei der Rechtserzeugung, weil nach der Grundrechtskonstruktion alles, auch die riskanteste Aktivität, erlaubt ist, solange sie nicht gesetzlich oder auf gesetzlicher Basis untersagt wird. Die Verzögerung der Rechtserzeugung geht also zu Gunsten der Innovation und zu Lasten des öffentlichen Interesses an der Naturerhaltung.

Allerdings könnte für besonders problematische Tätigkeiten begründet werden, dass sie selbst erst zulässig sind, wenn eine gesetzliche Grundlage für sie geschaffen ist. In die Nähe einer solchen verfassungsrechtlichen Konstruktion sind die Gerichte bisher zwei Mal gekommen: bei Einführung der „Schneller Brüter"-Technologie und bei Einführung der Gentechnologie. Die angerufenen Gerichte haben in beiden Fällen auf der Grundlage der Doktrin, dass wesentliche Entscheidungen durch parlamentarisches Gesetz zu treffen sind (sog. Wesentlichkeitstheorie), eine solche Grundlage für erforderlich gehalten. So heißt es im Kalkar-Beschluss von 1978[51]:

> „Die normative Grundsatzentscheidung für oder gegen die rechtliche Zulässigkeit der friedlichen Nutzung der Kernenergie im Hoheitsbereich der Bundesrepublik Deutschland ist wegen ihrer weitreichenden Auswirkungen auf die Bürger, insbesondere auf ihren Freiheits- und Gleichheitsbereich, auf die allgemeinen Lebensverhältnisse und wegen der notwendigerweise damit verbundenen Art und Intensität der Regelung eine grundlegende und wesentliche Entscheidung im Sinne des Vorbehalts des Gesetzes. Sie zu treffen ist allein der Gesetzgeber berufen."

In ähnlicher Weise meinte der hessische Verwaltungsgerichtshof 1989 zur Nutzung der Gentechnologie[52]:

> „Erst nach einer parlamentarischen Leitentscheidung über das ‚Ob' der Zulässigkeit dieser Technologie schlechthin stellt sich die Frage nach dem ‚Wie' eines Betriebes im Einzelfall."

[50] Lübbe-Wolff 1996, S. 167.
[51] BVerfGE 49, 89, 127.
[52] Hess: VGH NVwZ 1990, 276, 278 r. Sp.

Die Entscheidungen sind jedoch vereinzelt geblieben.[53] Das BVerfG hat in den Folgejahren betont, dass die Wesentlichkeitstheorie nur für das Verhältnis zwischen Staat und Bürger, nicht für das Verhältnis zwischen Bürgern gelte.[54] Die radikale, die Gesellschaft selbst verlangsamende Funktion des Zwanges zur Reflexion, bevor eine neue Technologie ins Werk gesetzt wird, hat sich also nicht durchgesetzt.

Ist auf nationaler Ebene eine gewisse Schnelligkeit der den Risiken nachlaufenden Rechtssetzung immerhin über das Mehrheitsprinzip erreichbar, so fehlt es hieran für solche Probleme, die nur auf internationaler Ebene lösbar sind. Man kann geradezu von einem Widerspruch zwischen dem steigenden Bedarf an und der Unerreichbarkeit von internationalen Konventionen sprechen. Die Agenda des internationalen Rechts füllt sich immer mehr, seine Herstellung ist jedoch insbesondere wegen des Einstimmigkeitsprinzips besonders zeitraubend. Nur langsam setzen sich Techniken der Beschleunigung durch, so die Stufung in eine relativ allgemeine Mutterkonvention, die durch spezifischere Protokolle und Annexe mit Mehrheitsentscheidungen, opting-out-Verfahren und Inkaufnahme variierender Teilnehmer beschleunigt ausgefüllt wird.[55]

Typischerweise sind die am weitesten reichenden Institutionen mit quasi-supranationalen Kompetenzen allerdings im Bereich des Wirtschaftsrechts wie zB dem WTO-System mit ihrem Streitschlichtungsmechanismus, nicht dagegen im Bereich der sozialen und ökologischen Regulierung geschaffen worden. Auf der internationalen Ebene wiederholt sich damit die Doppelrolle des Rechts, wie sie von der nationalen Ebene bekannt ist: Das freisetzende Recht institutionalisiert sich schneller, und mit ihm der Freiraum für die Beschleunigung des internationalen Verkehrs. Die eingrenzenden, verlangsamenden Institutionen der umwelt- und ressourcenschützenden Regime etablieren und implementieren sich dagegen nur langsam und verspäten sich.

V. Zusammenfassung

Für die moderne Gesellschaft ist Zeit nicht mehr ein vorgegebener Lebensrahmen, sondern ein Instrument zur Organisierung der gesellschaftlichen Abläufe. Zukunft ist nicht mehr gefürchtetes Schicksal für die vergangenheitsbezogene

---

[53] Besonders die Entscheidung des VGH Kassel ist heftig kritisiert worden. S. z.B. H. Sendler, Gesetzes- und Richtervorbehalt im Gentechnikrecht, NVwZ 1990, S. 231ff. Vgl. G. Winter, G. Mahro, H. Ginzky, Grundprobleme des Gentechnikrechts, Düsseldorf (Werner Verlag) 1993, S. 15ff.

[54] BVerfGE 84, 212, 226.

[55] Zum Problem allgemein und zu Beschlussregeln, die Zeit gewinnen helfen, s. Wissenschaftlicher Beirat Globale Umweltveränderungen, Welt im Wandel: Neue Strukturen globaler Umweltpolitik, Berlin u.a. (Springer Verlag) 2000, S. 82ff.

Gegenwart, sondern gesellschaftliche Entscheidung auf Grund in die Zukunft reichender Ziele und im Zeittakt eingesetzter Mittel. Die so aufgerissenen Zeiträume werden mit Ereignissen und Entwicklungen immer stärker angefüllt, d.h. das Leben in der Gesellschaft beschleunigt sich und die Zeit wird als knapp erlebt, aber zunehmend auch als knapp erlitten.

Die Zeitstruktur der Natur unterliegt solchem Wandel nicht. Sie hat unterschiedliche Rhythmen. Sie ist linear und endlich, wenn man die Ebene der einzelnen Lebewesen und Gegenstände betrachtet, dagegen ist sie zyklisch auf der Ebene der Lebensgemeinschaften, Jahreszeiten und Energie- und Stoffwechsel. Linear und in die Zukunft offen ist sie wiederum unter dem Aspekt der Evolution. Neben diesen eher gesetzmäßig ablaufenden Zeitrhythmen stehen jedoch auch Zufälle, Turbulenzen und Katastrophen.

Die Natur hat sich so herausgebildet, dass sie für die menschliche Gesellschaft bereit ist, und die Gesellschaft ist auf diese Bereitschaft existentiell angewiesen. Zu den Voraussetzungen dieser Bereitschaft gehören die genannten Zeitstrukturen der Natur. Von diesen entfremdet sich die Gesellschaft, indem sie die natürlichen Zeitzyklen der Lebens- und Materialkreisläufe überlädt und verändert, indem sie die Langsamkeit der Evolution beschleunigt, und indem sie den natürlichen Katastrophen menschengemachte hinzufügt.

Das Recht kommt auf den Plan, wenn danach gefragt wird, wie die Gesellschaft zur Reflexion über ihre Entfremdung von der Naturzeit gebracht werden kann. Dafür ist zu klären, wie das Recht mit der Zeit umgeht. Theorien über Zeit und Recht, die auf der Grundlage eines hochabstrakten Rechtsbegriffs darüber spekulieren, ob „das Recht" gesellschaftlichem Wandel immer hinterherläuft oder ihm auch (warnend) vorlaufen kann, erweisen sich als zu allgemein.

Mehr Erkenntnis verspricht eine Unterscheidung zwischen dem die gesellschaftliche Dynamik freisetzenden und dem sie wiederum begrenzenden Recht. Das freisetzende Recht ist mitverantwortlich für die abstrakter werdende Zeitkonstruktion der modernen Gesellschaft, weil es die Projektion von Zielen in die Zukunft und die zeitliche Organisierung der Mittel, damit also auch die Entfremdung von der Naturzeit trägt und fördert.

Die Aufhebung dieser Entfremdung stellt sich deshalb eher als Aufgabe für das eingrenzende Recht. Bei ihm ist zwischen der Behandlung der Zeitvorstellungen im Recht und der Zeitstruktur des Rechts selbst zu unterscheiden. Unter dem ersten Gesichtspunkt richtet sich die Frage auf die vorsorgliche Rückbindung von Zukunftsentwürfen an Erfahrungen der Vergangenheit, die nachhaltige Abstimmung von schädlichen Natureingriffen und Regenerationszeiten sowie die Flexibilisierung invarianter Rechtspositionen, die Grundlagen unbegrenzter Zukunftsentwürfe sind. Gegenüber diesem Potential des Rechts zeigt sich die gesellschaftliche Praxis allerdings weitgehend resistent.

Unter dem Gesichtspunkt der eigenen Zeitstruktur des Rechts ist zu fragen, welchen Zeitraum das Recht zur Verfertigung seiner Entscheidungen benötigt, und ob es ihm gelingt, den günstigsten Augenblick des Zugriffs abzupassen. Dabei hängt viel davon ab, wie die Beweisführungslast zwischen Gesellschaft und Rechtsapparat verteilt ist: In einer liberalen Gesellschaft trägt der Staat oder – international gesehen – die internationale Organisation die Beweisführungslast. Nur in wenigen Fällen steht vor der Realisierung eines Zukunftsprojekts ein Genehmigungsvorbehalt, der die Beweisführungslast umkehrt und das Projekt verlangsamt und zum Gegenstand längerer Reflexion macht. Gerade auf internationaler Ebene wächst bei dieser Lage die Kluft zwischen der Geschwindigkeit der gesellschaftlichen Naturausbeutung und der Langsamkeit der Institutionenbildung.

Insgesamt steht es also nicht gut um die Fähigkeit des Rechts, die Zeitvorstellungen der Gesellschaft an die Zeitstrukturen der Natur anzupassen. Das Recht hat zwar durchaus ein Sensorium für jene asynchronen Zeitverhältnisse, aber die gesellschaftliche Praxis ist stärker und setzt sich durch. Es sind vermutlich nur Katastrophen, die diese Praxis zur Besinnung bringen können.

Rechtsstaat/Bundesstaat/Sozialstaat

Finanzverfassung, Länderfinanzausgleich und die politischen Prozesse im Bund-Länder-Verhältnis

Klaus Köpp

I. Einführung

„Justiz ist vor allem Ländersache. Die Länder geben aber nicht etwa ein Drittel ihrer Haushalte für die dritte Gewalt aus, sondern gerade einmal 3,25% – und dies, obwohl Bildung und Wissenschaft sowie Polizei und Justiz die Kernaufgaben der Länder im föderalen System sind", beklagte sich 1996 der Kieler Professor und damalige Bundesjustizminister Schmidt-Jortzig auf dem 61. Deutschen Juristentag in Karlsruhe und fügte in Anspielung auf Vorkommnisse in Hessen fragend hinzu: „Entspricht es den Aufgaben im föderalen System des Grundgesetzes, wenn die Länder sich um Entwicklungshilfeprojekte kümmern, alternative Wohnformen fördern oder Kommunikationszentren mitfinanzieren, während ihre Justizhäftlinge wegen überlanger Haftdauer entlassen werden? Darf eine Körperschaft den Kernbereich ihrer Pflichtaufgaben vernachlässigen und statt dessen freiwillige Aufgaben finanzieren?"[1]

Es ist schon eine Seltenheit, daß ein Vertreter des Bundes sich derartig mit vorwurfsvollem Blick auf die Länder in der Öffentlichkeit äußert. Denn fast immer ist es umgekehrt: Vertreter der Bundesländer, der finanzschwachen zumal, weisen auf die – im Vergleich zu ihrem jeweiligen Land – hervorragende finanzielle Ausstattung des Bundes hin und beklagen dessen Knauserigkeit, wenn es um Hilfe für die Länder geht, die die „Gesetze des Bundes" ausführen und – vor allem – die Ausführung finanzieren müssen.[2]

Damit sind wir aber auch bereits mitten in einem der – politisch wie juristisch – am schwierigsten zu handhabenden Themen unserer Verfassung: der Aufteilung der finanziellen Mittel des Gesamtstaates auf seine Glieder. Schwierig ist das Thema, weil Stellungnahmen dazu fast immer interessengeleitet sind, weil auch die Rechtswissenschaft lange Zeit wenig Hilfestellung gegeben hat und weil es ohnehin immer schwierig wird, wenn es um Geld, insbesondere um das Geld des Steuerbürgers geht. Denn bei ihm kommt leicht der Verdacht auf, daß mit seinem Geld nicht sorgsam umgegangen wird. Doch der gesamte „Apparat" unseres staatlichen Gemeinwesens „läuft" nicht, ohne daß Geld ausgegeben wird. Deshalb ist – bei aller Bedeutung der Grundrechte und der im

---

[1] So zitiert im Bericht vom 61. DJT von *Stüer,* DVBl. 1996, 1243, 1244.

[2] Vgl. nur den Bericht in DVBl. 1996, 1243, S. 1246: Finanzminister *Milbradt* (Sachsen); kritisch dazu mit Recht *Heun*, DVBl. 1996, 1020, 1024ff.

Grundgesetz niedergelegten Rechte und Pflichten der Staatsorgane des Bundes – das Herzstück nicht nur des Verfassungslebens, sondern gerade auch der rechtlichen Verfaßtheit der Bundesrepublik Deutschland ihre sog. *Finanzverfassung*. Ihr Wirken und die normative Kraft der sie konstituierenden Vorschriften des Grundgesetzes (GG) sollen hier – großen Teils aus eigener Erfahrung im Bundesfinanzministerium, beim Deutschen Bundestag und im Finanzministerium eines neuen Bundeslandes – einer an politisch bedeutsamen Tatbeständen orientierten rechtlichen und rechtspolitischen Betrachtung unterzogen werden.

II. Der Zugriff auf das Steueraufkommen und der Streit um die Aufteilung der Umsatzsteuer

Die Verfassungsordnung der Bundesrepublik erkennt (neben dem Bund) die Bundesländer als eigenständige Körperschaften an und stattet sie mit eigenen Kompetenzen (und Pflichten) aus. Für die Erfüllung ihrer Rechte und Pflichten sind Bund und Länder – bis zur Grenze des Haushaltsnotstandes – ausschließlich selbst verantwortlich. Doch die Wahrnehmung der Verantwortung kostet nicht nur politische Anstrengung, sondern vor allem Geld. Deshalb kommt dem Recht des Zugriffs auf die Finanzmasse des gesamtstaatlichen Steueraufkommens sowohl für den Bund als auch für die Länder essentielle Bedeutung zu.

1. Direktes Zugriffsrecht der Länder nur auf ein geringes Steueraufkommen

Zugriffsrechte auf die Steuern, die der Staat vom Bürger einzieht, könnten sich zwar aus den Kompetenzen zur Regelung der Besteuerung ergeben. Das Grundgesetz regelt jedoch die Verteilung des Ertrags der einzelnen Steuern in Art. 106 gesondert und knüpft die Kompetenz zur Steuergesetzgebung in Art. 105 an diese Ertragsverteilung an. Dieses Zusammenwirken von Art. 105 und Art. 106 hat zur Folge, daß *für die Bundesländer* eine Kongruenz von Regelungskompetenz und Behaltenskompetenz (Ertragshoheit) *nur bei den örtlichen Verbrauch- und Aufwandsteuern* besteht (Art. 105 Abs. 2a, 106 Abs. 6 GG).

Diese örtlichen Steuern können die Länder regeln (und die Kommunen können sie erheben), solange sie den bundesgesetzlich geregelten Steuern nicht „gleichartig" (Art. 105 Abs. 2a GG) sind. Sogar neu erfinden können die Länder (und wenn die Länder sie dazu ermächtigen, auch die einzelnen Kommunen) Verbrauch- oder Aufwandsteuern, sofern diese örtlich radiziert sind. Bekanntestes Beispiel dafür ist die Zweitwohnungsteuer, die 1972 von *Hermann-Wilfried Bayer* für die Stadt Überlingen am Bodensee „erfunden" wurde[3] und

[3] Vgl. umfassend *Elmenhorst*, Zweitwohnungsteuer und verfassungsrechtlicher Aufwandbegriff, in FS für *Hermann-Wilfried Bayer*, 1998, S. 103ff.

inzwischen mit viel Ärger und Verdruß bei den Betroffenen in vielen Städten (außerhalb Bayerns, das die Erhebung einer Zweitwohnungsteuer untersagt hat) erhoben wird, u.a. auch in Berlin, Hamburg und Bremen. Zu den anderen, den sog. herkömmlichen Steuern mit örtlichem Wirkungskreis, zählen neben der bekannten Schankerlaubnissteuer etwa die Hundesteuer und die Jagd- und Fischereisteuer sowie die Getränkesteuern und die Vergnügungsteuern, die inzwischen verschiedenste Ausgestaltungen gefunden haben, z.B. als Speiseeissteuer, als Automatensteuer, als Spielapparate-, Musikapparate- und Gewinnsteuer, sogar als Killerautomatensteuer und häufig als Tanzveranstaltungs- und Kinosteuer.[4]

Zwar erhalten die Länder (in ihren Kommunen) darüber hinaus direkt auch die – in einzelnen Kommunen z.T. sehr erheblichen – Erträge der Realsteuern, d.h. der Grundsteuer und der Gewerbesteuer. Beide Steuern sind aber bundesgesetzlich geregelt und können demgemäß durch Bundesgesetz auch geändert (wie schon häufig geschehen) und sogar gänzlich abgeschafft werden. Auch dies ist von erheblicher Bedeutung, denn für die Länder ist das Steueraufkommen der Kommunen von großem Interesse, weil es ihnen erlaubt, ihre eigenen Zahlungen an die Kommunen – jenseits des allfälligen Streits um die Finanzierung der Pflichtaufgaben der Gemeinden – geringer zu halten[5], als es anderenfalls zur politischen „Befriedung“ der Städte und Gemeinden – und ihrer Vertreter im Landtag (!) – erforderlich wäre.

2. *Verteilung des Steueraufkommens zwischen Bund und Ländern nach dem Trennsystem*

Ausschlaggebend für die Höhe der Finanzausstattung des Bundes und der einzelnen Bundesländer ist aber das Aufkommen der bundesrechtlich geregelten Steuern (künftig nur noch: Steuern). Es wird z.T. nach dem sog. Trennsystem verteilt, d.h. der Bund erhält das Aufkommen bestimmter Steuern, die Länder das Aufkommen der anderen, im Grundgesetz genau bezeichneten Steuern. Allerdings: Soweit dem *Bund* das Aufkommen einer Steuer *allein* zusteht, kann er diese Steuer regeln, *ohne* daß es der *Zustimmung des Bundesrates* (und damit indirekt der Länder) bedarf (Gegenschluß aus Art. 105 Abs. 3 GG).

Dem Bund steht gem. Art. 106 Abs. 1 GG der Ertrag der Finanzmonopole (z.B. Branntweinmonopol) zu und das Aufkommen der dort weiter aufgeführ-

[4] Vgl. umfassend *Lechelt*, Örtliche Verbrauch- und Aufwandsteuern, NWB (Nr. 34 v. 17. Aug. 1998), Fach 12, S. 249–266.

[5] Vgl. *Wendt/Elicker*, Für die volle Einbeziehung der kommunalen Finanzkraft in den Länder-Finanz-Ausgleich, DÖV 2001, 762, 766. Realsteuern machen heute ca. 4% der Finanzkraft eines Landes aus (ebendort S. 770 mit Fn. 86, 88, und S. 771 mit Hinweis auf Berechnungen des BMF).

ten Steuern und Abgaben. Nicht alle davon werden heute noch erhoben. Derzeit erhält der Bund das Aufkommen sämtlicher Verbrauchsteuern[6] mit Ausnahme der den Ländern zustehenden Biersteuer.[7] Dies sind die Steuern auf Mineralöle, Erdgas und Strom sowie auf Tabak und Kaffee. Ferner erhält der Bund das Aufkommen aus der Versicherungsteuer sowie den Solidaritätszuschlag als Anwendungsfall einer Ergänzungsabgabe zur Einkommensteuer. Bei Gesamteinnahmen des Bundes von DM 431 Mrd. betrug das Aufkommen aus diesen Steuern und dem Branntweinmonopol im Jahre 2000 ca. DM 148 Mrd., wobei der deutlich größte Anteil aus der Mineralölsteuer stammt (51%).[8] Daß bei den Verbrauchsteuern Erhöhungsspielraum für den Bund besteht, zeigt die haushaltsrechtliche Reaktion auf das Bewußtwerden von der Bedrohung durch den weltweiten Terrorismus als Folge des Anschlags auf das World Trade Center in New York: Zur (angeblichen) Finanzierung von Sicherheitsmaßnahmen des Bundes (!) erhöhte der Bund die Tabaksteuer (Mehreinnahmen ca. DM 2 Mrd.) und die Versicherungsteuer (Mehreinnahen ca. DM 1 Mrd.).

Die Länder erhalten heute[9] gemäß Art. 106 Abs. 2 GG neben den Abgaben von Spielbanken (einschließlich der Troncabgabe, die heute ebenfalls als Steuer[10] angesehen wird) uneingeschränkt nur noch das Aufkommen folgender Steuern für ihre Haushalte: Erbschaft- und Schenkungsteuer, Biersteuer, Kfz-Steuer und andere Verkehrssteuern, zu denen die Grunderwerbsteuer, die Feuerschutzsteuer und die Rennwett- und Lotteriesteuer zählen.

Das Aufkommen dieser Steuern verbleibt demjenigen Bundesland, in dem es konkret erhoben worden ist (örtliches Aufkommen). Anders als beim Aufkommen aus der Lohn- und Einkommensteuer, der Körperschaftsteuer und der Umsatzsteuer, wird dieses Aufkommen also nicht „zerlegt", d.h. je nach dem Ort der tatsächlichen „Erwirtschaftung" des Steuergegenstandes unter den entsprechenden Bundesländern verteilt.[11]

Das Volumen des Aufkommens der den Ländern allein zustehenden Steuern ist nicht sehr groß. Es betrug im Jahre 2000 (einschließlich noch erhobener Ver-

---

[6] Ausnahme ist die Einfuhrumsatzsteuer, die entsprechend der innerstaatlichen Umsatzsteuerverteilung Bund und Ländern gemeinsam zusteht.

[7] So die Rechtslage nach Auslaufen bzw. Wegfall der Straßengüterverkehrsteuer, der Kapitalverkehrsteuer und der Wechselsteuer sowie der Nichterhebung von einmaligen Vermögensabgaben.

[8] Vgl. Bundesministerium der Finanzen (BMF), Finanzbericht 2002, S. 116 und 252.

[9] Nicht mehr erhoben wird die Vermögensteuer. Sie ist in ihrer bisherigen Ausgestaltung für verfassungswidrig erklärt (BVerfGE, 93, 121) und trotz Finanznot der Länder nicht in verfassungsgemäßer Ausgestaltung, wie von einigen Ländern vorgeschlagen, wieder eingeführt worden. Gesetzesinitiativen von 1996 (SPD/Grüne) scheiterten.

[10] Vgl. BFH-Urteile vom 8. März 1995, BStBl. II 1995, 438 (zur Troncabgabe) bzw. 432 (Konzessionsabgabe als Steuer).

[11] Ausnahme: das Feuerschutzsteueraufkommen, das nach § 11 Feuerschutzsteuergesetz zerlegt wird.

mögensteuer) DM 36 Mrd.[12]; das sind nur gut 10% ihrer Gesamteinnahmen.

Der Tatbestand der Nichtzerlegung der Ländersteuern, also der Verbleib des örtlichen Aufkommens bei dem die Steuer erhebenden Bundesland, wird in der Diskussion um den Finanzausgleich zwischen den Bundesländern nicht selten übersehen – von den Vertretern der davon profitierenden Länder durchaus geflissentlich. Erbschaftsteuer und Grunderwerbsteuer fallen eben unter den Bundesländern keineswegs proportional zur Bevölkerung an, sondern signifikant überproportional in den ohnehin „reichen" Bundesländern, weil wegen des progressiven Tarifs und hoher Freibeträge bei diesen Steuern (wie auch bei der Einkommensteuer) in wirtschaftlich schwachen Regionen die „armen" Steuerzahler nur sehr wenig zum Aufkommen beitragen. Die Abweichungen betragen bis zu 40%.[13] Die nicht vollständige Einbeziehung der ungleich starken „Finanzkraft" der Kommunen aufgrund ihrer Steuereinnahmen ist einer der in der Praxis wichtigsten Streitpunkte im Länderfinanzausgleich.[14]

3. *Verteilung des Aufkommens der Gemeinschaftsteuern (sog. Verbundsteuern)*

Die vom Grundgesetz als Gemeinschaftsteuern, in der Praxis zumeist als Verbundsteuern bezeichneten Steuern vom Einkommen (Körperschaftsteuer und Einkommensteuer einschließlich der Lohnsteuer) und vom Umsatz (Umsatzsteuer und Einfuhrumsatzsteuer sowie Gewerbesteuerumlage) sind insgesamt deutlich am aufkommenstärksten. Sie erbrachten im Jahre 2000 DM 652 Mrd., d.h. gut 70% aller Steuereinnahmen.[15] Auf die Verteilung dieser Summe kommt es deshalb für jede Gebietskörperschaft vornehmlich an.

Art. 106 Abs. 3 GG spricht dem Bund einerseits, der Länder*gesamtheit* andererseits das Aufkommen von *Einkommen- und Körperschaftsteuer* je zur Hälfte zu, nachdem ein Anteil des Aufkommens nach Art. 106 Abs. 5 GG zuvor für die Gemeinden abgezogen und auf der Grundlage der *Einkommensteuer*leistung (!) *ihrer Einwohner* an sie weitergeleitet wurde. Der Gemeindeanteil beträgt aufgrund gesetzlicher Festlegung derzeit 15%.

Die Steuern vom Einkommen gelten als dynamisch. Sie sind lange Zeit auch tatsächlich stetig gewachsen, obwohl sie besonders konjunkturanfällig sind. Gleichwohl haben auch sie Einbrüche erlebt, temporär etwa durch die erhebli-

---

[12] BMF, Finanzbericht 2002, S. 266, 278.

[13] Vgl. *Christmann*, Vom Finanzausgleich zum Maßstäbegesetz, DÖV 2000, 315, 316 mit Hinweis auf neueste Untersuchungen von *Färber* (ebendort, Fn. 1).

[14] Eindrucksvoll dazu *Deubel*, Wettbewerb um Steuerquellen: Anmerkungen aus praktischer Sicht, in: *Morath* (Hrsg.), Reform des Föderalismus, 1999, S. 67, 68f.: Unter Einbeziehung aller Steuereinnahmen kommen die Kommunen in Thüringen derzeit auf 91,6%, aber in Hessen auf 107,5% des Durchschnitts der Länder.

[15] BMF, Finanzbericht 2002, S. 266, 278.

chen Abschreibungsmöglichkeiten im Zuge der Wiederherstellung der deutschen Einheit, derzeit dauerhaft aufgrund der Steuersenkungen für die Unternehmen. Zu Recht aber sollen Bund und Länder an diesen direkten Steuern gleichmäßig beteiligt sein.

Ein gewisser „Grundstock" der Haushalte von Bund und Ländern ist durch diese geldlichen Zuflüsse aufgrund der festen Aufteilung des Steueraufkommens (im Grundgesetz selbst) zweifellos gesichert. Aber es bedarf doch zusätzlich eines erheblichen Volumens an Finanzmasse, damit Bund und Länder ihre Aufgaben wirklich erfüllen können. Nach der Regelung des Grundgesetzes dient hierzu das Aufkommen aus der *Umsatzsteuer.* Die Aufteilung des Umsatzsteueraufkommens kann jeweils ohne Verfassungsänderung verändert werden, wenn sich der Bedarf an Finanzmitteln im Verhältnis von Bund- und Ländergesamtheit dauerhaft unterschiedlich entwickelt. Die alle Staatsbürger indirekt betreffende Umsatzsteuer eignet sich dazu besonders gut, weil ihr Volumen so groß ist, daß durch eine andere Verteilung auch größten Bedarfsschwankungen Rechung getragen werden kann. Im Jahre 2000 betrug ihr Aufkommen fast DM 210 Mrd. und damit 23% des steuerlichen Gesamtaufkommens von DM 914 Mrd. (einschließlich Gemeindesteuern und Zöllen).[16]

Soweit es um die Aufteilung des Steueraufkommens zwischen Bund und Ländern geht, spricht man herkömmlicherweise vom „vertikalen" Finanzausgleich (während der „horizontale" Finanzausgleich einen zusätzlichen Ausgleich lediglich unter den 16 Bundesländern bezeichnet).

4. *Rechtliche Grenzen politischer Kompromisse bei der Festlegung des Umsatzsteueranteils zwischen Bund und Ländern*

Nach Art. 106 Abs. 3 Satz 4 GG werden die Anteile von Bund und Ländern am Aufkommen der Umsatzsteuer durch zustimmungspflichtiges Bundesgesetz festgelegt. Bei der Festlegung hat der Gesetzgeber aber nicht das sonst übliche gesetzgeberische Ermessen. Vielmehr hat er nach der ausdrücklichen verfassungsrechtlichen Regelung von „folgenden Grundsätzen auszugehen":

1. Im Rahmen der laufenden Einnahmen haben der Bund und die Länder gleichmäßig Anspruch auf Deckung ihrer notwendigen Ausgaben. Dabei ist der Umfang der Ausgaben unter Berücksichtigung einer mehrjährigen Finanzplanung zu ermitteln.
2. Die Deckungsbedürfnisse des Bundes und der Länder sind so aufeinander abzustimmen, daß ein billiger Ausgleich erzielt, eine Überbelastung der Steuerpflichtigen vermieden und die Einheitlichkeit der Lebensverhältnisse im Bundesgebiet gewahrt wird.

---

16 BMF, Finanzbericht 2002, S. 266.

Maßgebend bleiben diese *Grundsätze* auch dann, wenn es – wie nach der ersten Festlegung stets – nur um eine Neufestsetzung der Umsatzsteueranteile geht. Nach Art. 106 Abs. 4 GG ist die Neufestsetzung vorzunehmen, „wenn sich das Verhältnis zwischen den Einnahmen und Ausgaben des Bundes und der Länder wesentlich anders entwickelt" – als was, so fragt man, und muß antworten: als es bisher entsprechend den Grundsätzen in Abs. 3 Satz 4 desselben Artikels festgesetzt worden ist, und zwar auch dann, wenn die geltende Festsetzung nur befristet erfolgt ist.

Diese Feststellung hat rechtliche Konsequenzen: Sollte es dem Bundesgesetzgeber, zu dem eben auch der Bundesrat als Teilorgan gehört, einmal nicht gelingen, eine nur befristete Neufestsetzung der Umsatzsteueranteile rechtzeitig erneut „neu" festzusetzen, tritt m.E. die letzte *unbefristete* Festsetzung der Anteile wieder in Kraft, die ihrerseits gemäß Abs. 4 als Neufestsetzung nach den Maßstäben des Abs. 3 Satz 4 erfolgte.[17] Diese m.E. aus einer befristeten Regelung zwingend folgende rechtliche Konsequenz kann gegebenenfalls einen kompromißfördernden Druck auf die Beteiligten ausüben, (zumindest) mit einer neuen befristeten Festsetzung diejenigen politischen Entscheidungen zu treffen, zu denen der Verfassungsgeber Bund und Länder in Art. 106 unmißverständlich aufgefordert und wofür er dem Bundesgesetzgeber verbindliche, wenn auch richterlich nur begrenzt nachprüfbare Maßstäbe an die Hand gegeben hat.

Wer sich allein an den Normen des Grundgesetzes orientiert erkennt unschwer, daß für eine politische Entscheidung – das soll heißen: eine nur auf Überschreitung der rechtlichen Grenzen hin von der Justiz überprüfbare Entscheidung – über die Verteilung der Anteile an der Umsatzsteuer ein weiter Spielraum bleibt. Die Verteilung des Umsatzsteueraufkommens muß von den in Satz 4 genannten Grundsätzen lediglich „ausgehen". Die materiellen Kriterien sind zudem „Grundsätze" und damit schon als solche nur eingeschränkt justitiabel. Die Grundsätze nehmen – gleichsam als ein grober Maßstab – nur die laufenden Einnahmen (das sind die oben genannten Steuereinnahmen der Ländergesamtheit bzw. des Bundes) und die „notwendigen Ausgaben" in den Blick. Sie lassen damit von sich aus schon die bestehende, durchaus erheblich unterschiedliche *Vermögens*ausstattung des Bundes und der einzelnen Länder unberücksichtigt, um die es sowohl 1949 bis 1951 als auch infolge des Einigungsvertrages nach 1990 höchst lehrreiche politische und rechtswissenschaftliche Auseinandersetzungen gegeben hat.[18]

---

[17] So im Ergebnis wohl auch *Maunz* in: *Maunz-Dürig*, Grundgesetz, Art. 106 Rn. 65; a.A. *Brockmeyer* in: *Schmidt-Bleibtreu/Klein,* Kommentar zum Grundgesetz, 9. Aufl., 1999, Art. 106 Rn. 15; *Fischer-Menshausen* in: *v. Münch/Kunig*, Grundgesetzkommentar, 3. Aufl. 1996, Art. 106 Rn. 30.

[18] Vgl. dazu umfassend *Berlit*, Ländervermögen im Bundesstaat, Die Vermögensverteilung zwischen Bund und ostdeutschen Ländern als föderales Problem, 1994, dessen juristi-

Dennoch: Mit den normierten Grundsätzen sind rechtliche Vorgaben für die Verteilung des Umsatzsteueraufkommens in der Bundesrepublik vorhanden. Die Frage ist nur: Wie kann dafür gesorgt werden, daß die Grundsätze auch eingehalten werden? Der traditionelle, politische und als solcher handhabbare Ansatz dafür ist die gegenseitige Kontrolle derjenigen, die einen Anteil am Aufkommen beanspruchen können.

Der Verfassungsgeber hat durch die Verpflichtung zu bundesgesetzlicher Verteilung mit Zustimmung des Bundesrates in Art. 106 Abs. 3 jeden Gliedstaat des Bundes praktisch zu einer permanenten Prüfung seiner eigenen Aktivitäten *und* indirekt auch der der anderen Glieder des Bundes verpflichtet.[19] Denn einen verfassungsrechtlich gesicherten Anspruch auf Mittel aus dem Umsatzsteueraufkommen haben sie jeweils nur, soweit diese zur Erfüllung ihrer Aufgaben „notwendig" sind. Man mag dies bedauern, aber auch die Existenz dieser Vorschriften führt (rechtlich und in der Praxis) beim Bund wie in jedem Bundesland zu einer alljährlichen Überprüfung des Maßes der Erfüllung der ihm obliegenden Staatsaufgaben im Rahmen der Aufstellung und Verabschiedung des Haushaltsplans. Wegen der immer knapp kalkulierten Haushalte zeigt sich (selbst bei Doppelhaushalten) allerdings ohnehin ein faktischer Zwang zu einer solchen Überprüfung.

Der – wenn er ansteht – von beiden Seiten mit großem Argumentationsaufwand geführte „Verteilungskampf" zwischen Bund und Ländergesamtheit über die Aufteilung des Umsatzsteueraufkommens führt zu sog. *Deckungsquotenberechnungen.* Dabei stellen Bund und Ländergesamtheit je für sich ihre laufenden Einnahmen und notwendigen Ausgaben gegenüber und ermitteln diejenige Quote, mit der die nach ihrer Auffassung „notwendigen Ausgaben" durch Einnahmen gedeckt sind. Dieses Verfahren ist im Jahre 2001 mit § 4 des Gesetzes über verfassungskonkretisierende allgemeine Maßstäbe für die Verteilung des Umsatzsteueraufkommens, für den Finanzausgleich unter den Ländern sowie für die Gewährung von Bundesergänzungszuweisungen (Maßstäbegesetz) zwar gesetzlich festgelegt, inhaltlich aber nicht näher ausgefüllt, daher praktisch nicht verändert worden. Trotz des – m. E. übergroßen, jedenfalls vielfach redundanten[20] – rhetorischen Aufwands, mit dem das Bundesverfassungsgericht seine Auffassung begründet, der Anwendung der Grundsätze müßten einheitliche

---

schen Ergebnisse, auch soweit sie die Selbstbevorzugung des Bundes durch den Einigungsvertrag erweisen, kaum zu widerlegen sind. Vgl. aber BVerfGE 95, 250, 262ff.: GG regelt Vermögensausstattung von Bund und Ländern nicht; Art. 134, 135 galten für 1945–49, nicht aber mehr für einen Beitritt nach Art. 23 (Saarland und DDR).

[19] Vgl. dazu schon *Maunz*, oben Fn. 17, Rn. 52–56 im Kontext der Finanzplanung.

[20] Vgl. nur BVerfGE 101, 158, 215 zu 1. mit S. 216 zu a) und wieder zu b) sowie (erneut) S. 219f. und S. 227f.

und gesetzlich festgelegte Maßstäbe zugrundegelegt werden,[21] ist nach wie vor bei der Berechnung lediglich unstreitig, daß die Einnahmen und Ausgaben der Gemeinden wegen der ausdrücklichen Regelung in Art. 106 Abs. 9 GG zu den Einnahmen und Ausgaben der Länder gehören und daß die Einnahmen aus Krediten bei den „laufenden Einnahmen" außer Betracht bleiben.

Da aber die Höhe der Ausgaben von politischen Prioritäten abhängt – die Justizminister beispielsweise versuchen wie alle übrigen Ressortchefs die Finanzminister (und letztlich Kabinett und Landtag) regelmäßig von der Notwendigkeit höherer Ausgaben in ihrem Bereich zu überzeugen –, lassen sich die „notwendigen" Ausgaben auch im groben Rahmen der Deckungsquotenberechung nicht vollständig objektiv bestimmen. Zwar sieht Art. 106 Abs. 3 vor, daß der Umfang der Ausgaben „unter Berücksichtigung der mehrjährigen Finanzplanung zu ermitteln ist". Doch die vom Verfassungsgeber vorgesehene[22] gemeinsame Finanzplanung von Bund und Ländern ist bis heute nicht zustandegekommen. Die Erfahrung gerade der 1990er Jahre mit ihren erheblichen Änderungen im Steuerrecht hat erwiesen, daß dieses allenfalls im Rahmen von sehr groben Tendenzkorridoren zu erreichen wäre. Neben den konjunkturellen Unwägbarkeiten, die bei den Verbundsteuern zu großen Schwankungen führen können, unterliegen Bund und Länder nämlich sehr *unterschiedlichen Finanzierungszwängen*: Einerseits enthalten die Haushalte der Länder weit weniger Umschichtungsspielräume als der Bundeshaushalt, weil ihre „notwendigen Ausgaben" vornehmlich der wenig veränderbaren Daseinsvorsorge im weiteren Sinne gewidmet sind (Polizei, Schul- und Hochschulwesen, Krankenhausversorgung, Sozialausgaben).[23] Andererseits ergeben sich aus außen- und sicherheitspolitischen Gründen beim Bund plötzliche Finanzierungszwänge (Terrorbekämpfung, Auslandseinsatz der Bundeswehr) oder Finanzierungserleichterungen (Abbau von Großgerät in der Bundeswehr im Zuge der Entspannung), die selbst die nur fünfjährige Finanzplanung von einem Jahr auf das andere zu Makulatur werden lassen können.

Aus dieser (durchaus bekannten) Situation zieht ein Teil der einschlägigen Literatur den Schluß, daß die Umsatzsteuerverteilung bis auf Randfragen bei der Deckungsquotenberechung objektiv justitiablen Maßstäben nicht zugänglich sei.[24] Solche Randfragen sind etwa, daß Zahlungen des Bundes im Rah-

---

[21] Zuletzt dazu *Wieland*, Das Konzept eines Maßstäbegesetzes zum Finanzausgleich, DVBl 2000, 1310 m. allen Nachweisen; näher unten, Text zu Fn. 78ff.

[22] Vgl. BT-Drucks. V/2861, S. 34 und S. 97.

[23] Die aus der rechtlichen Analyse geborene Forderung der Sachverständigenkommission zur Vorklärung finanzverfassungsrechtlicher Fragen für künftige Neufestlegung der Umsatzsteueranteile, Schriftenreihe des BMF, Heft 30, 1981, Tz. 40ff., nach einer gemeinsamen Finanzplanung führt deshalb aus tatsächlichen Gründen nicht weiter; mit Recht ebenso *Brockmeyer*, oben Fn. 17, Art. 106 Rn. 14c.

[24] So *Brockmeyer*, oben Fn. 17, Rn. 14d; ähnlich *Maunz*, oben Fn. 17, Rn. 58, *Heun* in:

men von Mischfinanzierungen bei den Ländern nur als durchlaufende Posten, also nicht als Einnahmen, behandelt werden und Gebühren (Einnahmen) sowie die Kosten der Gebührenerhebung (Ausgaben) unberücksichtigt[25] bleiben.

Gleichwohl wird man dem so nicht zustimmen können. Denn die in Art. 106 niedergelegten Begriffe stellen Rechtsbegriffe dar[26] und sind vom Verfassungsgeber auch als solche normiert worden. Sie enthalten eben nur – verfassungsrechtlich nicht untypisch – sehr weite Spielräume, die aus der Sicht der dritten Gewalt eher bei den Beurteilungsspielräumen des Verwaltungsrechts als beim sog. gesetzgeberischen Ermessen liegen. Die Spielräume, die die verfassungsrechtlichen Regelungen dem Gesetzgeber einräumen, müssen von den beteiligten Gliedkörperschaften des Bundes im Wege des politischen Kompromisses ausgefüllt werden. Daß dies bis in Grundfragen der Aufgabenverteilung zwischen Bund und Ländern führen kann, zeigt sich sofort, wenn versucht wird, auch nur theoretisch Mindestleistungen und Mindesteinrichtungen festzulegen, aus denen sich „notwendige" Ausgaben ermitteln lassen könnten.[27]

Die spezifische Gesetzgebung des Bundes zur Festsetzung der Anteile von Bund und Ländern am Aufkommen der Umsatzsteuer bleibt deshalb m.E. aus der Natur der Sache vornehmlich *Nachvollzug eines politischen Kompromisses* zwischen Bund und Ländergesamtheit.[28] Bei der normalen Gesetzgebung sind politische Kompromisse üblich und anerkannt; sie gehen oft erkennbar direkt zu Lasten oder zugunsten bestimmter Gruppen in der Gesellschaft. Bei den Kompromissen zwischen Bund und Ländern bei der Verteilung der Umsatzsteuer geschieht im Grundsatz nichts anderes: es wird indirekt über die Ausstattung der Haushalte von Bund und Ländern und damit – jenseits von allgemeinen Wahlen – langfristig über die Prioritäten im Lande entschieden: verbesserte Daseinsvorsorge und Bildungsangebote oder verteidigungs- und außenpoliti-

---

Dreier (Hrsg.), Grundgesetz-Kommentar, Bd. 3, 2000, Art. 106 Rn. 21 („allenfalls äußerst begrenzt justitiabel") m.w.N. auch der Gegenstimmen.

[25] Streitig; vgl. die Kontroverse ist dokumentiert in *Schmidt-Bleibtreu/Klein*, Art. 106 Rn. 14e.

[26] Das BVerfG spricht generell von „unbestimmten Begriffen" im Finanzausgleichsrecht (BVerfGE 101, 158, 215). Vgl. zu Rspr. u. Lit. *Vogel/Waldhoff*, in: Bonner Kommentar, Vorbem. zu Art. 104a-115, Rn. 627ff., 633ff. m.N.

[27] Vgl. nur die Bemühungen bei *Bull/Mehde*, Der rationale Finanzausgleich – ein Gesetzgebungsauftrag ohnegleichen, DÖV 2000, 305, 313f.; aus praktischer Erfahrung zum entscheidenden Problem des Maßes bei unbestreitbarem Ob von Ausgaben anschaulich *Christmann*, oben Fn. 13, S. 323f.; ferner *H.-P. Schneider/Berlit*, Der bundesstaatliche Finanzausgleich zwischen Rationalität, Transparenz und Politik, NVwZ 2000, 841, 845.

[28] Das BVerfG erkennt dies letztlich auch an, wenn es meint, die in einem „Maßstäbegesetz" festzulegenden Kriterien trügen dazu bei, daß „politische Kompromisse in den Grenzen festgelegter Kriterien und Verfahrensregeln gefunden werden" (a.a.O., S. 227). Vgl. insgesamt *Schwarz* in: *v. Mangoldt/Klein/Starck*, GG III, Art. 106 Rn. 84 m.N.

sche Sicherheit. Nur sind die den Kompromiß Suchenden zugleich die von ihm Betroffenen.

Die Justiz kann nach einem solchen politischen Kompromiß nur überprüfen, ob die verfassungsrechtlich zur Entscheidung berufenen Akteure den ihnen vom Grundgesetz eingeräumten Entscheidungsspielraum nicht überschritten haben. Mit dem Maßstäbegesetz von 2001 hat sich der Gesetzgeber für die Verteilung der Anteile an der Umsatzsteuer keine zusätzlichen Einschränkungen auferlegt. Nach der Ratio der Entscheidung des BVerfG zum Länderfinanzausgleich vom 11. November 1999[29] hätte der Gesetzgeber auch hier „Maßstäbe" setzen können. Er hat es zu Recht nicht getan, weil ihm bewußt war, daß nur im politischen Prozeß zwischen Bund und Ländern der Inhalt der nach dem Verfassungsrecht zugrundezulegenden „notwendigen Ausgaben" ermittelt werden kann. In welcher Weise er als Bundesgesetzgeber hierbei selbst aktiv werden will, ist ebenfalls eine Frage des konkreten politischen Prozesses, der letztlich nur durch das Mandat des einzelnen Abgeordneten und die Wahrnehmung seiner gesetzgeberischen Aufgaben beschränkt ist.

Dagegen könnte ein Versuch des Bundesverfassungsgerichts, in einem geeigneten Gerichtsverfahren selbst allgemeine Maßstäbe zu setzen, um dadurch ein Mehr an Justitiabilität zu erreichen, allenfalls zum Erfolg führen, wenn sich das Gericht zum „Ersatz-Verfassungsgeber" machte und die Begriffe der Verfassung mehr noch als bisher voluntativ ausdeutete.

Doch selbst dann bedürfen die allgemeinen Maßstäbe der Anwendung. Deshalb ist unschwer vorauszusehen, daß beim Streit um die richtige Errechnung der Deckungsquoten jede Partei behaupten würde, sie hätte die Maßstäbe richtig angewandt. Der Nachweis des Gegenteils könnte nicht geführt werden. Denn auch die Maßstabs-Begriffe hätten ihrer Natur nach so weite Beurteilungsspielräume, daß in der Praxis *beide* Seiten zu vertretbaren Ergebnissen kommen könnten mit der Folge, daß am politischen Kompromiß wieder kein Weg vorbeiführt.[30]

Anders als bei den Grundsätzen in Nr. 1 dürfte es bei Nr. 2 der „Grundsätze" eher möglich sein, gewisse Maßstäbe durch gesetzliche Umschreibungen festzulegen. Allerdings dürfen m. E. diese Grundsätze zur Korrektur der „notwendigen Ausgaben" in Nr. 1 schon aus Rechtsgründen nicht herangezogen werden: Denn – anders als es möglicherweise das BVerfG sieht, das meint, der Anspruch auf Deckung der notwendigen Ausgaben befriedige (noch) nicht den tatsächlichen Bedarf (?)[31] – *es folgt bereits aus Nr. 1, daß notwendige Ausgaben zwingend durch laufende Einnahmen zu decken sind.* Nur so können Bund und Länder ihre verfassungsrechtlichen Pflichten erfüllen. Ggf. müssen von Verfassungs we-

[29] BVerfGE 101, 158.

[30] Vgl. ebenso *Brockmeyer* in: *Schmidt-Bleibtreu/Klein*, Art. 106 Rn. 14e.

[31] BVerfGE, 101, 158, 220.

gen sogar die Steuern erhöht werden, um die zur Deckung erforderlichen „laufenden Einnahmen" zu erzielen. *Erst danach kommt Nr. 2 der „Grundsätze" zur Anwendung*[32]: Bedürfnisse zur Deckung von (anderen) weiteren Ausgaben unterliegen dem verfassungsrechtlichen Gebot, daß die Deckungsbedürfnisse des Bundes und der Länder aufeinander abzustimmen sind, und zwar nach den weiteren Kriterien in Nr. 2 (billiger Ausgleich, Vermeidung der Überbelastung der Steuerpflichtigen, Wahrung der Einheitlichkeit der Lebensverhältnisse im Bundesgebiet).

Zwar hat sich der Wissenschaftliche Beirat beim Bundesministerium der Finanzen[33] Mitte der 1990er Jahre unter der – allerdings wegen des Fehlens eines Vergleichsmaßstabs höchst fragwürdigen – Prämisse[34], die grundgesetzliche Regelung über die Einnahmenverteilung zwischen Bund und Ländern habe sich nicht bewährt, erneut grundsätzlich mit der Frage der Einnahmeveränderung zwischen Bund und Ländern befaßt. Der Beirat hat dabei die Schwierigkeiten und Defizite, die zu erkennen an sich durchaus ihren Reiz hat, in der Theorie deutlich herausgearbeitet.[35] Dabei meint er etwa feststellen zu können, daß jede Seite ihre eigenen Ausgaben und Einnahmen so zu deklarieren versuche, daß sie eine möglichst geringe Deckungsquote erreicht, und genau dasselbe der anderen Seite unterstelle und mit Gegenrechnungen zu belegen versuche. Außerdem warnt er davor – und das BVerfG hat sich nicht gescheut, diesen höchst praxisfernen Gesichtspunkt sogar in seinem jüngsten Urteil zu erwähnen[36] –, die Festlegung notwendiger Ausgaben dazu zu benutzen, um im Finanzausgleich Einnahmeansprüche geltend zu machen.[37]

Wer jedoch die innenpolitischen Zwänge (Landtag) und die fachpolitischen Schwierigkeiten (sog. Bruderschaften der Fachpolitiker) bei der Haushaltsaufstellung eines Bundeslandes und – vor allem – bei der dabei stets notwendigen Reduzierung der Ansätze in den Einzelhaushalten (Ressorts) wegen der ebenso

---

[32] Das BVerfG und eine Reihe von Kommentatoren (z.B. *Schwarz*, oben Fn. 28, Rn. 87) vermengen die beiden Nummern der Grundsätze und wollen die unter Nr. 1 getroffene Entscheidung über die Grundsätze in Nr. 2 korrigieren. Dies halte ich für grundsätzlich unzulässig. Zum Problem näher *Maunz*, oben Fn. 17, Art. 106 Rn. 60.

[33] Wiss. Beirat beim BMF, Einnahmenverteilung zwischen Bund und Ländern, Probleme und Lösungsmöglichkeiten, Schriftenreihe des BMF, Heft 56, 2. Auflage 1996.

[34] Zur Begründung führt der Beirat lediglich an, wegen der rechtlichen und ökonomischen Unschärfe der Vorschriften des Art. 106 GG hätte sich für die praktische Politik ein großer Spielraum aufgetan; wie die Erfahrung lehre, sei dieser Spielraum politisch in einer fragwürdigen Weise genutzt worden (ebendort, S. 19).

[35] Siehe nur ebendort, S. 25ff. (Berechnung des Anspruchs auf Ausgabendeckung), S. 29ff. (Methoden zur Bestimmung von notwendigen Ausgaben).

[36] BVerfGE 101, 158, 220. Aus Kenntnis der Praxis mit Recht a.A. *Kroll*, Das Bundesverfassungsgericht setzt „Maßstäbe" – Wie geht es nun weiter im Finanzausgleich zwischen Bund und Ländern?, Steuer und Wirtschaft 2000, 45, 77 (mehr eine „plakative Umschreibung eines befürchteten Mißstands" als eine „sachlich begründete Abbildung der Realität").

[37] Vgl. Wiss. Beirat, oben Fn. 33, S. 26 bzw. S. 31.

regelmäßig schlechten Einnahmesituation (Haushaltsausgleich) kennt – und dies sind zumindest alle Minister und alle Haushaltsexperten des Landtags –, der wird die Ausführungen des Beirats nur mit Schmunzeln ob der praktischen Irrelevanz seiner Vorschläge zur Kenntnis nehmen[38] – und sich dann wie bisher auf das Aushandeln des erforderlichen politischen Kompromisses vorbereiten. Es geschieht tatsächlich, was der Beirat „befürchtet"[39]: Im politischen Streit um die knappen Mittel klärt sich, welche Ausgaben für ein Bundesland „notwendige" Ausgaben sind. Denn Mehrheiten unter den Abgeordneten eines Landtags sind bei knappen Mitteln nur für „Notwendiges" zu erreichen. Die parteipolitisch begründete Präferenz für bestimmte Projekte, die es im demokratischen Wettstreit stets geben wird, ist dagegen – vom Volumen her gesehen – verschwindend gering.

III. Finanzierung der Aufgabenerfüllung im Gesamtstaat als Ziel der Finanzverfassung

1. Aufgabenverteilung nach Politikfeldern und nach Funktionen

Es ist unbestritten, weil aus der Gesamtregelung des Grundgesetzes erkennbar, daß alle Glieder des Bundesstaates Bundesrepublik Deutschland mit den Finanzmitteln ausgestattet werden sollen, deren sie zur Erfüllung der ihnen vom Grundgesetz übertragenen oder vom Grundgesetz vorausgesetzten Aufgaben bedürfen. Diese normative Aussage muß in jedem Haushaltsjahr neu in die Praxis umgesetzt werden. Deshalb geht stets, auch wenn dies den Handelnden nicht zu jedem Zeitpunkt voll bewußt ist, *die Feststellung der konkret* in einem bestimmten, in der Zukunft liegenden Zeitraum *zu erfüllenden Aufgaben* – und das ist etwas absolut anderes als das Feststellen und Anerkennen von Kompetenzen oder auch von „Aufgaben" in ihrer abstrakten rechtlichen Dimension –der Zuteilung von Finanzmitteln zur Erfüllung dieser Aufgaben voraus. Gehandhabt werden die Regelungen der Finanzverfassung also auch im Konkreten als Folgeregelungen der Aufgabenverteilung, wie sie aus dem Grundgesetz entnommen werden kann. Ohne diese Folgeregelungen und vor allem ohne ihre praktische Umsetzung bliebe die Aufgabenverteilung eine Kompetenzordnung auf dem Papier.

Im Bundesstaat deutscher Prägung erfolgt die Aufgabenverteilung zwischen dem Bund und den Ländern zwar grundsätzlich – wie in allen Bundesstaaten

---

[38] *Schneider/Berlit*, oben Fn. 27, sprechen treffend von einem „Problem", das keiner Lösung bedarf (S. 845).

[39] Und von dem der Beirat meint, dies sei „anders als es die Verfassung vorsieht" (oben Fn. 33, S. 31).

üblich – nach Politikfeldern. Die Festlegung im Grungesetz folgt dabei in gewisser Weise dem Subsidiaritätsprinzip. Denn das GG überträgt auf den Bund all das, was im Interesse des gesamten Gemeinwesens zentral wahrgenommen werden soll. Das ist im wesentlichen der Bereich der Außen- und Verteidigungspolitik, der Kriegsfolgelasten und des überregionalen, länderübergreifenden Verkehrswesens. Maßgebend für die spezifische Ausgestaltung des deutschen Bundesstaates ist aber die – aus demselben Subsidiaritätsgedanken fließende – Aufgabenverteilung *nach Funktionen*: Die das tägliche Leben des Bürgers bestimmende Gesetzgebung, also Zivil- und Arbeitsrecht, das Sozialrecht sowie das Wirtschafts- und Wirtschaftsverwaltungsrecht, liegt im wesentlichen beim Bund, die Ausführung der entsprechenden „Bundesgesetze" dagegen fast ausschließlich bei den Ländern.

Daß aus der Aufgabenverteilung *nach Politikfeldern* die Notwendigkeit der Ausstattung der auf diesen Feldern tätigen Akteure mit den zur Aufgabenerfüllung notwendigen Finanzmitteln folgt, ist unmittelbar einsichtig und als solches unbestritten. In welchem Umfang Finanzmittel dafür „notwendig" sind, kann auch bei seiner Festlegung im Wege des politischen Kompromisses nur im unteren wie im oberen Grenzbereich einigermaßen verläßlich festgestellt werden, dann nämlich, wenn sich entweder zeigt, daß eine Aufgabe mangels finanzieller Mittel gar nicht mehr erfüllt werden kann, oder wenn Mittel in größerem Umfang und regelmäßig ungenutzt bleiben oder verschwenderisch verwendet werden (z.B. auch durch personellen Überbesatz). Im übrigen bleibt es bei den Problemen, auf die im Zusammenhang mit der Deckungsquotenberechnung hingewiesen worden ist.

Äußerst schwierig ist aber auch festzustellen, in welchem Maße Finanzmittel „notwendig" sind, um die Gesetze des Bundes auszuführen, also die Kosten der Verteilung der Aufgaben *nach Funktionen* zu ermitteln. Dabei ist der Grundsatz sehr einfach zu verstehen: Die Länder tragen die Ausgaben, die mit der Durchführung der Gesetze verbunden sind, d.h. die Verwaltungskosten, während der Bund, der die Gesetze erläßt, ebenso grundsätzlich die sog. Zweckausgaben zu tragen hat, d.h. die Ausgaben, die gegenüber dem Bürger zur Erfüllung des Zweckes des Gesetzes getätigt werden. Im einzelnen ist die Aufteilung jedoch weniger einfach.

Zunächst kommt es im Bereich der *Geldleistungsgesetze* darauf an, wem der Bundesgesetzgeber die Kostenlast (Zweckausgaben) aufbürdet – bei einer Kostenlast von wenigsten einem Viertel bedarf es dazu der Zustimmung des Bundesrates (Art. 104a Abs. 3). Zu den Geldleistungsgesetzen gehören all jene Gesetze, die im Sozialbereich dem einzelnen Bürger einen Anspruch auf Leistung vermitteln (z.B. auf Sozialhilfe, auf Wohngeld, auf Ausbildungsförderung). Sofern allerdings durch die Gesetze Sachleistungen gewährt werden, auch wenn diese geldwert sind wie etwa Krankenbehandlung oder Rechtshilfe, so handelt es sich (mangels Leistung in Geld) nicht um Zweckausgaben, für die der Bund die Kostenlast trägt. Noch schwieriger wird es bei der Frage der Kostentragung im Rahmen der *Auftragsverwaltung* des Bundes. Grundsätzlich trägt zwar der Bund sämtliche sich aus der Durchführung der Aufgaben ergebenden Kosten, was bei der grundgesetzlich vorgesehenen Auftragsverwaltung, z.B. bei Autobahn- und Bundesstraßenbau, unproblematisch ist. Zusätzlich regelt aber Art. 104a Abs. 3 Satz 2, daß die Länder Gesetze immer dann „im Auftrag des Bundes" durchführen, wenn das Gesetz bestimmt, daß der Bund mindestens die Hälfte der (Zweck-)Ausgaben trägt.

Letztlich führen die „Anforderungen" von Bund und Ländern an das gemeinsame Steueraufkommen, die sich aus der Pflicht zur Aufgabenerfüllung und zur Ausgabentragung ergeben, stets zu dem oben beschriebenen politischen Kompromiß, der die Summe der als „notwendig" angesehenen Mittel in einem Politikfeld neben den durch die bestehenden Gesetze und ihre Durchführung entstehenden Kosten je nach gesamtstaatlichem Politikschwerpunkt einmal mehr an der unteren, ein andermal mehr an der oberen Grenze ansetzt (Beispiele: Verteidigungsausgaben in Krisenzeiten beim Bund oder nach sog. Entspannung, wie nach 1989, als die Verteidigungsausgaben von 19% auf 10% des Haushalts (1995) zurückgingen; bei den Ländern etwa Bildungsausgaben vor und nach Studien wie PISA oder dem Exodus von jungen Wissenschaftlern ins Ausland).

2. *Folgerungen aus der funktionalen Aufgabenverteilung im deutschen Bundesstaat*

Aus der Aufgabenverteilung nach Funktionen folgt aber zusätzlich etwas, das vom Volumen der vom Bund und der Länder*gesamtheit* zur Erfüllung ihrer jeweiligen Aufgaben notwendigen Finanzmittel an sich unabhängig ist, es aber dennoch mitbestimmt: eine sehr *weitgehende Angleichung der Finanzausstattung der Länder* (pro Einwohner) untereinander. Denn der Bundesbürger erhebt rechtliche Ansprüche auf die ihm bundesgesetzlich zustehenden Leistungen und „politische" Ansprüche auf bundesweit gleiche Standards unabhängig von seinem Wohnsitz im Bundesgebiet. Er erhebt diese Ansprüche gegenüber jeder Landesregierung in gleicher Weise. Ob die beiden, diesen politischen Sachverhalt direkt zum Ausdruck bringenden Zielformulierungen im GG nun ihrerseits als Staatsziele oder Verfassungsgebote rechtlich zu bewerten sind oder lediglich als politisches Postulat zu gelten haben, mag dahinstehen, logische Konsequenz der funktionalen Aufgabenverteilung im deutschen Bundesstaat sind sie allemal[40]: die „Wahrung der Einheitlichkeit der Lebensverhältnisse im Bun-

---

[40] Dies erkennen zumeist auch diejenigen an, die aus den beiden Formulierungen keinerlei allgemeine Schlüsse ziehen wollen. Zu recht weitergehend *Fischer-Menshausen* in: *v. Münch/Kunig*, oben Fn. 17, Rn. 26e, und *Badura*, Staatsrecht, 1986, S. 523 (Ausfluß der uni-

desgebiet" (Art. 106 Abs. 2a) und die „Herstellung gleichwertiger Lebensverhältnisse im Bundesgebiet" (Art. 72 Abs. 2).

Auch die funktionale Aufgabenverteilung im Grundgesetz ist eben kein theoretisches Konstrukt. Sie ist aus der Erfahrung der jüngeren Geschichte Deutschlands gewachsen (Weltkrieg, Nachkrieg, Inflation, Drittes Reich und Nöte des Wiederaufbau nach dem 2. Weltkrieg) und zielt auf ein gleichmäßig hohes Niveau öffentlicher Leistungen in allen Regionen des Landes. Der funktionalen Aufgabenverteilung liegt – wie ich an anderer Stelle näher ausgeführt habe[41] – als *Urmotiv die Herstellung gleichwertiger Lebens- und Arbeitsbedingungen in der gesamten Republik* zugrunde. Sie hat nach meiner Auffassung auch heute noch sowohl den Zweck, die im gesamten Bundesgebiet erwirtschaftete Wertschöpfung allen Bundesbürgern mittels öffentlicher Leistungen, auch wenn sie nicht auf gesetzlichen Sozialstaatsansprüchen beruhen, zugute kommen zu lassen, als auch (gerade dadurch) den Zweck, die nötigen „sanften Standortbedingungen" zu schaffen, ohne die in der Industriegesellschaft von heute die erforderliche Mobilität der Erwerbstätigen, insbesondere des mittleren Managements, nicht hergestellt werden kann.[42]

Dieses Motiv hat sich in einer Reihe von positiven Regelungen der Finanzverfassung niedergeschlagen. In ihrer Summe verpflichten die Regelungen den Bundesgesetzgeber, allen Gliedern des Bundes, d.h. eben auch allen Bundesländern, ausreichende Mittel dafür zur Verfügung zu stellen, daß sie die Ansprüche des Bürgers – und zwar auch die „politischen", auf Gleichwertigkeit der Lebens- und Arbeitsverhältnisse gerichteten Ansprüche – erfüllen können.

Diese besondere Verpflichtung des Bundesgesetzgebers folgt generell aus seiner Dominanz bei der Steuergesetzgebung und bei der die Verteilung der Finanzmittel regelnden übrigen Gesetzgebung, die zusammengenommen den Umfang der Einnahmen der Glieder des Bundes bestimmen. Speziell hat sich das Motiv der Herstellung gleichwertiger Lebens- und Arbeitsverhältnisse im Bundesgebiet zudem niedergeschlagen in den besonderen Verteilungsregelungen des Art. 107, nämlich (1) die – vom Bundesgesetzgeber (!) vorzunehmende – Zuteilung von Ergänzungsanteilen an der Umsatzsteuer für die Bundesländer,

---

tarischen Wirkung des Sozialstaatsprinzips); jedenfalls nicht als eigenständiges Verfassungsgebot werten dies zumeist die jüngeren Autoren, z.B. *Schwarz*, oben Fn. 28, Rn. 90, oder *Heun*, oben Fn. 24, Rn. 24. Zu eng aber, weil die strukturellen Zwänge des Rechtssystems GG zu gering achtend, AK-GG-*Jens-Peter Schneider*, Art. 107 Rn. 17.

[41] Vgl. *Köpp*, Zum Ausgleich verpflichtet. Der deutsche Föderalismus bedarf der Vergewisserung seiner Grundlagen, in: *Hüttig/Nägele* (Hrsg.), Verflochten und verschuldet, Zum (finanz-)politischen Reformbedarf des deutschen Föderalismus in Europa, Loccumer Protokolle 60/98, 1999, S. 48ff.

[42] Ähnlich (im Grundverständnis) *Kilian*, Das System des Länderfinanzausgleichs und die Finanzierung der neuen Bundesländer, JZ 1991, 425, 426: Vielfalt im Bundesstaat und Einheitlichkeit der Lebensverhältnisse erst gewährleisten das ständig zu erneuernde Einverständnis des Bürgers mit seinem Staat.

deren „Einnahmen aus den Landessteuern und aus der Einkommensteuer und der Körperschaftsteuer je Einwohner unter dem Durchschnitt der Länder liegen", und (2) die Leistung von (Bundes-)Ergänzungszuweisungen, die „der Bund aus seinen Mitteln leistungsschwachen Ländern zur ergänzenden Dekkung ihres allgemeinen Finanzbedarfs gewährt" (Art. 107 Abs. 1 a.E. und Abs. 2 a.E.).

Diese Regelungen sind als solche zweifellos nur Kompetenzregelungen. Damit stellt sich die Frage, unter welchen Umständen die Kompetenzen auch ausgeübt werden müssen. Das BVerfG erkennt zwar an, daß den Regelungen der „bundesstaatliche Gedanke der Solidargemeinschaft"[43] zugrunde liegt, und es führt die Regelungen auf das „bündische Prinzip des Einstehens füreinander"[44] zurück. Mit Recht hat das Gericht aber einen Rechtsanspruch auf Kompetenzausübung nur im besonderen Fall der „extremen Haushaltsnotlage" anerkannt: Befindet sich ein Glied der bundesstaatlichen Gemeinschaft in einer extremen Haushaltsnotlage, so erfährt das bundesstaatliche Prinzip seine Konkretisierung in der Pflicht aller anderen Glieder der bundesstaatlichen Gemeinschaft, dem betroffenen Glied mit dem Ziel der haushaltswirtschaftlichen Stabilisierung auf der Grundlage konzeptionell aufeinander abgestimmter Maßnahmen Hilfe zu leisten.[45]

Andererseits, und das gilt gerade auch für Maßnahmen jenseits des Systems des Finanzausgleichs, hat *Herbert Fischer-Menshausen* – durchaus in dem Bewußtstein, welche Ziele der Verfassungsgeber von 1955 und 1969 mit den Vorschriften verfolgt hat – stets darauf hingewiesen, daß das „Harmonisierungspostulat" bzw. „der Verfassungsauftrag, im Rahmen der vertikalen Steuerverteilung auch die Einheitlichkeit der Lebensverhältnisse zu fördern", gerade weil es in Art. 106 (und nicht in Art. 107 beim horizontalen Finanzausgleich) normiert ist, dem Bund eine gewisse Anwartschaft auf die dafür benötigten Finanzmittel zusichert. Nur so kann der Bund jene überregionalen „länderfreundlichen" Aufgaben wirksam wahrnehmen, die ihm nach Art. 104a Abs. 4 (Finanzhilfen) und aus der Natur der Sache (z.B. Großforschung, Abbau der Folgen der Teilung Deutschlands, strukturelle Wirtschaftsförderung[46]) obliegen.[47] Diese verfassungsrechtlich fundierten Gesichtspunkte können zu „notwendigen" Ausgaben des Bundes führen; sie können aber auch – in Zeiten eines weniger engen Einnahmekorsetts – zu jener Verteilungsmasse gehören, die nach Ab-

[43] BVerfGE 72, 330.

[44] BVerfGE 72, 330.

[45] BVerfGE 86, 148, 149.

[46] Vgl. den sog. Entwurf eines Flurbereinigungsabkommens, der als Verwaltungsabkommen zwar nicht in Kraft getreten ist, nach der in der Praxis Bund und Länder jedoch bei der Frage einer Finanzierungskompetenz des Bundes verfahren (abgedruckt z.B. in *Schmidt-Bleibtreu/Klein*, Art. 30 Rn. 8).

[47] Vgl. *Fischer-Menshausen*, oben Fn. 17, Art. 106 Rn. 26e i.V.m. Art. 107 Rn. 2.

schichtung der notwendigen Ausgaben gemäß Nr. 1 der Grundsätze des Art. 106 Abs. 3 Satz 4 für einen „billigen Ausgleich" nach Nr. 2 der Grundsätze zur Verfügung stehen.

3. Die Rolle der politischen Parteien

Bisher hat der Bund seine Verantwortung für eine ausreichende Finanzausstattung auch der Bundesländer stets wahrgenommen. Das Ergebnis ist eine im Vergleich zu manchem Zentralstaat auffällige Gleichwertigkeit der Lebensqualität in den deutschen Städten und Regionen. Vom Ausland wird dies durchaus als vorbildlich anerkannt mit der Folge, daß das Bundesstaatssystem deutscher Prägung – trotz mancher praktischer und theoretisch fundierter Kritik am sog. kooperativen Föderalismus – nicht selten auch als starkes Gesamtsystem wahrgenommen wird.[48]

Allerdings liegt dies (wohl) weniger daran, daß die Väter des Grundgesetzes und in ihrer Nachfolge die Konstrukteure der Finanzreform von 1969 ein so ausgeklügeltes institutionelles Gesamtsystem der gegenseitigen Stützung im Interesse der Teilhabe aller Bürger des Bundes am gemeinsam Erwirtschafteten geschaffen haben, als vielmehr daran, daß es in der Bundesrepublik *wenige starke und bundesweit agierende Parteien* gibt, die in diesem System stets eine Chance zur Teilhabe an der politischen Macht haben. Die Entstehung der deutschen Parteienlandschaft nach 1945 wiederum liegt (wohl) daran, daß nur solchen Parteien Problemlösungskompetenz zugetraut wurde, die mit den Bevölkerungsverwerfungen und seinen Folgen als Ergebnis des 2. Weltkriegs (Flüchtlinge, Aussiedler, Konfessionsmischung, Massenarmut) bundesweit zurechtzukommen schienen. Jedenfalls sind die politischen Parteien hierzulande nicht etwa regional (oder gar auf die Länder bezogen föderal) organisiert, sondern sie überlagern – trotz Verankerung in den Bundesländern – mit ihrem politischen Gestaltungsanspruch die föderale staatliche Organisation gesamtstaatlich. *Wolfgang Renzsch*[49] wird mit Recht nicht müde, diesen Sachverhalt all jenen ins Be-

---

48 Nicht umsonst sind die Berichte deutscher Wissenschaftler und Praktiker über das Funktionieren des bundesdeutschen Föderalismus in Italien Mitte der 1990er Jahre auf besonderes Interesse gestoßen. Die Stärke des deutschen Föderalismus liegt eben in der ausgleichenden Kraft seiner Zentrale (vgl. dazu *Köpp*, oben Fn. 41, S. 50).

49 *Renzsch*, Reform der Finanzverfassung zwischen ökonomischer Effizienz, bundesstaatlicher Funktionalität und politischer Legitimität, in: *Büttner* (Hrsg.), Finanzverfassung und Föderalismus in Deutschland und Europa, Schriftenreihe des ZEW Mannheim, Bd. 49, Baden-Baden 2000, und *ders.*, Bundesstaat oder Parteienstaat: Überlegungen zu Entscheidungsprozessen im Spannungsfeld von föderaler Konsensbildung und parlamentarischem Wettbewerb in Deutschland, in: *Holtmann/Voelzkow* (Hrsg.), Zwischen Wettbewerbs- und Verhandlungsdemokratie. Analysen zum Regierungssystem der Bundesrepublik Deutschland, Wiesbaden 2000.

wußtsein zu rücken, die mit übertriebenen Erwartungen einer Reform der Finanzverfassung der Bundesrepublik Deutschland das Wort reden. Für ihn als Politikwissenschaftler ist es eindeutig: Da die wichtigsten Agenturen der Legitimationsvermittlung in der Bundesrepublik, die großen politischen Parteien, gesamtstaatlich orientiert sind, würden regional unterschiedliche Lösungswege tendenziell die Geschlossenheit der Parteien und damit ihre politische Durchsetzungsfähigkeit gefährden.

Nicht zuletzt der integrierenden Funktion der politischen Parteien wegen war m.E. der Versuch der „reichen" Bundesländer in den Jahren nach 1996, eine weniger ausgleichende Finanzverteilung im horizontalen Länderfinanzausgleich zu erreichen, politisch letztlich zum Scheitern verurteilt. Aus dem Versuch ist allerdings zweierlei besonders bemerkenswert:

1. (politisch) die Breite der dadurch ausgelösten Diskussion über Fragen der Finanzausstattung der Länder und über die Bedeutung der Bundesländer im föderalen System – mit großem Geschick bundesweit inszeniert und orchestriert von der CSU und ihren Vertretern in der Regierung des Bundeslandes Bayern – sowie
2. (juristisch) die Schärfung der Erkenntnisse über die Weite der Entscheidungsspielräume der Politik im rechtlichen Rahmen der Regelungen der Finanzverfassung.

Für den auch in den östlichen Landesteilen tätigen Beobachter steht zwar im Ergebnis außer Zweifel, daß die politische Diskussion über eine ausreichende Finanzausstattung der Bundesländer einen erheblichen Beitrag zur Integration (i.S.d. Integrationslehre Rudolf Smends) in Deutschland geleistet hat. Dies gilt besonders für die Integration der Bürger der neuen Bundesländer in das föderale System mit seinen je spezifischen Verantwortlichkeiten bei Bund, Ländern und Kommunen[50] und zugleich zu ihrer Integration in das politische System der Bundesrepublik mit seinen parteipolitischen Mechanismen und dessen Auswirkungen auf das Wirtschafts- und Sozialsystem. Aber seine wirkliche Bewährungsprobe hatten der Bundesstaat Bundesrepublik Deutschland und die Mechanismen seiner Finanzverfassung im Jahre 1996 gerade erst bestanden, als Bayern und Baden-Württemberg – mit geringerer politischer Intensität auch Hessen – eine Änderung des Länderfinanzausgleichs auf die politische Tagesordnung setzten mit dem Ziel, daß die „reichen" Bundesländer mehr an Steuereinnahmen behalten könnten, als dies nach dem geltenden – im Jahre 1995 eingeführten – System des horizontalen Ausgleichs der Fall war. Zum Verständnis der Situation im Jahre 1996 und insbesondere der Reaktion der anderen Bundesländer zu diesem Zeitpunkt muß man sich die seit Ende der 1960er

---

[50] Ausgangspunkt einer vergleichenden Betrachtung kann ohne weiteres das Verständnis der ostdeutschen Verhandlungsdelegation bei der Diskussion um den Einigungsvertrag sein, wie ihn Wolfgang Schäuble beschreibt (vgl. *Schäuble*, Der Vertrag, 1991, S. 176).

Jahre gewachsene – aus der Sicht der finanzschwachen Länder politisch erkämpfte – Ausgangslage in Erinnerung rufen.

IV. Die politischen Prozesse bei der deutschen Vereinigung und der Eingliederung der neuen Bundesländer in die Finanzverfassung

1. Die Entstehung des Finanzausgleichs in der alten Bundesrepublik

Die Finanzreform von 1969, der bereits die Integration des Saarlandes und eine „kleine" Reform des Finanzausgleichs vorausgegangen waren, hatte die heute geltenden Kompetenzen des Bundes zu Leistungen an die finanzschwachen Länder (Bundesergänzungszuweisungen) geschaffen[51]. Doch an der Tatsache, daß sich der deutsche Bundesstaat aus „reichen" und „armen" Ländern zusammensetzt, hatten die Reformen nichts ändern können. Arm waren damals übrigens Bayern, Niedersachsen, Rheinland-Pfalz, Schleswig-Holstein und das Saarland sowie (ab 1967) Bremen. Diese Tatsache, so ließ sich leicht erkennen – und wird heute ebenso leicht vergessen –, war und ist (auch) eine Folge des ungleichen Steueraufkommens unter den Ländern.[52] In ihren Auswirkungen erheblich gemindert wird sie seither durch die Verteilung der Finanzmasse aus der Umsatzsteuer nach der Einwohnerzahl, mithin einem eher am „Bedarf" ausgerichteten Kriterium, und sie wurde bislang weiter abgeschwächt durch die zwar von den Politikern des Bundes im Jahre 1969 nicht beabsichtigte, angesichts der weiterbestehenden Ungleichgewichte beim örtlichen Aufkommen aus Einkommen- und Körperschaftsteuer aber mit zunehmender Größenordnung an Gewicht gewinnenden Ergänzungszuweisungen des Bundes an die finanzschwachen Länder. Folge dieser Entwicklung war, daß ab 1974 die Bundesergänzungszuweisungen festgeschrieben und mit 1,5%, später 2% des Umsatzsteueraufkommens dynamisiert wurden.

Äußerlich betrachtet ist diese Entwicklung möglich geworden durch die politische Konstellation von 1974/76: Während der sozial-liberalen Koalition auf Bundesebene von 1969 bis 1982 bei gleichzeitiger christdemokratischer Mehrheit unter den finanzschwachen Ländern im Verbund mit Niedersachsen konnten die finanzschwachen Länder bei der Festschreibung des Umsatzsteueranteils als Gesamtsumme für die Bundesergänzungszuweisungen im Jahre 1974 auf die zusätzliche Beteiligung der Opposition im Vermittlungsausschuß setzen. Von

---

[51] Vgl. dazu umfassend *Renzsch*, Finanzverfassung und Finanzausgleich, Die Auseinandersetzungen um ihre politische Gestaltung in der Bundesrepublik Deutschland zwischen Währungsreform und deutscher Vereinigung (1948 bis 1990), 1991, S. 196ff., mit Hinweis auf die Leistungen der Großen Koalition in diesem Zusammenhang (siehe nur Fazit S. 208 und S. 257ff.).

[52] *Renzsch*, ebendort, S. 257f.

der inhaltlichen Begründung her betrachtet war diese Entwicklung zu Beginn der 1970er Jahre durchaus folgerichtig: Gleichheit und „Bildungsnotstand", Gleichbehandlung aller Bürger und gleiche Startchancen auch in den ländlichen Gebieten der Bundesländer waren die Grundwerte der Zeit, die sich auch in der Anwendung der Instrumente der Finanzverfassung niederschlugen.

Nach 1976 verhinderte dann die Mehrheit der CDU/CSU-geführten Bundesländer eine Anpassung an die inzwischen veränderten wirtschaftlichen Daten, die summenmäßig zu ihren Lasten gegangen wäre. Mit der neuen Bundesregierung unter Helmut Kohl handelten diese Länder 1982/83 unter Ausschluß der übrigen Bundesländer eine (an sich geringfügige) Anpassung aus, die aber zur Folge hatte, daß nicht nur Niedersachsen, sondern auch Baden-Württemberg erhebliche „Gewinne" an allgemeinen Finanzmitteln verbuchen konnte, ohne daß die übrigen christdemokratisch geführten Länder ihrer relativen Vorteile verlustig gingen.[53] Folge dieses Alleingangs waren im übrigen die Normenkontrollanträge der „ausgeschlossenen" sozialdemokratisch geführten Länder vor dem BVerfG, die zum Urteil von 1986 führten.

Wegen des zusätzlichen und sich stetig verschärfenden Ungleichgewichts[54] der Länder untereinander und wegen der übermäßigen Belastung der nord- und westdeutschen Bundesländer mit Sozialhilfekosten – zwei christdemokratisch, vier sozialdemokratisch geführte Länder – kam es zur sog. *Albrecht-Initiative* von 1987/88, die zum Ziel hatte, den Bund zur Übernahme von 50% der Sozialhilfekosten zu bewegen.

Daß die Initiative als solche scheiterte, gleichwohl aber eine finanzielle Umschichtung vom Bund auf die Bundesländer zu etwa der Hälfte der von der Initiative betroffenen Mittel mit Hilfe eines Strukturhilfe-Programms des Bundes erfolgte, hatte ausschließlich übergeordnete parteipolitische Gründe: Niedersachsen ließ dafür die Steuerreform der Bundesregierung passieren. Insbesondere Bayern, in geringerem Umfang auch Rheinland-Pfalz erhielten zusätzliche Mittel, während für Nordrhein-Westfalen sowie die Stadtstaaten und das Saarland zwar auch Strukturhilfemittel zur Verfügung gestellt wurden, aber doch deutlich weniger als aufgrund der Sozialhilfeinitiative (auch nach seiner Mittelkürzung insgesamt auf die Hälfte) zu erwarten gewesen war. Als ein Verteilungskriterium, das sich im Ergebnis als ausschlaggebend für die Zuweisung der jährlichen Investitionshilfen in Höhe von DM 2,45 Mrd. herausstellte, war nämlich eine unterdurchschnittliche Beschäftigungsentwicklung (unabhängig davon, in welchem Maße unterdurchschnittliche Arbeitslosigkeit vorlag) festgelegt worden, womit eindeutig das sich entwickelnde Bayern bevorzugt wur-

---

[53] *Renzsch*, ebendort, S. 265f.

[54] Die Volkzählung von 1987 erbrachte erhebliche Verschiebungen der Einwohnerzahlen mit sich, denen erst 1989 in vollem Umfang im Finanzausgleich Rechnung getragen wurde.

de.[55] Nicht einmal dies wollten die allein nicht begünstigten Länder Hessen und Baden-Württemberg hinnehmen; sie gingen deshalb noch 1988 mit einem Normenkontrollantrag nach Karlsruhe.

2. *Die Finanzierung des Beitritts und die Einbeziehung der neuen Länder in den Finanzausgleich*

Die dezidiert parteipolitische Behandlung der Finanzprobleme im Bund-Länder-Verhältnis durch die Bundesregierung, wie sie sich bei der Albrecht-Initiative gezeigt hatte, setzte sich bei den Verhandlungen um den Beitritt der DDR fort und verschärfte sich noch durch die Zentralisierung der Entscheidungen im Bundeskanzleramt, speziell beim Bundeskanzler selbst und den Leitern der Verhandlungsdelegationen Schäuble (BRD) und Krause (DDR).[56] Wegen dieser Form der Sachbehandlung, die trotz der Stimmenmehrheit der SPD-geführten Länder im Bundesrat von Mai bis Oktober 1990 und wieder ab April 1991 von Bundeskanzler Kohl konsequent durchgehalten wurde, wäre der Beitritt der DDR fast zu einem sofortigen finanziellen Debakel geworden. Ob die Verdoppelung der Staatsverschuldung innerhalb von fünf Jahren und die Sparzwänge der öffentlichen Hände als erste finanzielle Ergebnisse des Beitritts – die weiteren Folgen (bei der Infrastruktur wie im Sozialsystem) werden erst derzeit langsam sichtbar – das Debakel nur hinausgeschoben haben, mag hier und heute noch dahinstehen (Hinweis: 1989 lag die Nettoneuverschuldung des Bundes bei 9,6 Mrd., 1991 bereits bei 51 Mrd.). Jedenfalls war schon Anfang 1990 klar, daß die Finanzbeziehungen zwischen Bund und Ländern nach dem Hinzutreten von fünf neuen Bundesländern neu geregelt werden mußten.

Ganz im Politikstil des damaligen Bundeskanzlers, der die finanziellen Folgen seiner Entscheidungen zugunsten der großen politischen Vision sträflich vernachlässigte, wurde bereits im Gesetz zum Staatsvertrag zur Schaffung einer Wirtschafts-, Währungs- und Sozialunion, das am 1. Juli 1990 in Kraft trat, festgelegt, daß am 1. Januar 1995 eine Neuregelung der Finanzbeziehungen zwischen Bund und Ländern in Kraft treten sollte. Für die Zwischenzeit wurde, wie es *Hesse* und *Renzsch* treffend ausgedrückt haben, „ein mehrheitsfähiges Provisorium anstelle einer systematischen und ausgewogenen Dauerlösung, für

---

[55] Vgl. dazu die zutreffende Analyse von *Renzsch*, Ein schlechtes Gesetz – doch die Richtung stimmt, Demokratische Gemeinde 1989, 12, und *ders.* Finanzverfassung, oben Fn. 51, S. 272.

[56] So mit Recht *Schwinn*, Die Finanzierung der deutschen Einheit, 1997, S. 14, 85f. *Schäuble*, oben Fn. 50, S. 210 und passim, vernachlässigt trotz gelegentlicher gegenteiliger Hinweise, etwa zum Treffen Kohls mit de Maiziere (S. 186) oder mit den Ministerpräsidenten der Länder (S. 223), doch erheblich die Rolle Kohls und des Kanzleramtsministers Seiters (vgl. nur S. 190, 211ff., 223ff.).

die sich keine parlamentarische Mehrheit gefunden hätte"[57], etabliert, nämlich der Fonds „Deutsche Einheit" und die Einrichtung von weiteren Sondervermögen des Bundes[58], die der parlamentarischen Haushaltskontrolle praktisch entzogen sind und als „Neben-" oder „Schattenhaushalte" nicht gerade positiv betrachtet zu werden pflegen. Indes wurden im Laufe des Jahres 1991 die in weiten Kreisen der politisch Verantwortlichen genährten Illusionen über die finanziellen Dimensionen der deutschen Vereinigung als solche offensichtlich. Deshalb wurden ab Frühsommer 1992 die wahlkampfbedingten Unterschätzungen der Kosten durch die Bundesregierung schrittweise korrigiert.[59]

Das Provisorium Fonds „Deutsche Einheit" wird zwar in der Rechtswissenschaft – nachträglich – unterschiedlich beurteilt[60]. In der Rechtspraxis von 1989/90, die wegen der Kürze der für eine solide Beratung zur Verfügung stehenden Zeit es besonders schwer hatte, den handelnden Politikern die rechtlichen Grenzen ihrer Handlungsoptionen zu vermitteln, bestand jedoch Einvernehmen darüber, daß auch außergewöhnliche Maßnahmen – einschließlich etwa einer über die möglichen Grenzen des Art. 115 hinausgehenden Kreditaufnahme und einer Aussetzung der Deckungsquotenberechnungen bis 1994 – aus dem Auftrag des damaligen Art. 23 Satz 2 GG, in anderen Teilen Deutschlands „nach deren Beitritt" das Grungestz in Kraft zu setzen, gerechtfertigt waren. Sie wurden dann mit der beitrittsbedingten Einfügung von Art. 143 in das Grundgesetz in besonderer Weise verfassungsfest gemacht.[61]

Vor dem Hintergrund von (noch sehr moderaten) Schätzungen über das zu erwartende Defizit der neuen Länder auf dem Gebiet der DDR hatten die Regierungschefs von Bund und alten Bundesländern am 16. Mai 1990 den grundlegenden Kompromiß erzielt: Der Bund verzichtete auf die Forderung nach Erhöhung seines Umsatzsteueranteils um 6 Prozentpunkte (auf 71%). Das Defizit sollte statt dessen von Bund, alten Ländern und neuen Bundesländern je zu einem Drittel getragen werden. Dabei waren die ersten beiden Drittel auf zusammen DM 115 Mrd. bis 1994 geschätzt worden. DM 20 Mrd. davon übernahm der Bund vorab als teilungsbedingte Kosten. Der Rest wurde geteilt. Die

---

57 *Hesse/Renzsch*, Zehn Thesen zur Entwicklung und Lage des deutschen Föderalismus, Staatswissenschaften und Staatspraxis 1990, 562, 570.

58 Vgl. nur die Tabelle bei *Schwinn*, oben Fn. 56, S. 151.

59 Damit erfuhren der ehemalige DDR-Finanzminister *Walter Romberg* und sein Berater *Otto-Erich Geske*endlich eine gewisse Genugtuung sowohl für ihr Bemühen um realistische Annahmen über die Einigungskosten als auch für die Entlassung des SPD-Ministers aus dem Kabinett de Maiziere, der sich seinerzeit – wohl trotz besserer Einsicht – dem Druck der Bundesregierung und dem Tandem Schäuble/Krause als Verhandlungsführer beim Einigungsvertrag gebeugt hatte. Vgl. dazu näher *Schwinn*, oben FN 56, S. 82f.

60 Vgl. die Nachweise bei *Siekmann* in: *Sachs*, Grundgesetz, Kommentar, 2. Aufl. 1999, Art. 107 Rn. 1 mit Fn. 1.

61 Vgl. dazu BVerfGE 82, 316, 320f., und 84, 90, 118ff. (allg.), sowie jetzt BVerfGE 101, 158, 236f. (Fonds Deutsche Einheit).

entsprechende Bundestags-Drucksache weist (entgegen anderslautenden Bekundungen mancher Politiker in späterer Zeit) aus, daß damit die Belastung der westdeutschen Länder abschließend geregelt sein sollte.

Diese finanziellen Ergebnisse des Kompromisses von 1990 erwiesen sich zwar rasch als für die Problemlösung nicht ausreichend, weil sich die Finanzlage der ostdeutschen Länder schon Anfang 1991 als weit schlechter als angenommen herausstellte. Aber die Politik war in der Lage, auch darauf hinreichend zu reagieren: Unter dem Druck der neuen ostdeutschen Ministerpräsidenten und unter dem Eindruck der einigungsbedingten Steuermehreinnahmen (konjunkturelle Zuwächse und Steuererhöhungen bei Mineralöl, Tabak und Versicherungen sowie Einführung des Solidaritätszuschlags und Erhöhung der Mehrwertsteuer auf 15%) wurden erhebliche Verbesserungen für Ostdeutschland beschlossen: Mehreinnahmen um DM 31 Mrd. bis 1994, zusätzlich ein Gemeinschaftswerk „Aufschwung Ost" mit jährlich DM 12 Mrd.

Daß für diese Verbesserungen auch weitere Kreditaufnahmen erforderlich wurden, wenn die zusätzliche Steuerlast der Bürger sich in Grenzen halten sollte, sei unter dem Eindruck von ernsten Mahnungen aus Brüssel heute noch einmal angemerkt: Im Jahre 1989 erwirtschafteten die öffentlichen Haushalte in Westdeutschland noch einen Überschuß von 0,1% des Bruttoinlandprodukts (BIP); im Jahre 1991 ergab sich dagegen bereits ein Defizit von über 3% BIP (so gering gehalten nur durch Anlaufschwierigkeiten der ostdeutschen Verwaltungen und sehr hohe Abführungen der Bundesbank an den Bundeshaushalt).

Sollten die neuen Länder nicht schon im ersten Jahr nach der Vereinigung die Pro-Kopf-Verschuldung der Westländer erreichen, ohne zugleich die im Westen in 40 Jahren gewachsene Infrastruktur zu besitzen, mußte ersichtlich objektiv mehr getan werden. Subjektiv war die CDU angesichts der vier (von fünf) neuen Ministerpräsidenten ihrer Couleur ohnehin gefordert. Nachträglich erweisen sich die Jahre 1992/93 als positive Hoch-Zeit der deutschen Form des kooperativen Föderalismus, der – anders als Politikwissenschaftler zuweilen glauben machen wollen – nicht jenseits der Verfassung angesiedelt, sondern in der Struktur des Grundgesetzes mit der Beteiligung der Ländervertreter im Bundesrat an der Bundesgesetzgebung fest verankert ist.

Mit Recht sieht *Oliver Schwinn* in dem langwierigen Ringen der Bundesländer um eine gemeinsame Position gegenüber dem Bund in 1992/93 und in der Durchsetzung ihrer Position in den Solidarpaktverhandlungen die für den Föderalismus im vereinigten Deutschland entscheidenden (und m.E. maßgeblich zukunftswirkenden) Ereignisse: „Die gemeinsame erfolgreiche Kraftanstrengung hat die Länder über das reine Verhandlungsergebnis hinaus zusammengeschweißt und die neuen Länder im Laufe dieses Prozesses erst vollständig in den Kreis der Länder aufgenommen. Fortan waren die neuen Länder aus Sicht der alten als neu hinzugekommene Ländergruppe mit spezifischen, aber legitimen

Interessen voll akzeptiert und in formelle wie informelle Arbeitsstrukturen in der vielschichtigen föderalen Politikpraxis integriert."[62]

Daß dies auch ein Erfolg der in den Ministerien der neuen Länder mit höchstem Engagement tätigen Beamten und Spitzenpolitiker aus den Westländern und den Bundesministerien war, ja, daß es möglicherweise sogar der dadurch entstandene Mix unterschiedlicher Vor-Erfahrungen war, der letztlich die im politischen Raum vorbereitend tätigen Ministerialbeamten zu besonderen Leistungen beflügelte, sei dazu jedenfalls am Rande bemerkt.

Tatsächlich führten die intensiven politischen Verhandlungen, die – gerade auch mit den die Bundesratsmehrheit bildenden SPD-geführten Westländern – auf der Basis kreativer Papiere aus den Finanzministerien von Bund und Ländern geführt wurden, im Februar 1992 zur Aufstockung des Fonds „Deutsche Einheit" (u.a. durch Umlenkung der Strukturhilfemittel des Bundes). Möglich geworden ist dies allerdings erst dadurch, daß Brandenburg seinen finanziellen Länderinteressen folgend bei der (in die Verhandlungen einbezogenen und zustimmungspflichtigen) Mehrwertsteuererhöhung im Bundesrat mit den CDU-geführten Ländern stimmte. Brandenburg hat dafür sowohl eine Verbesserung des Verteilungsschlüssels der Umsatzsteuer für alle Länder herausverhandelt als auch die Garantie des Bundes, daß dessen Mehreinnahmen aus der Mehrwertsteuererhöhung allein den neuen Ländern zufließen sollten.[63]

Die Solidarpakt-Gespräche, ernsthaft begonnen im September 1992 und im März 1993 von den Regierungschefs der Länder positiv beurteilt, erwiesen sich dort, wo es um die Art und Weise der Einbeziehung der neuen Bundesländer in den Mechanismus des Finanzausgleichs des Grundgesetzes ging, von Beginn an als äußerst schwierig. Sogar die Zahlen, die zur Beurteilung der Verteilungswirkung der Instrumente des Finanzausgleichs heranzuziehen waren, blieben zwischen Bund und Ländern bis zum Ende umstritten. Eine Auflistung der Positionen, wie sie *Oliver Schwinn* zusammengefaßt hat[64], zeigt die Breite der Lösungsansätze. Die Vorschläge aus der Wissenschaft – Sachverständigenrat wie Wissenschaftlicher Beirat beim BMF bzw. Einzelvorschläge in der Literatur – galten allerdings bei allen Kennern der Materie als nicht praxistauglich, d.h. sie waren weder in ihren Wirkungen kalkulierbar noch (u.a. deshalb) konsensfähig.[65] Der Vorschlag des Bundes vom 11. September 1992 lag an sich auf der Linie, die sich aus seiner Verantwortung für die Beseitigung der Folgen der Teilung Deutschlands ergab. Er sah finanzkraftbezogene Bundeshilfen für die neuen Länder vor (Sonderbedarfshilfen und Investitionshilfen nach Art. 104a Abs. 4 GG). Aber der Bund verlangte dafür von den alten Bundesländern erhebliche

---

[62] *Schwinn*, oben Fn. 56, S. 112.

[63] Vgl. näher dazu *Schwinn*, oben Fn. 56, S. 115–117.

[64] *Schwinn*, oben Fn. 56, S. 160/61.

[65] Siehe dazu auch *Schwinn*, oben Fn. 56, S. 159 und 162f.

Mittel und die Übernahme bisheriger Bundeslasten (Bahnreform, EG-Beitrag).

Damit stand aus der Sicht der Westländer ihre Eigenstaatlichkeit auf dem Spiel, und zwar auch bei den wenigen „reichen" zumindest ihre (finanzielle) Fähigkeit zu eigener landespolitischer Gestaltung. Schließlich lag das Umverteilungsvolumen – je nach Einbeziehung unterschiedlicher Bereiche und Berechnungen – zwischen DM 50 Mrd. und DM 78 Mrd. Politisch war auf seiten der Westländer deshalb die Richtung bald klar: Dem Bund mußte ein mögliches „divide et impera" verwehrt und insgesamt der Tendenz zur Zentralisierung der Politik durch Finanzingerenzen des Bundes entgegengewirkt werden.

Allerdings war dies nicht allen Beteiligten sogleich einsichtig. Zunächst gelang es den Finanzministern der Länder nur, einige konsensfähige Eckpunkte festzuschreiben, und zwar in einer dramatischen Sitzung am 1. Oktober 1992, in der die Ostländer (ohne Brandenburg) unter Protest ausgezogen waren, weil sie ihre Interessen nicht gewahrt sahen, vor allem aber weil die zur Beratung gestellten Positionen von den Westländern allein erarbeitet worden waren.[66] Der insoweit erreichte Länderstandpunkt baute auf den verhandlungsoffenen Vorschlägen Bayerns auf und sah vor allem vor, daß die Neuregelung kein finanzschwaches Land stärker belasten durfte als ein finanzstarkes Westland. Insbesondere Mecklenburg-Vorpommern und Sachsen-Anhalt fürchteten jedoch, daß durch die Vorschläge Bayerns der Bund finanziell so geschwächt würde, daß ihm nicht genügend Mittel zur Förderung der Ostländer verbliebe. Dem Ergebnis der weiteren Verhandlungen, die u.a. die Anhebung der Zahlungen an die ausgleichsberechtigten finanzschwachen Länder im Länderfinanzausgleich auf 95% des Durchschnitts und die Anhebung der Finanzkraft der ausgleichsberechtigten Länder auf 99,5% des Durchschnitts der Bundesergänzungszuweisungen vorsahen, verschlossen sich die beiden Länder aber nicht mehr; sie enthielten sich der Stimme, so daß die Länder mit einer Gegenstimme Baden-Württembergs – das stets eine Änderung des Zahlertarifs forderte – mit einem gemeinsamen Länderstandpunkt auf der Grundlage des bayerischen Vorschlags in die Verhandlungen mit dem Bund gehen konnten.

Daß dieser relative Konsens sich zu einem unverbrüchlichen und alle Länder umfassenden Bündnis verfestigte, lag dann aber doch am Verhalten des Bundes. Konnten schon – selbst auf Staatssekretärsebene – die Unstimmigkeiten mit dem Bundesfinanzministerium über die Berücksichtigung des Wegfalls der bisherigen Bundesergänzungszuweisungen an finanzschwache Westländer und Berlin in die Lastenverteilung ab 1995 nicht beseitigt werden, so führte die Ankündigung des Bundeskanzlers, man werde die Vorschläge des Bundes als Gesetzentwurf beschließen, zur Solidarisierung unter den Ländern. Sie faßten ihre

---

[66] Näher dazu *Renzsch*, Konfliktlösung im parlamentarischen Bundesstaat, in: *Voigt*, Der kooperative Staat: Krisenbewältigung durch Verhandlung?, 1995, S. 167ff.

Position deshalb ebenfalls in einen Gesetzentwurf und beschlossen in einer (die Verhandlungsklausur mit dem Bundeskanzler vorbereitenden) Klausursitzung der Ministerpräsidenten und der Finanzminister in Potsdam, vom Bund einen Mitteltransfer in Höhe von DM 60 Mrd. zu fordern. Spätestens damit war das Paket der Länder objektiv günstiger für die Ostländer als der Bundesvorschlag, sollten doch Regelleistungen im Länderfinanzausgleich langfristig festgeschrieben werden, während der Bund lediglich befristete und noch dazu degressive Sonderhilfen anzubieten hatte.

Die weiteren Verhandlungen mit dem Bund brauchen hier nicht nachgezeichnet zu werden; sie hatten ebenfalls durchaus dramatische Momente.[67] Für unseren Zusammenhang entscheidend[68] ist, daß das Ergebnis der Solidarpakt-Klausur 1995 Grundlage des bis heute geltenden Finanzausgleichs geworden ist: Im Vergleich zur Verhandlungsposition der Länder wurden lediglich die Umsatzsteuerzahlen verringert (7% statt 8% zugunsten der Länder) und ein Transfervolumen von DM 56 Mrd. (statt DM 60 Mrd.) vereinbart, zusätzlich aber Maßnahmen für den Wohnungsbau und die Arbeitsmarktpolitik sowie Kreditermächtigungen für die Treuhandanstalt zum Erhalt industrieller Kerne im Osten; außerdem erfolgte eine weitere Aufstockung des Fonds „Deutsche Einheit" in 1993 und 1994.

V. Der neue Finanzausgleich im politischen und juristischen Härtetest

1. Komplexität und Technizität des (noch) geltenden Finanzausgleichsgesetzes

Wer sich knapp, aber zuverlässig über die Inhalte des seit 1995 geltenden, in 1998 geringfügig geänderten Finanzausgleichs orientieren will, lese den Abschnitt I des Tatbestands in der Entscheidung des Bundesverfassungsgerichts vom 11. September 1999 zu den Normenkontrollanträgen der Länder Baden-Württemberg, Bayern und Hessen auf der einen, Bremen, Niedersachsen und

---

[67] Siehe dazu *Schwinn*, oben Fn. 56, S. 169–171, insbesondere zum Durchbruch zugunsten der Länder, als der Bund zugestehen mußte, daß er die ab 1995 wirksamen Entlastungen aus den Bundesergänzungszuweisungen an die Altländer und die Berlin-Hilfe in Höhe von DM 33 Mrd. nicht berücksichtigt hatte (S. 170 m.Fn. 50).

[68] Neben den Fragen des Finanzausgleichs betrifft der Solidarpakt die Übernahme der durch die Vereinigung entstandenen Schulden der verschiedenen Sondervermögen in einen Erblastentilgungsfonds, den der Bund allein zu tilgen hat, und gewisse Maßnahmen des Föderalen Konsolidierungs-Programms (FKP), die zwar (noch) nicht zu einschneidenden Sparmaßnahmen führten, aber doch erste Ergebnisse brachten: unbefristete Wiedereinführung des Solidaritätszuschlags, Abbau von Steuervergünstigungen in Höhe DM 9 Mrd. und Einsparungen bei der Bundesanstalt für Arbeit durch Bekämpfung des Mißbrauchs sozialer Leistungen in Höhe von DM 1,77 Mrd. in 1994 und DM 1,84 Mrd. in 1995.

Schleswig-Holstein auf der anderen Seite.[69] Schon wenige Stichworte machen die Komplexität der Materie, aber auch die Technizität besonders jener Regelungen des Finanzausgleichsgesetzes (FAG) von 1993 deutlich, die der verfassungsrechtlichen Verpflichtung zu „angemessenem Ausgleich der unterschiedlichen Finanzkraft der Länder" Rechnung tragen will:

Finanzkraftmeßzahl (Ist) errechnet aus Steuereinnahmen, bergrechtlicher Förderabgabe und Steuereinnahmen der Gemeinden; *Ausgleichsmeßzahl* (Soll) errechnet aus auszugleichenden Einnahmen je Einwohner im Bundesdurchschnitt vervielfacht mit der Einwohnerzahl des Landes (sog. gliedstaatliche Meßzahl) verbunden mit einer nach Gemeindegrößen gewichteten Einwohnerzahl vervielfacht mit der Einwohnerzahl des Landes (sog. kommunale Meßzahl); Korrekturen beider Meßzahlen durch Steuereinnahmen der Gemeinden (wegen der unterschiedlichen Hebesätze bei Grundsteuer und Gewerbesteuer als durchschnittliche Soll-Erträge); nach Ermittlung der ausgleichsberechtigten und ausgleichspflichtigen Länder *Anhebung der Finanzkraft* ersterer auf mindestens 95% des Durchschnitts der Länder in zwei Stufen: Fehlbeträge unter 92% werden ganz, solche über 92% zu 37,5% ergänzt; *Finanzierung der Ausgleichssummen* ebenfalls in zwei Schritten: zunächst Errechnung der Beträge, um die die errechnete Finanzkraftmeßzahl eines Landes seine Ausgleichsmeßzahl übersteigt durch *Anwendung des Tarifschlüssels* (z.B. bei Finanzkraft zwischen 101% und 110% der Ausgleichsmeßzahl stehen 66% zur Verfügung, bei über 100% sind es 80%); danach zwar Abschöpfung in Höhe der ausgleichspflichtigen Beträge und nach dem Verhältnis der Finanzkraftmeßzahlen der pflichtigen Länder, aber *begrenzt durch Garantieklauseln*, die (1) eine Abschöpfungsobergrenze festlegen (ggf. daher Rückausgleich, finanziert zu 50% durch alle Ausgleichspflichtigen, zu 50% durch alle berechtigten Länder), die (2) eine Ausgleichsdekkelung enthalten und die (3) sicherstellen, daß die ursprüngliche Reihenfolge der Länder nach ihrer Finanzkraft wieder hergestellt wird.

Unabhängig von diesem komplizierten Geflecht der Ermittlung der Ausgleichsbeträge im horizontalen Länderfinanzausgleich enthält das FAG die Zahlungen des Bundes an die leistungsschwachen Länder als (Bundes-)Ergänzungszuweisungen (BEZ). Das sind zunächst die BEZ zur Deckung des allgemeinen Finanzbedarfs leistungsschwacher Länder (sog. Fehlbedarfs-BEZ), die diese Länder auf 99,5% des Durchschnitts der Finanzkraft aller Länder bringen und ihren Rechtsgrund direkt in Art. 107 Abs. 2 Satz 3 GG finden. Darüber hinaus sind im FAG Bundeszahlungen zum Ausgleich von Sonderlasten (Sonderbedarfs-BEZ) festgeschrieben. Zu letzteren gehören die Zahlungen wegen „überdurchschnittlich hoher Kosten politischer Führung und der zentralen Verwaltung" (grundsätzlich anerkannt in einer Bemerkung des BVerfG im Urteil von 24. Juni 1986, BVerfGE 72, 330, 405), ferner „zum Abbau teilungsbe-

[69] BVerfGE 101, 158, 161–173.

dingter Sonderbelastungen sowie zum Ausgleich unterproportionaler kommunaler Finanzkraft" der neuen Bundesländer und „zum Ausgleich überproportionaler Belastungen" leistungsschwacher Westländer als Folge ihrer Beteiligung an den Lasten der deutschen Vereinigung (sog. Übergangs-BEZ), schließlich die vorübergehenden Sonderbedarfs-Zuweisungen an Bremen und das Saarland wegen deren vom BVerfG festgestellten „extremen" Haushaltsnotlage.

2. *Beiträge der Rechtswissenschaft zur Schärfung des Problembewußtseins*

Im Vorfeld der Solidarpakt-Verhandlungen hatten die Probleme der Finanzierung der deutschen Einheit vornehmlich politikwissenschaftliche und volkswirtschaftliche Schwachstellenanalysen – fehlende Transparenz, systematische Inkonsistenz – und entsprechende Reformvorschläge für die Finanzbeziehungen zwischen Bund und Ländern hervorgebracht[70]. Das neue, im FAG 1993 normierte Finanzausgleichssystem generierte darüber hinaus erheblichen rechtswissenschaftlichen Sachverstand. In der Rechtspraxis der Finanzministerien wurde dies durchaus wohlwollend zur Kenntnis genommen, weil dabei die Grundpositionen, die in der Staatsrechtslehrertagung 1992 und den Beiträgen in ihrem zeitlichen Zusammenhang noch einmal klargelegt worden waren[71], im einzelnen jeweils auf den konkreten Punkt gebracht wurden. Monographien, Aufsätze und Kommentierungen in etablierten, wie auch in neuen GG-Kommentaren waren dabei gleichermaßen hilfreich.[72] Zwar hat sich die Rechtspraxis im Ergebnis eher selten einzelnen Folgerungen der Wissenschaft angeschlossen, wenn sie die Verfassungswidrigkeit einer geltenden Regelung ergaben. Ihre Argumentationen und ihre grundlegenden Positionsbestimmungen auf der Basis des geltenden Verfassungstextes haben aber sehr zur Erkenntnis, warum eine Regelung rechtlich fragwürdig sein könnte, sodann zur Erarbeitung eines eigenen Standpunkts und infolgedessen zur Schärfung der eigenen Argumentation beigetragen.

---

[70] Vgl. nur *Schwinn*, oben Fn. 56, S. 159.

[71] Vgl. dazu neben *Selmer* und *F. Kirchhof*, VVDStRL 52 (1993), S. 10ff. bzw. S. 71ff., etwa *Henke/Schuppert*, Rechtliche und finanzwissenschaftliche Probleme der Neuordnung der Finanzbeziehungen von Bund und Ländern im vereinten Deutschland, 1993, und *Wieland*, Maßstäbe für einen künftigen Länderfinanzausgleich, Staatswissenschaften und Staatspraxis 1993, S. 110ff.

[72] Ohne annähernde Vollständigkeit folgende Beiträge in diesem Entscheidungszeitraum: *Carl*, Bund-Länder-Finanzausgleich im Verfassungsstaat, 1995; *Häde*, Die Neuordnung der bundesstaatlichen Finanzbeziehungen, JZ 1994, 76; *ders.*, Finanzausgleich, 1996; *Heun*, Strukturprobleme des Finanzausgleichs, Staat 1992, 205; *Hidien*, Ergänzungszuweisungen des Bundes, 1997; *ders.*, Die horizontale Steuerverteilung, 1997; *Korioth*, Der Finanzausgleich zwischen Bund und Ländern, 1997; *Siekmann* in: *Sachs* (Hrsg.), Grundgesetz, Kommentar, 1. Aufl. 1996, Art. 07; *Vogel/Waldhoff*, Das Finanzwesen, Vorbem. zu Art. 104a-115, Bonner Kommentar (1997).

Abgesehen von diesem Erkenntnisfortschritt eher allgemeiner Art konzentrierte sich das juristische „Feuer" im Ergebnis zum einen auf die Zulässigkeit der bereits 1992 vom BVerfG mit einem Fragezeichen versehenen sog. Einwohnerveredelung für die Stadtstaaten und generell die Ballungsgebiete („Systembruch"), zum anderen auf die Sonderbedarfe, wie sie – außer dem für die Seehäfen – in den BEZ normiert sind, und zwar dort vor allem auf die BEZ „Kosten politischer Führung" für Länder mit geringer Bevölkerungszahl.

3. *Generalangriff auf den Länderfinanzausgleich*

Baden-Württemberg hatte sich 1993 erst nach Zugeständnissen beim Zahlertarif in die Solidarität der Länder einbinden lassen. Es empfand es als „unfair", daß es einen großen Teil des im eigenen Land „erwirtschafteten" Steueraufkommens an die leistungsschwachen Bundesländer abgeben sollte. Bayern ging es ebenso – trotz seiner aktiven Rolle bei der Erarbeitung der Länderposition in den Solidarpakt-Gesprächen, was als solches völlig in Einklang mit seinen föderalistischen Grundauffassungen stand. Beide Länder konnten sich auf zahlreiche Stimmen in der Wissenschaft berufen, die mehr Wettbewerb unter den Bundesländern forderten, auch Wettbewerb bei der Steuererhebung, vor allem aber eben den Abbau der „extrem hohen Grenzabschöpfung zusätzlicher Steuereinnahmen".[73] Und da der neue Länderfinanzausgleich – sehr bewußt entgegen den Vorschlägen des Bundes – ein größeres Volumen umfaßte als bisher, würden Änderungen hier auch von spürbarem Gewicht sein.

Ausgestattet mit einem Rechtsgutachten von *Hans-Wolfgang Arndt* von September 1997, wonach es der verfassungsrechtlichen Vorschrift, daß die unterschiedliche Finanzkraft der Länder „angemessen" auszugleichen ist, widerspricht, wenn bei einem Bundesland mehr als die Hälfte des die durchschnittliche Finanzkraft übersteigenden Betrags entzogen wird, begaben sich die beiden Länder deshalb in den politischen Ring, um ihre Bundesländer entsprechend zu entlasten. Nach außen agierte besonders Bayern, und zwar anfangs nur indirekt durch Mobilisierung der seine Vorstellungen stützenden Wissenschaft, später auch direkt durch seine politischen und forensischen Aktionen. Eine Zusammenstellung der Expertengespräche und Kolloquien, der Zeitungsberichte darüber, der direkten Artikel, Interviews und Kurznachrichten in Zeitungen und Zeitschriften der Republik, alsbald auch der Fachzeitschriften[74], würde ohne Zweifel den Eindruck des davon Betroffenen bestätigen, daß so über gezielte

[73] So knapp zusammengefaßt von *Lichtblau*, Finanzausgleich: Reformoptionen und ein konkreter Vorschlag, in: *Morath* (Hrsg.), oben Fn. 14, S. 95, näher S. 103–105, 108f.; ferner *Bernd Huber*, Wettbewerb im Föderalismus, ebendort, S. 55ff.

[74] Überblick für 1998 bei *Werner Ebert/Steffen Meyer*, Die Anreizwirkungen des Länderfinanzausgleichs – besteht Reformbedarf?, in: *Hüttig/Nägele*, oben Fn. 41, S. 312, Fn. 1, 4, 6.

Öffentlichkeitsarbeit der Vorstoß Bayerns und Baden-Württembergs, dem sich – zunächst nur auf der Ebene der Landtagsabgeordneten, dann auch der Regierung – das Land Hessen anschloß, eine Änderung der Zahlungshöhe der betroffenen Länder im Länderfinanzausgleich zu erreichen, vorbereitet wurde. Daß dies im Gesetzgebungswege angesichts der Mehrheitsverhältnisse im Bundesrat nicht zu erreichen war, mußte den beiden Ländern klar sein. Es ist daher anzunehmen, daß sie von vornherein den Gang nach Karlsruhe und die damit verbundene zusätzliche Öffentlichkeitswirkung vorgesehen hatten.

Getrieben von der interessengeleiteten Mobilisierung der Wissenschaften nahm sich bald auch die übrige Fachwelt des Themas mit Priorität an. Allerdings ist dort die Thematik – mit Recht – sogleich mit den Grundfragen des bundesdeutschen Föderalismus verknüpft worden[75]: Ist die konkrete Aufgaben- und Lastenverteilung zwischen Bund und Ländern beizubehalten und wie ist der Finanzbedarf für die Aufgabenerfüllung zu decken?

Trotz der guten publizistischen Vorbereitung und Begleitung fruchteten die verschiedenen Vorstöße Bayerns und Baden-Württembergs in den Finanzministerkonferenzen allerdings nichts, auch nicht, als die Vorschläge so abgeändert wurden, daß die neuen Bundesländer Nachteile nicht mehr hätten befürchten müssen. Die beiden Bundesländer sowie Hessen stellten daraufhin ihre – durchaus mit unterschiedlicher Begründung versehenen – Normenkontrollanträge beim Bundesverfassungsgericht, die übrigens auch den Fonds „Deutsche Einheit" betrafen. Alle anderen Bundesländer erarbeiteten dazu Stellungnahmen, zumeist unter Beteiligung jener Professoren, die sich zum Thema bereits geäußert hatten. Drei finanzschwache Länder stellten zudem aus prozeßrechtlichen Gründen ebenfalls Normenkontrollanträge. Das juristische Feld war deshalb sehr gut bestellt, als die mündliche Verhandlung vor dem Bundesverfassungsgericht am 22./23. September 1999 stattfand. Um so überraschender war die am 11. November 1999 verkündete Entscheidung des Gerichts.

4. *Überraschungsentscheidung des Bundesverfassungsgerichts*

Wer sich die entscheidungserheblichen Tatsachen und die vom BVerfG als relevant angesehenen[76] rechtlichen Argumente für und gegen den Länderfinanz-

---

[75] Vgl. dazu etwa *Hüttig/Nägele* (Hrsg.), Verflochten und verschuldet, oben Fn. 41, zur Tagung vom 28. bis 30. Oktober 1998, sowie *Morath* (Hrsg.), Reform des Föderalismus, oben Fn. 14, zur Tagung am 1./2 Dezember 1998, auch etwa das Kolloquium der Friedrich-Ebert-Stiftung am 1. Juni 1999 in Berlin: Vom Geben und Nehmen, Auf dem Prüfstand: Aufgabenverteilung, Finanzbedarf und Finanzkraft im deutschen Bundesstaat.

[76] Das waren gerade nicht die Kernargumente von Bayern und Baden-Württemberg, die den „föderalen Wettbewerbsgedanken" als „verfassungsrechtliches Gebot" zu etablieren trachteten; vgl. dazu umfassend *Bull*, Finanzausgleich im „Wettbewerbsstaat", DÖV 1999,

ausgleich und insbesondere die Ausgestaltung des Finanzausgleichs im Bund-Länder-Verhältnis insgesamt vor Augen führen will, braucht (wiederum) nur den Tatbestand der Normenkontrollentscheidung vom 11. November 1999 zu lesen.[77] Wie das Bundesverfassungsgericht selbst darlegt, zielten die Normenkontrollanträge ausdrücklich oder mittelbar aufgrund des Umfangs der beanstandeten Vorschriften auf eine Prüfung des Gesamtsystems des Finanzausgleichs unter den veränderten Bedingungen einer Ausgleichsteilhabe auch der neuen Länder.

Gleichwohl entschied das Gericht, nachdem es den Prozeßstoff (fast) umfassend aufbereitet und sogar über unabhängigen Sachverstand Modellrechnungen hatte anfertigen lassen, nur in einem einzigen Punkt, der zudem in den Stellungnahmen gar nicht, in der mündlichen Verhandlung nur ansatzweise erörtert worden ist. Es entschied, daß das FAG von 1993 „die in Art. 106 und Art. 107 GG für die gesetzliche Ausgestaltung der Finanzverfassung vorgegebenen Maßstäbe nicht mit hinreichender Deutlichkeit" bestimmt.[78] Deshalb sei das FAG nur noch als Übergangsrecht anwendbar.

Die Entscheidungsformel ist allerdings – das scheint bei Beteiligung von Verfassungsrichter *Paul Kirchhof*[79] zur Regel geworden zu sein – erheblich rigider gefaßt: Das FAG gilt als Übergangsrecht längstens bis 31. Dezember 2004 fort und auch das nur dann, wenn der Gesetzgeber spätestens bis zum 31. Dezember 2002 „die nach Maßgabe der Gründe notwendigen verfassungskonkretisierenden und verfassungsergänzenden allgemeinen Maßstäbe für die Verteilung des Umsatzsteueraufkommens und für den Finanzausgleich einschließlich der Bundesergänzungszuweisungen (Artikel 106, 107 des Grundgesetzes) bestimmt".

Trotz der in seiner Bindungswirkung höchst fragwürdigen Entscheidungsformel[80] hat der Bundesgesetzgeber das geforderte Maßstäbegesetz inzwischen erlassen. Was aber wäre gewesen, hätte der Bundesgesetzgeber sich so zerstritten, daß das Maßstäbegesetz nicht zustande gekommen wäre? Das FAG von 1993 wäre nach dem 31. Dezember 2002 „verfassungswidrig und nichtig"[81], nach der Entscheidungsformel jedenfalls nicht mehr anwendbar gewesen – das dadurch hervorgerufene, jedenfalls politische Chaos ist kaum auszudenken.[82]

---

269. Das BVerfG ist auch bei der Erörterung der BEZ auf diese Argumente nicht eingegangen, wie *Schneider/Berlit*, oben Fn. 27, mit Recht herausstellen (ebendort, S. 847).

[77] BVerfGE 101, 158, insbes. S. 195ff. Eine alle darin enthaltenen und an sie anschließenden Fragen umfassende Besprechung des Urteils bietet *Kroll*, oben Fn. 36.

[78] BVerfGE 101, 158, 214.

[79] Vgl. dazu die kenntnisreiche und auf die Problematik des „Ressortsystems" im BVerfG hinweisende Glosse von *Zuck,* Danke, Richter Kirchhof, danke!, NJW 2000, 1087.

[80] Vgl. *Wieland*, oben Fn. 21, S. 1314; weitgreifender noch *Rupp*, Länderfinanzausgleich, JZ 2000, 269, 271.

[81] BVerfGE 101, 158, 238.

[82] Vgl. dazu auch *Schneider/Berlit*, oben Fn. 27, S. 847 („Staatskrise"), und *Rupp*, oben Fn. 80, 270 („rechtliche tabula rasa").

5. Beginn eines maßstäbegeleiteten neuen politischen Prozesses im Bund-Länder-Verhältnis?

a) Auftrag zur Verfassungsergänzung im Rahmen von Art. 106 Abs. 3?

Es ist schon höchst zweifelhaft, daß – wie das BVerfG in seinen Entscheidungsgründen behauptet – „das Grundgesetz" den Gesetzgeber „beauftragt", die verfassungsrechtlichen Maßstäbe nicht nur zu konkretisieren, sondern auch noch „zu ergänzen".[83] Es ist noch fragwürdiger, daß das Grundgesetz den Gesetzgeber damit „beauftragt" hat, ein Gesetz über Maßstäbe zu schaffen, *bevor* es etwa das von Art. 106 für die Umsatzsteuer-Verteilung erforderliche Gesetz selbst erlassen kann. Völlig inakzeptabel aber, weil dem Grundgesetz selbst – und den eigenen Rechtserkenntnissen dazu[84] – widersprechend, ist die Forderung, der Gesetzgeber habe in einem Maßstäbegesetz die Voraussetzungen für die Anwendung der verfassungsrechtlichen Bestimmungen über die Verteilung der Umsatzsteuer-Anteile zwischen Bund und Ländern zu regeln.

Den Fall der Festlegung der Umsatzsteuer-Anteile durch den einfachen Gesetzgeber hat das Grundgesetz selbst eindeutig anders entschieden: Das Grundgesetz verlangt ausdrücklich ein zustimmungspflichtiges Gesetz, dessen Ergebnis („Festlegung" der Umsatzsteuer-Anteile) der Gesetzgeber frei gestalten kann, solange er nur von den im Grundgesetz selbst festgeschriebenen Grundsätzen „ausgeht". Diese Formulierung einer mit speziellen verfassungsrechtlichen Maßgaben ausgestatteten Gesetzgebungskompetenz in Art. 106 GG unterscheidet sich auf den ersten Blick schon vom Wortlaut her so eindeutig von der Kompetenz und den Anforderungen an die Kompetenzausübung im Falle von Art. 107 GG, daß quasi der zweite Blick auf beide Verfassungsbestimmungen, nämlich der unter dem Blickwinkel der Auslegung nach dem systematischen Zusammenhang, es verbietet, aus beiden Bestimmungen die gleichen Rechtsfolgen – nämlich die einer (auch noch verfassungsrechtlich zwingenden) gesetzgeberischen Maßstabbildung – abzuleiten.

Art. 107 Abs. 2 GG gibt dem Bundesgesetzgeber für den horizontalen Länderfinanzausgleich den Auftrag zur Festlegung von „Maßstäben" und zur Festlegung von „Voraussetzungen" für Ausgleichsansprüche und Ausgleichsverbindlichkeiten der Länder. In Art. 106 GG findet sich für die Festlegung der Umsatzsteuer-Anteile von Bund und Ländergesamtheit Vergleichbares nicht. Dies wird in der Literatur – auch soweit sie bei den Ergänzungszuweisungen Gesetzgebungsaufträge nicht erkennen kann – vielfach übersehen.[85]

---

[83] BVerfGE 101, 158, 214.

[84] Darauf weist mit Recht hin *Wieland*, oben Fn. 21, S. 1311, vgl. nur BVerfGE 72, 330, 396, sowie E 86, 148, 212.

[85] So bei aller völlig berechtigten Grundsatzkritik auch von *Pieroth*, Die Mißachtung gesetzter Maßstäbe durch das Maßstäbegesetz, NJW 2000, 1086, der zwar Gesetzgebungsauf-

In § 4 des Maßstäbegesetzes hat der Gesetzgeber es deshalb mit Recht und gegen die Forderung des BVerfG[86] unterlassen, die verfassungsrechtlichen Begriffe, Begriffszusammenhänge und Beurteilungsklauseln des Art. 106 Abs. 3 Satz 4 „zu konkretisieren und zu ergänzen". Etwas anderes wäre zwar nur dann verfassungswidrig, sollte es den im Grundgesetz selbst niedergelegten Entscheidungskriterien für den Gesetzgeber widersprechen. Die direkte Anwendung der in Art. 106 verwendeten Begriffe ist aber „verfassungsnäher" als jede die politische Gestaltungsmöglichkeiten des Gesetzgebers einschränkende „Konkretisierung", mag eine solche auch für Zwecke der Justiz (Überprüfung der Entscheidung des Gesetzgebers) hilfreich, ja, beinahe konstitutiv sein.[87] Denn: Art. 106 ist eine Kompetenznorm für den Gesetzgeber, und nur deren Grenzen sind von Verfassungs wegen Maßstab judizieller Kontrolle.[88]

b) Aktivere Rolle des Deutschen Bundestags?

Mit der Entscheidung des BVerfG vom 11. November 1999 ist der Bundesgesetzgeber, was die verfassungsrechtlichen und einfachgesetzlichen – sprich: maßstabgeleiteten – Vorgaben für ein Finanzausgleichsgesetz mit Geltung ab dem Jahre 2004 betrifft, auf seine bisherige Rolle zurückverwiesen worden. Der Bundesgesetzgeber als solcher kann und muß den Finanzausgleich aktiv gestalten.

Damit ist von Verfassungs wegen der Deutsche Bundestag gefordert. Tatsächlich könnte der Bundestag selbst als aktiv Handelnder die Richtung und die Ergebnisse des Finanzausgleichs zwischen Bund und Ländern erheblich stärker bestimmen, als er es bislang getan hat. Er könnte etwa die Auseinandersetzungen zwischen Bund und Ländern über die Umsatzsteueranteile durchaus leiten und moderieren. Dies gäbe ihm die Möglichkeit, dem Anspruch des GG und den Vorstellungen des BVerfG gerecht zu werden. Täte er allerdings mehr, wollte er etwa unabhängig von den Vorstellungen der Bundesregierung und der Bundesländer entscheiden, geriete er in schweres politisches Wasser. Er müßte die Konflikte in Kauf nehmen, die sich in der Person einen jeden Abge-

---

träge anerkennt, nicht aber auch solche für gesonderte Maßstäbe; ähnlich wohl auch *Linck*, DÖV 2000, 325, 327; anders mit Recht *Joachim Becker*, NJW 2000, 3742, 3744.

[86] So etwa ganz deutlich in BVerfGE 101, 158, 226ff.

[87] *Joachim Becker*, oben Fn. 85, sieht im „föderalen Gleichbehandlungsgebot in der Zeit" den eigentlichen Grund für die Forderung nach einem Maßstäbegesetz; aber: Dazu bedarf es nicht spezifisch gesetzlicher Vorgaben; solche Vorgaben können die Gesamtbetrachtung, um die es beim Haushalt stets geht, sogar eher erschweren, weil die Summe der Einzelvergleiche (Polizeidichte, Klassenstärke u.ä.) bei den gegebenen ungleichen Startbedingungen der Länder zur Gleichbehandlung im Ganzen nicht führen kann.

[88] Ob ein Maßstäbegesetz schon verfassungsgemäß ist, wenn es die aufgabengerechte Finanzausstattung aller Länder tatsächlich gewährleisten kann, scheint mir zweifelhaft (so aber wohl *Schneider/Berlit*, oben Fn. 27, S. 843).

ordneten aus seiner doppelten Loyalität ergeben: als gewählter Repräsentant seiner Partei zu agieren und zugleich als gewählter Abgeordneter aus einem bestimmten (leistungsschwachen oder -starken) Bundesland. Die Prognose scheint deshalb nicht gewagt: Mehr als stringent und zielführend zu moderieren, würde der Bundestag nicht tun.[89] Doch das wäre unter parlamentarisch-demokratischen Gesichtspunkten wünschenswert und angesichts der praktisch-politischen Situation schon sehr viel.

c) Maßstäbe für die allfälligen Aushandlungsprozesse

Das BVerfG hat in seiner Begründung für das Erfordernis eines Maßstäbegesetzes einige Hinweise – zumeist in Form von neuen Prüfaufträgen[90] – dafür gegeben, wie auf rationale Weise ein neues FAG zustande kommen könnte. Auch wenn darin nur wenige Gedanken zu finden sind, die nicht schon in der Praxis berücksichtigt werden (so etwa bei dem Umfang der Berücksichtigung der Gemeindefinanzkraft und bei der näheren Begründung für den Einsatz von BEZ), so tun die politischen Akteure doch gut daran, die Hinweise zu beherzigen, ohne sich sklavisch daran zu binden. Bei der Frage der Einbeziehung der Steuereinnahmen der Gemeinden bei der Feststellung der Finanzkraft eines Landes etwa sind die Tatsachen inzwischen so gut aufbereitet worden, daß es allgemeiner Maßstäbe nicht mehr bedarf[91]; hier ist Entscheidung über deren „Berücksichtigung" zu deutlich mehr als 50% gefordert.[92]

Das gilt im Prinzip auch für die Festlegung des Umsatzsteuer-Anteils von Bund und Ländern im Wege der Deckungsquotenberechnung, wie es jetzt auch § 4 Abs. 1 Maßstäbegesetz ausdrücklich vorsieht. Im Streit der Finanzministerien von Bund und Ländern um die „notwendigen Ausgaben" könnte der Deutsche Bundestag durchaus moderierend tätig sein, im Zweifel sogar entscheidend eingreifen. Was jedoch aller praktischen Erfahrung widerspricht und was auch politisch wie rechtlich nicht verlangt werden kann, ist, daß das gerade ergangene Maßstäbegesetz selbst so geändert wird, daß sich aus seinen Maßstabsregeln die Inhalte eines FAG quasi automatisch ergeben. Bei der Festlegung der Umsatzsteuer-Anteile darf der Gesetzgeber dies schon von Verfassungs wegen nicht tun. Notwendige Ausgaben etwa müssen gedeckt werden,

---

[89] Ob der Finanzausschuß damit überfordert wäre und etwa ein gesonderter Ausschuß gebildet werden müßte, bleibt hier dahingestellt. Andere Gremien (Enquete-Kommission o.ä.) können zur Vorbereitung hilfreich sein; entscheiden aber muß der Gesetzgeber selbst.

[90] *Kroll*, oben Fn. 36, zählt neben den vier unerledigten Prüfaufträgen aus früheren Entscheidungen noch acht neue (S. 48, Fn. 20).

[91] Vgl. zuletzt *Wendt/Elicker*, oben Fn. 5, mit Nachweisen bes. S. 763 mit Fn. 6 (Gutachten *Hidien*) und S. 767 ff.

[92] Die derzeitige Ungleichbehandlung erweisen die Zahlen bei *Deubel*, oben Fn. 14.

auch wenn die Anwendung der Regeln eines Maßstäbegesetzes dies nicht sicherstellt.

Kein Ländervertreter im Bundesrat kann zudem einem Finanzausgleichsgesetz zustimmen, wenn er nicht wenigstens annähernd weiß, welche finanziellen Auswirkungen dies auf den Haushalt seines Bundeslandes haben wird. Gegenteiliges Handeln wäre verantwortungslos.[93] Die politische Tatsache, daß in einem föderalen Bundesstaat eine Diskussion über die Änderung seiner Finanzverfassung ohne Kenntnis der zahlenmäßigen Auswirkungen der Vorschläge auf die beteiligten Gebietskörperschaften nicht sinnvoll, weil nicht realistisch geführt werden kann[94], war ausschlaggebend dafür, daß alle nicht durchgerechneten Änderungsvorschläge aus der Wissenschaft in der Praxis wenig Resonanz fanden. Jeder Versuch einer Neuregelung des Finanzausgleichs aufgrund eines Maßstäbegesetzes, das in gleicher Weise „unberechenbar" ist, hat in der Praxis keine Chance, sich im Gesetzblatt wiederzufinden.

Dem BVerfG ist zwar sofort zuzustimmen, daß ein Deckungsquotenverfahren, das „allein" nach den in den jeweiligen Haushalten veranschlagten Einnahmen und Ausgaben bemessen ist, nicht dem verfassungsrechtlichen Erfordernis entspricht, „notwendige" Ausgaben in den Haushalten von Bund und Ländern zu identifizieren. Aber die Veranschlagungen des jeweiligen Haushaltsgesetzgebers sind – wie oben dargelegt –[95] eben doch ein starkes Indiz dafür, daß sie auch „notwendig" sind. Der Deutsche Bundestag könnte durch eigenes Eingreifen eine Debatte über Erforderlichkeiten (und damit auch über Dringlichkeiten) in den Haushalten des Bundes einerseits, der der Länder andererseits herbeiführen. Er könnte – durchaus im Sinne der Vorstellungen des BVerfG – die Entwicklung der Erforderlichkeiten über die Jahre hinweg dokumentieren und dabei mögliche Gesetzmäßigkeiten aufdecken, deren Bewertung dazu führen kann, daß durch frühzeitiges Reagieren der Politik Fehlentwicklungen vermieden werden. Auf Regierungs- bzw. Beamtenebene geschieht dies zwar ohnehin; es könnte aber „politisch" umgesetzt werden und dadurch an Dynamik und argumentativer Durchschlagskraft gewinnen, und zwar gegen die Wünsche der einzelnen „Fachbruderschaften", die sich stets einig sind, daß in ihrem Politikbereich Verbesserungen (mit finanziellen Folgen) dringend notwendig sind.

Der Politik wäre ein derart offenes Verfahren zu wünschen, den Rechts- und den Gesellschaftswissenschaftlern (im weiteren Sinne) auch, vor allem aber dem Bürger und Steuerzahler: Er weiß dann vielleicht besser, warum sein Geld an

---

[93] Ebenso (mit Hinweis auf die verfassungsrechtliche Verantwortung für einen geordneten Staatshaushalt) *Schneider/Berlit*, oben Fn. 27, S. 844.

[94] Siehe dazu nochmals *Geske*, Zum Verhältnis von Aufgaben und Ausgaben zwischen Bund und Ländern, in: *Hüttig/Nägele*, oben Fn. 41, S. 160ff.; ferner *Linck*, DÖV 2000, 325, 329; *Wieland*, oben Fn. 21, S. 1312, 1314.

[95] Siehe oben, Text zu Fn. 39; ähnlich im Grundsatz seit jeher *Maunz*, oben Fn. 17, Art. 106 Rn. 51.

welcher Stelle und zu welchem Nutzen von den vielgescholtenen Beamten in Bund und Ländern ausgegeben wird.

VI. Das Solidarpakt-Fortführungsgesetz (2001): Schaffung gleichwertiger Lebensverhältnisse innerhalb einer Generation?

1. Neuregelung des Finanzausgleichs mit guter Begründung, aber ohne „Maßstäbe"

Auch wenn es mancher nicht immer so recht wahrhaben will und manch anderer im Konkreten einen Wechsel der Zielrichtung ausmachen wird, so ist doch im Jahre 2001 erneut folgendes „amtlich" geworden:

1. Ziel der Verteilung des Finanzaufkommens im Bundesstaat und des bundesstaatlichen Finanzausgleichs ist es, *für alle Beteiligten* eine aufgabengerechte Finanzausstattung zu gewährleisten.[96]

2. Gemeinsames Ziel von Bund und allen Ländern ist es, *gleichwertige wirtschaftliche und soziale Lebensverhältnisse in Ost und West* zu *schaffen*.[97]

Mit dieser Zielsetzung einigten sich – zur Überraschung jedenfalls der veröffentlichten Meinung – am 23. Juni 2001 die Regierungschefs der Bundesländer und der Bundeskanzler auf so konkrete Maßnahmen zur Neuregelung der Bund-Länder-Finanzbeziehungen unter der Überschrift „Solidarpakt II", daß bereits am 12. Oktober die 1. Lesung, am 30. November 2001 die 2. und 3. Beratung eines entsprechenden (umfangreichen) Artikelgesetzes im Deutschen Bundestag stattfinden konnte: das Gesetz zur Fortführung des Solidarpakts, zur Neuordnung des bundesstaatlichen Finanzausgleichs und zur Abwicklung des Fonds „Deutsche Einheit" (Solidarpaktfortführungsgesetz – SFG) vom 20. Dezember 2001.[98]

Alle Beteiligten erklärten sich Ende Juni 2001 zu „Gewinnern" der Einigung auf Chefebene, was das Ergebnis als einen echten politischen Kompromiß ausweist. Nur die indirekt beteiligten Richter des BVerfG dürften nicht ganz so zufrieden sein: Von ihren hehren Vorstellungen objektiver Maßstabsbildung und nachfolgendem „Gesetzesvollzug durch Gesetz" ist nur wenig erkennbar; gleichwohl hat ihre Kritik an der Kompliziertheit der Regelungen des (horizontalen) Länderfinanzausgleichs durchaus Früchte getragen. Was allerdings bleiben wird, ist eine allgemeine Erkenntnis: Der bundesdeutsche Föderalismus hat sich mit der (raschen) Erarbeitung des Solidarpakts II erneut bewährt.

---

96 Entschließung des Bundesrats vom 13. Juli 2001, BR-Drs. 485/01 (Beschluß), S. 1/2; wortgleiche Entschließung des Bundestags in BT-Drs. 14/6577, S. 2.

97 Entschließung des Bundesrats, ebendort, S. 2.

98 SFG vom 20. Dezember 2001, BGBl. I 2001, S. 3955; vgl. dazu Gesetzentwurf mit eingehender Begründung in BT-Drs. 14/7063 (wortgleich mit Regierungsvorlage in BR-Drs. 734/01).

Drei Grundlinien in der politischen Einigung zwischen Bund und Ländern sprechen aus meiner Sicht für eine positive Beurteilung:

1. Der Bund ist seiner Aufgabe nachgekommen, durch gesetzesförmige Verteilung der Finanzmittel des Gesamtstaats sämtliche Bundesländer finanziell so auszustatten, daß sie auf absehbare Zeit die ihnen von Verfassungs wegen obliegenden Aufgaben erfüllen können, und er hat seine Sonderverpflichtung erfüllt, den neuen Bundesländern zusätzliche Mittel zu gewähren, die es ihnen erlauben, den infrastrukturellen Rückstand den alten Ländern gegenüber tendenziell aufzuholen.

2. Keines der alten Bundesländer fühlt sich – jedenfalls im Moment – im Vergleich zu den übrigen benachteiligt (wir erinnern uns an das ganz andere Verhalten Bundeskanzler Kohls und der christdemokratisch geführten Bundesländer 1982/83[99]).

3. Die neu verteilten finanziellen Mittel im Finanzausgleich werden den Bundesländern ungebunden überlassen, d.h. sie werden nicht in ein Investitionshilfegesetz gekleidet, bei dessen Anwendung – wie auch beim Investitionshilfegesetz Aufbau Ost wieder leidvoll erfahren – bestimmte Investitionen, die die Länder für zweckmäßig halten, nicht gefördert werden können, weil sie den letztlich vom Bund interpretierten Kriterien nicht entsprechen.

Das Bündel der gesetzlichen Neuregelungen im Solidarpakt-Fortführungsgesetz, die bis zum Jahre 2019 gelten sollen, sichert die finanzielle Grundausstattung der finanzschwachen Bundesländer. Sein wichtigstes, weil schon im Jahre 2002 wirksam werdendes Element ist die Senkung der Schuldendienstzuschüsse für den Fonds „Deutsche Einheit“. Dies entlastet den Bund und die Westländer im Jahr 2002 um DM 1,6 Mrd. (55% davon länderseitig), 2003 um DM 2,0 Mrd. (50% Länder) und 2004 um ca. DM 5,1 Mrd. (wieder 55% auf seiten der alten Länder). Ab 2005 übernimmt der Bund die Annuitäten allein; dafür erhält er jährlich einen Festbetrag von DM 2,582 Mrd., den die Westländer aus ihrem Umsatzsteueranteil entrichten.

Das zweitwichtigste Element des Solidarpakts II ist die politische Befriedung der ostdeutschen Länder. Die neuen Bundesländer einschließlich Berlins hatten mit Hilfe von Gutachten belegen können, daß sie in den zehn Jahren nach 2004 noch etwa DM 300 Mrd. benötigen dürften, um infrastrukturell (einschließlich der Ausstattung ihrer desolaten Kommunen) den Anschluß an die (leistungsschwachen) Westländer gewinnen zu können.[100] Im Rahmen der politischen Einigung vom 23. Juni 2001 sind ihnen für diesen Zweck DM 206 Mrd. innerhalb von 15 Jahren – in Form von Sonderbedarfs-BEZ – zugestanden worden, allerdings degressiv von DM 20 Mrd. in 2005 bis auf letztmalig DM 4,1 Mrd. in

---

[99] Vgl. oben, Text zu Fn. 55.

[100] Vgl. die kenntnisreiche Zusammenfassung von *A. Fuchs*, Das Ringen um den Solidarpakt II, Zeitschrift für Wohnungseigentum 2001, 538.

2019. Außerdem hat der Bund sich bereit erklärt, in diesem Zeitraum „überproportionale Leistungen" für diese Länder in Höhe von ca. DM 100 Mrd. zu gewährleisten. Schon in 2002 und 2003 wurden die Mittel des laufenden Investitionsfördergesetzes Aufbau Ost in Sonderbedarfs-BEZ, d.h. ohne die bisherige spezielle Investitionsbindung, umgewandelt.

Materiell und summenmäßig m.E. eher Beiwerk, politisch dagegen der Ostförderung gleichgewichtiges drittes Element sind die neuen Regelungen des Finanzausgleichs – vertikal wie horizontal. Das FAG ist dabei im Ergebnis wenig, in der Form aber erheblich verändert worden. Folgendes gilt ab 2005:

Neben der Aufbauförderung im Osten werden den Ländern Sonderbedarfs-BEZ nur noch für „überdurchschnittlich hohe Kosten politischer Führung" gewährt, und zwar (mit fünfjährigem Überprüfungsturnus, erstmals 2008) an die östlichen Bundesländer sowie Bremen, Rheinland-Pfalz, Saarland und Schleswig-Holstein. Daß hierfür – trotz erheblicher politischer und wissenschaftlicher Kritik gerade an diesen BEZ – Zahlungen ausdrücklich ausgewiesen und politisch „erstritten" wurden, die beispielsweise bei Sachsen nur noch € 25 Mio. ausmachen, zeigt deutlich, wie sehr die finanzschwachen Länder um jeden Euro kämpfen.

Von der politischen Herangehensweise her interessant sind die Änderungen im bisherigen System des Finanzausgleichs. Mit der Novellierung des FAG insgesamt soll den Ländern weiterhin eine „aufgabengerechte Finanzausstattung" gewährleistet werden; aber die „reichen" Länder dürfen im Rahmen des (horizontalen) Länderfinanzausgleichs mehr als bisher für sich behalten. Folgende Schritte sieht das neue FAG vor:

(1) Die Länder, deren Steuereinnahmen aus Verbundsteuern und Landessteuern je Einwohner unter denen der Ländergesamtheit liegen, erhalten – in relativer Höhe zueinander berechnet – Ergänzungsanteile aus dem Länderanteil an der Umsatzsteuer, d.h. es gilt nicht mehr das Prinzip der Mindestauffüllung, sondern es wird anteilig aufgefüllt, allerdings bei Minderbeträgen von 97% bis unter 100% des Durchschnitts nur um 60%.

(2) Im Länderfinanzausgleich (im engeren Sinne) werden zunächst sämtliche Steuereinnahmen und bergrechtlichen Förderabgaben eines Landes, einschließlich seiner Gemeinden (ohne deren örtliche Verbrauch- und Aufwandsteuern), festgestellt. Die Steuereinnahmen der Gemeinden, zu denen neben dem Realsteueraufkommen die den Gemeinden zufließenden Umsatzsteuer- und Einkommensteueranteile gehören, werden dann auf 64% – bisher Anrechnung nur zu 50% – herabgesetzt (als Entscheidung über die „Berücksichtigung" der gemeindlichen Finanzkraft bei der Feststellung der Finanzkraft-Meßzahl eines Landes). Die maßgebende Ausgleichs-Meßzahl ergibt sich schließlich nach zusätzlicher Einwohnerwertung: 135% (wie bisher) für Berlin, Hamburg und Bremen, aber – das ist neu – mit 105% bei Mecklenburg-Vorpommern, 103%

bei Brandenburg und 102% bei Sachsen-Anhalt wegen der geringen Einwohnerdichte dieser Länder.

(3) Als Maßnahmen zur „stärkeren Anreizorientierung, die einen höheren Selbstbehalt in den Ländern als bisher gewährleistet“[101] (so die Einigung der Regierungschefs) und die aus Sicht des Bundesgesetzgebers den verfassungsrechtlich gebotenen „angemessenen Ausgleich“ herstellen (so auch die Gesetzesbegründung), ersetzt das FAG ab 2005 die garantierte Mindestausstattung eines Landes von 95% des Durchschnitts beim Länderfinanzausgleich und 99,5% nach Fehlbetrags-BEZ durch eine Tarifregelung, wie sie im Grundsatz aus dem Einkommensteuerrecht bekannt ist: (abschnittsweise) linear progressiv werden die Überschüsse an (ermittelter) Ausgleichskraft eines „reichen“ Landes abgeschöpft und umgekehrt die Fehlbeträge eines „armen“ Landes progressiv aufgefüllt. Im einzelnen erfolgt bei Fehlbeträgen von unter 80% der Ausgleichs-Meßzahl eine Grenzauffüllung um konstant 75%, bei Fehlbeträgen zwischen 80% und 93% eine Auffüllung um linear 70%; bei Fehlbeträgen von (mindestens) 93% bis 100% liegt die Grenzauffüllung dann nur noch bei linear 44%.[102]

Ist nach Abschluß dieses Ausgleichsverfahrens ein Land noch weiterhin leistungsschwach – d.h. daß es noch einen Fehlbetrag (gemessen an 99,5% der Ausgleichsmeßzahl) aufweist –, so erhält dieses Land 77,5% des Fehlbetrags als Ergänzungszuweisung vom Bund.

Das dargestellte Finanzausgleichssystem ist in der Gesetzesvorlage der Bundesregierung bzw. dem zeitlich parallel eingebrachten Gesetzentwurf der Koalitionsfraktionen in bewährter und gewohnter Weise ausführlich und jeweils mit Verweis auf einschlägige Hinweise im Maßstäbe-Urteil des BVerfG vom 11. November 1999 begründet worden. Auch die Haushaltsbelastungen der einzelnen Maßnahmen sind (vom BMF) mit Schätzwerten im einzelnen dargestellt worden. Sie weisen für sämtliche Neuregelungen im Ergebnis für das Jahr 2005 für alle drei staatlichen Ebenen ein Plus auf – was eben dadurch zustande kommt, daß durch den Wegfall der Annuitäten des Fonds „Deutsche Einheit“ ab 2005 beim Bund ca. DM 2,6 Mrd., bei den Ländern fast DM 7,0 Mrd. „eingespart“ werden. Daß die „Maßstäbe“ des Maßstäbegesetzes vom 9. September 2001 dabei eine „maßgebende“ Rolle gespielt hätten, kann ich dabei trotz der wortreichen – und im übrigen zutreffenden – Begründung im Entwurf des Solidarpaktfortführungsgesetzes[103] nicht erkennen.

Entsprechend dem Verständnis auch des BVerfG, daß die Mit-Finanzierung bestimmter Länderaufgaben Ausgleichswirkungen entfaltet und deshalb beim Finanzausgleich mit berücksichtigt werden kann, auch wenn sie außerhalb des

---

[101] Einigung vom 23. Juni 2001 und Entschließung Bundesrat vom 13. Juli 2001, BR-Drs. 485/01 zu IV.1.

[102] Vgl. näher die Begründung in BT-Drs. 14/7063, S. 29f. mit Vergleich der Tarifverläufe FAG 1993 und FAG ab 2005.

[103] Vgl. etwa BT-Drs. 14/7063, S. 16ff. zu 2.

Systems der Art. 106 und 107 erfolgt[104], haben die Konstrukteure des neuen Finanzausgleichs ein eigenes Gesetz gemäß Art. 104a Abs. 4 GG geschaffen, das den Küstenländern Finanzhilfen des Bundes für besonders bedeutsame Investitionen im (dort näher umschriebenen) Bereich der Seehäfen gewährt. Das Gesetz, das dem jeweiligen Land nur eine Beteiligung von 10% an Eigenmitteln abverlangt, läßt zweckmäßigerweise bedarfsgerechte Abrufung im gesamten Förderzeitraum zu, d.h. bis 2019, begrenzt aber zugleich die Gesamtsumme der Fördermittel jedes einzelnen Landes auf einen bestimmten Betrag.

2. *Bewertung des Finanzausgleichs ab 2005*

Eine Bewertung des Finanzausgleichs ab 2005 muß ausgehen von der Feststellung, daß der neue Finanzausgleich im Ergebnis – bewußt gewollt – auf eine Fortschreibung des alten hinausläuft, was das Maß der Ausgleichsintensität betrifft. Dem ist zuzustimmen, solange die Politik dem Bürger nur soviel an Steuern abverlangt, wie die staatlichen Ebenen zur Erfüllung ihrer Aufgaben benötigen. Sollten eines Tages – sei es konjunkturbedingt oder (doch einmal) aufgrund der spezifisch deutschen Industriestruktur – Steuerüberschüsse längerfristig anfallen, mag man über einen größeren Eigenanteil jener Regionen nachdenken, in denen der Mehranteil erwirtschaftet wird – zweckmäßig schiene es mir allerdings, dann die betroffenen Kommunen zu bevorzugen statt die entsprechenden Bundesländer. Solange jedoch der Schuldendienst für die verschiedenen Sondervermögen des Bundes zu leisten ist, der aus der deutschen Vereinigung herrührt, ist an Überschüsse dieser Art ohnehin nicht zu denken.

Die Änderungen im (engeren) Länderfinanzausgleich, die „Anreize" in Form von Deckelungen und Eigenbehalten vorsehen statt Mindestausstattungen zu garantieren, mögen zwar eine neue Weichenstellung darstellen, sind aber wegen ihres geringen Volumens in keiner Weise bahnbrechend. Die „Anreize" geben (möglicherweise) neuen Stoff für ideologische Auseinandersetzungen auf (politischer) Stammtischebene, die für unser Gemeinwesen nachteilig werden können, wenn große Vereinfacher sie zu populistischer Stimmungsmache nutzen. Die Wissenschaften, die über dadurch angestoßene neue Entwicklungen nachdenken werden, mögen dies bedenken und von der Hochebene der allgemeinen Ziele – „mehr Wettbewerb, mehr Eigenverantwortlichkeit, mehr Eigenständigkeit der Länder" – hinabsteigen in die Niederungen der tatsächlichen Zahlen und ihre Auswirkungen auf der Ebene der kleinen Gemeinschaften im Lande (Kommunalfinanzen, Verkehrswege, Gesundheitswesen, soziale Dienste u.ä.). Dies soll auch denen ins Stammbuch geschrieben

---

104 Vgl. BVerfGE 101, 158, 225f.

sein, die den Finanzausgleich insgesamt als „Wachstumsbremse" bezeichnen.[105] Wenn sie die wachstumshemmende Wirkung des deutschen Finanzausgleichs nachweisen, muß gehandelt werden, sonst mögen sie sich differenzierter äußern.

Eine Finanzausgleichsregelung allerdings, mit der man glaubt, tatsächlich den Finanzbedarf der nächsten 17 Jahre abzudecken, ergeht – trotz gesetzlicher Festlegung und wegen einer Überschaubarkeit von allenfalls einer Legislaturperiode – unter dem Vorbehalt gleichbleibender Verhältnisse. Da erscheint der Streit im Bundesrat, ob denn für das Jahr 2020 die Zahlungen an die ostdeutschen Länder mit € 0,00 angesetzt werden dürfen, fast schon als ein Akt gewollter Komik. Gute „Politik" für heute mag darin dennoch liegen, und zwar ebenso sehr wie in dem Hinweis, daß „der Osten" kein „Faß ohne Boden" sein darf.

Die konjunkturellen Schwankungen, die entsprechenden Steuerschätzungen, neue Anforderungen an den Bund in der Außenpolitik und – vor allem – von der Europäischen Union nach dem Hinzutreten der osteuropäischen Länder werden dafür sorgen, daß jedenfalls Art. 106 Abs. 3 GG nicht in Vergessenheit gerät. Erneuter Streit um die Umsatzsteuer-Anteile von Bund und Ländern ist damit vorprogrammiert. Es werden sich all jene juristischen Fragen wieder stellen, die mit dem System der Deckungsquotenberechnung verbunden sind, und die Verteilung der Anteile wird letztlich wieder allein durch politischen Kompromiß erfolgen (ob dann geleitet durch Erkenntnisse jener Wissenschaften, die sich auf Prognosen und Schätzungen verstehen, ist bis dahin eine offene Frage).

Einsichtigerweise hat der Bundesgesetzgeber die Vorschrift über die vertikale Umsatzsteuerverteilung in § 4 Abs. 1 des Maßstäbegesetzes ohne eigenen, zusätzlichen „Maßstab" gefaßt: Die Umsatzsteueranteile werden lediglich „auf der Grundlage des Deckungsquotenprinzips festgelegt"; m.a.W. Maßstäbe des Bundesgesetzgebers dafür gibt es über den Verfassungstext hinaus nicht.[106]

Sehr zu begrüßen ist allerdings, daß schon ab dem Jahre 2003 (für das Jahr 2002) die neuen Länder Berichte erstellen müssen über „ihre jeweiligen Fort-

---

[105] Vgl. etwa *Faltlhauser*, Der Finanzausgleich darf keine Wachstumsbremse sein, Süddeutsche Zeitung vom 6. Januar 2001; *Baretti/Huber/Lichtblau*, Weniger Wachstum und Steueraufkommen durch den Finanzausgleich, Wirtschaftsdienst 2001, S. 48ff.; deutlich auch *Berthold*, Länderfinanzausgleich bringt Wachstumsmotor ins Stottern (FAZ vom 20. Januar 2001): „Die Erfahrungen in Italien mit dem Mezzogiorno zeigen, daß sich die wirtschaftliche Entwicklung im Süden ab dem Zeitpunkt verbesserte, als die berüchtigte „Cassa per il Mezzogiorno" versiegte, die EU-Kommission die internen Subventionen ahndete und die Tarifauseinandersetzungen dezentraler ausgetragen wurden. Das wird wohl auch in Deutschland nicht anders sei." Den Hinweis auf diese (m.E. langfristig gefährliche) neue Debatte verdanke ich Wolfgang Renzsch.

[106] Vgl. oben, Text zu Fn. 26–39 und zu Fn. 84–88. Dem entsprechen im Ergebnis die Ausführungen im Gesetzentwurf zum SFG, die die „Gestaltungs- und Ermessensspielräume" des „Finanzausgleichsgesetzgebers" anerkennen (BT-Drs. 14/7063, S. 16 zu 2.b).

schritte bei der Schließung der Infrastrukturlücke, die Verwendung der erhaltenen Mittel zum Abbau teilungsbedingter Sonderlasten und die finanzwirtschaftliche Entwicklung der Länder- und Kommunalhaushalte einschließlich der Begrenzung der Nettoneuverschuldung" (§ 11 Abs. 4 FAG). Diese Fortschrittsberichte „Aufbau Ost" sind zwar (nur) dem Finanzplanungsrat gegenüber abzugeben, aber sie werden mit einer Stellungnahme der Bundesregierung versehen, und der so vervollständigte Bericht wird „im Finanzplanungsrat erörtert", d.h. er wird letztlich öffentlich gemacht.

Diese Fortschrittsberichte könnten sich als wichtigstes Instrument des Antriebs zu effektivem Mitteleinsatz in den neuen Ländern erweisen, mag doch kein Bundesland dem anderen nachstehen. Entscheidend werden daher die Kriterien sein, an denen der „Fortschritt" gemessen wird. Hier sind „Maßstäbe" konkreter Art festzulegen und sodann gleichmäßig anzulegen. Es wird um Zahlen und Fakten gehen, nicht um Semantik, und „die Politik" wird in den neuen Ländern im Jahresturnus Rechenschaft geben – ein neues Element im demokratischen Rückkopplungsprozeß mit dem Volk[107]? – Man darf gespannt sein. Denn anders als bei den Berichten über Verschwendung und Fehlleitung von Haushaltsmitteln im öffentlichen Dienst, die die Rechnungshöfe von Bund und Ländern jährlich vorlegen, geht es bei den Fortschrittsberichten um mögliches Versagen der politischen Elite eines ganzes Bundeslandes, der Regierung wie aller Fraktionen des Landtags und auch der Leiter der Kommunen mit „ihren" Stadt- und Gemeinderäten.

---

[107] Diese Verständnis-Figur eines tatsächlichen, für die Demokratie höchst bedeutsamen Prozesses hat erst *Ekkehart Stein* im Staatsrecht bekannt und auf den Punkt gebracht; anfangs widmete er der Rückkopplungsfunktion (des Parlaments) sogar einen eigenen Paragraphen in seinem mit Recht so einflußreichen Lehrbuch (vgl. etwa *Stein*, Staatsrecht, 4. Aufl. 1975, § 11).

Zur Durchsetzung internationaler Sozialrechte

Wolfgang Piepenstock

Internationale Vereinbarungen über Grundbedürfnisse des menschlichen Lebens sind in umfassender Weise im Internationalen Pakt über wirtschaftliche, soziale und kulturelle Rechte von 1966 enthalten. Das „Tandem" dieses Sozialpaktes mit dem gleichzeitig verabschiedeten Vertragswerk über politische Rechte signalisiert eine Gesamtheit von Lebensbedürfnissen, die inzwischen weltweit anerkannt wird. Den Perspektiven für die Durchsetzung der hier normierten Sozialrechte soll im folgenden nachgegangen werden. Daneben gibt es eine Vielzahl von zwischenstaatlichen, von regionalen und weltweit angelegten Abkommen auf dem Gebiet des Sozialrechts, deren Würdigung hier nicht möglich ist[1]. Der Sozialpakt von 1966 wird aus drei Gründen für diese Erörterung ausgewählt: Einmal stellt er eine Teil-Konkretisierung der für das humanitäre Völkerrecht bahnbrechenden Allgemeinen Erklärung der Menschenrechte von 1948 dar, sodann ist der Pakt die Frucht einer einzigartigen Verbindung von politischen und sozialen Rechten, wie sie ungeachtet des Kalten Krieges im Jahre 1966 als Ausdruck der Unteilbarkeit von politischen und sozialen Rechten zustande gebracht worden ist. Dem Sozialpakt sind inzwischen 143 Staaten beigetreten[2]. Sodann ergeben sich aus der weitreichenden Anerkennung des Vertrages besondere Herausforderungen an seine Geltungskraft. Die Realisierung des Paktes kann im Ergebnis nur durch Zusammenwirken auf internationalen und innerstaatlichen Ebenen gelingen.

I. *Die sozialen Lebenslagen*

Mit welcher Dramatik menschlichen Lebens wir es im Bereich der Sozialrechte zu tun haben, wird anhand des im April 2000 veröffentlichten Berichtes des UN-Generalsekretärs *Kofi Annan* deutlich: Wir werden mit extremer Armut konfrontiert, in der weltweit Menschen leben. Der Bericht belegt z.B., daß etwa 22% der Weltbevölkerung über ein Einkommen von weniger als einen US-

---

[1] Ausführlich dargestellt werden Entstehungsgründe, Inhalte und Verbindlichkeitsgrade des supranationalen Sozialrechts bei *Eberhard Eichenhofer*, Internationales Sozialrecht (1994), insbesondere S. 43ff.

[2] Eine Übersicht über die Vertragsstaaten der Pakte enthält der Jahresbericht von *amnesty international* für 1998, London 1998, S. 382ff. Die Bundesrepublik Deutschland ist den Pakten 1973 beigetreten; Ratifikationsgesetze: BGBl 1973 II, S. 1534 (politischer Pakt) und BGBL 1973 II, S. 1570 (Sozialpakt).

Dollar verfügen, und daß etwa ebenso viele Menschen keinen Zugang zu sauberem Trinkwasser haben[3]. Im Hinblick auf die weltweite Ernährungslage weist der UN-Sonderbeauftragte *Jean Ziegler* darauf hin, daß mit vorhandenen modernen Anbautechniken mühelos alle Menschen versorgt werden könnten[4]. Hinzu kommen extreme Notlagen im Bereich der Gesundheit, wie z.B. die HIV-Immunschwäche und durch Versorgungsmängel verminderte Lebenserwartungen. Ein ungleicher Zugang zur Bildung perpetuiert sodann vielerorts schichtenspezifische Ausgrenzungen und verhindert die Teilhabe an Kulturgütern.

Oligarchische Binnenstrukturen, beträchtliche Gefällelagen zwischen Oberschichten und Randgruppen, und nicht zuletzt auch geographische Faktoren wie der Wassermangel in Dürregebieten, tragen zu den Defiziten in der Grundversorgung bei. Der Selbsthilfe der Betroffenen sind zugleich dort (noch) Grenzen gesetzt, wo autoritäre Regime der Selbstbestimmung und gerechten Güterverteilung entgegenstehen. Politische Unterdrückung und extreme Mangellagen gehen also oft Hand in Hand. Doch es wäre zu kurz gegriffen, die Interpretation des Sozialpaktes zu einer den Norden exkulpierenden Bestandsaufnahme in Sachen Sozialrechte werden zu lassen. Zu fragen ist vielmehr nach unseren eigenen Anteilen an der Durchsetzung und an der Vernachlässigung der Menschenrechte.

Die Wirtschaft der BRD ist nicht allein durch Herstellungsketten und Warenströme an den transnationalen Bedingungen des sozialen Lebens beteiligt. Die viel bemühte ökonomische Verflechtung der Bundesrepublik ist auf den entgrenzten Finanzmärkten mit Nachdruck präsent. Die rasche weltweite Verbreitung von Kapitalströmen bleibt dabei abhängig von der Realität und von der Beherrschbarkeit der sozialen Substrate des Finanzgebahrens, also in maßgeblicher Weise von Arbeit als Dienstleistung, und zwar auch vom Arbeitseinsatz, der Bodenschätze nutzbar macht. Angesichts dieser zentralen Bedeutung des Faktors Arbeit für das Wirtschaftsleben ist die sozialrechtliche Absicherung der Menschen daher ein Kardinalproblem der Weltgesellschaft. Die im Sozialpakt angesprochenen Lebensbedingungen sind durch die leichte Lenkbarkeit von Kapitalströmen besonders gefährdet, können doch Investitionen derart gesteuert werden, daß extrem niedrige, und mitunter sogar nicht existenzsichernde Lebensbedingungen in Kauf genommen werden müssen. Arbeitskraft ist hingegen in begrenztem Maße „vermarktungsfähig", denn die Ökonomie bleibt für die Menschen Bestandteil einer der kommerziellen Verwertung keineswegs zur Gänze zugänglichen Gesamtkultur.

---

[3] *Kofi Annan,* Wir, die Völker: Die Rolle der Vereinten Nationen im 21. Jahrhundert, auszugsweise abgedruckt in: Blätter für deutsche und internationale Politik, 2000, S. 628ff.

[4] UN-Experte klagt Recht auf Nahrung ein, in: Frankfurter Rundschau vom 2. April 2001, S. 1.

Ein grundlegendes Prinzip der beiden Verträge von 1966 ist folgerichtig die Respektierung der politischen und kulturellen Selbstbestimmung der Völker (Art. 1). Damit sind unmittelbare Zugriffe auf fremdes Staatsgebiet und seine Bevölkerung ausgeschlossen, es bedarf vielmehr einer Kooperation der Beteiligten, wie sie in Art 11 des Sozialpaktes beispielhaft erwähnt wird. Immerhin erleichtert der Pakt jedoch schon deshalb grenzüberschreitende Einflußnahmen, als die vertragschließenden Staaten einräumen, daß die Grundversorgung der Bevölkerung nicht länger eine rein innere Angelegenheit darstellt[5].

II. Zum Normcharakter der Sozialrechte

Beide Pakte sind für die BRD nach Absolvierung des Ratifizierungsverfahrens gemäß Art. 59 Abs. 2 GG und Erreichen der völkerrechtlichen Signatarquote zu Bestandteilen der deutschen Rechtsordnung geworden. Insgesamt ist damit von der völkerrechtlichen wie der innerstaatlichen Rechtsverbindlichkeit der Pakte auszugehen. Daß im Sozialpakt selbst nur begenzte Durchsetzungsinstrumente angelegt sind, nämlich ein Berichtssystem zu Händen des Wirtschafts- und Sozialrates der UN (Art. 16 bis 23) , stellt die Rechtsverbindlichkeit nicht in Frage. Dem Durchsetzbarkeitsproblem muß jedoch besondere Aufmerksamkeit zuteil werden. Dabei ist es zweckmäßig, zwischen der innerstaatlichen und der internationalen Geltungskraft zu unterscheiden.

Im eigenen Staatsgebiet und gegenüber der inländischen Bevölkerung obliegt es jedem an den Pakt gebundenen Staat, die Erfüllung des Vertrages auf seinem Hoheitsgebiet sicherzustellen. Schon aufgrund ihrer internationalen Bindung ist die Bundesrepublik daher gehalten, ihre innerstaatliche Ordnung auf die Einhaltung des Paktes hin einrichten. Diese Synchronisationspflicht hat davon auszugehen, daß die Paktnormen, wie der englische Völkerrechtler *Brownlie* formuliert, „programmatic and promotional" sind[6]. Zugleich jedoch gilt, daß *„there is a general duty to bring internal law into conformity with obligations under international law"*[7]. Aus der Sicht des internationalen Sozialrechts sieht *Eichenhofer* in dem Pakt eine Prinzipienerklärung mit Soll-Charakter, die Staaten

[5] Zu gegenseitigen Pflichten von Signatarstaaten im Rahmen der erga omnes-Wirkung der Pakte vgl. *Otto Kimminich* und *Stephan Hobes*, Einführung in das Völkerrecht, 7.Aufl. (2000), S. 348/49.

[6] *Ian Brownlie*, Principles of Public International Law, 4.Aufl. (1990), S. 572; ähnlich *Otto Kimminich und Stephan Hobes* (Fn. 5), S. 345, die den Verbindlichkeitscharakter des Paktes als „*standard of achivement*" beschreiben. *Matthias Herdegen*, Völkerrecht (2000), S. 311, sieht den Pakt sogar „oft auf unbestimmte Bemühensverpflichtungen" schrumpfen.

[7] *Brownlie* (Fn 6), S. 36. Für den Fall der Nichtbefolgung sieht *Brownlie* ein Monitum der Rechtsprechung vor, denn, „in some circumstances legislation could of itself constitute a breach of a treaty provision and a tribunal might be requested to make a declaration to that fact."

zu weiteren Ausführungsmaßnahmen verpflichtet[8]. Um die Übereinstimmung des Paktes mit dem innerdeutschen Recht herzustellen, standen in der Bundesrepublik Deutschland nunmehr fast drei Jahrzehnte zur Verfügung – genug Zeit also, um Durchführungsanordnungen zu treffen. Nach Art. 2 des Sozialpaktes hat sich die Bundesrepublik auch ausdrücklich verpflichtet, „mit allen geeigneten Mitteln, vor allem durch gesetzgeberische Maßnahmen" die volle Durchsetzbarkeit des Vertrages zu erreichen. Der Sozialpakt ist also durch verbindliche, im Weg der Gesetzgebung zu realisierende Zielvereinbarungen geprägt.

Da der Sozialpakt integrierter Bestandteil der innerstaatlichen Rechtsordnung ist, können zum Verständnis und zur Durchsetzung seines Inhaltes die Gewährleistungen des deutschen Rechtssystems herangezogen werden. Ausweislich von Art. 20 Abs. 3 GG nimmt der Pakt daher teil an der Bindung der Staatsorgane an Gesetz und Recht. Weil der deutsche Gesetzgeber nicht anders als demokratisch legitimiert ist, dienen die in innerstaaatliches Recht transformierten internationalen Sozialnormen ebenfalls dazu, demokratische Staatsverantwortung wahrzunehmen. Diese Bindung gegenüber dem Staatsvolk als ständig anwesendem Gesellschaftssubjekt besteht, wie *Ekkehart Stein und Götz Frank* darlegen, unter dem Aspekt der Sozialpflichtigkeit maßgeblich darin, „die staatliche Mitverantwortung für die Versorgung der Bevölkerung mit allen benötigten wirtschaftliche Gütern" wahrzunehmen[9]. Daß durchweg jeder einzelne in der Lage ist, durch eigenen Arbeit für sich und seine Angehörigen zu sorgen, und die Staatsverpflichtung mithin generell subsidiär ist, liegt zwar auf der Hand, bedarf jedoch in einer modernen, hochgradig arbeitsteilig organisierten Gesellschaft rasch der Korrektur: Allein aufgrund vielgestaltiger Kooperationsformen gesellschaftlicher und staatlicher Netzwerke können viele menschliche Lebensbedürfnisse befriedigt werden.

III. Innerstaatliche Handlungspflichten

Konkreter Gegenstand der Sozialpflichtigkeit sind im Lichte des Sozialpaktes zunächst die Grundversorgung mit Nahrungsmitteln, Kleidung und Wohnung, sodann die Gesundheitsvorsorge und nicht zuletzt der Zugang zur Bildung. Bei der Frage nach den im deutschen Rechtssystem verankerten Realisierung der internationalen Sozialrechte kommt der Betrachter leicht zu dem vordergründig beruhigenden Urteil, das „Klassenziel" sei nach der gewiß beachtlichen Ausprägung des Sozialstaatsgebotes durch den Gesetzgeber so gut wie erreicht. Eine Überprüfung anhand des subsidiär eingreifenden Basissystems für elementare Lebensbedürfnisse, also des Bundessozialhilfegesetzes (BSHG), erweist bei-

---

[8] *Eberhard Eichenhofer*, (Fn. 1), S. 46.

[9] *Ekkehart Stein* und *Götz Frank*, Staatsrecht, 17. Aufl. (2000), S. 165

spielsweise eine im Inland durchweg gewährleistete Versorgung mit Nahrung, Kleidung, Wohnung und gesundheitlicher Fürsorge. Insoweit ist also den im Sozialpakt aufgetragenen Rechtspflichten zu einem Gutteil entsprochen worden. Die im Sinne des Sozialpaktes gebotene Existenzsicherung wird jedoch prekär, wenn nichtdeutsche Sozialhilfeempfänger nach § 46 Ziff 6 AuslG wegen ihrer Bedürftigkeit des Landes verwiesen werden. Sind sie im Ankunftsland in voraussehbarer Weise existenzgefährdenden Notlagen ausgesetzt, so trifft die Bundesrepublik nach dem Sinn des Sozialpaktes eine Verpflichtung zur Vermeidung dieser Bedrohung. Eine mit dem Sozialpakt konforme Handhabung des Ausländergesetzes kann erreicht werden, wenn von der Aussetzung der Abschiebung „aus völkerrechtlichen oder humanitären Gründen" (§ 54 AuslG) Gebrauch gemacht wird. Ist eine Existenzgefährdung das Ergebnis staatlicher Verfolgungspraktiken, kommt sogar ein Bleiberecht nach Art. 16 Abs. 1 GG in Betracht. Ein Asylrecht ergibt sich zwar noch nicht bereits aus wirtschaftlichen Notlagen, kann aber aus freiheitsvernichtenden sozialen Verfolgungspraktiken resultieren[10].

Daß sodann das deutsche Bildungssektor ebenfalls vom den Postulaten des Sozialpakt betroffen ist, ergibt sich aus der verbindlichen Ausrichtung des Paktes auf Gleichheitsförderung. Deshalb wäre die Einführung von Studiengebühren an Hochschulen angesichts der in Art. 13 Abs. 2 des Sozialpaktes geforderten Unentgeltlichkeit des Bildungssystems ein Verstoß gegen den Pakt. Bezeichnend ist angesichts dieses eindeutigen Befundes die mitunter leichtfertige Diskussion um die Wiedereinführung von Studiengebühren. Der Zugang zu diesen Standardgütern der gesellschaftlichen Kultur soll eben kein Privileg begüterter Schichten sein, sondern unter gleichheitlichen Bedingungen organisiert werden.

IV. Insbesondere: Die Arbeitsbedingungen in der BRD

Im Sozialpakt geht es sodann um die Gewährleistung eines den Lebensunterhalt sichernden Arbeitslohnes (Art. 7). Den Arbeitenden soll auf diese Weise die Sicherung ihrer Lebensgrundlage zuteil werden. Der ökonomische Prozeß wird auf das Ziel hin verpflichtet, menschlichen Lebensbedarf sicherzustellen. *Ekkehart Stein* hat diese Bedeutung der Wirtschaft als ein zentrales Anliegen der Rechtsordnung herausgestellt. In seiner Bonner Habilitationsschrift wird eine detaillierte Analyse der staatlichen Aufsichtspflichten über das Wirtschaftsgeba-

---

[10] *Bodo Pieroth*, in: Jarass-Pieroth, GG-Kommentar, 4. Aufl. (1999), Rdnr. 4 zu Art. 16a, führt zutreffend aus, eine asylrelevante politische Verfolgung könne „alle Lebensbereiche" betreffen und beeinträchtigen.

ren dargelegt[11]. Der Wirtschaftsprozeß in der Bundesreplik ist danach in die Rechtsordnung eingebundenen – und damit auch dem Sozialpakt und seinen Durchführungsregeln als Bestandteil der Rechtsordnung unterworfen.

Defizitäre Bereiche innerhalb des Bundesgebietes gibt es vor allem in der Bauwirtschaft, in der Landwirtschaft und in Teilen der Gastronomie in Gestalt nicht existenzsichernder Entlohnungen. Als Maßstab für die Unterschreitung des Lohnniveaus kann dabei nicht im Wortsinn ein „Hungerlohn" in Betracht kommen; für das Maß von Angemessenheit stehen vielmehr einschlägige Fachvoten zur Verfügung[12]. Gerichte nehmen zur Nachkorrekur von Minimallöhnen durchweg Zuflucht zu Generalklauseln des BGBs (§§ 138 Abs. 2, 242)[13]. Diese an die Drittwirkungslehre zu den Grundrechten angelehnte Argumentationsweise wird indessen der innerstaatlichen Gesetzeskraft des Sozialpaktes nicht voll gerecht. Dessen Normwirkung steht gerade nicht unter dem Vorbehalt, abweichendes Verhalten Privater sei vom Staat aufgrund von einfachen Gesetzen zu tolerieren. Generell gebietet es die Widerspruchsfreiheit der Rechtsordnung, die aus Art 59 GG resultierende innerstaatliche Geltung völkerrechtlicher Regeln nicht durch konträres Recht zu konterkarieren. Dies wäre aber potentiell der Fall, wenn die Generalklauseln des BGBs zum Verwerfungsmaßstab für den Sozialpakt avancierten. Andererseits erschließt ein Anwendungstransfer über Generalkauseln nicht nur problematische Interpretationsweisen, vielmehr kann das eingefahrene Durchsetzungsarsenal dieser Gesetze, z.B. Unterlassungsklagen, Ausgleich von Bereicherungen und Schadensersatz, im Sinne der Sozialrechte aktiviert werden.

Wo Tarifverträge nicht flächendeckend wirken, ist die Einführung gesetzlicher Mindestlöhne unverzichtbar, wie ein Blick auf benachbarte Staaten zeigt[14]. Ein zusätzlicher Handlungsdruck für den deutschen Gesetzgeber ergibt sich aus der bevorstehenden Erweiterung der EU, denn Art. 39 EGV gewährleistet die Freizügigkeit aller Arbeitnehmer innerhalb der Vertragsstaaten. Da der Bundesgesetzgeber beinahe drei Jahrzehnte nach dem Inkrafttreten des Sozialpaktes noch keine Regelungen zur existenzsichernden Entlohnung getroffen hat, sind die nicht in ungewöhnlicher Weise unbestimmten Regelungen des Sozialpaktes selbst mit Hilfe der üblichen Interpretation unbestimmter

---

[11] *Ekkehart Stein*, Die Wirtschaftsaufsicht (1967). Die Leitungsmacht des Managements wird ebenfalls aus der Garantenstellung des demokratischen Gesetzgebers abgeleitet.

[12] *Karl-Jürgen Bieback*, Rechtliche Probleme von Mindestlöhnen, in: RdA 2000, S. 207ff. (208) sieht unter Auswertung von Studien der OECD und des Europarates mit Recht „das durchschnittliche Lebensniveau einer Gesellschaft" als Maßstab an.

[13] *Gabriele Peter,* Rechtsschutz für Niedriglöhner durch Mindestlohn, ArbuR 1999, S. 289ff., untersucht insbesondere die Hürden von Sittenwidrigkeitsjudikaten.

[14] Aktueller Stand und Tendenzen der Weiterentwicklung des französichen Mindestlohnsystems (SMIC) werden in *Le Monde* vom 26.Juni 2001, S. 9, eingehend erläutert; zum britischen Mindestlohnsystem: *Karen Schönwader*, Labours langer Weg, in: Blätter für deutsche und internationale Politik, 2001, S. 410ff.

Rechtsbegriffe zu deuten. Im Rahmen von Offizialverfahren steht dazu die Mittel der Beweiserhebung, z.B. empirische Evaluationen und Sachverständigen-Voten, zur Verfügung.

V. Staatliche Außenverpflichtungen

Der weltweite Bedarf an Durchführungsanordnungen zugunsten des Sozialpaktes ist evident. Im Hinblick auf den Rahmencharakter des Paktes kommt hinzu, daß die Vertragsstaaten sich die Einzelheiten ihrer wirtschaftlichen, sozialen und kulturellen Entwicklung nicht vorschreiben lassen wollen, sondern auf ihr Recht der Selbstbestimmung bedacht sind. Deshalb verbieten sich, wie bereits erwähnt, Direktinterventionen in Drittstaaten. Aber auch umgekehrt gilt, daß aus dem Staatsgebiet der Bundesrepublik heraus nichts unternommen oder zurechenbar geduldet werden darf, was die Einhaltung des Paktes in Drittstaaten torpediert. Für den Bereich der Entwicklungshilfe wird man der Bundesrepublik allerdings einen weiten Ermessensspielraum zubilligen müssen[15]. Ein Recht auf Beiträge zu einer bestimmten Entwicklung kann den Pakten jedenfalls nicht entnommen werden.

Soweit von deutschen Unternehmen in Drittländern gegen den Sozialpakt verstoßen wird, scheidet eine unmittelbare Einwirkung deutscher Behörden vor Ort zwar aus; das Einschreiten gegen Produktionsweisen und Vertriebsketten im Wege der Staatsaufsicht innerhalb des Bundesgebietes liegt jedoch nahe. Tatenlosigkeit gegenüber derartigen Unterschreitungen verletzt jedenfalls die Handlungspflichten des Deutschen Staates aus dem Sozialpakt. Eine rechtlich feste Zugriffsmöglichkeit und mithin grundsätzliche Gestaltungspflicht im Sinne der Sozialrechte hat die Bundesrepublik z.B. dort, wo aus ihrem Hoheitsgebiet heraus existenzgefährdende Dumpingeffekte auf die Grundversorgung der Menschen in fremden Staaten zu beklagen sind. Die hoch subventionierten Agrarexporte der *EU* tragen ebenso zur Schmälerung der Eigenerwerbsbasis in den Ländern des Südens ebenso bei wie die Zollschranken gegenüber den Erzeugnissen des Südens. Der Sozialpakt wird ferner unterlaufen, wenn deutsche Unternehmen Produkte in das Bundesgebiet einführen lassen, die unter Verletzung des Sozialpaktes hergestellt worden sind[16]. Deshalb darf die Bundesrepublik nicht einfach „wegsehen", wenn unter Beteiligung deutscher Unternehmen in Drittländern unter Mißachtung des Sozialpaktes produziert wird. Eine

---

[15] *Brun-Otto Bryde*, Menschenrechte und Entwicklung, in: Festschrift für *Helmut Ridder* (1989), S. 73ff., erörtert diese Perspektive mit dem Ergebnis, für ein Menschenrecht auf Entwicklung gebe es Anzeichen, „die aber bisher noch auf der Ebene bloßen ‚soft laws' bleiben".

[16] Das Forschungszentrum *Südwind* weist z.B. nach, daß in indonesischen Sonderwirtschaftszonen der dortige gesetzliche Mindestlohn bei der Textilherstellung deutlich unter-

Mitwirkung des Staates an dieser Praxis, etwa in Form von Exportbürgschaften oder Steuernachlässen, ist mit dem *ordre public* des Sozialpaktes nicht vereinbar.

Darüber hinaus ist im Rahmen der Europäischen Union eine abgestimmte Staatsaufsicht gefordert, um die Durchsetzung des Sozialpaktes zu gewährleisten. Der Vertrag zur Gründung der Europäischen Gemeinschaft sieht eine Koordination der Entwicklungspolitik ausdrücklich vor (Art. 177 bis 181 EGV), eine Synchronisation so unterschiedlicher Ziele wie die gleichzeitige Eingliederung in die Weltwirtschaft und die Bekämpfung der Armut (Art. 177 EGV) ist dabei jedoch schwierig. Insbesondere, soweit die Rentabilität eingesetzten Kapitals im Vordergrund des europäischen Sekundärrechts steht, gerät die existentielle Grundsicherung der Menschen leicht ins Hintertreffen.

VI. Grundversorgung als Prozeß weltweiter gesellschaftlicher Kooperation

Für die Durchsetzung von Menschenrechten kann nicht allein der Staatssektor in die Verantwortung genommen werden. Die Allgemeine Erklärung der Menschenrechte von 1948 postuliert in ihrer Präambel eine weltweite innergesellschaftliche Zuständigkeit für Menschenrechte, denn die Deklaration ist erlassen, „damit jeder einzelne und alle Organe der Gesellschaft sich diese Erklärung stets genwärtig halten und sich bemühen, durch Unterricht und Erziehung die Achtung dieser Rechte und Freiheiten zu fördern.“ Die damit angesprochene innergesellschaftliche Dimension des Völkerrechts wird in den Demokratieklauseln der Pakte von 1966 (jeweils Art. 1 des politischen und des sozialen Paktes) aufgegriffen. Damit werden die Menschenrechte zu einem Gegenstand innergesellschaftlicher Bewußtwerdung und Willensbildung. *W. Kälin* spricht im Hinblick auf diese bürgerschaftliche Verankerung der Menschenrechte von einer „kopernikanischen Wende“[17]. Die internationalen Sozialrechte schließen danach eine besondere aktivbürgerliche Mitverantwortung für ihre Durchsetzung ein.

Akteure dieser Vergesellschaftung sind vor allem gesellschaftliche Verbände, also Nongovernmental Organizations (NGOs), die Sachverstand entwickeln und die Öffentlichkeit mobilisieren können. Für den Bereich von Arbeit und Wirtschaft sind in der Bundesrepublik ausweislich von Art. 9 Abs. 3 GG vor allem die Gewerkschaften dazu legitimiert, zur Anerkennung und zur Verwirkli-

---

schritten wird. Eine Übersicht über die Billiglohn-Praxis in *sweatshops* liefert unter Auswertung von Unterlagen der ILO *Naomi Klein,* No Logo (deutsch 2001), S. 489.

[17] *Walter Kälin*, Die Allgemeine Erklärung der Menschenrechte – geschichtliche Bedeutung und politischer Anspruch, in : amnesty international (Hrsg.), Menschenrechte im Umbruch (1998), S. 5.

chung der internationalen Sozialrechte beizutragen. Aber auch die Unternehmer sind gehalten, die Standards des Sozialpaktes einzuhalten und zu ihrer Durchsetzung beizutragen. Beiden steht die Internationale Arbeitsorganisation (IAO) als Kooperationsebene zur Verfügung. Um ähnlich wie bei nationalen Tarifverträgen zu internationalen Absprachen über Human Rights zu gelangen, müssen partikulare Interessen einzelner Branchen allerdings zu übernationalen Konzepten weiterentwickelt werden.

Die Vereinten Nationen bemühen sich inzwischen um einen Verhaltenskodex für Unternehmen zur Einhaltung der Menschenrechte[18]. In diesem Verfahren liegen Chancen und Risiken zugleich: Als Gewinn ist zu verbuchen, wenn Unternehmen tatsächlich die Menschenrechte respektieren und dies auch überprüfbar darlegen. Schwieriger wird es, wenn die Reichweite derartiger Zusagen nicht kontollierbar ist, etwa weil die weltweite Verflechtung von Konzernen wenig transparent ist. Und noch problematischer wird ein Freiwilligkeitsystem, wenn Verantwortliche ihre Mitverantwortung leugnen und eine Wohlverhaltenszusage gar nicht erst abgeben. Ein Verhaltenskodex bedarf daher einer auch rechtlichen Verbindlichkeit und Sanktionierung. Beides muß letztlich durch zwischenstaatliche Aufsichtsmaßnahmen sichergestellt werden. Ein Rückzug des Staates als „Deregulierung" der Wirtschaft wirkt sich kontraproduktiv im Sinne der Menschenrechte aus. Ebenso riskant ist es, der Wirtschaft eine „Eigengesetzlichkeit" zuzuschreiben.

Dazu verleiten systemtheoretische Ansätze, wenn sie sozialen Gebilden einen gegenüber normativen Eingriffen immunen Kernbereich der Selbsterneuerung zubilligen[19]. Mit dieser Sichtweise werden Formen sozialen Handelns, die prinzipiell politischer Gestaltung zugänglich sind, einer demokratischen Legitimationspflicht entzogen. Ökonomische Ziele und Organisationsformen sind jedoch Selbstregierung mit Hilfe der Rechtsordnung zugänglich. Und es ist selbstverständlich zulässig, verbindlich festzulegen, daß Wirtschaftsverbände elementare Lebensrechte der Menschen respektieren. Die Bedürftigkeit des Menschen rechtfertigt eine derartige sozialrechtliche Schutzpflicht, weil die freiheitsstiftende Wirkung der Menschenrechte ohne deren soziale Absicherung nicht zu haben ist.

---

[18] Im Rahmen einer Übereinkunft („Global Compact", Wortlaut unter www.unglobalcompact.org) verpflichten sich (bisher 50) Unternehmen, innerhalb ihres Wirkungsbereiches die Menschenrechte zu respektieren. Ausdrücklich genannt werden der Verzicht auf Kinderarbeit und auf Zwangsarbeit sowie die Anerkennung der Assoziationsfreiheit der Arbeitenden.

[19] Eine maßgeblich von *Niklas Nuhmann* entwickelte Systemtheorie schreibt sozialen Einheiten in Anlehnung an biologische Selbststeuerungen eine von der Umwelt nicht beeinflußbare Selbstreproduktion zu; in diesem Sinne vor allem *Helmut Willke*, Systemtheorie. 4. Auflage (1990), S. 42ff.

Zur Rolle von NGOs gehört es, die innergesellschaftliche Akzeptanz der Sozialrechte zu erhöhen, insbesondere die Gleichgültigkeit der Gesellschaft zu überwinden. Da Untätigkeit eine folgenreiche Form von Mitverantwortung ist, obliegt es der Bürgergesellschaft, zur Effizienz der internationalen Sozialrechte beizutragen, indem mündige Bürgerinnen und Bürger die Durchsetzung der Sozialrechte zu ihrer eigenen Angelegenheit machen. Dies geschieht in vielfältigen Formen arbeitsteilig organisierten Handelns. Eine Allzuständigkeit einzelner NGOs wäre angesichts der Vielfalt anstehender Probleme und der nur mittels fachkundiger Detailarbeit zu erlangenden Legitimationsbasis kontraproduktiv. Einer drohenden Vermachtung durch oligarchische Strukturen gilt es ebenso vorzubeugen wie einer nur symbolischen Repräsentation über das Vehikel integrativ angelegter Bekenntnisformeln. Die Vernetzung der verschiedenen Programme und Aktionsbereiche bleibt jedoch ein wichtiges Desiderat der sich als handlungsbefugt etablierenden nonstate actors. Der Sozialpakt selbst sieht in Art 23 derartige Meinungsbildungsprozesse ausdrücklich vor. Die derart überstaatlich aktionsbereite Bürgergesellschaft erweist sich als unverzichtbar, um globale Verständiszusammenhänge herzustellen und zustimmungsfähige Handlungsperspektiven zu entwickeln. Damit wird kein Ersatz für staatliche und staatenübergreifende Normativität angestrebt, die Bedeutung sozial wirksamer Rechtsnormen muß jedoch auf Gesellschaftsebene übernational fundierte Absprachen und Koalitionen einschließen. Ein Aufbau der zur Durchsetzung gemeinsamer Ziele unentbehrlichen Drucklagen wird hinzu kommen müssen. Dabei wird es den Beteiligten nicht erspart bleiben, nach Strukturen zu fragen, die geeignet sind, eine Durchsetzung der Sozialrechte zu fördern. Es gibt also, die Organisationsfrage zu stellen. Zwischen der egalitären Selbstorganisation und der materialen Gerechtigkeit gibt es nämlich einen unlösbaren Zusammenhang, den weltweit plausibel zu machen und durchzusetzen das Kernstück der sozialen Frage sein dürfte.

Zuwanderung nach Deutschland: Rechtliche, politische und gesellschaftliche Aspekte

Lutz R. Reuter

I. Geschichte der Zuwanderung seit 1945

Deutschland ist in den 90er Jahren zum wichtigsten Einwanderungsland nach den USA geworden. Trotz des Rückgangs der Zahl der Asylbewerber (1992 ca. 440 Tsd., 2000 ca. 80 Tsd.) in der zweiten Hälfte des Jahrzehnts ist die ausländische Wohnbevölkerung um etwa zwei Mio. von 5,3 Mio. (1990) auf 7,3 Mio. (2000) gestiegen.[1] Hinzu kommen ca. 2,13 Mio. Aussiedler (seit 1950 über 4,1 Mio.), die einen Anspruch auf Einbürgerung haben und statistisch als Deutsche erfasst werden. Auch ihre Zahl ist deutlich zurückgegangen von fast 400 Tsd. (1990) auf gut 95 Tsd. (2000).[2] Neben wirtschaftlichen Gründen waren der Zusammenbruch des sozialistischen Staatensystems, die Auflösung der Sowjetunion, Kriege und Bürgerkriege sowie die Binnenmigration in der EU ursächlich für den Zuwanderungsanstieg.[3] Die Entwicklungen der vergangenen Dekade machen deutlich, dass die Zielländer die internationale Migration nicht verhindern, sie allerdings mit national unterschiedlichen Konzepten beeinflussen können. *De iure* ist Deutschland bis heute kein Einwanderungsland wie Kanada oder die USA. Die Zuwanderung erfolgt nach unterschiedlichen rechtlichen Bestimmungen insbesondere im Ausländergesetz; bis heute gibt es kein Gesetz zur Steuerung einer auf Dauer angelegten Einwanderung. Allerdings ist nach früheren Gesetzentwürfen der SPD sowie der Grünen inzwischen eine öffentliche Debatte über die Folgen des demographischen Wandels[4] und den aktuellen Fachkräftemangel im Bereich der IT- und Ingenieurberufe sowie in anderen Branchen eingeleitet, die in absehbarer Zeit zur Verabschiedung eines Einwanderungsgesetzes führen dürfte.[5] Dass Deutschland *de facto* ein Einwanderungsland ist, ist unumstritten, seit es vor Großbritannien und Frankreich die größte Zahl an Zuwanderern, insb. Asylsuchenden und Flüchtlingen, in Europa aufgenommen hat. Allerdings verschleiert die vergleichende Ausländerstati-

---

[1] Vgl. Tab. 1.

[2] Vgl. Tab. 2.

[3] Vgl. Tab. 3 u. 4.

[4] Vgl. *Enquetekommission „Demographischer Wandel"*, Zwischenbericht, BT-Drs. 12/7876 v. 14. 6. 1994; Hof 1995.

[5] Vgl. Berichte der Zuwanderungskommissionen der Bundesregierung (Juli 2001) sowie der CDU (Mai 2001).

stik (Gesamtzahl 1993: D = 6,9 Mio.; F = 3,6 Mio.; GB = 2,4 Mio.; Zuzüge 1996: D 960 Tsd.; F = keine Angaben; GB = 258 Tsd.; NL = 108 Tsd.)[6] nationale Unterschiede in der Zuwanderungsstatistik und im Einbürgerungsrecht. Nach der Immigrationsrate[7] liegt Deutschland mit 11% hinter Luxemburg (17%) und der Schweiz (13%).[8]

Der Wandel des Begriffes – *Zu*wanderung anstelle von *Ein*wanderung – dient einerseits der Beschreibung der tatsächlichen, rechtlich nicht oder nur teilweise gesteuerten Prozesse; andererseits trägt er der Differenziertheit der Personengruppen (Ausländer und Spätaussiedler) und ihrer Motive Rechnung, denn Aus- und Einwanderung sind nur scheinbar eindeutige Verhaltensweisen. Der Begriff *Ausländer* wird trotz aller faktischen Unterschiede weiterhin in Recht, Verwaltung und Statistik verwendet; die Begriffe *Zuwanderer* oder *Migrant* sind in vielen, z.B. integrationspolitischen und gesellschaftlichen Kontexten angemessener. Allerdings ist ihre Anwendung auf Personen ohne eigene Migrationsbiographie, die – im Gegensatz zu den Aussiedlerkindern – in Deutschland geboren sind, fragwürdig.[9] Im Bildungsrecht etwa wird daher in neueren Gesetzen auf die Realphänomene wie Sprachkenntnisse, Herkunftsland o. ä., nicht aber die Staatsbürgerschaft abgehoben.[10]

Nachkriegsdeutschland, insbesondere die alte Bundesrepublik, ist durch große Wanderungsprozesse geprägt. Schätzungen gehen davon aus, dass bis zu einem Drittel der Bevölkerung über Migrationserfahrungen verfügen. Die Zuwanderung seit 1945 unterscheidet sich von der Migration in traditionelle Einwanderungsländer in den Anlässen und Formen erheblich; dabei sind insbesondere die folgenden Zuwanderergruppen zu unterscheiden:

(1) *Zwangsarbeiter, Deportierte, Kriegsgefangene und KZ-Überlebende (displaced persons):*

Diese Personengruppen sind nach dem Ende des nationalsozialistischen Regimes aus unterschiedlichen Gründen in Deutschland verblieben.

(2) *Flüchtlinge und Vertriebene aus den Ostgebieten des Deutschen Reichs* (ca. 12 Mio. Personen).

(3) *Ausländische Arbeitskräfte und Fachleute:* Diese kamen auf der Grundlage vertraglicher Regelungen mit einer Reihe kontinentaleuropäischer und skan-

---

[6] Vgl. *Die Beauftragte der Bundesregierung für die Belange der Ausländer* (Hrsg.) [zit. Ausländerbeauftragte], Ausländerinnen und Ausländer in europäischen Staaten, Bonn 1994, S. 54f.; *Ausländerbeauftragte,* Migrationsbericht 1999, Berlin 1999, S. 40–42.

[7] Zahl der Zuwanderer einer bestimmten Zeiteinheit (hier 1990–1996) pro 1.000 der Gesamtbevölkerung (hier 1997); vgl. Ausländerbeauftragte, Migrationsbericht 1999, S. 41 und 77f. sowie dies., Daten und Fakten zur Ausländersituation 2002.

[8] Vgl. *OECD/SOPEMI*, Trends in International Migration: Annual Report 1999, Paris: OECD, 1999.

[9] Zum Sprachgebrauch z.B. im Schulwesen vgl. *Zuwandererkinder, Kinder besonderer Personengruppen, Bildungsinländer.*

[10] Vgl. z.B. *Schüler nichtdeutscher Erstsprache.*

dinavischer Staaten zu Ausbildungszwecken und zum beruflichen Erfahrungsaustausch vor allem in den 50er Jahren nach Deutschland; dabei ergab sich zum Teil ein fließender Übergang in die Anwerbeverträge.

(4) *Gastarbeiter:* Ausländische Arbeitskräfte wurden aufgrund zwischenstaatlicher Vereinbarungen über die Anwerbung und Vermittlung von Arbeitskräften (Italien: 1955; Spanien und Griechenland: 1960; Türkei: 1961; Portugal 1964; Tunesien und Marokko: 1965; Jugoslawien: 1968) durch Anwerbungskommissionen in den betreffenden Ländern ausgesucht und nach Deutschland gebracht (ergänzende Vereinbarungen mit Korea zur Anwerbung von Spezialarbeitskräften wie Krankenpflegerinnen und Bergarbeitern). Aufgrund der Regelungen zum Nachzug von Ehegatten und Kindern setzte sich die Arbeitsmigration auch nach dem Anwerbestopp von 1973 fort.[11]

(5) *Vertragsarbeiter und Auszubildende aus den Ländern des Rats für gegenseitige Wirtschaftshilfe* (RGW): Auf der Grundlage geheimer zwischenstaatlicher Abkommen, die die Zahl und Aufenthaltsdauer der Vertragsarbeiter festlegten, wurden seit Mitte der 70er Jahre Arbeiter aus sozialistischen Staaten, insbesondere aus Vietnam, Mosambik, Angola, Kuba, Polen und Ungarn, in die DDR gebracht. Ihre Zahl betrug Ende 1989 etwa 90 Tsd., ihr Bevölkerungsanteil lag Anfang 1990 bei 1,2% (192 Tsd.).[12] Heute leben etwa 15 Tsd. ehemalige DDR-Vertragsarbeiter in Deutschland.

(6) *Werkvertragsarbeitnehmer:* Bilaterale Vereinbarungen mit zahlreichen mittelosteuropäischen Staaten und der Türkei legen bestimmte Kontingente von Werkvertragsarbeitnehmern fest, die zur Wirtschaftsförderung der Herkunftsländer und zum Ausgleich struktureller oder regionaler Mängel an inländischen Arbeitskräften überwiegend für geringer qualifizierte Tätigkeiten bis zur Fertigstellung des Werks, maximal drei Jahre, tätig sind.[13]

(7) *EU-Binnenmigranten:* Die mit dem Maastrichter Vertrag eingeführte europäische Staatsbürgerschaft stellt die Unionsbürger weitgehend deutschen Staatsbürgern gleich, d.h. erlaubt Ausbildungs- und Arbeitsmarktzugang.[14]

(8) (Spät-) Aussiedler aus verschiedenen osteuropäischen Staaten, insb. aus Polen, Rumänien, der Sowjetunion bzw. ihren Nachfolgestaaten.[15]

---

[11] Vgl. *Ausländerbeauftragte,* Migrationsbericht 1999, S. 19f.

[12] Vgl. *Ausländerbeauftragte* (Hrsg.), Die ausländischen Vertragsarbeitnehmer in der ehemaligen DDR, Bonn 1996, S. 7.

[13] Vgl. außerdem Gastarbeitnehmer mit Arbeitserlaubnissen von max. 18 Monaten und *kurzzeitgebundene Beschäftigte* (Saisonarbeiter) für eine Beschäftigungsdauer von max. drei Monaten; vgl. *Ausländerbeauftragte,* Migrationsbericht 1999, S. 37–40.

[14] Vgl. Tab. 4; vgl. *Ausländerbeauftragte,* Migrationsbericht 1999, S. 16–18; der Begriff „Spätaussiedler" wird für die seit 1993 insbesondere aus den GUS-Staaten zugewanderten Abstammungsdeutschen und deren Angehörigen verwendet.

[15] Vgl. Tab. 2; vgl. *Ausländerbeauftragte,* Migrationsbericht 1999, S. 21f.

(9) *Flüchtlinge*: Die Zahl der Asylbewerber stieg zu Beginn der 90er Jahre sprunghaft an und sank infolge der Asylrechtsänderung; die Anerkennung liegt bei 17,5% (2000). Hauptherkunftländer sind derzeit Jugoslawien, Türkei, Irak, Afghanistan und Iran. Für die Aufnahme von Kriegs- und Bürgerkriegsflüchtlingen wurde ein gesonderter Rechtsstatus im Ausländergesetz geschaffen, der für die Dauer der Kriegshandlungen ein Aufenthaltsrecht gewährt. Die Regelung wurde erstmals für die Bürgerkriegsflüchtlinge aus dem Kosovo, Albanien und Mazedonien angewendet; die Flüchtlinge aus Bosnien-Herzegowina befinden sich im Rechtsstatus der Duldung gemäß § 54 AuslG.[16]

(10) *Kontingentflüchtlinge:* Hierbei handelt es sich um Personen, die Deutschland nach vorab festgelegten Quoten im Rahmen internationaler Hilfsmaßnahmen aufgrund des Gesetzes über Maßnahmen für im Rahmen humanitärer Hilfsaktionen aufgenommene Flüchtlinge (Kontingentflüchtlingsgesetz v. 22. 7. 1980) aufgenommen hat (insb. aus Südostasien und Lateinamerika). Sie genießen einen besonderen Rechtsstatus (Ausbildungsförderung, Arbeitserlaubnis, unbefristete Aufenthaltserlaubnis), der wie im Falle der Aussiedler dem Konzept einer gesteuerten Einwanderungs- und lntegrationspolitik nahekommt.

(11) *Quasi-Kontingentflüchtlinge aus der ehemaligen Sowjetunion:* Die neue DDR-Regierung hatte im Juli 1990 „Juden, denen Verfolgung oder Diskriminierung droht", aus humanitären Gründen Aufenthalt gewährt. Mit einer Anschlußregelung vom 9. 1. 1991 der Innenminister von Bund und Ländern werden jüdische Immigranten aus den Nachfolgestaaten der Sowjetunion in analoger Anwendung des Gesetzes über Maßnahmen für im Rahmen humanitärer Hilfsaktionen aufgenommene Flüchtlinge[17], jedoch ohne Kontingentierung und unbefristet, in Deutschland aufgenommen. Seit November 1991 ist ein Antragsverfahren vom Herkunftsland aus erforderlich. Bis zum 31. 12. 2001 sind mehr als 130 Tsd. Berechtigte eingereist.[18]

Die Tabellen 1 bis 5 verdeutlichen die Entwicklung der Zuwanderung nach (West- bzw. Gesamt-) Deutschland seit 1960 und die Veränderungen in Bezug auf die Zusammensetzung der Zuwanderergruppen. Die Tabellen 6 und 7 vervollständigen den Blick auf das Wanderungsgeschehen, indem auch die Fortzüge von Ausländern und Deutschen berücksichtigt werden. Die jährliche Nettozuwanderung schwankt dabei zwischen fast 800 Tsd. und fast 50 Tsd. Personen und beträgt im Mittel der 90er Jahre etwa 200 Tsd. Personen; erst mit einer jährlichen Zuwanderung von über 400 Tsd. Personen würde langfristig der Bevölkerungsrückgang ausgeglichen. Der Anteil der Zuwanderer, die nicht über

[16] Vgl. Tab. 5; *Ausländerbeauftragte,* Migrationsbericht 1999, S. 24–36.

[17] Kontingentflüchtlingsgesetz v. 22. 7. 1980, zuletzt geändert am 29. 10. 1997.

[18] Vgl. *Ausländerbeauftragte,* Migrationsbericht 1999, S. 23f.; ergänzende Informationen vom Bundesverwaltungsamt Jan. 2002.

die deutsche Staatsbürgerschaft verfügen, und ihrer in Deutschland geborenen Kinder, die aufgrund des Abstammungsprinzips bis zum 31. 12. 1999 nur die Staatsbürgerschaft ihrer Eltern erwarben, liegt bei 9% (Schüleranteil: 9,4%; Geburtenanteil: 12,7%; Erwerbstätigenanteil: 9,0% [1997 bzw. 1998]). Die Zahl der ausländischen Unternehmer beträgt ca. 280 Tsd., die der Freiberufler etwa 55 Tsd. Die regionale Verteilung der ausländischen Bevölkerung variiert zwischen 1,3% in Thüringen (ostdeutsche Bundesländer insgesamt 1,8%) und 18,7% in Hamburg (1998). Fast drei Viertel aller Zuwanderer leben in den vier Flächenländern Baden-Württemberg, Bayern, Hessen und Nordrhein-Westfalen. Ähnlich unterschiedlich ist der Ausländeranteil in den kreisfreien Städten von 1,4% in Erfurt bis zu 30,1% in Frankfurt/M.; in Berlin, Hamburg und München leben etwa eine Mio. Ausländer (14,2%; 18,7%; 23,6% [1995 bzw. 1998]). Demgegenüber erreicht der Anteil der Migranten selbst in den ostdeutschen Ballungsräumen Leipzig, Halle, Dresden, Magdeburg und Rostock nur 1,8% bis 3,1%. Die Zahl der Einbürgerungen[19] beträgt 82,9 Tsd., bei 22% unter Hinnahme von Mehrstaatigkeit (1997).[20]

Obwohl alle Zuwanderer zur Zeit ihrer Zuwanderung nicht über die deutsche Staatsbürgerschaft und nur wenige über deutsche Sprachkenntnisse verfügen, richten sich ihre Zulassung zum deutschen Staatsgebiet, ihr Aufenthaltsstatus und ihre Rechte nach sehr unterschiedlichen Rechtsquellen; dasselbe gilt für ihre im Inland geborenen Kinder. Diese Uneinheitlichkeit ist Ausdruck des Umstandes, dass alle bisherigen Bundesregierungen die Überführung der mit Ausnahme der Aussiedlerpolitik ausschließlich reaktiven Ausländerpolitik in eine steuernde Zuwanderungspolitik abgelehnt haben.

II. Aktuelle Rechtslage

Das in Deutschland geltende Ausländerrecht stützt sich einerseits auf Bestimmungen des Völker-, internationalen Vertrags- und Europarechts und andererseits auf deutsches Verfassungs- und Gesetzesrecht, auf Rechtsverordnungen und Verwaltungsvorschriften. Das Ausländerrecht im engeren Sinne umfaßt das Aufenthalts-, Asyl-, Arbeitserlaubnis- und Einbürgerungsrecht, im weiteren Aspekte des Niederlassungs- und Arbeitsrechts, des Sozial-, Sozialversicherungs- und Rentenrechts, des Bildungsrechts, des Ehe-, Familien- und Erbrechts sowie schließlich des Auslieferungsrechts. Außerdem gehören in den Kontext des Zuwanderungsrechts alle rechtlichen Regelungen zur Ordnung des Aussiedlerzuzugs und der Aussiedlereingliederung.

---

19 Ohne Aussiedler mit Einbürgerungsanspruch; seit dem 1. 1. 2000 Legaleinbürgerung.

20 Nachweise vgl. *Ausländerbeauftragte,* Bericht 1997, Bonn 1997, S. 174–211; *Ausländerbeauftragte,* Bericht 2000, Berlin und Bonn 2000, S. 230–268.

Tabelle 1:
Ausländer im Bundesgebiet: 1960–2000

Jahr	Ausländische Bevölkerung in Tsd.	Anteil der ausländischen Bevölkerung an der Gesamtbevölkerung[1] in Prozent
1960	686,2	1,2
1968	1.924,2	3,2
1969	2.381,1	3,9
1970	2.976,5	4,9
1971	3.438,7	5,6
1972	3.526,6	5,7
1973	3.966,2	6,4
1974	4.127,4	6,7
1975	4.089,6	6,6
1976	3.948,3	6,4
1977	3.948,3	6,4
1978	3.981,1	6,5
1979	4.143,8	6,7
1980	4.453,3	7,2
1981	4.629,7	7,5
1982	4.666,9	7,6
1983	4.534,9	7,4
1984	4.363,6	7,1
1985	4.378,9	7,2
1986	4.512,7	7,4
1987	4.240,5	6,9
1988	4.489,1	7,3
1989	4.845,9	7,7
1990	5.342,5	8,4
1991	5.882,3	7,3
1992	6.495,8	8,0
1993	6.878,1	8,5
1994	6.990,5	8,6
1995	7.173,9	8,8
1996	7.314,0	8,9
1997	7.365,8	9,0
1998	7.319,6	8,9
1999	7.343,6	9,0
2000	7.296,8[2]	

[1] Ab 1991 gesamtdeutsche, zuvor westdeutsche Statistik.
[2] Vorläufige Daten des Statistischen Bundesamtes, Stand 6/2001.
Quelle: Ausländerbeauftragte 2001; Bundesverwaltungsamt 2001.

Tabelle 2:
Asylbewerber und Aussiedler im Bundesgebiet: 1960–2000[1]

Jahr	Asylbewerber	Aussiedler
1960	2.980	19.169
1965	4.337	24.942
1969	11.664	30.039
1970	8.645	19.444
1971	5.388	33.637
1972	5.289	23.895
1973	5.595	23.063
1974	9.424	24.507
1975	9.627	19.657
1976	11.123	44.402
1977	16.410	54.261
1978	33.136	58.062
1979	51.493	54.802
1980	107.818	52.071
1981	49.391	69.455
1982	37.423	48.170
1983	19.737	37.925
1984	35.278	36.459
1985	73.832	38.968
1986	99.650	42.788
1987	57.379	78.523
1988	103.076	202.673
1989	121.318	377.055
1990	193.063	397.073
1991	256.112	221.995
1992	438.191	230.565
1993	322.599	218.688
1994	127.210	222.591
1995	127.937	217.898
1996	116.367	177.751
1997	104.353	134.419
1998	98.644	103.080
1999	95.113	104.916
2000	78.564	95.615
1960–1979 (einschl.)	209.840	613.412
1980–2000 (einschl.)	2.663.055	3.108.688

[1] Ab 1991 gesamtdeutsche, zuvor westdeutsche Statistik.

Tabelle 3:
Ausländer im Bundesgebiet nach Staatsangehörigkeit am 31. 12. 2000

Staatsangehörigkeit	absolut	%[1]
Ausländer insgesamt	7.296.817	100,0
1. Türkei	1.998.534	27,4
2. BR Jugoslawien[2]	662.495	9,1
3. Italien	619.060	8,5
4. Griechenland	365.438	5,0
5. Polen	301.366	4,1
6. Kroatien	216.827	3,0
7. Österreich	187.742	2,6
8. Bosnien-Herzegowina	156.294	2,1
9. Portugal	133.726	1,8
10. Spanien	129.471	1,8
11. USA	113.623	1,6
12. Großbritannien	112.760	1,5
13. Niederlande	110.786	1,5
14. Frankreich	110.173	1,5
15. Iran	107.927	1,5
16. Rumänien	90.094	1,2
17. Vietnam	84.138	1,2
18. Marokko	80.266	1,1
19. Afghanistan	72.199	1,0
21. Ungarn	54.437	0,7
20. Libanon	51.375	0,7
22. (ehem.) Sowjetunion[3]	34.420	0,5

[1] Anteil an der ausländischen Bevölkerung insgesamt.
[2] Personen, die im Ausländerzentralregister am Auszählungsstichtag mit jugoslawischer Staatsbürgerschaft geführt wurden.
[3] Ohne Aussiedler.
Quelle: Bundesverwaltungsamt 2001.

Die wichtigsten Rechtsgrundlagen für Aufenthalt, Arbeit und Ausbildung von *Ausländern* sind das Gesetz über die Einreise und den Aufenthalt von Ausländern im Bundesgebiet[21], das Sozialgesetzbuch (SGB) Drittes Buch (III) –

---

[21] Ausländergesetz [AuslG] v. 9.7. 1990, zuletzt geändert am 25.5. 2000 in Verbindung mit der Durchführungsverordnung zum Ausländergesetz [DV AuslG] v. 18.12. 1990, zuletzt geändert am 21.5. 1999, und der Verordnung über Aufenthaltsgenehmigungen zur Ausübung einer unselbständigen Erwerbstätigkeit (Arbeitsaufenthalteverordnung [AAV]) v. 18.12. 1990. zuletzt geändert am 24.3. 1997.

Tabelle 4:
Ausländische Unionsbürger in Deutschland am 31. 12. 2000
(EU-Freizügigkeit gemäß Art. 8a EG-Vertrag)

EU-Ausländer	absolut	%[1]
EU-Staaten	1.870.062	100,0
1. Italien	619.060	33,1
2. Griechenland	365.438	19,5
3. Österreich	187.742	10,0
4. Portugal	133.726	7,2
5. Spanien	129.471	7,0
6. Großbritannien	112.760	6,0
7. Niederlande	110.786	5,9
8. Frankreich	110.173	5,9
9. Belgien	23.494	1,3
10. Dänemark	20.963	1,1
11. Schweden	18.875	1,0
12. Finnland	15.903	0,9
13. Irland	15.690	0,8
14. Luxemburg	5.981	0,3

[1] Anteil an den EU-Ausländern insgesamt.
Quelle: Bundesverwaltungsamt 2001.

Arbeitsförderung[22], das Gesetz über Einreise und Aufenthalt von Staatsangehörigen der Mitgliedstaaten der Europäischen Wirtschaftsgemeinschaft[23] sowie die Landesschulgesetze mit ihren verwaltungsinternen Ausführungsvorschriften.[24] Die politischen (Grund-) Rechte von Nichtdeutschen ergeben sich aus den Bundes- und Länderverfassungen, dem ergänzenden Staatsrecht (z.B. Versammlungs-, Vereinigungs- und Parteiengesetze) und dem Kommunalrecht. Materiell geht es dabei vor allem um das Petitionsrecht, das Kommunal- und Europawahlrecht für EU-Bürger, die (einfachgesetzliche) Garantie der Ver-

[22] SGB III i.d.F. v. 24. 3. 1997, zuletzt geändert am 19. 3. 2001.

[23] Aufenthaltsgesetz/EWG [AufenthG/EWG1 v. 31. 1. 1980, zuletzt geändert am 14. 1. 1997 in Verbindung mit der Verordnung über die allgemeine Freizügigkeit von Staatsangehörigen der Mitgliedstaaten der Europäischen Union [FreizügigkeitsVO/EU1 v. 17. 7. 1997; vgl. Gesetzesnachweis bei *Huber, Bertold,* Handbuch des Ausländer- und Asylrechts, München [Loseblattsammlung Stand 1. 4. 2001.

[24] Vgl. *Reuter, Lutz R.*, Schulrechtliche und schulpraktische Fragen der schulischen Betreuung von Kindern nichtdeutscher Erstsprache, in RdJB 1999, S. 26–43; *ders.*, Schulrecht für Schüler nichtdeutscher Erstsprache, in ZAR 2001, S. 111–119.

Tabelle 5:
Hauptherkunftsländer der Asylbewerber in Deutschland 1995 und 2000

Hauptherkunftsland	1995 Rang	absolut	%	2000 Rang	absolut	%
Afghanistan	3	7.515	5,87	4	5.380	6,85
Armenien	9	3.383	2,64			
Bosnien-Herzegowina	6	4.932	3,86			
BRep. Jugoslawien	1	26.227	20,50	2	11.121	14,16
China				10	2.072	2,64
Irak	4	6.880	5,38	1	11.601	14,77
Iran	7	3.908	3,05	5	4.878	6,21
Pakistan	10	3.116	2,44			
Rumänien	8	3.522	2,75			
Russische Föderation				6	2.763	3,53
Sri Lanka	5	6.048	4,73			
Syrien				7	2.641	3,36
Türkei	2	25.514	19,94	3	8.968	11,41
staatenlos/ungeklärt				9	2.151	2,74
Vietnam				8	2.332	2,97
Asylanträge insgesamt		127.937	100,00		78.564	100,00

Quelle: Bundesamt für die Anerkennung ausländischer Flüchtlinge 2001.

sammlungs- und Vereinigungsfreiheit für Nichtdeutsche, das Recht auf Parteimitgliedschaft und die Bildung örtlicher Ausländerbeiräte.[25]

Die Zulassung von *Vertriebenen und (Spät-) Aussiedlern* in das Bundesgebiet stützt sich auf Art. 116 GG und das Gesetz über die Angelegenheiten der Vertriebenen und Flüchtlinge.[26] Die rechtliche Stellung von *Heimatlosen, Flüchtlingen, Asylsuchenden und Kriegs- oder Bürgerkriegsflüchtlingen* ergibt sich aus dem Gesetz über die Rechtsstellung heimatloser Ausländer im Bundesgebiet[27], dem Abkommen über die Rechtsstellung der Flüchtlinge[28], Art. 16a GG, dem Asyl-

[25] Vgl. *Bundesministerium für Arbeit und Sozialordnung,* Repräsentativuntersuchung '95: Situation der ausländischen Arbeitnehmer und ihrer Familienangehörigen in der Bundesrepublik Deutschland, Berlin/Bonn/Mannheim 1995, S. 339f.: *Ausländerbeauftragte,* Bericht 2000, S. 65–70.

[26] Bundesvertriebenengesetz (BVFG) v. 2. 6. 1993, zuletzt geändert am 22. 12. 1999.

[27] HAG v. 25. 4. 1951.

[28] Genfer Flüchtlingskonvention v. 28. 7. 1951 i.d.F.d. Bekanntmachung v. 28. April 1954.

Tabelle 6:
Zuzüge und Fortzüge von Ausländern und Deutschen nach bzw. von Deutschland

Jahr	Zuzüge	Fortzüge	Saldo
1990	1.256.000	574.000	682.000
1991	1.199.000	596.000	603.000
1992	1.502.000	720.000	782.000
1993	1.277.000	816.000	462.000
1994	1.083.000	768.000	315.000
1995	1.096.000	698.000	398.000
1996	960.000	677.000	282.000
1997	841.000	747.000	94.000
1998	802.000	755.000	47.000
1999	874.000	672.000	202.000
Gesamt	**10.890.000**	**7.024.000**	**3.866.000**

Quelle: Statistisches Bundesamt, DIW Wochenbericht 48/2000
(Zahlen auf 1.000 gerundet).

Tabelle 7:
Zuzüge und Fortzüge von Ausländern nach bzw. von Deutschland

Jahr	Zuzüge	Fortzüge	Saldo
1990	836.000	465.000	370.000
1991	925.000	498.000	428.000
1992	1.211.000	615.000	596.000
1993	990.000	711.000	279.000
1994	778.000	629.000	148.000
1995	793.000	567.000	225.000
1996	708.000	559.000	149.000
1997	615.000	637.000	–22.000
1998	606.000	639.000	–33.000
1999	674.000	556.000	118.000
Gesamt	**8.135.000**	**5.876.000**	**2.259.000**

Quelle: Statistisches Bundesamt, DIW Wochenbericht 48/2000
(Zahlen auf 1.000 gerundet).

verfahrensgesetz[29], dem Asylbewerberleistungsgesetz[30], dem Kontingentflüchtlingsgesetz und § 32a Ausländergesetz, der die temporäre Aufnahme von Kriegs- und Bürgerkriegsflüchtlingen regelt. Das Verfahren der Aufnahme von Aussiedlern wurde zunächst 1990 durch das Gesetz zur Regelung des Aufnahmeverfahrens für Aussiedler[31] und ab 1993 durch das Gesetz zur Bereinigung von Kriegsfolgengesetzen[32] bzw. das novellierte BVFG erheblich verändert. Auslöser der Neuordnung war der plötzliche Anstieg der Aussiedlerzahlen von 79 Tsd. im Jahre 1987 auf fast 400 Tsd. im Jahre 1990. Mit der Gesetzesnovelle wurden einwanderungspolitische Steuerungsinstrumente in das Aussiedlerrecht eingebaut. So ist jetzt Voraussetzung zur Anerkennung und Aufnahme als Spätaussiedler die Beantragung eines Aufnahmebescheids vom Wohnsitz in den Aussiedlungsgebieten aus. Die Zahl der jährlich zu erteilenden Aufnahmebescheide wird quotiert und liegt derzeit bei 103 Tsd.[33] Dabei kann das Bundesverwaltungsamt um 10% nach unten bzw. oben abweichen sowie im Aufnahmebescheid den frühesten Einreisezeitpunkt festlegen. Die Verteilung der Spätaussiedler auf die Bundesländer erfolgt nach einem vom Gesetz festgelegten Schlüssel (z.B. BW:12,3%; BY: 14,4%; NW: 21,8%). Zur Integration der Aussiedler stehen Überbrückungshilfen, Eingliederungsdarlehen, Pauschalabfindungen für die Aussiedlungskosten und Sprachkurse zur Verfügung. Weitere Regelungen betreffen die Mitgliedschaft in den gesetzlichen Arbeitslosen-, Kranken-, Unfall- und Rentenversicherungen, die Anerkennung von Prüfungen und Befähigungsnachweisen sowie die Förderung einer selbständigen Erwerbstätigkeit. Dass der Spätaussiedlerzuzug rückläufig ist, ist u.a. Folge flankierender Steuerungsmaßnahmen wie der Sprachprüfungen vor Ort und der finanziellen Unterstützung in den Siedlungsgebieten.

Ähnlich günstige Regelungen gelten für die im Rahmen humanitärer Hilfsaktionen aufgenommenen *Kontingentflüchtlinge* und die rechtlich gleichgestellten jüdischen Immigranten aus der ehemaligen Sowjetunion *(Quasi-Kontingentflüchtlinge)*. Ihnen wird ein dauerhaftes Bleiberecht eingeräumt, sie haben Anspruch auf die unbefristete Aufenthalts- und die unbefristete besondere Arbeitserlaubnis sowie Leistungen nach dem Sozialgesetzbuch (SBG III: Arbeitsförderung) wie Sprachkurse und Eingliederungshilfen. Zuwanderer im Rentenalter haben jedoch keine Rentenansprüche.

Ausländer im Sinne des Ausländergesetzes sind Personen, die nicht Deutsche im Sinne von Art. 116 Abs. 1 GG sind. Der Aufenthalt von Ausländern im Bundes-

---

29 AsylVfG v. 26.6. 1992, zuletzt geändert am 29.10. 1997.

30 AsylbLG v. 5.8. 1997, zuletzt geändert am 25.8. 1998.

31 Aussiedleraufnahmegesetz v. 1.7. 1990.

32 Kriegsfolgenbereinigungsgesetz v. 21.12. 1992.

33 Durchschnitt der im Jahr 1998 aufgenommenen Spätaussiedler, Ehegatten und Abkömmlinge gemäß § 27 Abs. 3 BVFG; ursprünglich orientierte sich die Quote am Mittel der in den Jahren 1991 (222 Tsd.) und 1992 (231 Tsd.) aufgenommenen Personen.

gebiet ist grundsätzlich an eine Aufenthaltserlaubnis gebunden, welche wiederum Voraussetzung für die Erteilung einer Arbeitserlaubnis ist. Von der Anwendung des Ausländergesetzes ausgenommen sind Personen, die nach dem Gerichtsverfassungsgesetz nicht der deutschen Gerichtsbarkeit unterliegen. Dies sind vor allem die Mitglieder der diplomatischen Missionen einschließlich ihrer Familienangehörigen und ihres Personals sowie die nicht amtlich entsandten ausländischen Botschaftsbeschäftigten, die Angehörigen der konsularischen Vertretungen, Personen mit dem Status als Exterritoriale wie ausländische Regierungsmitglieder und Diplomaten, die Mitglieder europäischer und internationaler Institutionen und Organisationen sowie die sich rechtmäßig in Deutschland aufhaltenden ausländischen Truppenangehörigen.

Das Recht auf Aufenthalt und Beschäftigung von *EU-Ausländern* (Unionsbürgern) wird durch den Vertrag zur Gründung der Europäischen Gemeinschaft[34], das Aufenthaltsgesetz/EWG und die Freizügigkeitsverordnung/EG bestimmt; dementsprechend findet das Ausländergesetz nur eingeschränkt Anwendung. Unionsbürger haben das Recht auf Freizügigkeit innerhalb des gesamten Unionsgebietes, auf (visa-) freie Einreise und auf Erteilung einer Aufenthaltserlaubnis/EG von mindestens fünfjähriger Gültigkeitsdauer zum Zweck der Arbeitsaufnahme. Diese Aufenthaltserlaubnis wird um jeweils fünf Jahre oder auch unbefristet verlängert, wenn der Unionsbürger "1. sich seit mindestens fünf Jahren ständig im Geltungsbereich dieses Gesetzes aufhält, 2. sich auf einfache Art in deutscher Sprache mündlich verständigen kann, 3. über ausreichenden Wohnraum (§ 17 Abs. 4 des Ausländergesetzes) verfügt und 4. sich in eigenständig und ohne Inanspruchnahme öffentlicher Mittel gesicherten wirtschaftlichen Verhältnissen befindet" (§ 7a Aufenthaltsgesetz/EWG). Mögliche Einschränkungen dieser Rechte sind gesetzlich geregelt und können z.B. für Staatsangehörige neuer Mitgliedstaaten gelten (vgl. Diskussion über Übergangsfristen für Polen und Tschechen). Die Freizügigkeitsregelungen finden nach Maßgabe des Abkommens über den europäischen Wirtschaftsraum[35] auch auf Staatsbürger aus EFTA-Staaten Anwendung.

Im Gegensatz zu den freizügigkeitsberechtigten Unionsbürgern findet das Ausländergesetz uneingeschränkt Anwendung auf *Drittstaatsangehörige,* deren Aufenthaltsstatus es durch vier Arten der *Aufenthaltsgenehmigung* nach dem jeweiligen Zweck des Aufenthaltes näher bestimmt (§ 5).

(1) Die Aufenthaltsgenehmigung wird als *Aufenthaltsbewilligung* (§ 28f.) erteilt, wenn der Aufenthalt nur für einen bestimmten, vorübergehenden Zweck erlaubt wird. Ausländische Praktikanten, Studierende oder Doktoranden müssen Deutschland – zumindest bisher noch – nach dem Abschluß ihrer Ausbildung bzw. Erwerb ihrer Qualifikation wieder verlassen.

---

[34] EG-Vertrag v. 7. 2. 1992 i.d.F.v. 2. 10. 1997.

[35] Gesetz v. 2. 5. 1992.

(2) Die *Aufenthaltsbefugnis* (§§ 30–35) wird aus völkerrechtlichen oder dringenden humanitären Gründen oder zur Wahrung politischer Interessen des Bundes erteilt. In der Praxis wird sie vor allem für Bürgerkriegsflüchtlinge ausgestellt. Voraussetzung ist, dass kein Asylantrag gestellt oder ein solcher zurückgezogen wird. Anders als bei den Kontingentflüchtlingen ist die Aufenthaltsbefugnis an das Fortbestehen der Aufenthaltsgründe gebunden. Sie wird jeweils für längstens zwei Jahre ausgestellt, kann aber nach acht Jahren aus humanitären Gründen als unbefristete Aufenthaltserlaubnis nach Maßgabe der entsprechenden Voraussetzungen erteilt werden.

(3) Die *Aufenthaltserlaubnis* (§§ 15–26) wird ohne Bindung an einen bestimmten Aufenthaltszweck befristet erteilt und befristet verlängert. Sie ist unbefristet zu verlängern, wenn sie seit fünf Jahren besteht und weitere Voraussetzungen erfüllt sind; hierzu gehören für Arbeitnehmer die besondere Arbeitserlaubnis und weitere, für eine Erwerbstätigkeit erforderliche Erlaubnisse, außerdem die Fähigkeit, sich auf einfache Weise in deutscher Sprache mündlich zu verständigen, und die Verfügung über ausreichenden Wohnraum. Die unbefristete Aufenthaltserlaubnis ist die zweite Stufe der rechtlichen Verfestigung des Aufenthalts.

(4) Die *Aufenthaltsberechtigung* (§ 27) ist die stärkste Form der Aufenthaltsgenehmigung; sie ist zeitlich und räumlich unbeschränkt und darf nicht mit Bedingungen oder Auflagen verbunden werden. Sie ist zu erteilen, wenn ein Ausländer acht Jahre eine Aufenthaltserlaubnis besitzt oder drei Jahre über eine unbefristete Aufenthaltserlaubnis verfügt und vorher im Besitz einer Aufenthaltsbefugnis war sowie weitere Bedingungen erfüllt. Hierzu gehört die selbständige Sicherung des Lebensunterhalts, die Mindestzahlung (60 Monate) von Rentenversicherungsbeiträgen, die Nichtverurteilung zu einer Freiheitsstrafe (ab 6 Monate) oder vergleichbaren Geldstrafe und die Erfüllung der für die Erteilung der unbefristeten Aufenthaltserlaubnis bestehenden Bedingungen.

Bei der *Duldung* des Aufenthalts eines Ausländers (§ 55) handelt es sich nicht um eine weitere Art der Aufenthaltsgenehmigung, sondern nur um den zeitweisen Verzicht auf eine nach innerstaatlichem Recht zulässige Abschiebung. Gründe können tatsächliche Hindernisse wie die Nichtaufnahme durch den Heimatstaat oder (völker-) rechtlich anerkannte Umstände sein wie Folter oder Todesstrafe im Heimatstaat. Die *Aufenthaltsgestattung* schließlich kennzeichnet den Aufenthaltsstatus von *Asylbewerbern* während des Asylverfahrens (§ 55 AsylVfG). Mit der Anerkennung als *Asylberechtigter* ist die Erteilung einer unbefristeten Aufenthaltserlaubnis verbunden (§ 68 AsylVfG, 15 AuslG). Flüchtlingen im Sinne der Genfer Flüchtlingskonvention wird für die Dauer des Bestehens der Fluchtgründe eine Aufenthaltsbefugnis erteilt. Ausländer aus Drittstaaten, die im Bundesgebiet einer unselbständigen Arbeit von mehr als drei Monaten nachgehen wollen, benötigen eine Aufenthaltsgenehmigung, die nur nach Maßgabe der Verordnung über Aufenthaltsgenehmigungen zur Ausübung einer unselbständigen Erwerbstätigkeit[36] erteilt wird (§ 10 AuslG). Dabei ist es zulässig, Einschränkungen auf bestimmte Berufe, Beschäftigungen oder Ausländergruppen vorzunehmen sowie die Art und Dauer der Aufenthaltsgenehmigung zu beschränken. Außerdem ist für die Arbeitsaufnahme eine Arbeitserlaubnis der Bundesanstalt für Arbeit erforderlich, die nach Maßgabe des Arbeitsmarktes und des Einzelfalls erteilt wird sowie sachlich, räumlich und zeitlich beschränkt werden kann (§ 284ff. SGB III). Zur Gruppe der Drittstaatsangehörigen gehören zwar grundsätzlich auch die türkischen Zuwanderer und ihre Familienangehörigen; für sie sieht das Assoziationsrecht allerdings unter bestimmten Bedingungen verbesserte, dem Freizügigkeitsrecht der Unionsbürger angenäherte aufenthalts- und arbeitserlaubnisrechtliche Bedingungen vor.[37]

Der Erwerb der deutschen Staatsbürgerschaft richtete sich bis zum 31. 12. 1999 nach dem Reichs- und Staatsbürgerschaftsgesetz;[38] seine Reform dürfte die wichtigste Änderung im deutschen Ausländerrecht seit der Revision des Ausländergesetzes im Jahre 1990 darstellen. Die Novellierung des in Staatsangehörigkeitsgesetz umbenannten und am 1. 1. 2000 in Kraft getretenen StAG umfaßt folgende Grundsätze: Das Abstammungsprinzip wird modifiziert, d.h. um das Territorialprinzip *(ius soli)* ergänzt. In Deutschland geborene Kinder ausländischer Eltern erwerben mit der Geburt die deutsche Staatsangehörigkeit. Besitzen sie noch eine andere Staatsangehörigkeit, haben sie nach Eintritt der Volljährigkeit bis zum 23. Lebensjahr zwischen der deutschen und der ausländischen Staatsangehörigkeit zu optieren. Voraussetzung für den Staatsbürgerschaftserwerb durch *ius soli* ist, dass ein Elternteil zum Zeitpunkt der Geburt seit mindestens acht Jahren seinen gewöhnlichen Aufenthalt im Inland hat und eine Aufenthaltsberechtigung oder seit drei Jahren eine unbefristete Aufenthaltserlaubnis besitzt. Für die vor dem Inkrafttreten des Gesetzes geborenen Kinder bis zu zehn Jahren besteht ein befristeter Einbürgerungsanspruch. Auch sie haben bei Volljährigkeit zwischen der deutschen und der ausländischen Staatsbürgerschaft zu wählen. Erwachsene Ausländer erhalten bereits nach acht statt bisher nach 15 Jahren einen *Anspruch* auf Einbürgerung. Dieser ist gebunden an ausreichende Deutschkenntnisse, das Bekenntnis zur freiheitlichen demokratischen Grundordnung, den Besitz einer Aufenthaltserlaubnis oder -berechtigung und wie bisher an Straflosigkeit (ausgenommen Bagatelldelikte) und Unterhaltsfähigkeit. Der Bezug von Arbeitslosen- oder Sozialhilfe ist unschädlich, wenn dies nicht vom Betroffenen zu vertreten ist. Eine Sonderbestimmung zielt darauf, *Extremisten* von der Einbürgerung auszuschließen. Der

[36] Arbeitsaufenthalteverordnung [AAV] v. 18. 12. 1990, zuletzt geändert am 24. 3. 1997.

[37] Vgl. Abkommen zur Gründung einer Assoziation zwischen der Europäischen Wirtschaftsgemeinschaft und der Türkei v. 12. 9. 1963, die entsprechenden Beschlüsse des Assoziationsrats sowie die Rechtsprechung des Europäischen Gerichtshofes v. 16. 6. 1995 u. 23. 1. 1997.

[38] RuStG v. 22. 7. 1913, zuletzt geändert am 15. 7. 1999.

Grundsatz der Vermeidung von Doppelstaatigkeit bei der Einbürgerung, von dem es seit Beginn der Geltung des RuStG stets Ausnahmen gegeben hat, wird beibehalten. Die schon bisher Ausnahmen zulassende Härteklausel wird konkretisiert für ältere Personen, wenn die Entlassung aus der Staatsbürgerschaft auf unverhältnismäßige Probleme stößt, für politisch Verfolgte und anerkannte Flüchtlinge, die künftig nicht mehr die Unzumutbarkeit ihrer Entlassungsbemühungen nachweisen müssen, für Personen, die unzumutbaren Bedingungen für die Entlassung aus ihrer Staatsbürgerschaft unterworfen sind (z.B. entwürdigenden Entlassungsprozeduren) und schließlich für solche Ausländer, die im Falle der Entlassung aus der Staatsbürgerschaft unzumutbaren Nachteilen wirtschaftlicher Art unterworfen wären (z.B. Enteignung). Diese Gründe gelten auch für den Regelanspruch auf Einbürgerung von Ehegatten deutscher Staatsbürger. Die generelle Verpflichtung zur Einholung der Zustimmung des Bundesinnenministers zur Einbürgerung ist aufgehoben. Schließlich erfolgt die Einbürgerung deutschstämmiger Vertriebener und Spätaussiedler nunmehr automatisch durch Gesetz. Im übrigen gelten die bisherigen Einbürgerungsbestimmungen wie die uneingeschränkte Geschäftsfähigkeit und das Fehlen von Ausweisungsgründen (vgl. §§ 46f. AuslG). Mit dieser Reform wird endlich der Tatsache Rechnung getragen, dass sich die *deutsche* Gesellschaft durch Zuwanderung verändert hat; *Ausländersein* wird nicht mehr automatisch über Generationen hinweg *vererbt*. Deutschland hat damit einbürgerungsrechtlich Anschluß an seine westlichen Nachbarn gefunden.

Die Zahl der jährlichen (Anspruchs- und Ermessens-) Einbürgerungen von jungen Ausländern sowie Ausländern mit langem Aufenthalt hat aufgrund der Erleichterungen im novellierten Ausländergesetz von 1991 bis einschließlich 1996 erheblich zugenommen; sie bleiben allerdings mit 83 Tsd. bzw. 1,15% der ausländischen Bevölkerung[39] immer noch auf einem niedrigen Niveau. Vor allem das grundsätzliche Verbot der Doppelstaatigkeit, an dem auch das neue Staatsangehörigkeitsgesetz festhält, führt in der Praxis zu Problemen.[40] Kinder aus deutsch-ausländischen Ehen sind in der Regel Doppelstaatsangehörige. Fast die Hälfte aller Einbürgerungen gemäß §§ 85, 86 Abs. 1 AuslG entfällt auf Türken (49,2%), gefolgt von Marokkanern (5,1%), Vietnamesen (3,9%), Jugoslawen (Bundesrepublik Jugoslawien; 3,9%), Polen (2,5%), Kroaten (2,3%), Tunesiern (2,1%), Rumänen (2,0%), Afghanen (1,8%) und Eritreern (1,7%). Die Einbürgerungsquoten sind bei den verschiedenen Nationalitäten unterschiedlich; sie liegen 1997 relativ hoch bei Tunesiern (6,6%) und Marokkanern (4,8%), im Mittelbereich bei Afghanen (2,19%), Türken (1,6%)[41] und Ungarn

---

[39] 1997 Rückgang um 4% zu 1996; neuere Daten nicht verfügbar.

[40] Vgl. *Bundesministerium für Arbeit und Sozialordnung* (Hrsg.), Repräsentativuntersuchung ,95; nach *MARPLAN*, Ausländer in Deutschland 1998: Soziale Situation. Offenbach 1998. S. 46, sind 57% der befragten Ausländer an einer Einbürgerung interessiert.

[41] 1993: 0,6%; 1995: 1 ,6%: 1996: 2,3%.

(1,3%) und relativ niedrig (unter 1%) bei Kroaten, Iranern und Jugoslawen (Bundesrepublik Jugoslawien.[42]

III. Integration durch Bildung

Die Arbeitslosenquote ausländischer Arbeitnehmer ist wesentlich höher als bei Deutschen; sie betrug 1997 20,4% (Deutsche: 11,0%) und 1998 19,6% (10,5%). Ende 1999 waren 22,4% der Sozialhilfeempfänger Ausländer (Bevölkerungsanteil: 8,9%). Ausländische Beschäftigte sind überproportional in Arbeitsverhältnissen beschäftigt, die von geringen Qualifikationsanforderungen und saisonalen Nachfrageschwankungen geprägt sind wie z.B. Müllabfuhr, Reinigungsbetriebe, Pflegedienste bzw. Hotel- und Gaststättengewerbe. Zwischen Qualifikationsniveau und Arbeitsplatzsicherheit besteht eine hohe Korrelation. Der Ausbildungsstand ausländischer Arbeitnehmer, aber auch ausländischer Jugendlicher ist erheblich niedriger als der der deutschen Vergleichsgruppen; die Ungelerntenquote bei deutschen Jugendlichen beträgt 8%, bei den ausländischen 33% und bei türkischen 40%. Der Bildungspolitik für Zuwanderer (-kinder) kommt daher besondere Bedeutung zu. Trotz des kontinuierlichen Anstiegs der Bildungsbeteiligungsquote im Verlauf der 80er Jahre und des Bildungsniveaus bis Mitte der 90erJahre sind Zuwandererkinder im deutschen Schul- und Ausbildungssystem weiterhin benachteiligt. Sie sind überrepräsentiert an Haupt-, Gesamt- und Sonderschulen sowie unterrepräsentiert an Realschulen und Gymnasien.[43] 19,4% der ausländischen Schüler erreichten 1997 nicht den Hauptschulabschluß (Deutsche: 7,7%). 42,2% der ausländischen Schüler an allgemeinbildenden Schulen erhielten den Hauptschulabschluß, 28,1% die mittlere Reife und 9% das Abitur. Deutsche Schüler erreichten mit 25,2% einen Haupt- und 40,9% einen Realschulabschluß sowie 25,5% die allgemeine Hochschulreife. Bei der Fachhochschulreife lagen beide Gruppen nahezu gleich auf.[44] Während die Bildungsbeteiligung im allgemeinbildenden Bereich stagniert oder leicht zurückgegangen ist, ist die Ausbildungsbeteiligung im Berufsausbildungsbereich seit 1995 erheblich zurückgegangen. 37,8% der 18- bis 25-jährigen Ausländer nahmen 1998 an einer Berufsausbildung teil, verglichen mit 65,9% der deutschen Vergleichsgruppe; 1994 lagen die Werte bei 43,5% zu 70,8%. Die Qualifikations- und Beschäftigungsprobleme lassen sich auf die Vorschulphase und allgemeinbildenden Schulen zurückführen. Ausländer- und

[42] Ausländerbeauftragte, Bericht 2000, 22f.

[43] Zur Schulsituation in allen Bundesländern vgl. *Gogolin, Ingrid; Neumann, Ursula; Reuter, Lutz R.* (Hrsg.), Schulbildung für Kinder aus Minderheiten in Deutschland 1989–1999. Münster 2001.

[44] Vgl. *Ausländerbeauftragte,* Bericht 2000, S. 143–133, 249–257; dies., Daten und Fakten zur Ausländersituation, Berlin 2000, S. 14–17, 37–45.

Aussiedlerkinder besuchen unterproportional Vorschuleinrichtungen und kommen ohne oder mit unzulänglichen Deutschkenntnissen in die (Grund-) Schulen. Es gelingt nicht, diesen Sprachrückstand so abzubauen, dass die Schüler die Sekundarschulen erfolgreich absolvieren können. Die Hauptmaßnahmen zur schulischen Betreuung der Zuwandererkinder sind Vorbereitungsklassen mit verstärktem Unterricht in Deutsch als Zweitsprache, lntensivkurse und Förderunterricht in Deutsch in den Regelklassen, muttersprachlicher und landeskundlicher Unterricht für Schüler der ehemaligen Anwerbeländer; in Ballungsgebieten gibt es auch reine Ausländerklassen.[45]

Gleichheit der Bildungschancen für die etwa 12% Schüler mit einer anderen Erstsprache als Deutsch ist bis heute keine Leitlinie der deutschen Schulpolitik. Asylbewerber- und Flüchtlingskinder sind in sechs Bundesländern nicht schulpflichtig;[46] vor allem die Maßnahmen zur Vermittlung von Deutschkenntnissen sind ineffizient. Obwohl die Bildungsbenachteiligung dieser Schüler hinlänglich bekannt ist, haben schulpolitische Programme für Migrantenkinder keine Priorität. Dies dokumentiert auch das Schulrecht. Bis heute gilt die KMK-Vereinbarung über den Unterricht für Kinder ausländischer Arbeitnehmer von 1976/79 mit der wirklichkeitsfremden Doppelzielsetzung von Integration und Rückkehrförderung.[47] Die zum Gesetzesvorbehalt entwickelten Kriterien werden nicht beachtet;[48] die einschlägigen Bestimmungen sind weitestgehend Verwaltungsvorschriften. Nur vier Landesschulgesetze[49] enthalten gewisse Regelungen zur Beschulung von Zuwandererkindern sowie acht Schulpflichtgesetze Ergänzungs- und Ausnahmebestimmungen zum obligatorischen Schulbesuch.[50] Obwohl es Studienangebote für den Unterricht mit Zuwandererkindern gibt, verfügen die meisten Lehrkräfte, die Deutsch als Zweitsprache durchführen, über keine einschlägige Ausbildung. Die wenigsten Lehrkräfte sind auf die interkulturelle und mehrsprachige Zusammensetzung der Schülerschaft ausbildungsmäßig vorbereitet; die Ressourcen für die Beschulung von Zuwandererkindern sind unzulänglich. Es fehlt ein effizientes Unterrichtsangebot insbesondere in Regionen mit kleineren Ausländer- und Aussiedlerzahlen. Die Überwindung der vielfach beklagten Segregation der Zuwanderer auch der zweiten und dritten Generation, Folge ethnischer Abschottung *und*

---

[45] Vgl. *Seifert, Wolfgang,* Ausländische Bevölkerung, in *Bernhard Schäfers u. Wolfgang Zapf* (Hrsg.), Handwörterbuch zur Gesellschaft Deutschlands, Opladen 2001, S. 53–63: Gogolin, Neumann, Reuter 2001.

[46] Vgl. *Gogolin, Ingrid; Neumann, Ursula; Reuter, Lutz R.*, Schulbildung für Minderheiten: Eine Bestandsaufnahme, in Z.f.Päd. 1998, S. 667–670.

[47] Vgl. KMK-Beschlußsammlung Nr. 899.1.

[48] Vgl. Deutscher Juristentag 1981, S. 152f.

[49] § 35a SchuIG BE, § 49 SchuIG HB, § 3 Abs. 3 Schulg HH u. §§ 5a, 8a SchuIG HE; zu autochthonen Minderheiten vgl. § 5 SchuIG BB, § 2 SchulgG SN u. §§ 60, 63 SchuIG SH.

[50] Vgl. *Reuter* RdJB 1999, S. 26–43; *Reuter* ZAR 2001, S. 111–119.

ungenügender Ausbildungs-, Berufs- und Lebenschancen, wird erst dann gelingen, wenn grundlegende und effiziente Reformen im Vorschul-, Schul- und Berufsbildungswesen stattfinden.[51] Die unbefriedigenden Schul- und Ausbildungserfolge von Jugendlichen mit Migrationsbiographie bestätigt die internationale Schulleistungsstudie (PISA) der OECD.[52]

IV. Reformdesiderate und Entwicklungstendenzen

Eine umfassende und kohärente Novellierung des Staatsangehörigkeits- und Einbürgerungsrechts ist 1999 nicht gelungen; die Reform ist ein politischer Kompromiss, wie die Beibehaltung des Mehrstaatigkeitsverbots deutlich macht. Doch die wichtigsten Reformforderungen nach automatischem Erwerb der deutschen Staatsbürgerschaft durch Geburt, Aufgabe des Grundsatzes der einheitlichen Familienstaatsangehörigkeit und Ausnahmen vom Mehrstaatigkeitsverbot sind erfüllt. Der administrative Aufwand bei der Option für eine der beiden Staatsangehörigkeiten zwischen dem 18. und 23. Lebensjahr und beim Nachweis der Unzumutbarkeit (bzw. der Unmöglichkeit) der Entlassung aus der ausländischen Staatsbürgerschaft lässt sich noch nicht abschätzen. Wichtig sind die durch die Legaleinbürgerung der Aussiedler eingetretenen Entlastungseffekte bei den Einbürgerungsbehörden.

Ob mit der Reform des Staatsbürgerschafts- und Einbürgerungsrechts die Forderung nach einem Kommunalwahlrecht von Drittstaatsangehörigen von der politischen Tagesordnung verschwinden wird, bleibt abzuwarten.[53] Die Erfahrungen mit dem Ausländerwahlrecht werden in Dänemark und den Niederlanden integrationspolitisch positiv bewertet. Die Änderung des Kommunal- bzw. Bezirkswahlrechts in Schleswig-Holstein[54] und Hamburg[55] waren 1990 am Verdikt des Bundesverfassungsgerichts[56] gescheitert, das hierfür eine Änderung des Grundgesetzes für erforderlich ansah. Im Rahmen der Verfassungsreform von 1992–94 konnte nur über das Kommunalwahlrecht von Unionsbürgern Konsens erzielt werden (Art. 28 Abs. 1 GG). Die EG-Richtlinie zum Kommunalwahlrecht von Unionsbürgern[57] ist in den Bundesländern unter-

---

[51] Vgl. *Ausländerbeauftragte,* Bericht 2000, S. 113–144: *Fuchs, Hans-Werner; Reuter, Lutz R.,* Bildungspolitik in Deutschland 2000, S. 43–58, 91–96, 148–151.

[52] Vgl. Baumert, Jürgen et al. (Hrsg.): PISA 2000: Basiskompetenzen von Schülerinnen und Schülern im internationalen Vergleich. Opladen 2001, S. 372–379.

[53] Vgl. *Ausländerbeauftragte,* Bericht 2000, S. 64, 208: *Barbieri, William A.,* Ethics of Citizenship: Immigration and Group Rights in Germany. Durham/London 1998.

[54] Gemeinde- und Kreiswahlgesetzes v. 21. 2. 1989.

[55] Gesetz zur Einführung des Wahlrechts für Ausländer zu den Bezirksversammlungen der Freien und Hansestadt Hamburg v. 20. 2. 1989.

[56] BVerfGE 83, 37, 60.

[57] Richtlinie 94/80/EG vom 19. 12. 1994.

schiedlich umgesetzt worden. Mit Ausnahme von Bayern und Sachsen werden Unionsbürger in allen Bundesländern von Amts wegen in die Wählerlisten eingetragen und können zu hauptamtlichen Bürgermeistern und Landräten gewählt werden.

Fremdenfeindlichkeit, Rassismus, Antisemitismus und Gewalt gegen Minderheiten sind in Deutschland und Europa ubiquitär.[58] In verschiedenen Ländern wie z.B. in Belgien, Frankreich, Großbritannien, Niederlande und Schweden gibt es positive Erfahrungen mit Antidiskriminierungsgesetzen. Die in Deutschland in den 90er Jahren aufgenommene Debatte über rechtliche Instrumente gegen gesellschaftliche Diskriminierungen von ethnischen, kulturellen und sozialen Minderheiten[59] mündete in Gesetzentwürfe von Bündnis 90/ Die Grünen[60] und SPD[61]. Ein in der Koalitionsvereinbarung für die 14. Legislaturperiode verabredetes Antidiskriminierungsgesetz dürfte angesichts der komplexen Vorarbeiten in den verschiedenen möglichen Anwendungsbereichen (z.B. Berufs-, Miet- und Wirtschaftsrecht) nicht mehr realisiert werden.

Uneingelöst ist die Forderung, die Aussiedler-, Ausländer-, Flüchtlings- und Asylpolitik in eine abgestimmte Einwanderungs- und lntegrationspolitik zu überführen.[62] Mit der Aussiedlerpolitik betreibt die deutsche Politik seit Anfang der neunziger Jahre unter dem Deckmantel einer *humanitären Kriegsfolgenbereinigung* eine aktive und insgesamt relativ erfolgreiche Einwanderungspolitik, die die Zulassung zum Bundesgebiet nach Jahresquoten und ethnisch-kulturellen Kriterien steuert und spezifischen deutschen, z.B. demographischen, Interessen genügt.[63] Ähnliches gilt auch für die Politik der quotierten Zulassung von Kontingentflüchtlingen und der unlimitierten Zulassung jüdischer Immigranten, letztlich aber auch für die Politik der Ausnahmeregelungen bei der Erteilung von Arbeitserlaubnissen an Saisonarbeiter einerseits und hochqualifizierte Spezialisten andererseits.[64] Die Beispiele zeigen, dass die Argumente der bishe-

---

[58] Vgl. *Ausländerbeauftragte,* Bericht 2000, S. 173–176; *Rystad, Göran,* Encountering Strangers: Responses and Consequences. Lund, 1997; *Wrench, John: Solomos, John* (Hrsg.), Racism and Migration in Western Europe. Oxford/Providence 1993.

[59] Vgl. *Ausländerbeauftragte,* Bericht 1997, S. 102–104 u. Bericht 2000, S. 70–74.

[60] Antidiskriminierungsund Minderheitenrechtsgesetz. BT-Drs. 13/9706 v. 20. 1. 1998.

[61] Gleichbehandlungsgesetz, BT-Drs. 13/10081 v. 9. 3. 1998.

[62] Vgl. *Wollenschläger, Michael,* Institutionelle Rahmenbedingungen für eine Einwanderungskonzeption der Bundesrepublik Deutschland, in *Forschungsinstitut der Friedrich-Ebert-Stiftung* (Hrsg.), Einwanderungskonzeption für die Bundesrepublik Deutschland, Bonn 1995, S. 117–168.

[63] Vgl. Krekeler, Christian: Sprachförderung für Spätaussiedler, in: Deutsch als Zweitsprache, Extraheft Dez. 2001, S. 13–22.

[64] Vgl. Verordnung über Ausnahmeregelungen für die Erteilung einer Arbeitserlaubnis an neueinreisende ausländische Arbeitnehmer (Anwerbestoppausnahmeverordnung – ASAV) vom 17. September 1998: aufgrund von § 5 Nr. 2 wurden bis April 2001 ca. 6.000 „Green Cards" für lT-Spezialisten ausgestellt.

rigen Bundesregierungen gegen den Status Deutschlands als Einwanderungsland und gegen eine aktive Zuwanderungspolitik und -gesetzgebung unhaltbar sind. Insofern leitet der Zuwanderungsgesetzentwurf der Bundesregierung vom November 2001 einen grundlegenden Politikwandel ein[65]. Die Entwicklung einer abgestimmten Zuwanderungs- und Eingliederungspolitik steht auf der Tagesordnung der deutschen und der europäischen Politik.[66]

Mit dem Vertrag von Amsterdam werden Teile der Asyl-, Flüchtlings- und Ausländerpolitik vergemeinschaftet, d.h. sie unterliegen den Rechtsetzungsregelungen der Organe der EU.[67] Danach erhält die EU Zuständigkeiten für die Bestimmung des zuständigen Asyllandes, die Bekämpfung der illegalen Zuwanderung (einschließlich der internationalen Schleuserorganisationen) und die Rückführung ausreisepflichtiger Ausländer sowie den Erlaß von Mindestnormen für die Aufnahme und Anerkennung von Asylbewerbern, den Schutz von Vertriebenen und den Lastenausgleich innerhalb der Union.[68] Die Kommission hat bereits einige Maßnahmen eingeleitet, die die Vermutung haben aufkommen lassen, dass anstelle von Mindeststandards die Harmonisierung der Migrationspolitik angestrebt sei.[69] Insofern ist von Bedeutung, dass die Regelungen nach Art. 63 innerhalb von fünf Jahren zu treffen sind; dabei gilt für die Beschlußfassung im Rat das Einstimmigkeitsprinzip.[70]

V. Segregation und Integration

Ethnokulturelle Gruppenbildungen, sog. *Reethnisierungen*, lassen sich in allen europäischen Einwanderungsländern beobachten. Sie sind Ausdruck der Identitätssuche der Zuwanderer und Folge der Entfremdung von der Herkunftsgesellschaft und Distanz der Aufnahmegesellschaft. Ablehnung resultiert in der Regel nicht aus *Entfremdungserfahrungen,* sondern eher aus *mangelnden* Kontakten der einheimischen Bevölkerung mit den *Fremden,* wie die geringere Quote fremdenfeindlicher Delikte in Städten mit hohem Migrantenanteil im Vergleich mit solchen mit kleinen Anteilen zeigt. Mangelhafte Ausbildungschancen, Arbeitslosigkeit, Ghettoisierung und hohe Integrationshürden fördern die

---

[65] Vgl. BT-Drs. 14/8009 v. 17. 1. 2002 u. 14/7465 v. 14. 11. 2001.

[66] Vgl. *OECD*, Globalisation, Migration and Development. Paris 2001.

[67] Art. 63 (ex-73k) EG-Vertrag i.d.F. vom 2. Oktober 1997.

[68] Vgl. z.B. Richtlinie des Rates zur Festlegung von Mindestnormen für die Aufnahme von Asylbewerbern in den Mitgliedstaaten.

[69] Vgl. z.B. Richtlinie des Rates betreffend den Status der langfristig aufenthaltsberechtigten Drittstaatsangehörigen; Mitteilung der Kommission über eine gemeinsame Migrationspolitik der Europäischen Union.

[70] Vgl. *Hubert* (Hrsg.): Zuwanderungspolitik in Europa: Nationale Politiken, Gemeinsamkeiten und Unterschiede. Opladen: Leske und Budrich, 1994.

Reethnisierung, die auch bei jüngeren Aussiedlern zu beobachten ist, und tragen zu Abwehr und Fremdenfeindlichkeit bei. Die Widersprüchlichkeit der Ziele und Praxis der bisherigen Zuwanderungspolitik und das Fehlen einer aktiven Integrationspolitik für Zuwanderer und Minderheiten stehen in einem Wirkungszusammenhang mit dem Mangel an gesellschaftlichem Konsens über die Zuwanderung. Hierüber muss die Politik einen öffentlichen Diskurs anstoßen, wie dies die Regierungen in den Niederlanden und Schweden mit Erfolg getan haben. Ohne gesellschaftlichen Grundkonsens sind gesellschaftliche Integration, Toleranz, Akzeptanz kultureller Vielfalt und sozialer Frieden zwischen der autochthonen und der allochthonen Bevölkerung nicht erreichbar. Interesse ist ein Merkmal der Politik, auch der Einwanderungspolitik. Deutsche bevölkerungs-, wissenschafts- oder wirtschaftspolitische Interessen müssen im Diskurs offengelegt werden und in die Einwanderungs- und Integrationsgesetzgebung Eingang finden (z.B. Prioritäten und Quoten nach demographischen, qualifikatorischen und arbeitsmarktpolitischen Kriterien). Mit den Vorschlägen der Zuwanderungskommissionen der Bundesregierung und der CDU ist zumindest ein Anfang gemacht worden.[71] Der Zuwanderungsgesetzentwurf, mit dem diese Vorschläge aufgegriffen werden, sieht die Änderung zahlreicher einschlägiger Gesetze und die Transformation des bisherigen Ausländergesetzes in ein „Gesetz zur Steuerung und Begrenzung der Zuwanderung und zur Regelung des Aufenthalts und zur Integration von Unionsbürgern und Ausländern" vor. Die Zahl der bisherigen Aufenthaltstitel wird auf eine (befristete) Aufenthaltserlaubnis und eine (unbefristete) Niederlassungserlaubnis reduziert. Die Verwaltungsverfahren werden vereinfacht; die Entscheidungskompetenz über den Arbeitsmarktzugang obliegt der Arbeitsverwaltung auf der Grundlage des Nachweises eines konkreten Arbeitsplatzes. Darüber hinaus wird die Möglichkeit zur Aufnahme einer begrenzten Zahl besonders geeigneter Zuwanderer über ein Auswahlsystem ohne feste Arbeitsplatzzusage geschaffen. Studenten kann nach Studienabschluss eine Erwerbstätigkeit gestattet werden. Integrationsmaßnahmen werden gesetzlich angeboten und Sprachkurse bei fehlenden Sprachkenntnissen verbindlich gemacht. Schließlich wird ein Bundesamt für Migration und Flüchtlinge für Koordinierungs- und Entscheidungsaufgaben geschaffen, das aus dem Bundesamt für die Anerkennung ausländischer Flüchtlinge hervorgeht. Es ist zu hoffen, dass die notwendige Konsensbildung nicht an parteitaktischen Erwägungen im Bundestagswahljahr 2002 scheitert[72].

Gesellschaftliche Segregationsprozesse haben neben gesellschaftlichen, wirtschaftlichen und politisch-rechtlichen Integrationsbarrieren auf Seiten der Auf-

---

[71] Vgl. *CDU,* Zuwanderung steuern, Integration fördern, Programm und Materialien v. 3.5. 2001; Bericht der Unabhängigen Kommission „Zuwanderung": Zuwanderung gestalten, Integration fördern. Berlin, 4. Juli 2001.

[72] Zuwanderungsgesetzentwurf i.d.F. v. 17.1.2002, verabschiedet vom Bundestag in modifizierter Fassung am 1.3.2002; die Zustimmung des Bundesrats ist noch offen.

nahmegesellschaft unverkennbar Ursachen auch innerhalb der Zuwanderergruppen. Eigenethnische Strukturen sind zwar funktional zur Bewältigung der Einwanderungssituation, und das Engagement für sprachliche, kulturelle oder religiöse Belange ist Kern von Minderheitengruppenrechten. Unverzichtbar ist allerdings, dass die Immigranten deutsche Sprachkenntnisse und qualifizierte Schul- und Berufsbildungsabschlüsse erwerben. Schließlich ist nicht zu übersehen, dass Überhöhungen von national, sprachlich, kulturell oder religiös definierten Gruppenzugehörigkeiten unter Zuwanderern – wie unter Deutschen – vor allem dann auf fruchtbaren Boden fallen, wenn institutionelle Kommunikationsnetze fehlen und hohe Integrationsbarrieren bestehen.[73] An dieser Stelle bleibt auch für die deutsche Politik noch eine Menge zu tun.

---

[73] Vgl. Anstöße für einen neuen integrationspolitischen Dialog in *Ausländerbeauftragte,* Bericht 2000, S. 201–210.

Ist das Bundesverfassungsgericht „Herr seines Verfahrens“?

Alfred Rinken

I. Funktion und Kompetenzen des Bundesverfassungsgerichts

1. Justizielle Sicherung des Verfassungsvorrangs

„Ohne das Bundesverfassungsgericht wäre das ganze Grundgesetz wenig wert.“[1] Mit diesem Satz kennzeichnet *Ekkehart Stein* in der prägnanten Weise, die sein großes Lehrbuch zum Staats- und Verfassungsrecht auszeichnet, die Funktion des Bundesverfassungsgerichts. Es ist die *Sicherung des Verfassungsvorrangs* und damit die Vorordnung des Rechts vor der Macht, die das Grundgesetz dem Bundesverfassungsgericht „anvertraut“. Das Grundgesetz hat das Gericht durch die Zuweisung umfassender Zuständigkeiten in die Lage versetzt, diese Funktion in wirksamer Weise wahrzunehmen, und durch die Einrichtung unterschiedlicher Verfahrensarten die Aufgabenstellung konkretisiert. Sicherung des Verfassungsvorrangs – das heißt Wahrung der Kompetenzordnung in einem gewaltenteilig und föderal strukturierten Gemeinwesen, es heißt Minderheitenschutz und es heißt vor allem effektiver Schutz der Grundrechte. Das Bundesverfassungsgericht ist der großen Aufgabe in bewundernswerter Weise gerecht geworden. „Durch tiefes Eindringen in die politischen Zusammenhänge“ – so lautet die zutreffende Würdigung durch *Ekkehart Stein* – „hat es die sehr allgemein gehaltenen Normen des Grundgesetzes zu einem lebendigen Bestandteil der sozialen Wirklichkeit werden lassen. Vor allem ist es ihm zu danken, dass die meisten Grundrechte anders als unter der Weimarer Verfassung nicht leer laufen, sondern zur Richtschnur der gesamten Staatstätigkeit geworden sind. So hat es erheblich dazu beigetragen, die Buchstaben der Verfassung in eine freiheitliche Ordnung von Staat und Gesellschaft umzusetzen.“[2]

Mit der Institutionalisierung des Bundesverfassungsgerichts hat das Grundgesetz sich für eine *justizielle Sicherung des Verfassungsvorrangs* entschieden.[3] Es er-

---

[1] *E. Stein/G. Frank,* Staatsrecht, 17. Auflage, Tübingen 2001, S. 178.

[2] *E. Stein/G. Frank,* Staatsrecht (Fn. 1), S. 178.

[3] Die folgenden Ausführungen akzentuieren eine Grundlinie meiner Kommentierung des Bundesverfassungsgerichts im Alternativkommentar zum GG; vgl. *A. Rinken,* vor Art. 93, Art. 93, Art. 94 und Art. 100, in: *E. Denninger u. a. (Hrsg.),* Kommentar zum Grundgesetz für die Bundesrepublik Deutschland, 3. Aufl., Neuwied 2001; dort auch weitere rechtstechnische Einzelheiten und ausführliche Literaturnachweise.

wartet eine optimale Vorrangsicherung durch die Überweisung der „Verfassungskonflikte“ an eine Instanz vom justiziellen Organisationstyp, d. h. an eine bisher unbeteiligte, mit Fachjuristen besetzte Instanz in einem gegen den bisherigen (politischen) Entscheidungsprozeß weithin abgeschotteten formalisierten Verfahren mit beschränktem Entscheidungsgegenstand und gesteigerter Diskursivität. Die Stichworte lauten Verfassungs- und Gesetzesbindung, Unabhängigkeit, Unparteilichkeit, Passivität und Fallbezogenheit: Die richterliche Entscheidung soll nur als argumentativ begründete gelten und es sollen nur Argumente zugelassen sein, die in einem methodisch kontrollierbaren normativen Ableitungszusammenhang stehen (Verfassungs- und Gesetzesbindung); es soll kein normativ zugelassenes Argument „von außen“ unterdrückt werden können (Unabhängigkeitsgarantie); die Akzeptanz der Argumentation soll durch keinerlei konkrete Interessiertheit beeinträchtigt werden (Unparteilichkeitspostulat); Passivität (Initiativverbot und Entscheidungszwang) und Beschränkung auf den Streitgegenstand („Fall“) sollen diese Voraussetzungen verfahrensrechtlich sichern. Das Ergebnis dieses auf „Gerechtigkeit“ ausgerichteten diskursiv gestalteten justiziellen Verfahrens ist am Rechtswert der „Rechtssicherheit“ orientiert: Die rechtskräftige Entscheidung ist prinzipiell unangreifbar und unabänderbar. In den vom Bundesverfassungsgericht entschiedenen Fällen hat dieses „das letzte Wort“.[4]

Daß die Verfassung die Kompetenz der Vorrangsicherung einem Gericht zuweist, ist aus demokratietheoretischer Perspektive eine höchst ambivalente Entscheidung. Zwar bedeutet Wahrung des Verfassungsvorrangs die Sicherung der Grundendscheidungen des pouvoir constituant vor dem „alltäglichen“ Mehrheitswillen des pouvoir constitué und damit eine demokratische Legitimation der Verfassungsgerichtsbarkeit; zugleich wirft die Übertragung dieser Aufgabe an eine demokratisch nur mittelbar legitimierte Instanz vom justiziellen Entscheidungstyp eine diffizile demokratietheoretische Frage auf: Wie kann verhindert werden, daß die vom Bundesverfassungsgericht ausgeübte Entscheidungsmacht zu einer Verlagerung des politischen Gravitationszentrums vom demokratisch strukturierten politischen Prozeß, insbesondere vom demokratisch unmittelbar legitimierten und politisch kontrollierten Gesetzgeber, auf das demokratisch nur mittelbar legitimierte und politisch nicht kontrollierte Bundesverfassungsgericht führt? Wie kann verhindert werden, daß die der Gerichtsbarkeit eigentümliche Funktionsweise des „letzten Wortes“ zu einer „Versteinerung“ des politischen Prozesses führt, die mit der Dynamik einer demokratischen Verfassung und mit ihrer Offenheit für politische und soziale Entwicklungen unvereinbar wäre? Es sind vor allem die dem Bundesverfassungsgericht mit der Normenkontrolle übertragene Kompetenz zur Entscheidung

[4] Das gilt für den Bereich des Grundrechtsschutzes im Verhältnis zum Europäischen Gerichtshof für Menschenrechte allerdings nur noch bedingt.

über Akte des demokratischen Gesetzgebers und die Ausstattung dieser Entscheidungen mit Gesetzeskraft, die die Frage nach der Legitimation und damit nach den Grenzen der Verfassungsgerichtsbarkeit im demokratischen Verfassungsstaat unabweisbar machen. Wann ist das Bundesverfassungsgericht zur rechtsverbindlichen Letztentscheidung legitimiert und wann der Gesetzgeber? Abstrakt ist diese Antwort eindeutig: Die Legitimation wird positivrechtlich durch die Kompetenz vermittelt; deren Begrenzung ergibt sich aus positiver Bestimmung (differenzierte Entscheidungsbefugnisse im Rahmen normierter Zuständigkeiten), ausdrücklicher Ausgrenzung (Grundrechte als negative Kompetenzbestimmungen) und dem Verbot der Einmischung in eine fremde Funktion. Konkret aber sind diese Kompetenzbestimmungen nur in einem Kernbereich eindeutig. In einem weiten Grenzbereich bleibt mit der Kompetenzfrage die Legitimationsfrage prekär.

2. *Verfassungsprozeßrecht als Kompetenzrecht*

Zu einer Klärung der Legitimationsfrage trägt eine *funktionellrechtliche Sichtweise* bei, die an der positivrechtlichen gewaltenteiligen Organisation der drei Gewalten ansetzt und jeweils den Zusammenhang von Funktionszuweisung, Organkompetenz und Organstruktur als Legitimationszusammenhang analysiert. Die entscheidende Prämisse des funktionellrechtlichen Ansatzes „ist die ‚positivistische' Annahme, daß dieser Zusammenhang von der Verfassung für die verschiedenen Funktionsbereiche zumindest ‚im Kern' in jeweils spezifischer Weise funktionsgerecht ausgestaltet ist und daß die Legitimation des Organhandelns durch diesen Zusammenhang vermittelt wird. Zu einer Bestimmung der Kompetenzgrenzen jenseits der Kernbereiche und damit zur Lösung der Abgrenzungsprobleme trägt der funktionellrechtliche Ansatz bei durch einen *Rückschluß von der Organstruktur auf die Kompetenz*: Im Zweifel ist das Organ zur Entscheidung legitimiert, das der Entscheidung strukturell am nächsten steht. In diesem Sinne argumentiert das Bundesverfassungsgericht funktionellrechtlich, wenn es feststellt, die in Art. 20 Abs. 2 normierte organisatorische und funktionelle Unterscheidung und Trennung der Gewalten diene nicht nur der Machtverteilung und -kontrolle, sondern ziele auch darauf ab, ‚daß staatliche Entscheidungen möglichst richtig, das heißt von den Organen getroffen werden, die dafür nach ihrer Organisation, Zusammensetzung, Funktion und Verfahrensweise über die besten Voraussetzungen verfügen' (*BVerfGE* 68, 1, 96 – Nachrüstung; 95, 1, 15 – Südumfahrung Stendal; 98, 218, 252 – Rechtschreibreform)."[5]

---

[5] *A. Rinken,* Rz. 99 vor Art. 93 (Fn. 3); dort, Rz. 98 ff., eine ausführlichere Darstellung des funktionellrechtlichen Ansatzes mit umfangreichen Nachweisen. Vgl. auch die differenzier-

Das Bundesverfassungsgericht ist seiner Funktion und seinem Status nach ein *Gericht*; seine Verfahrens-, Organisations- und Personalstruktur ist in allen wesentlichen Merkmalen eine gerichtsförmige. Seine Bezeichnung als *„Verfassungsorgan"* in § 1 Abs. 1 BVerfGG bezeichnet zutreffend seine Eigenständigkeit und Unabhängigkeit im Verhältnis zu den vor ihm streitenden und von ihm zu kontrollierenden legislativen, exekutiven und judikativen Staatsorganen. Mit dieser Bezeichnung ist aber kein kompetenzrechtlicher Zugewinn verbunden. „Die Verfassungsorganqualität ist ein Modus der Verfassungsgerichtsqualität und bringt dieser keinen Mehrwert."[6] Auch die Selbstqualifizierung des Gerichts als *„Hüter der Verfassung"* (*BVerfGE* 1, 184, 195; 40, 88, 93) verleiht ihm keine Legitimität jenseits der die Judikative legitimierenden Verfassungs- und Gesetzesbindung. Die singuläre Kompetenz zur Gesetzeskontrolle und die Ausstattung der Normenkontrollentscheidung mit Gesetzeskraft sind nur Modifikationen der justiziellen Grundstruktur, die dem Bundesverfassungsgericht keine legitimatorisch-kompetenzielle „Übermacht" zu legislatorischer Aufgabenerfüllung geben. Es sind vor allem die Unfähigkeit des Gerichts zur initiativen und aktiven Folgensteuerung und der Mangel an sanktionierbarer Folgenverantwortung, die seine Legitimation auf den judikativen Entscheidungstypus beschränken. Zugleich ist es gerade diese justizielle Organstruktur, von der die Verfassung eine optimale Erfüllung seiner Kontrollfunktion erwartet: die Wahrung der Verfassung im Sinne objektiven und subjektiven Rechtsschutzes.

Von großer, häufig unterschätzter Bedeutung für die funktionellrechtliche Kompetenzbestimmung des Bundesverfassungsgerichts ist das *Verfassungsprozeßrecht*. In seinen meist technisch anmutenden Details wird in nachhaltiger Weise der Aktionsraum des Gerichts festgelegt und werden weichenstellende Vorentscheidungen über die Offenhaltung oder Erstarrung des Verfassungslebens getroffen. Gesetzliche Grundlagen des verfassungsgerichtlichen Verfahrens sind Grundgesetz und Bundesverfassungsgerichtsgesetz. Sie umschreiben die Zuständigkeiten des Bundesverfassungsgerichts abschließend, lassen aber für die Gestaltung des Verfahrensrechts im engeren Sinne bewußt Raum für eine richterrechtliche Ausformung und Ergänzung. Diese richterrechtliche Rechtsfortbildung des Verfahrensrechts hat die *Eigenart des Verfassungsprozeßrechts* (*BVerfGE* 1, 87, 88 f; 46, 321., 323 f.) als „konkretisiertes Verfassungsrecht" zu berücksichtigen. Auf die Aufgabe des Verfassungsgerichtsprozesses, der Realisierung des materiellen Verfassungsrechts zu dienen, und auf seine aus dieser Aufgabe abgeleitete funktionsspezifische Ausgestaltung weist mit besonderem Nachdruck die Formel von der „Eigenständigkeit des Verfassungspro-

---

te Stellungnahme bei *K. Schlaich/St. Korioth,* Das Bundesverfassungsgericht. Stellung. Verfahren, Entscheidungen, München 2001, Rz. 493 ff.

[6] *A. Rinken,* Rz. 82 vor Art. 93 (Fn. 3).

zeßrechts" hin.[7] Soweit mit dieser Formel spezifische Anforderungen an Rationalität und Akzeptanz des verfassungsgerichtlichen Verfahrens eingefordert werden,[8] ist dem zuzustimmen. Soweit mit ihr eine „Emanzipation des Verfassungsprozeßrechts von dem sonstigen Prozeßrecht" gefordert wird,[9] ist sie zumindest mißverständlich und dann abzulehnen, wenn aus ihr Konsequenzen für eine Freistellung des Bundesverfassungsgericht aus den strikten verfahrensrechtlichen Bindungen gezogen werden. Bei der Ergänzung seines Verfahrensrechts genießt das Bundesverfassungsgericht *keine „Verfahrensautonomie"*,[10] sondern handelt in Wahrnehmung seiner beschränkten Kompetenz zur verfahrensrechtlichen Rechtsfortbildung. Verfassungs- und Gesetzesbindung verbieten es, das Bundesverfassungsgericht als *„Herrn des Verfahrens"* zu bezeichnen (so aber *BVerfGE* 13, 54, 94; 36, 342, 357; 60, 175, 213), der aus pragmatischen Gründen (z.B. Kampf gegen die Überlastung, Beschleunigung der Verfahren) Verfahrenspositionen schmälern oder durch gnädige „Gewährung" (vgl. *BVerfGE* 1, 430, 431) vorteilhafte Verfahrenspositionen einräumen kann.

Die Anwendungsgebiete der angeblichen „Verfahrensautonomie" des Bundesverfassungsgerichts sind zugleich die *Problemzonen* seiner verfahrensrechtlichen Kompetenzwahrnehmung. Auf die wichtigsten dieser Problemzonen soll im Folgenden hingewiesen werden.

II. Problemzonen verfassungsprozessualer Kompetenzwahrnehmung

1. Antragsprinzip

Gerichte sind passiv institutionalisiert. Bei der Verfahrenseinleitung, der Bestimmung von Gegenstand und Umfang des Verfahrens (Streitgegenstand) und der Verfahrensbeendigung sind sie von den Anträgen der prozeßrechtlich Legitimierten abhängig (Dispositionsmaxime/Antragsprinzip). Ist das Verfahren ordnungsgemäß eingeleitet, müssen sie entscheiden (Entscheidungszwang). Das Antragsprinzip ist eine *wesentliche Sicherung der richterlichen Unparteilichkeit.*

---

[7] Vgl. dazu grundlegend *P. Häberle*, Die Eigenständigkeit des Verfassungsprozeßrechts, in: JZ 1973, 451ff.; *ders.*, Verfassungsprozeßrecht als konkretisiertes Verfassungsrecht, in: JZ 1976, 377ff.; vgl. auch *K. Engelmann*, Prozeßgrundsätze im Verfassungsprozeßrecht. Zugleich ein Beitrag zum materiellen Verständnis des Verfassungsprozeßrechts, Berlin 1977.

[8] So *P. Häberle*, Die Verfassungsbeschwerde im System der bundesdeutschen Verfassungsgerichtsbarkeit, in: JöR N.F. 45 (1997), S.89ff., 103.

[9] *P. Häberle*, Eigenständigkeit (Fn.7), S.452.

[10] Für eine Verfahrensautonomie vor allem *G. Zembsch*, Verfahrensautonomie des Bundesverfassungsgerichts, Köln 1971; kritisch dazu *E. Klein*, in: *E. Benda/E. Klein*, Verfassungsprozeßrecht, 2. Aufl., Heidelberg 2001, Rz. 167ff.; *Chr. Pestalozza*, Verfassungsprozeßrecht, 3. Aufl., München 1991, §1 Rz. 3; *K. Schlaich/St. Korioth*, Bundesverfassungsgericht (Fn.5), Rz. 51ff.; jeweils mit weiteren Nachweisen.

Die Vorentscheidung, ob und in welchem Umfang ein konkretes politisch-gesellschaftliches Problem als Verfassungsrechtsfrage definiert, dem Bundesverfassungsgericht zur verbindlichen Entscheidung zugewiesen und damit dem Prozeß der politischen Auseinandersetzung weitgehend entzogen werden soll, ist eine eminent politische Entscheidung, die als solche mit ihren komplexen Folgewirkungen auch politisch verantwortet werden muß und deshalb in einer für die verschiedenen Verfahren differenziert geregelten Weise in die Disposition der von Grundgesetz und Bundesverfassungsgerichtsgesetz ausdrücklich berufenen Antragsteller gestellt worden ist. Ausschließlich diese sind kompetent und verantwortlich für die in Opportunitätskalküle verstrickte Beantwortung der Frage, ob, wann und in welchem Umfang eine verfassungsgerichtliche Entscheidung im öffentlichen Interesse liegt. Als Gericht ist dem Bundesverfassungsgericht jede Initiative verwehrt, weil sie unvermeidlich eine politische ist und als Ausdruck politischer Interessiertheit zumindest gedeutet werden könnte.

Für die *Eröffnung des Verfahrens* ist das Antragsprinzip vom Grundgesetz teils ausdrücklich normiert (Art. 41 Abs. 2; 61 Abs. 1; 93 Abs. 2 Nr. 2, 4a, b; 98 Abs. 2; 100), teils wird es vorausgesetzt; im Bundesverfassungsgerichtsgesetz wird es allgemein normiert (§ 23) und für die einzelnen Verfahren lückenlos konkretisiert. Die Praxis des Bundesverfassungsgerichts war in diesem gesetzlichen Rahmen bis zur ominösen „Stellungnahme" des Zweiten Senats vom 22. Oktober 1997 (*BVerfGE* 96, 409 – Kind als Schaden) eindeutig. Der ohne jeden Antrag auf eigene Initiative gefaßte und veröffentlichte Beschluß zu einem beim Ersten Senat anhängigen Verfahren entbehrt jeder gesetzlichen Grundlage; obwohl es sich nicht um eine Sachentscheidung handelt, zeigt er doch – gleichsam als argumentum ad absurdum –, wie wichtig eine strikte Passivität des Gerichts als Garant seiner Unparteilichkeit ist.[11]

Aus der lückenlosen Geltung des Antragsprinzips für die Verfahrenseröffnung und aus dem Fehlen jeder gesetzlichen Ausnahmeregelung ergibt sich auch für die *Verfahrensbeendigung*, daß die Antragsrücknahme durch den Antragsteller zur Beendigung des Verfahrens führt. Die Rechtsprechung des Bundesverfassungsgerichts geht demgegenüber bei der abstrakten Normenkontrolle und beim Organstreit davon aus, daß die Rücknahme eines zulässigen Antrags nicht notwendigerweise zur Einstellung des Verfahrens führen müsse. Sie beruft sich bei der abstrakten Normenkontrolle auf den „Offizialcharakter" dieses Verfahrens (*BVerfGE* 1, 396, 414; st. Rspr.), beim Organstreit auf das öffentliche Interesse (*BVerfGE* 24, 299, 300). Diese Auffassung vermag jedenfalls für den kontradiktorischen Organstreit nicht zu überzeugen. Sie verkennt, daß die

---

[11] Zur Kritik vgl. *H.-M. Pawlowski,* Methodenlehre für Juristen, 3. Aufl., Heidelberg 1999, Rz. 1038 ff.; *B. Sangmeister,* „Der Krieg der Richter" – BVerfG, NJW 1998, 519, in: JuS 1999, 21 ff., 26.

Kompetenz zur Definition des öffentlichen Interesses an der Verfahrensdurchführung gerade den Antragstellern und nicht dem Gericht zugewiesen ist. Erwägenswert mag es allenfalls sein, nach der Schutzfunktion der einzelnen Verfahren zu differenzieren und die verfahrensbeendende Wirkung der Antragsrücknahme auf die Verfahren mit subjektivem Rechtsschutzcharakter (insbes. Verfassungsbeschwerde und Organstreit) zu beschränken.[12]

Daß die bis zur Verkündung des Urteils zulässige *Antragsrücknahme bei der Verfassungsbeschwerde* das Verfahren beendet, war bis zur Entscheidung des Ersten Senats vom 14. Juli 1998 (*BVerfGE* 98, 218, 242f. – Rechtschreibreform) absolut herrschende Lehre. Der Erste Senat selbst hatte dies ausführlich und überzeugend begründet: Die Verfassungsbeschwerde diene zwar nicht ausschließlich dem Individualrechtsschutz des Beschwerdeführers, sondern habe darüber hinaus die Funkton, das objektive Verfassungsrecht zu wahren und seiner Fortbildung zu dienen. Das Gesetz mache sie aber in §§ 90 ff. BVerfGG von einem Rechtsschutzbegehren des Betroffenen abhängig, so daß der Wegfall des Begehrens auch die Grundlage der Entscheidung entfallen lasse (*BVerfGE* 85, 109, 112 f.). Im Urteil zur Rechtschreibreform stellt der Senat dann aber fest, dieser Grundsatz gelte nicht ausnahmslos. Er komme jedenfalls dann nicht zum Tragen, wenn aufgrund der Umstände des Einzelfalles die Funktion der Verfassungsbeschwerde, das objektive Verfassungsrecht zu wahren sowie seiner Auslegung und Fortbildung zu dienen, gegenüber dem Interesse des Beschwerdeführers an verfassungsgerichtlichem Individualrechtsschutz derart im Vordergrund stehe, daß es geboten sei, im öffentlichen Interesse trotz der Rücknahme der Verfassungsbeschwerde zur Sache zu entscheiden (*BVerfGE* 98, 218, 243). – Die Entscheidung mag aus arbeits- und prozeßökonomischen Gründen und aus der konkreten Verfahrenssituation heraus verständlich sein, sollte aber ein Unikat bleiben. Sie ist mit der Dispositionsmaxime und dem sie begründenden Neutralitätsgrundsatz unvereinbar; durch die von ihr auf die Spitze getriebene Verobjektivierung der Verfassungsbeschwerde wird dem Bürger endgültig „die Rolle des eine allgemeine Verfassungsaufsicht auslösenden Akteurs" (*E. Klein*) zugemutet.[13]

---

[12] So *K. Schlaich/St. Korioth,* Bundesverfassungsgericht (Fn. 5), Rz. 55.

[13] Vgl. auch die Kritik bei *H. Bauer/Chr. Möllers,* Die Rechtschreibreform vor dem Bundesverfassungsgericht, in: JZ 1999, 697 ff.; *K. Schlaich/St. Korioth,* Bundesverfassungsgericht (Fn. 5), Rz. 55; *G. Sturm,* Rz. 67 zu Art. 94, in: *M. Sachs (Hrsg.),* Grundgesetz. Kommentar, München 1996 (Begründung höchstens mit dem Gedanken des Rechtsmißbrauchs); differenzierend auch *E. Klein,* in: *E. Benda/E. Klein,* Verfassungsprozeßrecht (Fn. 10), Rz. 286.

2. *Zulassungshürden I: Die Subsidiarität der Verfassungsbeschwerde*

Ihrer Konzeption nach ist die Verfassungsbeschwerde ein grundrechtsähnliches Recht prozessualer Natur, mit dem ohne Anwaltszwang und ohne Gerichtskosten Grundrechtsverstöße der öffentlichen Gewalt vor dem Bundesverfassungsgericht gerügt werden können. Doch ist dieses „Jedermanns-Recht“ ein Opfer seiner Akzeptanz. Von 1951 bis Ende 2000 sind beim Bundesverfassungsgericht 126 962 Verfassungsbeschwerden anhängig geworden, von denen in diesem Zeitraum 108 641 durch Entscheidungen (3855 Senatsentscheidungen, 104 786 Entscheidungen der Richterausschüsse bzw. Kammern), 15 979 auf sonstige Weise erledigt worden sind. Aus der Außenperspektive kann diese ungeheure Arbeitsleistung nur mit Bewunderung betrachtet werden; aus der Innenperspektive legt sie die Suche nach Mechanismen nahe, mit der das Gericht sich gegen eine seine Funktionsfähigkeit gefährdende „Überschwemmung“ mit Verfassungsbeschwerden wehren kann. Der Hauptpfad, auf dem der Gesetzgeber diese Suche betreibt, ist das Annahmeverfahren, das gerade in den letzten Jahren im Mittelpunkt von Reformüberlegungen gestanden hat.[14] Ich möchte an dieser Stelle auf einige unübersichtliche verfassungsprozessuale Nebenpfade aufmerksam machen, auf denen das Bundesverfassungsgericht selbst in weit unauffälligerer, aber höchst wirksamer Weise das Entlastungsziel verfolgt.

Auf der Grundlage des Art. 94 Abs. 2 Satz 2 GG gehört die *Rechtswegerschöpfung* zu den Sachurteilsvoraussetzungen der Verfassungsbeschwerde (§ 90 Abs. 2 Satz 1 BVerfGG). In dieser Vorschrift kommt eine allgemeinere Bestimmung des Verhältnisses von verfassungsgerichtlichem und fachgerichtlichem Grundrechtsschutz zum Ausdruck, der als *Grundsatz der Subsidiarität der Verfassungsbeschwerde* bezeichnet werden kann. Sein Grundgedanke ist folgender: Der Charakter der Verfassungsbeschwerde als außerordentlicher Rechtsbehelf, die funktionellrechtliche Kompetenzverteilung zwischen dem Bundesverfassungsgericht und den Fachgerichten und die Notwendigkeit einer Entlastung des Bundesverfassungsgerichts begründen im Rahmen eines umfassend ausgebauten Rechtsschutzsystems das Erfordernis, Abhilfe gegenüber einer geltend gemachten Grundrechtsverletzung zunächst und möglichst bei den ebenfalls zum Grundrechtsschutz verpflichteten Fachgerichten zu suchen. Die mit der Anrufung der Fachgerichte verbundene umfassende gerichtliche Vorprüfung soll bewirken, daß dem Bundesverfassungsgericht ein regelmäßig in mehreren Instanzen geprüftes Tatsachenmaterial unterbreitet und ihm die Fallanschauung und

[14] Vgl. dazu insbes. die von der sog. „Entlastungskommission“ vorgelegten Vorschläge: *Bundesministerium der Justiz (Hrsg.),* Entlastung des Bundesverfassungsgerichts. Bericht der Kommission, Bonn 1998; dazu *E. Benda,* Rz. 376 ff., in: *E. Benda/E. Klein,* Verfassungsprozeßrecht (Fn. 10); *A. Rinken,* Rz. 76 a ff. zu Art. 93 (Fn. 3), mit Hinweisen auch auf kritische Stellungnahmen.

Rechtsauffassung der Fachgerichte vermittelt werden (*BVerfGE* 8, 222, 225ff.; 88, 384, 400; st. Rspr.).

Diese gesetzliche Zulässigkeitsvoraussetzung der Rechtswegerschöpfung hat das Bundesverfassungsgericht durch ein *kompliziertes Gefüge zusätzlicher Subsidiaritätsanforderungen* ergänzt.[15] Das Gericht verlangt von dem Beschwerdeführer, daß er über das Gebot der Erschöpfung des Rechtswegs im engeren Sinne hinaus zunächst alle nach Lage der Sache zur Verfügung stehenden prozessualen Möglichkeiten ergreift, um ohne Inanspruchnahme des Bundesverfassungsgerichts eine Korrektur der geltend gemachten Verfassungsverletzung zu erwirken oder eine Grundrechtsverletzung zu verhindern (vgl. *BVerfGE* 33, 247, 258; 63, 77, 78f.; 95, 163, 171; st. Rspr.).[16] So soll der Beschwerdeführer gehalten sein, gegen offensichtliche Fehler der letztinstanzlichen Entscheidung bei dem entscheidenden Gericht *Gegenvorstellungen* zu erheben, obwohl solche nichtförmlichen Rechtsbehelfe nicht zum Rechtsweg im Sinne des § 90 Abs. 2 Satz 1 BVerfGG gehören; allerdings soll dies nur gelten, wenn und soweit die Fachgerichte selbst durch die Auslegung ihrer Verfahrensordnungen solche Möglichkeiten eröffnet haben oder zumindest eine begründete Aussicht besteht, daß ein solcher Rechtsbehelf nicht von vornherein aussichtslos ist (*BVerfGE* 63, 77, 78 f.; 73, 322, 326 f.). Die behauptete Grundrechtswidrigkeit ist im jeweils mit dieser Beeinträchtigung zusammenhängenden *sachnächsten Verfahren* geltend zu machen (*BVerfGE* 31, 364, 368); so muß vor Erhebung einer Verfassungsbeschwerde gegen eine Maßnahme nach § 5 G 10 eine Entscheidung der zuständigen G 10-Kommission herbeigeführt werden.[17] Über diese verfahrensmäßigen Anforderungen hinaus hat das Gericht aus dem Grundsatz der Subsidiarität auch *materielle Rügepflichten* abgeleitet: die Pflicht, entscheidungserhebliche Tatsachen nicht erst vor dem Bundesverfassungsgericht vorzutragen (*BVerfGE* 66, 337, 364; 72, 84, 88), vor allem aber die Pflicht, die Verfassungswidrigkeit von Normen bereits im fachgerichtlichen Verfahren zu rügen

---

[15] Vgl. zum Folgenden *E. Klein*, Subsidiarität der Verfassungsgerichtsbarkeit und Subsidiarität der Verfassungsbeschwerde, in: *Fürst/Herzog/Umbach (Hrsg.)*, Festschrift für W. Zeidler, Bd. II, Berlin 1987, S. 1305ff.; *H. Posser*, Die Subsidiarität der Verfassungsbeschwerde, Berlin 1993; *R. Warmke*, Die Subsidiarität der Verfassungsbeschwerde, Berlin 1998; *R. Zuck*, Die Subsidiarität der Verfassungsbeschwerde, in: *B. Bender (Hrsg.)*, Festschrift für K. Redeker, München 1993, S. 213ff.

[16] Die Anforderungen sind hoch und schließen sogar ein präventives Tätigwerden ein; so soll nach *BVerfG*, 3. Kammer des 1. Senats, NJW 1998, 2663 (Behindertenentscheidung), der Grundsatz der Subsidiarität der Zulässigkeit einer Verfassungsbeschwerde auch dann entgegenstehen, wenn sich der Beschwerdeführer im Wege der Nebenintervention am Ausgangsverfahren hätte beteiligen können, um es so durch Ausschöpfung der einem Nebenintervenienten zustehenden prozessualen Mittel erst gar nicht zu den behaupteten Grundrechtsverstößen kommen zu lassen; vgl. dazu die Besprechungen von *Lachwitz*, NJW 1998, 881; *R. Wassermann*, NJW 1998, 730.

[17] Vgl. *BVerfG*, 1. Kammer des 1. Senats, NVwZ 1994, 367.

(*BVerfGE* 68, 203, 208; 68, 337, 364; 84, 203, 208; zurückhaltender für das Jugendstrafverfahren: *BVerfGE* 74, 102, 113f.). Gegen die Pflicht zum Vortrag verfassungsrechtlicher Bedenken bereits im fachgerichtlichen Verfahren ist zu Recht eingewendet worden, daß die Prozeßpartei lediglich zum Tatsachenvortrag gehalten, die Rechtsanwendung aber Sache der Gerichte sei.[18] Die erhöhten Subsidiaritätsanforderungen wirken sich vor allem beim vorläufigen Rechtsschutz, bei den Verfahrensgrundrechten (Anhörungsrüge) und bei Verfassungsbeschwerden unmittelbar gegen Gesetze aus.

Exemplarisch sei die erhebliche Verschärfung der Zulässigkeitsvoraussetzungen bei *Rechtssatzverfassungsbeschwerden* dargestellt. Auch wenn – was bei formellen Gesetzen stets der Fall ist – ein fachgerichtlicher Rechtsweg nicht eröffnet und eine unmittelbare Grundrechtsbetroffenheit zu bejahen ist, kann nach der neueren Rechtsprechung des Bundesverfassungsgerichts der Zulässigkeit der Verfassungsbeschwerde der Grundsatz der Subsidiarität entgegenstehen, wenn der Beschwerdeführer in zumutbarer Weise einen wirkungsvollen Rechtsschutz zunächst durch Anrufung der Fachgerichte erlangen kann (*BVerfGE* 69, 122, 125; 71, 305, 336 f.; 93, 319, 338). Damit soll erreicht werden, daß das Bundesverfassungsgericht nicht auf ungesicherter Tatsachen- und Rechtsgrundlage weitreichende Entscheidungen trifft (vgl. *BVerfGE* 79, 1, 20; 97, 157, 165). Die Gesichtspunkte, die für eine solche Subsidiarität sprechen, fallen vor allem dann ins Gewicht, wenn das angegriffene Gesetz der Verwaltung oder den Gerichten Auslegungs- oder Entscheidungsspielräume läßt, die für die Frage seiner Verfassungsmäßigkeit Gewicht erlangen können; sie gelten aber grundsätzlich auch dann, wenn ein solcher Spielraum fehlt (*BVerfGE* 74, 69, 74 f.). Wie hoch die Subsidiaritätsanforderungen sind belegt beispielhaft die Entscheidung *BVerfGE* 86, 382, 388 f. – Bodenschätze im Beitrittsgebiet. Danach kann ein sich unmittelbar gegen ein Gesetz wendender Beschwerdeführer, dem bei Verweisung auf den Rechtsweg in der Hauptsache ein schwerer Nachteil droht, nach dem Grundsatz der Subsidiarität gehalten sein, vor der Anrufung des Bundesverfassungsgericht wenigstens den Rechtsweg im Verfahren des vorläufigen Rechtsschutzes zu erschöpfen. Trotz des dem Bundesverfassungsgericht vorbehaltenen Verwerfungsmonopols sei ein Gericht, das eine für seine Entscheidung maßgebliche Gesetzesnorm für verfassungswidrig halte, durch Art. 100 Abs. 1 nicht gehindert, vor der im Hauptsacheverfahren einzuholenden Entscheidung des Bundesverfassungsgerichts auf der Grundlage seiner Rechtsauffassung vorläufigen Rechtsschutz zu gewähren, wenn dies im Interesse eines effektiven Rechtsschutzes geboten erscheine und die Hauptsache dadurch nicht vorweggenommen werde. – Hier drängen sich Zweifel auf, ob mit solchen Anforderungen, die beim Beschwerdeführer erhebliche juristische

---

[18] Vgl. *K. Schlaich/St. Korioth,* Bundesverfassungsgericht (Fn. 5), Rz. 241.

Sachkunde voraussetzen, die Risiken nicht allzu einseitig dem rechtsschutzsuchenden Bürger auferlegt werden.[19]

Gegen die „Erfindung" der zusätzlichen Subsidiaritätsanforderungen sind gewichtige verfassungsrechtliche Bedenken geäußert worden.[20] Sie werden, da die extensive Subsidiaritätsrechtsprechung eines der wichtigsten Instrumente ist, die das Bundesverfassungsgericht im Kampf gegen die „Überflutung" mit Verfassungsbeschwerden ausgebildet hat, kaum Wirkung zeigen. Um so wichtiger ist es, sich deutlich zu machen, wie diese Instrumente funktionieren. Sie sind *in ihrem Ansatz positiv, in ihren Konsequenzen kritisch* zu würdigen. Positiv ist der Grundgedanke, den Rechtsschutz in möglichst weitem Umfang durch die Fachgerichte zu gewährleisten und das Bundesverfassungsgericht nicht als allgemeines „Supergericht" zu etablieren. Doch ist die Durchführung dieses richtigen Grundgedankens nur schwer mit den rechtsstaatlichen Anforderungen an die Kalkulierbarkeit und Kontrollierbarkeit gerichtlicher Verfahren zu vereinbaren. Durch das schwer entwirrbare Zusammenspiel der Prüfungsgesichtspunkte im Rahmen der Beschwerdebefugnis und des Rechtsschutzbedürfnisses, durch das mehrstufige Regel-Ausnahme-Verhältnis bei der Rechtswegerschöpfung und der darüber hinausgehenden Subsidiarität und schließlich durch die Kombination weiter richterlicher Ermessensspielräume mit zahlreichen unbestimmten Rechtsbegriffen ist die Prüfung der Sachentscheidungsvoraussetzungen weitgehend in die schwer prognostizierbare Verfügungsmacht des Bundesverfassungsgerichts gestellt.

3. Zulassungshürden II: Die konkrete Normenkontrolle

Zu den Verfahren von großer praktischer Bedeutung, die zugleich aber wesentlich zur Überlastung des Bundesverfassungsgerichts beitragen, gehören die konkreten Normenkontrollen. Bis zum 31. Dezember 2000 waren bei beiden Senaten insgesamt 3147 Vorlagen eingegangen. Bis zum selben Zeitpunkt waren erledigt 976 Vorlagen durch Senatsentscheidungen, 112 durch Kammerbeschlüsse, 1986 auf sonstige Weise (z.B. Aufhebung des Vorlagebeschlusses). Auffällig ist die hohe Quote der unzulässigen Vorlagebeschlüsse; im Durchschnitt gelangen rund 3/5 der Normenkontrollanträge nicht zu einer Sachentscheidung. Über die Gründe der hohen Unzulässigkeitsquote gibt es kaum mehr als Spekulationen. Neben Überlegungen, die die Ursachen im Bereich

---

[19] Nach *H. Lechner/R. Zuck* Bundesverfassungsgerichtsgesetz. Kommentar, 4. Aufl., München 1996, § 90 Rz. 143, hat diese Subsidiaritätsrechtsprechung inzwischen fast zum Ausschluß der Verfassungsbeschwerde gegen Gesetze und Verordnungen geführt.

[20] Vgl. *Chr. Pestalozza* Verfassungsprozeßrecht (Fn. 10), § 12 Rz. 10; kritisch auch *E. Klein,* Subsidiarität (Fn. 15), S. 1305; die Warnung vor einer zu restriktiven Zulassungspraxis auch bei *E. Benda,* in: *E. Benda/E. Klein,* Verfassungsprozeßrecht (Fn. 10), Rz. 544.

der vorlegenden Gerichte suchen,[21] fehlt es nicht an Stimmen, die die permanente Verschärfung der Rechtsprechung des Bundesverfassungsgerichts zu den Zulässigkeitsvoraussetzungen für das negative Gesamtergebnis verantwortlich machen. Es ist vor allem die Verschärfung der Begründungsanforderungen, mit denen das Gericht eine restriktive Zulassungspolitik betreibt.[22]

Das sei an einigen Beispielen erläutert: Bei der Darlegung der Entscheidungserheblichkeit muß der fachgerichtliche Vorlagebeschluß sich gründlich mit der Rechtslage auseinandersetzen, die in Rechtsprechung. und Literatur vertretenen Auffassungen berücksichtigen und auf unterschiedliche Auslegungsmöglichkeiten eingehen, soweit diese für die Entscheidungserheblichkeit von Bedeutung sind (*BVerfGE* 79, 235, 249; 97, 49, 60). Die Darlegungen zur Verfassungswidrigkeit der zur Prüfung gestellten Norm müssen den verfassungsrechtlichen Prüfungsmaßstab nennen und die für die Überzeugung des Gerichts maßgebenden Erwägungen unter Einbeziehung von Rechtsprechung. und Schrifttum nachvollziehbar darlegen. Dabei muß sich das Gericht mit naheliegenden tatsächlichen und rechtlichen Gesichtspunkten auseinandersetzen. Insbesondere kann es erforderlich sein, die Gründe zu erörtern, die im Gesetzgebungsverfahren als für die gesetzgeberische Entscheidung maßgebend genannt worden sind (vgl. *BVerfGE* 17, 135, 138; 78, 201, 204; 89, 329, 336 f.; 92, 277, 312). Bei hinreichender Begründung ist für die Frage der Entscheidungserheblichkeit grundsätzlich die Rechtsauffassung des vorlegenden Gerichts maßgebend (*BVerfGE* 2, 181, 190 ff.; 56, 128, 136; 97, 49, 62; st. Rspr.). Doch macht das Bundesverfassungsgericht hier eine Reihe von Ausnahmen, um „unnötige Vorlagen" zu vermeiden. Danach ist das Bundesverfassungsgericht an die Rechtsansicht des vorlegenden Gerichts nicht gebunden: 1. wenn diese Rechtsauffassung offensichtlich unhaltbar ist, was voraussetzt, daß der Vorlagebeschluß eine solche Rechtsauffassung mit hinreichender Deutlichkeit erkennen läßt (*BVerfGE* 62, 223, 229 m.w.N.; 97, 49, 62); 2. wenn diese Rechtsansicht von der Beurteilung verfassungsrechtlicher Vorfragen abhängt (*BVerfGE* 46, 268, 283 f.; 89, 144, 152); 3. wenn es sich um die Anwendung von Rechtssätzen durch das vorlegende Gericht handelt, die das Bundesverfassungsgericht aus dem Grundgesetz entwickelt hat (*BVerfGE* 48,

---

[21] Als mögliche Gründe werden genannt: mangelnde Sorgfalt des Richters im tatsächlichen und/oder rechtlichen Bereich; Mißverständnis der konkreten Normenkontrolle als Instrument zur Korrektur gesetzgeberischer „Fehlgriffe"; „Schiebeverfügungen"; Profilsucht oder Arbeitsüberlastung des vorlegenden Richters; schlechte Ausstattung der Gerichte mit einschlägiger Fachliteratur und Entscheidungssammlungen;vgl. *K.-G. Zierlein,* Zur Prozeßverantwortung der Fachgerichte im Lichte der Verwerfungskompetenz des Bundesverfassungsgerichts nach Art. 100 Abs. 1 GG, in: Festschrift für E. Benda, Heidelberg 1995, S. 457 ff., 461.

[22] Vgl. die Kritik bei *E. Klein,* in: *E. Benda/E. Klein,* Verfassungsprozeßrecht (Fn. 10), § 22 Rz. 794; *H. Klein,* Vor §§ 80ff., Rz. 18 in: *D. C. Umbach/Th. Clemens (Hrsg.),* Bundesverfassungsgerichtsgesetz. Mitarbeiterkommentar und Handbuch, Heidelberg 1992.

29, 37f.; 89, 144, 152); 4. wenn die Zulässigkeit der im Ausgangsverfahren erhobenen Klage von der Auslegung des Verfassungsprozeßrechts abhängt (*BVerfGE* 67, 26, 34 f.).

Die z. T. überzogenen Begründungsanforderungen, die von den unter Zeitdruck stehenden und schlecht ausgerüsteten Instanzgerichten nur schwer erfüllt werden können, sowie das flexibel handhabbare Ausnahmeinstrumentarium belasten die Richtervorlage für die vorlegenden Gerichte mit einer hohen Unsicherheitsrate. Das Bundesverfassungsgericht sichert sich auf diese Weise weite Spielräume bei der Entscheidung über die Zulässigkeit, die es sowohl zur Abwehr „unliebsamer" Vorlagen als auch zu einem Zugriff auf Fragen des einfachen Rechts nutzen kann.

4. Regelungsentscheidungen bei Normenkontrollen

Im Rahmen der abstrakten und konkreten Normenkontrolle, aber auch im Verfahren der Verfassungsbeschwerde entscheidet das Bundesverfassungsgericht über die Verfassungsmäßigkeit oder Verfassungswidrigkeit eines parlamentarischen Gesetzes. Mit der konkreten Ausgestaltung dieser Kompetenz wird zugleich rechtspraktisch über das Verhältnis von Verfassungsgericht und Gesetzgeber entschieden. Grundgesetz und Bundesverfassungsgerichtsgesetz haben das Bundesverfassungsgericht an dieser Stelle nur unzureichend programmiert und damit dem Gericht die Entwicklung eines verfassungs- und folgenorientierten Entscheidungsinstrumentariums überlassen. Die ursprüngliche Vorstellung des Bundesverfassungsgerichtsgesetzes von der ausschließlichen Nichtigerklärung mit sog. eo-ipso-iure- und ex-tunc-Wirkung erwies sich als viel zu schematisch. Es ist ein Verdienst des Bundesverfassungsgerichts, daß es mit der Verfassungswidrigerklärung (Unvereinbarerklärung) einen weiteren, in der Gerichtspraxis zunehmend verwendeten Entscheidungstypus entwickelt hat, den das Bundesverfassungsgerichtsgesetz 1970 legalisiert hat, ohne aber Voraussetzungen und Folgen dieser funktionellrechtlich unentbehrlichen Entscheidungsvariante zu regeln. Ihre wichtigsten Fallgruppen sind die Herstellung verfassungsmäßiger Verhältnisse beim gleichheitswidrigen Begünstigungsausschluß und bei der Neuregelung komplexer Statusverhältnisse. In beiden Fällen respektiert die Tenorierungsform der Unvereinbarklärung die Gestaltungsfreiheit des Gesetzgebers und ermöglicht eine dynamische Bereinigung der Folgeprobleme.

Es liegt in der Logik des neuen Entscheidungstyps, daß das Bundesverfassungsgericht mit Fristsetzungen und Weitergeltungsanordnungen eigene Übergangsregelungen trifft. Das Gericht geht aber über diese mit Funktionsfähigkeitsargumenten begründbare Ausweitung seiner Entscheidungskompetenzen erheblich hinaus, indem es seinen Entscheidungen über die Nichtigkeit oder Unvereinbarkeit des Gesetzes *eigene, den Gegenstandsbereich des verfassungswidrigen Gesetzes betreffende Regelungen* beifügt. Im Rahmen von Nichtigerklärungen sind hier insbesondere zu nennen: *BVerfGE* 39, 1 – Schwangerschaftsabbruch I; 48, 127, 184 – KDV-Urteil I; 88, 203, 209f., 253 f. – Schwangerschaftsabbruch II. Von den im Rahmen von Unvereinbarerklärungen ergangenen Regelungsentscheidungen seien genannt: *BVerfGE* 73, 40, 42, 101f. – Parteispenden; 84, 9, 22 f. – Ehenamen; 87, 153, 181 – Steuerliches Existenzminimum; 91, 389, 404 f. – BAföG-Regelung; 93, 121 – Vermögenssteuer; 99, 216, 219, 244f. – Kinderbetreuungskosten/Haushaltsfreibetrag.[23]

Gegen diese kompetenzerweiternde Entscheidungspraxis des Bundesverfassungsgerichts bestehen grundsätzliche Bedenken in zweifacher Hinsicht: Diese Praxis hat – erstens – keine gesetzliche Grundlage. Die Berufung des Gerichts auf § 35 bzw. auf § 32 BVerfGG ist nicht mehr als eine kaschierende Verlegenheitslösung. Es handelt sich weder um Vollzugsanordnungen noch um Einstweilige Anordnungen, sondern um *gesetzesergänzende oder gesetzesvertretende Regelungen.*[24] Soweit solche Regelungen vor allem im Rahmen von Unvereinbarerklärungen erforderlich erscheinen, sollte der Gesetzgeber ihre Voraussetzungen und (engen) Grenzen klar regeln. Diese Praxis ist – zweitens – funktionellrechtlich höchst bedenklich, da das Bundesverfassungsgericht der Sache nach gesetzgeberisch tätig wird.[25] Die Gefahren zeichnen sich in jenen Judikaten deutlich ab, in denen das Gericht sich als Vormund des parlamentarischen Gesetzgebers geriert und damit eindeutig seine Kompetenzgrenze überschreitet.

5. *Bindungswirkung verfassungsgerichtlicher Entscheidungen*

Zum Thema verfassungsgerichtlicher „Verfahrensherrlichkeit" gehört auch die vieldiskutierte Bindungswirkung der verfassungsgerichtlichen Entscheidungen gemäß § 31 Abs. 1 BVerfGG. Die vom Bundesverfassungsgericht verfügte *Ausdehnung der Bindungswirkung auf alle „tragenden Gründe"* ist in der Rechtslehre fast einhellig auf Ablehnung gestoßen. Dieser extensiven Auffassung, nach der alle staatlichen Organe die Verfassungsinterpretationen des Bundesverfassungsgericht künftig ohne eigene Prüfungsbefugnis als allgemeine Handlungsmaximen in allen Parallel- und Folgefällen zu beachten haben, liegt ein Verständnis des Bundesverfassungsgerichts zugrunde, das dieses als authentischen Interpre-

---

[23] Auch im Rahmen einstweiliger Anordnungen hat das Bundesverfassungsgericht wiederholt nicht der Versuchung widerstanden, Surrogate für positive gesetzliche Regelungen zu schaffen; vgl. z.B. *BVerfGE* 37, 324 – Fristenlösung; 46, 377 – Wehrpflichtnovelle.

[24] Vgl. *H.-P. Schneider,* Die Vollstreckungskompetenz nach § 35 BVerfGG – ein Notverordnungsrecht des BVerfG? in: NJW 1994, 2590ff.; *K. Schlaich/St. Korioth,* Bundesverfassungsgericht (Fn. 5), Rz. 418, 462.

[25] So auch *Chr. Pestalozza* Verfassungsprozeßrecht (Fn. 10), § 19 Rz. 12.

ten der Verfassung begreift, der in seiner Verfassungsauslegung „konkretisiertes Verfassungsrecht zweiter Stufe" entwickelt.[26] Diese extensive Auslegung führt zu einer alle Grenzen des Richterrechts sprengenden Kompetenzmacht des Bundesverfassungsgerichts. Die von Rechtsprechung und Lehre angeführten immanenten Begrenzungen sind weitgehend ungeeignet, eine ausufernde Leitsatzjudikatur einzudämmen.[27] Die rechtsklare Isolierung „tragender Gründe" aus dem komplexen Argumentationszusammenhang ist kaum möglich.[28] Leitsätze geben höchstens darüber Auskunft, was dem Gericht wichtig erscheint, nicht aber darüber, was tragend ist. Die Beschränkung der Bindungswirkung auf die Verfassungsauslegung ist durch die Einbeziehung der verfassungskonformen Auslegung des einfachen Rechts konturenlos geworden.

Wichtige funktionellrechtlichen Einwände sprechen gegen die extensive Bindungswirkung.[29] Rechtsstaatlich: Die Gründe einer konkreten Gerichtsentscheidung sind in ihrer Verknüpfung mit der komplexen Gesamtargumentation und deren Einbeziehung in konkrete strukturelle, personale und situative Rahmenbedingungen ungeeignet, zu einem rechtssatzähnlichen normativen Befehl verallgemeinert und verselbständigt zu werden; sie entziehen sich deshalb einer gesetzesgleichen Publikation und bleiben so für die Adressaten materiell und formell diffus. Demokratisch: Eine rechtssatzähnliche Wirkung der Entscheidungsgründe verletzt den Konkretisierungsprimat des Gesetzgebers, führt zu einem Funktions- und Verantwortungsverlust des Parlaments und überspielt den differenzierten pluralistischen und föderalistischen Meinungs- und Willensbildungsprozeß. Verfassungsstaatlich: Eine authentische Interpretationsmacht des Bundesverfassungsgerichts birgt die Gefahr einer Festschreibung eines historisch „zufälligen" verfassungsrechtlichen status quo und damit eines Verlustes der Verfassung an Offenheit für sozialen Wandel und politische

---

[26] So *W. Geiger,* Die Grenzen der Bindung verfassungsgerichtlicher Entscheidungen (§ 31 Abs. 1 BVerfGG), in: NJW 1954, 1057 ff., 1060; *ders,.* Einige Besonderheiten im verfassungsgerichtlichen Prozeß, Heidelberg 1981, S. 32 f.; vgl. auch *H. H. Klein* Bundesverfassungsgericht und Staatsraison, Frankfurt a. M. 1968, S. 10 f.; *ders.,* Probleme der Bindung des „einfachen Richters" an Entscheidungen des BVerfG, in: NJW 1977, 697 ff., 700 (im Ergebnis aber für präjudizielle Wirkung).

[27] Zum Folgenden vgl. *N. Wischermann,* Rechtskraft und Bindungswirkung verfassungsgerichtlicher Entscheidungen. Zu den funktionsrechtlichen Auswirkungen der extensiven Auslegung des § 31 Abs. 1 BVerfGG, Berlin 1979, S. 93 ff., mit weiteren Nachweisen.

[28] *K. Vogel,* in: *Chr. Starck (Hrsg.),* Bundesverfassungsgericht und Grundgesetz, Band I, Tübingen 1976, S. 606 f., stellt auf die „konkrete Entscheidungsnorm" ab; *E. Stein/G. Frank* Staatsrecht (Fn. 1), S. 179, erstrecken die Bindungswirkung „auf diejenigen verfassungsrechtlichen Fragen, die im Verfahren vor dem Bundesverfassungsgericht im Mittelpunkt standen".

[29] Vgl. *W. Hoffmann-Riem,* Beharrung oder Innovation. Zur Bindungswirkung verfassungsgerichtlicher Entscheidungen, in: Der Staat 13 (1974), S. 335 ff., 357 ff.; *N. Wischermann,* Rechtskraft (Fn. 27), S. 111 ff.; *K. Schlaich,* Die Verfassungsgerichtsbarkeit im Gefüge der Staatsfunktionen, in: VVDStRL 39 (1982), 138 ff.

Innovation, die aber Bedingung der Möglichkeit ihres Vorrangs und damit auch der Verfassungsgerichtsbarkeit sind, und trägt so zu der schon mehrfach angesprochenen „Versteinerungsgefahr“ des rechtlichen und politischen Lebens bei.[30]

---

[30] Eine Lösung sehe ich in dem flexiblen Maßstab einer „Nichtbrüskierungspflicht“, die es dem Gesetzgeber aufgrund der ihm obliegenden Verfassungsorgantreue gebietet, die Präjudizien des Bundesverfassungsgerichts zur reflektieren und sich mit ihnen vor einer Gesetzesänderung auseinanderzusetzen. Vgl. dazu grundlegend *St. Korioth,* Die Bindungswirkung normverwerfender Entscheidungen des Bundesverfassungsgerichts für den Gesetzgeber, in: Der Staat 30 (1991); S. 549 ff., 565 f.

Verzeichnis der Veröffentlichungen

von Ekkehart Stein

I. Monographien

1. Bindung des Richters an Recht und Gesetz,
   Rechtswissenschaftliche Dissertation,
   Frankfurt am Main 1958
2. Der Mensch in der pluralistischen Demokratie,
   Die Freiheitsrechte in Großbritannien,
   Frankfurt am Main 1964
3. Die Grenzen des dienstlichen Weisungsrechts,
   Recht und Staat, Heft 313/314, Tübingen 1965
4. Die Wirtschaftsaufsicht,
   Tübingen 1967 (Habilitationsschrift)
5. Das Recht des Kindes auf Selbstentfaltung in der Schule,
   Verfassungsrechtliche Überlegungen zur freiheitlichen Ordnung des Schulwesens, Neuwied 1967
6. Lehrbuch des Staatsrechts, Tübingen 1968
7. Ab der 3, Aufl. (1973) unter dem Titel „Staatsrecht“,
   Tübingen, 17. Aufl. 2000 m. G. Frank
8. Spanische Übersetzung: Derecho Politico, übersetzt von Fernando Sainz Moreno, Madrid 1973 (Übersetzung der 2. Auflage)
9. Japanische Übersetzung, hrsg. vom Institute of Comparative Law, Waseda University/ Japan, Tokio 1992 (Übersetzung der 10. Auflage unter Berücksichtigung der 13. Auflage)
10. Gewissensfreiheit in der Demokratie, Tübingen 1971
11. Vermögenspolitik und Grundrechte,
    Zur verfassungsrechtlichen Beurteilung der Modelle von SPD, FDP und CDU, Schriftenreihe des Bundesministers für Arbeit und Sozialordnung, Heft 21, Köln 1974
12. Qualifizierte Mitbestimmung unter dem Grundgesetz,
    Zur verfassungsrechtlichen Problematik einer allgemeinen Einführung des Montanmodells, Köln/Frankfurt am Main 1976
13. Arbeiterselbstverwaltung,
    Lehren aus dem jugoslawischen Experiment, Köln 1980
14. Demokratisierung der Marktwirtschaft,
    Baden-Baden 1995

15. Die rechtswissenschaftliche Arbeit,
    Tübingen 2000

Mitherausgeber

16. Mitbestimmung über den Arbeitsplatz Köln 1980
    (zusammen mit Erwin Reisacher)
17. Auf einem Dritten Weg
    Festschrift für Helmut Ridder zum 70. Geburtstag
    Neuwied 1989
    (zusammen mit Heiko Faber)
18. Verkehrsinitiativen zum Umweltschutz
    Oldenburg 1999
    (zusammen mit Götz Frank und Ulrich Meyerholt)

II. Aufsätze und Beiträge

19. Zur Ausgangsposition der Diskussion über Deutschlands Rechtslage,
    Die Öffentliche Verwaltung, 1960, S. 327f.
20. Ist die „Deutsche Demokratische Republik" ein Staat?,
    Archiv des öffentlichen Rechts, 85 (1961), S. 363ff.
21. Ist die „Deutsche Demokratische Republik" ein Staat?
    in: Gibt es zwei deutsche Staaten? Drei Beiträge zur Rechtslage
    Deutschlands, hrsg. vom Auswärtigen Amt, Bonn 1963, S. 39ff.
    (unveränderter Abdruck des unter Nr. 20 aufgeführten Aufsatzes)
22. Der Verwaltungsvertrag und die Gesetzmäßigkeit der Verwaltung,
    Archiv des öffentlichen Rechts, 86 (1961), S. 320ff.
23. Die Einschränkung von Artikel 9 und 12 Grundgesetz,
    in: Demokratie vor dem Notstand,
    Protokoll des Bonner Kongresses gegen die Notstandsgesetze am
    30. Mai 1965,
    Frankfurt am Main 1965, S. 61ff.
24. Weltanschauung und Religion im Schulunterricht,
    Recht der Jugend, 1967, S. 29ff.
25. Notstandsgesetze und Gewissensfreiheit,
    in: Helmut Ridder u.a., Notstand der Demokratie,
    Frankfurt am Main 1967, S. 165ff.
26. Freiheit am Arbeitsplatz,
    in: Festschrift für Otto Brenner,
    Frankfurt am Main 1967, S. 269ff.
27. Die tragenden Elemente unserer freiheitlichen Ordnung,
    in: Civilian Defence, Tagungsbericht,

hrsg. von der Vereinigung Deutscher Wissenschaftler, Bielefeld 1968, S. 24ff.

28. Artikel „Wirtschaftsaufsicht", in: Dr. Gablers Lexikon des Wirtschaftsrechts, Wiesbaden 1971, Sp. 2004ff.
29. Der verfassungsrechtliche Spielraum für eine Reform des Personalvertretungsrechts, Arbeit und Recht, 1973, S. 325ff.
30. Antrag im Namen und Vollmacht der Regierung des Landes Niedersachsen in den Verfahren uber die Verfassungsbeschwerde gegen das Vorschaltgesetz für ein Niedersächsisches Gesamthochschulgesetz vom 26. Oktober 1971 – 1 BvR 424/71 – vom 20. 3. 1972, Studentische Politik, Heft 3/4, 1973, S. 180ff.
31. Zur Verfassungsmäßigkeit von paritätischer Mitbestimmung, Blätter für Steuerrecht, Sozialversicherung und Arbeitsrecht, 1975, S. 113ff.
32. Juristische Auslegungslehren und wissenschaftliche Methodik, in: Recht im Dienst des Friedens, Festschrift für Eberhard Menzel, Berlin 1975, S. 3ff.
33. Die Rechtsprechung des Bundesverfassungsgerichts im Jahr 1977, Juristenzeitung, 1978, S. 137ff.
34. Streitbare Demokratie mit Zipfelmütze, in: Festschrift für Walter Mailmann, Baden-Baden 1978, S. 319ff.
35. Begriffsklärung in: Reisacher/Stein (Hrsg.), Mitbestimmung über den Arbeitsplatz, S. 11f., Köln 1980, S. 11f.
36. Erfolgsvoraussetzungen einer emanzipativen Mitbestimmung über den Arbeitsplatz in: Reisacher/Stein (Hrsg.), wie Nr. 35, S. 76ff.
37. Möglichkeiten zur schrittweisen Durchsetzung von Mitbestimmung über den Arbeitsplatz in: Reisacher/Stein (Hrsg.), wie Nr. 35, S. 130ff. (zusammen mit Erwin Reisacher)
38. Die Programmgrundsätze von Rundfunk und Fernsehen, in: Rundfunkrecht, Schriften der Gesellschaft für Rechtspolitik, Band 1, München 1981, S. 71ff.
39. Grundsätze der Reform und Gang der Konstanzer Ausbildung, in: Rolf Stürner (Hrsg.): Konstanzer Juristenausbildung – Eine Bilanz, Konstanz 1981, S. 15ff.
40. Verfassungsgebung, Verfassungsanwendung und soziale Wirklichkeit, in: Klönne u.a., Lebendige Verfassung – Das Grundgesetz in Perspektive, Neuwied 1981, S. 1ff.
41. Kommentar zum Grundgesetz für die Bundesrepublik Deutschland, Reihe Alternativkommentare, 2 Bände, Neuwied 1984.
    Darin: Einleitung II. Methoden der Verfassungsinterpretation und der

Verfassungskonretisierung, Band 1, S. 92ff., und Kommentierung der Artikel 3 (Band 1, S. 377ff.),
Artikel 17 (Band 1, S. 1150ff.),
Artikel 20 Abs. 1-3 II. Demokratie (Band 1, S. 1262ff.),
Artikel 45 c (Band 2, S. 393ff.) und
Artikel 117 (Band 2, S. 1320ff.)

42. 2. neubearb. Auflage, Neuwied 1989
43. Die verfassungspolitische Bedeutung Freier Schulen, in: Michael Behr (Hrsg.), Schulen ohne Zwang, München 1984, S. 169ff.
44. Wir gründen eine freie Schule (Alleinherausgeber), Köln/Berlin/BonnlMünchen 1985; darin die Abschnitte: Schulkonzeption (S. 89ff.), Einstellungsvoraussetzungen für Lehrkräfte (S. 135ff.), Rechtsvorschriften für Schulräume und Unterrichtsmittel (S. 149ff.)
45. Die Privilegierung des Kapitals als eine Ursache der Arbeitslosigkeit, in Stein/Faber (Hrsg.): Auf einem Dritten Weg, Festschrift für Helmut Ridder zum Siebzigsten Geburtstag, Neuwied/Frankfurt am Main 1989, S. 169ff.
46. Verantwortung und Zivilcourage, Kritische Justiz, 1994, S. 534f.
47. Überblick über mögliche Handlungsstrategien, in Frank/Meyerholt/Stein (Hrsg.): Verkehrsinitiativen zum Umweltschutz, 1999, S. 179ff.

Mitautor

48. Artikel „Rundfunk, II. Die rechtliche Ordnung des Rundfunks", in: Staatslexikon, hrsg. von der Görres-Geselischaft, 6. Auflage, Band 6, Freiburg/Breisgau 1961 (zusammen mit Helmut Ridder)
49. Die Freiheit der Wissenschaft und der Schutz von Staatsgeheimnissen, Die Öffentliche Verwaltung, 1962, S. 361ff. (zusammen mit Helmut Ridder)
50. Freiheit der Wissenschaft und Staatsräson, Atomzeitalter, 1962, S. 149ff. (zusammen mit Helmut Ridder)
51. Der permanente Notstand, Memorandum im Auftrage der VDW, Göttingen 1963 (3. unveränderte Auflage 1964) (zusammen mit Helmut Ridder)
52. Verfassungsrechtliche Bedenken zu den „Einfachen Notstandsgesetzen", Juristenzeitung, 1966, S. 299f. (zusammen mit Helmut Ridder)

53. Sachverständigen-Gutachten zur lokalen und regionalen Verwaltungsneuordnung in Schleswig-Holstein, hrsg. vom Innenminister des Landes Schleswig-Holstein, Kiel 1968, mit abweichender Stellungnahme, S. 401 ff.
(zusammen mit Loschelder/Gallette/v.d.GroebenlSchröder)
54. Das Recht auf Bildung, dargestellt am Beispiel der Schulbildung, Archiv des öffentlichen Rechts, 97 (1972), S. 185 ff.
(zusammen mit Klaus-Dieter Heymann)
55. Organisatorische Probleme des Strafprozesses,
in Steinert (Hrsg.): Der Prozeß der Kriminalisierung, Untersuchungen zur Kriminalsoziologie, München 1973, S. 112ff.
(zusammen mit Karl F. Schumann und Gerd Winter)
56. Neue und modifizierte Rechtsformen der Bodennutzung (Münchener Gutachten), hrsg. vom Bundesminister für Raumordnung, Bauwesen und Städtebau, Bonn-Bad Godesberg 1977; mit Sondervotum S. 129f.
(zusammen mit: Peter BaduralWinfried Brohm/Karl Kroeschell/Ludwig Raiser/Wolfgang Stützel/Willy Zinkahn)
57. Schulrecht, Fernstudienkurs der Fernuniversität – Gesamthochschule – in Hagen, Hagen 1982
(zusammen mit Monika Roell)
58. 2. überarb. Auflage, Hagen 1989
(zusammen mit Monika Roell)
59. Handbuch des Schulrechts,
Köln/Berlin/Bonn/München 1988
(zusammen mit Monika Roell)
60. 2. überarb. Auflage, Bottighofen/Schweiz 1992
(zusammen mit Monika Roell)

III. Buchbesprechungen

61. Christoph Bellstedt: Verfassungsrechtliche Grenzen der Wirtschaftslenkung durch Steuern, Schwetzingen 1962, Finanzarchiv 23 (1964), S. 554ff.
62. Hans-Joachim Mertens: Die Selbstbindung der Verwaltung aufgrund des Gleichheitssatzes, Hamburg 1963, Zeitschrift für vergleichende Rechtswissenschaft, 68 (1965/66), S. 97f.
63. Thilo Ramm: Der Arbeitskampf und die Gesellschaftsordnung des Grundgesetzes, Beitrag zu einer Verfassungslehre, Stuttgart 1965, Juristenzeitung, 1967, S. 71
64. Arno Risken: Grenzen amtlicher und dienstlicher Weisungen im öffentlichen Dienst, Berlin 1969, Juristenzeitung, 1969, S. 532

65. Reiner Schmidt: Wirtschaftspolitik und Verfassung, Grundprobleme, Baden-Baden 1971, Juristenzeitung, 1973, S. 135
66. Alfred Rinken: Einführung in das juristische Studium, München 1977, Juristenzeitung, 1977, S. 358
67. Alfred Rinken: Einführung in das juristische Studium, 2. Auflage München 1991 , Juristenzeitung, 1995, S. 88

IV. Nichtjuristische Veröffentlichungen

68. Gott ist anders, in: Der Quäker, 1964, S. 153ff.
69. Gott braucht Menschen, Richard L. Cary Vorlesung, hrsg. von der Religiösen Gesellschaft der Freunde (Quäker) in Deutschland, Bad Pyrmont 1971
70. The structure of photons and electrons, in: Speculations in Science and Technology, 1985, S. 171ff.
71. Die Gravitation als Folge der Schwingungen der Elementarteilchen, Frankfurt am Main 1985
72. Die Schwingungseigenschaften des Raum-Zeit-Kontinuums, Frankfurt am Main 1988
73. Relativity, Gravitation and the Redshift of Galaxies, in: Journal of Physics Essays, 3 (1990), S. 169ff.

Biographische Daten von Ekkehart Stein

24. 09. 1932	geboren in Breslau Vater: Stadtbaurat, Dr. phil. Dr. Ing. E. h. Rudolf Stein Mutter: Gritli geb. Jost
1943	Einschulung in das Maria-Magdalenen-Gymnasium
ab 1945	Besuch des Gymnasiums in Erfurt (später Heinrich-Mann-Oberschule)
1951	Zeugnis der Reife
WS 1951/52	Studium an der FU Berlin
und SS 1952	Hörer bei: Blomeyer, Drath, von Lübtow und Raape
WS 1952/53	Studium in Frankfurt am Main
bis SS 1954	Hörer bei: Coing, Erler, Mosler, Preiser, Ridder, Schiedermair und Schlochauer
20. 01. 1955	Erste juristische Staatsprüfung am Oberlandesgericht Frankfurt
23. 03. 1955	Eintritt in den Referendardienst
27. 11. 1957	Doktorprüfung in Frankfurt Dissertation: Die Bindung des Richters an Recht und Gesetz (Erstgutachter: Ridder; Zweitgutachter: Mallmann)
März 1959	Große juristische Staatsprüfung
09. 04. 1959	Eheschließung mit Sibylle geb. Ockel
1959–1965	Tätigkeit als wissenschaftlicher Assistent am Institut für öffentliches Recht der Universität Bonn
1961/62	Studium an der London School of Economics and Political Science
24. 02. 1965	Habilitation an der Rechts- und Staatswissenschaftlichen Fakultät der Universität Bonn Habilitationsschrift: Die Wirtschaftsaufsicht (Erstgutachter: Ridder; Zweitgutachter: Scheuner)
05. 05. 1965	Antrittsvorlesung in Bonn erheblich erweitert veröffentlicht unter dem Titel „Das Recht des Kindes auf Selbstentfaltung in der Schule" (Neuwied 1967) Berufung auf den neu errichteten Lehrstuhl für öffentliches Recht in Kiel
WS 1965/66	Beginn der Vorlesungstätigkeit in Kiel
09. 06. 1966	Antrittsvorlesung in Kiel: „Freiheit als Organisationsproblem"
13. 10. 1966	Mitglied der Loschelder-Kommision zur Verwaltungsneuordnung (gemeinsam mit Loschelder als Vorsitzendem und Gallette, v.d.Groeben, Schröder als weiteren Mitgliedern) Abschlußbericht 1968
SS 1967	Seminar über die Gewissensfreiheit (vgl. die Schrift: „Gewissensfreiheit in der Demokratie", Tübingen 1971)
1968	Ruf nach Konstanz auf den ersten Lehrstuhl im Fachbereich Rechtswissenschaft (vorgesehen waren vier Lehrstühle)
WS 1968/69	Beginn der Forschungstätigkeit in Konstanz Seminar über Organisationstheorie
02. 06. 1969	Antrittsvorlesung in Konstanz: „Die rechtliche Bewältigung der Macht"
05.–07. 12. 1972	Stein vertritt die niedersächsische Landesregierung in der mündlichen Verhandlung über die Verfassungsbeschwerden gegen das Niedersächsische Vorschaltgesetz
25. 05. 1973	Mitglied der Sachverständigen-Kommission beim Bundesminister für Raumordnung, Bauwesen und Städtebau über „Neue und modifizierte Rechtsformen der Bodennutzung" (mit Badura/Brohm/Kroeschell/Raiser/Stützel/Zinkahn) Abschluß (Münchener Gutachten) 1977
SS 1976	Forschungssemester in Jugoslawien (Arbeiterselbstverwaltung)
1978	Ruf nach Hagen (Fernuniversität) wird abgelehnt

WS 1980/81	Forschungssemester in Israel
SS 1985	Forschungssemester in Rußland
WS 1989/90	Forschungssemester in USA
25. 07. 1994	in zweiter Ehe Verheiratung mit Min, Young Ok
SS 1995	Forschungssemester in USA
25.07. 2000	Feierliche Emeritierung Thema der Abschiedsvorlesung: „Die Wissenschaftsfreiheit der Studierenden“